[개정판]

미국 정부와 정치 2

[개정판]

미국 정부와 정치 2

초 판 1쇄 발행: 2013년 2월 22일
개정판 1쇄 발행: 2020년 3월 20일
개정판 2쇄 발행: 2022년 8월 30일

엮은이: 미국정치연구회
발행인: 부성옥
발행처: 도서출판 오름
등록번호: 제2-1548호(1993. 5. 11)

주 소: 서울특별시 중구 필동로 19 삼가빌딩 4층
전 화: (02) 585-9123 / 팩 스: (02) 584-7952
E-mail: oruem9123@naver.com
ISBN   978-89-7778-511-3   93340

* 값은 뒤표지에 있습니다.

[개정판]

미국 정부와 정치 2

미국정치연구회 편

American Government and Politics

Edited by
Korean Association of American Politics

ORUEM Publishing House
Seoul, Korea
2022

머리말

미국은 한국과 정치, 경제, 사회, 문화적으로 밀접한 관련을 맺고 있으면서 한국의 정치제도와 정치과정 및 대내외정책에 지대한 영향을 미치고 있는 나라이다. 따라서 미국 정부와 정치에 대한 이해는 한국 정치의 과거, 현재, 미래를 이해하고 계획하는 데 있어 중요한 부분이라고 할 수 있다. 또한 미국에 대한 이해는 미국과 외교안보적으로 밀접히 연관되어 있는 우리가 미국의 대외정책이 발현되는 조건을 이해하고 그에 대한 외교적·정책적 대안을 적절히 마련하기 위해서도 꼭 필요한 일이다. 더불어 미국 정부와 정치를 이해함으로써 미국이 가지는 보편성과 특수성에 대한 정치학적 이해도를 높이고 세계를 바라보는 시야를 확대할 수 있다.

미국은 민주주의적 이념과 제도에 바탕하여 안정적으로 그 체제를 지속해 오면서 일종의 민주주의 모델 국가로서 그 위치를 지켜왔지만, 사실 다른 민주주의 국가들과 비교했을 때 예외성과 특수성이 많이 발견되는 나라이다. 정치적 전통과 헌법, 연방주의, 민주주의제도와 정부 조직, 정당과 선거과정, 정치참여 행태,

공공정책, 외교정책 등 다양한 측면에서 미국적 특수성을 보여준다. 우리가 미국에 대한 소식을 일상적으로 접하고 있음에도 사실은 미국에 대해 잘 알고 있다고 말하기가 어려운 이유는 이러한 미국적 예외성과 특수성에 대해 충분히 이해하고 있지 못하기 때문일 것이다.

미국 정치와 외교를 전공한 한국의 연구자들로 구성된 '미국정치연구회'는 미국 정부와 정치의 특성을 다양한 차원에서 접근하여 미국 정치를 공부하는 독자들의 미국에 대한 이해를 높이고자 2008년 『미국 정부와 정치』라는 제목으로 교재를 편찬하였고, 2013년에는 기존 교재의 증보판인 『미국 정부와 정치 2』를 편찬하였다. 그간 많은 미국 정치 수업에서 이 교재들이 적극적으로 활용되고 학부생뿐 아니라 미국 정치를 공부하는 대학원생들에게도 유용하게 쓰였다는 것에 미국정치연구회 회원으로서 자부심을 가진다.

『미국 정부와 정치 2』의 개정판으로 출판되는 이번 교재에는 기존 내용의 수정과 더불어 최근 미국의 변화를 더하였다. 트럼프 시대 미국은 이전의 미국과 여러 가지 면에서 차별성을 보이면서 큰 변화의 과정에 있다. 미국 민주주의의 위기를 이야기하는 목소리도 나온다. 최근의 미국 정치와 사회의 모습이 미국 민주주의가 안정적으로 유지되기 위해 기본적으로 가지고 있는 유연성과 역동성의 한 단면인지 아니면 미국사회의 근본적 변화를 의미하는 움직임인지 속단하기는 힘들다. 하지만 '미국 정부와 정치 2'의 필자들은 미국사회의 이러한 변화와 역동적 움직임, 그리고 그 가운데에서 지속되고 있는 제도적 적응력을 독자들과 미국 정치를 공부하는 학생들에게 전달할 필요성에 공감하면서 이번 개정판을 기획하게 되었다. 이 책으로 미국 정치를 공부하는 학생들이 미국 정치의 과거와 현재의 변화를 잘 관찰하고 그 보편성과 특수성, 안정성과 역동성을 잘 이해할 수 있기를 바라는 마음이다.

이번 개정판이 나오기까지 많은 분들의 노고와 도움이 있었다. 먼저, 2008년과 2013년에 각각 이 책의 틀을 완성하고 엮어 주셨던 남궁곤, 이옥연 두 분 선생님께 감사의 인사를 드린다. 개정판 집필에 참여하여 교재의 질을 향상시키기 위해 노력을 아끼지 않으신 집필진 선생님들께도 감사의 마음을 전하고 싶다. 끝으로 미국정치연구회의 저작물들을 세상에 나올 수 있도록 항상 도와주시고 이번 개정판 출판을 위해 수고해 주신 도서출판 오름에 깊은 감사의 인사를 전한다.

2020년 2월
미국정치연구회 집필진을 대표하여
이소영

차 례

제1부 미국의 헌정주의 전통

제2부 미국의 정부 조직

제3부 미국의 정치 참여

제**4**부 현대 미국의 거버넌스

표 차례

그림 차례

참고사항 차례

제1부

미국의 헌정주의 전통

□ 제1부 미국의 헌정주의 전통 필자 소개(원고 게재 순)

• **손병권** 중앙대학교 정치국제학과 교수 / 미시건대학교(앤아버) 정치학 박사
• **가상준** 단국대학교 정치외교학과 교수 / 뉴욕주립대학교(스토니브룩) 정치학 박사
• **정회옥** 명지대학교 정치외교학과 교수 / 아이오와대학교 정치학 박사
• **차동욱** 동의대학교 행정학과 교수 / 남가주대학교 정치학 박사
• **이옥연** 서울대학교 정치외교학부 교수 / 미시건대학교(앤아버) 정치학 박사
• **조성대** 한신대학교 국제관계학부 교수 / 미주리대학교 정치학 박사
• **신정섭** 숭실대학교 정치외교학과 조교수 / 미주리대학교 정치학 박사

제*1*장

미국의 건국 역사와
정치 전통

손병권

 이 장은 미국 독립전쟁과 건국 시기를 즈음한 미국의 역사와 정치전통을 소개하기 위해 구성되었다. 어느 나라나 건국의 경험과 건국 당시의 이념을 존중하고 기념하기 마련인데, 그 이유는 건국 당시의 역사가 이후 국가발전 경로를 상당 부분 결정하며, 건국의 이념이 국가체제의 근간인 헌법정신을 구현하고 있고 국민 간 합의의 기틀이 되기 때문이다. 우리나라만 보더라도 건국 당시 이념 투쟁을 통한 우익세력의 승리와 좌익세력의 소거는 시장경제를 중심으로 한 자유 민주주의 체제의 성립과 발전에 결정적인 역할을 하였고, 초대 대통령 이승만의 주장에 의한 대통령제 헌법의 제정은 이후 한국 정치에 있어서 대통령제가 국민들에게 가장 친숙한 권력구조로 보이게 만들었다. 미국의 경우도 독립전쟁과 헌법제정 과정 및 헌법에 구현된 이념 등은 건국 이후 미국 정치 발전의 경로를 결정해 주는 중요한 계기 및 요인이 되었다. 아래에서는 미국의 건국과정과 정치이념 등에 대해서 소주제별로 간단히 살펴보고자 한다.

I. 영국과 식민지 미국 간 갈등 및 독립전쟁

1. 갈등의 기원

미국이 식민 모국인 영국과 갈등을 일으키면서 마침내 독립을 추구하게 되는 기간은 그다지 길지 않다. 대체로 18세기 후반기 이후 1776년 독립선언 시기까지를 갈등이 본격화된 기간으로 보면, 사실 영국계 이주민들이 미국에 정착하면서 식민 모국인 영국과는 상당히 오랜 기간 동안 평화로운 공존의 관계를 유지했음을 알 수 있다. 그렇다면 식민지 미국과 식민 모국인 영국은 어떠한 이유로 상당히 오랜 기간 동안 지속되었던 협조관계가 무너지면서 상호갈등으로 치닫게 된 것인가? 여기에는 미국과 식민 모국인 영국과의 지리적 거리, 당시의 유럽의 국제정세, 미국 내 혁명파와 왕당파 간의 대립 등 여러 가지 이유가 있을 수 있겠지만, 무엇보다도 오랜 자치와 자율의 전통을 지닌 식민지인의 권한이 영국에 의해서 지속적으로 침해되면서 영미 간의 갈등이 본격적으로 시작되었다는 점이 주목되어야 한다. 그리고 영미 간의 갈등은 18세기 후반 이후 영국이 다양한 형태의 부당한 세금을 미국 식민지에 부과하면서 시작되었다.

1607년 지금의 버지니아(Virginia) 주의 제임스타운(Jamestown)에 영국계 이주민들이 첫 발을 내디딤으로써 미국 내 식민지 개척의 역사가 시작되었다. 이어서 1620년 메이플라워(May Flower) 호로 대서양을 건너온 청교도 이주민 집단은 현재 매사추세츠(Massachusetts) 주의 플리머스(Plymouth)에 정착하였고, 이후 앵글로 색슨 계통의 이주민들이 뉴잉글랜드 지방에 지속적으로 이주해 오면서 미국 내에는 다양한 형태의 식민지들이 개척되었다. 어떤 식민지들은 영국의 국왕이나 의회가 식민지 특허장(charter)을 통해 개척을 허락하면서 영국의 회사들이 건설하였고(corporate colony), 어떤 식민지들은 개인이 국왕으로부터 토지를 하사받아 개척되기도 하였다(proprietary colony). 그리고 많은 경우 국왕이 권한을 특정 집단에게 위임하여 이들이 다스리는 형태의 식민지(royal colony)도 존재했다.

이와 같이 식민지가 건설되면서 식민지의 정치체계가 서서히 자리를 잡아가게 되었는데, 대체로 그 형식은 식민 모국인 영국의 체제를 본받은 것이었다. 즉 식민지 행정의 총책임자로 영국 국왕이 임명하는 총독(governor)이 존재했고, 총독은 자신이 임명하는 소수의 인원으로 참의회(Governor's Council)를 구성했다. 그리고 진정한 식민지

자치기구로서 식민지 이주민의 의사를 대변하는 기관으로는 민의회(the House of Delegate, House of Burgesses, Assembly of Freemen)가 있었다. 일반적으로 참의회와 민의회는 오늘날 주상원과 주하원의 전신으로 해석되고 있는데, 전자는 입법, 행정, 사법의 기능을 동시에 보유하고 있어 총독을 자문하는 기능을 수행하였고, 통상 새로부임하는 총독은 지역 명사로 구성된 참의원들을 교체하거나 재임명하였다. 그리고후자는 전자에 비해서 짧은 임기 동안 봉사하면서 소읍(town)과 카운티에서 선발된대표들로 구성되어 있었으며, 민의를 대표하고 특히 개별 식민지와 관련된 세금 문제에 관해서 일차적인 권한을 보유하고 있었다.

〈참고사항 1-1〉 참의회와 민의회

영국의 식민지 통치는 각 식민지 총독이 임명하는 참의회와 식민지인들이 매년 선출하는 민의회를 통해서 이루어졌다. 참의회와 민의회는 오늘날 각 주의 상원과 하원의전신에 해당한다고 볼 수 있다. 대체로 참의회는 총독이 부임하여 기존의 참의회 의원을 그대로 유임시키거나 새로운 참의회 의원을 임명하면서 구성되었고, 민의회는각 타운이나 카운티별로 선거를 통해서 뽑힌 식민지인들의 대표로 구성되었다. 참의회 의원의 경우 임명과 해임은 전적으로 총독의 권한에 속하였으며, 따라서 민의회의원에 비해 장기 봉직하는 경우가 대부분이었다. 이들 참의원은 각 식민지의 판사등 저명인사로 구성되는 경우가 많았으며, 각 직능을 대표하기 위해서 선발되기도하였다. 한편 민의회 의원은 매년 선거로 선발된 이후 식민지인들의 의사를 반영하는방식으로 법률안을 제정하였고, 특히 조세의 신설 및 부과하거나 예산 등을 편성, 의결하는 권한을 보유하고 있었다. 후일 이러한 민의회의 조세권한 등이 총독과 영국에의해서 제한되면서 식민지와 식민 모국 간의 갈등이 깊어지게 되었다.

18세기 후반에 접어들면서 식민 모국인 영국과 식민지 미국 사이에 문제가 되었던것은 바로 식민지 의회의 민의회가 보유하고 있던 조세에 관한 권한을 영국 왕실과의회가 무시하였다는 점이다. 다시 말해서 식민지 민의회는 개별 식민지 내에서 식민지인들의 경제생활에 영향을 미치는 세금에 대해서는 상당한 수준의 조세권을 확보하고 있었으며, 이러한 권리는 전통적으로 보장되어 왔다. 그러나 18세기 후반에 접어들면서 1765년의 인지세법(the Stamp Act)과 1767년의 타운샌드법(the Townshend Act)이 식민지인들의 동의 없이 영국 의회에서 통과되어 식민지인들 사이에서는 상당한 불만이 고조되고 있었다. 그런데 그 후 1773년 영국 정부가 또다시 식민지 민의회의 동의 없이 일방적으로 통과시킨 차법(茶法: the Tea Act)은 이후의 "참을 수 없는 법(the Intolerable Acts)"과 함께 급기야 영국에 대한 식민지인들의 불만을 극도로 고조시키는 계기가 되었다. 차법은 식민지 상인에 의해서 중국으로부터 수입되는 차의 유통을 막기 위해서 당시 인도로부터 차의 수입에 종사하던 동인도회사(the East India Company)에 대해서 차 수입에 관한 독점권을 부여한 사건인데, 이러한 조치에 불만을 품고 식민지인들이 소요를 일으킨 사건이 유명한 보스턴 차사건(the Boston Tea Party)이다. 보스턴 차사건은 차세에 반대하는 보스턴 시민들 가운데 급진세력 일부가 인도로부터 수입한 차를 싣고 정박해 있는 동인도회사의 선박을 급습하여 차를 배 밖으로 던져 못쓰게 만든 사건이었으며, 당시 영국의 식민지 통치에 대한 미국인들의 반발을 잘 보여 주었다.

〈참고사항 1-2〉 인지세법

인지세법은 1765년 3월 22일 조지 3세 당시 영국 의회가 만장일치로 통과시킨 법률로서, 식민지 미국의 모든 법적 서류, 신문, 계약서, 유서 등에 인지(印紙)를 붙이게 하는 내용을 담고 있었다. 영국은 결국 인지세법을 통해서 식민지인들이 사용하는 중요한 법적 서류나 발간물에 인지를 붙이게 하여, 이를 통해서 거두어들인 수입으로 식민지 병력 주둔을 위한 비용을 조달하고자 하였다. 이 법률은 결국 식민지인들의 인지세 거부운동 등으로 인해 실효를 거두지 못하고 1766년 3월 18일 철폐되었다.

〈참고사항 1-3〉 타운샌드법과 차법

타운샌드법은 영국 의회가 1767년 통과시킨 두 종류의 법률을 통칭하는 것으로, 이 법률을 기안한 당시 영국의 재무상인 타운샌드(Charles Townshend)의 이름을 따라 그렇게 불리게 되었다. 이 법은 종이, 염료, 유리, 차 등 미국으로 수입되는 일상용품에 대해서 수입관세를 부과한 법으로서, 영국이 북미대륙에서 수행한 프렌치-인디언전쟁(the French-Indian War)의 결과로 인한 부채를 갚기 위해서 식민지에 부과한 세금의 법적 토대가 되었다. 이 법은 식민지인들의 거센 반발에 부딪치면서 불매운동 등과 밀수 등을 야기하기에 이르렀으며, 식민지인들이 영국에 커다란 불만을 품게 된 중요한 계기 가운데 하나가 되었다. 한편 1773년 제정된 차법은 당시 영국의 미국 식민지 무역에 종사한 동인도회사가 재정적 위기에 처하게 되자, 영국 정부가 이 회사가 식민지 미국에 수입하는 차에 대해서 면세혜택을 부여한 법률이었다. 동인도회사가 수입한 차만이 면세혜택을 받게 되자 기타 미국의 수입업자 등이 수입한 차의 가격 경쟁력이 떨어지게 되었고, 또한 식민지인들이 비싼 값으로 차를 사야만 하는 상황이 발생하였다. 그 결과 식민지인들은 이러한 영국 정부의 조치에 커다란 불만을 느끼게 되었으며, 동인도회사가 수입한 차에 대한 불매 운동이 전개되기도 하였다. 이와 같이 타운샌드법과 차법은 식민지인들의 동의 없이 식민지인들에게 부당한 세금을 부과한 법으로서, "대표 없이는 과세 없다"는 유명한 구절이 회자하게 된 기원이 된 악법들 중의 하나가 되었다.

이후에도 영국은 식민지인들의 동의 없이 "참을 수 없는 법" 혹은 "강제법(the Coercive Acts)" 등으로 불리는 법률을 통과시켜 식민지인들의 감정을 다시 한번 격앙시켰다. 보스턴 차사건에 대한 영국의 처벌 조치로 제정된 보스턴 항구 폐쇄법(the Boston Port Act)이나 영국군들이 임의의 장소에서 주둔할 수 있게 한 숙영법(the Quartering Act) 등 "참을 수 없는 법"을 구성한 개별법들은 식민지인들의 삶에 상당한 불편을 끼치는 법률임에도 불구하고, 영국 의회에서 식민지 민의회의 동의를 구하는 절차가 없이 일방적으로 제정되고 강행되었다. 결국 이러한 제반 악법들은 "대표 없이는 과세 없다(No taxation without representation)"라는 규범을 위반하면서 식민지인들의 삶을 옥죄는 것으로 받아들여졌고, 1774년 9월 조지아 식민지를 제외한 12개의 식민지 대표가 필라델피아에 모여 제1차 대륙회의를 개최하면서 영국에 대한 조직적인 저항이 시작되었다.

〈참고사항 1-4〉 참을 수 없는 법

"참을 수 없는 법"은 식민 모국인 영국이 "강제법" 혹은 "처벌법(the Punitive Acts)"으로 부른 법률들로서 매사추세츠 정부법, 보스턴 항구법, 숙영법 등을 포함하고 있었다. 이들 법은 1774년에 걸쳐 영국 의회를 통과한 법이었는데 당시 미국의 식민지인들, 특히 매사추세츠 식민지인들에게 심각한 고통을 준 일련의 법들을 지칭한다. 이 가운데 매사추세츠 정부법은 영국 정부에 비협조적이었던 매사추세츠 참의회 의원들의 선발권을 동주(同州)의 민의회로부터 박탈하여 영국 국왕이 직접 임명하도록 한 법이었고, 보스턴 항구법은 보스턴 차사건의 결과 영국과 차수입을 담당했던 동인도회사가 입은 손실이 보상될 때까지 보스턴 항구를 폐쇄한다는 내용을 담고 있었다. 이 두 법률은 차법의 통과와 이에 강력히 저항한 보스턴 차사건 등을 통해서 영국 정부의 탄압 대상이 되었던 매사추세츠 식민지를 겨냥한 처벌적 법률이었다. 한번 숙영법은 기존의 숙영법을 강화하여 미국 식민지에 주둔한 영국군대의 숙영 범위를 확대하였고, 이들의 주둔에 필요한 의식주 관련 비용을 식민지인들이 지불해야 한다고 규정하였다. 식민지인들은 이러한 법률들을 "참을 수 없는 법"으로 규정하면서 더욱 더 영국에 대한 적개심을 키워 나갔다.

2. 미국 독립전쟁의 전개

그렇다면 1776년 독립선언 직전 시작된 미국 독립전쟁은 과연 어떠한 방식으로 치러졌으며, 어떠한 과정을 거쳐 미국의 승리로 귀결될 수 있었는가? 미국 독립전쟁 당시 주요한 전투는 어떠한 것들이 있었으며, 미국 독립전쟁의 국제전적 성격은 무엇을 지칭하는가? 다음에서는 독립전쟁의 성격과 내용 및 경위에 대해서 살펴보기로 한다.

대체로 식민지인들의 독립과정은 결과의 면에서 평화로운 것처럼 보일 수 있지만 대부분 식민 모국에 대한 무력저항 운동을 포함하고 있다. 프랑스에 대한 베트남의 저항, 스페인에 대한 남미의 저항, 그리고 만주 등지에서 한국의 항일투쟁 등 대부분 식민지 국가들은 식민 모국에 무력으로 저항한 경험을 지니고 있다. 이들 식민지의 독립 운동가들은 자신의 고국 안팎에서 투쟁을 위한 비용과 인력을 조달하면서 조국의 독립을 위해 노력했고, 경우에 따라서는 외세에 의존하기도 하였다. 스페인으로부터 남미 제국(諸國)이 독립하는 데에는 미국을 포함하여 스페인과 경쟁관계에 있는 국가들의 도움이 있었고, 베트남의 대(對)프랑스 민족해방투쟁에는 중국과 소련의 도움이 컸으며, 한국의 항일투쟁에는 중국과 미국 및 소련의 직접적·간접적 원조가 있었다.

미국의 독립과정 역시 평화로운 것은 아니었고, 워싱턴(George Washington) 장군을 대륙 연합군(the Continental Army)의 총사령관으로 하여 영국과의 독립전쟁이 수행되었다. 추정되는 수치로 볼 때 2만 5천 명이라는 당시 기준으로는 상당히 많은 미국 식민지인들이 전장에서 죽어 갔는데 이 가운데 8천 명은 전투로 인해 사망한 것으로 추정되고 있다. 그리고 미국의 독립전쟁은 당시 유럽대륙에서 영국과 경쟁관계에 있던 프랑스, 스페인, 포르투갈 등이 미국의 편으로 참전한 국제전적 성격도 동시에 지니고 있었을 뿐만 아니라, 북미주의 인디언들이 자립영토를 보장해 준다는 영국의 달콤한 약속에 넘어가 미국을 공격했던 매우 흥미 있는 전쟁이었다.

먼저 미국의 독립전쟁은 이미 1776년 독립선언이 있기 전에 시작되었다. 위에서 지적했듯이 보스턴 차사건과 이와 관련된 영국의 참을 수 없는 법들이 제정되면서, 영국에 대한 미국 식민지인들의 반감이 상당히 위험한 수준에 도달했다. 이후 미국 식민지인들의 불만을 영국에 효과적으로 전달하고 유사시에 대비하여 식민지 간의 연합전선을 구성하기 위해서 1774년 제1차 대륙회의(the First Continental Congress)가 개최된 이후, 각 식민지들은 정부체제를 임시의회(provincial congress)체제로 전환시키고 민병(militia)을 규합하면서 만약에 있을 영국과의 전투에 대비하기 시작하였다. 이러한 상황에 직면하여 영국 정부는 식민지가 반란상태에 있다고 판단하고 이를 무력으로 진압하고자 하였는데, 전쟁은 영국의 식민지 정책에 대해서 가장 불만이 큰 곳 가운데 하나였던 매사추세츠 식민지에서 발원하였다.

1775년 4월 렉싱턴(Lexington)과 콩코드(Concord)에서 매사추세츠 식민지 민병대와 영국군과의 전투를 시작으로 소위 미국 독립전쟁이 시작되었다. 당시 매사추세츠 "식민지는 참을 수 없는 법"의 하나로 제정된 1774년 매사추세츠 정부법(the Massachusetts Government Act)에 의해서 자치권이 박탈된 상태였으며, 이에 불만을 품은 혁명세력에 의해서 보스턴을 제외한 지역에서 혁명의 기운이 지속적으로 유지되고 있었다.

한편 렉싱턴과 콩코드에서 전투가 시작되면서 불이 붙은 독립전쟁은 이후 1775년 5월 제2차 대륙회의(the Second Continental Congress)를 통해 전쟁노력이 중앙집권적으로 조정되기 시작하였다. 제2차 대륙회의는 5월 10일 필라델피아에서 개최되어 6월 대륙연합군을 구성하고 그 총사령관에 워싱턴 장군을 임명하였다. 워싱턴 장군은 정규군과 각 식민지에서 차출된 민병으로 군대를 구성한 후 전시 최고 총인원 2만 명에 못 미치는 병력으로 전쟁을 수행하였다. 동시에 각 식민지의 민병대는 군수물자와 인력의 열세를 극복하기 위해서 게릴라전을 통해 영국군에 대항하였다. 한편 영국군은 자신의 병력에 더하여 "헤시안(the Hessians)"이라고 불리는 약 3만 명의 독일 용병을 고용하여 전쟁에 임했으며, 1779년에 이르면 캐나다와 플로리다를 포함하여 북미 주에 주둔한 영국과 독일의 병력은 6만여 명에 이르게 되었다. 한편 노예의 신분을 해방시켜 준다는 영국과 미국의 약속을 믿고 흑인들은 양대 진영에 편입되었으며, 미국 원주민인 인디언들은 식민지인들의 팽창에 따른 위협으로 인해 자연스럽게 영국군에 가담하여 대륙 연합군의 후방을 교란하였다.

이후 1776년 7월 4일 독립선언에 있은 후 미국 독립전쟁은[1] 더욱 본격적으로 진행되기 시작하였으며, 육지에서는 미국과 영국 간의 지상전이 치열하게 전개된 반면, 해양전은 1778년 프랑스 등이 미국을 지원하기 위해 참전하기 이전까지 영국이 장악하는 형세가 유지되었다. 이후 1775년 매사추세츠의 벙커힐 전투(the Battle of Bunker Hill) 이후 수세에 몰리던 대륙 연합군은 1776년 워싱턴 장군의 지휘 하에 뉴저지의 트렌튼 전투(the Battle of Trenton)에서 승리한 이후 전투력의 추동성을 유지할 수 있었다. 한편 1777년 뉴잉글랜드 지방을 기타 식민지에서 절연시켜 중요한 전략적 거점을 장악하려던 영국군이 게이츠(Horatio Gates) 장군의 지휘 하에 뉴욕에 주둔한 대륙군과의 전투에서 패배하면서 전세가 반전되기 시작하였다. 당시 캐나다로부터 진군해 오던 버고인(John Burgoyne) 장군 지휘 하의 영국군이 사라토가 전투(the Battle of Saratoga)에서 대륙 연합군에 패배하면서 전세는 반전되기에 이르렀던 것이다. 이어서 1780년 영국군의 뉴저지 침공이 스프링필드 전투(the Battle of Springfield)로 좌절되면서 대륙 연합군은 독립전쟁이 미국의 패배로 끝나지 않을 수 있다는 자신감을 가지게 되었다.

한편 1777년 사라토가 전투에서 미국이 승리했다는 소식에 접한 프랑스는 1778년 6월 미국과 동맹조약(the Treaty of Alliance)을 체결하고 참전하였고, 이후 스페인이 부르봉 왕가 협약(the Bourbon Family Compact)을 부활시키면서 프랑스의 동맹국으로 1779년 6월 참전하였다. 이들의 참전을 계기로 해양에서의 영국의 절대적 우위가 서서히 도전을 받게 되면서 전세가 서서히 미국 측으로 기울게 되었다. 특히 서인도제도(the West Indies)에 관심을 보인 프랑스와 스페인 남단의 지브롤터(Gibraltar) 지역과 미노르카(Minorca) 섬의 수복을 위해 참전한 스페인의 해양 공세를 동시에 막아야 하는 영국은 그 우월한 해군력에도 불구하고 전력의 손실을 감수해야만 했다.

---

1) 미국 독립전쟁(American War of Independence)은 미국 혁명전쟁(American Revolutionary War)으로도 불리는데, 이 글에서는 미국 독립전쟁으로 명칭을 통일하기로 한다.

〈참고사항 1-5〉 동맹조약

1778년 5월 파리에서 프랑스와 미국 간에 체결된 동맹조약은 미국 독립전쟁에 프랑스가 참전하는 계기를 마련해 준 조약으로서, 영국이 조약의 일방을 공격할 경우 다른 일방이 상대 조약국을 원조하는 것을 그 주요 내용으로 하고 있다. 또한 이 조약은 미국이 독립을 달성할 때까지 어느 일방이 영국과 평화협정을 체결하지 않는다는 내용도 포함하고 있어서 미국의 독립전쟁 수행에 상당한 전략적·심리적 지원을 해 준 조약으로 평가된다. 당시 프랑스는 사라토가 전투에서 미국이 승리했다는 소식에 접한 후 궁극적인 미국의 승리를 어느 정도 예감한 후 이 조약을 체결에 임하였고, 이 조약을 통해 미국은 프랑스의 해군력과 육군력의 지원을 얻어 1781년 요크타운 전투에서 승리할 수 있었다.

〈참고사항 1-6〉 부르봉 왕가조약

18세기에 체결된 스페인과 프랑스 간의 일련의 조약을 일컫는 말로, 양국이 모두 부르봉 가문의 통치자들에 의해서 다스려졌기 때문에 이러한 이름이 붙게 되었다. 부르봉 왕가협약에 따라서 스페인은 1779년 프랑스의 동맹국으로 미국 독립전쟁에 참전하게 되었고, 그 결과 1704년 이후 영국이 통치하고 있었던 지브롤터 지역과 미노르카섬을 되찾게 되었다.

이와 같이 지상과 해양의 양면에서 영국에 대항하는 수 개의 나라가 치른 미국 독립전쟁은 뉴욕 요크타운 전투(the Battle of Yorktown)에서 영국군을 항복시킴으로써 1781년 10월 19일 막을 내리게 된다. 이후 1783년 파리에서 영국과 미국 간의 파리조약(the Treaty of Paris)이 체결되어 전쟁은 종식되었다. 이상에서 알 수 있듯이 미국의 독립전쟁은 육지와 해상에서 미국 및 미국의 독립을 지원하려는 프랑스 등 유럽 열강과 영국 간에 수년간에 걸쳐 지속적으로 전개되었다. 다른 어떤 식민지의 독립전쟁과 마찬가지로 미국의 독립전쟁 역시 식민지와 식민 모국 간의 무력충돌을 수반하였으며, 동시에 국제전적인 양상도 띠고 있었다.

〈참고사항 1-7〉 파리조약

1783년 프랑스 파리에서 영국을 대표하는 하틀리(David Hartley) 의원과 미국을 대표하는 애덤스(John Adams), 프랭클린(Benjamin Franklin), 제이(John Jay) 간에 체결된 평화조약으로서 미국 독립전쟁을 종결하는 결과를 가져왔다. 이 조약에 의해서 미국의 13개 식민지는 자유 주권국가로 인정받게 되었으며, 미국과 영국령 북미주 간의 경계가 설정되었다.

II. 연합헌장 체제와 필라델피아 헌법회의

1. 연합헌장 체제의 특징 및 연방헌법 체제와의 비교

1776년 영국 왕실의 폭정에 대항하여 자유, 생명, 재산상의 권리를 추구하면서 독립을 선언한 미국의 여러 식민지는 이후 "식민지(colony)"로서의 지위를 벗어나 스스로를 "나라(state)"라고 개칭한 후 연합군을 형성하여 영국군과 전투에 임하였다. 독립선언 이후 주권국가 연합체 형식의 국가 명칭을 "미주 식민지 연합(United Colonies of America)"에서 "미주 연합국(United States of America)"으로 바꾼 미국은 독립전쟁 수행 당시부터 워싱턴 장군을 총사령관으로 하는 대륙 연합군을 구성하여 대영 투쟁을 전개하였다. 이와 같이 독립 당시부터 미국의 여러 나라들은 느슨한 형태의 연합체 속에서 공동의 노력과 인적·물적 동원을 통해서 행동하였으며, 이런 의미에서 볼 때 미주 연합국 내에서 다른 나라들과 철저하게 분립되어 개별적으로 행동한 나라는 없었다고 할 수 있다.

이와 같이 독립선언 이후 후일 미국 연방의 "주(州)"로 편입되기 전의 개별 나라들은 사실상 독립국가의 지위를 보유하고 있었지만 미주 연합국이라는 공동체에 소속되어 공동의 관심사를 논의하고 필요한 조치들을 상호 조정할 수 있었다. 그리고 이와 같이 상호조정이 가능했던 이유는 미국이 비교적 동질적인 인구학적·종교적·문화적 전통을 공유했기 때문이다. 그리고 이는 후일 미국 연방제도가 다른 나라와 달리 원활하게 작동될 수 있는 원인이 되었는데, 익히 알려져 있듯이 미국은 종교의 자유를 찾아 구대륙으로부터 탈출한 개신교도로 구성되어 있었으며, 인종적으로 앵글로 색슨이라는 공동의 민속집단(ethnic group)[2]을 중심으로 이루어져 있었다. 공통의 언어 역시 식민 모국인 영국의 언어, 즉 영어를 사용하고 있었으며, 따라서 자연스럽게 이들 미국 식민지 이주민들은 지역적으로 분할하여 거주하고 있었으나, 언어, 종교, 인구학적 공통점을 기반으로 의사소통 등에서 장애나 갈등 없이 공존할 수 있었다. 그리고 이러한 공감대는 후일 캐나다나 인도와 같은 근대 연방국가들이 지불해야 하는 문화적 비용에서 미국이 상대적으로 자유로울 수 있었다는 점을 말해주는 것이었다.

이러한 공감대를 토대로 공동으로 영국에 대항하여 독립을 선언한 미국은 개별 나라를 중심으로 각각 헌법을 제정하고 주권국가의 모습을 갖추었지만, 독립전쟁의 수행을 위해서 1774년 결성된 대륙회의를 유지해 나갔으며 대륙 연합군을 공동으로 운영할 수 있었다. 독립전쟁을 종식시킨 결정적 계기가 된 1781년 요크타운 전투 이후 1783년 영국과 강화조약을 체결한 미국은 영국과의 종전 이후 미국을 하나의 협의체로 묶어줄 정치조직을 필요로 하기에 이르렀는데, 이러한 조직은 이미 독립전쟁 와중인 1777년 7월 디킨슨(John Dickinson)이 작성한 초안을 대륙회의의 결정으로 통과시키면서 형성된 연맹의회(Confederate Congress)를 통해 실현되어 있었다. 그리고 우리는 연맹의회를 통해서 주권적인 나라들 간에 수립된 체제를 그 체제의 기본문서의 이름에 근거하여 연합헌장(the Articles of Confederation)체제라고 부르기로 한다.

1781년 각 나라의 승인을 거쳐 탄생한 연맹의회는 오늘날의 국가 형태와 비교해 본다면 단방국가(unitary state)와 연방국가(federal state)의 중간 형태에 속하는 국가연합(confederation)에 가깝다. 1781년 탄생한 연맹의회는 개별 주권국가들의 연합체로서 느슨한 회의조직을 구성하고 있었으나, 개별 구성국가의 주권을 제한하지는 못했으며 상시적인 기구를 마련하는 데 실패했다. 또한 중앙집중적인 권력을 보유하지도 못하여 개별 구성국가에 대한 구속력이 매우 약했다. 따라서 1787년 필라델피아 헌법회의 (the Philadelphia Convention)를 통해서 탄생한 미합중국이 주정부와 연방정부의 이중주권(dual sovereignty)을 표방한 연방국가였던 것과는 크게 대조를 이루고 있다. 이와 같이 느슨한 회의체로서의 성격에 국한되었던 연맹의회는 각 나라들 간의 분쟁을 해결하거나 외국의 군사적 침략에 대해서 효율적으로 대처할 중앙집권적 권력을 보유하

---

2) 2016년 트럼프 대통령의 당선과 이를 전후한 백인 민족주의의 발흥 이후 민속집단은 종종 "종족" 혹은 "종족집단"으로 번역되기도 한다. 그러나 종족은 "tribe"라는 별개의 단어에 대한 번역어로 보여 이 글에서는 그냥 민속집단으로 사용하기로 한다.

지 못했다. 동시에 독립전쟁 당시 미국이 융자한 전시부채에 대한 지불 문제도 여전히 해결되지 않은 채로 남아 있어서, 연맹의회의 무기력과 비효율성은 좀 더 중앙집권적인 정부의 필요성이 대두되는 계기가 되었다. 이러한 문제의 해결을 위해서 1786년의 애너폴리스 회의(the Annapolis Convention)는 새로운 헌법의 제정을 위한 회의의 소집을 결의하게 되고, 이후 1787년 필라델피아 헌법회의가 개최되면서 보다 강력한 중앙정부의 창설로 이어지게 된다.

〈참고사항 1-8〉 애너폴리스 회의

애너폴리스 회의는 1786년 메릴랜드 주의 애너폴리스에서 뉴저지, 뉴욕, 펜실베이니아, 델라웨어, 버지니아 등 5개 주의 대표들이 연합헌장 체제의 문제점을 검토하기 위해서 모인 회의이다. 이 회의는 연합헌장 체제의 결함으로 인해 각 주 간 자유로운 교역과 통상이 원활하게 진행되지 않는다는 문제점을 놓고 여러 주의 대표들이 토의하기 위해서 소집되었으나, 참석하지 못한 주들이 많아 연합헌장 체제의 문제를 해결하기 위해서 본격적인 회의를 소집하자는 문건을 채택하여 각 주와 연합의회로 보내기로 결의하고 해산하였다. 이 회의의 결과 1787년 필라델피아 헌법회의가 개최될 수 있었다.

결론적으로 보면 독립선언 이후 미국을 대표하는 조직체로 등장한 연맹의회는 구성 국가의 자율성을 보장하고 권력집중적이며 상시적인 조직의 확보에 실패하여 강력한 국가 지도력을 발휘할 수 없었다. 오히려 개별 국가들의 자율성을 존중한 연맹의회는 비상시적(非常時的)이며 분권적인 회의체 혹은 협의체의 성격을 띠면서 1787년까지 유지되었다. 참고로 1777년 이후 연맹의회를 중심으로 한 연합헌장 체제와 1787년 이후 연방의회를 중심으로 한 연방헌법 체제를 비교하면 다음과 같이 간단히 정리될 수 있다.

〈표 1-1〉	연합헌장 체제와 연방헌법 체제의 비교	
	연합헌장 체제	연방헌법 체제
국가의 공식명칭	미주 연합국 (the United States of America)	서문에 미합중국 (the United States of America)으로 언급됨
입법부	의회(Congress): 단원제	의회(Congress): 양원제
의원	각 주당 2~7명	각 주당 상원의원 2명 하원의원은 인구비례로 배정
의회표결	각 주당 1표	상원의원 혹은 하원의원이 각각 한 표 행사
의원의 임명	각 주 의회에서 임명	하원의원은 주민이 선발 상원의원은 각 주 의회에서 선발
의원의 임기	1년	하원의원은 2년 상원의원은 6년
의원의 임기 제한	6년 기간 동안 3년 이내	없음
의원급여	주정부 지급	연방정부 지급
의회 휴회기간 중 업무유지	주위원회(A Committee of States)가 전권을 지님	대통령이 의회소집 가능
입법부 수장	의장(President of Congress)	하원의장; 상원은 부통령
집행부	없음	대통령
주 간 분쟁 해결	의회	연방대법원
새로운 주 가입	9개주 동의 필요	의회의 동의 필요
헌법수정	만장일치	3/4개 주 동의 필요
세금	의회가 배정; 주가 징수	의회가 부과 및 징수

2. 필라델피아 헌법회의의 성격

그렇다면 이러한 새로운 체제를 수립한 필라델피아 헌법회의는 어떠한 성격의 회의 였나? 그것은 일종의 제헌의회(制憲議會)의 성격을 띠고 있었는가 아니면 단순한 헌법 비준을 위한 일회성 회의였나?

일반적으로 "제헌의회"는 이름 그대로 국민의 대표들이 모여서 헌법을 만드는 의회

를 말한다. 민주주의를 구현하는 헌법을 보유한 거의 모든 국가는 형식적이든 실질적
이든 민의를 수렴하여 헌법을 만드는 과정을 거치는 것이 일반적이고, 대체로 그 과정
은 국민의 대표들이 모여서 회의를 진행하는 방식을 채택한다. 이때 제헌의회는 헌법
을 만들 때 헌법제정을 담당한 의회를 의미한다. 즉 제헌의회는 국민이 선발한 대표들
이 의회를 구성한 후 토론 등을 통해서 헌법을 제정하는 의회이며, 헌법을 제정한
이후 해산하기도 하고 지속되기도 한다. 제헌의회가 헌법을 제정하고 해산하는 경우
제헌의회가 제정한 새로운 헌법에 따라서 의회선거를 새로 실시하고 새로운 의회에서
정치활동이 시작되며, 제헌의회가 헌법제정 이후 그대로 존속하는 경우 제헌의회는
일반적인 의회로서 기능을 전환하는 것이다.[3]

　　1787년 미국의 필라델피아 헌법회의는 미국이 영국으로부터 독립한 이후 각 나라
의 대표들이 모여서 헌법을 제정하기 위해 토론을 벌인 회의이지만, 1948년의 한국
제헌국회나 2005년의 이라크의 제헌의회처럼 국민의 직접선거에 의해서 선출된 대표
들로 구성된 "의회"는 아니었다. 당시 필라델피아 헌법회의는 단지 헌법의 제정을 위
해서 각 주에서 선발된 대표(delegates)들이 모여 헌법제정을 위해 토론하고 논쟁을
벌인 회의였다. 따라서 국민의 직접선거에 의해서 구성된 의회가 아니라 헌법제정을
위한 일회성 회의였다는 면에서 제헌의회와는 구별된다고 하겠다. 그럼에도 불구하고
필라델피아 헌법회의는 각주의 대표가 모여서 헌법을 제정한 회의였다는 점에서 한국
이나 이라크의 경우와 같이 제헌의회의 성격을 갖는다는 점은 부정될 수 없다.

III. 필라델피아 헌법회의와 연방주의자와 반연방주의자 간의 논쟁

　　미국은 1783년 파리조약을 통해서 최종적으로 영국으로부터 독립국가의 지위를 인
정받게 되었다. 독립전쟁 승리 후 사실상 독립 국가였던 13개 나라들은 1777년 제정
한 연합헌장에 의거하여 국가연합 형태인 연맹의회를 중심으로 나라를 운영하고 있었

---

3) 1948년 한국의 제헌의회인 제헌국회는 헌법을 제정한 후 의회로서 존속하였던 반면, 이라크전쟁 이후
　 미국의 군정이 종식되고 주권국가로 독립한 이라크의 경우를 보면 제헌의회는 헌법제정 이후 새로운
　 의회에 자리를 물려주었다. 즉 이라크의 경우 2005년 1월 30일 제헌의회 의원 선발을 위한 총선을 통해
　 수립된 제헌의회는 헌법안을 통과시킨 후 해산되었고, 신헌법에 의해 2005년 12월 15일 새로운 의회가
　 구성되었고 신정부가 수립된 바 있다.

다. 그러나 외교와 국방의 문제, 전시 부채의 상환 문제, 각 주 간의 어로분쟁 등 여러 가지 국가적 과제에 당면한 미국은 연합헌장 체제의 문제점을 서서히 인식하면서 새로운 국가건설을 위해서 1787년 필라델피아에 모여 신헌법 제정을 논의하기에 이르렀다. 이때 새로 제정된 국가를 만드는 과정에서 가장 중요한 전제는 바로 연맹의회보다는 강한 정부를 만들어야 하지만, 동시에 주정부의 권리를 침해하거나 인민의 자유를 유린할 가능성이 없는 정부를 설치하여 폭정의 공포를 미연에 없애는 것이었다. 능률적인 중앙정부의 창설과 함께 권력의 집중을 최대한 방지해야 한다는 과제가 필라델피아 헌법회의 당시 국가건설을 이끈 가장 중요한 이념 가운데 하나였다. 이를 좀 더 부연해서 설명하자면 다음과 같다.

필라델피아 헌법회의의 소집은 무엇보다도 알렉산더 해밀턴(Alexander Hamilton), 제임스 매디슨(James Madison) 등 소위 연방주의자(Federalists)들과 토마스 제퍼슨 등 반연방주의자(Anti-Federalists) 간의 대립으로 점철된 회의였으나, 전반적으로 평가하자면 연방주의자들의 승리로 귀결된 회의였다. 이러한 판단은 무엇보다도 연맹의회보다 훨씬 강한 형태의 정부가 필라델피아 헌법회의 이후 여러 주의 비준을 거쳐 연방정부로 들어설 수 있었다는 사실로 뒷받침된다. 그러나 연방주의자들은 연합헌장의 문제점을 해결하기 위해서 현재 미국 헌법에 구현된 것보다 훨씬 더 강력한 중앙정부를 원했던 반면, 반연방주의자들은 연합헌장의 문제점은 인정하되 개별 국가들의 자율성이 최대한 인정될 수 있는 방식으로 중앙정부를 창설하기를 원했다. 다시 말하자면 연방주의자들은 새로 창설될 중앙정부가 개별 13개 나라의 통치권을 넘어서서 그 나라들에 속한 인민들 개개인에게 직접 영향력을 행사할 수 있는 정부가 되기를 희망한 반면, 반연방주의자들은 연방정부가 개별 나라들의 동의 하에서만 수립될 수 있는 정부이길 원했다(Hamilton et. al. 1982; Storing 1981).

이러한 차이점에도 불구하고 필라델피아 헌법회의에서 연방주의자와 반연방주의자 간에 최소한의 합의는 존재했는데, 그 합의는 어떠한 형태로라도 보다 강화된 권력을 지닌 새로운 형태의 정부가 필요하며, 동시에 이렇게 새로 창설될 정부가 폭정으로 기울어서는 안 된다는 점이었다. 중앙정부의 창설을 통한 연방정부의 실질적인 위상 제고와 동시에, 그럼에도 불구하고 그러한 정부가 결코 인민의 권리와 자유를 침해하는 폭정으로 흘러서는 안 된다는 것이 당시 정도의 차이는 있지만 연방주의자와 반연방주의자 사이에 형성된 공감대였다. 따라서 필라델피아 헌법회의 당시 가장 중요한 문제는 충분히 강한 정부를 만들되 폭정의 방지를 위해서 권력을 분산시킨다는 것이었고, 이를 통해서 인민의 자유를 최대한 보장해야 한다는 것이었다. 이러한 원칙을 구현하기 위해서 연방주의자들과 반연방주의자들은 공통적으로 정부의 목적인 인민의 재산, 생명, 자유를 보장하기 위해 존재한다는 사실과, 폭정의 방지를 위해서 정치권력은 입법, 사법, 집행부로 분할하고, 연방정부를 "통합정부(consolidated government)"가 아닌 새로운 형태의 중앙정부로 만드는 데 합의하였다. 이렇게 탄생한 연방정부는 연맹과 통합정부의 중간 형태의 정부로서 인민에 대해서 직접적 권한을 행사하는 "국민정부(national government)"적 성격을 띰과 동시에 연맹의회 당시의 주의권리를 일정 부분 인정하는 "연맹정부(confederate government)"의 성격도 동시에 띠고 있는 절충적 형태의 정부였다. 그렇다면 실제 필라델피아 헌법회의 당시 연방주의자와 반연방주의자들은 헌법상 권력구조의 구체적 내용에 있어서 어떠한 타협을 통해서 합의에 도달할 수 있었는가?

일반적으로 연방국가의 건국과 헌법제정 시기에 중앙정부를 강화하자는 주장과 이에 반대하는 세력들 간에는 갈등이 있기 마련이다. 예컨대 캐나다 헌법제정 과정에서 프랑스계 캐나다인들은 지역정부(regional government)가 최대한 자치를 누릴 수 있기를 원했으며, 영국계 캐나다인들은 이러한 주장을 일부 수용하면서 중앙정부의 창설을 도모할 수 있었다. 연방국가는 아니지만 다양한 문화적 배경을 지닌 영국의 경우 1990년대 이후 지역자치에 대한 요구가 커지면서 지역의회가 창설되는 등 다양한 형태의 권한이양(devolution) 조치가 실시된 바도 있다. 중앙정부와 지역정부 간의 갈등이 적절히 조화되지 않을 경우 지역정부는 연방으로부터의 이탈을 도모하는 원심력적인 세력이 될 수 있고, 지나치게 지역정부의 이익만이 충족될 경우 중앙정부는 무능한 정부로 남게 된다. 미국의 경우 연합헌장 체제와 이 체제의 핵심적 기구인 연맹의회의 무능력을 해소하기 위해서 1787년 필라델피아 헌법회의가 소집될 당시에도, 지역정부 — 후일의 주정부(state government) — 의 권한을 최대한 보장하자는 제퍼슨(Thomas Jefferson) 등 반연방주의자들과 연방정부의 권한을 강화하자는 매디슨 등 연방주의자 간의 의견대립이 있었으며, 결국 이 양대 세력 간의 조정과 중재는 연방주의자였지만 반연방주의자들의 우려를 덜기 위해 노력한 매디슨 자신에 의해서 시도되었다.

1787년 필라델피아 헌법회의가 소집되었을 당시 연방주의자들과 반영방주의자들의 갈등은 소위 연방국가라는 새로운 정치체제에서 과연 "연방(union)"이 무엇을 의미하는가 하는 문제를 둘러싸고 전개되었다(Diamond 1993). 연방의 해석에 있어서 반연방주의자들은 연방을 철저하게 나라의 독자적인 주권을 인정하는 각도에서 나라들 간의 계약에 의해 성립된 정치 단위로 파악하였고, 이에 반해 연방주의자들은 이를 나라의 경계를 넘어서는 미국 내 인민 전체의 의사의 결집체로 파악하고 있었다. 이러한 서로 다른 입장 간의 대립은 결국 헌법회의 당시 나라의 독립적인 지위가 철저히 보장되어야 한다는 입장에 서 있던 반연방주의자들과 나라의 독립적 지위가 어느 정도 희생되더라도 미국 국민 전체를 대표하는 정부의 수립을 주장한 연방주의자 간의 대립으로 파악될 수 있다.

연방정부의 수립을 둘러싼 1787년 헌법회의 당시 연방정부에의 권력의 집중을 우려하여 연방정부의 수립을 반대했던 반연방주의자들에게 있어서 그 이상적인 연방의 형태는 사실상 오늘날 국가연합의 형태인 연맹(confederation)이었다. 그리고 이러한 연맹의 형태로서 반연방주의자들에게 가장 적절한 역사적 정치 단위는 바로 연방헌법의 등장 이전에 연합헌장 체제 하에서 존재했던 연맹의회였다. 이에 반해서 연방주의자들은 중앙정부로서의 연방정부는 나라의 합의에 토대하여 나라의 구속을 받는 제한된 연맹의회 형태의 정부가 아니라, 나라의 경계를 넘어서서 미국 국경 내의 모든 인민에게 직접적으로 영향력을 행사하는 정부이어야 한다고 주장하고 있다. 제임스 매디슨과 같은 연방주의자에게 있어서 연방정부는 단순히 나라간의 합의에 의해서 운용되어서는 제 기능을 발휘할 수 없으며, 국민 전체에게 영향력을 행사하는 국민정부이어야 했다.

이러한 연방주의자와 반연방주의자 간의 갈등에 있어서 반연방주의자들에 대한 설득에 주력한 사람은 다름 아닌 연방주의자 매디슨이었다. 매디슨은『연방주의자 논고(*The Federalist Papers*)』"제39번"에서 연방헌법 제정에 대한 반연방주의자들의 우려를 완화하고자 노력하고 있다. 따라서 이 글에서 매디슨의 의도는 사실상 새로 창설되는 헌법에 규정된 정부가 "국민정부"적인 속성뿐만 아니라 동시에 "연방정부(연맹)"적인 속성을 지니고 있음을 밝히는 데 집중되어 있었다. 매디슨은 먼저『연방주의자 논고』제39번의 전반부에서 새로운 헌법 하에서 탄생될 정부가 공화주의적 속성을 잃지 않고 있음을 지적하고 있다. 이어서 매디슨은 반연방주의자들의 또 다른 반론, 즉 새로운 헌법은 나라의 통합(consolidation of States)을 추구하여 국민정부를 창설하려 함으로써 이는 주권국가의 연맹(a confederacy of sovereign States)으로서의 "연방정부(연맹)"가 아니라는 반론에 대한 자신의 주장을 피력하기 시작하였다. 반연방주의자들을 설득하는 과정에서 매디슨이 주력한 점은 새로 탄생하는 정부가 연맹의 속성과 연방의 속성을 모두 지니고 있다는 점을 보여 주는 것이었다. 이를 위해서 매디슨은 먼저 매디슨은 신헌법의 비준이 인민 전체의 동의를 얻는 방식이 아니라 각 나라의 동의를 얻는 방식을 취하기 때문에 결코 통합정부적 성격을 띤다고 볼 수 없다고 주장하였다. 이어서 매디슨은 버지니아 안(the Virginia Plan)과 뉴저지 안(the New Jersey Plan)의 절충을 통해 이러한 연방정부가 창설되었음을 주장하면서, 각 나라의 권한이 대표되는 상원은 나라의 주권을 바탕으로 존재하며, 인민을 대표하는 하원은 미국 국민 전체에 대한 중앙정부의 대표성을 인정하는 제도라고 설명하였다. 마지막으로 매디슨은 중앙정부의 권한이 명기된 권한에 국한되고 기타 영역에서는 개별 나라의 주권적 권한이 인정될 것임을 주장하면서, 새로 탄생하는 연방정부가 결코 통합정부적인 측면만을 보이는 것은 아니라고 주장하였다.

이상의 논의에서 알 수 있듯이 1787년 필라델피아 헌법회의와 이후 각 나라의 헌법 비준 회의 당시 가장 중요한 문제는 대규모 나라와 소규모 나라의 국민대표권의 절충 문제와 함께 새로 탄생하는 정부가 결코 구성정부의 자율성을 침해하는 통합정부가 아니라는 점을 설득하는 문제였다. 이러한 설득의 과업은 새로운 국가체제의 건설을 열망한 연방주의자들의 몫이 될 수밖에 없었고, 이들 가운데 일원이었던 매디슨은 새로운 정부가 개별 구성정부의 자율성을 보장하는 연맹의 성격도 동시에 지니고 있음을 주장하면서 이들을 설득하고자 노력하였다. 그리고 1789년 초대 의회가 개원하면서 헌법 수정조항(Constitutional Amendments)의 추가 형식으로 개인과 주(州)의 권리가 강화되면서 최종적으로 연방헌법은 안정적으로 적용되기에 이르렀다.

IV. 권력의 집중, 해결책, 그리고 권리장전

1. 권력의 집중과 해결책

어느 국가가 헌법을 제정할 경우 그 국가가 해결해야 할 가장 시급한 문제를 생각하면서 헌법제정과 국민투표를 실시하는 것이 보통이다. 한국의 경우 1987년 민주화 과정에서 제6공화국 헌법을 만들 때 봉착했던 가장 중요한 과제는 국민의 염원인 대통령 직선제를 헌법에 명기하고 대통령에게 지나친 권력이 집중되지 않도록 하는 것이었다. 제6공화국 헌법은 이러한 국민적 염원을 반영하여 대통령의 의회 해산권 등을 삭제하고 대통령 직선제를 보장하면서 국민투표를 통해서 통과되었다.

이와 같이 민주주의 국가의 헌법이 국민의 염원과 국가적 과제를 반영하는 방향으로 제정 혹은 개정된다는 가정이 옳다고 할 경우, 인종적·문화적 갈등이 심한 국가의 경우 헌법제정 과정은 이러한 문화적 갈등을 해결하기 위한 분권적 성격의 헌법을 도입하려는 과정이 될 것이며, 그러한 국가에서 행정수반 선발의 제일차적 기준은 다른 무엇보다도 통합의 능력이 될 것이다. 예컨대 스위스의 경우 그 언어적·문화적 다양성으로 인해 분권적인 요소가 강한 연방헌법이 채택되었으며, 행정수반도 순환제를 통해 서로 다른 언어·문화집단 간 갈등의 여지를 최소화하고 있다. 국가의 규모가 매우 작지만 불어권과 화란어권으로 나뉘어져 오랜 기간 동안 문화적 갈등을 겪어 왔던 벨기에의 경우도 지역분권과 문화적 자치를 구현할 수 있는 연방제도를 채택하여 분열적 요소를 제어할 수 있었다. 이와 관련하여 벨기에의 정당제도 역시 화란어권과 불어권에 동일한 정당이 이중적으로 분할되어 운영되고 있다. 이와 같이 특정 국가의 헌법은 그 국가가 당면한 과제를 해결하려는 의지와 이러한 의지의 실행을 촉진하는 제도를 명문화하고 있는 것이 보통이다.

1787년 필라델피아에 모여서 미국 건국의 아버지들이 헌법제정을 위해 다양한 노력을 경주할 때 제기된 문제는 새로 탄생하는 연방정부가 어떠한 방식으로든 시민의 자유와 권리를 침해하지 않을까 하는 우려였다. 그리고 이러한 우려가 가시화될 경우를 대비하여 필라델피아 회의에 모인 각 나라의 대표들은 정부의 권력을 견제하고 시민의 권리를 보호할 수 있는 방책을 마련하는 것이 시급하다고 보았다. 연합헌장 체제 하에서 존속했던 연맹의회의 비효율성과 무능력이 지적되고 이어서 연맹의회보다 더욱 효율적이고 강력한 중앙정부의 필요성이 대두되면서 강력한 정부를 수립하기 위한 회의는 소집되었지만, 막상 필라델피아에서 다시 제기된 우려는 이러한 강력한 중앙정부가 정치권력을 자의적으로 행사함으로써 인민의 권리를 침해하지는 않을까 하는 우려였다. 특히 이러한 우려는 연합헌장 체제 하에서 개별 나라들이 누렸던 독립성과 자율성을 최우선시하는 반연방주의자들에 의해서 강력히 제기되었다.

어느 나라에서나 그러하듯이 1787년 필라델피아 헌법회의에 모인 미국 건국의 아버지들 역시 자신 혹은 자신들이 대표하는 나라들의 정치적 이익을 대표하는 정치인들이었으며, 따라서 이들 간의 이해관계의 절충과정이 반드시 필요한 것이었다. 당시 강력한 중앙정부의 필요성을 역설했던 매디슨 등 연방주의자들은 과거 분권화된 연합헌장 체제를 옹호하는 반연방주의자들의 우려를 불식시키고 이들의 동의를 얻어내기 위해서 다양한 형태로 새로 창설되는 연방국가가 결코 권력의 집중만을 의도하는 것은 아니라고 설득하였다. 그리고 이러한 설득과정에서 매디슨 등 연방주의자들이 제시한 권력집중의 방지책은 정부 내 권력분립 및 이를 통한 견제와 균형의 제도화와 다층 정부구조를 구현하는 연방제도였다.

매디슨 등 연방주의자들은 새로 탄생하는 연방정부가 권력의 집중을 구현하는 통합정부(consolidated government)가 되어 부처 간 권력 구분이 없어지고 마침내 시민의 다양한 권리가 침해될 수 있다는 주장에 대해서, 새로운 헌법에 보장된 권력의 분립은 정부의 폭정(governmental tyranny)을 극복하는데 일조할 것이라고 논박하였다. 즉 권력집중의 우려에 대한 권력의 분립과 입법, 사법, 행정 등 3부에 부여된 상호 견제의 메커니즘은 한 부서가 다른 한 부서의 권력을 임의로 침해하는 것을 방지하여 권력의 자의적 집중현상을 방지할 것이라는 주장이 제시되었다. 동시에 이중 주권(dual sovereignty)을 표방하여 앞으로 연방에 편입되는 주정부와 연방정부 간에 국가 권력이 양분되고, 양 수준의 정부에서 권력분립이 실현되면 권력의 집중은 또한 중층적으로 방지될 수 있을 것으로 예견되었다.

이와 같이 연방주의자들에 의해서 제기된 권력집중의 방지책은 대체로 정부권력의 집중을 방지하는 것이었으며, 이에 더하여 매디슨은 연방정부가 수립될 경우 개별 국가 수준에서 빈번히 관찰된 소수 이익의 억압현상도 사라질 것이라고 보았다. 매디슨에 의하면 광대한 영역에 걸쳐서 연방국가가 수립될 경우 개별 국가 수준에서는 용이한 다수분파의 폭정과 전횡이 방지될 것으로 보았다. 이는 정부의 폭정과는 별개로 다수의 폭정 혹은 사회적 폭정이라고 불릴 수 있는 현상을 방지한다는 것인데, 연방정부의 통합된 영토 내에서는 다수 분파가 형성되어 소수 분파를 억압하는 데 필요한 집합행동의 용이성이 보장되지 않아 시민의 자유가 더 잘 보호될 것이라고 매디슨은 내다보았던 것이다.

2. 권리장전

이후 1789년 초대 미국 의회가 개원되어 각 나라에서 1787년 합의된 연방헌법의 통과과정에서 문제가 된 여러 가지 사항들이 논의되면서 소위 권리장전(Bill of Rights)이라고 불리는 10개의 헌법수정안이 통과되어 정부권력의 확대에 대한 시민권 보호의 노력은 또 다른 결실을 맺을 수 있게 되었다. 정교분리를 명문화하고 언론, 출판, 집회, 결사의 자유 등 시민의 다양한 자유를 구체적으로 명기한 헌법 수정조항 10개 조는 새로운 공화국의 정부권력이 강화된 나머지 시민의 기본권이 침해되면 어떻게 대처할 것인가라는 의문에 대한 답변으로 나타나 오늘날까지 미국 시민권의 헌법적 보루로서 기능하고 있다. 그렇다면 이와 같은 권리장전은 어떠한 문제제기와 경위에 의해서 헌법의 일부로 포함되었는가? 아래에서는 이 점에 대해서 검토해 보고자 한다.

오늘날 미국헌법에 포함되어 있는 권리장전(Bill of Rights)은 1787년 필라델피아 헌법회의에서 연방헌법이 제정된 이후, 1789년 초대 연방의회에서 헌법수정에 관한 논의가 이루어지면서 제안된 헌법의 수정조항 1조부터 10조까지의 내용을 지칭한다. 흔히 1조에서 10조까지의 헌법 수정조항을 우리는 권리장전이라고 부르며 그 요체는 연방정부의 권력에 대하여 시민의 자유와 권리를 보장하는 것으로 되어 있다. 원래 1789년 초대 연방의회 당시 제안된 헌법 수정조항은 12개의 조항으로 되어 있었으나 3조부터 12조까지의 내용만이 헌법 수정조항으로 채택되었다. 헌법 수정조항이 초대 연방의회에서 채택된 이후 1791년까지 각 주에서 헌법 수정조항이 비준되어 권리장전은 오늘날 헌법의 일부로서 시민권 보호에 매우 중요한 역할을 수행하고 있다. 이러한 권리장전이 헌법의 일부로서 포함된 경위와 권리장전의 내용을 보면 다음과 같다.

1787년 필라델피아 헌법회의에서 연합헌장 체제보다 강력한 중앙정부를 옹호했던 연방주의자들의 노력에 의해 연방헌법이 통과된 이후, 새로운 헌법조문은 각 나라의 의회로 비준을 위해 송부되었다. 당시 이들 13개 나라들의 3/4 이상의 비준이 있어야 연방헌법이 효력을 발휘하게 되는데, 각 나라의 연방헌법 비준회의에서는 연방헌법의 내용을 두고 격렬한 토론이 벌어지게 되었다. 1787년 필라델피아 헌법회의 당시부터 권력의 중앙집중으로 인해 미국에 폭정이 도래할 것이라고 우려했던 반연방주의자들은 여전히 각 나라의 헌법 비준 회의에서도 비준 반대 입장을 표명하였다. 이들의 입장은 국가권력의 확대는 구현되었으나 이러한 국가권력에 대한 시민의 자유와 권리 보장이 소홀했다는 점이었다. 따라서 이러한 시민의 자유와 권리가 국가권력에 의해서 침해받지 않는다는 보장책이 없는 한 연방헌법을 비준해서는 안 된다는 것이 각 나라의 반연방주의자의 견해였다.

각 나라의 헌법 비준회의에서 이러한 반연방주의자의 견해가 강하게 제기되어 주목을 받았던 나라는 매사추세츠였다. 매사추세츠 헌법 비준회의에서 반연방주의자의 대표격이었던 애덤스(John Adams)와 핸콕(John Hancock) 등은 국가권력으로부터의 시민의 자유와 권리가 확실히 보장되지 않는 상태에서 헌법 비준은 불가능하다고 주장하면서 비준을 강력하게 반대하였다. 그러나 이에 대항하였던 매사추세츠의 신헌법

옹호론자들은 헌법 내용에 대한 수정은 불가능하며 헌법 비준회의의 소집 목적은 신헌법을 그 조문 내용대로 수용할 것인지 거부할 것인지의 여부만을 결정하는 것이라고 주장하였다. 이러한 갑론을박 끝에 타협안이 도출되었는데, 이는 1789년 개원하는 초대 연방의회에서 시민권의 보장을 둘러싼 헌법개정 논의가 있어야 한다는 제안서를 채택하는 것이었으며, 연방의회가 이를 신중히 고려한다는 전제 하에 연방헌법 조문에 투표한다는 것이었다. 이러한 타협의 결과 매사추세츠 헌법 비준회의는 1788년 2월 6일 신헌법안을 187 대 168로 통과시키고 연방의회의 개원회의에서 헌법개정에 대한 논의를 기다리게 되었다. 이와 같이 시민권의 철저한 보장을 위해서 헌법이 개정되어야 한다는 주장은 헌법 비준회의를 거친 나라들 가운데 뉴햄프셔, 버지니아, 뉴욕 등에서도 제시되었는데, 이들 나라들은 헌법 비준 이후 헌법 비준 서류에 헌법수정에 관한 제안서를 첨부하였다.

원래 1787년 당시 새로운 헌법제정과 함께 국가권력이 비대해지면서 시민의 자유와 권리가 침해될 것이라는 우려는 특히 반연방주의자들을 중심으로 강하게 개진된 바 있다. 이들은 중앙정부로서 연방정부의 권한이 확대될 경우 있을 수 있는 폭정에 대해 우려하면서, 국가권력에 대해서 시민의 권리가 보장될 수 있는 조문들이 삽입되어야 한다고 주장한 바 있었다. 그러나 당시 강력한 중앙정부를 옹호했던 해밀턴 등 연방주의자들은 신헌법은 과거 국왕과 신민들 간에 있었던 계약이 아니므로 특별히 영국의 권리장전과 같은 새로운 형태의 시민권리 보호 장치가 필요한 것은 아니라고 주장하였다. 또한 해밀턴은 만약 특정한 시민권이나 시민의 자유를 보장하는 구절이 헌법에 포함될 경우, 명기되지 않은 시민의 권리나 자유는 침해받을 수 있다고 주장하면서 권리장전 형식의 시민권 포함에 반대했었다.

이런 경로를 거쳐 1789년 초대 연방의회가 개원되었을 때 권리장전을 헌법에 포함시킬 것인가를 놓고 또다시 토론이 벌어지게 되었다. 당시 연방주의자의 일원이었던 매디슨은 원래 헌법에 권리장전을 포함하는 것에 반대했던 인물이었다. 그러나 매디슨은 이러한 권리장전 포함 요구를 무시할 경우 제2차 헌법회의가 소집되어 천신만고 끝에 어렵게 만들어 낸 헌법이 무용지물이 되어 자신이 원하던 강력한 연방정부의 창설이 무산될 것을 우려하여 권리장전을 헌법의 일부로 수용하는 방식으로 헌법을 개정하는 데 반대하지 않았다. 그리하여 권리장전의 작성을 주도하게 된 매디슨은 1776년 독립선언 직전 자신의 아이디어를 담아 조지 메이슨(George Mason)이 작성한 버지니아 권리장전(Virginia Bill of Rights)을 토대로 권리장전을 작성하게 되었다. 이와 아울러 매디슨은 영국 왕에 대한 귀족의 권한을 보장한 1215년 영국의 대헌장 (Magna Carta), 그리고 국왕에 대한 영국 의회의 권리를 보장한 1689년의 권리장전 (English Bill of Rights) 등을 토대로 헌법 수정조항 1조 이하 10조에 이르는 내용을 작성하기에 이르렀다.

헌법 수정조항은 종교, 언론, 출판, 집회, 청원의 자유와 권리 등 시민의 기본적인 권리를 보장하고 있으며 국가의 임의적 권력행사로부터 시민의 재산과 자유를 보장하는 것을 주요 내용으로 하고 있다. 아울러 헌법 수정조항은 수색 및 체포 등과 관련된 엄격한 기준을 두어 신체의 자유를 보장하였으며, 정당한 법의 절차에 의하지 아니하고는 생명, 자유, 재산이 박탈당하거나 침해하지 않도록 규정하고 있다. 한편 공정한 재판에 관한 규정을 두어 시민권에 대한 사법적 권리보호를 규정하고 있으며, 특히 제9조에서는 헌법 수정조항 1조 이하 8조까지에서 언급되지 않는 권리가 부정되거나 경시되어서는 안 된다고 규정하여 권리장전에 의해서 오히려 시민의 자유와 권리가 침해받을 수 있다는 우려를 불식시키고자 하였다. 마지막으로 제10조에서는 헌법본문에 명기되지 않은 잔여권한은 주와 인민에 귀속된다고 함으로써 명기된 권한 이외의 권한은 국가권력보다는 시민과 주정부의 권한으로 해석하였다.

V. 미국의 건국 이념

1. 자유주의 이념

미국의 건국 이념은 공화주의(republicanism), 개신교주의(Protestantism)와 더불어 자유주의(liberalism)로 거론되고 있다. 자유주의는 건국 이래 현재까지 미국의 정치, 경제, 사회 전반에 걸쳐 가장 강력한 영향력을 행사하는 이념으로 여겨지고 있다. 미국을 좋아하든 좋아하지 않든 무엇보다도 우리는 미국을 자유주의 진영의 맹주와 자유주의사회의 전형으로 여기고 있는 것도 사실이다. 그리고 미국인 스스로도 자신들이 자유주의사회에 살고 있다는 사실을 부정하는 사람은 거의 없다.

미국의 자유주의를 거론하기에 앞서서 이를 보다 정확하게 이해하기 위해서는 일반적으로 정치이념으로서 자유주의가 어떠한 가치를 표방하는지를 간단히 살펴볼 필요가 있다. 정치 사상사적인 각도에서 바라보면 흔히 유럽에서 발전한 자유주의 이념은 개인의 신체적 자유, 종교적 관용, 토론의 자유, 자유선거, 입헌정부, 제한정부 등을 중심으로 하는 정치적 이데올로기로 통한다. 이러한 자유주의는 영국의 마그나 카르타, 명예혁명과 권리장전, 미국 독립선언, 프랑스혁명 등을 거치면서 현재 자유민주주의 국가의 기본적 이념으로 자리 잡게 되었다. 그리고 이렇게 발전한 자유주의 이념은 국가 권위의 우월성, 사회 내의 질서의 강조, 종교가 부여하는 질서에 대한 순종 등을 강조하며 개인의 권리보다는 전통과 종교의 권위에 대한 존중과 이에 근거한 사회적인 질서의 확립을 강조해 온 보수주의 이념의 대척점에 서 있었다.

그러나 유럽과 달리 중세적 질서와 왕권 등으로 상징되는 권력의 중앙집중화 현상을 경험하지 않았던 미국에서 자유주의는 왕조적 구질서를 붕괴시키는 데 기여한 부르주아들의 혁명의 이념으로 작동하지는 않았다. 중세적 질서에서 해방된 자유로운 신대륙 미국에서의 경험은 구질서에 대한 대항 이념이나 변혁의 이데올로기로서 자유주의가 아니라, 미국식 삶의 하나로서 개인의 자유와 평등을 존중하는 생래적 자유주의 이념을 탄생시켰다. 즉 미국 정치에 있어서 자유주의는 하츠(Louis Hartz)가 『미국의 자유주의 전통(*The Liberal Tradition in America: An Interpretation of American Political Thought since the Revolution*)』에서 지적하였듯이 미국사회의 안정화와 지속성에 기여한 이념으로 설명되어야 할 것이다. 그렇다면 이러한 미국 자유주의의 내용은 무엇인가?

미국의 건국 이념으로서 자유주의는 정치, 경제, 사회 등 여러 영역에서 특정한 가치 혹은 이러한 가치가 구현되는 제도를 옹호하면서 발달되었다. 이러한 각 영역에서 미국의 자유주의 이념이 구현한 가치나 제도들은 다음과 같다. 먼저 정치 영역에서 미국의 건국 이념으로서 자유주의는 제한정부론(limited government), 국가개입의 최소화를 표방하는 소극적 자유주의 국가론(negative liberal state), 폭정의 방지를 위한 정부권력의 분립과 견제와 균형의 원리 도입 및 연방제도의 구현 등으로 요약될 수 있다. 흔히 미국은 로크적 자유주의가 표방하는 제한정부의 원칙이 잘 구현된 나라로 평가받고 있다. 유럽의 왕조적 전통과 역사 가운데서 나타났던 절대왕정처럼 권력의 무한팽창을 인정하지 않는 자유주의는 권력은 어디까지나 사회를 구성하고 있는 인민들의 동의 하에서만 실행될 수 있고 그 권력은 인민의 자유, 재산, 생명을 보호하기 위해서 존재한다는 명확한 인식 위에 기반하고 있었다. 그리고 이러한 제한정부론은 미국 정치 발전과정에서 소극적 자유주의 정부관과 연결되는데, 이를 통해 국가는 시장을 보호하지만 시장에 개입하지는 않고 사회적 안녕을 보장하기 위해서 작은 정부를 지향하는 것으로 관념되었다. 마지막으로 자유주의가 표방한 제한정부론은 권력의 집중을 통한 폭정을 방지하기 위해서 권력을 정부의 여러 부처 혹은 각급 수준의 정부에 나누어주는 방식으로 구현되었다. 이를 위해서 연방정부뿐만 아니라 주정부 수준에서 정부권력은 입법·사법·집행부의 각 부처로 분할되고, 이들 각급 부처는 헌법상 보장된 다양한 제도를 통해 견제와 균형의 원리를 구현하고 있다. 한편 국가권력은 각 부처에 나뉘어져 있을 뿐만 아니라, 각급 수준의 정부에 나뉘어져 권력의 집중을 통한 폭정의 도래와 시민권의 침해가 예방될 수 있도록 하였다.

한편 경제적 수준에서 미국의 자유주의는 철저한 자유방임 시장경제를 구현하기에 이르렀다. 물론 19세기 말 혁신주의 시대(the Progressive Era) 이후 철저한 자유방임형 시장경제는 규제국가의 등장으로 인해서 빛이 바래기 시작하지만, 오늘날까지도 미국의 경제체제는 사회주의 국가 혹은 사회당이 집권한 국가들의 경우처럼 계획경제의 시도를 좀처럼 용인하지 않는다. 또한 경제적으로 발현된 미국의 자유주의는 사기업 중심주의를 주창하여 비상한 국가위기 시를 제외하고 공사연계형 경영체제를 쉽게 찾아 볼 수 없다. 국가가 주도하는 경제개발 계획이라든지 국가가 자본을 대규모로 투자하여 추진하는 국책사업 등의 개념은 미국에서는 지극히 생소하다. 이러한 경제 영역에서 공적부문의 배제는 경제적으로 발현된 미국 자유주의의 주요한 특성 가운데 하나이다.

마지막으로 사회적 영역에서 미국의 자유주의는 시민사회에서 개인이 자유롭게 자신의 의사를 표현하고 자유로운 종교생활을 영위하며 개인의 사생활을 보호할 수 있는 장치를 마련해 주었다. 예를 들면 권리장전이라고 불리는 미국의 헌법 수정조항 제1조에서 제10조까지의 내용은 1787년 연방헌법 제정 이후 벌어질 수 있는 국가권력에 의한 시민의 자유침해 가능성을 방지하기 위해서 헌법에 수정조항의 형식으로 첨부된 내용인데, 이러한 수정헌법의 내용은 정교분리 및 국교의 불인정, 표현의 자유, 종교선택의 자유, 결사의 자유 등 다양한 형태의 시민권을 보장한 것들이다.

위에서 서술된 것처럼 정치, 경제, 사회 등 다양한 방면에서 다양한 모습으로 구현된 미국의 자유주의는 미국의 건국 이후 미국사회의 안정화와 보수성에 기여한 것으로 평가된다. 그 중요한 이유 가운데 하나는 미국의 자유주의는 양차 대전 이후 신생국들이 수입한 정치적 이데올로기거나 혹은 전통적인 유럽 부르주아들의 구질서에 대한 저항 이데올로기로서 기능했다기보다는 미국에 탄생한 사람에게 생래적으로 부여된 삶의 방식이었기 때문이다. 요컨대 구대륙의 압박에서 해방된 새 천년왕국 미국에서의 자유주의는 전통적 권위를 부정하고, 따라서 이러한 권위를 뒤엎으려는 사회주의 등 혁명적 이념을 부인하면서 강한 사회적 합의를 이끌어 내는 데 기여하였다. 자유주의사회이면서도 이러한 자유주의에 대한 합의에 도전할 경우 가장 비자유주의적으로 반발하는 사회로 미국을 변화시키고 응결시키는데 미국의 자유주의 이념은 공헌해 온 것이다(Hartz 1955).

2. 공화주의 이념

한편 한 국가의 정치이념을 파악할 때 이를 연구하는 학자가 어떤 자료를 보는가에 따라서 건국 이념에 대한 견해가 달라질 수 있다. 헌법에 기록된 내용만을 보는가, 아니면 이 이외에 건국당시 중요한 기록을 보는가에 따라서 한 국가의 정치이념이 달리 파악될 수 있을 것으로 보인다. 실제로 우리나라의 전통적 정치이념을 제헌헌법만으로 파악한다는 것이 무리한 작업일 수밖에 없는 이유는 1945년 해방 이후 민주주의의 수입 이전에 오랜 유교적 전통에 포장된 고유의 정치이념이 전승되어 내려 왔기 때문일 것이다. 우리와 빈번한 외교적 마찰을 보이는 일본의 경우 전후 미국에 의해서 이식된 민주주의 이념과 함께 전통적인 일본의 국가주의적 보수주의가 또한 이들의 정치적 주류이념 가운데 하나를 형성하고 있음을 부정할 수 없을 것이다.

또한 한 국가의 정치이념은 건국 혹은 헌법제정 당시 다양한 사람들의 다양한 논의를 통해서도 파악될 수 있을 것이다. 단순히 정치체제의 속성을 정의한 결과물로서 헌법이나 법률만이 아니라 이러한 결과물이 합의를 통해 등장하기 이전에 다양한 사상적 전통에 입각해 있던 정치인 혹은 논객들의 주장과 토의를 보면 훨씬 더 한 국가의 이념을 생생하게 느껴볼 수도 있을 것이다. 예컨대 우리 제헌의원들의 국가관이나 건국관을 알아보기 위해서 단순히 제헌헌법을 연구한다는 것은 이들이 지니고 있던 열정이나 애국심을 사상해 버릴 수 있으며, 따라서 이들이 보았던 진정한 건국의 이념을 무시하는 오류를 초래할 수도 있을 것이다. 미국의 경우 역시 위에서 언급한 준거들을 기준으로 보면 건국 이념의 파악은 다양하게 이루어질 수 있을 것으로 보인다.

이미 위에서 설명하였듯이 1955년 출판된 하츠의 『미국의 자유주의 전통』은 미국의 건국 이념을 로크식 자유주의로 파악하고 있으며, 이러한 건국 이념에 대한 합의를 통해서 미국이 내부적인 갈등이 없이 원활하게 유지될 수 있었다고 주장한 바 있다. 제한정부론, 시장자율주의, 개인의 자유와 평등에 대한 강조, 전통의 구속보다는 개인

의 창의성을 강조하는 자유주의적 이념이 미국사회를 지배하여 사회주의적 이념이나
계급론적 주장이 흡수될 수 있는 여지를 최소화하여 미국의 헌정질서가 원활하게 유
지될 수 있었다는 것이 하츠의 미국역사 읽기의 핵심으로 보인다.

그러나 미국 건국 이전 혁명 전야에 특히 미국의 휘그파(the Whigs) 혹은 혁명파
사이에서 회람되던 다양한 문서들을 분석한 논저들이 등장하면서, 혁명 전야의 여러
주장들이 결코 하츠가 주장한 로크식 자유주의의 언어로는 흡수될 수 없다는 반론이
제기되기 시작하였다. 개인의 권리만큼이나 공동체의 이익을 강조하고 개인의 사적 이
익보다 공민적 의무와 덕성을 중요성을 부각시킨 혁명 전야 문서들의 중요성이 부각
되면서 자유주의와는 별개의 전통이 존재하였다는 새로운 의견들이 등장하기 시작하였
고, 이러한 주장은 우드(Gordon Wood)의 1969년 저작인 『미국의 탄생(*The Creation
of the American Republic, 1776-1787*)』, 베일린(Bernard Bailyn)의 1967년 저서인 『미
국혁명의 기원(*The Ideological Origins of American Revolution*)』, 그리고 1975년 출간
된 포콕(J. G. A. Pocock)의 『마키아벨리적 모멘트(*The Machiavellian Moment: Florentine
Political Thought and the Atlantic Republican Tradition*)』 등에 의해서 강하게 제기되
었다.

대체로 이들이 주장하는 미국의 건국 이념은 로크식 자유주의와는 근본적인 가치체
계에 있어서 뿌리가 다른 것으로서 통칭 공화주의(republicanism)라는 이념으로 집약
될 수 있다. 미국의 건국 이념을 공화주의로 파악하는 이들 학자들은 자유주의 이념이
강조하는 개인의 자유와 평등 그리고 이를 보장하기 위한 제한정부와 시장자율주의와
는 다른 가치가 혁명 전야의 미국 지성계의 화두가 되었다고 주장하면서, 당시 미국혁
명과 건국과정을 주도한 세력들은 시민의 덕성과 같이 특정 사회를 이끌어갈 수 있는
건강한 시민문화의 내용이 무엇인지에 관해서 깊이 고민했다고 파악하고 있다. 이들
공화주의 역사가들은 무엇보다도 독립 및 건국과정에 당시 식민지에 널리 회람된 문
서들의 내용을 검토하면서 이들 내용이 나타난 사상적 연원이 로크식 자유주의보다는
오히려 16~17세기 영국내전과 1688년 영국의 명예혁명을 전후하여 당시 영국의 수평
파(the Levelers)나 공화론자(the Commonwealthmen)들의 주장과 일맥상통하고 있다
는 점을 강조하고 있다. 더 나아가 포콕과 같은 학자는 이들 영국 공화론자들의 주장
이 공화론자로서 마키아벨리로부터 기원한 공민적 인문주의(civic humanism) 혹은 그
이전 로마시대에서 흘러나온 고전적 공화주의(classical republicanism)의 전통과 관련
되어 있으며, 이러한 공민적 인문주의 전통이 미국의 혁명정신에 반영되어 있다고 보

고 있다(Pocock 1975). 따라서 이들이 주목하는 시기는 1787년 필라델피아 헌법회의를 전후한 시기에 국한된 것만은 아니며, 오히려 이들 공화주의론을 주창하는 역사가들은 18세기 초중반 이후 미국의 정치사회 혹은 지성계에서 드러났던 논의에 초점을 맞추고 있다.

이와 같이 영국을 거쳐 미국에 수입된 공민적 인문주의 혹은 좁게는 영국의 공화주의론에 주목하는 공화주의적 관점에 따른 미국 건국 이념 해석은 개인의 권리와 자유보다는 시민의식, 건강한 정치사회의 유지를 위한 덕성의 배양, 공동체를 위한 헌신, 정치부패의 방지를 위한 관직순환제도와 단기의회 등에 주목하고 있다. 이들이 주장한 논의를 보면 미국혁명과 건국과정에서 식민지에서 논의된 내용들은 주로 공동체 내의 시민의 정치적 자유와 공동체의 건강한 유지와 성장을 위해서 어떠한 도덕적 항목이 시민들에게 요청되는가에 집중되어 있다.

이들 공화주의 역사가들에 의하면 혁명과 건국을 즈음하여 대두된 가장 큰 의문 가운데 하나는 왕정(monarchy)이 아닌 공화정(republic)은 어떻게 건전하게 유지될 수 있는가 하는 문제였다. 공화주의적 해석에 의하면 요컨대 왕정은 왕 한사람의 능력에 의해서 국가흥망이 좌우되지만 공화국은 자유민인 시민들이 모인 공동체로서 공동의 소유(res publica: commonwealth)로 정의되는데, 이러한 공동체가 부패(corruption)나 쇠락(degeneration)의 희생물이 되지 않고 어떻게 건전하고 활력 있게 유지될 것이며, 이에 필요한 요소가 무엇인지를 파악하는 것이 당시 미국 동시대인들의 주요한 관심사였다. 이러한 맥락에서 혁명 전야와 건국 당시의 미국인들은 시민의 자유를 보장하기 위해서 정치적 부패가 방지되어야 하며 이를 위해서는 시민의 덕성과 애국심 그리고 공동체 정신이 가장 중요하다고 보았다는 것인 공화주의로 보는 미국 건국 이념에 관한 역사 해석의 요체이다(Wood 1969). 결론적으로 이들 공화주의적 역사 해석이 강조하고자 하는 점은 건국 당시 미국인들이 관심을 지닌 부분은 단순히 개인의 권리와 자유의 보장을 위한 정치제도의 구상에 머문 것이 아니라, 여기에서 더 나아가 정치사회의 건강 유지를 위한 윤리적 토대(moral foundation)였다는 점이며, 이러한 각도에서 볼 때 공화주의가 표방한 이념은 개인에 초점을 둔 자유주의 이념 속에 반드시 포함될 수 있는 것은 아니라는 점이었다.

제**2**장

연방헌법

가상준·정회옥·차동욱

I. 새로운 헌법의 필요성

미국이 독립 후 제정한 연맹규약(the Article of Confederation) 하의 연합의회는 주권을 가진 주정부의 합의체로서 중앙정부의 역할을 수행하게 된다. 연맹규약이 비준된 1781년부터 1789년 새로운 연방주의 헌법이 비준된 시기까지를 미국의 첫 번째 공화국이라 할 수 있다. 중앙정부 역할을 했던 연합의회는 신생 독립국인 미국에 평화와 안정을 가져오기에는 부여받은 제도적 권한은 너무 적었다. 연합의회는 통화를 발행할 수는 있었지만 세금을 부과할 수 없어 발행한 권한을 보증하는 재원이 없었다. 또한 주 사이의 통상을 규제할 수 있는 권한 그리고 외국무역을 규제할 수 있는 권한도 없었다. 연합의회는 회의 개최하는 데 필요한 정족수(전체 주의 3/4)인 9개 주의 출석을 충족할 수 없어 개최되기 어려웠고 개최된다고 해도 의견의 불일치로 결의에 도달하는 것은 불가능하였다(아베 다케마즈 2004). 이러는 와중에 주들은 그들의 영토를 늘리기 위한 과도한 경쟁으로 인해 갈등의 골이 깊어졌으며 캐나다, 영국 등의 외부 침략으로부터 안심하기 힘든 상태였다. 연합의회는 1780년대 들어오자 인기도 영향력도 모두 사라지게 되었고 밀린 봉급을 요구하는 퇴역 군인들의 눈을 피해 옮겨

〈참고사항 2-1〉 연합의회

연합의회는 단원제의 형태를 취하고 있었으며 각 주에서 선발된 2~7명의 대표들로 구성되었다. 연합의회에서 1인 1표가 아닌 1주 1표에 의한 의사결정 방식을 택하고 있어 주의 평등성을 강조한 형식을 취하고 있었다. 연합의회 그리고 연합의회와 연방의회의 차이점에 대한 자세한 설명은 손병권(2006)을 참조 바람.

다녀야 하는 신세가 되었다(Brinkley 1993). 이러한 경험들은 조지 워싱턴과 알렉산더 해밀턴과 같은 혁명의 지도자들로 하여금 더 강력한 권한을 가진 새로운 형태의 정부가 필요하다는 것을 느끼게 하였다(Wilson and Dilulio 1995).

II. 필라델피아 제헌회의

1786년 가을 버지니아 의회는 통상 문제를 협의하기 위해 13개 주 대표를 초청하는데 여기에는 해밀턴 그리고 그와 중요한 동맹관계를 형성하고 있는 제임스 매디슨이 중요한 역할을 하였다. 그러나 실제적으로 5개 주 대표밖에 참석하지 않아 개최될 수 없었다. 해밀턴은 "연맹의 위급한 상황에 적당한 연방정부의 헌법을 제출하기 위한 조항을 만들기 위해(to devise such further provisions as shall appear to them necessary to render the Constitution of the Federal Government adequate to the exigencies of the Union)" 나중에 필라델피아에 각 주의 대표를 파견해 달라고 하는 결의안을 통과시켜 헌법개정에 대한 불씨를 남겨 놓게 된다. 1787년 초 일어난 세이즈의 반란(Shays' Rebellion)은 연합의회에서 필라델피아에서 연맹규약 개정을 위한 회의가 개최된다는 결의안을 통과시키게 하는 중요한 역할을 한다. 1787년 5월 로드아일랜드를 제외한 모든 주의 대표들이 필라델피아 제헌회의에 참석하였으며 헌법개정에 대한 논의를 시작하게 된다.

회의에 참석하기 위해 도착한 대의원은 74명이었고 적어도 한 번 이상 회의에 참석한 대의원은 55명으로 이들은 미국 건국의 시조(the Founding Fathers)라고 불린다. 필라델피아에 모인 대의원들이 가지는 중요한 관심 중 하나는 연맹규약헌법 하에 중앙정부의 역할을 수행했던 연합의회의 권한이 미약하다는 것이었다. 이에 그들은 중

〈참고사항 2-2〉 세이즈 반란

세이즈 반란은 미국 독립전쟁 당시 육군 대위였던 대니엘 세이즈(Daniel Shays)의 지휘 아래 매사추세츠의 농부들과 노동자들이 반란을 일으킨 사건을 말한다. 매사추세츠의 높은 세금이 농부들에게는 커다란 부담을 주었고 채무 불이행으로 재산을 몰수당하게 되었지만 보스턴 상인들에 의해 조정되고 있던 매사추세츠 주 의회는 농부들의 요구, 즉 화폐공급을 늘려 그들의 부담을 줄여주고 유질(流質: 채무자가 변제기간이 지나도 채무이행을 하지 않을 때에 채권자가 담보 물건의 소유권을 취득하게 하거나, 법률이 정한 방법에 의하지 아니하고 그 물건을 처분하기로 약정하는 일)처분 소송을 정지시켜 채무를 탕감하고 부당한 저당권을 철회해 달라는 그들의 청원을 무시하였다. 이에 농민과 노동자들이 반란을 일으키게 되었다. 세이즈 반란은 실패로 끝났지만 그들의 영향은 매사추세츠뿐만 아니라 미국사회 전반에 미치게 되었는데 특히 새로운 헌법의 탄생을 가속시켰다는 점에 영향력을 찾을 수 있다. 이에 대한 자세한 설명은 Davis (2003)와 Gordon(2004) 참조 바람.

앙정부의 권한을 확대하는 쪽으로 의견을 모았지만 한편으로 강한 군주의 탄생을 두려워하였다. 헌법회의에 참석한 대의원들은 존 로크가 주장한 제한정부에 관한 이론적 논의에 찬성하였으며(Johnson et al. 1994) 입헌공화주의, 권력분립 및 견제, 강력한 중앙정부라는 큰 전제 하에서 새로운 헌법에 대한 논의를 시작하게 된다.

1. 버지니아 플랜

회의가 진행된 필라델피아의 여름은 매우 무더웠으며 대의원들은 근본적 합의에만 도달하였지 구체적 사항에 대한 진전은 이끌어내지 못하고 있었다. 특히 대표의 연방의회 파견, 의회의 구성, 노예인구에 대한 문제는 가장 골치 아픈 사항이었다. 버지니아의 에드먼드 랜돌프(Edmund Randolph)가 매디슨이 작성한 헌법초안을 제안했다. 이는 큰 주의 의견을 담은 것으로 매디슨과 랜돌프가 버지니아 대표이기에 "버지니아 플랜"이라고 불린다. 버지니아 플랜의 핵심 내용은 다음과 같다.

• 입법부, 행정부, 사법부로 조직된 3개 부처를 갖는다.
• 입법부는 양원제이며, 첫 번째 원은 국민으로부터 직접 선출하며, 두 번째 원은 주 입법부에 의해 지명된 사람 중 첫 번째 원에 의해 선출된 사람으로 구성된다.

- 입법부 대표 선출은 자유인 인구 비례 혹은 중앙정부에 내는 세금에 비례하여 선출한다.
- 행정부 수장은 의회에 의해 선출되면 단임제이다.
- 사법부는 단수 혹은 복수의 최고법원과 그 외 하급법원으로 구성된다. 법관의 임기는 종신제다.
- 행정부 수반과 사법부의 판사들로 구성된 수정위원회(Council of Revision)를 설치하여 입법부에서 통과시킨 법안에 대해 거부권을 행사할 수 있게 하며 거부권은 양원의 투표에 의해 번복될 수 있다.
- 세 부처 권한의 범위는 연맹규약 하의 중앙정부보다 크며, 주법을 번복할 수 있는 입법부의 권한을 포함한다.

2. 뉴저지 플랜

버지니아 플랜은 주법에 우선하는 강력한 입법부를 제안했다는 점에서 새로운 정부 형태였다. 하지만 입법부 대표 선출 방식과 입법부에 의한 행정부 수장 선출 제도는 인구가 큰 주들에게 유리하게 되어 있는 구조로 작은 주들의 권리가 큰 주들에 의해 침해를 받을 수 있기에 그들의 동의를 얻을 수 없었다. 뉴저지 주의 윌리엄 패터슨(William Paterson)은 연맹규약을 대체하기보다 수정하고 거기에 담겨 있는 정신을 보존하는 형태로 대체 결의안을 제출하게 된다. 주요 내용은 다음과 같다.

- 세입을 증가시키고 통상을 규제하는 권한은 단원제 입법부가 갖는다.
- 각 주는 인구와 상관없이 입법부에서 한 표를 행사한다.
- 입법부는 비슷한 권한을 갖는 행정부의 수반을 선출한다.
- 사법부 판사는 행정부 수장에 의해 임명되며 제한된 권한을 갖는다.
- 연방법은 각 주의 법에 우선하는 최고의 법률이다.
- 입법부의 행위는 주들에 대해 구속력을 가진다. 각 주들에게 복종을 강요하는 최고법이라고 인정된다.

뉴저지 플랜은 1787년 6월 19일 투표에서 패하였다. 하지만 뉴저지 플랜은 작은 주들의 의견을 대변한 제안으로 큰 주들로 하여금 작은 주들의 입장은 다르며 타협을 위해서는 큰 주들이 양보해야 할 것이 있다는 것을 알게 하였다. 한편 작은 주들은 강한 정부를 원하는 대의원들의 선호 속에서 그들의 전략을 바꾸어야 함을 인지하였으며 두 개의 입법부 중 하나는 각 주가 동일한 대표로 선출되게 함으로써 표결에서 수적으로 밀리게 되는 것을 막아야 한다는 전략을 세우게 된다.

3. 대타협

협상의 난관이 여름의 날씨와 맞물려 회의에 참석한 대의원들을 지치게 하였다. 7월 2일 벤자민 프랭클린을 의장으로 각 주의 대표 한 명씩을 선발하여 대위원회를 구성하여 타협을 위한 토의를 시도하였다. 대위원회 토의에 대해서는 프랭클린이 주요한 역할을 하였다는 점 외에는 잘 알려져 있지 않다. 대위원회의 토의가 끝날 때까지 회의는 잠시 휴정을 하며 토의의 결과를 기다렸다. 마침 7월 5일 대위원회는 대타협(Great Compromise, Connecticut Compromise)의 기초가 되는 제안을 만들어 회의에 제출하게 된다. 며칠 동안 더 회의가 진행되었으며 드디어 7월 16일 의회구조에 대해 합의에 이르게 된다. 의회는 양원제로 하며 하원은 각 주의 인구비례에 의해 56명으로 구성되며 하원의원은 주민에 의해 선출된다. 상원은 각 주에 동등하게 배정된 2명의 의원으로 구성되며 상원의원은 주의 입법부에서 선출된다. 대타협은 작은 주와 큰 주들이 각각 상원과 하원에서 유리한 위치를 차지할 수 있다는 이해가 조정된 것이라 하겠다.

의회구조에 대한 타협이 이루어진 후 회의는 집행부를 이끌 인물에 대한 토론에 본격적으로 들어가게 된다. 집행부를 이끌 수반은 한 명으로 하는 데 동의하였으나 대통령의 선출방식과 임기에 대해서는 불일치를 보고 있었다. 집행부의 수장인 대통령을 의회가 선출하는 방법과 국민들에 의해 직접 방법이 제기되었지만 선거인단(electoral college)에 의해 선출하는 방법이 채택되었다. 선거인단은 각 주에 상원과 하원의 수만큼 대통령선거인단을 할당한 다음, 그들에 의해 대통령을 선출하도록 하는 방식이다. 선거인단 방식에 의한 대통령 선출방식은 직접선출에 대한 부담을 없앴고 작은 주들의 만족 또한 이끌어 냈다. 대통령의 임기는 4년이고 재선에 아무런 규정을 두지 않는 것으로 결정되었다. 한편 대통령의 탄핵은 심각한 정치 문제이기에 상원과 하원 그리고 사법부가 개입하도록 하였다. 하원에게는 기소권을 상원에게는 탄핵 결정권을 부여하였으며 연방대법원장을 대통령 탄핵재판의 의장직을 맡도록 하였다.

대통령은 반역, 수뢰, 또는 그 밖의 중대한 범죄 및 경죄의 이유로 하원에 의해 기소될 수 있으며, 이 경우 상원은 3분의 2 이상의 찬성으로 대통령을 면직시킬 수 있다. 대법원에 대한 논의에 있어 몇 주들은 상원에서 선출하는 것을 주장하였고 몇 주들은 대통령이 임명하는 것을 주장하였다. 결국은 상원의 동의를 거쳐 대통령이 임명하는 것으로 결론이 났다.

한편 제헌의회에서 민감하게 다룬 부분 중 하나는 노예제였다. 다수의 대의원들은 노예제 폐지를 강력하게 주장하였다. 하지만 사우스캐롤라이나의 찰스 핑크니(Charles C. Pinckney)와 같이 노예제 폐지에 강력하게 반대하는 대의원도 있었다. 특히 하원의 대표수를 결정하는 데 있어 노예는 인구의 일부로 계상되어야 하는지 그리고 노예들은 대표를 선출할 수 없는 재산으로 간주되어야 하는지가 중요한 문제로 다루어졌다. 남부 주들은 대표수를 결정하는 데 있어 노예를 포함시켜야 한다고 주장하였으나 인구를 근거하여 주에 과세할 때 노예를 재산으로 간주해야 한다고 주장하였다. 반면 다른 주들은 과세를 계상할 때는 인구수에 노예를 포함시켜야 하지만 대표수를 결정할 때는 인구에서 제외하여야 한다고 주장하였다. 최종적으로 각 주는 인구수를 근거하여 하원의 수를 결정하였는데 자유인과 노예를 기준으로 삼았으며, 여기서 노예는 자유인의 5분의 3으로 계산하였다. 또한 노예제와 관련되어 연방정부에게 통상을 규제할 권한을 주게 된다면 연방정부는 노예무역을 규제할 수 있기에 남부 주들은 민감하게 반응하였다. 이에 노예제 반대 대표들의 양보를 이끌어 내는데, 새롭게 탄생하는 정부는 20년간 노예무역을 금지시키지 못하도록 한다는 타협이 결과물이다. 노예제에 반대하는 대표들은 이러한 양보 없이 합의가 어렵다는 것을 인지하고 여기에 동의하게 된다.

많은 어려움과 난관이 있었지만 필라델피아에 모인 대의원들은 합의를 이끌어냈으며 마침내 1787년 9월 17일 참석한 12개 주 대표 39명 대의원의 서명을 받게 된다. 새로운 헌법은 의회에 넘겨졌으며 비준을 받기 위해 각 주들로 보내졌는데 13개 주에서 9개 주들의 승인을 얻으면 헌법은 통과되어 새로운 정부가 성립하도록 하였고 미국 헌법 비준을 위해 주 의회가 아니라 주 비준회의를 소집해야 한다고 권고하였다. 하지만 연맹규약 헌법에는 헌법수정을 위해서는 만장일치 제도를 택하고 있는데 9개 주만의 승인을 얻으면 헌법이 통과된다는 규칙을 적용하고 있었다. 하지만 누구도 이에 대해서 지적하여 문제시하지 않았다.

III. 헌법의 비준

필라델피아 제헌의회가 작성한 새로운 헌법은 승인을 위해 각 주로 발송되었으며 로드아일랜드를 제외한 각 주들은 비준회의를 위한 대표를 선출하였다. 관심은 과연 9개 주 이상에서 헌법을 비준할 것인가에 쏠렸으며 한편 정치적으로 커다란 의미를 띠고 있는 뉴욕에서 헌법이 비준될 것인지에 많은 관심이 쏠렸다. 1787년 가을부터 1788년 여름까지 강력한 중앙정부를 원하고 새로운 헌법을 지지하는 연방주의자 (Federalist)와 중앙정부보다는 각 주에 권한 부여를 강조하며 새로운 헌법을 반대하는 반연방주의자(Antifederalist) 간 논쟁이 주 의회, 공공모임, 신문지상 등에서 격렬하게 진행되었다. 특히 신문은 헌법비준을 위한 토의과정에서 논쟁의 장으로 중요한 역할을 담당하였다. 강력한 중앙정부 옹호가인 알렉산더 해밀턴(Alexander Hamilton), 제임스 매디슨(James Madison), 그리고 존 제이(John Jay)는 푸블리우스(Publius)라는 공동의 익명으로 1787년 10월부터 뉴욕 주의 각 지면에 85편의 기사를 실었다. 해밀턴이 51편을 매디슨이 26편을 해밀턴과 메디슨이 같이 3편을 그리고 제이가 5편을 작성한 것으로 알려져 있다.

그들은 여기서 새로운 헌법의 의미와 헌법이 추구하는 정치적 이론에 대해 소개하여 헌법의 비준을 옹호하였는데 정치적 번영을 위한 연합(Union)의 유용성, 연맹유지에 부적합한 현재의 체제, 강력한 정부의 필요성, 제안된 새로운 헌법의 적합성, 새로운 헌법을 통한 자유, 재산의 보호의 추가적 보증 등의 주제에 대해 논하고 있다. 이들이 쓴 85편의 기사는 나중에 책으로 출간되어 나오게 되는데 페더럴리스트 페이

〈참고사항 2-3〉 알렉산더 해밀턴

알렉산더 해밀턴(Alexander Hamilton)은 연방헌법 탄생에 커다란 영향을 미쳤으며 초대 재무장관으로 연방은행 및 보호 관세 설립 등을 통해 미국 정부가 재정적으로 안정되는 데 있어 크게 이바지하였다. 해밀턴은 영국령 서인도제도 가난한 가정에서 태어났다. 컬럼비아 대학교 전신인 킹스 칼리지에서 법학을 공부하였으며 독립전쟁 때에는 워싱턴의 부관으로 근무하였다. 연방주의자로 반연방주의자의 대표 격인 토머스 제퍼슨(Thomas Jefferson)과 많은 면에서 대립적 위치에 서게 되는 경우가 많았다. 1804년 정치적 정적이던 부통령 애런 버(Aaron Burr)와 결투에서 총을 맞고 사망하였다. 알렉산더 해밀턴에 대한 자세한 전기는 Chernow(2004) 참조 바람.

퍼(Federalist Papers)로 알려져 있다. 여기에서 이들의 정치사상과 미국 헌법의 정치철학을 엿볼 수 있다.

반면 반연방주의자들은 연방정부가 주정부의 권한을 침해한다는 이유에서 새로운 헌법에 반대하였다. 특히 중앙정부가 개인의 권리를 유린하는 것에 대해 두려워했는데 이에 연방정부의 과세권을 제한하고, 행정부의 권한을 억제하며, 연방군대 편성을 주병사 위주로 편성하여야 하고, 연방대법원 관할은 사법심사에까지 미치지 못하여야 하며, 주법원의 판결이 연방대법원에 의해 번복되지 않도록 해야 한다는 조건을 달아 반대 논리를 전개하였다(아베 다케마즈 2004). 그들은 또한 새로운 헌법에 권리장전이 없다는 점을 지적하면서 연방정부의 권한 그리고 그 권한을 행사하는 인간에 대해 경계의 목소리를 높이며 전제정치를 염려한다.

반연방주의자들의 반대에도 불구하고 새로운 헌법의 비준은 생각보다는 커다란 어려움 없이 진행되어 나갔다(Doren 1987). 1787년 12월 7일 델라웨어가 가장 먼저 비준을 통과시켰으며 12월 12일 펜실베이니아가 12월 18일 뉴저지가 비준을 하였다. 델라웨어와 뉴저지가 일찍 비준을 통과시킨 것은 큰 주들이 상원에서의 균등 대표권을 수정할 것을 염려해서였다. 펜실베이니아의 경우 연방주의자들이 목소리가 컸기에 헌법 비준에 어려움이 없었다. 뒤를 이어 조지아(1788년 1월 2일), 코네티컷(1월 9일), 매사추세츠(2월 6일), 메릴랜드(4월 28일), 사우스캐롤라이나(5월 23일)가 비준에 찬성하였으며, 1788년 6월 21일 뉴햄프셔가 9번째로 헌법을 비준하여 새로운 헌법의 효력은 발생하였다. 하지만 전체인구의 40%를 차지하고 있던 버지니아와 뉴욕이 비준을 하지 않은 상태에서 새로운 연방정부의 장래는 불투명하였다. 특히 뉴욕에서 헌법비준에 대한 반대는 매우 심했는데 헌법비준을 둘러싼 폭력행위로 사상자가 나올 정도였다. 이 와중에 제임스 매디슨의 노력으로 인해 버지니아가 1788년 6월 25일 헌법을 비준하게 된다. 이 결과는 뉴욕 헌법비준회의에 영향을 미쳐 30표 대 27표의 근소한 차이로 7월 26일 헌법을 비준하게 된다. 뉴욕의 경우 새로운 정부에 가입하지 않는다면 뉴욕이 경제적으로 불이익을 얻을 수 있다는 두려움이 헌법 비준에 영향을 미쳤다. 매사추세츠, 버지니아, 뉴욕은 권리장전이 헌법에 수정조항으로 첨가된다는 전제 조건하에 헌법을 비준하였다.

노스캐롤라이나와 로드아일랜드 두 주만이 비준을 하지 않고 있었는데 두 주는 그들이 발행한 통화가치가 통화발행권을 가진 연방제도 하에서 하락할 것을 두려워하여 비준을 거부하였다. 두 주가 새로운 헌법을 비준하지 않은 상태에서 첫 번째 선거가 치러져 상원과 하원의원들이 선출되었다. 한편, 1789년 2월 4일 대통령 선거인단 선출을 위한 투표가 있었으며 조지 워싱턴은 만장일치로 대통령에 당선되게 된다. 4월 14일 대통령으로 취임되었다는 소식을 받은 워싱턴은 마운트버넌(Mount Vernon)을 떠나 뉴욕에 도착 1789년 4월 30일 대통령에 취임하게 된다.

워싱턴이 대통령으로 취임할 때까지 비준을 하지 않고 있던 노스캐롤라이나는 새로 탄생한 연방의회가 권리장전을 내용으로 하는 헌법수정안을 발의하였다는 소식을 듣고 1789년 11월 21일 헌법을 비준하게 된다. 필라델피아에 대의원을 파견하지 않고 헌법 비준에 관심을 표명하고 있지 않고 있던 홀로 남은 로드아일랜드는 두 개의 주요 도시가 인접한 주에 병합된다는 압력과 상원이 연방과 로드아일랜드 간 통상관계를 단절시키는 법안이 통과된 후 굴복하여 마지막으로 1790년 5월 29일 헌법을 어렵게 비준하게 된다. 이로써 워싱턴이 취임하고 1년이 지나서야 13개 모든 주의 헌법 비준은 마무리된다.

IV. 헌법의 구성

헌법은 서문과 일곱 개의 조항으로 이루어져 있다. 1조는 입법부, 2조는 대통령, 3조는 사법부의 권한과 운영에 대해 규정하고 있으며 4, 5, 6, 7조는 주들 간의 관계, 헌법수정 과정, 연방헌법의 최고성, 그리고 헌법비준의 과정을 설명하고 있다.

1. 입법부

입법부가 헌법 가장 처음에 나온 것은 의회의 중요성을 강조한 것으로 의회 우선주의를 엿볼 수 있다. 1절에서 일체의 입법권은 상원과 하원으로 구성되는 연방의회에 주어진다고 규정하고 있다. 2절과 3절은 하원과 상원의 구성 및 운영 그리고 탄핵소추권 및 탄핵재판에 대해 기술하고 있다. 4절은 상·하원의 선거에 대해 5절은 의회진행에 필요한 내용에 대해 규정하고 있다. 6절은 의원들의 보수 및 불체포특권에 대해 기술하고 있으며 7절은 법안심사권에 대한 내용을 담고 있다. 8절은 연방의회의 권한(열거된)에 대해 자세하게 설명하고 있으며 권한 행사를 위해 필요하고 적절한 조치를 취할 수 있다는 신축성 조항에 대해 기술하고 있다. 9절과 10절은 각각 연방의회와 주정부의 제한된 권한에 대해 기술하고 있다.

2. 대통령

제2조는 대통령의 임기, 대통령 선출방법, 대통령의 자격, 대통령의 의무와 권한, 그리고 탄핵과 면직에 대해 규정하고 있다. 대통령은 군의 총사령관이며, 상원의 조언과 동의를 얻어 조약을 체결하며, 정부 중요 인사(대사, 외교사절과 영사, 연방대법원 판사 등)에 대한 임명권을 갖는다. 제3절에서는 견제와 균형의 일부로서 대통령의 의회에 대한 의무, 즉 연방의 상황에 대한 정보를 수시로 제공하여야 한다고 규정하고 있는데 대통령의 연두교서(Union Address)가 이에 대한 실행이라 하겠다. 반면 대통령은 입법권을 가지고 비상시에 의회를 소집하거나 정회시킬 수 있다고 규정하고 있다.

3. 사법부

제3조는 사법부에 관한 것으로 의도적으로 모호한 상태로 남겨졌다(Janda et al. 2004). 헌법 제정을 위해 모인 대의원들은 헌법을 통해 대법원을 연방의 최고법원으로 정했으나 그 이외에 다른 사항, 예를 들어 연방사법제도를 위해 필요한 것들, 사법부의 크기 및 구성, 이를 위해 필요한 절차 등에 대해서는 합의를 이끌 수 없었다. 그러한 문제들을 연방의회에 맡겼고 연방의회는 주 법원과 구별되는 연방법원을 만듦으로써 문제를 해결하였다. 제3조는 재임기간, 관할권 및 배심재판, 그리고 반역죄에 대해 기술하고 있는데 제1절에서 "연방정부의 사법권은 하나의 연방대법원과 연방의회가 수시로 제정하고 설치하는 하급법원에 주어진다"고 기술하고 있다. 연방판사들의 독립성을 보장하기 위해 탄핵을 받지 않는 한 종신제를 택하고 있으며 보수가 감봉되지 않는다고 규정하였다.

4. 제4조 ~ 제7조

제4조는 주 사이의 호혜주의, 특권·면책·범죄인 인도, 연맹가입 허용 문제, 그리고 공화제의 확보에 대해 기술하고 있다. 5조는 헌법 수정절차와 모든 주의 상원균등표결권 보장에 대해 규정하고 있다. 6조는 연방헌법 그리고 헌법에 준거하여 제정되는

법 그리고 조약이 주법에 우선함을 규정하고 있다. 7조는 헌법의 비준에 필요한 사항에 대해 기술하고 있는데 13개 주 중에 9개 주의 비준이 필요하다고 규정하고 있다.

V. 헌법의 기본 원칙

미국 헌법은 공화주의, 연방주의, 삼권분립을 기본 원칙으로 삼고 있다(Janda et al. 2004; Wilson and Dilulio 1995). 이와 함께 입헌민주제, 직접대표제, 의회우선제, 국민주권(주권재민), 대의민주제, 중앙정부 우의의 연방제, 사법심사제, 문민지배제 원칙을 엿볼 수 있다(아베 다케마즈 2004). 미국 헌법 세 가지 기본 원칙의 중요 내용을 살펴보았다.

1. 공화주의

공화주의란 권력은 국민에게 있으며 국민에 의한 선출된 대표에 의해 권력이 행사되고 있는 정부형태다. 미국이 헌법을 만들 당시 공화주의를 택하고 있던 국가는 하나도 없었다. 유럽과 아시아 대부분의 국가들은 군주제를 택하고 있었기에 선거를 통해 대표를 선출하고 이들이 권력을 행사하는 방식은 새로운 형태였으며 매우 획기적인 방식이었다. 미국 헌법제정 당시 제한군주제를 주장한 대의원도 있었지만 대부분의 대의원들은 공화주의를 새로운 헌법의 기본원칙으로 삼았다. 한편 대의원들은 군주제, 귀족정치에 대한 두려움과 함께 직접민주주의에 대한 두려움도 같이 가지고 있었다. 이에 대통령 선출과 상원의원 선출에 있어 일반국민들에 의한 방식보다는 선거인단에 의한 그리고 주 의회에 의한 방식을 택하였다. 또한 헌법 제정에 참여한 대의원들은 하원선거에서도 보통선거제도보다는 특정 자산계급 사람들만 투표하도록 하는 제한선거를 선택했다. 이러한 측면에서 헌법 초기의 미국 공화주의는 국민의 참정권이 매우 제한된 공화주의였다고 말할 수 있다.

2. 연방주의

미국의 헌법은 정치권력이 연방정부와 주정부 간 나누어져 있으며, 각 정부가 헌법에 규정된 권한의 범위 내에서 각각의 권한을 행사하는 연방주의를 택하고 있다. 삼권분립이 권한의 수평적 배분이라면 연방주의는 권한의 수직적 배분이라고 하겠다. 유럽의 국가들이 중앙정부 권한 중심주의를 택하고 있던 방식과는 달리 연방주의를 헌법의 기본 원칙으로 하고 있는데 여기에는 중앙정부인 연방정부의 권한이 커져 국민들의 기본권에 부정적인 영향을 끼칠 수 있다는 염려와 함께 또한 과거 연맹보다는 강력한 정부가 필요하다는 대의원들의 의견이 결합하여 나타난 것이라 하겠다. 이와 함께 주들이 가지고 있는 다양성을 연방주의를 통해 구현하겠다는 의지를 엿볼 수 있다.

헌법은 연방정부와 주정부들의 권한은 최고 주권자인 국민으로부터 비롯되며, 연방정부와 주정부의 권력적용은 그들에게 주어진 권한 범위 내에서 개인이나 재산에 대해 행사할 수 있다고 밝히고 있다. 헌법은 연방정부와 주정부에게 주어진 권한 그리고 주어지지 않은 권한에 대해 규정하고 있으며 그 외에 다른 권한은 모두 주정부와 주민에게 유보하고 있다. 헌법은 주정부에 광범위한 권한을 부여하고 있고 연방정부와 주정부 간 권한 분립을 표방하고 있으나, 연방법과 주법의 충돌할 시 연방법이 우선되고 있음을 밝혀 연방정부 우월주의를 택하고 있다.

〈표 2-1〉	연방정부와 주정부의 금지 규정
연방정부 금지 규정	주정부 금지 규정
(1) 인신보호의 특권 박탈	(1) 주정부의 외국 정부와 조약이나 협약 체결
	(2) 외국무역에 과세하는 것
(2) 소급처벌법	(3) 주의 화폐 수조하거나 통화 발행
	(4) 다른 주와 협정동맹이나 연합
(3) 권리박탈법	(5) 권리박탈법
	(6) 소급처벌법
(4) 귀족칭호수여	(7) 귀족칭호 수여
수정헌법에 의해	남북전쟁 이후
(5) 개인의 언론의 자유나 종교의 자유 박탈	(8) 노예제 금지
(6) 부당한 압수·수사	(9) 미국 시민권의 보장
(7) 배심재판의 보장과 과중한 처벌을 금지	(10) 흑인투표권의 보장

3. 삼권분립

강력한 중앙정부가 필요하지만 중앙정부의 권한 증대로 인해 나타날 수 있는 전제 정치의 방지를 위해 권력분립을 헌법의 기본 원칙으로 하고 있다. 입법부, 행정부, 사법부가 각각 법의 제정, 집행, 해석의 기능을 담당함으로써 권력이 한 사람 혹은 한 집단에 치우치는 것을 방지하기 위해 제도적 장치를 마련한 것이다. 하지만 헌법에 는 3권을 완전히 분립하고 있다는 규정은 없다. 헌법 1조에서 "모든 입법권은 의회에 속한다"고 규정하고 있으며 2조에서 "집행권은 대통령에게 속한다"고 규정하고 있다. 헌법 3조에서 "사법권은 하나의 연방대법원 및 연방의회가 설치한 하급법원에 속한 다"고 규정하고 있는데 권력이 분산되어 있다는 것을 명시하고 있지 입법, 행정, 사법 이 의회, 대통령, 대법원에 전속적으로 배분되어 분립되었다는 것을 의미하는 것은 아니다. 권력이 치중되는 것을 막기 위해 각 정부기관에 다른 정부기관을 견제할 수 있는 권한을 부여한다.

〈표 2-2〉	각 기관의 주요 견제 기능

의회
1. 대통령에 대한 견제
   (1) 대통령의 원하는 법안 통과 거부권
   (2) 대통령이 거부권 행사한 법안 재의결권
   (3) 대통령 탄핵권
   (4) 대통령 임명 거부권(상원에 해당)
   (5) 대통령이 체결한 조약 거부권(상원에 해당)
2. 연방법원에 대한 견제
   (1) 하급법원의 관할권 및 수의 변경
   (2) 판사 탄핵권
   (3) 대통령이 임명한 판사에 대한 거부권

대통령
   (1) 의회가 통과시킨 법안에 대한 거부권
   (2) 연방관사에 대한 임명권

법원
   (1) 의회 법안에 대한 위헌판결권
   (2) 대통령 및 행정부서 행위에 대한 위헌판결권 및 법적 권한 금지권

출처: Wilson and Dilulio(1995)

VI. 사회적 변화와 헌법수정

미국의 헌법은 현재까지 27번 수정되었다. 하지만 실질적으로 15번 수정되었다고 말하는 것도 옳다고 할 수 있다. 이는 수정헌법 1조부터 10조까지는 헌법제정 당시 빠져 있던 권리장전(Bill of Rights)을 미국 초대의회가 개원하면서 포함시킨 것이며 수정 18조는 금주법으로 나중에 수정 21조에 의해 무효화된다. 이에 결국 실질적으로 헌법의 내용이 수정된 것은 15번이라 하겠다.

1. 헌법수정 절차

미국의 헌법수정은 한국의 헌법개정(수정) 방법과 매우 다른 양상을 보이고 있다. 6공화국 헌법에 의하면 헌법개정 제안은 대통령과 의회가 할 수 있다. 대통령은 국무회의 심의를 거쳐 의회는 제적의원 과반수의 동의를 얻어 제안할 수 있다. 제안된 개정안은 20일 이상 국민에게 공고해야 하며, 공고된 날로부터 60일 이내 의결해야 하는데 재적의원 3분의 2 이상의 찬성으로 국회에서 의결될 수 있다. 국회에서 의결된 후 30일 이내에 국민투표를 거쳐야 하는데 과반수의 투표와 투표자 과반수의 찬성으로 확정된다.

반면, 미국 헌법개정은 한국과 사뭇 다르다. 제헌회의에 참석하여 새로운 헌법을 제정한 대의원들은 필요한 경우 헌법수정이 요구됨을 깨닫고 헌법 5조에 헌법수정 방법에 대해 명시하였다. 헌법수정은 발의와 비준이라는 두 단계의 절차가 있는데 발의는 두 가지 방법에 의해 비준 또한 두 가지 방법에 가능하다. 먼저 발의는 (1) 하원과 상원의원의 3분의 2 이상의 찬성에 의해 (2) 주 입법부 3분의 2의 요청으로 소집된 연방헌법회의에 의해 발의될 수 있다. 현재까지 두 번째 방법에 의해 헌법이 수정된 적은 없고 모두 첫 번째 방법에 의해 수정이 이루어졌다. 발의된 수정안은 (1) 주 입법부 4분의 3의 찬성에 의해 (2) 4분의 3 이상의 주들에 의해 소집된 회의 (Convention)의 찬성에 의해 비준될 수 있다. 두 번째 방법에 의해 수정헌법이 비준된 적은 단 한 번뿐으로 수정헌법 18조에 의해 제정된 금주법을 무효화한 수정헌법 21조의 비준이 그것이다. 그 외에는 전부 첫 번째 방법에 의해 수정헌법이 비준되었다.

〈참고사항 2-4〉 헌법수정 발의

현재까지 미국 헌법수정 발의는 하원과 상원의원의 3분의 2 이상의 찬성에 의한 방법에 이루어졌지 주 입법부 3분의 2의 요청으로 소집된 연방헌법회의에 이루어지지는 않았다. 이는 주 입법부 3분의 2의 요청이 있다고 해도 누가 연방헌법회의에 대표로 선출되어 참가하며, 연방헌법회의에서 각 주는 동일한 권한을 행사하는가, 수정의 내용은 무엇이며, 수정안에 대한 비준의 방법은 무엇인가 등에 대한 구체적인 내용이 헌법 및 수정헌법에 나와 있지 않기 때문에 이 방법에 의한 헌법수정은 현실적으로 많은 어려움이 있다.

2. 수정헌법 1조~27조

1) 수정헌법 1조~10조(1789년 발의, 1791년 비준)

수정헌법 1조부터 10조까지는 권리장전(Bill of Rights)에 관한 것으로 헌법 제정 당시 대의원들은 연방정부의 권한에 제한을 두는 조치가 많이 이루어졌기에 시민 보호를 위한 더 다른 조치가 필요로 하지 않다고 믿고 있었다. 해밀턴은 "연방주의 논고 84"에서 권리장전을 헌법에 추가하는 것은 위험할 수 있다고 밝히고 있는데 이는 모든 금지된 권한을 기술하는 것은 불가능하기에, 부분적인 목록을 만드는 것은 오히려 남아 있는 부분에 있어서 정부가 권한을 남용할 수 있는 여지를 남길 수 있다고 주장하였다. 그럼에도 불구하고 토머스 제퍼슨(Thomas Jefferson) 등 많은 인사들은 헌법에 기본적인 시민의 자유, 시민에게 보장된 개인의 자유가 빠져 있어 불만족스러워하였다. 권리장전의 누락은 주들이 헌법을 채택하는 데 있어서 최고의 장애요인으로 작용하였다. 13개 주가 모두 헌법에 비준하기 전에 취임한 워싱턴은 헌법수정을 통해 권리장전을 포함시키겠다고 의중을 비추었다. 첫 번째 의회가 소집되자 주정부들에 의해 100개가 넘는 수정안이 제안되었고, 1789년 9월 25일 연방의회는 이 중 12항목의 수정조항을 승인하여 주들의 비준을 요구한다. 1791년 이 중 10개의 수정조항이 주 의회 4분의 3에 의해 비준됨으로써 통과되었다. 1조부터 9조에는 종교, 연설, 출판의 자유, 임의 체포로부터 면제특권, 배심재판 받을 권리 등이 침해받지 않도록 연방의회의 한계를 규정하였다. 10조는 연방정부에 위임한 권한 혹은 주에 특별히 금지된 권한을 제외하고는 모든 권한을 주에 유보하였다.

〈표 2-3〉	권리장전의 주요 내용

수정	주요 내용
1조	국교 제정 금지, 종교의 자유, 언론·출판·집회·결사의 자유, 청원권
2조	국민의 무기 소유권
3조	군인의 민가숙영 제한
4조	부당한 수색, 압수로부터 신체, 주거, 서류 및 재산의 보장
5조	중죄는 대배심의 고발을 필요로 함
6조	형사소송에 있어서 배심원에 의한 공개재판 권리 보장
7조	민사소송에 있어서 배심재판의 보장
8조	과중한 처벌의 금지
9조	국민 고유의 권리의 보장
10조	주 및 국민에게 유보된 권리

2) 수정헌법 11조(1794년 발의, 1798년 비준)

주를 상대로 하여 제기하는 개인의 소송에 대해 연방법원의 관할권을 포기하도록 한 것으로 포기된 연방법원의 권한이 비록 적은 것이지만 연방정부의 권한을 약화시키는 조치로는 인권헌장 채택 이후 처음이자 마지막이다.

3) 수정헌법 12조(1803년 발의, 1804년 비준)

대통령, 부통령 선출에 있어 선거인단이 대통령 후보와 부통령 후보에게 별도로 투표한다는 내용으로 대통령과 부통령 선출에서 불거져 나왔던 문제를 해결하기 위해 헌법내용을 수정한 것이다. 수정되기 전 헌법은 대통령과 부통령 선출에 있어 다음과 같이 규정하고 있었다. "주법에 의해 선정된 선거인단은 대통령 후보 중 2명에게 투표한다. 이 중 선거인단 총수의 과반수의 최다득표자가 대통령이 되고 차점자가 부통령이 된다. 만약 다수득표자가 1명 이상이고 득표수가 동수일 경우 하원이 즉시 투표하여 1명을 선출한다. 만약 아무도 과반수의 득표를 얻지 못하면 상위 5명을 대상으로 연방하원이 투표하여 1명을 선출한다. 이때 각 주는 1표를 가지며 각 주의 대표자에 의해 행해진다."

하지만 이 규정은 1800년 선거결과로 인해 수정되게 된다. 1800년 대통령선거에서 민주공화파의 토머스 제퍼슨과 아론 버(Aaron Burr)의 승리로 끝났으나 두 후보의 득표수가 동수로 나와 헌법의 규정에 의해 하원에 의해 처음으로 대통령이 결정되는 선거로 기록되었다. 그 시기 하원은 해밀턴을 중심으로 한 연방파에 의해 장악되고 있었다. 하원에서 승리하기 위해서는 9표가 필요했지만 몇 번의 재투표에서 번번이 실패한다. 사태는 제퍼슨이 연방파에게 연방주의 정책을 유지하겠다는 약속을 하면서 일단락되었다.

위의 사건은 대통령선거 방식의 수정을 가져온다. 수정헌법 12조의 주요내용은 "각 선거인단은 대통령과 부통령을 분리하여 투표하여 선출한다. 만약 어느 후보도 선거인단 과반수를 얻지 못하면 상위 3명을 대상으로 연방하원이 투표하여 1명을 선출한다. 이때 각 주는 1표를 가지며 각 주의 대표자에 의해 행해진다.

4) 수정헌법 13조(1865년 발의, 1865년 비준)

남북전쟁이 북부의 승리로 끝나 노예제도를 폐지한 것으로 노예제와 강제적 노역을 금지하였다.

5) 수정헌법 14조(1866년 발의, 1868년 비준)

미국에서 출생하거나 미국에 귀화한 모든 자에게 시민권을 부여하고, 주는 적법절차에 의하지 않고는 개인으로부터 생명, 자유 또는 재산을 박탈할 수 없음을 주요 내용으로 하고 있다. 수정 14조는 노예에게 자유뿐만 아니라 미국 시민으로 인정하고 그들의 시민권을 보호하는 규정이다.

6) 수정헌법 15조(1869년 발의, 1870년 비준)

수정헌법 15조는 미국 시민의 투표권은 인종, 피부색 또는 과거에 노예였다는 이유로 어느 주에 의해 거부되거나 박탈되지 않는다고 규정하고 있다. 흑인에게 참정권을 주기 위한 조항이다.

7) 수정헌법 16조(1909년 발의, 1913년 비준)

연방의회는 소득에 대해서 조세를 부과하거나 징수하는 권한을 가진다.

8) 수정헌법 17조(1912년 발의, 1913년 비준)

주 의회에서 선출되던 상원의원을 직접선거에 의해 선출한다. 상원의 결원이 생긴 때에는 주 집행부는 결원을 보충하기 위한 선거를 공시해야 한다. 주 집행부는 주 의회로부터 권한을 부여받아 선거에서 결원이 보충될 때까지 임시적으로 임명할 수 있다.

9) 수정헌법 18조(1917년 발의, 1919년 비준)

금주법이라고 불리는 수정헌법 18조는 알코올음료를 양조, 판매 또는 운반하거나 수입 또는 수출하는 것을 금지한다고 규정하고 있다.

10) 수정헌법 19조(1919년 발의, 1920년 비준)

여성에게 투표권을 부여한다는 내용을 담고 있는데 "시민의 투표권은 성을 이유로 거부되거나, 박탈되지 않는다"고 규정하고 있다.

11) 수정헌법 20조(1932년 발의, 1933년 비준)

신임대통령과 부통령의 임기 시작을 3월 4일에서 1월 20일 낮 12시로 하고, 새로운 의회의 개원일자는 1월 3일로 정한다. 이를 통해 해산될 의회와 새로운 대통령과의 불필요한 대면을 피하게 하였다.

12) 수정헌법 21조(1933년 발의, 1933년 비준)

수정헌법 18조, 즉 금주법을 무효화한다.

13) 수정헌법 22조(1947년 발의, 1951년 비준)

수정헌법 22조는 루스벨트 대통령이 전례 없이 4차례 대통령직을 수행하게 되자 이후 이를 방지하기 위해 3선 금지 규정을 헌법 규정하게 된다. 이와 함께 누구도 대통령에 선임되어 임기 2년 이상의 대통령직을 수행한 자는 1번에 한에 대통령직을 수행할 수 있다는 내용도 수정헌법 22조는 규정하고 있다.

14) 수정헌법 23조(1960년 발의, 1961년 비준)

워싱턴 DC에 살고 있던 주민에게 대통령선거에서 그들의 의사를 표명할 선거권을 부여한 것으로 대통령선거에서 워싱턴 DC는 인구가 가장 적은 주의 대통령선거인과 같은 3인의 선거인을 선출할 수 있도록 하였다.

15) 수정헌법 24조(1962년 발의, 1964년 비준)

시민의 투표권은 인두세 또는 다른 세금의 미납을 거부되거나 박탈되지 않는다고 규정하고 있다. 수정헌법 24조는 흑인이 투표를 하지 못하게 하기 위해서 세금납부를 투표의 조건으로 하는 것을 방지하기 위한 조치였다. 하지만 수정헌법 24조는 주정부가 주와 주 관할 지방 선출직공무원의 선거에서 투표권의 요건으로서 납세자격을 부과하는 것을 금지하고 있지는 않다.

16) 수정헌법 25조(1965년 발의, 1967년 비준)

대통령이 사망 혹은 사임 등으로 인해 업무를 수행할 수 없을 때 부통령이 대통령이 된다. 부통령직이 공석일 경우 대통령이 부통령을 지명하게 되는데 지명된 자는 양원의 과반수 투표에 의해 승인을 받아야 한다. 과거 부통령직이 공석일 경우 정확한 규정이 없었기에 수정헌법 25조를 통해 부통령직이 공석일 경우 어떠한 절차를 거쳐 누가 부통령이 되는가에 대한 규정을 첨가한 것이라 하겠다.

17) 수정헌법 26조(1971년 발의, 1971년 비준)

투표연령을 18세로 낮추며 연령을 이유로 선거권이 박탈되거나 거부되는 것을 금지하는 규정이다.

18) 수정헌법 27조(1789년 발의, 1992년 비준)

연방의회 의원들의 직무에 대한 보수를 인상하는 법률은 하원의원선거가 실시된 후가 아니면 발효되지 않는다고 규정하고 있다. 이는 연방의회 의원들이 한 임기 내에 자신들의 봉급을 두 번 이상 인상하는 것을 금지하는 것이다.

19) 수정헌법 내용에 따른 구분

수정헌법은 공공정책을 만드는 조항, 정부구조의 결점을 고치는 조항, 평등을 증진시키는 조항 3개의 범주로 구분될 수 있는데(Janda et al. 2004) 공공정책을 만드는 조항에 해당되는 것은 18조, 21조가 해당된다. 반면, 정부구조의 결점을 고치는 조항은 11조, 12조, 20조, 22조, 25조, 27조라 할 수 있으며 평등을 증진시키는 조항은

〈참고사항 2-5〉 연방의회의 헌법수정안 제안

헌법수정에 있어 가장 어려운 부분은 비준이 아니라 연방의회의 헌법수정안 제안이다. 회기마다 많은 헌법수정안이 제출되지만 거의 부결되었다. 한편 연방의회가 제안한 수정안은 대부분 주정부에 의해 비준되고 있다. 참고로 현재까지 33개의 수정안이 제안되었지만 주정부에 의해 비준받지 못한 수정안은 6개다. 남북전쟁 이후 연방의회가 제안했지만 주정부에 의해 비준되지 못한 수정안은 1924년 아동근로수정안(Child Labor Amendment)과 1972년 평등권 수정안(Equal Rights Amendment) 두 개뿐이다.

13조, 14조, 15조, 16조, 17조, 19조, 23조, 24조, 26조라 하겠다. 반면, 로이와 긴스버그(2000)는 선거권의 확대(14조, 15조, 19조, 23조, 24조, 26조), 선출직과 선거인의 관계 변화(12조, 14조, 17조, 20조, 22조, 25조), 정부의 권한 확대 및 축소(11조, 13조, 14조, 16조, 27조) 등의 3개의 범주로 나누어 수정헌법의 내용을 설명하고 있다.

3. 사회적 변화와 헌법수정

수정헌법의 내용은 미국사회의 변화를 많은 면에서 나타나고 있다고 말할 수 있다. 무엇보다 시기별로 참정권의 확대를 찾을 수 있는데 수정헌법 15, 19, 25조를 통해 참정권이 재산을 소유한 백인남성에서 흑인, 여성, 그리고 18세로 확대되고 있음을 알 수 있다. 이는 흑인, 여성에 대한 지위가 높아지면서 참정권의 변화가 나타난 것이라 하겠다. 헌법제정 당시 흑인에 대한 문제는 매우 어려운 과제였다. 노예제 폐지에 찬성하는 주들과 반대하는 주들 간의 타협은 결국 전쟁에 의해 결론이 나게 되었고 이는 수정헌법 13, 14, 15조를 탄생시켰다. 3개 조항은 노예제 금지, 흑인들에게 시민권 및 투표권 부여를 내용을 하고 있는데 남북전쟁의 결과가 수정헌법을 통해 구현된 것이다. 하지만 흑인에 대한 차별은 남부지역에서 많이 남아 있었고 이를 제거하기 위한 방법으로 수정헌법 24조가 발의되고 비준되게 된다. 수정헌법 24조는 참정권 기회를 차별받고 있는 흑인들에게 실질적으로 참정권을 부여한 규정이었다. 수정헌법 17조는 연방상원의원의 선출방법을 간접에서 직접으로 수정하였는데 정당제의 정착, 참정권의 확대 등으로 대중민주주의의 발전이 입법부의 선출방식을 변화시켰다 하겠다.

4. 헌법수정이 영향을 미친 정치적 사건

수정헌법이 영향을 미친 정치적 사건은 무엇보다 1824년 선거라 하겠다(Bailey 1968). 1824년에 실시된 대통령선거에 존 퀸시 애덤스(John Quincy Adams), 앤드류 잭슨(Andrew Jackson), 핸리 클레이(Henry Clay), 그리고 윌리엄 크로포드(William H. Crawford) 4명의 후보가 출마한다. 존 퀸시 애덤스는 존 앤드류 잭슨(Andrew Jackson)에 이어 2위를 차지한다. 존 퀸시 애덤스는 30.9%의 득표율에 84명의 선거인단을 획득하였으며 앤드류 잭슨은 41.4%의 득표율에 99명의 선거인단을 획득하였다. 다른 두 후보자인 윌리엄 크로포드와 핸리 클레이가 각각 11.17%의 득표율에 41명의 선거인단을 12.99%의 득표율에 37명의 선거인단을 획득하였다. 하지만 네 명의 후보자 중 아무도 선거인단의 과반수를 차지하지 못해 1800년 대통령선거에 이어 대통령이 하원에서 결정되는 두 번째 선거로 기록된다. 1824년 선거는 1800년 선거와 달리 1804년에 비준된 수정헌법 12조에 영향을 받아 선거결과가 나타나게 된다. 수정헌법 12조에 의하면 어느 후보자도 과반수의 선거인단 표를 획득하지 못했을 경우 하원으로 결정권이 넘어간다. 이 경우 각 주들은 하나의 투표권만을 가진다고 하고 있다. 수정헌법 12조를 통해 과거 상위 5명이 대통령 후보로 고려될 것이라는 내용이 수정헌법 12조에 의해 수정되어 선거인단 획득 순위에 따라 상위 3명만이 대통령 후보로 고려된다고 명시되어 있다. 이에 하원의장이었던 핸리 클레이가 제외되었다. 하지만 핸리 클레이는 앤드류 잭슨을 불신하고 있었기에 하원에서 치러진 선거에 영향력을 미쳐 존 퀸시 애덤스가 대통령으로 선출되게 도와준다. 존 퀸시 애덤스는 30.9%의 득표율로 대통령으로 당선된다.

1973년 부통령 애그뉴(Spiro Agnew)는 수뢰사건으로 사임하게 된다. 이에 닉슨(Richard Nixon) 대통령은 수정헌법 25조에 따라 공화당 하원 원내총무인 포드(Gerald Ford)를 부통령으로 지명하게 된다. 포드는 상·하원의 과반수 찬성을 얻어 부통령으로 취임한다. 과거 부통령이 공석일 때 하원의장이 부통령직을 계승하는 경우가 많았는데 수정헌법 25조는 부통령이 공석일 때 어떠한 방식으로 새로운 부통령을 선출하는가에 대해 규정하고 있기에 닉슨 대통령은 규정에 따라 포드를 부통령으로 지명하게 된다. 하지만 1974년 닉슨 대통령이 워터게이트(Watergate)로 인해 대통령직을 사임하자 부통령인 포드가 대통령직을 승계하게 된다. 부통령직이 다시 공석이 되자 포드 대통령은 수정헌법 25조에 의거 록펠러(Nelson Rockefeller)를 지명하였고 상·

하원의 동의를 얻어 록펠러는 부통령으로 취임하게 된다. 포드 대통령과 록펠러 부통령은 미국 역사상 대통령 선거인단에 의해 선출되지 않은 유일한 대통령과 부통령으로 남게 되었다.

5. 최근의 헌법수정 논의

1) 성조기 훼손 처벌 헌법수정

미국 국기인 성조기를 불태우는 등 훼손하는 행위를 불법으로 규정하는 헌법개정안이 2006년 상원에서 한 표 차이로 부결되었다. 하원은 2005년 6월 이 수정안을 가결한 바 있다. 수정안 지지자들은 성조기야말로 자유와 미국 군대의 희생을 상징하는 것이기 때문에 훼손되어서는 안 된다고 주장하였다. 반면 수정안 반대파들은 수정안이 언론과 표현의 자유를 보장한 수정헌법 1조를 위반하는 것이라고 강조했다.

이 수정안은 지난 1989년 대법원이 '국기보호에 대한 연방법과 48개 주법'이 표현의 자유를 규정한 헌법에 위배된다면 위헌 결정을 내리면서 나온 것인데 미국 내에 성조기 소각과 표현의 자유 관련한 논란은 짧지 않은 역사를 가지고 있다. 가장 유명한 사건이 미국에서는 반(反)정부 시위를 하던 중 성조기를 불태운 사건(Texas v. Johnson 491 U.S. 397, 1989)이다. 1984년 여름, 미국 텍사스 주의 댈러스 시에서는 현직 대통령이었던 로널드 레이건(Ronald Reagan)을 대통령 후보로 지명하는 공화당 전당대회가 열리고 있었다. 당시 전당대회장 밖에서는 레이건 행정부의 제반 정책들을 비판하는 군중집회들이 열리고 있었다. 그중에는 미국 공산혁명당(Revolutionary Communist Party, USA)의 청년조직(Revolutionary Communist Youth Brigade)도 참여하고 있었는데, 이 들은 가두시위 과정에서 다소 폭력적인 행태를 보였다. 급기야 한 건물의 국기 게양대에서 성조기를 내린 뒤 "우리는 미국에게 침을 뱉는다(America, the red, white, and blue, we spit on you!)"라고 외치며 석유를 뿌리고 불태우기에 이르렀다. 며칠 후 텍사스 주 검찰은 미국 공산혁명당 청년단원인 그레고리 존슨(Gregory Lee Johnson)을 성조기 고의 훼손 혐의로 구속, 기소하였다.

존슨이 성조기를 불태우며 항의시위를 할 때 신체적으로 위협을 당하거나 또는 실제 부상을 당한 사람은 없었지만, 존슨의 행위는 텍사스 주 성조기 보호법을 위반한 것이었다. 텍사스 주 지방 법원은 존슨의 유죄를 인정했지만, 텍사스 주 항소법원은 연방대법원의 1943년 서부 버지니아 교육위원회 대 바네트 판결을 근거로 존슨의 무죄를 선고하였다. 바네트 판결에서 연방대법원은 '여호와의 증인' 학생들에게 그들 종교의 교리상 허용되지 않는 국기에 대한 맹세를 강요하는 것은 종교의 자유를 보장한 수정헌법 제1조를 위반하는 것이라고 판결하였다. 바네트 판결을 선례(precedent)로 제시하며, 텍사스 주 항소법원은 존슨의 성조기 소각행위가 성조기의 상징적 가치를 훼손했거나 그 가치를 위협하는 중대하고 급박한 위험을 초래하지도 않았고, 존슨이 성조기를 공개적으로 소각함으로써 인해서 질서파괴의 상황을 초래하지도 않았으며, 오히려 존슨의 성조기 소각행위는 정치적 표현의 일부로서 수정헌법 1조의 보호를 받는다고 판단하였다.

존슨 사건은 결국 연방대법원까지 가게 되었고, 연방대법원은 텍사스 주 항소법원의 판단을 받아들여 존슨의 성조기 소각행위는 상징적 표현으로서 표현의 자유를 보장한 수정헌법 제1조의 보호를 받는다고 판결하였다. 또한 존슨의 성조기 소각행위가 어떠한 사회적 혼란이나 무질서도 야기하지 않았으므로 그의 행위가 상대방을 직접적으로 자극하여 그의 보복을 유발하는 행위라고 볼 수 없다고 하여, 존슨의 성조기 소각 행위가 도발적 표현으로서 무질서를 야기한다는 텍사스 주의 주장을 받아들이지 않았다.

그 후 공화당 의원들과 일부 민주당 의원들은 헌법을 바꾸기 위해 여러 차례 수정안을 상정했으나 매번 상원에서 통과에 필요한 유효득표수에 모자라 통과에 실패했다. 1995년과 2000년 상원 표결에서도 부결된 바 있다.

2) 무기 휴대의 권리 관련한 헌법수정

2012년 12월 14일 초등학생을 비롯해 26명의 목숨을 앗아간 코네티컷 뉴타운 샌디훅 초등학교(Sandy Hook Elementary School)의 총기참사를 계기로 미국 내 총기규제 찬반론이 재점화되었다. 특히 미국 수정헌법 제2조 무기 휴대의 권리 조항을 고치려는 움직임이 강화되고 있는 추세이다. 이 조항은 '무기를 소장하고 휴대하는 국민의 권리는 침해할 수 없다'고 규정해 총기소유를 헌법으로 보장하고 있다. 총기소유 지지자들은 총기소지와 휴대는 '생명이나 자산을 보호하기 위한' 인간 기본권이며 천부인권이라고 주장한다. 총기소유의 자유가 천부인권이라는 개념은 미국 내 뿌리 깊게 박혀 있고 규제를 하기에는 이미 너무 많은 총기를 사람들이 가지고 있기 때문에 총기규제는 쉽지 않은 문제이다. 또한 전국총기협회(NRA: National Rifle Association) 등의 반대 로비로 인해 총기 보유를 제한하는 입법 작업은 매번 실패하였다.

3) 속지주의 헌법수정안

미국 땅에 들어와 아이를 낳기만 하면 태어난 아이에게 미국 시민권을 주도록 규정한 수정헌법 14조(국적취득에 관한 속지주의 원칙)를 폐지해야 한다는 주장이 최근 공화당 의원들 사이에서 제기되었다. 1868년 입법된 수정헌법 14조는 당초 노예제도가 폐지된 후 미국 내 흑인들에게 전반적인 인권을 부여하려는 입법취지가 있었다. 그러나 이제는 원래 의도와 달리 멕시코 등 중남미 국가들의 불법이민자들이 자녀의 미국 시민권 획득을 위해 미국 국경을 넘으려는 동기를 부여하고 있다는 주장이다. 경제위기가 닥치면서 외부인들이 자신들의 일자리를 위협하고 있다는 미국인들의 우려와 2001년 9.11테러를 겪으면서 외부의 적에 무방비로 노출되어 있다는 두려움이 이러한 주장에 힘을 실어주고 있는 상황이다. 미국 내 증가하는 이민자 숫자와 불법이민의 문제는 연방헌법을 수정해서 변화하는 시대 상황을 반영해야 하느냐의 문제로 연결되어 치열하게 전개되고 있는 상황이다.

4) 대통령 자격 규정에 관한 헌법수정

2011년 미국에서는 보수진영을 중심으로 버락 오바마(Barack Obama) 미국 대통령이 하와이에서 태어나지 않았다는 출생 의혹이 제기되었다. 이에 대해 오바마 대통령은 자신은 분명히 하와이에서 태어났다면서 출생증명서까지 공개하는 해프닝이 있었다. 오바마 대통령의 출생 의혹을 주도적으로 제기해온 부동산 재벌 도널드 트럼프(Donald Trump)는 '출생증명서가 갑자기 등장한 것이 놀랍다'면서 오래전에 공개돼야 했다고 지적하였는데, 트럼프는 그동안 오바마 대통령이 부친의 고향인 케냐에서 태어났으며 따라서 헌법상 대통령 피선거권이 없다고 주장했다. 하와이 주 당국이 인증한 출생증명서까지 공개됨에 따라 오바마 대통령을 둘러싼 출생지 논란은 수그러들었다.

오바마 대통령 출생 의혹을 불러일으킨 원천은 바로 헌법에 규정한 대통령 자격 조건이다. 미국 헌법 제2조 제1절 5항에 따르면 미국 대통령은 미국에서 태어난 시민이 아니거나, 본 헌법을 제정할 당시 미국 시민이 아닌 자는 대통령으로 선임될 자격이 없다고 규정하고 있다. 또한 헌법은 나이가 35세 미만이거나 선거 당시 14년 동안 미국에 거주하지 않은 사람도 대통령 자격이 없다고 병기하고 있다. 결국 미국 대통령이 되기 위한 자격은 출생에 의한 시민권자이면서 35세 이상이고 14년 이상 미국에 거주했어야 하는 것으로 요약된다. 이 자격 요건 중 문제가 되는 것은 출생에 의한 시민권자 조항이다. 미국은 이 조항을 두고 수차례 논란을 벌여왔다. 지난 2008년

대선 때는 오바마 대통령뿐만 아니라 존 매케인(John McCain) 공화당 후보도 이 조항에 걸려 곤욕을 치렀다. 매케인 의원은 직업군인인 아버지가 파나마 군기지에 주둔할 당시 출생했다. 이는 미국 내 출생을 규정한 헌법 규정에 어긋나 대통령 출마자격이 없다는 주장이 제기됐다. 매케인 의원은 이를 해명하는 데 수백 페이지의 자료를 제출해가면서 노력했고 결국 파나마의 군기지에서 태어났다면 미국의 사법관할권 내인만큼 문제가 없다는 유권해석이 내려졌고 의회가 이를 추인하는 진풍경까지 벌어졌다. 미국의 저명한 국무장관인 헨리 키신저도 이 조항에 걸려 대통령 출마 엄두를 내지 못한 것으로 알려져 있다. 키신저 전 장관은 독일 태생의 미국인이기 때문이다.

출생에 의한 시민권자만이 대통령이 될 수 있다는 조항은 영국과 독립전쟁을 벌이던 건국 초기 상황과 연계되어 있다. 영국 태생이 대통령이 된다면 미국의 미래를 확신할 수 없다는 우려로 인해 미국에서 태어난 시민만이 대통령이 될 자격이 있다고 못을 박은 것이다. 그러나 이 조항은 이민자의 증가와 세계화라는 시대적 변화를 담지 못하고 있어 전근대적이며 불분명하다는 비판이 제기되고 있으며 이에 따른 헌법수정 논란도 계속되고 있다.

VII. 미국 헌법의 특징

1. 가장 오래된 성문헌법

미국의 헌법은 1787년에 만들어졌으며 현존하는 헌법 중 가장 오래된 성문헌법이며 매우 적은 단어로 구성되었다는 특징을 지니고 있다(Janda et al. 2004). 1787년 만들어진 후 27번 수정은 하였지만 약 220년이 지난 지금도 사용되고 있어 현존하는 헌법 중에 가장 오래된 헌법으로 기록되어 있다. 미국 연방헌법이 상대적으로 적게 수정되었다는 것은 주 헌법을 통해 알 수 있다. 미국 주 헌법이 수정된 경우를 보면 뉴욕의 경우 217번, 매사추세츠 118번, 텍사스 390번, 앨라배마 664번으로 나타나는데 이에 비해 미국 연방헌법의 수정은 매우 적은 편이다. 또한 헌법에 사용된 전체 단어가 약 4,300단어로 (수정헌법의 내용을 포함하면 약 7,300단어) 다른 헌법 특히 연방헌법에 비해 매우 적은 단어로 이루어졌다는 특징을 가지고 있다. 미국의 헌법이 오랫동안 지속될 수 있었던 것은 헌법의 내용이 시대의 변화에 대처할 수 있도록 유연하게 쓰여 있기 때문이다(Janda et al. 2004). 또한 미국 헌법은 변화되는 시대에 잘 적응할 수 있도록 만들어졌다(서정갑 1993). 헌법 1조 8절에서 의회에 상업(interstate commerce)을 규제할 권한은 주었지만 상업에 대한 구체적 언급은 없다. 이는 시대에 맞게 해석될 수 있도록 의도된 것이라 하겠다. 헌법 4조 3절을 통해 새로운 영토확장을 예상하고 대비한 흔적을 볼 수 있는데 이를 통해 헌법의 유연성을 엿볼 수 있다.

2. 신축성 조항

특히 이러한 유연성은 신축성 조항에서 발견할 수 있다. 헌법 1조 8절은 연방의회의 구체적 권한에 대해 규정해 놓고 있는데 8절 마지막에 "상기의 권한 및 이 헌법에 의해 미국 정부나 각 부처 또는 각 부처 공직자에게 주어진 모든 그 외의 권한을 행사하는 데 필요하고 적절한(necessary and proper) 모든 법률을 제정하는 권한을 가진다" 고 규정하고 있다. 이는 연방의회에게 부여된 구체적 권한을 행사함에 있어 필요하고 적절한 조치를 취할 수 있다는 것으로 주정부와 연방정부가 권한배분을 둘러싸고 나타난 갈등을 해소하고 연방의회 및 연방정부의 권한 확대의 결과를 가져온다. 궁극적으로는 신축성 조항은 헌법의 유연한 해석을 통해 불거진 갈등의 해소 역할을 한 것이다.

3. 미국 헌법에서 찾을 수 없는 내용

미국 헌법에 자세하게 나와 있지 않은 내용은 집행부서 및 관료에 관한 것이다. 헌법은 입법부, 행정부, 사법부, 연방조항, 헌법수정 등에 대해 규정하고 있으나 집행부서 및 관료에 대한 언급은 찾을 수 없다. 하지만 초대 의회가 열리고 필수적이고도 핵심적인 서비스 기능을 위해 집행부의 필요성을 느끼고 주요 부서를 창설한다. 국무부, 전쟁부, 재무부가 그것이다. 국무부는 외국과의 대외업무를 담당하기 위한 부서였으며, 전쟁부는 다른 국가의 위협으로부터 국가를 보위하기 위한 부서였고, 재무부는 세금의 징수, 부채의 청산, 회계결산 그리고 광범위한 국가경제 정책을 수립하기 위한 부서였다.

VIII. 미국 헌법을 통해 본 시민의 자유와 권리의 보장

미연방헌법은 서로 모순되는 듯 보이는 두 가지의 역사적 요청을 하나의 통일체로서 담아내고 있다. 첫 번째 역사적 요청은 미연방이라는 정치공동체의 구성원들, 즉 시민들이 자신들이 원하는 삶을 영위하도록 안전과 평화를 충분히 보장할 수 있을 정도의 강력한 국가권력의 기본 틀을 짜주는 것이다. 두 번째의 역사적 요청은 시민들이 싫어하는 것을 국가권력이 강요하지 못하도록 그 권력을 제한하는 것이다. 이렇게 국가권력에 의한 강제가 불가능한 시민들의 삶의 영역을 '자유(freedom)'라 명하였고, 그 삶의 영역이 침범당하는 것을 막기 위한 법적 수단을 '권리(right)'라 명하여 왔다. 미연방헌법이 제정된 이래로 첫 150여 년 동안 헌법 논쟁의 중심은 첫 번째의 역사적 요청인 국가권력의 기본 틀과 관련된 것이었다. 즉, "미연방헌법은 대통령, 연방의회, 연방법원의 삼부(三府)에 어떻게, 어떠한 권한들을 분할·부여하는가?" "연방정부는 주정부와 관계에 있어서 어떠한 권한을 갖게 되는가?" 등이 주요 논의 주제였다. 그러나 2차 대전이 끝난 후에는 두 번째의 역사적 요청, 즉 개인의 권리의 내용과 범위를 어떻게 정의할 것인가가 헌법 논쟁의 중심으로 떠올랐다. 개인의 자유와 권리의 보장 관련하여 논쟁이 되었던 헌법 조항과 판결 내용을 정리하면 아래와 같다.

1. 낙태의 권리

1973년에 미연방대법원이 낙태(abortion)를 조건부 합법화시킨 최초의 결정인 로 대 웨이드(Roe v. Wade, 410 U.S. 113) 사건에서 태아(fetus)의 생명권에 관한 논의가 이루어졌다. 로 대 웨이드 사건은 텍사스 주에서 낙태수술을 원하던 한 여인이 낙태를 금지시킨 그 주의 형법 규정의 위헌성을 근거로 소를 제기함으로써 시작되었고, 미연방대법원이 결국은 최종적 판단을 하게 되었다. 연방대법원은 7-2로 나누어진 결정에서 낙태의 권리는 연방헌법에 의해 보장되는 프라이버시(Privacy) 권리에 속함을 선언하였다. 그러나 그러한 낙태의 권리는 다른 프라이버시 권리와 동일한 차원에서 보호를 받을 수 없고, 임산부의 건강과 태아의 생명을 함께 고려하는 합리적인 기준이 필요함을 논거로 하여, 임신기간을 3단계로 나누어 각 단계에 따라서 주정부가 낙태를 규제 또는 금지할 수 있는가의 여부가 결정되도록 하였다. 이 결정과정에서 태아의 생명박탈에 제한을 가하기 위해 적법절차조항을 적용할 수 있는가에 대한 논의가 이루어졌으나, 연방대법원은 태아는 사람(person)이 아니므로 적법절차 조항에 근거한 생명보호권을 주장할 수 없다고 결론지었다.

2. 인종차별(racial discrimination)과 학교통합(school desegregation)

미국 연방 수정헌법 제14조는 미국 헌법에서 가장 중요하고 논란이 많은 조항이라 할 수 있다. 평등조항은 "어떤 주(州)도 그 관할권 내에 있는 주민에 대해 법률에 의한 평등한 보호를 거부하지 못한다"고 규정하고 있다. 이 평등조항은 노예제도 등을 둘러 싸고 미국 북부와 남부의 정치·경제적 대립과 갈등이 폭발한 남북전쟁 직후에 헌법 에 삽입되었다. 이 조항의 첫 번째 목적은 미국사회에서 흑인들에게 대대로 가해지던 부당한 법적 차별을 막는 데 있었다. 2차 세계대전에서 연합군의 승리는 파시즘에 대한 민주주의의 승리를 의미했고, 이 승리에 힘입어 민주주의의 수호자로서의 이미 지를 굳히며 국제사회를 주도하려던 미국의 발목을 잡은 것이 바로 미국사회의 치부 인 인종차별이었다. 미국의 흑인 인권 단체들은 국제 사회에 미국사회에서의 흑인들 의 열악한 상황을 알리려고 갖은 노력을 다하였고, 소련은 이를 이용하여 미국 민주주 의의 허구성을 선전하며 국제사회 주도권 경쟁에서 우위를 점하려고 하였다. 그러던 어느 날 자신의 아이를 집에서 가까운 백인 학교에 보낼 수 없었던 흑인 부모들이 흑인 인권 단체들의 지원으로 연방대법원까지 찾아와 자기 자식들에 대한 부당한 차 별을 호소하였다. 이것이 미국 역사상 가장 중요한 연방대법원의 판결이라고도 할 수 있는 1954년의 브라운 대 교육위원회(Brown v. Board of Education, 347 U.S. 483) 사건이다.

이 사건은 인종차별정책에 의해서 흑·백으로 분리된 공립학교를 다니던 흑인 학생 들의 부모들이 소를 제기함으로써 시작되었고, 결국 연방대법원에서 최종적으로 심사 를 하게 되었다. 당시, 흑·백으로 학교를 분리시키는 정책을 정당화하던 법리는 모든 공공시설물을 인종에 따라 분리시키는 정책의 합헌성 여부에 대한 선례(precedent)인 플레시 대 퍼거슨(Plessy v. Ferguson, 163 U.S. 537, 1896) 판결에 의해 확립된 "separate but equal" 원칙이었다. 그 의미는 공공시설 등이 분리되어 있어도, 그 시설의 질이 동일하다면 차별은 아니라는 것이었다. 연방대법원은 이 사건에서 시설을 분리시키는 것 자체가 차별, 즉 분리(separation) 그 자체로 시설의 질(quality)의 차이를 따질 것 없이 불평등(unequal)하기 때문에 수정헌법 14조에 위반되어 위헌이라는 판결을 만장일치로 내렸다.

학교를 강제로 통합시키는 브라운 판결은 미국사회 전역에서 거센 반발을 일으켰다. 결국 미국 전역의 학교통합이 완성된 것은 10년 뒤였다. 아직 준비되지 않은 사회에서 사법부 주도의 강제적 흑·백 통합은 많은 사회적 비용을 발생시켰다. 특히 갑작스런 인종통합으로 자신의 아이들은 먼 학교까지 버스를 태워 보내야 했던 백인 부모들이 계속적으로 소송을 제기하였다. 50여 년이 지난 현재의 시점에서 미국인들의 주거양상(residential pattern)이 법으로 강요를 안 해도 자발적으로 같은 인종끼리 모여 사는 경향을 보이고 있어서, 학교들의 학생 구성도 사실상 인종적으로 분리되는 경향을 보이고 있다. 한 학교 내에서 인종 간의 갈등이 발생하는 경우도 많으며, 학생들의 학업성취도도 인종에 따라 평균적으로 다르게 나타나는 경우도 많아, 오히려 분리된 교육이 필요하다는 말까지 나오고 있는 상황에서 브라운 판결의 의미를 되새겨 보는 것도 흥미로울 것이다.

3. '적극적 평등실현 조치'와 대학 입학

'적극적 평등실현 조치(Affirmative Action)'라는 용어는 케네디(John F. Kennedy) 대통령이 처음으로 사용하기 시작했고, 존슨(Lyndon Johnson) 대통령에 의해 계승·발전되었다. 적극적 평등실현 조치는 과거로부터 지속되어 온 차별의 후유증을 제거하는 동시에 그 재발을 방지한다는 목적으로 고용, 승진, 계약체결, 그리고 대학 입학 등에 있어서 그동안 차별받아온 소수인종이나 여성을 우선적으로 고려하는 정책을 말한다. 적극적 평등실현 조치의 이념적 기초는 연방대법원의 판례를 통해 다듬어졌다.

적극적 평등실현 조치에 입각한 정책들이 아무런 반대 없이 추진되었던 것은 아니다. 그러한 정책들을 비판하던 대표적인 논리 중의 하나는, 과거에 소수가 차별받은 사실 때문에 사회적 차별을 야기하지도 않은 현재의 무고한 다수가 희생되어서는 안 되며, 소수에 대해 국가에서 적극적인 우대정책을 쓰는 것은 다수에 대한 역차별이라는 것이다. 이러한 논리를 근거로 적극적 평등실현 조치의 위헌성 여부를 연방대법원에서 최초로 다툰 사건이 캘리포니아대학 이사회 대 바키(Regents of the University of California v. Bakke, 438 U.S. 265, 1978)이다.

바키 사건은 다음과 같이 시작되었다. 백인 남성인 바키(Allan Bakke)는 1973년과 1974년 두 해에 걸쳐 캘리포니아대학 데이비스(University of California, Davis) 캠퍼스의 의과전문대학원(Medical School)에 지원을 했었으나 두 번 다 불합격하였다. 당시 캘리포니아대학 데이비스 캠퍼스 의과전문대학원은 두 종류의 입학전형을 사용하고 있었다. 총 100명의 정원 중 84명에 대해서는 일반입학전형을, 그리고 나머지 16명은 소수인종 지원자만을 입학시키는 특별전형을 사용하고 있었다. 일반입학전형의 기준은 대학시절의 평점(GPA)과 의과전문대학원 입학시험(Medical College Admission Test)을 중심으로 여러 가지 사항들을 고려하는 방식이었고, 특별입학전형은 경제여건이나 교육여건에 있어서 불이익을 당해 온 소수 인종의 지원자를 일반전형의 기준보다 완화된 기준으로 심사하는 방식을 취하였다.

두 번째 낙방을 경험한 바키는 특별전형으로 합격한 지원자들이 자신보다 낮은 점수를 받고도 입학했다는 사실을 안 뒤, 캘리포니아대학 데이비스 캠퍼스 의과전문대학원이 자신을 역차별하였다고 주장하며 소송을 제기하였다. 캘리포니아 주 대법원은 캘리포니아대학 데이비스 캠퍼스 의과전문대학원의 특별입학 정원이 인종별 할당제(racial quota)로 평등보호조항과 1964년 민권법(Civil Rights Act of 1964)을 위반했다고 결정하였다. 미연방대법원 역시 문제의 특별입학전형은 '할당제(quota)'이며, 적극적 평등조치가 이러한 할당제를 의미할 때에는 평등원칙의 위반이라고 선언하였다.

이 바키 사건에서 다수의견(majority opinion)을 작성한 파월(Louis Powell) 대법관은 진보적 대법관들이 인정하는 수정헌법 14조의 이중 기준(dual standard)을 거부하였다. 즉, 적극적 평등조치는 수세기 동안의 인종차별의 폐해를 없애고 이를 보상하기 위한 '선의의(benign)' '인종의식(race-conscious)' 정책이기 때문에 평등원칙에 위반되는 것이 아니라는 주장을 배척하고, 차별에 있어서 선한(benign) 것과 악한(malign) 것의 구별은 있을 수 없다며, 인종이나 민족을 기준으로 구분하여 다르게 취급하는 어떤 정책도 엄격한 심사(strict scrutiny)기준에 따라 심사해야 한다고 하였다.

바키 판결은 보수적 색채를 띠기 시작한 연방대법원이 적극적 평등실현 조치의 위헌성을 지적하기 위해 '인종중립의 헌법(color-blind constitution)'의 논리를 사용한 것으로 유명하다. '인종중립성(color-blindness)'은 워렌 대법원장 주도의 진보적 대법원 시절의 판결들에서 인종차별을 철폐하는 상징적 개념으로 사용되어 왔으며, 더 나아가 인종평등사회를 갈망하는 사회적 담론의 핵심 개념으로서의 역할을 해 왔다. 그러나 '인종중립적' 사회를 만들기 위해서는 사회적으로 뿌리내려 있는 인종 차별적 관행과 제도들을 제거하기 위해 지금까지 차별받던 인종들에게 그러한 역사적 굴레 속에서 빠져나올 수 있도록 특별한 조처를 취해줘야 한다는 '인종을 고려한 적극적 평등실현 조치'에 대한 보수주의자들의 공격에 '인종중립성'의 개념이 역으로 사용되게 되었다.

결국 바키 판결에서 연방대법원은 적극적 평등실현 조치의 합헌성심사에 전통적인 차별 유형들에 적용했던 것과 똑같은 기준을 적용해야 함을 분명히 했다. 즉, 소수인종에 대한 우대조치도 백인의 입장에서는 '인종'에 근거한 차별이 되기 때문에, 수정헌법 제14조의 평등보호조항은 전통적인 '반(反)소수인종적(anti-minority) 차별'이건 여기에서와 같이 적극적 평등실현 조치 시행을 위한 '선의의(benign) 차별'이건, 동일하게 적용되어야 한다는 것이다.

4. 성차별과 성희롱

2차 대전 후 흑인들에 대한 차별과 그들의 지위 향상을 위한 적극적 조치들이 취해졌는데, 과거의 불평등관계에 실질적 변화가 일어나기 시작한 것은 흑·백 간의 관계만이 아니었다. 전통적인 불평등관계였던 남녀관계에도 변화가 일어나기 시작했으며 현재 미국사회에서 인종차별과 마찬가지로 노골적인 성차별은 절대로 정당화될 수 없다. 그러나 그것은 가시적인 차별만이 사회 통념에 의해서 금지되는 것이지, 성차별이 미국사회에서 실질적으로 사라진 것은 아니다. 그 대표적인 유형이 성희롱이라 할 수 있다. 특히 직장 내에서의 성희롱은 심각한 사회적 문제임에도 불구하고 개인적 차원에서 해결하도록 했던 것이 과거의 관행이었다. 그러나 이제 성희롱은 성차별의 한 유형으로 인식되고 있다. 그 이유를 잘 보여주고 있는 것이 메리터 은행 대 빈슨 사건(Meritor Savings Bank v. Vinson 477 U.S. 57, 1986)이다.

이 사건은 미연방대법원이 성희롱(sexual harrassment)을 1964년 민권법(Civil Rights Act of 1964) 제7조에 의해 금지되는 직장상사에 의한 성차별의 하나로 인정한 사건이다. 사건의 개요는 다음과 같다. 1974년 미셀 빈슨(Michelle Vinson)은 메리터 은행에 근무하면서 은행의 부사장이자 빈슨이 근무하는 지점장인 시드니 테일러(Sidney Taylor)를 만나게 된다. 입사한 후 4년간 빈슨은 계속 승진하여 부지점장 지위에 올랐고, 이는 전적으로 그녀의 업무수행능력을 인정받았기 때문이었다. 그러나 그 4년여 동안 빈슨은 그녀의 상관인 테일러로부터 계속적인 성관계를 요구당하였고, 거부하면 해고 당할지도 모른다는 두려움에 성관계를 허락하였다. 동의에 의한 성관계가 대부분이었지만, 테일러는 점점 더 대담해져 다른 직원들 앞에서 노골적으로 빈슨을 애무하고, 때로는 직장 내 화장실에서 강간을 하기도 하였다. 1978년 가을에 빈슨은 기간을 정하지 않은 병가(病暇)를 냈는데, 두 달 뒤 은행은 그녀가 휴가를 남용한다는 이유로 해고를 통보하였다.

이에 빈슨은 테일러와 은행을 상대로 소송을 제기하게 되었는데, 그녀의 주장은 테일러에 의한 계속되는 성희롱이 그녀에게 '적대적 근무환경(hostile working environment)'을 조성하였고, 이는 1964년 민권법 7조의 성차별에 해당한다는 것이었다. 이 사건에서 법원이 답해야 했던 주요 사안은, '적대적 근무환경'과 같은 피고용인(employee)의 정신적 피해도 민권법에 의해 금지되는 차별에 해당하는가, 아니면 민권법상의 차별은 경제적 불이익(tangible economic discrimination)에 국한되는가 하는 것이었다. 사건은 결국 연방대법원까지 가게 되었고, 연방대법원은 성차별이 임금의 차별이나 구체적으로 드러나는 차별에 국한되는 것이 아니라고 하여 민권법상 금지되는 성차별의 범위를 넓혔고, 이 사건과 같이 설사 여직원들의 급료나 진급 등에 영향을 미치지 않았다 하더라도 직장에서 여성들에게 "적대적 근무 환경"을 만드는 것은 민권법에 의해 금지된 성차별이라고 판결하였다.

5. 언론의 공직자 비판과 명예훼손

한 사회가 어느 정도로 민주화되었는가를 측정하기 위한 중요한 척도 중의 하나가 언론이 어느 정도로 정부에 대해 자유롭게 비판할 수 있는가이다. 그런데 근래 한국 정치 상황을 보면 언론이 그다지 자유롭게 정부에 대한 비판을 할 수 있는 상황이 아닌 듯하게 보인다. 정부가 계속적으로 정부에 대해 비판적인 입장을 견지해온 언론들을 상대로 소송을 하고 있기 때문이다. 언론에 대한 소송은 실제로 언론의 정부 비판을 위축시키는 결과를 낳을 것이다. 그렇다면 정부가 대(對)언론 소송을 남용하는 것을 막아야 하는가? 아니면, 고삐 풀린 언론의 횡포를 막기 위한 정부의 방어 수단으로서의 대(對)언론 소송을 오히려 긍정적으로 평가해야 하는가? 이 문제에 대해 연방대법원이 답을 준 대표적인 사건이 뉴욕타임스 대 설리번 사건(New York Times v. Sullivan 376 U.S. 254, 1964)이다.

1960년 3월 29일 자 『뉴욕타임스』에는 "그들의 드높은 함성에 귀를 기울여라(Heed Their Rising Voices)"라는 제목의 광고가 실렸다. 그 광고는 앨라배마(Alabama) 주에서 흑백차별의 철폐를 요구하며 민권운동을 주도하고 있던 마틴 루터 킹 목사(Martin Luther King)를 돕기 위해 만들어진 '킹 목사 사수(死守)위원회(Committee to Defend

Martin Luther King)'의 모금광고였다. 당시 킹 목사를 인종차별적인 앨라배마 주 검찰이 소득을 허위로 신고함으로써 세금을 포탈했다는 죄를 뒤집어씌워 기소를 하려는 참이었다.

문제의 광고가 담고 있던 내용은 남부의 인종차별주의자들이 경찰들로 하여금 평화적 시위대에게 무자비하게 폭력을 휘두르게 하였고, 대학 캠퍼스에서 시위하던 학생들을 굴복시키기 위해 강제로 식당을 폐쇄했으며, 심지어 킹 목사의 집을 폭파시켜 그의 가족을 살해하려고까지 했다는 것이었다. 이 광고에 앨라배마 지역의 신문들은 일제히 비난을 퍼붓기 시작하였고, 광고의 내용 중에서 경찰의 과잉진압 부분 외에는 진위를 판명하기 어려운 주장들임이 사실이었다.

특히 몽고메리(Montgomery) 시의 시(市)집행위원회 위원(commissioner)인 설리번(L. B. Sullivan)은 문제의 광고에 자신의 이름이 거론되어 있지 않음에도 불구하고, 광고의 주된 내용이 경찰의 과잉진압을 비난하는 것이고, 자신이 몽고메리 시 경찰청을 총괄 관리하는 경찰위원이기 때문에 결국은 자신이 집권을 남용한 것처럼 묘사함으로써 자신의 명예를 침해했다는 이유로 소송을 제기하였다. 뉴욕타임스 측은 설리반의 이름이 거명되지 않았기 때문에 그의 명예가 훼손될 수가 없어서 소송 자체가 성립될 수 없다고 주장한 반면에, 설리번 측은 몽고메리 시 경찰의 과잉진압을 비난하는 것은 당연히 경찰책임자인 설리반의 명예를 훼손한 것일 뿐만 아니라, 앞으로 언론이 무책임하게 허위사실을 보도하는 것을 방지하기 위해서라도 법원은 거액의 손해배상을 지급할 것을 선언해야 한다고 주장하였다. 앨라배마 주 법원에서는 당연히 설리반이 승소하였다. 결국 뉴욕타임스는 연방대법원에 상고하였고, 연방대법원에서 앨라배마 주대법원의 판결은 번복되었다. 연방대법원으로 갈 당시에 뉴욕타임스가 유리한 상황은 아니었다. 왜냐하면 광고에 허위사실이 포함되어 있었던 것은 사실이었고, 그러한 허위사실을 확인하지도 않고 광고를 실어주어 개인의 명예를 훼손하였다면, 아무리 사회적 정의를 호소하는 광고였다 할지라도 그로 인한 피해자에게 손해배상책임을 져야 하는 것은 인종차별을 금지하기 위해 최선봉에 서 있던 워런 대법원도 부인할 수 없는 건전한 사회 통념의 하나라고 생각했기 때문이다. 하지만 뉴욕타임스 측은 명예훼손 소송을 정부관리가 언론에게 재갈을 물리기 위해 악용할 때에는, 이는 언론의 자유를 보장한 수정헌법 1조를 위반하는 것이라 주장하였다.

결국 뉴욕타임스 측의 주장을 받아들인 연방대법원은 역사상 최초로 명예훼손소송이 헌법상의 권리인 언론의 자유를 침해했다는 판결을 내리게 되었다. 뉴욕타임스가 우려했던 것과는 달리, 보도하려는 내용의 진실성을 믿지만 증명하기는 어려운 상황에서 소송을 걱정하여야 한다면 언론의 진실보도는 위축될 것이기 때문에, 언론사에게 보도내용의 진실성을 입증할 의무를 부과하는 것은 언론의 자유를 보장한 수정헌법 1조에 위배되는 것이라고 하였다. 다만, 명예훼손을 주장하는 공직자가 문제된 언론기관의 허위보도가 현실적 악의(actual malice)에 기초하였다든가 또는 사실 여부를 알 수 있었음에도 이를 무시하고 보도했다는 점을 입증한 경우에 한하여 손해배상을 청구할 수 있다고 하였다. 연방대법원은 표현의 자유는 개인의 명예라는 사회적 가치보다 우선하며, 밀(John Stewart Mill)의 견해를 전폭적으로 수용하여 표현의 자유는 진리를 추구한다는 관점에서도 반드시 보호되어야 할 자유라는 논지를 폈다.

6. 종교의 자유

수정헌법 제1조는 "연방의회는 국교(國敎)를 수립하거나 또는 자유로운 신앙행위를 금지하는 법률을 제정할 수 없다"고 규정하고 있는데, 이 문장은 구별되는 목적을 가지고 있는 두 조항으로 나누어 해석되고 있다. 하나는 "국교분리(國敎分離) 조항(Establishment Clause)"이고, 다른 하나는 "신앙행위의 자유(Free Exercise Clause) 조항"이다. 이 두 조항은 때로는 서로 중첩되기도, 또는 충돌하기도 한다. 관련하여 흥미로운 판결을 소개하자면, 위스콘신 대 요더 사건(Wisconsin v. Yoder, 406U.S.205, 1972)이 있다. 위스콘신 주의 한 학교에서 아미쉬(Amish) 마을로부터 온 세 아이가 8학년까지만 마친 뒤 그들의 신앙을 이유로 학교를 그만두었다. 그런데 당시 위스콘신 주는 최소한 16세까지는 공립학교나 공인된 사립학교에 출석하는 것을 의무화한 법(compulsory-attendance law)을 가지고 있었고, 14~5세인 아이들을 학교에 등교시키길 거부한 아미쉬 부모들은 그 법을 어겼다는 이유로 기소되어 재판을 받은 뒤 벌금형에 처해졌다. 벌금의 액수는 많지 않았으나, 아미쉬 부모들은 문제의 법이 수정헌법 제1조에 의해 보호받는 자신들의 신앙행위의 자유를 침해했다는 이유로 소송을 제기하였다.

사건은 결국 연방대법원까지 가게 되었는데, 대법원은 아미쉬 부모들의 주장을 받아들였다. 연방대법원은 일단 아미쉬 부모들이 공교육을 대체하기에 충분한 그들 스스로의 직업교육을 자식들에게 하고 있다는 점을 인정하였다. 아미쉬 생활이 전통적 방식의 농·축산업 의존하고 있기 때문에 공식적인 고등교육보다는 아미쉬만의 전통적인 교육이 그들의 삶에 더 적합하다는 것을 인정한 것이다. 또한 공식적인 고등교육이 신앙에 입각한 아미쉬만의 생활에 해가 되며 심지어 그들이 추구하는 종교적 구원에 장애가 된다는 아미쉬 부모들의 믿음의 진정성을 인정하였다. 아미쉬 부모들은 공식적인 고등 교육이 추구하는 것은 과학적 지식을 토대로 한 지적 성취 그리고 경쟁을 통한 세속적 성공 등이나, 아미쉬가 추구하는 삶은 지적인 삶보다는 선한 삶이고, 기술적 지식보다는 지혜이며, 경쟁을 통한 개인적·세속적 성공보다는 공동체의 복지임을 주장하였다.

결국 연방대법원은 아미쉬 부모들이 16세 이상의 자식들을 공교육으로부터 격리시켜 아미쉬식의 비공식적 교육을 시키는 것을 수정헌법 제1조에 의해 보호되는 자유로운 신앙행위의 하나로 인정한 것이다. 그러나 이 판결은 "부모들의 신앙생활을 위해 자식들의 의사 및 이익은 등한시해도 되는가?" "한 신앙공동체의 자유로운 신앙생활을 보장하기 위해 그 공동체에 속했지만 다른 생활을 원하는, 특히 이 경우에는 현대 문명생활의 혜택을 향유하고 싶은 소수의 이익은 무시되어야만 하는가?" 등 논란의 여지를 남겨두었다.

7. 형사피의자·피고인의 권리

미국은 소송으로 이루어진 사회라고 불릴 정도로 소송이 많고 그러다 보니 변호사의 숫자도 엄청나다. 변호사의 숫자가 많다 보니 변호사의 수임료 수준도 다양하여 돈이 없는 사람도 변호사를 구하는 데 그렇게 어려움을 겪지는 않는다. 특히 형사사건과 관련하여서는 형사피의자나 피고인이 변호인의 도움을 격렬히 거부하지 않는 이상은 변호인 없이 재판을 받는 경우는 없다. 심지어 형사 피의자나 피고인이 변호인을 거부해도 담당 판사가 직권으로 변호사를 선임하는 경우도 있을 정도이다. 형사피의자나 피고인이 변호사의 도움이 필요하다고 생각하지만 경제적으로 도저히 변호인을 선임할 수 없을 때, 또는 법원이 직권으로 변호인의 선임이 필요하다고 판단할 때, 등장하는 인물이 바로 정부 선임 변호사(Public Defender)이다.

미국의 오랜 소송의 역사를 볼 때, 이러한 정부 선임 변호사 제도는 이미 오래전부터 활용되어 왔을 것이라는 짐작을 쉽게 해볼 수 있다. 그러나 사실은 그렇지 않았다. 정부 선임 변호사 제도를 실질적으로 확립시킨 계기는 바로 1963년 연방대법원의 기디온 대 웨인라이트(Gideon v. Wainright, 372 U.S. 335, 1963) 판결이다.

클라렌스 얼 기디온(Clarence Earl Gideon)은 전과가 있는 부랑자로서, 1961년에 플로리다(Florida) 주 파나마 시(Panama City)에 있는 한 술집에 문을 따고 들어가 맥주, 포도주, 그리고 자동판매기를 부순 뒤 동전 등을 훔쳐 달아났다는 혐의로 구속 기소되었다. 플로리다 주 법원에서 재판을 받는 과정에서 담당 판사에게 변호인의 도움을 요청했으나 판사는 이러한 기디온의 요청을 받아들이지 않았다. 변호사 없이 재판받은 기디온은 무죄를 주장했으나 결국 배심원들에 의해서 유죄 평결을 받았고, 판사는 절도범에게는 최고형인 5년을 선고하였다. 최고형이 선고된 이유는 기디온이 이미 전과 4범이었기 때문이었다.

복역 중이던 기디온은 마침내 연방대법원에 자신의 억울한 사정을 들어 달라는 편지를 자필로 작성하였다. 그 내용은 자신이 변호사 없이 재판을 받았기 때문에 제대로 변호를 할 기회가 없었고, 따라서 연방헌법에 의해 보호되는 적법절차를 보장받을 권리를 침해당하였다는 것이었다. 미연방대법원에 상고를 하기 위해서는 일정한 형식을 갖춘 상고허가청원서와 수수료를 지불해야만 한다. 기디온의 편지는 그러한 형식도 갖추지 못하고 수수료도 낼 수 없었으나, 연방대법원이 가난한 사람들에 대해서는 그러한 요건들을 갖추지 않아도 내용만을 판단하여 상고를 허락하는 관례를 만들어 놓아서 기디온의 사건은 연방대법원에서 심리될 수 있었다.

수정헌법 제6조에는 "모든 형사소추에 있어서, 피고인은 … 자신의 변호를 위하여 변호인의 도움을 받을 권리를 가진다"라고 명시적으로 규정해 놓고 있으나, 이러한 변호사의 조력을 받을 권리가 20세기 초반까지는 대부분의 법정에서 보장되지 않고 있었다. 그 법리상 이유는 수정헌법 중 권리장전은 연방정부에 의한 권리 침해만을 규제하는 것으로 해석되었기 때문이다. 대부분의 형사사건은 주 형법상의 범죄행위를 저지른 경우들이고 따라서 그와 관련된 형사절차와 관련하여서는 주 헌법에 대한 주 법원의 해석이 우선했다. 1938년에 연방대법원이 연방형법을 위반한 피고인이 경제적으로 변호사를 고용할 형편이 되지 못할 경우 연방정부가 무료로 변호사를 선임해 주어야 한다는 선례(Johnson v. Zerbst, 304 U.S. 458)를 남겼으나, 이를 주형사 사건으로는 확대시키지는 않았다(Betts v. Brady, 316 U.S. 455, 1942). 따라서 연방대법원의 선례나 당시의 사법관행으로 볼 때 기디온에게 그다지 유리한 상황은 아니었다. 그러나 워렌 대법원장이 이끄는 진보적 대법원은 당시 워싱턴에서 가장 명망이 높던 변호사 중의 한 명인 에이브 포타스(Abe Fortas)에게 기디온의 변호인이 되어 줄 것을 부탁하였고, 포타스 변호사는 미국 사법제도 사상 가장 중요한 판결 중 하나(Gideon v.

Wainright, 372 U.S. 335, 1963)를 이끌어 내는 역할을 하게 된다.

1963년 연방대법원 법정에서 포타스 변호사는 연방법원뿐만 아니라 주법원에서도 형사피고인에게 변호사의 조력을 받을 권리를 보장해야 함을 역설하였다. 당시까지의 연방대법원의 선례(Betts v. Brady)는 주법원이 피고인을 위해서 변호인을 선임해줄 것인가의 여부는 개별 사건의 제반 상황을 고려하여 독자적으로 판단해야 한다는 것이었고, 확실한 법리상의 논거도 없이 선례를 뒤집는 것을 꺼리던 연방대법원 판사들을 설득하는 것은 쉬운 일이 아니었다. 그러나 포타스 변호사는 미국 사법제도 하에서 형사 피고인이 변호사의 도움 없이 공정한 재판을 받는다는 것은 불가능하다는 것을 확신감에 찬 목소리로 실례를 섞어가며 차분히 설명해 나갔고, 변호사 선임 문제를 주법원의 판단에 맡기는 것이 오히려 주법원이 일관된 사법정책을 마련하는 것에 혼선을 낳게 했기 때문에 기디온 사건을 계기로 연방대법원이 총괄적인 기준을 제시하는 것이 필요하다는 법리상의 근거를 제공하였다.

결국 연방대법원은 포타스 변호사의 논리를 받아들여 기디온의 재판이 잘못되었음을 선언하였다. 기디온 사건이 미국의 사법제도에 끼친 영향은 판결 직후부터 나타났다. 13개 주가 즉시 정부 선임 변호사 제도를 공식적으로 도입했고, 변호사 없이 유죄 판결을 받고 복역하고 있던 많은 죄수들이 자신들의 석방을 탄원했고, 플로리다 주정부의 경우는 실제로 1천여 명의 죄수를 석방시키기에 이르렀다. 그러나 기디온은 즉시 석방을 거부하였고, 주정부가 선임해준 변호사의 도움을 받아 다시 재판을 받았다. 그리고 원심에서 기디온의 절도행위를 했다는 유력한 증인이 위증을 했다는 것을 밝혀내어 결국 무죄 평결을 받게 되었다. 기디온 판결에 의해서 변호인의 조력을 받을 권리는 명실상부하게 모든 미국의 시민들이 누리는 권리가 되었다.

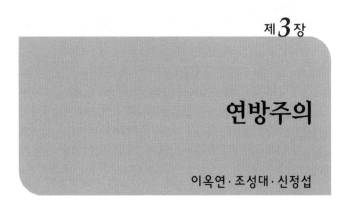

제**3**장

연방주의

이옥연·조성대·신정섭

I. 연방주의의 역사적 기원과 헌법적 토대

연방제는 이중 주권(dual sovereignty), 즉 중앙정부와 지방정부가 분리된 주권을 소유하지만 권력을 공유하는 체제이다. 미국과 같은 연방제 국가에서 분리된 주권이라 함은 연방정부(federal government)뿐만 아니라 주정부(state government)도 독자적인 헌법 아래 법의 제정과 집행, 그리고 스스로 통치할 수 있는 자율성을 지님을 의미한다. 즉 연방과 주정부가 각자의 영역에서 입법, 행정, 사법의 기능을 독자적으로 수행하며 이는 각각의 헌법에 의해 보장된다. 구체적으로 헌법에 보장된 연방주의의 특징을 살펴보기에 앞서 미국 연방주의의 기원을 간략하게 살펴보자.

국가형성 초기 연방헌법이 제정되기 전 10여 년간 지속된 연합헌장체제는 오늘날의 국가연합(confederation)에 준하는 형태로 주권이 각 구성단위인 주에 소재하며 중앙정부는 주정부 간의 느슨한 형태의 협의체로 연결되어 있는 정부조직형태를 의미했다. 각 주권국가가 파견한 주 대표들로 구성된 연합의회에서 제정된 법률은 각 주에 대한 강제력을 가지지 않았다. 각 주가 연합의회 의원들을 통제할 수 있었기에 연합의회는 주정부의 상위기관으로 위상을 지니지 못했으며 명실상부한 상설 중앙정부로서

〈참고사항 3-1〉 연합헌장 내 중앙정부와 지역정부의 권한

연합헌장 제5조는 연합의회 의원의 임명, 소환, 급여를 각 주의 입법부가 통제하도록 명시하고 있으며 나아가 의원 임기는 1년으로 그나마 6년간 최대 3년 이상 재직하지 못하도록 제한하고 있었다. 또한 연합헌장 제9조는 연합의회의 주요 권한들인 전쟁 수행권, 나포허가장 발부권, 조약체결권, 주화제조권 등이 13개 주 중 9개 이상 주의 찬성을 필요로 한다고 명시하고 있었다. 무엇보다 각 주에서 2인부터 7인까지 선출한 대표들로 구성된 연합의회는 단원제를 채택하고 있을 뿐 아니라 의사결정도 1인1표제가 아니라 1주1표제로 이뤄졌다. 이러한 주의 평등성 원칙과 초다수제적 의사결정 규칙(9/13주의 찬성 필요)은 결과적으로 연합의회의 효율적인 통치력을 저해했다.

독자적인 의정 활동을 할 수 없었다. 특히 연합의회는 주를 통하지 않고 직접 인민들에게 직접적으로 영향력을 행사할 수 없었다. 독자적으로 인민들에게 세금을 징수할 수 없었을 뿐 아니라 대외통상을 규제할 수 없었다. 독립적인 국고수입을 확보할 중요한 수단을 지니지 못한 중앙정부의 재정은 취약할 수밖에 없었고 심지어 병력 유지마저 주정부에 의존할 지경이었다. 즉 연합헌장체제 하의 연합의회는 주정부의 동의 없이 주요 권한을 행사할 수 없었을 뿐 아니라 인민들에게 직접적 영향력을 미칠 수 없는 허약한 기관이었다.

이러한 연합헌법체제의 취약점을 시정하기 위해 1787년 필라델피아에서 소집된 헌법회의에서는 전국적 관할권을 지닌 강력한 중앙정부가 국내외적 조정비용을 감소시키고 공공재 공급을 원활하게 만든다는 주장이 제기되었다. 특히 미국 헌법의 아버지인 매디슨(James Madison)은 전국적으로 실질적 관할권을 지닌 중앙정부가 등장하면 주정부 간 분파싸움 때문에 공공재의 공급에 차질이 생기는 문제를 해결할 수 있다고 주장했다. 즉 연방주의자들은 소규모의 영토에서는 주 의회가 다수분파의 폭정에 노출될 수밖에 없다고 보았다. 그리고 그 대안으로 중립적 심판으로 사회의 다양한 이해관계를 조정하고 나아가 분파의 해악을 통제함으로써 인민의 자유를 보장해줄 수 있는 중앙정부가 통치하는 '광대한 공화국'을 제시했다. 이에 반해, 반연방주의자들은 공화국은 본질상 소규모의 영토에서만 가능하며 통합정부의 성격을 지닌 연방정부의 등장은 주의 권한 침해뿐 아니라 나아가 인민의 자유 침해까지 초래한다고 반박했다.

결국 연방주의자들과 반연방주의자들 간 극적인 타협으로 연방헌법이 제정되었는데, 이에 따라 연방정부와 주정부의 위상은 크게 변화되었다. 새롭게 제정된 연방헌법

〈표 3-1〉		헌법상 연방의회와 주 간의 권한 배분		
관할권	정책범주	내용		헌법근거
연방정부의 위임 권한 (delegated powers)	군사업무 및 방어	• 공동방위 • 전쟁선포 • 육·해군 창설 및 유지 • 연방법률 집행 • 반란 및 침략 격퇴를 위한 민병대 편성, 무장 및 해체 등		제1조 8절 10~16항
		• 반역죄에 대한 처벌 선고		제3조 3절
	경제	• 파산에 대한 단일한 법률 제정 • 화폐주조 및 통화 가치 규제 • 위폐 처벌		제1조 8절 1항
		• 외국, 주 상호 간, 원주민과 교역 • 우송 부서와 우편 도로 설치		제1조 8절 3항
	정부조직	• 하급법원 조직(또한 III-1) • 연방정부 소재지나 연방 군사기지 내 독점적 입법권		제1조 8절
		• 새로운 주의 승인 • 연방정부의 영토나 재산의 처분 및 규제		제4조 3절
	암시된 권한	• 명시된 권한을 실행하기 위한 필요하고 적절한(necessary and proper) 법률 제정		제1조 8절 18항
	연방 우위성	• 헌법, 연방법, 그리고 조약이 국가의 최고법 • 모든 주의 판사들의 준수 의무		제6조 2절
주정부의 예비적 권한 (reserved powers)		• 주 내의 교역 규제 • 선거관리 • 공중보건, 안전, 풍속 제공 • 지방정부의 설립 • 민병대(National Guard 포함) 유지 • 연방헌법 비준(헌법 5조) • 유권자 등록기준 마련		수정헌법 제10조
연방과 주의 공동 권한 (concurrent powers)		• 조세 • 차용 • 채무계약 및 지불 • 은행 및 기업 설립 • 법원 설치 • 일반복지 제공		제1조 8절

에서 규정하고 있는 연방정부와 주정부 간 관계의 특징은 첫째, 헌법에 의해 위임된 (delegated) 연방정부의 권한과 주정부의 권한에 대한 우위성(supremacy), 둘째, 주에 대한 예비적(reserved) 권한, 셋째, 연방과 주정부에 각각 부정되는 권한, 넷째, 연방 정부의 구성에 있어 주정부의 역할에 대한 헌법적 조항 등으로 구성되어 있었다 (Cameron and Falleti 2005). 이 중 미국 연방주의를 주요하게 특징지어온 첫째와 둘째 항을 〈표 3-1〉에 제시된 연방주의 관련 연방헌법의 주요내용을 참고로 자세히 검토해 보자.

첫째, 연방헌법 제1조 8절은 연방의회에게 부여한 명시적 권한(express powers)을 항목별로 기술하고 있다. 명시적 권한이란 헌법에 구체적으로 서술된 권한을 의미한 다. 대체로 전쟁선포 및 군대를 징집할 수 있는 전쟁 권한(10항~16항), 화폐주조 및 가치 규제 등을 규정한 재정 권한(1항), 대외통상, 주간 통상 및 원주민과의 통상 규제 를 규정한 통상 권한(3항)을 연방의회에 독점적으로 부여하고 있다. 연방헌법은 아울 러 헌법에 서술되어 있지 않은 연방의회의 암시적 권한(implied powers)을 기술하고 있는데, 연방헌법 제1조 8절은 명시된 권한을 수행하는 데 있어 연방정부가 제대로 기능하기 위해 "필요하고 적절한(necessary and proper)" 판단이 내려지는 경우 법령을 제정하거나 혹은 의회 조사나 소환을 요구할 수 있는 권한을 연방의회에 부여하고 있다.

아울러 제1조 8절은 연방의회와 주 의회의 공동 권한(concurrent powers)에 대해서 도 제시하고 있는데, 주로 조세, 차용 및 채무지불, 은행 및 기업 설립, 법원 설치 및 일반복지 등에 관한 분야에서 연방정부와 주정부가 공동의 권한을 지니고 있다. 그런데, 연방헌법은 제6조 2절에서 연방헌법 및 법률을 "국가 최고의 법(supreme law of the land)"이라고 규정함으로써 주 헌법에 의해 규제되는 정책분야가 연방의 헌법이 나 법률과 충돌할 경우 연방의회가 이를 선점(preempt)하거나 무효화(override)할 수 있게 함으로써 연방우위의 원칙을 확인하고 있다. 특히, 연방우위조항에 근거한 선점 조항은 이른바 "주법을 삼키는 고릴라"로 불리며 주정부에 대한 연방정부 간섭의 핵심 적 도구로 사용되어 왔다(Perlman 1994).

둘째, 주의 독자적 권한에 대해 연방헌법은 수정헌법 제10조에서 "이 헌법에 의하 여 미연방에 위임되지 아니하였거나, 각 주에게 금지되지 않은 권한은 각 주나 인민이 보유한다"고 하여 주의 보존 권한(reserved powers)으로 규정하고 있다. 더불어 수정 헌법 제9조는 헌법에 열거되지 않은 권한일지라도 인민에게는 더 많은 민권이 보존된다고 규정하고 있으며, 1789년 효력이 발생한 수정헌법 제11조는 연방헌법 제3조 2절 1항에 명기된 연방사법부의 고유 사법권(original jurisdiction)을 결과적으로 일부 철회하여 주의 거주민이나 외국 시민이 주를 상대로 연방사법부에 제소할 수 없도록 규정함으로써 주 주권면책(state sovereignty immunity)의 헌법적 근거를 제공하고 있다. 그런데 연방헌법은 주정부의 보존 권한을 열거하고 있지 않고 다만 판단기준에 대한 지침만 수정헌법 제10조에서 제시하고 있을 뿐이다. 그동안 보존 권한은 공동 권한을 모두 포함하여 조세, 차용, 지출에 대한 권한, 법률을 제정하며 집행할 권한, 그리고 주 경계 안에서 교역을 규제할 권한, 공적 사용을 위한 사적 재산을 수용할 권한 등을 의미한다고 해석되어 왔다. 아울러 법률을 제정할 권한은 주 경계안의 시민들의 건강, 안전 그리고 풍속 등의 영역을 포함하는 것으로 해석되었다. 그러나 이러한 주의 보존 권한은 명시적이라기보다는 암시적인 것이며 헌법 제6조의 연방 우위조항과 빈번하게 충돌하며 정부 간 관계에 긴장을 야기해 왔다.

이렇듯 미국 헌법은 연방주의를 원칙으로 연방정부와 주정부의 권한을 연방정부의 독자적인 권한, 연방정부와 주정부의 공동 권한, 그리고 주정부의 보존 권한으로 나누어 놓음으로써 오히려 각 주권 간 분쟁소지를 남겨두었다는 점은 흥미롭다. 특히 재정 권한에 해당하는 조세징수 및 차관유치, 그리고 일반복지 지출권한을 연방정부와 주정부가 동시에 수행할 수 있는 길을 열어놓고 있어 이 부문에서 긴장과 갈등이 발생할 수 있는 여지를 많이 남겨 놓았다. 더욱이 법령을 제정하고 집행하는 권한과 사법부체계를 수립하고 운영하는 권한을 연방정부와 주정부에게 동일하게 부여하고 있다. 이러한 결과들은 새로운 헌법을 제정하는 과정에서 강력한 연방정부를 주장한 연방파와 강력한 연방정부를 우려한 반연방파들 간의 정치적 타협의 산물이었다. 그러나 이러한 결과들은 이후 주권 분립(division of state powers)을 둘러싼 연방정부와 주정부 간의 정치적 경쟁과 대립으로 이어졌고, 중앙집중화와 분산화에 대한 다양한 사회적 요구와 압력들의 시대적 변화와 함께 연방정부와 주정부 간의 관계는 끊임없이 변화해 왔다.

II. 연방주의의 역사적 변천

앞에서 살펴본 대로 연방정부와 주정부 사이의 권한에 대한 미국 연방헌법의 규정은 연방정부에 일차적인 주도권을 부여하고 있다. 미국 대법원 또한 연방정부와 주정부 간 관계에 대해 연방의회의 위임권한을 상대적으로 폭넓게 해석하고 정의를 내리는 경향을 보이면서 미국 연방제는 전반적으로 연방정부의 권한이 확장되는 모습을 보여 왔다. 한편 미국 연방정부와 주정부의 상호작용에 대한 이론적 탐색작업은 연방정부의 역할에 대한 규정으로부터 시작하는 모양새를 띠는 것이 일반적이다.

주정부와의 관계에서 연방정부는 조력자(facilitator), 발의자(initiator), 그리고 억제자(inhibitor)의 역할을 부여받아 왔다(Zimmerman 2001; 2007). 조력자는 연방교부금(federal grants-in-aid), 세금감면과 공제, 지방채의 이자면제 등 직·간접적인 재정지원 및 서비스를 제공하는 역할을 말한다. 발의자는 최소연방기준(minimum national standards)을 마련하여 연방과 주정부 사이의 파트너십을 제공하는 부분 선점 법령(partial preemption statutes)을 제정하거나 연방의 규제정책을 실행하는 조건으로 교부금(conditional grants-in-aid)을 부여하거나 혹은 실행 조건부 지원을 행하는 권한을 의미한다. 마지막으로 억제자는 주의 규제법과 행정규칙을 무효화하거나 미래의 법 제정과 규칙 선포를 전적으로 선점하는 권한(total preemption)을 적극적으로 행사하는 역할을 의미한다. 결과적으로 연방주의의 변천은 이러한 세 가지 역할이 축소되거나 확대되는 과정 속에서 연방정부와 주정부 사이의 권한에 대한 경쟁과 타협의 결과물이라고 할 수 있다.

주정부에 대한 연방정부의 역할을 중심으로 미국 연방주의의 변천사를 이중적 연방주의(Dual Federalism), 협력적 연방주의(Cooperative Federalism), 신연방주의(New Federalism), 위압적 연방주의(Coercive Federalism) 시대로 구분하여 살펴보도록 하자. 특히 최근의 흐름인 위압적 연방주의에 설명의 많은 부분을 할애하고자 한다.

첫 번째는 이중적 연방주의(1787~1933) 시기다. 여기서 이중적(dual)이라 함은 연방정부와 주정부가 각각 분리된 관할권과 책임을 지니며 각자의 영역에서 상대방으로부터 간섭받지 않는 주권을 지녔음을 의미한다. 존 칼훈(John Calhoun)의 무효화 원칙(nullification doctrine)에 이론적 기반을 두고 있는 이중적 연방주의의 옹호자들은 연방정부의 권한 확대를 제한하기 위해 명시적 권한을 축소 해석해야 하며 만약 헌법이 광의로 해석될 경우 그것은 연방의회보다는 주를 위한 결정이어야 한다고 주장했다.

〈참고사항 3-2〉 무효화 원칙을 둘러싼 정치적 논쟁 사례들: 관세법과 노예제 문제

남북전쟁 이전까지 대부분 주는 심지어 주의 주권이 완전하므로 주나 주의 거주민의 자유를 침해한다고 판단되는 연방법을 주가 무효화시킬 수 있다고 판단하고 있었다. 이는 이중 주권의 원칙을 둘러싼 끊임없는 논란의 핵심이 되었다. 대표적인 사례로 제7대 잭슨(Andrew Jackson) 대통령 시절(재임기간 1829~1837)의 관세법 사례를 들 수 있다. 1824년 대선에서 다수표를 차지하고도 선거인단 득표에서 과반을 차지하지 못해 열린 하원 투표에서 존 퀸시 애덤스(John Quincy Adams, 재임기간 1825~1829)에게 대통령 자리를 내어줄 수밖에 없을 정도로 의회 내 정치적 자산이 부족했던 잭슨 대통령은 연방정부와 주정부 간 관계 설정에서 적극적일 수 없었다. 이에 반해 후에 대법원장을 역임하며 무효화 원칙을 주창했던 칼훈(John Calhoun) 부통령은 주정부 권한의 우위를 강력하게 주장했다. 당시 북부는 국내산업 보호를 목적으로 관세 설치를 선호한 반면, 남부는 관세 철폐를 선호한 상황이었다. 남부 주들은 연방관세법이 무효라고 반발하다 뜻이 관철되지 않자 미합중국으로부터 탈퇴할 수 있다고 경고했다. 대선에서 홍역을 치르며 1928년 대통령 자리에 올랐던 잭슨 대통령은 무력진압 대신 정치적 해법을 선택해 관세장벽을 낮추어 일단 위기를 모면함으로써 연방체제를 유지할 수 있었지만 문제를 근본적으로 해결한 것은 아니었다.

연방정부와 주정부 간의 갈등은 이후 1860년대 노예제 쟁점을 둘러싸고 재현되었다. 이 갈등은 당시 신당인 공화당 후보였던 링컨(Abraham Lincoln, 재임기간 1861~1865)이 대통령에 당선되면서 곪아터졌다. 남부 주들이 노예제 폐지를 입법화한 연방정부에 반기를 들고 무효화 원칙을 근거로 연방으로부터 탈퇴했고, 이를 용인할 수 없었던 연방정부와 남부 주 사이에 남북전쟁이 발발했다. 결국 이중 주권에 관한 해석을 둘러싼 이견이 남북전쟁이라는 무력분쟁을 발생시킨 것이다.

남부 주들의 패배로 무효화 원칙은 더 이상 이중 주권의 원칙에 대한 해석으로 허용되지 않았으나 해석을 둘러싼 분쟁 자체가 그친 것은 아니었다. 이는 실제 20세기 초반 경제공황으로 인한 국가위기에 직면하기 이전까지 연방대법원이 대체적으로 주의 주권을 강조하는 판결을 내린 사실에서도 확인할 수 있다.

이는 연방주의 문제를 정치적으로 접근하기보다 순수하게 법적으로 접근하는 모형으로 19세기 대법원의 일반적 운영철학으로 기능했으며 다음의 특징으로 요약될 수 있다. 1) 연방의회는 단지 명시적 권한만을 지니며 이의 활용은 제한되어야 한다, 2) 각자의 영역에서 연방의회와 주 의회는 주권적(sovereign)이며 평등(equal)하다, 3) 연방의회나 주 의회는 상대방의 법을 무효화하거나 강제력을 사용할 수 없다, 4) 양 정부 간의 권한 변화는 오직 헌법개정을 통해서만 가능하다, 5) 양 의회 간의 관계는 최소화되며, 각자는 명시적 권한과 보존 권한을 사용하면서 자율적으로 운영된다

(Zimmerman 2001).

이 시기 억제자나 발의자로서의 연방정부의 역할은 상당히 제한되었으며 주정부와의 협력적 관계는 비록 소규모지만 조력자로서의 역할을 통해 나타났다. 대표적인 예로 연방정부가 소유하고 있던 중서부와 서부지역의 대지를 교육과 통신개발을 위해 주정부에 교부했던 점을 들 수 있다. 이 지역의 주요 주립대학은 이러한 연방정부의 대지교부(land-grant)로부터 출발했다. 아울러 연방정부는 남북전쟁 참전용사들의 주거지 마련과 농업기술 연구를 위해 교부금을 지원하는 등 조력자의 역할을 수행하기도 했다.

두 번째는 협력적 연방주의(1933~1980)의 시기이다. 근대화와 도시화의 진행은 연방과 주 사이에 명확하게 구분되는 권한과 자율성을 모호하게 만들었다. 연방과 주정부는 교육에서부터 통신에 이르기까지 다양한 영역에서 이해관계를 공유하게 되었고, 따라서 일방의 권한 영역에 대한 정의가 기술적으로 어려웠을 뿐 아니라 규범적으로 바람직해보이지도 않았다. 19세기 말부터 확장되기 시작한 연방의회의 책임 분야는 1887년 철도에 대한 규제로부터 시작되었다. 대법원 또한 연방의회의 권한을 광의로 해석하기 시작했다. 이중적 연방제에 근본적 변화를 가져온 사람은 루스벨트(Franklin D. Roosevelt, 재임기간 1933~1945) 대통령이었다. 제1차 대전과 대공황이라는 대내외적 환란은 위기극복을 위해 권력의 중앙집중화를 가져왔다. 위기에 대응해 루스벨트 대통령은 전통적으로 주의 권한에 위임되었던 노동시장, 복지 프로그램, 시정부에 대한 직접적인 지원 등에 개입하기 시작했다. 코윈(Corwin 1950)에 의해 사용된 협력적 연방주의 개념은 연방정부가 발의자(initiator)로서 당면한 문제에 대한 진단과 해결 프로그램, 그리고 시행 비용을 마련하여 주에 교부하고 주와 지방정부로 하여금 그 시행과 운영을 책임지도록 하는 관계로 정의되었다. 구체적 특징을 요약하면 1) 각 정부는 협력적으로 사용할 수 있는 일정한 자율 권력을 지닌다, 2) 각 정부는 상대방에 대해 강제하지 않는다, 3) 연방과 주 사이의 협력의 핵심은 협상(negotiation)이다, 4) 연방-주 관계에 있어 연방의회의 조력자(facilitator)로서의 역할이 강조된다는 것 등이다(Zimmerman 2001).

이중적 연방주의에 비해 조력자로서의 연방정부의 권한 강화의 핵심에는 연방정부의 재정지원의 확대가 자리 잡고 있었다. 예를 들어 19세기 초 주와 지방정부의 재정에서 1%밖에 차지하지 못한 연방 교부금은 1930년대 중반 20%에 달했다. 이러한 연방 교부금 지원에 의한 협력적 관계 구축은 존슨(Lyndon Johnson, 재임기간 1963~

1969) 대통령의 위대한 사회(Great Society) 프로그램 실행과 함께 대폭 확대되었다. 1940년대 연방정부 예산의 평균 1.68%에 머물던 주와 지방정부에 대한 연방교부금은 1960년대 평균 3.08%로 늘어났고, 1970년대 평균 5.32%로 더욱 확대되었다(US GPO 2007). 조력자로서의 연방정부는 정부 간 매니저나 관료들의 역할을 중요시하는 교섭(negotiation)이나 상호조정(mutual adjustment)을 강조했다(Elazar 1990).

더욱 흥미로운 점은 이 시기 연방정부의 역할이 단순히 조력자로서의 역할을 넘어 발의자(initiator)의 모습을 띠어갔다는 것이다. 교부금의 종류를 구체적 프로그램에 지불되는 개별 교부금(categorical grants)과 주와 지방정부의 운영 자율성을 존중하는 포괄적 교부금(block grants)으로 구분했고, 이러한 연방교부금에 지원하려면 갖추어야 하는 조건(crosscutting requirement)이나 연방교부금을 받는 조건으로 특정 법이나 규제정책을 통과시키거나 시행할 것(crossover sanctions) 등의 공격적인 조건들이 가미되기 시작했다. 예를 들어, 1965년 연방정부는 연방교부금 지원 조건으로 각 주의 수질 개선을 요구했었다. 심지어 일시차입 명령(unfunded mandates)도 모습을 나타내기 시작했다. 결국 연방의 권한 강화라는 미국 연방제의 변화에는 단순히 조력자로서의 기능을 넘어 발의자와 억제자의 역할로 나아가는 보다 강화된 연방의회가 자리잡고 있었다.

세 번째는 신 연방주의(1980~1990)의 시기이다. 신 연방제에 대한 구상은 사실 닉슨(Richard Nixon, 재임기간 1969~1974) 대통령에서부터 시작되었다. 존슨 행정부의 위대한 사회 프로그램 아래 사회복지비의 증대와 연방 재정적자에 대한 대응으로 정책결정에 있어 주와 지방정부의 자율성을 존중해야 한다는 것이 주된 내용이었다. 구체적으로 세입공유(general revenue sharing) 정책은 연방세입의 일정부분을 조건 없이 이전시켜 줌으로써 주와 지방정부 스스로 교부금을 자율적으로 사용할 수 있도록 했다. 그러나 닉슨 대통령의 분권화 정책은 기대만큼의 효과를 거두지 못했고 오히려 규제정책이나 기타 교부금 지원에 있어 연방정부의 개입 확대라는 현상이 지속되었다.

신 연방주의의 본격적인 시작은 레이건(Ronald Reagan, 재임기간 1981~1989) 행정부 시기부터였다. 이중적 연방주의와 주의 주권에 대한 반연방주의적 신념체계를 지녔던 레이건 대통령은 한편으로 연방교부금을 줄이고 다른 한편으로 주와 지방정부에게 더 많은 자율성을 부여한다는 방침에서 '신 연방주의'를 천명했다. 우선 57개의 개별 교부금을 9개의 새로운 포괄적 교부금으로 전환시켰고, 다른 60개의 개별 교부금을 폐지시켰다. 이어 시민권과 교육 분야에서 연방정부의 간섭을 줄이는 대신 주의 권한을 강화시켰다. 그러나 이와 같은 규제완화 조치는 기대만큼의 성과를 거두진 못했다. 상당수의 지방정부의 재정 부담과 함께 공공 서비스와 교육의 질 저하, 그리고 민간부문에 대한 규제기준이 주마다 달라지는 비효율적인 운영 등이 발생했다. 아울러 재계(財界)는 하나의 정부를 상대하는 것보다 50개의 정부를 상대해야 하는 부담 때문에 이러한 분권화 혁명에 대해 비판적 입장을 취했다. 한편, 위와 같은 분권화 움직임과는 정반대로 레이건 대통령은 연방정부의 공격적인 선점 조치를 선호했는데, 버스 규제(1982년), 공정한 신용공개(1988년), 해양 투기에 관한 정책(1988년) 등이 대표적인 사례였다. 즉, 연방정부는 초기 조력자에서 발의자의 단계를 거쳐 억제자로서의 역할을 담당하는 단계로 나아갔다.

마지막으로 위압적 연방주의의 시기(1990~현재)이다. 1990년대 이후 연방정부의 명령(mandates)과 선점(preemption) 사용의 지속적인 증가는 "분권화는 거북이 걸음인 반면 중앙집중화는 토끼걸음으로 앞서 나가고 있다"는 말에 압축적으로 표현되어 있듯이 미국 연방주의를 협력적 연방주의와는 다른 위압적 연방주의(coercive federalism)의 성격을 띠게 만들었다(Kincaid 1998, 13). 우선 1990년대 이후 정부 간 관계에서 연방교부금의 역할보다는 더욱 적극적인 연방정부의 규제 장치의 사용이 증가했다(Zimmerman 2007). 미국 정부 간 관계 자문위원회(US Advisory Commission on Inter-governmental Relations)는 1970년대 말부터 협력적인 연방주의가 새롭고 더욱 간섭적인 정부 간 규제의 증가에 의해 도전을 받아왔으며, 이러한 "연방이 유도한 비용"으로 1) 연방의회 법안 내의 명령(mandate), 2) 교부금에 붙은 다양한 조건, 3) 완전 선점 조항(total preemption provisions), 4) 부분 선점 조항(partial preemption provisions), 5) 주와 지방정부의 세원에 영향을 미치는 연방 소득세 조항, 6) 연방법원에 의한 규제, 7) 규제 연기 혹은 미집행, 8) 주와 지방정부에 대한 연방정부의 책임소송(liability lawsuits) 등을 제시했다(Posner 2007, 391).

명령과 선점 조치의 증가는 조력자 혹은 발의자로서의 연방의회의 역할과 함께 억제자 역할이 증가했음을 나타내었다. 즉 명령과 선점을 통해 주의 특정 규제권한을 박탈하고 보존 권한 사용을 억제하며 연방정책을 실행하도록 강제함으로써 연방정부와 주정부 사이의 협력적 전통이 위압적 관계로 전환되는 계기를 만들었다. 명령과 선점에 의존한 규제정책은 과거 조건이 첨부된 연방교부금의 정치와는 상당히 다른 양상을 보였다. 협력적 연방주의 이후 정부 간 관계를 실질적으로 규정해온 연방교부금은 기본적으로 "돈과 함께 실행되는(run with the money)" 성격을 지니고 있었다.

이에 반해 명령과 선점 조항의 규제는 교부금과 달리 연방의 법적 권위에 입각한 지시 체계를 지닌 것이었고, 연방예산의 한계 아래 지속적인 정책 활동주의(policy activism)를 보장하기 위한 저렴한 정책기제로 활용되었다(Conlan 1991, 44).

위압적 연방주의의 등장원인으로 세계화, 정책의 국가화와 정당의 정책 활동주의, 전국적 미디어의 성장, 이익집단의 정치, 주의 집단행동 문제(collective action problem) 등이 제시되었다(Posner 2005, 371-372). 먼저 세계화된 경제 속에서 50개나 되는 주의 규제 레짐은 효율성과 경쟁력 제고에 장애물로 느껴졌다. 특히 기업 이익집단들은 서로 다른 주의 규제 장치들이 세계화의 역동성에 효과적으로 대응하지 못하게 하고 있다고 판단했고, 오히려 연방정부에 의한 단일한 규제를 더욱 선호하게 만들었다. 시민생활에 직접적인 영향을 미치는 국가적 정책 의제의 증가는 과거 주를 정치적 토대로 성장했던 분권화된 정당체계(decentralized party system)를 더욱 중앙집중화된 정당체계로 전환시켜 정책 활동주의를 취하게 만들었다. 아울러 전국적 미디어의 성장과 공적 이익집단의 증가와 맞물려 정치인들은 자신의 재선을 위해 주와 지방정부의 대표라는 종전의 위상을 버리고 독립적인 정치기업인으로 국가적 쟁점에 집중했다. 여기에 주들 간의 집단행동 문제는 연방의회의 권한 강화에 직접적으로 관련되었다. 핵심적 정책 쟁점들에 대한 주들 간 정치적 결속의 부족은 국가적 논쟁에 대한 입장을 분명하게 정리하지 못하게 함으로써 주도권을 연방의회로 넘기게 했다.

연방헌법에 서술된 명시적 권한과 더불어 시민권에 대한 주정부의 권한을 제한한 수정헌법 제14조, 인종, 피부색, 과거의 신분을 막론하고 시민권을 보장한 수정헌법 제15조, 그리고 연방정부의 소득세 징수권을 확립한 수정헌법 제16조를 확대 해석하면서 증가해온 연방정부의 규제 장치는 선점 법령(preemption statutes)의 증가추세에서도 명확하게 들어났다. 선점 법령은 1900년까지 단지 29개에 불과하던 것이 1960년대 47개로, 1970년대 102개, 1980년대 93개, 1990년대 87개, 2000년대에는 2005년까지 74개로 확대되었다. 특히 신연방주의 이래 분권화를 본격적으로 추진했던 레이건 행정부 8년 동안 총 92개의 선점 법령이 연방의회를 통과했으며, 또한 반연방주의 전통 아래 있어야 할 부시(George W. Bush, 재임기간 2001~2009) 대통령의 첫 번째 임기 동안에도 무려 64개의 선점 법령이 통과되었다. 결국 1970년대 이후 연방정부의 억제자 역할이 증가되었음을 뒷받침하고 있는 것이다(Zimmerman 2007, 443-444).

최근 오바마(Barack Obama, 재임기간 2009~2017) 행정부의 등장과 더불어 위압적 연방주의의 변화 가능성도 탐색되고 있다. 오바마 대통령은 2009년 5월 발행된 '선점에 대한 양해각서(Memorandum on Preemption)'에서 연방규제정책에 빈번하게 선점 조항을 삽입해 왔던 부시 행정부의 연방주의 정책을 비판하며 정당화되지 못한 선점 에 대한 반대 의사를 표현했다. 그리고 선점은 법적 정당성과 주의 이해에 대한 고려 하에서만 발생할 것임을 선언했다. 구체적으로 규제기관들로 하여금 주와 지방정부에 사전에 고지나 협의 없이 규제법령에 선점 조항을 삽입하지 못하게 했다. 오바마 행정 부는 대체로 연방주의의 원칙을 전통적인 민주당의 재정 연방주의(fiscal federalism)에 입각해 협력적 연방주의로의 복귀를 시도하고 있는 것으로 평가된다(Conlan and Posner 2010). 부시 행정부가 주로 일시차입 명령과 선점에 의존했다면, 오바마 행정 부는 연방교부금이 수반하는 프로그램에 대한 주정부들의 참여를 유도하는 협력적 연방주의를 강조하는 것으로 알려졌다. 즉 연방정부의 정책 프로그램 실행에 있어 최소한의 연방의 통제와 위임 명령으로 구성되는 조건부 자율성 아래 주의 권한을 확대시키는 방향전환을 모색하는 것으로 억제자 중심에서 발의자 중심으로 연방정부 의 역할 전환을 모색하고 있다는 것이다. 이러한 정책 노선의 전환이 향후 미국 연방 주의에 어떤 변화를 가져올지 지켜볼 가치가 있다.

III. 연방정부와 주정부 간 수직적 권력균형

연방주의 원칙에서 권력균형에 대한 논의는 궁극적으로 연방정부와 주정부 간 적정 한 수준의 주권 분립을 대상으로 한다. 앞서 〈표 3-1〉에서 살펴보았듯이 연방헌법은 연방정부와 주정부에게 각기 위임한 권한, 선점된 권한과 공유하는 권한을 나열하고 있다. 그럼에도 불구하고 시대에 따라 연방정부나 주정부의 권한은 그 역할이나 규모 면에서 모두 변화했고 그에 상응하는 법령, 사법부 판결이나 정책집행 등을 통해 책무 의 범위가 결정되어 왔다. 결국 이러한 변화는 연방정부와 주정부 간 관계에 변동을 가져와 수직적 관계에 있어서 권력균형이 변화할 수밖에 없었다. 그러나 변함없는 사 실은 연방정부와 주정부 간 적절한 권력균형을 둘러싸고 주 권한주의와 국가 권한주 의 간 팽팽한 대립이 건국 당시부터 현재까지 계속되어왔다는 점이다. 실제로 건국 초 기 연방주의자인 제퍼슨(Thomas Jefferson)도 '항구적 연방'을 거부하는 연합헌법을 고 수하자는 반연방주의자들의 반론에 부분적으로 동조하며 국가 권한보다 주 권한의 중요성을 강조했다. 특히 민중봉기의 정당성을 주창하는 사람들에게 총기소지는 자연

〈참고사항 3-3〉 토마스 제퍼슨은 민중봉기 예찬론자?

토마스 제퍼슨은 건국시조의 한 사람이며 미국 제3대 대통령을 역임했지만 개인적 행적으로 인해 인종차별주의자 또는 주 권한주의를 지지한 민중봉기예찬론자라는 평가도 받는 인물이다. 제퍼슨의 명성은 1995년 오클라호마 참사의 장본인으로 후에 처형된 맥베이(Timothy McVeigh)가 체포될 당시 입고 있던 티셔츠 뒷면에 새겨진 인용구를 통해 다시 한번 미국사회를 흔들었다. 문제의 인용구는 세제개혁을 주창한 농민반란이었던 '셰이즈의 반란(Shays' Rebellion)'으로 인해 무력한 연합체제에 대한 비판이 쏟아지던 연방체제로의 전환에 대한 요구가 높아지던 당시 대다수 연방주의파 동료들 주장에 반발하며 내놓은 제퍼슨의 반론 중 굵게 표시한 마지막 두 번째 문장이었다.

A little rebellion now and then is a good thing. ⋯ God forbid we should ever be twenty years without such a rebellion. The people cannot be all, and always, well informed. The part which is wrong will be discontented, in proportion to the importance of the facts they misconceive. If they remain quiet under such misconceptions, it is lethargy, the forerunner of death to the public liberty. ⋯ And what country can preserve its liberties, if its rulers are not warned from time to time, that this people preserve the spirit of resistance? Let them take arms. The remedy is to set them right as to the facts, pardon and pacify them. What signify a few lives lost in a century or two? **The tree of liberty must be refreshed from time to time, with the blood of patriots and tyrants.** It is its natural manure.

권에 해당한다고 하여 미국 민주주의의의 목표인 자유의 보장을 제도화함과 동시에 그 근간을 흔들어놓을 수 있는 길도 합법적으로 열어놓기도 했다.

그렇다면, 구체적으로 권한주의와 국가 권한주의의 관점차이가 무엇인지 〈표 3-2〉를 통해 살펴보자. 주 권한주의자들은 주정부와 지방정부가 우선적으로 사회, 경제, 정치 등 제반 문제들을 다뤄야 한다고 본다. 주정부가 보다 인민에게 근접해 있기에 인민의 이해와 요구를 보다 잘 이해하고 따라서 이를 정책적으로 시행하기 위해서는 주정부와 지방정부가 일차적인 권한을 지녀야 한다고 본다. 이러한 관점에서 연방정부는 주정부가 제한된 권한을 이양하여 수립된 것으로 주정부를 대체하기보다 주정부를 위해 운영되어야 한다는 것이다. 이에 반해 국가 권한주의자들은 특정 주에 거주하는 인민뿐만 아니라 국가 전체에 거주하는 모든 인민들이 대표되어야 한다. 인민이 주정

〈표 3-2〉	주 권한주의와 국가 권한주의 비교	
	주 권한주의	국가 권한주의
연방정부 수립의 주체	주정부가 제한된 권한을 이양하여 연방정부를 창출함	인민이 주정부와 연방정부를 창출함
연방정부와 주정부 간 관계	연방정부는 주정부를 대체하기보다 주정부를 위해 운영됨	연방정부는 주정부에게 종속되어 있지 않음
인민대표성	주정부는 인민에게 보다 근접해 있을 뿐 아니라 인민의 요구와 필요를 보다 잘 이해함	연방정부는 특정 주에 거주하는 인민이 아니라 국가 내 거주하는 모든 인민을 대표함
헌법적 근거	수정헌법 10조의 잔여 권한	헌법 1조 8절 18항의 유연성 조항
사법심사권	헌법에 대한 엄격하고 좁은 유권해석 지지 → 사법 자제주의	헌법에 대한 유연하고 폭넓은 유권해석 지지 → 사법 행동주의

부와 더불어 연방정부를 설립하는 것이고, 따라서 전체 인민의 대표를 위해 연방정부는 주정부에 종속되지 않는다고 주장한다. 더불어 전체 인민의 정치, 경제, 사회, 문화적인 이해와 요구에 연방정부가 주정부보다 효과적으로 대처할 수 있다고 주장한다.

그렇다면 미국에서 연방정부와 주정부 간 적절한 수직적인 권력균형은 어떻게 형성되었을까? 미국의 연방주의는 실제 시대가 경과하면서 연방주의 원칙에 대한 정의와 그에 따른 연방정부와 주정부 간 권력균형에 대한 시각이 변해 왔다. 예를 들어, 20세기에 들어서면서 경제공황이나 민권운동 등 대규모의 변혁이 미국사회 전반에 도래하면서 주정부에 귀속되었던 권한 중 실업이나 복지 등 다수에 대해 연방정부가 역할을 증대함으로써 연방정부의 권한이 확대되었다. 또한 연방사법부도 연방정부의 권한 확대에 대해 우호적 판결을 내림으로써 향후 공공정책 구상과 집행에 결정적 영향을 끼쳤다. 그러나 1990년대 중반 이후 이러한 진보적 성향의 사법 행동주의에 제동을 걸며 지나치게 비대해진 연방정부의 권한을 원상복구하기 위해 주정부의 권한을 강조하려는 보수적 성향의 사법 행동주의가 나타나기도 했었다. 이러한 방향선회는 1960년대 이후 연방대법원이 수정헌법 14조에 근거해 연방정부의 권한 확대에 공조한 결과 인민의 자유를 잠식한 사법 행동주의에 대한 도전이라고 볼 수 있었다.

또한 연방정부가 주도하는 연방정부와 주정부 간 관계에 비선출직으로 구성된 사법부가 나서서 거버넌스의 방향을 결정적으로 제시하는 위압적 연방주의에 대한 경종이기도 했었다. 전체적으로 보았을 때, 비록 국가 권한주의가 대세를 형성해오긴 했지만, 오늘날에도 주 권한주의자들은 학교운영지출의 관할권이 주정부에게 귀속되어 있다고 주장하는 반면에 국가 권한주의자들은 교육을 목표로 학교에 전달하는 연방교부금을 연방정부가 마땅히 통제해야 한다고 주장하며 맞서고 있다. 이처럼 주 권한주의와 국가 권한주의는 분권화와 중앙집중화를 놓고 자신이 유리한 결과를 이끌어내려는 줄다리기를 시도해 왔으며, 중앙집중화와 분권화를 시계추처럼 왕복하고 있다.

연방주의 원칙의 시계추 같은 반복에 대해 집권당의 정책성향의 결과물로 보는 시각도 있다. 미국의 공화당과 민주당은 연방제에 대한 정치철학과 정책기조가 다르기 때문에 정권이 바뀜에 따라 연방정부의 권력배분을 공화당 정부시기와 민주당 정부시기로 구분하여 분석해야 한다는 것이다. 공화당은 전통적으로 작은 정부를 추구하는 철학적 원칙을 추구하는 반면, 민주당은 큰 정부를 지향하며 연방정부의 확대를 지지하는 경향이 강하다. 따라서 공화당 집권기에는 주정부의 자율성이 강화되는 반면, 민주당 집권기에는 중앙집중적 정책과 더불어 연방정부의 주도 하에 주정부의 협조가 모색된다는 것이다(Elazar 1990; 이옥연 2008). 그러나 앞서 위압적 연방주의 시기 부문에서 설명했듯이 보다 최근의 경험적 발견은 집권당의 성격에 의한 시계추 모형의 설명력을 약화시키고 있는 것도 사실이다. 즉 민주당 집권기에 이루어진 연방정부의 권한 확대만큼이나 공화당 집권기에 권한 축소가 이루어지기보다는 확대된 연방정부 권한이 현상 유지된 측면이 강하다는 것이다(Zimmerman 2007).

한편, 중앙집중화와 분권화가 반복되는 배경에는 연방대법원의 헌법적 해석이 주기적으로 변동했다는 점도 작용해왔다. 비록 정치적 타협의 산물로 모습을 드러낸 연방주의 원칙이었지만 미국 연방주의의 역사적 변천과정에서 실제 연방정부와 주정부 간 분란이 발생할 때 최고 중재권위체인 연방대법원의 개입이 필요했다. 더구나 연방주의를 구현하는 과정에서 적절한 책임소재지 분산에 대한 판단도 시대적으로 변해왔기 때문에 특히 연방대법원의 중재역할은 연방주의가 성공적으로 유지되는 비결의 열쇠가 되어 왔다. 연방정부와 주정부 간 관계에 대한 연방대법원의 영향력은 의회에서 제정된 법률의 합헌성 여부에 대한 최종 유권해석을 내리는 사법심사권을 가지게 된 *Marbury v. Madison*(1803)의 판결 이후 공고해졌다.

19세기에는 연방정부의 권한이 주정부에 비해 상대적으로 미약했다. 그러나 남북전쟁 이전인 마샬 대법원장 시절(1801~1835년)에 이루어진 판결들은 주정부에 대한 연방정부, 특히 연방의회의 권한을 확대시킨 결과를 가져왔다. 그중에서 *McCulloch v.*

Maryland(1819)는 1816년에 연방의회에서 통과시킨 중앙은행 설치 법안에 대한 주정부의 제소를 기각한 판결이었다. 이 법령은 단일한 조폐를 통해 국가전체에 획일적으로 통용되는 화폐제도를 정착시키려는 목적으로 중앙은행(national bank)을 설립하는 권한, 즉 금융통화정책(monetary policy) 권한을 연방의회에 부여했다. 이에 반발한 메릴랜드 주를 포함한 주정부들은 연방기관인 중앙은행에 중과세를 부과하려 했으나 마샬 대법원장은 주가 연방기관이나 그 경제행위에 세금을 징수하는 일은 위헌이라고 판결했다. 무엇보다 헌법 제1조 8절의 "필요하고 적절한(necessary and proper)"조항을 인용해 헌법이 명백하게 금한 권한이 아니라면 연방의회는 필요하고 적절하다고 판단하는 경우 권한을 행사할 수 있다고 판결함으로써 연방정부의 권한을 다시금 확증시켰다.

화폐통용의 독점권에 관한 문제는 남북전쟁을 치르면서 1862년 의회에서 통과시킨 지폐 법률(Tender Act)에 대한 논쟁으로 다시 한번 불거졌다. 전쟁비용이 폭발적으로 늘어나자 물품에 대한 지불을 금이나 은 대신 합법적 지폐인 'greenback'으로 해도 된다는 1862년 법률이 유지되고 이후에는 전쟁 시가 아닌 평시에도 확대되었다. 그 결과 다시 한번 연방정부가 발행·유통하는 유일한 국가화폐와 중앙은행의 역할에 대한 합법성이 확립되었고 금융통화정책에 관한 연방정부의 유일한 권한이 확증되었다.

은행설립 권한에 대한 연방정부와 주정부의 힘겨루기는 또 다른 공동 권한인 조세징수를 둘러싸고 연방정부의 선점을 합법화하려는 연방의회의 입법 노력과 그 정당성에 반발하면서 사법부에 제소하여 우위를 차지하려는 주정부의 저항에서도 잘 드러난다. 처음으로 연방소득세를 법률화한 시기는 1862년으로 당시 연방정부는 남북전쟁의 비용충당이 필요했고, 따라서 한시적으로 제정된 연방소득세법은 전쟁 후 1875년에 폐지되었다. 그러다가 다시 1895년 경기침체로 인해 연방의회는 연방소득세를 부활시킨 법률안을 통과시켰지만, 연방대법원이 위헌이라는 판결을 내렸다. 주지하듯 연방의회나 연방대통령 및 행정부는 연방대법원의 판결에 승복해야 한다. 그러나 그 판결 내용에 불복한다면 사법부에서 위헌이라고 결정한 법률에서 위헌적 요소만 제거하여 다시 제정하거나 혹은 거부당한 법률을 수정헌법으로 전환하여 주 의회의 인준 절차를 통해 법률보다 더 우위의 법적 구속력을 얻을 수 있다. 그리하여 연방의회는 "의회는 재원의 종류를 묻지 않고 각 주에 분배하지 아니하고, 또한 국세 조사나 인구 수에 관계없이 소득에 대한 조세를 부과·징수할 권한을 가진다"는 헌법 16조 수정조항을 1909년에 발의하여 통과시켰고, 1913년 주 의회가 이를 인준하기에 이르렀다.

결국 연방소득세제도는 당초 연방헌법 제1조 9절 4항에서 연방의회에 선점한 직접세 징수권한을 철회하고 영구적인 연방정부 세수원으로 자리 잡게 되었다.

시대적으로 남북전쟁까지는 연방과 주정부의 이권다툼에 대한 유권해석이 연방대법원에 제소된 사건들이 주류를 이루었다면 산업혁명시기부터 대공황에 이르는 시기까지 주요 관심사는 국가경제에 대한 정부규제를 둘러싼 갈등이었다. 예를 들어 철도운송과 곡물보관을 관장하는 기업들의 횡포에 대항한 농민공제 운동(Granger movement)이 일어나자 중서부 주 의회들은 농민공제(Granger) 법률들을 제정했다. 이에 반발한 기업들이 그 위헌성에 대해 연방대법원에 제소했고 연방대법원은 *Munn v. Illinois*(1876)에서 공익을 위해 사적 재산에 대한 공적 규제가 필요한 경우 주 의회의 규제가 합헌이라는 판결을 내렸다. 그러나 10년 후에는 *Wabash, St. Louis & Pacific Railroad Company v. Illinois*(1886)에서 주 간 통상에 관한 규제 권한은 오로지 연방의회에게 한정된다는 판결을 통해 철도/운송 등과 같은 주 간 통상(interstate commerce)에 대한 연방정부의 규제권한을 확립했다. 그 결과 주 간 통상위원회(Interstate Commerce Commission)가 설립되었다. 이어 시어도어 루스벨트(Theodore Roosevelt, 재임기간 1909~1913) 행정부 하에서는 연방정부가 적극적 개입을 통해 전국적 철도망에 대한 재정지원을 단행함으로써 독과점의 횡포에 대한 연방정부의 규제가 정치적, 법적 정당성을 획득하는 계기를 마련하였다. 그리고 마침내 1890년에 연방정부의 국가경제 규제권한의 정점이라 할 수 있는 셔먼 반독점법(Sherman Anti-Trust Act)을 제정할 수 있었다.

무효화 원칙을 둘러싼 이중 주권에 대한 해석과 관련한 논란이 잠잠해지면서 1930년대 이후 미국의 연방주의는 앞서 언급했듯이, 협력적 연방주의, 신연방주의, 그리고 위압적 연방주의를 경험해 오고 있다. 그리고 이 과정에서 미국의 연방주의는 초기 이중적 연방주의로부터 제1조 8절 18항에서 연방정부에게 위임된 암시권한과 이에 대한 연방사법부의 우호적 유권해석에 의해 대체로 연방정부의 권한을 확대시키는 방향으로 변모해왔다. 그러나 연방주의 원칙에 대한 연방대법원의 유권해석이 반드시 연방정부의 권한 확대에 기여한 것만은 아니었다. 예를 들어, 〈표 3-3〉은 1789년 연방사법부 법률에 의해 연방사법부가 수립된 이후 연방주의 원칙에 대해 결정적 영향력을 끼친 대표적인 연방대법원 판결을 시대별로 정리하고 있다. 굵게 표시된 대법원장 시대에는 대체적으로 연방정부의 권한증대에 호의적인 판결이 내려졌고 그 외 대법원장 시대에는 일반적으로 주정부의 보존 권한을 강조하는 판결이 내려졌음을 나타

〈표 3-3〉		연방주의에 중대한 영향을 끼친 연방대법원 판례
대법원	판례	판결 내용
Marshall Court (1801~1835)	*Fletcher v. Peck* (1810)	연방사법부의 사법심사권이 주 법률에도 적용된다고 판결함 → 연방법에만 적용된 사법심사권의 확대적용
	Martin v. Hunter's Lessee(1816)	민사사건에 대한 주사법부 판결을 연방사법부에 항소할 수 있다고 판결함 → 연방사법부의 민사사건에 대한 항소/상고재판권을 확인함
	McCulloch v. Maryland(1819)	연방의회의 암시권한이 합헌이라고 판결함 → 유연성조항에 대해 Jefferson이 제시한 'necessary and proper=indispensable'보다 확대 해석함
	Cohens v. Virginia (1821)	형사사건에 대한 주사법부 판결도 연방사법부에 항소할 수 있다고 판결함 → 연방사법부의 형사사건에 대한 항소/상고재판권을 확인함
	Gibbons v. Ogden (1824)	연방의회의 주간 통상규제 권한이 모든 경제활동에 적용된다고 판결함 → 연방정부의 권한 확대에 기여함
Taney Court (1836~1864)	*Dred Scott v. Sanford*(1857)	노예제를 인정하는 주 권한에 대해 연방의회가 개입하는 것을 선점하는 보존 권한이 주에 주어져 있다고 판결함 → 이중 연방주의의 시초가 됨, 후에 수정헌법 13조에 의해 노예제를 폐지함
White Court (1910~1921)	*Hammer v. Dagenhart*(1918)	연방의회가 미성년노동에 의한 제품의 주간 통상을 선점함으로써 미성년노동을 간접적으로 규제할 수 없다고 판결함 → 이중 연방주의의 연장선, 후에 Hughes 대법원장이 번복함
Hughes Court (1930~1941)	*National Labor Relations Board v. Jones & Laughlin Steel Corp.* (1937)	주간 통상에 영향을 미치는 주내 통상도 연방의회가 규제할 수 있다고 판결함 → 이중 연방주의에 대한 초기 지지를 철회함
Stone Court (1941~1946)	*Wickard v. Filiburn* (1942)	미미한 경제활동이라도 축적되면 주간 통상에 영향을 끼칠 수 있다고 판결함 → 뉴딜 법령의 하나인 농업 조정법이 합헌이라고 해석함
Warren Court (1953~1969)	*Heart of Atlanta Motel v. U.S.* (1964)	공공시설의 서비스 제공 거부는 흑인들의 주 간 왕래 의지를 줄인다는 증거에 근거해 공공시설의 인종차별을 금지하는 행위가 연방의회의 주간 통상규제 권한에 해당한다고 판결함 → 민권법이 합헌이라고 해석함
Burger Court (1969~1986)	*Garcia v. San Antonio Metropolitan Transit Authority*(1985)	정부 간 면책 여부를 결정할 때 전통-비전통 기준을 일률적으로 적용하기보다 정치적 과정에 의존해 결정하라고 판결함 → 공정노동기준법을 주정부에 적용하면 수정헌법 10조를 위배하므로 위헌이라고 판결한 *National League of Cities v. Usery*(1976)를 번복함

Rehnquist Court (1986~2005)	*New York v. U.S.* (1992)	연방의회는 주에게 연방교부금에 대한 조건이나 규제를 강요할 수 있으나 단순하게 주를 상대로 명령을 내릴 수 없다고 판결함 → 공공정책의 주권분립을 근거로 연방정부의 월권행위를 제한함
	U.S. v. Lopez (1995)	주 간 통상 규제권한을 근거로 학교 근처 총기소지를 인한 지역 경제의 타격을 이유로 공립학교의 1,000피트 반경 내 총기소지 및 유입을 금한 연방법을 위헌이라고 판결함 → 의회의 통상 규제 권한 제한함
	Seminole Indian Tribe v. Florida (1996)	인디언 부족이 연방사법부에 주를 상대로 소송할 수 있게 한 연방법을 위헌이라고 판결함 → 주 주권 면책(state sovereign immunity)은 주를 상대로 하는 소송이 주의 승낙을 필요로 한다는 의미라고 해석함
	Printz v. U.S.; Mack v. U.S. (1997)	총기구입 시 자격요건을 확인하는 절차를 의무화한 브레디법 (Brady Law)을 위헌이라고 판결함 → 브레디법을 수정헌법 10조에 명기한 주 권한을 위배한 일시차입 명령(unfunded mandate)이라고 해석함
	City of Boerne v. Flores (1999)	도시 구역 획정(zoning)을 규제한 연방법을 위헌이라고 판결함 → 수정헌법 14조에 의거해 의료 및 복지정책 프로그램은 민권에 대한 '구제'에 한정될 뿐 민권 확대를 목표로 하지 않는다고 해석함
	Alden v. Maine (1999)	초과근무 임금을 요구하는 근로자가 주를 상대로 소송할 수 있게 한 연방법을 위헌이라고 판결함 → 주는 연방법에 의거해 주 거주 근로자들이 제기하는 소송으로부터 면제된다고 해석함
	Jones v. U.S. (2000)	주택 소유자의 자택이 주 간 또는 외국과의 통상에 사용되거나 또는 이와 연관된 목적으로 사용되는 경우 의도적으로 자산에 폐해를 가하는 행위를 연방법에 저촉되는 범죄로 규정하는 연방법을 위헌이라고 판결함 → 자택이 상업적 목적으로 사용되지 않았다면 연방법에 의거해 소송을 제기할 수 없다고 해석함
	U.S. v. Morrison (2000)	1996년 인디언 부족 관련 판결의 연장선으로 여성이 연방사법부에 주를 제소할 수 있게 한 연방법을 위헌이라고 판결함 → 연방법의 집행을 목적으로 개인이 제기한 소송으로부터 주는 면제된다고 해석함
	University of Alabama v. Garrett (2001)	1990년 장애인법에 의거해 주를 연방사법부에 제소할 수 없다고 판결함 → 주는 연방법에 의거해 장애인들이 제기하는 소송으로부터 면제된다고 해석함

Roberts, Jr. Court (2005~현재)	*Gonzales v. Oregon* (2006)	환자에게 안락사할 수 있는 약물을 부여하는 것을 허락한 오리건주법에 대해 연방법무 장관이 규제약물법을 위반했으며 의사면허를 취소한다고 판결함 → 연방정부는 이론적으로 의약용 약물에 대한 접근을 제한할 권한을 지님, 그러나 규제약물법 자체가 연방법무부로 하여 금 안락사 약물을 금지시킬 권한을 부여한 것은 아니라고 해석함
	Watters v. Wachovia Bank (2007)	1863년 제정된 연방은행법에 근거해 연방은행의 주택자금대출 보조에 대한 주의 규제를 위헌이라 판결함 → 37개 주의 연방은행 대출에 대한 규제를 금지시킴
	Cuomo v. Clearing House Association (2009)	미국 재무성 내 통화감독국이 뉴욕 주 대출관행에 대한 조사를 방해받자 1864년 연방은행법을 위반했다고 제소한 데 대해, 통화 감독국이 기업의 업무를 조사할 수 있는 '현장검사권'을 지니고 있으나 독점적 권한을 의미하는 것은 아니라고 판결함 → 주가 공정대출법을 스스로 시행할 수 있다고 해석함
	National Federation of Independent Business v. Sebelius (2012)	모든 미국인에게 의료보험을 의무적으로 가입하게 하고 이를 위 반할 경우 벌금을 부과하도록 한 '오바마케어(Patient Protection and Affordable Care Act)' 법안에 대한 합헌 판결을 내림 → 보수적인 대법원장 로버츠 역시 합헌의견을 내면서 연방의회의 결정에 힘을 실어주었음

내고 있다. 그런데 〈표 3-3〉의 예들은 비교적 최근까지도 적지 않은 수의 판례들이 주정부의 보존 권한을 옹호하면서 연방정부 권한의 비대칭적 확대를 견제하고 있다는 사실을 말해주고 있다. 더불어 중앙집중화와 분권화의 경향이 일정하게 반복적으로 연방대법원의 유권해석을 통해 나타나고 있음도 알 수 있다.

연방주의 원칙에 대한 연방대법원 판례의 주기성을 연방대법관 임명을 둘러싼 정치적 줄다리기의 결과로 해석하는 경향도 있다. 연방주의 원칙에 대한 연방대법원의 유권해석은 당시 대법관의 법적, 정치적 이념에 영향을 받을 수밖에 없다. 그러나 정작 대법관의 임명권은 대통령과 상원에 분산되어 대통령은 대법관의 임명권을, 상원은 인준권한을 각각 소지한다. 따라서 대법관의 이념성향을 염두에 두고 결석된 대법원직 임명을 둘러싼 정치권의 공방은 드셀 수밖에 없다. 이는 정치인들이 대법관을 매수 또는 포섭한다는 의미는 아니다. 오히려 임명권자인 정치인들이 자신의 이념성향과 유사한 대법관을 임명시킴으로써 정부 간 관계에 대한 헌법의 해석을 자신의 선호도와 일치하는 방향으로 유도한다는 것이다. 따라서 원칙적으로 종신제인 대법관직의 공석을 채우는 기회를 최대한으로 활용하려는 정치인들 간의 투쟁은 치열할 수밖에 없고, 연방주의 원칙에 대한 연방대법원의 판례의 추이는 결국 대통령과 상원의 정치적 구성과 타협의 결과라는 것이다. 즉, 연방대법관직이 공석이 되어 임명과정이 진행될 당시 대통령과 상원의 정파적 구성이 공화당 우위일 경우 임명된 대법관은 이후 유권해석에서 분권화를 선호하는 판결을 내리는 경향이 높은 반면, 임명 당시 대통령과 상원의 정파적 구성이 민주당 우위일 경우 임명된 대법관의 유권해석은 중앙집중화 경향을 보인다는 것이다.

IV. 주정부 간의 수평적 권력균형

연방주의 원칙에서 적절한 연방정부와 주정부 간 수직적 주권 분립 문제는 상대적으로 많은 관심의 대상이 되어온 반면, 연방을 구성하는 주정부들이 제각기 따로 운용되는 것을 방지하는 주 간 관계를 규정한 수평적 권력균형에 대해서는 그다지 많이 논의되고 있지 않다. 이를 살펴보도록 하자. 수평적 관계에 있어 권력균형은 주 간 분쟁이 발생할 경우 이를 강력한 연방정부의 개입을 통해 해결하려 하기보다 주 간 협약을 통해 자체적으로 분쟁을 종결하도록 하는 기제를 모색하는 문제이다. 나아가 그러한 분쟁을 미연에 방지하는 헌정주의에 기반을 둔 결사체 민주주의의 구현을 의미하기도 한다. 따라서 적절한 수직적 관계의 정립을 위해서는 적절한 수평적 관계의 정립이 필요할 뿐 아니라 바람직하다. 물론 수평적 관계에서의 권력균형이 반드시 협조의 형태를 띠는 것은 아니다. 오히려 경합을 통해 이견 조정을 이루어가는 과정에서 상호간 균형점에 합의하기도 한다(Ross and Wikstrom 2007).

연방헌법 제4조는 주정부 간 법령, 채무 계약, 사법 처벌 등을 상호간 준수해야 할 것을 강제하고 있다. 이러한 조문은 특히 연합체제로부터 연방체제로의 전환을 위해서 필수적이었다. 왜냐하면 주정부가 종전의 독립주권국가 지위 대신 단일국가의 구성원임을 수용해야만 국가단합이 실질적으로 가능하기 때문이다. 먼저 헌법 제4조 1절은 신의와 신용 조항(Full Faith and Credit Clause)으로 주정부는 상호간 출생, 결혼, 채무, 유언 등을 법적으로 증명하는 각종 공문서의 합법성, 사법절차를 거친 민사소송에 대한 판결의 구속력, 그리고 민사에 연관된 주 의회 법령의 강제력을 인정할 것을 요구한다. 물론 한 주의 형사법을 다른 주에게 준수하도록 강요할 수는 없다.

그러나 이렇게 표면상으로 간단해 보이는 신의와 신용 조항을 실질적으로 구현하기까지 상당한 애로점이 있었다. 특히 특정 연방법에 의거해 타 주의 주법을 인정하지 않으면 모든 주에게 균등하게 적용해야 하는 연방정책프로그램의 수혜기준이 주에 따라 차등을 두는 결과가 초래된다는 문제점이 발생했다.

실례로 버몬트 주는 1999년 동성애자들 간 민사상 결합(civil union)을 허용한 주법을 통과시켰는데, 이에 대응해 30여 개 주가 결혼이란 한 남자와 한 여자 간 결합임을 옹호하는 소위 결혼 방어법을 제정했다. 이러한 주의 반란은 1996년에 공화당이 주도하는 연방의회가 이미 결혼 방어법을 제정하여 동성애자들 간 결합에 반대하는 주에게 면책권을 부여한 전례에 의거해 가능했다. 이는 만약 한 주의 법률에 대해 다른 주가 공공정책의 이유로 강력하게 반발하며 적용 예외를 주장한다면 구태여 준수할 필요는 없다는 의미로 해석되었다. 그러나 이런 상황은 곧 연방정부의 복지혜택의 차등적 불균형 문제를 야기했다. 동성애 결혼을 합법화한 버몬트 주에서 민사상 결합을 한 부부들과 비교해 타 주의 동성애 커플들이 연방정부의 복지혜택을 받지 못하는 결과를 초래한 것이다. 결국 이는 주 간 신의와 신용 조항에 대한 공신력 있는 해답을 요구할 수밖에 없게 되었고, 연방대법원이 최종 유권해석을 내려야만 하는 문제일 수밖에 없었다.

다음으로 헌법 제4조 2절 1항은 우의 조항(Comity Clause)으로 한 주에 거주하는 주민이 누리는 특권과 면책권을 다른 주에 거주지를 둔 주민도 그 수준에 준하는 수혜를 받아야 한다고 규정한다. 이는 거주지가 다르다는 이유만으로 타주 주민에게 혜택 제공을 거부하는 차별이 불가함을 분명하게 밝혀 국가 단합을 도모하고자 하는 목적을 지닌 것이다. 그러나 연방헌법에는 특권과 면책권이 구체적으로 어떤 권리나 자유에 해당하는지 열거되어 있지 않다. 대신 사법부 판결을 통해 주 간 자유로운 여행이나 이주, 또는 자유로운 소유재산 거래 및 영업계약 등 특정 권리들이 축적되어 왔다. 동시에 사법부는 주 거주민과 타주 주민들 간 '정당한 구별'을 지울 권리가 주정부에 있음을 인정했다. 예를 들어 대다수 미국 주립대학들의 등록금은 주내 주민과 타주 주민 간 다르게 책정되어 있다. 또한 주정부의 보존 권한 중 하나인 선거관리를 수행하기 위해 주정부는 선거권이나 피선거권을 행사하기 위한 일정한 기간의 거주 조건 충족을 요구할 수 있다.

헌법 제4조 2절 2항은 범죄자 인도(extradition)에 대한 주 간 책무를 규정한다. 이는 사회의 기본질서를 파괴한 범법자에 대해 합법적 절차를 통해 유죄 여부를 심사한 후 응당한 처벌을 받도록 주 간 협조를 통해 사법정의를 구현하는 데 목적이 있다. 물론 주 간 관계 조정에서 연방정부도 상당히 중요한 역할을 수행한다는 사실을 부인할 수 없다. 예를 들어, 중죄에 대한 기소를 회피해서 주 경계선을 벗어나서 이동하는 행위에 대해서는 연방정부가 나서서 연방범죄로 규정한 연방법을 제정했고 연방대법원은 주지사에게 연방정부의 지시를 따를 의무가 있다는 판결을 내린 바가 있다. 그러나 이와 동시에 주 간 관계 조정이 주간 이견조정을 통해 상호 타협안으로 귀결될 수도 있다. 이는 주정부 이하 지방정부 간 관계에도 적용된다. 다만 연방헌법 제1조 10절은 주정부든 지방정부든 자체적 협의를 통해 산출한 협약은 연방의회의 동의를 필요로 한다고 규정한다. 예를 들어, 2006년 현재까지 연방의회 동의를 거쳐 체결된 주간 협약은 200여 개에 달하며 그중 대다수가 주간 경계분쟁에 대한 타결안에 해당한다. 현대로 오면서 주 간 관계의 주요 관건은 수자원 사용, 수질이나 대기환경 문제, 주 횡단 수송체계 운영, 산불 방지 등 지역적 사안이 대부분이다. 주 간 분쟁이 발생하여 한 주가 다른 주를 제소하면 연방대법원만이 문제가 되는 사안의 유일한 중재자로서 기능하게 된다.

미국 연방주의에서 특이한 점은 수평적 관계를 정례화하는 주 간 관계기구들이 대부분 연방정부의 주도로 창립되었다는 점이다. 이는 연방정부가 주정부나 지방정부를 개별적으로 상대하기에 역부족이었기 때문에 집단적으로 구성원들 간 수렴한 의견을 정책에 반영하고자 주정부 및 지방정부로 구성된 단체결성을 선도했기 때문이다. 각 주정부나 지방정부도 정기적으로 회동하여 상호 협상을 벌이는 동시에 연방정부를 상대로 집단이익을 극대화할 필요성을 느끼게 되면서 이들 단체들은 공적 이익집단으로 변모했다. 〈표 3-4〉는 이러한 자체적 협의를 도모하고 나아가 연방정부를 상대로 효율적인 로비활동을 벌이기 위해 조직된 주정부나 지방정부로 구성된 단체들을 보여준다. 이외에 주정부를 상대로 로비활동을 전개하는 단체들이나 특정 지역 내 구성원만 규합하여 이익대변 활동을 하는 단체도 다수 존재한다. 이들 단체는 공통적으로 워싱턴 DC에 상주기관을 설치하고 전문 로비스트를 채용하여 단체구성원들에게 보다 우호적인 공공정책을 연방정부가 채택하도록 종용한다.

경쟁적 연방주의가 아닌 행정적 협조연방주의가 주류를 이루는 호주나 캐나다와 대조적으로 미국의 지자체 협의기구 대다수는 비록 초기에 연방정부의 독려에 의해 창설되긴 했으나 이후 연방정부에 대한 압력단체로 발전한 '동원된 이익집단'으로 변모했다. 그 결과 지역/지방정부 간 협의를 통해 도달한 합일점은 대체적으로 구체적

〈표 3-4〉		지자체 협의기구
명칭	창설연도	주요활동영역
U.S. Conference of Mayors	1932	인구 3만 명 이상 거주하는 대도시 이익 대변, NLC와의 합병 실패
National League of Cities (American Municipal Association)	1924	다양한 도시들의 이익 대변
National Association of Counties	1935	지나친 다양성 때문에 활동사항 부재
National Governor's Association	1908	1965년 이후 공화당과 민주당소속 주지사 간 의장직을 순차적으로 역임
Council of State Governments	1935	주정부와 연방정부 간 연락책

출처: www.usmayors.org/, www.nlc.org/, www.naco.org/, www.nga.org/, www.csg.org/

정책에 한정되어 있다. 또한 이러한 로비단체들은 연방정부와 주정부 또는 지방정부 간 관계에서 정책구현을 위해 가장 적절한 정부단계를 대상으로 압력을 행사하기에 입법기능이 제한된 주 의회에 의존하지 않는 경향이 강하다. 더구나 일부의 주에서는 주 의회가 2년에 한 번씩 회기를 가지며 회기 자체도 지극히 짧을 뿐만 아니라 의원 보수도 적고 보좌관 수도 작다. 아울러 의원의 평균 재임기간 또한 짧으며 연임이 불가능한 주도 상당수 존재한다. 재임이 가능하더라도 임기를 한 번 건너뛰어야 하거나 임기제한으로 인해 일정 기간만 재선될 수 있는 주들도 다수 존재한다.

더불어 주민발의(initiative), 주민투표(referendum) 및 주민소환(recall) 등 주 차원의 직접 민주주의를 제도화한 사례도 아마추어 정치인들을 중요시하는 전통이 강한 상당수의 주에서 발견된다. 이렇게 제도적으로 제약되어 있는 주 의회의 입법기능은 비록 독립적 선거에 의해 형성되긴 하지만 주의 이익대변인으로서 연방정부를 상대로 권한과 영향력을 행사할 여력을 지니지 못할 수밖에 없다. 아울러 미국은 다른 연방국가와 달리 같은 날 전국 선거와 주/지방 선거를 치르고 있기 때문에 유권자, 정치자금 기부 단체나 정치 후보 모두에게 중앙과 지역 간 책임소재지를 명확하게 차별시키지 못하는 어려움을 겪는다.

V. 재정 연방주의

미국 연방주의의 실질적 적용과 관련하여 연구하는 두 가지 흐름이 있는데, 법제도적 연방주의와 재정 연방주의가 바로 그것이다. 법제도적 연방주의는 연방정부와 주정부 간 권력분산을 헌법에 명기하여 복수의 정부단계를 통해 시민들이 각 정부단계에 걸맞은 정책 및 공공서비스에 대한 수요를 표출하게 하는 동시에 다수의 횡포에 대한 제도적 견제장치를 구비하여 소수의 피해를 줄이는 것을 목표로 한다. 반면, 재정 연방주의는 세수와 지출 소재지를 수직적으로 분산시켜 중앙정부에게는 재정과 통화를 중심으로 거시경제 안정, 수입과 부의 재분배, 그리고 순수 공공재 공급을 전담하게 하고, 주나 지방정부에게는 지정학적 한계로 공급에 어려움이 있는 공공재 제공을 전담하게 해서 가장 효율적인 기능 분화를 목표로 한다.

연방주의의 개념을 협의의 헌법적 개념에서 규정하는 법제도학자들과 대조적으로 재정 연방주의를 연구하는 경제학자들은 연방주의를 실질적 개념으로 확대하여 적용한다. 따라서 다층 정부구조에 분산되어 있는 모든 재정구조를 넓은 의미에서 재정 연방주의를 실행하는 체제라고 정의한다. 그러므로 분산된 재정운영의 주요 과제를 각 단계의 정부 조직에게 적절한 기능으로 분배하여 경제적으로 가장 효율적인 정부 규모를 찾는 작업에 초점을 맞추고 있다. 예를 들어 대표적 재정연방주의 학자인 오츠(Oates 1999)는 공공재를 세분화하여 중앙정부는 경제안정, 소득 재분배 및 순수 공공재의 분배 기능에 관련된 모든 결정을 담당하고 지역정부는 지역 간 경쟁을 수반하는 지역 공공재(congestible public goods)의 분배 기능에 관한 결정을 담당한다면 중앙정부와 지역정부가 각기 이를 가장 효율적으로 수행할 수 있기 때문에 해당분야의 재정운영을 분담하는 재정적 연방체제가 우수하다고 강조한다. 또한 이러한 재정분산은 각 정부단계의 재정정책 결정자들에게 정책의 책임을 전가하기 위해 가장 효율적인 재정 자원의 분배방식으로 조세와 지출의 소재지를 일치시켜야 한다는 원칙을 내세운다.

그렇다면 실상은 어떠할까? 미국의 재정운영을 조세수입과 지출로 나누어 재정집중도를 검토할 때 몇 가지 특이한 점이 있다. 첫째, 연방정부가 주관하는 재정책임의 비율이 점진적으로 그리고 지속적으로 감소하고 있다는 점이다. 연방정부와 주정부에게 실질적 통치권을 부여하는 권한분산을 헌법에 명기했는지 여부와 관계없이 재정분산을 분권화에 대한 요구에 부합하는 재정운영 방법일 뿐 아니라 민의를 충실하게 반영하는 효율적 대안이라는 공감대가 존재함을 의미한다.

둘째, 연방정부의 재정책임의 시대적 감소추세에도 불구하고, 재정집중도의 격차가 여전히 존재한다. 이는 연방국가들 간에도 재정운영이 여러 다양한 형태로 유지되고 있다는 것을 나타낸다. 이는 연방주의를 구현하고자 헌법에 명기한 연방국가들 간에도 법제도적 연방주의와 재정 연방주의 간 상관관계를 규정하는 데 큰 편차를 나타냄을 보여준다.

셋째, 세수 면에서 중앙정부가 관장하는 재정이 지출 면보다 종종 크다. 이는 연방정부가 주정부보다 효율적으로 징수하는 세금이 많거나, 주정부 간의 수평적 및 연방-주정부 간의 수직적 조세수입의 불균형을 조정하는 목적으로 연방정부가 좀 더 많은 세금을 걷어 재분배했음을 의미한다(이옥연 2008). 문제는 주정부가 연방정부의 보조금에 지나치게 의존하게 되면 재정적 결정권에 있어 정부단계 간 균형이 깨어지고 결국 연방-주정부 간 재정 책임소재지 분산마저 불분명해진다는 데에 있다. 따라서 이 적정 균형점을 찾는 일이 재정연방주의의 성패를 결정하는 관건이 될 것이다.

이런 맥락에서 주정부가 보다 광범위한 독자적 조세원을 확보할 필요가 있다. 물론 주정부에게 독자적인 재정권한을 부여한다면 이는 궁극적으로 주의 부채상환 책임이 연방정부에게 전가될 뿐만 아니라 부채부담율이 상이한 주정부들 간의 분쟁으로 이어져 재정주권 간 충돌이 야기될 수 있다는 우려가 없는 것은 아니다(Krause-Junk and Muller 1993; Rodden 2006). 그럼에도 불구하고 재정분산이 효율적인 정부운영 방식으로 인식되는 까닭은 무엇일까?

우선 주정부는 연방정부보다 더 정확한 정보를 더 효율적으로 취득할 수 있다는 장점이 있다. 아울러 개별적인 주의 선거를 통해 지역주민들이 직접 지역정부의 업무수행능력을 평가할 수 있기 때문에 지역주민의 선호도에 맞는 지역 공공재를 개별맞춤으로 제공할 수 있다. 즉 주정부는 지리적-심리적으로 볼 때 지역주민의 취향에 더 친숙할 뿐 아니라 연방정부와 독립적인 주의 선거가 마련된다면 이러한 경로를 통해 주의 유권자/납세자로부터 권한위임의 정통성을 얻을 수 있기 때문에 지역 정치인들은 지역주민의 취향을 정책에 반영해서 자신들의 지위를 유지하는 데 활용하고자 한다. 더구나 지역 간 움직임이 자유로운 민주국가에서는 일정 지역에 제공되는 지역 공공재에 대한 취향이 유사한 구성원들이 모여들게 된다. 그 결과 지역 간에는 다양한 선호도의 분포가 존재하나 일정 지역 내 거주민들은 유사한 취향을 가지게 된다. 결국 이러한 환경은 중앙정부와 지역정부 간에 역할 분담을 분명하게 만든다. 결과적으로 재정분산의 정도를 비용-혜택 비교분석에 근거하여 산출하는 일이 결정적인 관건이 된다.

　물론 조세와 지출의 소재지가 일치하는 경우가 드물기 때문에 재정적 책임소재지 분산을 실질적으로 실현하기 어렵다는 점은 일찍이 오츠도 이미 지적한 바 있다. 따라서 연방정부와 주정부를 선거를 통해 독자적으로 구성하고 지역 재정정책에 대한 책임을 추궁할 수 있다면 주정부단계의 정치인들에게도 지역 유권자/납세자들의 정확한 선호도를 파악해 가장 효율적으로 공공서비스를 제공하고자 하는 동기가 마련된다. 그러나 동시에 이렇게 독자적 권한을 가진 정부가 만약 분산된 재정적 권한(power of purse)을 근시안적 목적으로 남용한다면 과잉 세금부과 및 과잉 정부지출과 과잉 정부적자를 초래할 위험도 커질 수도 있다. 특히 대의 민주주의는 오히려 재선이라는 정치적 목적에 눈이 먼 입법부 의원들이 "공동목초지의 비극(tragedy of commons)"의 미궁으로 빠져 들어가도록 유도하는 경향이 있는데, 이는 다시 유권자에게 "재정적 환상(fiscal illusion)"을 일으켜 궁극적으로 과도한 정부지출과 그로 인한 재정적자를 초래해 재정을 악화시킬 수도 있다.

　따라서 재정분산과 효율적인 통치 간의 상관관계를 좀 더 체계적으로 이해하기 위해서는 정당 간 경쟁과 재정적 책임소재지 분산을 결부시킬 필요가 있다. 왜냐하면 특정 정부단계의 재정정책에 불만을 표하면 다른 정부단계에서 그 집권당에 대한 항의가 표출될 수 있기 때문이다. 이러한 교차선거의 가능성은 곧 동일 정당이라도 정부단계 간 재정정책의 차별화를 모색하여 유권자들의 선호도에 대해 보다 정확한 정보를 확보하고 보다 효율적인 재정정책을 집행하도록 유도하게 된다. 더구나 연방국가에서는 연방정부와 주정부 간 재정 분할이 가능한 상황 아래서 정당의 이념성향은 연방제도와 상호 작용하여 재정집중도에 상당한 영향을 끼친다. 물론 이념성향에 의한 경제정책 조작이 종종 상황적 여건 때문에 실효를 거두지 못하는 경우도 실제 존재하나 정파성(partisanship)은 곧 재정정책의 향방에 대한 중요한 단서를 제공한다. 특히 정부단계 간 교부금에 관한 결정이 정치적인 성격을 보이는 것은 특히 연방정부와 주정부 사이의 독자적인 권한 수행을 연방헌법에 명기한 미국에서 두드러지게 나타난다(Nathan and Lago 1990; Racheter and Wagner 2001).

　〈그림 3-1〉은 미국의 재정집중도, 즉 총정부수입에서 차지하는 연방정부 수입의 비중, 총정부지출에서 차지하는 연방정부 지출의 비중, 그리고 연방정부의 총지출 중 주정부나 지방정부에 이전되는 연방보조금의 비중을 연도에 따라 백분율로 나타낸 것이다. 우선 미국의 재정집중도가 대체적으로 대통령의 집권당에 따라, 즉 행정부의 정권

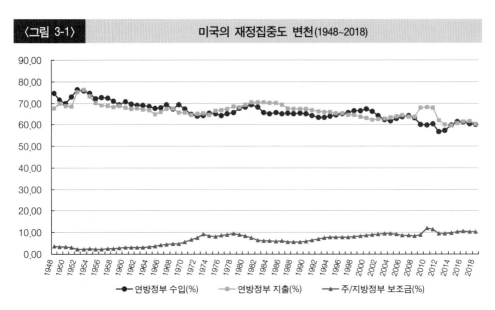

〈그림 3-1〉 미국의 재정집중도 변천(1948~2018)

자료: 연방정부 및 주/지방정부 수입과 지출에 대한 데이터는 Bureau of Economic Analysis(https://www.
bea.gov/data/government/receipts-and-expenditures)에서, 연방정부의 주/지방정부에 대한 보조금
데이터는 Congressional Research Service(https://crsreports.congress.gov/)의 "Federal Grants to
State and Local Governments: A Historical Perspective on Contemporary Issues"(https://fas.org/
sgp/crs/misc/R40638.pdf) 보고서에 기초해서 재구성하였음

교체와 더불어 이루어졌다는 주장을 일부 뒷받침하고 있다. 연방주의를 실현함에 있어서 주로 연방정부, 특히 대통령과 행정부가 주도권을 행사했다고 유추할 수 있다. 미국의 연방하원 의원들 간에는 자신의 주요 임무가 자신의 선거구민의 이익을 대변하는 일이며, 이것이 곧 전국적 정책의 틀을 제시하는 일이라는 신념이 지배적이다. 따라서 중앙정부로부터 지역정부로 이전하는 교부금의 비율도 증가하는 것을 볼 수 있다. 하원의원과 마찬가지로 직접선거를 통해 선출되지만 주의 이익도 대변해야 하는 연방상원 의원은 지역정부단계의 이익이 표출되는 경로를 찾아 재정과 관련된 국정운영의 권한을 연방정부단계에서 극대화하려 한다. 이는 정부단계 간 이전하는 금액의 증가추세가 1970년대 중반에 다소 감소하며 1980년대에 걸친 경제침체기까지 증가추세가 누그러졌음에도 불구하고 결코 이전의 수준으로 감소되지는 못한 점에서 볼 수 있다. 또한 1990년대에 경기가 점차 호전되면서 다시 증가추세로 돌아서는 현상에서도 볼 수 있다.

실제로 중앙정부로부터 지역정부에 이전하는 교부금은 1960년부터 2000년 사이

35배로 증가했고 특히 연방정부가 자금지출의 대상을 통제할 수 있는 품목 교부금 (categorical grant)은 폭증하여 주와 지방정부 예산의 25~30퍼센트를 차지하기에 이르렀었다. 그러나 1970년대를 정점으로 연방정부는 재정부족의 타개를 위해 정부단계 간 교부금을 줄이고 대신 주와 지방정부에게 특정 정책집행의 전국적 기준을 제시하고 그에 대한 준수 여부를 규제할 뿐 정책집행자금을 지원하지는 않는 일시차입 명령에 의존하게 되었다. 이에 반발한 주와 지방정부들은 정부단계 간 자금이전에 대한 시정을 요구하였고 마침내 1994년 중간선거에서 공화당이 양원의 다수당을 민주당으로부터 탈환하여 Unfunded Mandates Reform Act(1995)를 제정하였다.

이러한 개혁은 특히 레이건 정권 이후 미국의 정치적 풍경 속으로 동화된 "신연방주의"에 대한 공감대가 형성되면서 주와 지방정부에게 재정적 책임소재지가 더욱 공세적으로 분산된 결과 재정정책에 대한 책임추궁의 여지가 커진 결과였다. 그러나 동시에 이러한 변동에 맞서 중앙과 지역 간 주도권 싸움(tug-of-war)도 또한 격렬해지고 있음을 보여준다. 따라서 지역정부단계에서도 지역의회 의원과 별도로 직선을 통해 선출되는 주지사(와 주 행정부)가 지역차원의 이익추렴과 정책반영에 더욱 적극적으로 영향력을 행사하려고 했음을 어렵지 않게 예측할 수 있다.

VI. 맺음말

연방주의의 위험은 권력이 자칫 지나치게 중앙으로 쏠려 있거나 아니면 역으로 권력이 극심하게 중앙으로부터 이탈하는 경향에서 시작된다. 결국 연방주의를 채택하는 국가는 이러한 경향을 통제하는 제도를 정립하고 만약 이러한 위험사태가 발생하거나 혹은 그런 기미가 보이는 경우 그로 인한 폐해를 극소화할 수 있는 기제를 마련해야 한다. 법은 제도를 정립하고 정립된 제도를 지속시키는 데 필수적이다. 고로 *ubi societas ibi jus est.* 사회가 있으면 법이 있기 마련이다. 물론 사회의 요구가 변하면 그 변화를 수용하여 법의 개정도 적절하게 이루어질 절차가 마련되어야 할 것이다. 무엇보다 그러한 법적 대처에 관한 유권해석을 내리는 기관은 그 결정에 있어서 권위를 인정받아야 한다. 미국의 연방주의가 유지되는 비결은 바로 헌법을 통해 상반되는 자유와 권위를 조화시키는 이상을 표명하고 구체적으로 이를 조화시키는 과정에서 불거지는 정치적 문제들을 방지하거나 해소하는 제도를 정비하고 다듬어온 데 있다고 할 수 있다. 더 나아가 실질적으로 구현하는 재정적 절차를 정치적 절차와 결합하는 결사의 기략을 활용할 수 있는 통로를 열어주고 있으며, 이 모든 경과에 대한 헌법 준수 여부를 연방대법원이 최종적으로 판결할 수 있는 법제도적 구속력과 더불어 정치적 설득력이 선례를 통해 축적된 역사적 자산에 있다고 볼 수 있다.

  왕정 대신 공화정을 근간으로 하는 민주체제에서도 정부는 필수불가결하며 그를 가능하게 하기 위해 인민이 자연권의 일부를 양도해야만 하는 냉정한 현실 앞에 인민의 이익을 최대한 보장하는 정치 체제를 모색하려한 미국 건국 시조들의 고민은 마침내 미국의 연방주의를 탄생시켰을 뿐 아니라 유지시키는 비결의 단초를 제공했다. 나아가 구시대의 산물인 충돌과 전쟁을 줄이고 조화로운 상생을 가능하게 하는 획기적인 체제로서 연방주의에 의존한 해법을 통해 통합을 추구하는 열풍까지 불고 있다. 민주주의적 거버넌스는 연방주의 이외에도 다양한 통치형태나 정부조직 체제를 통해 가능하다. 더구나 연방주의는 앞서 양 극단의 경우처럼 민주주의가 추구하는 이상(ideal)과 상충하는 결과를 가져올 수 있다. 그럼에도 불구하고 전 세계적으로 이념적으로든 정책적으로든 연방주의가 선호되는 이유는 내생적으로 우월하기 때문이라기보다 오히려 제대로 구현하기 위해서는 다른 방식의 민주주의적 거버넌스보다 훨씬더 치밀하고 정교하게 복합적으로 운영되어야 하기 때문일 것이다. 결국 미국이 탄생시키고 유지해온 연방주의는 그 운영의 묘와 그를 실현하기까지 겪어야 하는 고난을 적나라하게 보여준다는 점에서 끊임없이 연구대상으로 등장하고 있다.

제2부

미국의 정부 조직

□ 제2부 미국의 정부 조직 필자 소개(원고 게재 순)

• **신유섭** 연세대학교 정치외교학과 / 조지아대학교 정치학 박사
• **이재묵** 한국외국어대학교 정치외교학과 부교수 / 아이오와대학교 정치학 박사
• **최재동** 연세대학교 대학원 정치학과 BK21 연구교수 /
　　　　　캘리포니아대학교(산타바바라) 정치학 박사
• **김 혁** 서울시립대학교 행정학과 교수 / 노스웨스턴대학교 정치학 박사
• **유성진** 이화여자대학교 스크랜튼학부 부교수 / 뉴욕주립대학교(스토니브룩) 정치학 박사
• **곽진영** 건국대학교 정치외교학과 교수 / 노스웨스턴대학교 정치학 박사
• **강주현** 숙명여자대학교 정치외교학과 교수 / 플로리다주립대학교 정치학 박사
• **김준석** 동국대학교 정치외교학과 교수 / 뉴욕주립대학교(스토니브룩) 정치학 박사

제**4**장

미국 의회

신유섭·이재묵·최재동

미국의 정치제도를 설명할 때 대통령 중심제라는 표현이 빈번하게 사용된다. 하지만 실제로 미국 정치과정에서 중심에 위치하고 있는 정부기구는 의회이다. 입법권을 갖고 있는 의회에서 어떤 법안이 만들어지는가에 따라 미국이 나아갈 방향이 결정되기 때문이다. 따라서 다원화된 사회 및 이익집단이 자신들의 입장을 정책에 반영시키기 위해서는 무엇보다도 의회를 성공적으로 상대해야만 한다. 대통령 역시 자신에게 주어진 권한을 가지고 국정을 수행하기 위해서는 무엇보다도 의회로부터 승인을 받고 예산을 배정받아야 한다. 이것이 바로 삼권분립에 기초한 미국 정치제도의 근간을 형성하고 있는 세 개의 정부기구 중 의회가 첫 번째 기구(the First Branch)로 간주되는 이유이다. 또한 연방제를 채택한 미국에서 연방정부를 지칭할 때 연방의회를 의미하는 것도 의회의 중요성을 상징적으로 보여준다.

이러한 이유로 인해 미국이나 미국과 유사한 정치제도를 가지고 있는 나라들의 정치과정을 이해하기 위해서는 의회의 구성과 운영, 그리고 법안 처리의 절차 등에 대한 이해가 필요하다. 의회에서 정책이 마련되는 과정에는 정당, 이익집단, 대통령, 일반 시민 등 다양한 행위자들이 참여하게 된다. 따라서 의회의 조직과 운영 및 내부 의사결정과정을 이해하기 위해서는 이상의 행위자와 의회 사이에 이루어지는 상호 관계만이 아니라 행위자들 자체에 대한 이해도 선행되어야 한다. 대통령이나 법원과 같은 다른 행위자들에 대한 설명은 이 책의 다른 부분에서 다루어지고 있다. 따라서 이 장에서는 의회로 내용을 한정하여 설명하고 있다.

I. 의회의 권한

의회의 권한은 미국 헌법 제1조에 자세하게 기술되어 있다. 이 중 하원 및 상원의원의 선출 및 상원과 하원의 구성과 관련된 조항들을 제외한 부분, 특히 제7절부터 9절까지에 연방의회에게 주어진 권한과 금지된 권한이 자세하게 기술되어 있다. 삼권분립에 기초한 미국의 정치제도에서 의회가 수행하는 역할을 간단하게 표현하면 미국이 국내와 해외에서 무엇을 어떻게 할지를 결정하는 것이라고 할 수 있다. 이러한 결정은 의회 자체가 내리는 것일 수도 있고, 대통령이나 행정부가 하려는 것을 승인하는 것일 수도 있다. 구체적으로 미국 헌법 제8절에 규정된 의회의 권한(enumerated power)으로는

- 세금을 징수할 권한
- 연방정부 예산으로 사용될 자금을 차입할 권한
- 주 사이의 또는 외국과의 통상을 규제할 권한
- 통화 정책을 마련할 권한
- 선전포고를 할 권한
- 군대를 육성하고 유지할 권한
- 각 주의 민병대를 소집할 권한
- 우편 체제를 건설하고 유지할 권한
- 미국 시민의 자격 요건을 규정할 권한

등이 있다.

미국 헌법 제8절은 이러한 의회의 권한을 18개 조항으로 나누어 자세하게 규정하고 있다. 이 중 잠재적으로 가장 큰 의미를 가지는 것은 미국 의회가 헌법이 정부에 부여한 모든 권한을 행사하기 위해서 "필요하고 적절한(necessary and proper)" 모든 법안

을 만들 권한을 갖는다고 규정하고 있는 마지막 18번째 조항일 것이다. 이 조항은 연방의회가 헌법에 의해 명확하게 규정되고 있지 않은 권한(implied power)도 가질 수 있다는 점을 의미하는 것으로서, 연방의회가 관여할 수 있는 분야에 실질적으로 아무런 제한을 두지 않는 것으로 해석될 수도 있어 점진적으로 연방정부의 권한을 확장시키는 구실로 사용되어 왔다. 이 점에 관해서는 앞의 연방제도와 관련된 부분에서 설명하고 있다.

의회가 권한을 명시적으로 밝힌 미국 헌법 제1조 8절 이외에도 제1조 곳곳에 의회가 할 수 있는 것을 구체화하는 규정들이 포함되어 있다. 예로 제7절은 의회의 가장 기본적인 역할인 법률 제정과 관련된 규정을 담고 있다. 제2절 5항과 제3절 6항 및 7항에서는 행정부에 대한 견제 및 균형과 관련되어 중요한 권한인 연방 공직자에 대한 탄핵 관련 규정을 담고 있다.

미국 헌법은 의회에 관해 이와 같이 다양한 권한을 규정하고 있지만, 다른 한편으로 연방의회가 할 수 없는 것에 대해서도 분명하게 짚고 넘어가고 있다. 미국 헌법 제1조 9절에서는 8개 항에 걸쳐서 연방의회가 할 수 없는 것에 대해 기술하고 있는데, 주요 내용으로는

- 소급 법률 제정
- 수출 물품에 대한 과세
- 교역상 특정 주에 유리하거나 불리한 법률의 제정
- 귀족 칭호의 수여

등이 있다.

이러한 규정과 함께 헌법 인준 후 곧바로 통과된 수정 헌법 10개 조항 중 마지막 조항은 연방의회의 권한을 보다 본질적으로 제한하는 규정으로 이해되어 왔다. 이 10번째 수정 조항에 의하면 헌법에 의해 명시적으로 연방의회에 부과되지 않은 권한은 주 의회와 국민들에게 속하는 것으로 해석된다. 이러한 규정을 헌법 제1조 8절과 같이 연방의회의 권한을 자세하게 규정하고 있는 부분과 같이 고려할 경우, 200여 년 전 헌법 마련 과정에 참여하였던 정치지도자들의 의도를 짐작해볼 수 있다. 즉 연방의회의 권한을 가능한 한 자세하게 규정한 것은 의회에게 보다 많은 권한을 부여하려고 한 것이 아니라 의회가 할 수 없는 것들을 분명하게 짚고 넘어가려고 한 것이었다고

이해할 수 있다. 실제로 처음 헌법을 마련하는 데 참여하였던 미국의 정치지도자들 중에는 의회의 권한이 특히 대통령의 권한과 비교하여 지나치게 강해질 것을 우려한 사람이 많았다. 당시 유럽의 국가들처럼 전통적인 귀족 계층이 존재하지 않고 경제적 계급에 기반한 신분 질서가 형성되어 있지 않았던 미국에서 의회를 상원과 하원으로 구분한 것은 비대해질 의회의 권한을 통제하려는 일각의 우려도 반영되어 있었다 (Rossiter 1961, no. 51).

미국 헌법 제1조 8절과 9절에 기술되어 있는 이와 같은 내용들은 상원과 하원 모두에게 적용된다. 그러나 의회가 하원과 상원으로 구분되면서 이들 간에 일부 권한 역시 구분되었다. 예로 헌법 제1조 7절 1항에 따라 세입 관련 법안은 하원에서 입안되어야만 한다. 이는 건국 초기 하원만이 직접 선거를 통해 구성되도록 되어 있었다는 점과 관련되어 있다. 직접 선거를 통해 구성되는 하원에서 나라의 예산이 어떻게 집행될지를 결정함으로써 국민들의 의사를 반영해야 하는 대의제 민주주의의 취지를 살릴 수 있다는 관점이 반영되어 있는 것이다. 물론 미국에서 법안이 공식적인 효력을 갖기 위해서는 하원과 상원을 모두 통과해야 하기 때문에 이와 같은 규정은 하원과 상원이 세입안과 관련하여 갖는 권한에 실질적인 차이를 만들지는 못한다. 헌법 제1조 2절 5항에 따르면 대통령 및 다른 공직자들의 범죄 행위에 대해 기소할 탄핵권(the power of impeachment)은 하원에만 주어진다. 그러나 일단 기소가 이루어진 후에 탄핵안을

〈참고사항 4-1〉 미국 의회의 탄핵권 행사

지금까지 하원에 의해 탄핵 기소된 공직자들은 총 20명으로, 이 중 상원에서 탄핵 판결을 받아 8명의 공직자가 파면되었다. 이들은 모두 연방 판사들이었는데, 2010년에 면직된 루이지애나 연방지법의 포터스(G. Thomas Porteous) 판사가 가장 최근 파면된 공직자이다.

하원에 의해 탄핵 기소된 대통령은 1868년의 존슨(Andrew Johnson)과 1998년의 클린턴(William J. Clinton), 그리고 2019년의 트럼프(Donald Trump) 세 명이 있다. 또, 1974년 닉슨(Richard Nixon)은 워터게이트 사건으로 실제로 기소될 위험에 처했지만 하원에서 최종 기소 결정이 이루어지기 전에 사임하여 탄핵 기소를 피할 수 있었다. 이들 모두 헌법에 명시된 탄핵의 요건인 '중대한 범죄' 조항(High crimes and misdemeanors)에 의거하여 탄핵 또는 준탄핵(near impeachment)되었다. 또한 정치적 양극화, 대통령 개인의 기질 등이 탄핵의 주요 요인으로 작용하였다.

심판할 권한은 제1조 3절 6항에 의해 상원이 갖는다. 탄핵안이 가결되기 위해서는 출석 상원의원 3분의 2 이상의 동의가 있어야 한다(〈참고사항 4-1〉). 이외에도 대통령과 관련된 규정인 헌법 제2조 2절 2항에 의거하여 상원은 대통령의 주요 인사 결정(연방 대법원 판사, 대사, 영사 등 연방 관리의 임명) 및 외국과 체결하는 조약을 승인할 권한을 갖는다.

II. 의회의 구성

1. 양원제의 목적과 특징

미국 의회 구성상의 특징 중 하나는 상원과 하원으로 나뉘어져 있다는 점이다. 중세 봉건 신분 질서가 남아 있던 영국 등 유럽 국가들과는 달리 건국 당시 미국에는 경제 및 사회적으로 상충되는 이해관계를 추구하는 계층 구조가 형성되어 있지 않았기 때문에(〈참고사항 4-2〉), 미국이 양원제를 채택하게 된 이유는 다른 측면에서 생각해 보아야 한다.

미국의 양원제는 무엇보다도 연방헌법이 마련된 제헌회의에서 이루어진 타협의 결과로 등장하였다. 연맹규약의 문제점을 해결하기 위해서 소집된 제헌회의에 참석한 13개 주들은 자기 주에 유리한 방향으로 헌법을 만들기 위해 갈등을 겪고 있었다. 이러한 갈등 중 가장 대표적인 것은 각 주의 의원 수를 인구 비례에 의해 결정할지를

〈참고사항 4-2〉 미국 독립 당시의 사회 구조

헌법제정회의에 사우스캐롤라이나 주의 대표로 참석했던 핑크니(Charles Pinckney)가 언급하고 있듯이 독립 당시 미국은 동질적인 사회를 형성하고 있었다. 당시 유럽에 아직 남아 있던 세습적 신분질서는 물론이고 오늘날 자본주의사회에서 관찰되는 것과 같은 경제적인 계층 역시 존재하지 않았다. 구태여 사람들을 구분한다면 그들의 직업에 따라 상업인(commercial men), 농경인(the landed interest), 그리고 전문직업인(professional men) 정도로 구분할 수 있었지만, 이들은 서로 다른 정치적 견해를 가지고 있지 않았고 또한 직업상 상호 의존적인 관계에 있었다(Madison 1987, 185-186).

〈참고사항 4-3〉 뉴저지 안 또는 버지니아 안을 지지한 주

헌법회의가 열릴 당시의 13개 주 중 큰 주는 버지니아, 뉴욕, 펜실베이니아, 매사추세츠였고, 작은 주는 뉴저지, 델라웨어, 메릴랜드, 코네티컷이었다. 당시 뉴저지 안을 찬성한 주들은 이들 작은 주들과 강력한 중앙정부를 만드는 것에 반대하는 인사들에 의해 통제되고 있던 뉴욕 주였고, 버지니아 안을 찬성한 주는 뉴욕 주를 제외한 큰 주들과 노스캐롤라이나, 사우스캐롤라이나, 조지아와 같은 남부 주들이었다. 이들 남부 주들은 당시 인구 수 기준으로 큰 주라고 할 수는 없었지만, 앞으로 미국에서 남부의 인구가 북부를 능가할 것이라는 기대 하에 미래에 그들에게 보다 유리할 것으로 기대한 버지니아 안에 찬성하였다.

놓고 벌어진 작은 주와 큰 주 사이에 이루어진 갈등이었다. 작은 주들은 인구 비례로 의원 수를 결정할 경우 큰 주들이 연합하여 작은 주들의 이익을 위협하는 법안을 마련하게 될 수도 있다는 점을 우려하여 강력하게 반대하였다. 작은 주들의 이와 같은 관점이 반영된 헌법안은 뉴저지 안(New Jersey Plan)이라고 불렸으며, 큰 주들의 이해관계를 반영한 버지니아 안(Virginia Plan)과 경합을 벌였다(〈참고사항 4-3〉). 이 두 안을 놓고 벌어진 갈등은 코네티컷 주가 내놓은 타협안에 의해 해결되었다. 대타협안(Great Compromise)이라고 불리는 이 타협안의 주된 내용은 의회를 상원과 하원으로 구분하고 상원에서는 인구수에 관계없이 모든 주가 동등한 대표권을 인정받도록 하고 하원에서는 인구 비례에 따라 각 주의 의원 수를 정하도록 하는 것이었다.

미국의 양원제는 연맹규약(Articles of Confederation) 하에서 혼란을 경험한 미국의 정치지도자들에 의해 의도적으로 고안된 측면도 있다. 연맹규약 하에서 미국은 단원제를 가지고 있었다. 그러나 연맹규약 하에서 벌어진 혼란스러운 상황들은 상원의 필요성을 대두시켰다. 특히 다수의 채무자들에 의해 소수의 채권자들의 권익이 위협받으면서 무책임할 수 있는 다수의 의견이 지혜와 덕을 갖춘 소수의 사람들에 의해 걸러져야 한다는 공감대가 형성되었고, 다수로 구성된 파벌로부터 소수의 권리를 보호해야 한다는 인식이 싹텄다(Rossiter 1961, no. 62).

2. 의회 구성원

미국 헌법은 의원의 자격 요건으로 세 가지 기준(나이, 시민권, 거주지)만을 제시하고

있다. 그럼에도 불구하고 지금까지 대다수의 상하원 의원들은 높은 수준의 교육과 좋은 직업을 갖춘 사회경제적 엘리트 계층으로부터 충원되어왔다(Davidson et al. 2019, 108-110). 2019년 1월 개원한 제116대 의회의 경우, 사회경제적 엘리트 계층이라 할 수 있는 법조인 및 직업정치인 출신이 전체 구성원의 상당수를 차지하고 있다. 교육 수준 역시 높은 것으로 나타났다. 95%의 하원의원과 100%의 상원의원이 대학교육을 이수했으며, 161명의 하원의원과 53명의 상원의원이 로스쿨을 졸업하였다. 제116대 의회는 최연소 여성 하원의원(오카시오-코르테즈, Alexandria Ocasio-Cortez)과 최초의 여성 무슬림 하원의원(오마르 Ilhan Omar, 탈리브 Rashida Tlaib)을 배출하는 등 구성의 다양성 측면에서 이전 의회들보다 진일보하였으나, 계층적·인종적·종교적·성별적 편중 현상은 지속되고 있다. 이 같은 다양성의 결핍으로 인해 의회가 여러 사회 계층의 이익을 대변하는 대표기구로서 제대로 역할을 할 수 있는가에 대한 의문이 제기되기도 한다.

3. 위원회

의회에서는 매년 수천 건의 법안과 결의안들이 다루어진다. 이 중에는 의회 운영과 관련된 법안 같이 크게 시간을 들일 필요가 없는 법안도 있지만, 제대로 이해하고 투표 결정을 내리기 위해서는 적지 않은 시간과 노력을 들여야 하는 법안도 있다. 이러한 법안 모두를 의원들이 다루는 것은 불가능하며, 이로 인해 법안의 성격별로 위원회들이 형성되고, 의원들은 자기가 소속한 위원회에서 관할권을 갖고 있는 법안들을 중심으로 의정활동을 수행하게 된다. 미국의 상원과 하원은 위원회의 구성, 역할, 운영, 그리고 중요성과 관련하여 차이를 보이고 있기 때문에, 여기서는 상원과 하원의 경우로 구분하여 위원회가 각각 어떻게 구성되고 운영되며 어떤 특성을 가지고 있는가를 살펴보고 있다.

1) 종류
어느 나라나 마찬가지로 미국 의회의 위원회는 상임위원회(standing committee)와 각 상임위원회에 속해 있는 소위원회(subcommittee), 그리고 특정 안건을 다루기 위해 일시적으로 구성되는 특별위원회(select committee)로 구성되어 있다. 상원과 하원의 정보특별위원회(Permanent Select Committee on Intelligence)나 상원의 윤리위원회

〈표 4-1〉	미국 제116차 의회의 상임위원회

하원	상원
의사운영위원회(Rules)	
세출위원회(Appropriations)	세출위원회(Appropriations)
예산위원회(Budget)	예산위원회(Budget)
세입위원회(Ways and Means)	
금융위원회(Financial Services)	재정위원회(Finance)
국방위원회(Armed Services)	국방위원회(Armed Services)
농업위원회(Agriculture)	농림 식량위원회(Agriculture, Nutrition, and Forestry)
외무위원회(Foreign Affairs)	외무위원회(Foreign Relations)
법사위원회(Judiciary)	법사위원회(Judiciary)
	금융, 주택, 도시업무위원회(Banking, Housing, and Urban Affairs)
교육노동위원회(Education and Labor)*	건강, 교육, 노동, 그리고 연금위원회(Health, Education, Labor, and Pensions)
에너지 및 상무위원회 (Energy and Commerce)	에너지 및 천연자원위원회 (Energy and Natural Resources)
천연자원위원회(Natural Resources)	
과학기술위원회(Science Space and Technology)	상무, 과학, 운송위원회(Commerce, Science, and Transportation)
운송 및 기간시설위원회(Transportation and Infrastructure)	
소기업위원회(Small Business)	소기업 및 기업가위원회(Small Business and Entrepreneurship)
국토안보위원회(Homeland Security)	국토안보 및 정부업무위원회(Homeland Security and Government Affairs)
국정감사 및 행정개혁위원회 (Oversight and Reform)*	
재향군인위원회(Veterans' Affairs)	재향군인위원회(Veterans' Affairs)
	환경, 공공사업(Environment and Public Works)
하원행정위원회(House Administration)	의사운영 및 행정위원회 (Rules and Administration)
윤리위원회(Ethics)	

* 제115대 의회와 비교하여 이름이 변경되거나 신설된 위원회
출처: congress.gov의 자료를 참조하였다

(Ethics Committee)의 경우 성격은 특별위원회지만 상임위원회와 마찬가지로 상시 유지되는 위원회다. 수는 적지만 상원과 하원이 공동으로 운영하는 합동위원회(joint committee)도 있다. 이 합동위원회는 결의안을 통해 구성되며 주로 감독이나 연구 보고와 같은 임무를 수행하며, 다른 상임위원회들과는 달리 법안을 심의할 권한은 갖지 않는다. 현재 미국 의회에는 정부인쇄국(Government Printing Office)을 비롯한 연방 정부기구들의 인쇄 활동에 대한 감독 기능을 수행하는 인쇄합동위원회(Joint Committee on Printing)를 비롯하여 조세합동위원회(Joint Committee on Taxation), 도서관합동위원회(Joint Committee on the Library), 경제합동위원회(Joint Economic Committee) 등 4개의 합동위원회가 활동하고 있다.

특별위원회보다는 안정되어 있지만, 상임위원회에도 새로운 회기의 의회가 시작될 때 변화가 발생될 수 있다. 새로운 상임위원회가 생기기도 하고 위원회의 권한이 조정되기도 하며 위원회들끼리 통합되거나 한 위원회가 두 위원회로 분할되기도 한다. 단순히 이름이 변경되지만 관할은 거의 그대로 유지되는 경우도 있다. 〈표 4-1〉은 2019년 1월 개원한 제116대 미국 하원과 상원의 상임위원회를 나타내고 있다. 제115대 하원 및 상원의 위원회와 비교하여 새로 생기거나 명칭이 변경된 위원회는 따로 표기되어 있다.

〈표 4-1〉에서와 같이 제116대 하원에서 국정감사 및 개혁위원회는 기존의 국정감사 및 행정개혁위원회(Committee on Oversight and Government Reform)에서 명칭이 조정되었다. 그밖에 상임위원회의 경우 제115대 의회와 비교하여 큰 변화가 관찰되지 않는다. 비록 이와 같이 상임위원회라도 의회 회기별로 명칭이 조정되거나 신설 혹은 폐지되기도 하지만, 세출위원회, 국방위원회, 예산위원회, 외무위원회, 법사위원회, 운영위원회, 재정위원회와 같이 성격상 필수적인 위원회들의 경우 다른 위원회들에 비해 변화가 일어날 가능성이 상대적으로 낮다.

2) 위원회 배정

의원들이 어떤 위원회에 소속되어 활동하는가 하는 점은 소속 정당에서 이러한 결정을 내리는 역할을 담당하는 기구를 중심으로 이루어진다. 각 정당에서 이러한 역할을 담당하는 기구는 상하원 및 정당에 따라 위원회에 관한 위원회(committee on committees)나 운영위원회(steering committee) 등 여러 명칭으로 존재하는데, 이들 위원회에서 소속 의원들의 위원회 배정에 관한 결정을 내리고 의원총회(caucus)에서 승인받는다.

각 정당에서 소속 의원들을 위원회에 배정할 때에는 다양한 요인들을 고려한다 (Bullock 1979; Davidson et al. 2019, 190-197). 일반적으로 의원 개개인의 선수(選數, seniority)는 위원회 배정의 중요한 고려사항이다. 상원 공화당은 이 규칙을 엄격하게 적용한다. 하지만 하원에서는 양당 모두 선수가 위원회 배정의 최우선 기준이 아님을 공식적으로 명시하고 있다.

이외에도 개인 선호도, 전문성, 정당 충성도, 구성적 다양성, 지역구 특성, 선거 결과와 같은 비공식적 요인들이 고려되는데, 예를 들어서 지난번 선거 결과 다음 선거에서 고전이 예상되는 의원인 경우 지역구 성격 등을 고려하여 해당 의원에게 도움이 될 수 있는 위원회로 배정되기도 한다.

일부 강력한 권한을 갖는 위원회에는 당연히 의원들이 몰리는 경향이 있다. 하원의 경우 이러한 위원회(exclusive committees)는 의사운영, 세입, 세출, 금융, 에너지 및 상무위원회이다. 이러한 위원회에 배정되는 의원들은 일반적으로 예산위원회나 하원 행정위원회 이외의 다른 위원회에 추가로 배정되지 않는다. 국방이나 농업 등 주요 국가정책을 다루는 위원회에 배정되는 의원들의 경우 두 번째 위원회는 국정감사 및 개혁, 재향군인 업무 등 덜 중요한 업무를 담당하는 위원회에 배정받게 된다.

상원에서는 위원회를 중요도에 따라 분류하고 있는데, 편의상 A, B, C등급으로 구분해 부른다. A등급의 위원회 중에서도 4대 주요 위원회(Super A)를 따로 구분하는데 세출, 재정, 외무, 국방위원회가 포함된다. 하원에서 주요 위원회로 분류되는 의사운영위원회는 상원에서는 강력한 권한을 갖지 못한다. 심의와 토론을 운영의 기본으로 내세우는 상원에서는 의회 지도력이 하원처럼 강하지 않기 때문이다. 외무위원회의 경우 상원이 조약 체결이나 대사의 임명 등을 인준할 권한을 갖는다는 점에서 주요 위원회가 된다. 보통 하나의 상임위원회에 20명 안팎의 의원이 속하게 되며 상원의원은 총 100명이기 때문에 모든 상원의원이 이 4대 위원회 중 하나에 속할 수 있다. 규정상 상원의원은 2개 이하의 A등급 위원회, 하나의 B등급 위원회, 그리고 여러 개의 C등급 위원회에서 활동할 수 있다. 상원의원은 각각 하나의 나라에 해당하는 주 전체를 대표하기 때문에 특정한 이해관계에만 집중할 수 없으며, 따라서 자신이 공식적으로는 속해 있지 않은 위원회에도 출석하여 의정활동을 수행하기도 한다.

각 정당이 소속 의원들의 위원회 배정을 결정하는 만큼 상원과 하원 각 위원회에 속하는 의원들의 수는 대체로 다수당과 소수당의 전체적인 비율을 유지하는 선에서 결정된다. 다수당이 각 위원회별로 다수당의 지위를 유지할 수 있도록 의원들의 수를 조정하기 때문이다. 그러나 하원의 의사운영위원회와 같이 법안이 논의되는 과정에서 결정적인 역할을 수행할 수 있는 위원회의 경우에는 다수당이 소속 의원들을 보다 많이 배정하는 경향이 있다. 예로 제116대 하원 농업위원회는 다수당인 민주당과 소수당인 민주당의 의원 비율이 1.2 대 1로 하원 전체의 다수당과 소수당의 비율과 비슷한 수준을 유지하고 있다. 하지만 주요 위원회로 분류되는 의사운영위원회에서는 그 비율이 2 대 1을 넘는다.

3) 구성

각 위원회 위원장은 형식상 소속 의원들의 선거를 통해서 선출되지만, 일반적으로 다수당 소속 의원 중 가장 선수가 높은 의원이 위원장을 맡는다. 그러나 이는 규범으로 지켜지는 것이지 규칙으로 규정되어 있는 것은 아니다. 하원 의사운영위원회 위원장의 경우는 하원의장(Speaker)에 의해 임명된다. 상원의 경우 주요 상임위원회의 위원장을 맡는 의원은 다른 상임위원회나 소위원회에서 위원장을 할 수 없으며, 그 외의 위원회 경우도 추가로 하나의 위원회 위원장만 맡을 수 있다. 하원의 경우 상임위원회 위원장은 소속 소위원회 위원장을 하나 이상 맡을 수 없다.

위원장은 일반적으로 선수에 따라 결정되지만, 종종 선수가 무시된 위원장 선출이 이루어지기도 한다. 다수당 지도부나 의원총회에서 당의 노선에 지나치게 협조적이지 않았던 의원의 위원장 지명을 거부하거나 소속 정당 의원들이 선수가 가장 높은 의원을 지지하지 않는 경우가 있기 때문이다. 위원장 선출에 있어서 선수가 지켜지지 않는 또 다른 이유는 각 정당이 규칙제정을 통해 선임자 우선의 원칙을 변경했기 때문이다. 1970년대 민주당은 규칙변경을 통해 위원회의 위원장을 선수(seniority)가 아닌 비밀투표를 통해 선출하도록 했다. 또 공화당은 깅그리치(Newt Gingrich) 하원의장 시기 위원장의 임기를 6년으로 제한하는 규칙을 제정했다. 미국의 의원들은 위원회를 잘 바꾸지 않는 경향이 있으며 연임 제한 규칙으로 인해 더 이상 위원장으로 일할 수 없게 된 경우라도 해당 위원회에 남아 의정활동을 수행하는 경우가 일반적이기 때문에 위원장이 해당 위원회에서 선수가 가장 높은 의원이 아닌 경우도 관찰될 수 있다.

오늘날 위원회 위원장은 과거 각 위원회가 법안처리의 중심이 되었던 시기(committee-centric era)에 비해 제한된 영향력을 행사하고 있다. 또한 고착화되는 정치적 양극화는 다수당의 리더들에게 더 큰 영향력을 행사할 수 있는 기회를 주었다. 이 같은 정치적 환경의 변화를 바탕으로 다수당의 1인자인 하원의장은 위원회 위원장의 권한을 제한하고 법안처리 과정에 더 큰 영향력을 행사했다. 위원장의 권한은 특별히 공화당 하원의장 시기에 약화되었다. 제104~105대 하원의장을 역임한 깅그리치 하원의장은 위원장의 임기를 제한하고, 위원회가 제출한 법안을 의사운영위원회에서 대폭 수정하는 등 상임위 위원장의 영향력을 축소했다. 제106~109대 해스터트(Dennis Hastert) 하원의장 역시 리더십에 도전하는 위원장을 교체하는 등의 영향력을 행사했다. 제112~114대의 뵈이너(John Boehner) 의장이나 제114~115대 라이언(Paul Ryan) 의장은 위원회와 위원장의 권한 회복을 위해 노력하였으나 현재의 의회는 정당 중심으로 (party-centric era) 운영되고 있다는 평가가 지배적이다.

4. 의회 정당

위원회와 같이 의회의 공식 조직 구조는 아니지만, 의회의 의사결정과정에서 위원회와 함께 중요한 역할을 수행하는 조직으로 공화당과 민주당 소속 의원들이 정당 단위로 활동하면서 정책을 결정하고 추진하는 의회 정당(congressional party)이 있다. 의회 정당이란 일반적으로 정당(political party)으로 이해되는 조직 구조가 의회 내에 반영되어 있는 것으로, 원내 정당(the party in Congress)으로 불리기도 한다.

미국 의회에서 정당별 의정 활동이 수행되는 대표적인 조직은 의원총회인데, 공화당의 경우 이를 'Conference'로 민주당은 'Caucus'로 부른다. 따라서 미국 의회와 관련된 문서에서 사용되는 'Republican Conference'나 'Democratic Caucus'라는 표현은 각각 공화당 의원총회와 민주당 의원총회를 지칭하는 것이다.

의원총회는 의회 내 각 정당의 지도부를 선출하고 의회 운영과 관련된 원칙을 마련한다. 이러한 원칙들의 예로는 1970년대 초 민주당 의원총회가 위원회 위원장 선출에 비밀투표 방식을 도입함으로써 선임자 우선의 원칙이 지켜지지 않을 수 있는 가능성을 열어 놓은 것이나 1990년대 초 공화당이 위원장의 임기를 제한한 것을 들 수 있다.

이외에도 의원총회는 소속 의원들 사이에서 기강을 세우는 역할도 수행한다. 일반적으로 미국의 의원들은 소속 정당으로부터 상당히 자유로운 의정활동을 수행하는 것으로 알려져 있지만, 당의 방침에 심각하게 위배되는 활동을 할 경우에는 의원총회를 통해 징계를 받기도 한다. 그램(Phil Gram)의 경우가 그 예인데, 민주당 소속 하원의원이었던 그램은 예산위원회에서 레이건 행정부의 예산안 마련에 깊게 개입했다는 이유로 민주당 의원총회에서 제명되었다. 그는 그 후 공화당으로 옮겨서 상원의원을 지냈고 대통령 후보 경선에도 나섰다.

의원총회라는 조직의 성격상 주요 정책과 관련된 당 차원의 입장이 논의되기도 한다. 비록 의원총회는 투표를 통해 정책의 운명을 공식적으로 결정짓는 곳은 아니지만, 의원총회에 참석한 의원들은 자유로운 토론을 통해 같은 정당 소속의 동료의원들 중 가능한 한 많은 수가 동의할 수 있는 입장을 찾기 위해 노력하게 된다. 그러나 의회에서 구체적인 법안이 마련되는 과정에서 의원총회가 수행할 수 있는 역할은 제한되는 경향이 있다. 소속 정당의 도움이 아닌 지역구 사업이나 의정활동 등 의원 개개인의 노력을 통해 재선 여부가 결정되는 경향이 증가하면서 정당이 의원 개개인의 투표 결정에 영향력을 행사할 수 있는 여지가 감소하였기 때문이다. 각 정당의 지도부가 의원총회를 통해 정책형성과정에 영향력을 행사하는 것을 선호하지 않는 것 역시 정책형성과정에서의 의원총회의 영향력이 크지 않은 원인으로 지적되기도 한다. 정당 지도부의 입장에서는 보다 많은 수의 의원들이 참여하고 보다 다양한 관점이 표출될 가능성이 큰 의원총회에서 법안을 다루는 것보다는 보다 구체적인 이해관계를 가지고 있는 소수의 의원들이 참여하는 각 위원회에서 법안을 다루는 것이 법안의 내용이나 운명을 통제하는 데 보다 용이할 것이라는 점에서 정당 지도부의 이러한 태도를 이해할 수 있다.

공화당과 민주당의 의원총회는 의회 내의 정당 관련 각종 업무를 담당하는 정당위원회(party committee)들을 두고 있다. 하원의 경우 민주당은 운영위원회(Steering and Policy Committee)와 선거위원회(Democratic Congressional Campaign Committee)를 두고 있는데, 전자는 의원총회에서 민주당 지도부를 도와 정책 관련 우선순위와 입장을 정리하는 역할과 민주당 의원들을 의회의 각 위원회에 배정하는 역할을 수행하며, 후자는 하원선거에서 민주당 후보를 지원하는 역할을 수행한다. 공화당은 운영위원회(Steering Committee)와 선거위원회(National Republican Congressional Committee) 외에 정책위원회(Policy Committee)를 따로 두고 민주당의 운영위원회가 하는 역할 중 정책 관련 업무를 담당하도록 하고 있다. 상원의 경우 민주당과 공화당 모두 하원의 공화당과 마찬가지로 정책위원회(Policy Committee)와 상원선거위원회(Democratic Senatorial Campaign Committee, National Republican Senatorial Committee), 그리고 위원회 배정 업무를 담당하는 위원회를 두고 있다. 후자의 경우 민주당은 운영 및 교섭위원회(Steering and Outreach Committee)로 공화당의 경우는 위원회에 관한 위원회(Committee on

Committee)로 부르고 있다. 명칭에서 나타나듯이 민주당의 경우 이 위원회는 위원회 배정 이외에 민주당 의원총회에서 의원들 간의 정책 차이를 조율하고 결정된 정책 입장을 지역 지도자들이나 각종 외부 단체들, 하원의원총회 등에 전달하는 역할도 수

〈참고사항 4-4〉 정당위원회의 역할과 명칭

구체적으로 어떤 위원회들이 어떤 업무를 담당하는가 하는 점은 각 정당의 의원총회 결정에 따라 변하기도 한다. 예로 하원의 민주당은 2003년 정책위원회를 운영위원회 에 통합했다. 같은 역할을 수행하는 위원회를 다르게 부르기도 하는데, 하원의 공화 당의 경우 소속 의원들의 위원회 배정을 담당하는 위원회를 상원의 경우처럼 위원회 에 관한 위원회(Committee on Committees)로 부르기도 했다.

〈참고사항 4-5〉 의회 내 비공식 조직들

이러한 비공식 조직의 대표적인 예로는 하원의 민주당 연구 모임(Democratic Study Group)을 들 수 있는데, 이 단체는 1959년 보수적인 남부 출신의 민주당 의원들을 상대로 자유주의적 정책 입장을 옹호하기 위해 구성되었지만, 오늘 날에는 거의 모든 민주당 의원들이 참여하고 있다. 이보다 규모는 작지만 이와 비교될 수 있는 조직으 로는 공화당연구위원회(Republican Study Committee)가 있다. 1970년대 조직되었으며, 공화당의 보수적인 정책을 증진시키는 것을 목적으로 구성되었다.
초당파적인 이해관계를 추구하기 위해 구성되는 조직도 있다. 각 인종별 이해관계를 고려하는 조직이 예인데, 히스패닉의원총회(Congressional Hispanic Caucus)는 히스패 닉계 의원들이 히스패닉계 미국인들의 이해관계를 증진시키기 위하여 구성한 단체이 다. 성격상 민주당 의원들 중심으로 구성되어 있지만, 민주당 소속 여부가 구성원이 되는 주요 기준이거나 민주당의 이해관계를 증진시키는 것이 주된 목적인 단체는 아 니다. 비슷한 성격의 단체로 흑인의원총회(Congressional Black Caucus)가 있는데, 아 프리카계 의원들로 구성된 이 단체는 아프리카계 미국인들의 이해관계와 인권을 증진 시키는 것을 목적으로 하고 있다. 아시아계의 이해관계 증진을 목표로 하는 아시아태 평양계의원총회(Congressional Asia Pacific American Caucus)도 있다. 지체부자유자를 위한 양당의원총회(Bipartisan Disabilities Caucus)같이 명칭부터 정당별 이해관계를 초 월한 점을 밝히고 있는 조직도 있다. 상원의 경우 1985년 법률로 설립된 국제마약통 제의원총회(Senate Caucus on International Narcotics Control)가 정당별 이해관계를 초 월한 의원들 모임의 예이다. 이 의원총회는 상원에서 공식적으로 인정받고 있는 의원 총회로서 공화당과 민주당 각각 한 명씩 두 명을 공동 위원장으로 두고 있다.

행하도록 되어 있다(〈참고사항 4-4〉).

　의원총회나 각 정당의 위원회들이 의회 내의 정당 관련 공식 조직들이라면, 정책 등과 관련된 특정 목표를 추구하는 비공식 조직들도 존재한다. 이러한 조직들은 대개 정당별로 정책 대안이나 선거 전략을 짜기 위해 구성되거나 이해관계를 같이 하는 의원들이 본회의에서 공동의 행동을 취하기 위해 구성하기도 한다. 동일 정당 내에 서로 성격을 달리하는 조직이 존재하기도 하며 양대 정당이 모두 참여하거나 상원과 하원 사이에 공동으로 구성되는 조직도 있다. 이와 같은 비공식 조직들은 의회 내에 200개 이상 존재하고 있다(〈참고사항 4-5〉).

5. 의회 지도자

　각 정당의 의원총회를 통해 선출되는 정당 지도부는, 전당대회를 주관하고 전당대회 이외의 기간 동안 명목상 정당을 대표하게 되는 각 정당의 전국위원회(national party committee) 의장과 달리, 의회 내에서 소속 의원들을 실질적으로 이끌어 가는 역할을 수행한다. 정당 지도부에는 하원 다수당의 경우 하원의장(Speaker) 및 다수당 대표 (majority leader)가 그리고 소수당의 경우 소수당 대표(minority leader)가 포함되며, 이외에 각 당의 원내총무(whip)와 부총무들, 의원총회 의장과 부의장, 의원총회 내 각종 위원회 의장들이 포함된다.

　정당 지도부는 한편으로는 의원들이 정당이 필요로 하는 법안을 자신의 시간과 자원을 사용해가며 추구하도록 하고 다른 한편으로는 해당 법안에 깊게 관련되어 있지 않은 다수의 의원들이 협력하도록 하는 역할을 수행한다. 이러한 역할을 수행하는 지도자들은 의회 밖에서는 의원들의 지역구 활동을 돕고 다음 번 선거에서 소속 정당에 대한 지지도를 높이는 역할을 수행하기도 하는데, 정당 조직 자체를 중심으로 지도부가 형성되는 경향이 있는 우리나라의 경우와는 달리 미국의 경우 이러한 지도부의 형성은 의회 내에서 의원들을 중심으로 이루어진다. 우리가 이해하는 일반적인 정당 조직의 지도부와 원내 정당 지도부가 별도로 형성된다고 볼 수 있는 것이다. 전자에 해당하는 지도부가 4년마다 전당대회를 조직하여 대통령 후보를 선출하고 당의 정책 방향을 결정하며 전당대회 이외의 기간 동안 전국 또는 주를 비롯한 각 지역 단위의 정당위원회를 이끌며 정당 활동과 관련된 일들을 이끌어 간다면, 의회 내에서 의원들을 중심으로 형성되는 원내 지도부는 의회 내에서 소속 의원들을 이끌고 도우며 당의 정책을 입법화하는 역할을 수행한다.

1) 하원 지도부

하원의 경우 각 정당을 이끄는 지도자는 다수당 여부에 따라 다수당 지도자(ma-jority leader)와 소수당 지도자(minority leader)로 구분된다. 부통령이 의장을 맡게 되어 있는 상원의 경우와는 달리 하원의 다수당은 소속 의원들에 의해 선출되는 의장(Speaker)이 의회만이 아니라 다수당의 지도자로서 가장 중심적인 역할을 수행하게 된다. 물론 당 업무를 관장하는 다수당 지도자가 따로 있기 때문에, 의장의 경우 공식적으로는 의회를 관장하는 지도자로서 행동하게 된다. 예로 대부분의 본회의 투표에서 의장은 기권을 하는 것이 관례이다.

하원 의장의 권한은 막강하다(〈참고사항 4-6〉). 의회 개혁의 결과 과거에 비해 의장의 공식 권한이 약화되기는 했지만, 킹그리치(제104~105대), 해스터트(제106~109대), 펠로시(제110~111대) 의장을 거치면서 중앙 집권화된 리더십 스타일을 회복하고 있다. 다음과 같은 몇 가지 측면에서 의장은 여전히 강력한 공식 권한을 가지고 있다. 첫째, 의장은 상정된 법안을 다룰 위원회를 결정할 수 있다. 과거에는 모든 법안이 가장 관련되어 있다고 간주되는 하나의 위원회에서만 검토되었다. 그러나 의사결정과정과 관련하여 아래에서 설명하고 있듯이, 1974년 이후 의장은 다수의 위원회에 법안을 보낼 수 있도록 되어 있다. 이는 법안의 운명을 결정할 수 있는 의장의 권한을 강화시키는 결과를 가져 왔다. 법안이 가장 관련이 있는 한 위원회에만 송부될 수 있던 때에는 그만큼 관할권을 가지고 있는 위원회를 의장이 임의로 결정할 수 있는 여지가 제한되었지만, 다수의 위원회에 송부될 수 있게 되면서 분명하게 관할권을 가지고 있는 위원회 이외의 위원회들도 의장이 임의로 선정할 수 있게 되었기 때문이다. 이 점은

〈참고사항 4-6〉 과거 하원의장의 권한

현재 하원의장의 권한은 여전히 막강하지만, 과거와 비교하면 약해져 있다. 하원의장의 권한이 정점에 달했던 시기는 1910년 공화당의 캐논(Joseph Cannon)이 의장을 맡았던 시기이다. 당시 의장은 의원들의 위원회 배정을 결정하고 각 위원회의 위원장을 임명하고 해임할 수 있었으며, 상정된 법안의 위원회 배정을 결정하고, 의장과 의사운영위원회 위원장을 겸직하면서 법안이 본회의에서 다루어지는 과정을 통제할 수 있었다.

아래에서 의장에 의해 법안이 위원회에 송부되는 과정을 설명하면서 보다 자세하게 언급되고 있다.

둘째, 의장은 의사운영위원회 위원장을 임명할 권한을 갖고 있다. 의사운영위원회는 법안이 본회의에 회부되어 어떻게 논의될지를 결정하는 곳이다. 즉, 게이트 키핑의 권한을 갖고 있는 다수당 소속의 의원들이 과반수 이상을 점하고 있는 의사운영위원회의 위원장을 임명한다는 것은 의장이 의사결정과정에 강력한 영향력을 행사할 수 있음을 의미한다.

셋째, 위원회에 소속 의원들을 배정하는 결정은 각 정당 의원총회와 운영위원회에서 이뤄지지만, 의장은 다수당의 운영위원회 위원장을 맡아 소속 의원들의 위원회 배정을 지휘하기 때문에 다수의 의원들의 위원회 배정에 결정적인 역할을 수행할 수 있다. 더욱이 특정 안건을 다루기 위해 한시적으로 구성되는 특별위원회(select committee)나 동일한 법안에 대해 상원과의 의견 차이를 조정하기 위해 구성되는 협의위원회(conference committee)의 경우 의장이 의원을 선정할 권한을 가지고 있다. 협의위원회의 경우 대부분은 관할권을 갖고 있는 위원회에 속해 있는 의원을 배정하게 되지만, 배정되는 의원의 수가 제한된다는 점에서 어느 의원을 배정하는지 여부를 통해 의장이 최종적으로 조율되는 법안의 내용에 영향력을 행사할 수 있는 가능성은 항상 존재한다. 이러한 가능성은 과거 하나의 위원회에만 법안이 배정되던 때에 비해 다수의 위원회에 법안이 배정되게 된 오늘날 더 커졌다. 의장이 의원들 중에 선택할 수 있는 폭이 넓어졌기 때문이다.

각종 상임 및 소위원회의 위원장들은 의장과 함께 하원의 공식적인 지도자로서 중요한 역할을 수행한다. 예를 들면 상임위원회에 배정된 법안을 어떤 소위원회가 다룰지를 결정하는 것은 해당 상임위원회 위원장의 역할이며, 이를 통해 위원장은 의장의 경우와 마찬가지로 법안의 운명을 결정하는데 중요한 영향력을 행사할 수 있다. 위원장은 해당 위원회의 다수당 의원들 중 선수가 가장 높은 의원 중에서 나온다는 점에서 위원장이 해당 위원회 소속 의원들에게 행사할 수 있는 정치적 영향력 역시 큰 경향이 있다. 위원회에 속한 의원들 역시 특별히 문제가 있는 경우를 제외하고는 위원장의 권위에 도전하지 않는 경향이 있다. 위원장과 소속 의원들 사이의 이러한 관계는 상호 이해관계를 배려하는 측면도 반영되어 있는데, 예를 들면 소속 의원들은 위원장의 권위를 존중해주는 대신 자신의 지역구에서 찬반이 첨예하게 갈리어서 스스로 입장을 표현하기가 곤란한 법안의 경우 자신이 소속한 소위원회로 배정되지 않도록 위원장으로부터 협력을 얻어낼 수 있다.

의회 내에서 공화당과 민주당의 입장을 대변하고 당 관련 업무를 관장하며 소속 의원들을 이끄는 역할은 다수당 및 소수당 대표에 의해 수행된다. 또한 이들은 소속 정당 내의 그리고 정당 간의 분쟁을 중재하는 역할도 수행한다. 여당의 경우 당 대표는 소속 의원들과 대통령 사이의 연결 고리 역할을 수행하기도 한다.

그러나 의장과는 달리 다수당 및 소수당 대표의 권한은 비공식적인 성격이 강하다. 의회의 규칙(rules)과 달리 소속 의원들의 행동이나 정당 조직의 운영 및 정당 단위의 의사 결정을 구속하는 강제적인 규칙이나 그와 관련된 당 대표의 권한을 규정하는 규칙 같은 것은 있을 수 없기 때문이다. 이에 더하여 미국에서 입법과정상 이루어진 변화는 정당 대표의 권한을 약화시키는 방향으로 작용해 온 것으로 평가받고 있다. 이러한 변화 중의 하나는 햇빛 주(sunshine state)로 불리는 플로리다 주에서 처음 채택되어서 햇빛 규칙(sunshine rule)으로 불리는 의사(議事) 공개 규칙이다. 이 규칙이 채택되어 위원회나 정당 모임에서 논의되는 내용들이 일반에 공개되면서 정치적 절충이나 타협은 보다 어려워졌고 그만큼 각 당의 대표가 정치적 영향력을 행사할 수 있는 여지도 줄게 되었다. 의회에서 다루어지는 법안들이 보다 다양해지고 상임위원회 중심의 활동이 소위원회 중심의 활동으로 옮겨가는 분권화가 진행되어온 것도 정당 지도자의 정치적 영향력을 감소시키는 방향으로 작용했다. 정당 대표의 정치적 영향력이 감소한 것은 의원 선거의 성격과도 관련되어 있다. 의원들이 선거에서 얻는 지지표가 정당 소속 여부에 의해 결정되기보다는 지역구 봉사나 의정활동 등 의원 개개인의 활동과 보다 밀접하게 관련(candidate-centered campaign)되고(Cain et al. 1987), 언론 매체가 발달하면서 의원들이 선거운동을 정당 조직에 의존해야 할 필요성이 점점 감소해 가면서, 의원들이 정당 지도부의 도움을 절실하게 필요로 하는 경우가 줄어들게 되었기 때문이다. 선거자금과 관련되어 정당 단위로 모금하고 정당 활동을 위해 사용할 수 있는 자금(soft money)에 대한 규제를 강화하는 조치가 이루어진 것도 의원 개개인에 대한 정당의 영향력을 감소시키는 요인으로 작용할 수 있다.

공화당과 민주당의 당 대표 밑에는 지도부와 소속 의원들 사이에서 의사소통 통로 역할을 수행하는 원내총무단(whip team)이 있다. 이들은 지도부를 도와 소속 의원을 이끌고 지도부의 의사를 소속 의원에게 전달하거나 정당 입장에 대한 지지를 이끌어내며 정당의 규율을 독려하고 소속 의원에 대한 정보나 논의되고 있는 법안과 관련된 소속 의원들의 의사를 지도부에 제공하는 등의 역할을 수행한다. 원내총무단은 원내

총무와 부총무(deputy whip) 및 초선의원과 같은 특정 성격의 의원집단을 담당하는 총무보(공화당의 경우 assistant whip, 민주당의 경우 at-large whip) 그리고 각 지역별 의원들을 담당하는 지역 총무(regional whip)로 구성된다. 원내총무는 각 정당의 의원총회에서 그리고 지역 총무는 해당 지역 출신 의원들에 의해 선출되며, 부총무 및 총무보는 정당지도부나 원내총무에 의해 임명된다.

앞에서 언급했던 각 정당별 의원총회 산하 위원회들의 지도자들도 정당지도부에 속한다. 그러나 이들 위원회 지도자들의 역할은 제한되는 경향이 있다. 운영위원회(steering committee) 또는 위원회에 관한 위원회(committee on committees)의 경우 의원들의 위원회 배정이라는 의원 개개인에게 아주 중요한 결정이 이루어지는 곳이지만, 그러한 결정이 지도자들의 재량에 의해 이루어지는 것이 아니라 선임자 우선의 원칙이나 차기 선거에서의 당선가능성 등을 고려하여 이루어지기 때문에 위원회 지도자로서의 권한은 크지 않다. 의원총회 안에서 정당의 정책 노선을 결정하는 역할을 담당하도록 되어 있는 정책위원회 역시 지도자의 권한은 크지 않다. 정책위원회 자체는 의회 운영과 관련된 개혁 움직임의 산물이지만, 정책위원회를 통해 각 정당이 보다 책임 있고 공개적으로 정책을 추구할 수 있도록 만들려는 시도는 정당 지도부나 일반 의원들에 의해 긍정적으로 받아들여지지 않기 때문이다. 정당지도부의 입장에서는 정책위원회의 역할이 활성화될 경우 비공식적인 경로를 통해 정책형성과정에 영향력을 행사할 수 있는 가능성이 줄어들 수 있고, 의회의 각종 상임위원회 및 소위원회의 경우 정당별 정책위원회가 활성화된다는 것은 위원회의 관할권과 독립성이 침해받게 되는 것을 의미할 것이다. 지역구의 다양한 이해관계를 대변해야 하는 의원 개개인들의 경우도 정당 단위로 공개적인 논의과정을 거쳐서 정책 방향이 결정되는 것은 환영할만한 구상이 아닐 것이다.

2) 상원 지도부

상원의 경우 다수당 대표와 소수당 대표가 각각 소속 정당 지도부의 정점을 형성하게 된다. 당 대표 밑에는 하원과 마찬가지로 다수당 원내총무와 소수당 원내총무, 각 정당의 의원총회 의장과 의원총회 내의 각 위원회 위원장이 있다.

하원의 경우와 비교하면 상원에서의 당 대표의 권한은 매우 약하다. 무엇보다도 상원의 경우 하원의 의장에 해당하는 직위가 존재하지 않는다. 헌법에 의해 부통령이 상원의 의장직을 맡게 되어 있지만, 부통령의 경우 하원 의장이 하원 의원들에게 발휘하는 것과 같은 정치적 영향력을 발휘하기는 어렵다. 부통령은 상원 의장으로서 상원의 의결과정에 참여하여 한 표를 행사할 수 있지만, 상원의원들 사이에서 찬성과 반대가 동수를 이룰 경우에만 투표권을 행사(tie-breaker)한다. 상원의 의장으로서 상원 본회의에서의 토론을 이끌어 가는 역할 역시 부통령에 의해 수행되는 경우는 드물다. 대개의 경우 상원 다수당 의원들 중 선수가 낮은 의원이 본회의를 주관하는 사람(presiding officer)의 역할을 수행한다.

상원의 각 위원회 위원장들의 권한도 하원의 경우와 비교하면 약하다고 평가받고 있다. 이유는 상원과 하원의 의원 수의 차이에서 찾아볼 수 있다. 435명의 의원이 있는 하원의 경우 상임위원회와 소위원회를 모두 합하여도 일부 의원만 위원장을 맡을 수 있는데 비해, 100명의 의원이 있는 상원의 경우 모든 의원이 최소한 하나 내지 두 개 이상의 위원회에서 위원장을 맡게 된다. 이 때문에 다른 의원들이 위원장을 맡고 있는 위원회의 협조를 필요로 하는 경우를 염두에 두고, 자신이 위원장으로 있는 위원회에서 다른 의원들에게 무리하게 자신의 권위를 내세우거나 독단적인 결정을 내리는 것을 피하려는 경향이 존재한다. 상원의원의 경우 하원의원과는 달리 주 전체가 선거구이며, 따라서 지역구 특성에 따라 일부 안건에만 집중할 수 있는 하원의원들과는 달리 다양한 안건들에 관심을 가져야 된다는 점에서 다른 위원회 위원장들과 협조적인 관계를 유지해야 할 필요성이 하원의 경우보다 더 크다는 점에서도 상원의원들이 위원장으로서의 자신의 권위를 강하게 주장할 수 없는 점을 이해할 수 있다.

아래에서 설명하고 있듯이 상원에서의 독특한 의사결정과정도 상원 지도부의 영향력을 감소시키는 역할을 하고 있다. 하원의 경우 본회의에서의 의결과정은 각 법안에

〈참고사항 4-7〉 1960년 민권 법안

이와 관련된 대표적인 사례는 지역별 유권자 등록을 감독하고 등록이나 투표 행위를 방해하는 사람을 처벌할 수 있도록 한 1960년의 민권법안(Civil Rights Act)이다. 이 법안은 위원회 논의 단계부터 이를 저지하려는 보수적인 의원들에 의해 본회의에 상정되지 못하고 있다가, 군의 장교 클럽 건설을 다루는 법안에 대한 수정안으로 본회의에 상정되었다. 본회의에 상정된 이후에도 이를 저지하려는 남부 출신 민주당 상원의원들 18명이 세 팀으로 나뉘어 총 43시간에 이르는 의사진행방해(filibuster)를 진행하였다.

의사운영위원회가 부여한 규칙에 의거하여 진행되며, 따라서 의장은 이 위원회를 통해 법안의 운명에 영향력을 행사할 수 있다. 그러나 상원의 경우 관할권을 갖고 있는 위원회에 의해 승인된 법안은 곧바로 본회의에 상정되기 때문에, 상원의 정당 지도자들이 하원의 경우와 같은 영향력을 행사할 수 있는 가능성은 존재하지 않는다. 또한 상원에서는 법안의 내용과 관계없이 의원들이 자유롭게 수정안을 부칠 수 있다는 점도 지도부의 영향력을 약하게 만드는 요인으로 작용한다. 아무리 상원 또는 정당의 지도부가 특정 법안이 본회의 표결에 부쳐지는 것을 막으려 해도 상원의원 개개인이 해당 법안을 다른 법안에 대한 수정안 형식으로 제안하게 되면 그 법안은 본회의에서 논의될 수 있기 때문이다(〈참고사항 4-7〉).

6. 보조 기관

미국 의회의 의사결정과정을 설명하는 데 있어서 중심이 되는 것은 의원과 위원회 같은 공식 조직 및 의회정당을 구성하고 있는 조직들이다. 하지만 의회의 의사결정과정에는 측면에서 의원들을 지원하는 조직들도 참여하게 된다. 의원들의 의정 활동을 보좌하는 보좌관(staff)과 의정 활동과 관련된 각종 연구를 수행하는 기구들이 예이다.

미국 의회에서 보좌관들은 의원 개인을 보좌하는 경우와 각종 위원회를 위해 일하는 경우로 구분된다. 현재 하원의원의 경우 총 18명까지의 상근 보좌관과 4명의 비상근 보좌관을 두는 데 드는 비용을 지원받는다. 상원의원의 경우 지원받는 보좌관의 수에 상한선이 존재하지 않으나, 평균적으로 30에서 35명의 상근 보좌관을 두고 있다. 이외에도 의원마다 보수를 받지 않는 대학생 인턴들을 추가로 활용하기도 한다. 또한 상임위원회나 소위원회의 위원장을 맡고 있는 의원들의 경우 해당 위원회에 소속되어 있는 보좌관들을 보다 자유롭게 활용할 수 있다.

보좌관들은 행정업무나 의정활동과 관련된 업무, 언론 담당 업무, 그리고 지역구 봉사와 관련된 업무 등 각각 다른 업무를 수행한다. 이 중 지역구 관련 업무에 활용되는 비중이 가장 큰 경향이 있는데, 다음 번 선거에서 다시 당선되는 것이 모든 의원들에게 가장 중요한 목표이기 때문이다. 하원의원과 상원의원 모두 40% 이상의 보좌관을 지역구 관련 활동에 활용하는 경향이 있다.

위원회에 소속되어 해당 위원회에서의 입법 활동과 관련된 업무를 수행하는 보좌관들의 경우 의원들이 모든 안건들을 다 관심을 가지고 다룰 수 없다는 점에서 소속

위원회에서 어떠한 안건이 어떻게 논의되는가 하는 점과 관련하여서나 위원회에서 주요 법안이 마련되는 과정에서 중요한 역할을 수행한다. 그러나 의원 개인을 위해 일하는 보좌관들을 포함하여 이들 보좌관들의 평균 근무 기한은 수년 정도밖에 되지 않는 경향이 있다. 보좌관들 대부분이 보좌관직을 평생직장으로 여기기보다는 로비스트나 관련 분야 전문가가 되기 위해서 거쳐 가는 중간 단계로 간주하는 경향이 있기 때문이다.

의회는 국정감사를 수행하거나 정책을 마련하는 데 있어서 관련 자료를 행정부로부터 구할 수도 있다. 하지만 행정부를 견제하고 행정부와 균형을 이루어야 하는 의회의 성격상 그러한 자료에 전적으로 의존하여 법안을 만들거나 감사활동을 수행하기보다는 의회 스스로 분석하고 평가하는 감사활동을 수행하려고 하는 경향이 있다. 이러한 필요에 따라 의회는 특정 의원이나 위원회를 위해 일하기보다는 의회 전체를 위하여 연구 활동을 수행하는 기구를 만들어 왔다. 이에 해당하는 대표적인 기구들은 다음과 같다.

- Government Accountability Office(GAO): 1921년에 설립되었으며, 정부의 각종 사업 계획을 평가하고 그 결과를 의회에 직접 보고한다. 책임자는 대통령에 의해 임명되고 의회에 의해 승인되며 15년 임기로 일한다. 2004년 이름이 바뀌기 전까지는 General Accounting Office라는 이름을 갖고 있었다.
- Congressional Research Service(CRS): 1914년에 설립되었으며, 의회 도서관에 속해 있으면서 입법 활동을 위한 각종 자료를 모으거나 연구 분석활동을 수행한다.
- Congressional Budget Office(CBO): 1974년에 설립되었으며, 행정부가 제시한 예산안 을 평가하고 설명하는 역할을 한다. 의회가 마련한 정책의 비용을 예측하는 역할도 수행한다.

III. 법안 작성

1. 법안 작성과정

한국의 국회에 해당하는 하원 이외에 상원이라는 또 하나의 입법기구를 가지고 있는 미국의 경우 상원의 독특한 의사결정과정과 양원제라는 구조적 특성에서 발생하는 차이를 제외하면 의회에서 법안이 작성되는 과정은 기본적으로 한국과 동일하다(〈그림 4-1〉 참조).

모든 법안은 의원 개개인이나 다수의 의원들에 의해 하원 또는 상원에서 상정되지만, 경우에 따라서는 성격이 같은 법안이 하원과 상원에서 거의 동시에 상정되기도 한다(〈참고사항 4-8〉). 상정된 법안은 본회의에서 직접 토의되기 전에 해당 법안에 대해 관할권을 갖는 상임위원회에 배정된다. 앞에서 언급했듯이, 하원의 경우 이 결정은 하원의장에 의해 내려지는데, 법안의 상임위원회 배정과 관련된 의장의 권한은 아주 강하다. 1975년 제94대 의회부터 하원은 의장이 하나 이상의 위원회에 법안을 배정할 수 있도록 하는 규칙을 제정하였다. 단독 배정(single referral)과 비교하여 다수 배정(multiple referral)은 법안의 제정과정에서 여러 위원회의 관점과 지혜를 모으고 위원회 간의 협력을 촉진한다는 의도로 시작되었다. 또한 하원의장과 의사운영위원회의 권한 강화를 도모한다는 정치적 목적도 있었다. 예를 들어서, 하원의장이 법안을 배정받는 위원회를 증가시키면 비토 포인트가 증가하게 되어 법안이 논의 도중 좌초될 가능성이 커진다. 또한 의장은 법안을 논의하는 시간에 제한을 두지 않음으로써 법안이 위원회 논의 단계에서 오랜 동안 머물러 있게 할 수도 있다.

하지만 다수 배정은 위원회 간의 관할권 다툼(turf war)과 같은 부작용도 초래했다. 제104대 의회의 깅그리치 하원의장은 다수의 위원회에 법안을 배정할 때 가장 크게 관련되고 가장 큰 책임을 갖는 위원회를 지명하도록 함으로써 다수 배정을 실질적으로 폐지하고자 했다. 그러나 이러한 제한은 가장 큰 관할권을 행사하는 위원회를 정하는 것과 관련된 현실적 어려움으로 인해 제108대 의회부터 사라졌다.

상원의 경우 다수당의 선임의원 중 한 사람이 임시의장(presiding officer)이 되어 상정된 법안을 관할 위원회에 배정하게 된다. 상원에서도 하나 이상의 위원회에 법안이 배정될 수 있지만, 이와 관련되어 임시의장이나 정당 지도자가 발휘할 수 있는 권한은 하원의 경우와 비교될 수 없을 정도로 제한되어 있다. 무엇보다도 상원의 경우

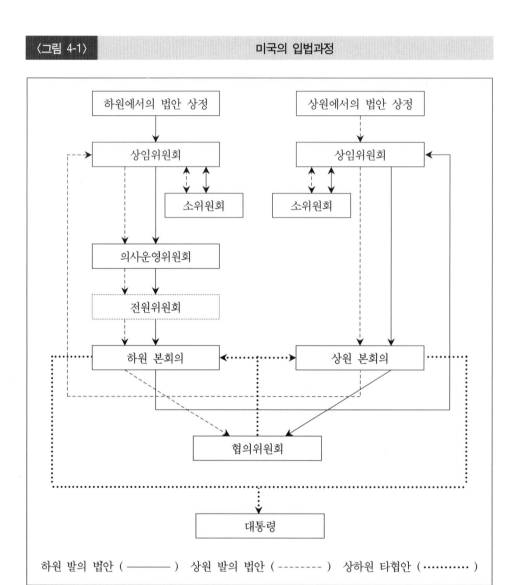

〈그림 4-1〉 미국의 입법과정

각 상임위원회의 관할이 상원의 규칙에 명기되어 있을 뿐 아니라, 각 위원회 간의 공식적 합의를 통해서 그리고 이전에 각 법안이 어떻게 배정되었는가 하는 점에 의거하여 분명하게 정해져 있다. 임시의장의 경우 임의로 법안을 배정하기보다는 상원 입법전문가(parliamentarian)의 충고를 따라 배정을 하게 되며, 대개의 경우 하나의 가장 대표적인 위원회에 법안을 배정한다. 다수의 위원회에 하나의 법안을 배정하는 경우는 상원의원 모두가 동의하거나 정당 지도자들이 공동으로 그럴 것을 제안하는

〈참고사항 4-8〉 법안의 종류

법안이 상원과 하원 중 어디에서 상정되었는가 하는 점과 안건의 성격에 따라 법안의 고유번호에는 다음과 같은 다양한 수식어가 붙는다.

- H.R.과 S.: 각각 "House of Representatives"와 "Senate"의 약자로서 하원이나 상원에서 상정된 법안을 의미한다.

- H. Res.와 S. Res.: "House Resolution"와 "Senate Resolution"의 약자로서 하원 결의안과 상원 결의안을 의미한다. 특별위원회의 구성이나 하원 의사운영위원회가 각 법안에 부여한 의사 규칙들과 같이 하원의원들 또는 상원의원들의 승인만 필요로 하고 승인될 경우 하원이나 상원 내에서만 구속력을 갖는 안건을 지칭한다. 아래의 다른 두 종류의 결의안과 구분하여 "Simple Resolution"이라고도 한다.

- H. J. Res.와 S. J. Res.: "합동 결의안(Joint Resolution)"의 약자로서 결의안이지만 상원과 하원에서 같이 논의하고 승인하는 경우를 의미한다. 이 경우 상원과 하원이 각각 같은 결의안 앞에 "S." 또는 "H."를 붙여 부른다. 이 결의안은 양원에서 다 승인받고 대통령에 의해 승인되는 경우 법안과 같은 실질적인 구속력을 갖는다.

- H. Con. Res.와 S. Con. Res.: "공동 결의안(Concurrent Resolution)"의 약자로서 상원과 하원이 공동으로 논의하고 승인하는 결의안이지만 대통령의 승인이 요구되지는 않으며 따라서 법안과 같은 효력은 갖지 못하는 경우를 의미한다. 주로 협의위원회 (conference committee)와 같이 상원과 하원이 같이 관여하는 법안 작성과정과 관련된 원칙을 정하거나 국내외 주요 문제에 대한 의회 공동의 의견을 표현하는 경우 등에 사용된다.

- H. Rpt.와 S. Rpt.: "Report"의 약자로서 법안이라기보다는 관할권을 갖는 상임위원회가 각 법안에 대한 심의 결과를 보고한 것을 말한다.

경우이다.

　일단 한 법안이 상임위원회에 배정되면 해당 위원회 내에서 그 법안과 가장 관련된 소위원회로 다시 배정된다. 이때 법안의 배정은 해당 상임위원회 위원장에 의해 결정되게 되며, 이를 통해 각 위원장들은 입법과정에서 큰 영향력을 발휘하게 된다. 소위원회를 통과한 법안은 상임위원회에서 동일한 과정을 거치며 다시 논의되기도 하는데, 이러한 과정을 통해서 소위원회를 통과한 법안이 상임위원회에서 부결될 수 있지만 그 가능성은 아주 낮다.

　법안이 상임위원회를 통과하면 본회의에 상정되게 된다. 그러나 하원의 경우 이전에 하나의 과정을 더 거치게 되는데, 바로 의사운영위원회로부터 본회의에서 논의되는 방법과 관련된 규칙을 부여받는 것이다. 이러한 측면에서 하원의 의사운영위원회는 법안의 운명을 결정하는 아주 강력한 권한을 발휘할 수 있다. 단적인 예로 만약 의사운영위원회가 어떤 법안에 규칙을 부여하지 않는다면 해당 법안은 본회의에 상정되지 못하고 계속 머무르게 된다. 실질적으로 부결된 것과 같은 결과를 갖는 것이다. 규칙을 부과하더라도 본회의에서의 토론 시간, 본회의에서 수정안이 제기될 수 있는지 여부 등과 관련되어 법안마다 차이를 둠으로써 법안의 운명에 큰 영향력을 행사할 수 있다. 의사운영위원회 위원장은 하원의장이 직접 임명하여 의장이 법안의 운명에 결정적인 영향력을 행사할 수 있다.

하나의 법안이 다수의 위원회에 배정될 수 있게 되면서 발생하게 된 문제 중의 하나는 각 위원회를 통과한 법안이 서로 차이를 보이는 경우가 존재한다는 점이다. 이럴 경우 해결 방법은 해당 위원회들의 위원장들과 보좌관들이 모여서 차이점 조정을 위해 협상을 하는 것이다. 이러한 조정 과정에는 하원의장이 개입하기도 한다. 의사운영위원회 역시 위원회 안들 간에 차이점이 존재할 경우 위원회들 사이의 타협을 유도하는 방향으로 영향력을 행사하기도 한다. 예로 의사운영위원회는 타협이 이루어지지 않는 경우 각 위원회 안들에 규칙을 부과하지 않아 본회의에 상정되지 못하도록 하거나 각 위원회 안들이 본회의 표결에서 서로 경쟁하도록 만드는 규칙을 부과할 수 있다. 반면 위원회들 간에 타협이 이루어져서 해당 법안이 하나의 법안으로 통일되는 경우 의사운영위원회는 타협안이 본회의에 신속하게 상정되도록 하든지 본회의에서 논의되는 과정에서 수정안이 제기되지 못하도록 하는 등 타협안에 대해 우호적인 규칙을 부과할 수 있다.

비록 각 상임위원회 및 의사운영위원회가 하원에서 큰 영향력을 행사할 수 있지만, 의원 과반수가 동의할 경우 상임위원회가 거부한 법안도 본회의에 상정될 수 있으며, 의원 3분의 2가 동의할 경우 의사운영위원회가 규칙을 부여할 때까지 기다리지 않고 법안을 본회의에서 논의할 수 있다. 상원의 경우는 하원의 의사운영위원회와 같은 역할을 수행하는 위원회가 존재하지 않는다. 또한 수정안의 제시가 자유롭기 때문에 설사 이러한 위원회가 상원에 존재한다고 하더라도 하원처럼 실질적인 권한을 발휘할 가능성은 없다.

하원과 상원 본회의에서 법안이 논의되기 위해서는 과반수의 의원이 참석하여야만 한다. 하원의 경우 이는 218명 이상의 의원이 출석하여야 함을 의미한다. 매번 이 기준을 충족시키기가 쉽지 않기 때문에 실제로 많은 법안들은 본회의에서 다루어지기보다는 전원위원회(Committee of the Whole)에서 다루어진다. 전원위원회의 경우 100명의 의원만 출석하면 토론이 이루어질 수 있는데, 법안을 개정하거나 부결시킬 수는 있지만 통과시킬 수는 없다. 총인원이 100명밖에 안 되는 상원의 경우 1930년부터 전원위원회의 사용을 중단해 왔고, 조약을 심의하기 위해 전원위원회를 사용하는 것도 1986년부터 중단해 왔다.

법안의 최종 통과 여부는 본회의에서 다수의 의원들이 참석한 가운데 표결을 통해 결정된다. 본회의에서 의원들의 표결이 이루어지는 방식은 다음과 같이 크게 4가지로 구분된다.

- **음성 투표(voice vote)**: 출석한 모든 의원이 거의 동시에 찬성(yea)과 반대(nay)를 말하면 의장이 다수가 어느 쪽인가를 짐작하여 최종 통과 여부를 결정하게 된다. 이때 의장의 결정에 이의가 제기되게 되면 보다 정교한 방법의 투표가 이루어지게 된다. 의례적으로 표결이 이루어지는 중요하지 않은 안건을 다룰 때 사용되는 방식이다.

- **기립 투표(standing vote)**: 찬반 중 하나의 입장을 취하는 쪽이 일어서기 때문에 음성 투표보다는 정확할 수 있지만 의장이 일어선 의원들의 수를 일일이 확인하지는 않기 때문에 찬반이 비슷한 경우는 정확하지 않을 수 있다. 의원들의 경우 투표 결정이 기록으로 남지 않는다는 점에서 음성 투표나 기립 투표를 선호하는 경향이 있다.

- **계표원 투표(teller vote)**: 찬성하는 의원들과 반대하는 의원들이 중앙 통로에 줄을 서서 앞으로 나아가면 계표원이 각 통로 끝에서 의원들의 수를 센다. 찬성하는 의원들의 수가 먼저 집계되고 반대하는 의원들의 수가 집계된다. 따라서 기립 투표의 경우에 비해 정확하지만, 이 방법 역시 의원들의 익명성을 보장해 준다. 1970년 이후부터는 계표원 투표를 실시할 때에도 의원들의 투표 기록을 남기도록 요구할 수 있게 되었는데, 이를 계표원 기록 투표(recorded teller vote)라고 부른다. 이 경우 찬성하는 의원은 녹색 카드에, 반대하는 의원은 붉은 색 카드에 서명을 한 후 통로를 따라 움직이며 투표함에 카드를 넣게 되고 각 카드의 수가 집계된다. 이 두 방식은 오늘날 전자투표 기술이 발달하면서 거의 사용되지 않는다.

- **출석 투표(roll-call vote)**: 각 의원의 이름이 직접 호명되면 해당 법안에 대해 찬성인

지 반대인지를 밝힌다. 따라서 의원 개개인의 투표 기록이 분명하게 남게 된다. 하원의 경우 보통 전자투표 장비를 사용하지만, 이 장비가 잘 작동하지 않는 경우 직접 이름을 호명하고 찬반을 묻는 절차를 거친다. 의원 수가 100명인 상원의 경우 전자투표 장비를 사용하지 않는다.

동일한 법안이 상원과 하원에서 모두 지지를 받는 경우 대통령의 비준을 통해 공식적인 법안이 되게 된다. 그러나 동일한 법안이라도 하원과 상원을 통과하는 과정에서 서로 다른 수정안이 붙거나 관련 위원회에서 논의되는 과정에서 내용이 조정되면서 다른 내용을 포함하게 될 수도 있다. 동일한 성격의 법안이지만 상원과 하원이 처음부터 상원의원과 하원의원에 의해 독자적으로 제안된 동일하지 않은 내용의 법안을 갖고 논의를 시작하는 경우도 있다. 이로 인해 상원과 하원을 통과한 법안의 내용에 차이가 있을 때는 협의위원회(conference committee)가 구성되게 된다. 협의위원회에는 상원과 하원이 각각 해당 법안과 관련된 의원들을 대의원으로 파견하게 되며, 하원과 상원이 각각 1표씩을 행사하여서 양측이 동의하는 경우에만 최종적인 결론이 이루어지게 된다. 최종 결론은 협의위원회 보고서(conference report)로서 상원과 하원의 본회의로 보내지며, 이 최종안에 대해 상원과 하원은 수정을 가하지 않은 상태에서 찬반 결정만 내릴 수 있다.

2. 상원 의사결정과정의 특징

상원에서의 법안 작성과정은 앞서 살펴본 의장과 의사운영위원회의 권한 범위 외에도 두 가지 측면에서 하원과 비교된다. 하나는 아무 제한 없이 수정안을 제출할 수 있는 것이고, 다른 하나는 의사진행을 방해할 수 있는 권한을 갖고 있는 것이다. 상원의원이 제한 없이 수정안을 제출할 수 있다는 것은 수정안과 원안이 내용상 관련된 것일 필요가 없다는 것을 의미한다(〈참고사항 4-7〉 참조). 하원의원들도 수정안을 제출할 수 있지만, 수정안의 내용이 해당 법안과 실제로 관련되어 있어야만 한다.

의사진행방해(filibuster)는 원래 상원과 하원 모두 허락했지만, 현재는 상원에서만 허락되고 있다. 이는 단 한 명의 상원의원이라도 의사를 진행하고 있는 한 어떤 법안도 표결에 부쳐질 수 없다는 점을 이용하여 다수의 지지를 받는 특정 법안이 표결을 통해 승인받게 되는 상황을 방지하기 위해 취해지는 전략이다. 1917년 상원은 다수

의원이 동의할 경우 의사진행방해를 중단하도록 하는 토론 종결(cloture) 규칙을 제정하였다. 16명 이상의 의원이 서명하여 의사진행방해의 종결을 요청할 경우 이틀간의 유예기간을 둔 후 이 요청을 받아들일지 여부가 표결에 부쳐지게 된다. 대부분의 법안에서 5분의 3(60명)에 해당하는 의원이 찬성할 경우 의사진행방해는 종결된다. 상원의 규칙을 수정하는 것과 관련된 의사진행방해의 경우 3분의 2에 해당하는 상원의원의 찬성이 요구된다. 토론 종결 요청이 받아들여진 법안에 대해서는 추가로 30시간이 주어지게 되며 이 기간 내에 표결까지 모두 이루어져야 한다. 이 기간 중에도 의원들이 발언을 할 수 있지만, 의원당 발언시간은 최대 한 시간으로 제한되게 된다.

비록 이와 같은 토론 종결 규정이 마련되어 있지만, 상원의원들이 원하는 경우 토론을 통하지 않고도 의사진행을 방해할 수 있는 가능성은 열려 있다. 무엇보다도 상원의원이 수정안 제출과 관련되어 누리는 또 하나의 자유가 활용될 수 있다. 상원의원은 자신이 원하지 않는 법안에 다수의 수정안을 제안하거나, 매 수정안을 다루는 데 있어서 구체적인 내용이 의원들 앞에서 자세하게 읽혀지도록 요구하는 등 수정안 하나하나를 다루는 데 드는 시간도 가능한 한 연장시킬 수 있다. 이를 통해 해당 법안이 최종 표결에 부쳐지는 시기를 지연시킬 수 있으며, 이는 실제로 의사진행방해를 수행하는 것과 동일한 효과가 있다.

이와 같이 상원의원이 누리는 두 가지 자유로 인해 상원에서의 의사진행과정은 원활하게 이루어지지 않게 될 가능성이 크다. 이러한 점을 방지하기 위해 상원에서는 법안이 본회의에서 논의되기 전에 모든 의원들이 동의하는 협정(unanimous consent agreement)을 마련하는 관행이 있다. 이 협정은 공화당과 민주당의 상원지도자들이 협력하여 각각 자기 정당 소속 의원들을 설득함으로써 이루어지는데, 주로 해당 법안이 다루어지는 과정에서 토론 및 수정안과 관련된 상원의원의 권한을 제한하는 내용을 담게 된다. 단 한 명의 의원이라도 반대하면 이러한 협정이 이루어질 수 없겠지만, 일단 이러한 협정이 이루어지고 나면 이를 번복하기 위해서는 다시 모든 상원의원의 동의를 구해야만 한다.

3. 입법과정과 관련된 규범

상원과 하원에서의 입법과정에는 여러 규칙들(rules)이 적용되지만 의원들의 행동을 통제하는 암묵적인 규범(norm)들도 존재한다(Asher 1985; Sinclair 1989). 이러한 규범들 중 대부분의 의원들이 동의하는 것으로는 의원 상호 간에 우호적인 관계를 유지하는 것이 중요하다는 것과 법안 작성과 관련된 주요한 작업은 관할권을 갖는 위원회 내에서 이루어져야 한다는 것이 있다. 법안을 다루는 데 있어서 서로 상대방이 주된 관심을 가지고 있는 분야에서 상대방의 입장을 존중해 주는 식으로 호혜적인 관계를 유지해야 한다는 것이나 동료 의원을 개인적으로 비판하지 않는다는 규범은 우호적인 관계를 유지하는 것이 중요하다는 규범과 연결되는 것이라고 할 수 있다. 전문성이 존중되어야 한다는 규범은 관할권을 갖는 위원회의 역할을 강조하는 규범이나 상대방이 주된 관심을 갖는 분야에서 상대방을 존중해야 한다는 규범과 연결된다. 이처럼 다수의 의원들에 의해 존중되는 규범이 있는가 하면, 그렇지 못한 규범도 존재한다. 초선 의원은 입법과정을 배우며 참여를 자제하는 기간을 가져야 한다는 규범이 사례이다.

의원들의 위원회 배정 과정이나 위원회 내에서 지도적 역할을 수행하는 의원을 정하는 데 있어서 적용되는 선임자 우선의 규범(seniority norm)도 전문성과 위원회 활동을 중시하는 규범들이 복합적으로 작용하여 생성된 하나의 규범이라고 볼 수 있다.

상원의 경우 하원과 비슷한 규범이 적용되지만, 전문성을 존중하는 규범과 초선 의원이 적극적으로 의정 활동에 개입하지 않는 규범은 하원의 경우보다 훨씬 약한 경향이 있다. 이유는 상원의원 대부분이 하원의원이나 주지사 직을 통해 이미 충분한 정치적 경험을 쌓은 사람들이기 때문에 초선이라고 해서 의정 활동에 소극적으로 나설 필요가 없기 때문이다. 또한 하원의원과는 달리 첫 임기 6년 동안을 소극적인 의정 활동으로 일관한다면 본인의 재선 가능성을 높이는 데에도 도움이 되지 않을 것이기 때문이다. 전문성을 존중하는 규범이 상원에서 거의 지켜지지 않는 것은 상원의원의 지역구 성격과 관련시켜 이해할 수 있다. 상원의원의 경우 하나의 주 전체를 지역구로 하기 때문에 마치 한 나라의 대통령과 같이 주 내에 존재하는 다양한 이해관계를 대표해야만 한다. 따라서 상원의원의 경우 특정 분야와 관련된 입법 활동에만 전념하기 어렵게 된다. 같은 맥락에서 위원회 배정이 상원의원에게는 하원의원의 경우처럼 큰 의미를 갖지 못하는데, 이유는 설사 특정 위원회에 배정되더라도 상원의원은 지역구의 다양한 이해관계를 다루기 위해서 자신이 속하지 않은 위원회의 토론에도 참석하는 경우가 빈번하기 때문이다.

4. 예산안 심의과정

의회가 수행하는 가장 중요한 역할은 법을 제정하거나 행정부 프로그램을 승인하고 이를 집행하는 데 드는 비용을 배정하는 일이다. 의회에서 이 두 가지 결정이 내려지는 과정은 각각 승인과정(authorization process)과 예산 배정과정(appropriations process)이라고 불린다. 어떤 법안이나 프로그램이 의회에 승인을 받더라도 의회에서 그것이 시행되는 데 필요한 예산을 배정하지 않으면 실질적으로 아무런 효과를 발휘할 수 없게 된다. 따라서 이 두 과정은 서로 밀접하게 연관되어 있으며, 대부분의 승인과정에는 예산 배정과정이 이어진다.

예산 배정의 측면에서 의회에서 다루어지는 법안은 크게 두 종류로 구분될 수 있다. 하나는 위임법안(mandatory or entitlement program)으로 이는 지출과 관련된 규정이 포함되어 있어서 집행되기 위해 별도의 예산 배정을 요구하지 않는 법안이나 프로그램을 말한다. 사회보장연금(social security)나 의료보장제도(medicare), 그리고 의료보조제도(medicaid)는 대표적인 위임법안의 예이다. 이 프로그램들이 연방예산에서 차지하는 비중은 2/3에 달하며 연방 지출 증가의 주된 동인으로 작용한다. 위임법안 및 프로그램은 매년 소요 비용이 재평가되지만, 예산 배정과 관련하여 주기적으로 의회의 승인을 받을 필요가 없고 자체 규정에 의해 법안이 만료되거나 후속 법안에 의해 종료되지 않는 한 법안에 규정되어 있는 바에 따라 예산을 집행하게 된다. 다른 하나는 예산의 배정이 의회의 재량에 따라 결정되는 법안(discretionary program)으로 이러한 법안의 경우 법안 자체에 대한 승인과정은 예산 배정을 결정하는 과정으로 이어지게 된다.

예산 배정은 대부분의 경우 1년 단위로 이루어진다. 특히 군비 관련 예산 배정의 경우 미국 헌법 1조 8절 12항에 의해 한 번에 2년 이상의 기간을 단위로 이루어질 수 없다. 1년 단위로 예산 배정이 이루어지는 경우 해당 법안은 해당 회계연도가 끝날 때까지 배정된 예산을 집행할 수 있으며 새로운 회계연도에 집행을 계속하기 위해서는 새로운 예산 배정 결정이 내려져야만 한다. 예산 배정 결정이 회계연도가 시작되는 시점까지 내려지지 않는 경우 단기간 동안 예산을 계속 집행할 수 있도록 허가하는 특별예산배정안(continuing resolution)이 통과되기도 한다.

예산안 심의과정은 성격상 법안을 만들거나 정보 프로그램을 승인하는 과정과 조금 차이를 보인다. 무엇보다도 예산 심의는 하원에서 시작되도록 되어 있다. 미국 헌법

1조 7절 1항이 세수(revenue)와 관련된 모든 법안들은 하원에서 마련되어야 한다고 규정하고 있기 때문이다. 물론 헌법에 의해 상원은 수정안을 제안하거나 동의할 권한을 갖기 때문에 주요한 예산 배정 결정과 관련하여서는 상원도 하원과 거의 동시에 나름대로의 논의과정을 시작하게 된다. 하원의 경우 자체적으로 상정된 예산 배정안을 심의하게 된다면, 상원의 경우 하원을 통과한 예산 배정안에 대한 수정안 형식으로 예산 배정을 논의하게 된다. 예산 배정 관련 법안에 하원에서 상정되었음을 의미하는 "H.R."이라는 수식어가 붙는 것은 이 때문이다.

예산 배정 결정과정이 일반적인 법안 작성과정과 다른 점은 관할권을 갖는 위원회의 측면에서도 관찰된다. 예산 배정 결정에 관해서는 담당 상임위원회(Appropriations committee)가 있기 때문에, 상원과 하원 모두에서 예산 심의를 놓고 관할권을 갖는 위원회를 정하는 문제는 고려의 대상이 되지 않는다. 일단 예산 심의과정이 시작되면 세출위원회 내의 소위원회별로 심의와 수정 과정을 거치게 된다(〈참고사항 4-9〉). 소위원회 심의가 끝난 후 상임위원회 차원에서 심의 및 수정 과정이 반복되기도 한다.

예산 심의과정에서 세출위원회와 일반 상임위원회들 간에 갈등이 발생하기도 한다. 일반 상임위원회가 승인한 정부 프로그램에 대해 세출위원회가 예산을 배정하지 않거나 충분하게 배정하지 않을 경우 관할권을 가지고 있는 일반 상임위원회의 결정의 효력이 감소하게 되기 때문이다. 이러한 이유로 인해 정부 기관들도 일단 그들의 프로그램이 승인받은 후에는 일반 상임위원회보다는 세출위원회를 더 신경쓰게 될 수도 있다. 세출위원회 소속 의원들이 다른 상임위원회에는 속해 있지 않는 경우가 많다는 점은 승인된 법안에 대한 예산 배정과 관련된 갈등이 발생할 가능성을 높이는 요인이 되고 있다.

세출위원회의 권한을 제어하려는 시도들은 여러 번 이루어져 왔다. 예로 상임위원회가 정부기구의 프로그램을 일 년 단위로 나누어 승인하는 것은 정부기구가 예산 배정 문제만이 아니라 프로그램의 승인 자체도 매년 신경쓰도록 하려는 의도를 담고 있다. 또한 정부기구들이 승인된 프로그램을 위해서는 자금을 빌릴 수 있도록 한 것이나, 예산을 지원받기 위한 조건을 충족시키는 경우 시간이나 인원 등 구체적인 내용은 조정될 수 있도록 한 것은 정부기구들이 세출위원회의 결정에 크게 구애받지 않도록 하는 방안으로 구상된 것이다.

미국의 상원과 하원은 세출위원회 이외에 예산위원회(Budget Committee)도 두고 있

〈참고사항 4-9〉 세출위원회 내의 소위원회

미국의 세출위원회 내의 소위원회 구조는 일반 상임위원회 구조와 비슷하다. 법안의 성격별로 예산안 심의를 담당하는 소위원회가 있기 때문이다. 제116대 의회에서는 상하원 동일하게 아래와 같이 총 12개의 소위원회를 갖고 있다:

- Agriculture, Rural Development, Food and Drug Administration, and Related Agencies
- Commerce, Justice, Science, and Related Agencies
- Defense
- Energy and Water Development, and Related Agencies
- Financial Services and General Government
- Homeland Security
- Interior, Environment, and Related Agencies
- Labor, Health and Human Services, Education, and Related Agencies
- Legislative Branch
- Military Construction, Veterans Affairs, and Related Agencies
- State, Foreign Operations, and Related Programs
- Transportation, and Housing and Urban Development, and Related Agencies

과거 상원과 하원의 세출위원회가 다른 구조를 갖고 있었을 때에는 양원 간 관할권 차이가 발생했고, 예산심의과정을 길어지게 하는 요인이 되었다. 실제로 1974년 의회 예산법이 제정된 이래로 10월 1일 마감기한에 맞추어 예산 심의가 종료된 적은 단 네 차례(1977, 1989, 1995, 1997 회계연도)에 불과하다.

다. 예산위원회는 대통령과 각 행정부서 및 기관들에 의해 제출된 다음 회계연도 예산안을 심의하고 하원 및 상원의 예산 결의안(budget resolution)을 만드는 역할을 수행한다. 시한이 연장될 수 있지만, 대통령은 대부분 매년 2월 첫째 월요일까지 10월 1일부터 시작되는 다음 회계연도를 위한 예산안을 의회에 제출하도록 요구받는다. 이 예산안에 기초하여 하원과 상원의 예산위원회는 각각의 예산 결의안을 작성하게 되고, 이들이 본회의에서 승인되면 상하원 합동위원회(Conference Committee)에서 두 결의안 간의 차이가 조정된 후 하원과 상원에서 최종적으로 받아들여지면 이어지는 예산 심의과정에서 기초 자료로 활용되게 된다.

이 상하원 공동 결의안은 비록 상하원 본회의에서 승인되었더라도, 그 자체로서 구속력을 갖는 법안이 되는 것은 아니며 따라서 대통령에게 송부되지 않는다. 또한 이 결의안은 전체적인 세입과 세출의 수준을 다루는 것으로서 보다 구체적인 내용은 세출 심의과정에서 논의되고 결정되게 된다. 이와 같이 예산위원회는 행정부에 의해 제출된 예산안의 전체적인 윤곽을 심의하는 역할만 수행하기 때문에 세출위원회나 다른 상임위원회와 달리 산하에 별도의 소위원회를 두고 있지 않다.

5. 의원의 투표 결정에 영향을 미치는 요인

미국 의회에서 의원들의 투표 결정은 다양한 요인에 의해 영향받는 것으로 알려져 있다. 한국에서와 같이 정당별로 의원들의 투표 결정이 뚜렷하게 구분되는 경우가 많지 않다는 점은 미국 의원들이 투표 결정을 내리는 데 있어서 소속 정당의 입장 이외에도 다양한 요인들을 고려하는 경향이 있음을 말해준다.

미국 의회에서 각 정당의 과반수 이상의 의원들이 정파적 입장에 따라 행하는 표결을 정당단합투표(party unity vote)라고 부른다. 이러한 정당단합투표의 비율은 1970년대 이후 꾸준하게 증가해 왔고, 2017년 하원에서는 76%, 상원에서는 69%까지 치솟았다. 이 점에서 미국 의회에서도 소속 정당의 입장이 의원들이 투표 결정을 내리는 데 있어서 가장 중요하게 고려하는 요인 중 하나라고 할 수 있다. 그러나 당 소속 의원들의 단순 다수가 아니라 90% 이상의 정당 소속 의원들이 정당 입장을 지지한 경우 보면 정당단합투표 비율은 크게 하락하는데, 이러한 점에서 미국 의원들은 소속 정당의 정책 입장 이외의 요인들도 고려하고 있음을 짐작할 수 있다.

소속 정당 이외에 미국 의원들의 투표 결정에 영향을 미치는 요인들은 지역구 여론과 의원 개개인의 이념 성향, 동료 의원의 영향 등이 있다(Kingdon 1989). 의원 개개인의 이념 성향은 종종 의원들이 소속 정당의 입장에 반하는 투표를 하게 만드는 요인이 되기도 한다. 대표적인 예가 1960년대 정당재편성(party realignment)이 발생하기 전의 보수연합(conservative coalition)이다. 이는 남부의 보수적인 민주당 의원들이 공화당 의원들과 함께 보수적인 법안을 찬성하거나 자유주의적인 법안을 반대하는 현상을 일컫는다. 정당단합투표가 관찰되더라도 반드시 정당의 영향력 때문이라고 볼 수 없는 경우가 있을 수 있다. 특히 하원의 경우 지역구별로 이념적 성격이 분명하게 구분되는 경향이 있어 의원이 자신의 지역구민의 의사에 충실하려고 노력하는 경우에도 결과적으로는 정당의 노선을 따른 것으로 관찰될 수 있을 것이다. 의원들이 어느 정당에 속할 것인가를 처음 결정할 때 이미 자신의 이념 성향과 일치하는 정당을 선택했을 것이기 때문에, 개인의 이념 성향에 충실하게 투표를 하면서도 결과적으로는 정당 노선에 충실한 것으로 관찰될 가능성도 있다. 이러한 이유들로 인해 실제로 의원들의 이념 성향이나 지역구 의견 등을 같이 고려할 경우 정당이 의원들의 투표 결정에 미치는 영향은 미비하거나 기대되는 방향으로 작용하지 않는 것으로 관찰되기도 한다.

미국의 의원들은 법안을 다룰 때, 일반적으로 동료 전문가의 의견을 존중하는데 (Kingdon 1989), 이는 앞에서 살펴본 의사결정과정에 적용되는 규범들과 연결되는 행태라고 볼 수 있다. 예를 들면 법안을 다루는 데 있어서 서로 간의 전문 분야에서 상대방의 입장을 지지해 주는 호혜(reciprocity) 규범이나 전문화(specialization) 규범들은 정당 소속이라는 측면과 결합하여 같은 정당 소속 전문가 의원의 의견을 존중하는 행태를 가져오게 될 것이다.

의원들은 투표 결정을 내리는 데 있어서 지역구 여론을 중요하게 고려하는 것은 다음 번 선거를 신경써야 하는 의원의 입장에서 당연할 뿐 아니라, 대의제 민주주의를 평가하는 데 있어서 가장 중요한 측면이기도 하다. 그러나 의원들이 지역구 의견에 충실한 것만이 가장 바람직한 태도인가 하는 데에는 논란의 여지가 있다. 종종 지역구 의견은 국가적으로 필요한 정책이라도 자신이 사는 지역의 이해관계에 반하는 것이라면 환영하지 않는 경향이 있기 때문이다. 이 때문에 의원들이 단순히 지역구민 다수가 바라는 의견을 대변하는 데 머물지 말고 공적인 측면을 고려하여 보다 바람직한 방향으로 결정을 내릴 수 있어야 한다는 주장도 제기되어 왔다. 미국의 경우 이러한 측면과 관련하여서 긍정적인 평가가 내려질 수 있다. 의원들은 투표 결정을 내리는 데 있어서 지역구 의견만이 아니라 자신의 이념 성향 및 동료 전문가 의원의 의견 등도 중요하게 고려하는 경향이 있는 것으로 관찰되기 때문이다. 달리 표현하면, 자신의 이념 성향 및 동료 전문가 의원의 의견이 지역구민 다수의 의사와 반할 때, 지역구 다수가 원하더라도 다른 방향으로 결정을 내릴 가능성이 미국의 의원들 사이에 존재한다고 할 수 있는 것이다. 물론 이러한 행태를 지역구민의 의사를 무시하는 것이라고 보는 것은 적합하지 않을 수도 있다. 일반적으로 지역구 의견 이외에 동료 전문가 의원의 의견을 중요하게 고려하게 되는 경우는 자신의 전문 분야와 크게 관련되지 않은, 따라서 자신의 지역구민 다수가 큰 관심을 갖고 있지 않은 법안으로 한정될 가능성이 크기 때문이다. 의원 개개인의 이념 성향도 대부분의 경우 지역구민의 성향

과 일치할 것이기 때문에 지역구민의 성향과 근본적으로 반대되는 결정이 내려지게
될 가능성은 적을 것이다.

한편, 이익집단이 의원들의 투표 결정에 직접적으로 영향을 미칠 가능성은 크지
않은 것으로 평가받고 있다. 이익집단은 자신의 단체에 적대적인 의원들보다는 우호
적인 의원들에게 정치자금을 주로 제공하는 경향이 있기 때문이다. 미국에서 이익집
단이 정치자금을 제공하는 목적은 의원에게 자신들의 입장을 설명할 수 있는 접근
기회를 얻는 데 있는 것으로 평가되고 있다(Hansen 1991; Wright 1996). 그러나 이렇
게 자신의 이해관계에 부합하는 정보를 선별적으로 전달하더라도 이미 자신의 입장에
우호적인 의원을 상대한다는 점에서 의원의 투표 결정에 의미 있는 변화를 가져오지
는 않을 것이다. 의원들 스스로 지역구 의견을 파악할 능력이 있고 또 경쟁 관계에
있는 이익집단들이 존재하는 상황에서 이익집단들이 선별적으로 제공한 정보가 의원
들의 투표 결정에 영향을 미치게 될 가능성은 낮다고 할 수 있다.

IV. 다른 정부기구와의 관계

미국의 정치제도를 특징짓는 원칙 중 가장 대표적인 것은 삼권분립과 정부 부처
간의 견제와 균형이다. 실제로 의회는 행정부에 대해 감사(oversight)를 실시하고 행정
부가 하는 일에 대해 승인하고 예산을 배정한다. 행정부 역시 수장인 대통령이 의회가
승인한 법안에 대해 거부권을 행사할 수 있다. 대통령이나 행정부가 일을 추진하기
위해서는 의회의 협력을 필요로 하지만, 의원들 역시 지역구 사업 등을 추진하는 데
있어서 행정부의 협력을 필요로 한다. 의회 내에는 대통령과 같은 정당 소속의 의원들
도 있다. 의회는 사법부와도 권한을 공유하고 있다. 연방 판검사의 임명에는 상원의
동의가 필요하며, 의회는 이들을 탄핵할 수 있다. 연방대법원 역시 의회에서 통과된
법률이 헌법에 위배되는지 여부를 평가할 수 있고, 연방대법원에 의해 위헌으로 판정
된 법안은 효력을 상실하게 된다. 이런 측면에서 뉴스탯(Neustadt 1990)이 지적하고
있듯이 의회와 행정부 그리고 사법부는 기구는 분리되어 있지만 권한은 공유하고 있
다고 할 수 있다.

이 중 특히 중요한 것은 입법부와 행정부 간의 견제와 균형이라고 할 수 있다. 미국
의 경우 대통령과 의회 사이에는 견제와 균형의 관계가 비교적 잘 유지되고 있는 것으

로 평가받고 있다. 이러한 현상은 야당 소속 의원들이 다수를 차지하는 분점정부 (divided government) 상황에서 보다 분명하게 관찰될 수 있지만, 단점정부(unified government) 하에서라고 의회가 대통령에게 항상 보다 협력적이 되는 것은 아니다. 예로 민주당이 의회를 통제하고 있던 1970년대 후반의 카터 대통령은 의회와의 관계에서 성공적이지 못했다. 분점정부이던 1988년과 1992년 사이 대통령이었던 부시 (George H. W. Bush)는 여당인 공화당과는 기대 이하의 관계를 유지한 반면 야당인 민주당 의원들로부터는 기대 이상의 지지를 받았다. 이와 같은 현상은 의회 내에서 정당 및 정당 지도부의 영향력이 감소해온 반면 선거와 관련된 의원의 독립성은 증가해 왔고, 소위원회의 활성화를 통해서 관찰되듯이 의회 내 의사결정과정에서의 분권화(decentralization)가 증가한 것과도 관련 있다. 그러나 오늘날 정치적 양극화가 심화되면서 미국 의회 내에서도 정당의 영향력이 다시 강화되고 있고, 정당 지도부를 중심으로 의원들이 단결하는 경향이 증가하고 있다. 트럼프 대통령은 단점정부 상황이었던 취임 2년간, 의회로부터 압도적인 지지를 이끌어냈다. 2017년 트럼프 행정부의 주요 정책들은 의회로부터 98.7%에 달하는 지지를 받았고, 2018년에도 93.4%의 높은 지지를 얻었다. 오바마 대통령 역시 민주당이 통제한 단점정부 하에서 높은 의회를 지지를 받았으나, 2010년 공화당이 하원을 장악하면서 법안통과율은 크게 떨어졌다.

이 같은 현상은 대통령 임기 초반에, 특히 첫해에 의원들이 대통령의 입장을 지지할 가능성이 그 이후의 시기에 비해 높은 경향이 있는 것과도 맥을 같이 한다. 이는 대통령선거와 함께 치러지는 선거에서 특히 여당 소속 의원들의 경우 대통령 당선자의 인기도에 도움을 받는 경우가 있고(coattail effect), 막 당선된 대통령의 경우 높은 인기도로 인해 의원들이 대통령의 입장에 반대하기가 쉽지 않아 대통령에게 더 협력적이 되는 경향이 있다(honeymoon effect)는 두 가지 측면에서 설명된다.

미국에서 의회와 대통령 간에 견제와 균형의 원칙이 비교적 잘 지켜지고 있다는 점은 대통령이 의회에 직접 영향력을 행사할 수 있는 가능성의 측면에서도 설명될 수 있다. 대통령이 의원 개개인들을 설득하기 위해 다양한 기술들을 동원하여도 소수 의원의 입장을 변화시킬 수는 있을지 몰라도 다수 의원의 의견을 자신에게 우호적인 방향으로 변화시키는 것은 불가능하다. 이러한 이유로 미국의 대통령들은 종종 의회를 상대하지 않고 유권자들에게 직접 호소하는 전략을 택하고는 하지만, 이러한 전략은 대통령과 의회 간의 관계를 더욱 악화시키고는 한다. 이원성 대통령직에 대한 가정 (two presidencies thesis)처럼 의회가 지역구민들이 직접적으로 관심을 갖고 있는 국내

정책이 아닌 해외정책의 경우 대통령을 보다 지지하는 경향이 있다는 주장도 있지만, 이에 대한 증거는 시기적으로 제한되어 있다는 것이 일반적인 견해이다(Oldfield and Wildavsky 1989).

V. 요약

삼권분립에 기초한 대통령 중심제를 채택하고 있는 미국과 한국의 의회 간에 관찰되는 가장 큰 차이점은 미국의 경우 양원제를 채택하고 있다는 점이다. 오늘날 미국의 양원제가 처음 의도된 것과 같은 역할을 수행하고 있는가 하는 점에 대해서는 평가가 다르게 나올 수 있다. 예를 들면, 상원은 법안 처리의 과정을 지체시켜 제도와 정책의 변화를 더디게 하려는 의도로 만들어졌으나, 실제로 변화를 지체시키고 기존 제도를 유지하는 보수적인 역할을 맡은 것은 상원보다는 하원인 경우가 더 많았다.

양원제로 이루어져 있는 만큼, 미국에서의 법안 작성과정을 이해하기 위해서는 상원과 하원에서 법안이 마련되는 과정과 그들 사이의 차이를 이해하는 것이 중요하다. 전체적으로 유사하지만, 하원과 상원은 법안이 작성되는 과정과 관련하여 위원회, 의결과정, 의사 진행 절차, 그리고 의원들의 행태에 영향을 미치는 각종 규범 등에서 차이를 보인다.

미국 의회가 어떻게 운영되는가를 설명하는 데 있어서 중요한 점들은 리더십의 구조와 정당의 역할이다. 미국 의회의 경우, 의원 개개인의 독립성이 보장되고 중요하지만 정치적 양극화로 인해 정당 및 리더십의 영향력이 증대되고 있다는 평가를 받는다. 조건적 정당 정부(conditional party government) 이론에 따르면 의원들은 정당 내부의 이념적 동질성이 커지고 정당 간의 이념적 이질성이 커질수록 리더들에게 자신의 권한을 위임할 가능성이 높아진다(Aldrich 1995). 맨과 올스타인(Mann and Orstein 2012)이 관찰했듯이 오늘날 미국 정당의 정치적 양극화는 보기보다 더 심각한 수준으로 악화되었고(It's even worse than it looks), 삼권분립의 제도적 요인과 더불어 미국 정치의 교착을 부추기는 요인으로 작용하고 있다. 투표 결정시 의원 개인의 이념 성향 및 동료 전문가의 의견, 그리고 지역구 여론 외에도 정파적 투표 행위가 점차 중요하게 간주된다는 점도 이를 뒷받침한다.

제**5**장

대통령과 관료제

김 혁·유성진

I. 미국 대통령제의 특성

미국 헌법에서 규정하고 있는 대통령제는 식민지 시대에 그 모국이었던 영국의 의원내각제에 대한 반동적 의미에서 성립한 영국적 정치질서와 단절된 새로운 정치질서를 모색하고자 만들어졌다고 볼 수 있다. 즉, 의회제가 영국의 오랜 정치적 전통과 경험적 산물에 의해 발전된 것인데 비해서, 대통령제는 미국이 헌법을 제정할 당시의 정치사회적 환경에 맞도록 인위적이고도 의식적으로 고안된 제도이다. 이러한 역사성을 가지고 있는 대통령제는 권력분립 주의에 따라 행정부와 입법부는 조직 및 기능상에서 서로 분리되어 최대한의 독립성을 유지하며, 견제와 균형의 원리에 따라 입법부와 행정부는 상호 견제를 통해 어느 한 부의 독주를 방지한다. 또한 의회제와는 달리 행정부의 집행권은 일원적으로 구성되며 부통령제를 두고 있다. 마지막으로 의회를 양원제로 구성하여 하원의 경솔과 과격함을 방지하고 상원이 이를 견제함으로써 행정부에 대한 의회의 권한에 균형을 유지코자 하였다.

이러한 대통령제의 가장 큰 장점으로는 행정부의 안정성이 꼽힌다. 대통령제에서는 각료의 임면권을 갖는 대통령이 헌법에 의해 보장된 임기를 갖고, 의회에 대해 책임을

〈그림 5-1〉	미국 대통령 문장

* 현재 사용하고 있는 미 대통령 문장은 1880년 Hayes 대통령부터 사용하기 시작하였다

지지 않으므로 안정된 행정부가 유지된다. 또한 정책결정과 집행이 대통령 개인의 책임과 권한에 절대적으로 의존하므로 신속하고 효율적인 의사결정이 이루어진다. 더불어 대통령제에서 정부의 수반은 국민이 선거를 통해 직접 선출되므로 강력한 민주적 정통성을 확보하고 있다. 의회제의 경우 정부수반이 정당 간의 복잡한 타협의 결과로 선출될 가능성이 있다. 이와 함께 대통령제에서는 입법권과 행정권, 그리고 사법권이 분명하게 독립되어 개인의 자유가 폭넓게 보장될 수 있는 안전장치가 존재한다.

그러나 대통령제는 의회제와 비교할 때 단점들도 존재한다. 첫째, 대통령제의 경우 대통령 개인에게 권력이 집중되어 있고 그러한 일인을 선출하게 됨으로써 승자독식의 경쟁구조를 초래할 가능성이 크며 그 결과 갈등의 양상이 격화되기 쉽다. 둘째, 대통령제의 승자독식 경쟁구도에서 정치적 경쟁은 최다득표의 가능성이 많은 사회적 쟁점 중심으로 이루어지며 그 과정에서 소수자들의 권익은 무시되어 정치의 장에서 제대로 대변되기 힘들다. 셋째, 입법부와 행정부 사이에 갈등과 의견의 불일치가 발생하는 경우 정치체제 전반의 심각한 교착상태로 이어질 수 있다. 넷째, 의회제의 경우 정치적 대표기구가 의회의 신임에 의존하고 재선을 위한 정치적 경쟁이 지속되기 때문에 정부의 책임성을 높이고 정당의 조직적 발전을 자극하는데 반면, 대통령제에서는 인물 중심의 선거로 권력이 개인에게 집중되고 포퓰리즘에 기반한 정치적 리더십이 발전되기 쉽다.

<참고사항 5-1> '대통령'이라는 호칭의 어원

미 헌법 창시자들이 헌법을 제정할 당시, 최고 집행자에 대해 부를 호칭이 기존에 그들을 핍박하였던 왕과 식민지 총독 정도 밖에는 없었으므로, 새로운 호칭을 정함에 있어서 의견이 분분하였다. '호민관 각하(The Protector and His Excellency)'라는 호칭이 대두되기도 하였지만, 결국 프랭클린이 생각해 낸 '합중국 대통령 각하(His Mightiness the President of the United States)'가 채택되었고, 이를 줄여 'Mr. President'라고 부르게 되었다.

II. 대통령 선출과정

미 대통령선거는 조지 워싱턴이 헌법제정회의 석상에서 호선으로 대통령에 선출된 해인 1788년 이후 매 4년에 한 번씩 이루어져 왔다. 일반유권자들이 대통령 선거인단을 선출하는 선거는 1792년 제정된 연방법률에 따라 11월의 첫 번째 일요일 다음의 화요일로 정해져 있다. 미국이 대통령선거를 직선에 의하지 않고 선거인단을 통한 간선으로 선출하게 된 이유는 인구가 작은 주들이 직선을 반대하였고, 당시만 하더라도 미국 국민들의 수준이 직접 대통령을 선출하기에는 부족함이 있다는 인식이 존재하였으며, 교통과 통신이 불편하였다는 것 등으로부터 찾아진다.

미국의 대통령 선거과정은 실제로 1년에 걸쳐 진행된다고 볼 수 있다. 예비선거를

<참고사항 5-2> 대통령선거일이 11월 첫 번째 일요일 다음의 화요일로 정해진 이유

선거 시기가 11월 초보다 빨라지면 당시 농업에 종사하던 많은 유권자들이 선거에 참여하기가 어렵고 더 늦어지면 눈이 내려 유권자들이 투표장에 가기 어려워지므로 11월 초가 적당한 시기로 생각되었다. 일요일은 당시 대부분의 유권자가 교회에 가야했으므로 가능한 선택이 아니었고, 월요일과 금요일은 한 주의 시작과 마지막이었으므로 제외되었으며, 목요일은 식민통치를 했던 영국의 선거일이었으므로 고려대상에서 빠지게 되었다. 결국 화요일과 수요일만 남게 되었는데 의원들은 그중 화요일을 채택하였다. 그리고 월 초에는 회계처리 등으로 매우 바쁜 시기가 되므로 이를 피하기 위하여 첫 번째 일요일 다음의 화요일로 선거일을 결정하게 되었다.

통한 전당대회 대의원 선출, 정·부통령 지명, 선거인단(electoral college)선거, 선거인단에 의한 간접선거 등의 과정을 거쳐 대통령이 공식적으로 결정된다. 선거인단 투표에서 과반수 득표자가 나오지 않으면 하원에서 의원들에 의해 최종적으로 선출된다. 미국의 양대 정당인 민주당과 공화당은 코커스회의, 지역정당대회, 예비선거 등을 통하여 정·부통령의 후보에 대한 지지를 확인하고 최종적으로는 전당대회에서 공식적인 후보를 지명한다. 전당대회에서 후보로 지명된 후보들이 선거인단선거에서 선거인단 후보를 제시하면 각 주의 일반주민들은 선호하는 선거인단 후보자에게 투표한다.

외양상으로 보면 미 대통령선거는 선거인단에 의해 선출되는 간접선거의 형태이지만, 선거인단이 독립적으로 표를 행사하지 않아 일반유권자의 선거 결과에서 확보된 선거인단의 수로 확정이 된다고 보아도 무방하다. 선거인단 수는 연방 하원의원 수 435명과 상원의원의 수 100명에 워싱턴 DC의 3명을 합친 538명으로 구성된다. 12월에 선출된 대통령 선거인단은 각주의 주 행정관청에 모여 그들의 투표권을 행사한다. 하지만 이는 대통령에 대한 지지와 공식화를 선언하는 데에 그친다.

일반투표에서 다수표를 얻고도 낙선한 경우는 미국의 역사상에 다섯 번이 있었다. 1824년의 잭슨(Andrew Jackson), 1876년의 틸든(Samuel Tilden), 1888년의 클리블랜드, 2000년의 고어(Al Gore), 그리고 2016년 힐러리 클린턴(Hillary Clinton)은 일반투표에서는 승리하였으나 과반수의 대통령 선거인단을 확보하지 못하여 낙선하였다. 이렇게 일반투표에서 승리하고도 대통령에 당선되지 못하는 이유는 선거인 선거에서 주별로 승리한 후보가 배정된 선거인의 표를 독식하는 '유닛 룰 시스템(unit rule system)'을 채택하고 있기 때문이다.

미국에서 대통령을 직선하지 않고 선거인단을 통해 간선으로 선출하게 된 것은 미국 건국의 사회적 상황을 고려한 선택이었기 때문에 오늘날의 변화된 상황을 감안하

〈참고사항 5-3〉 미 대통령의 출마 자격

미 대통령의 출자 자격에 대해서는 미 헌법 제2조 1절 5항이 규정하고 있다. 즉 ① 미국에서 출생한 미국 시민, ② 미국에서 14년간 거주한 시민, ③ 민주, 공화 양당 등의 정당공천자, 정당 공천자가 아닌 경우에는 무소속 후보 등록규정에 의해 등록한 후보여야 한다.

면 직접선거가 더 옳은 선거방법이라는 의견이 종종 대두되곤 한다. 그러나 미국이 연방국가라는 사실을 인지하면, 간선과 '유닛 룰 시스템'이 각 주를 대표하는 연방 대통령의 선출이라는 맥락에서는 나름의 합리성을 갖는 방식일 수 있다. 2000년 고어와 2016년 클린턴이 일반선거에서는 승리하고도 대통령에 당선되지 못한 결과를 두고 많은 비판이 제기되기도 하였으나, 결국 이러한 결과 역시 미국의 연방제적 국가 성격이 기인한 것이다.

III. 대통령의 권한과 책임

1. 대통령의 지위와 역할

미 대통령의 공관은 워싱턴 DC 펜실베이니아 애비뉴 1600번지에 위치한 백악관 (White House)이다. 백악관에는 대통령 가족들이 거주하도록 주방, 의료시설을 비롯한 다양한 편의시설들이 구비되어 있고, 대통령 집무공간을 포함한 다양한 대통령 보좌기구들의 사무실도 그 안에 배치되어 있다.

미국 헌법 2조 1절 7항은 미 대통령의 보수에 대하여 규정하고 있다. 미 대통령은 직무에 대한 대가로 정기적으로 보수를 받으며, 그 보수는 임기 중에 인상 또는 인하되지 못한다. 1969년부터 대통령은 20만 달러의 연봉을 받았다. 그러나 2001년부터는 연봉이 두 배로 상승, 현재에는 연간 40만 달러에 이르며 그 외 5만 달러의 판공비, 그리고 7만 5천 달러의 출장비를 받는다. 퇴직 이후에도 연간 18만 8,000달러를 연금과 보좌진 봉급, 여행비, 전화우편료 등의 지원비로 97만 2천 달러를 연방정부로부터 받는다.

미 대통령은 똑같은 기체를 가진 2대의 공군 특별기를 가지고 있는데, 대통령이 탑승해 있을 땐 'Air Force One'으로 명명된다. 이 비행기는 회의실, 식당, 대통령 부부의 숙소 및 주요 수행원을 위한 사무실 등을 갖추고 있으며 공중급유가 가능하여 사실상 거리와 시간에 있어서 아무런 제약이 없다. 대통령은 또한 필요할 때 해병대의 헬리콥터를 사용할 수 있는데, 대통령이 탑승하면 그 기체는 'Marine One'이라는 호출부호를 사용하게 된다. 대통령은 육상 이동 수단으로 35대의 자동차를 사용할 수 있는데 공식 의전 차량으로는 캐딜락 DTS 모델을 특별히 개조한 방탄 리무진이 제공된다.

대통령은 캠프 데이비드(Camp David)라는 워싱턴 DC 서쪽 메릴랜드 주 커톡틴 산맥에 위치한 휴양지를 이용할 수 있다. 이는 샹그릴라라 불리는 연방정부 직원의 휴양지였으나, 1953년 아이젠하워 대통령이 손자 이름을 따 데이비드(David)라고 새로이 명명하였다. 캠프 데이비드는 대통령의 휴양뿐 아니라, 여러 주요한 회의들도 개최되는데 아이젠하워 대통령이 1959년 흐루시초프 소련 공산당 서기장과 만났던 곳이 바로 캠프 데이비드였다.

대통령은 재무성 산하의 비밀 검찰국에 의해 경호를 받으며, 퇴임 이후에도 본인은 물론 가족들에게도 이러한 경호 서비스가 제공된다. 전직 대통령에 대한 경호는 대통령의 사망 시까지 이루어졌으나, 1997년의 법 통과로 퇴임 후 10년에 한하는 것으로 변경되어 클린턴 대통령까지만 종신 특별 경호 서비스가 제공된다.

대통령은 헌법에 의하여 국가원수로서의 역할, 행정부 수장으로서의 역할, 군 통수

〈참고사항 5-4〉 백악관(White House)

백악관은 미 대통령의 관저이며 사무실로 사용되는 새하얀 건물로, 미 의회 건물인 Capital Hill과 대치한 것처럼 보이는 지점에 세워져 있다. 1800년 2대 애덤스 대통령 때 건립되었다가 1814년 대영전쟁 때 소실되었으나 다시 재건하면서 외벽을 하얗게 칠하면서 통칭적으로 화이트 하우스로 불리게 되었다. 1902년 시어도어 루스벨트가 공식문서에서 정식으로 표기하기로 한 이후 대통령 관저의 공식적 칭호가 되었다.

〈그림 5-2〉   백악관

출처: http://www.whitehouse.gov/history/grounds/garden/photoessays/atwork/15.html

권자로서 총사령관의 역할, 최고 외교관으로서의 역할, 경제정책을 비롯한 다양한 정책의 수립자로서의 역할, 정당지도자로서의 역할 등 막중한 책임을 떠안고 있다. 그리고 4년의 임기 동안에는 탄핵소추의 경우를 제외한 어떠한 경우에도 의회에 대하여 책임을 지지 않으며, 의회 또한 대통령에 대하여 불신임결의를 할 수 없다. 또한 대통령은 의회해산권이 없어 의회에 대하여 직접적인 영향력을 미칠 수 없으나 법률안거부권을 통해 의회의 독단적인 입법안에 대해서는 견제가 가능하다.

대통령의 헌법상 주요 권한은 다음과 같다. 첫째, '집행권(executive power)은 대통령에게 귀속한다'고 규정되어 있다. 둘째, 대통령은 법률이 충실하게 집행되도록 유의하며, 모든 관리들에게 직무를 위임하여 행정이 이루어지도록 한다. 셋째, 행정 각부의 장관으로부터 직무에 관한 사항에 대해 문서로 견해를 요구할 수 있다. 넷째, 대통령은 군 통수권을 가지고 있다. 합중국 육·해군의 총사령관 그리고 각 주의 민병이 소집되었을 때에는 그 총사령관이 된다. 다섯째, 상원의 권고와 동의를 얻어 조약을 체결할 수 있으며, 상원의 권고와 동의를 얻어 대사, 연방판사, 장관 등을 임명할 수 있다. 여섯째, 연방의 상황에 관하여 수시로 연방의회에 보고하고, 필요하고 적절한 법안의 심의를 연방의회에 권고할 수 있다. 일곱째, 탄핵의 경우를 제외하고 형의 집행유예 및 사면을 명할 수 있는 권한을 가지고 있다. 여덟째, 의회에서 통과된 법안에 대해 거부권을 행사할 수 있다. 거부권을 행사한 경우에도 의회가 재의결하면 법안은 확정된다. 아홉째, 긴급 시에는 대통령은 상·하원 또는 그중의 1원을 소집할 수 있으며, 휴회의 시기에 관하여 양원 간에 의견이 일치되지 아니하는 때에는 대통령은 적당하다고 인정되는 때까지 양원의 정회를 명할 수 있다. 헌법에 열거된 권한 이외에도 수정헌법 2조는 대통령의 역할에 대하여 '법이 충실히 이행되도록 관여'하고 '헌법을 보전(preserve), 보호(protect), 수호(defend)'하는 것을 추가하고 있는데, 이는 대통령의 권한이 열거된 것 이상으로 광범위하게 확장될 수 있는 근거를 제공한다.

2. 대통령의 리더십

미국의 경우 대통령의 정치적 리더십에 대한 연구는 개인적 차원의 접근에서 시작하여 최근에는 조직의 특성에 집중하는 제도적인 차원의 연구로 확장되고 있다. 개인적 차원의 연구의 대표적인 예로 Barber(1992)는 대통령들을 활동 에너지와 직무에 대한 태도를 중심으로 적극긍정형(active-positive), 적극부정형(active-negative), 소극

긍정형(passive-positive), 소극부정형(passive-negative)의 4개 부류로 구분하고 국정운영 결과와의 관련성을 분석하였다. 특정한 유형은 나름의 장점과 단점을 가지고 있는데, 특정 유형의 장점이 발휘될 때는 대통령의 개성이 국정운영에 긍정적으로 작용하지만, 단점이 발휘될 때는 부정적으로 작용할 수 있다고 보았다. 또한 Neustadt(1990)는 대통령의 개인적·심리적 요소 중에서 설득력을 바탕으로 한 협상능력과 정치적 상황의 중요성을 강조한 바 있다. 그러나 이러한 개인적 차원의 연구에서 일관되게 나타난 것은 지능, 자신감, 감수성 등에 불과하였으며 이마저도 집단이나 과업 등 다른 요인과 함께 고려해 볼 때 리더십의 유효성에서 차지하는 역할은 아주 작은 부분이라는 것이 지적되고 있다.

이에 대통령 개인적 자질 측면에서 벗어나 대통령 개인뿐만 아니라 대통령을 보좌하는 보좌진 그리고 나아가 행정부를 포함하여 체계적인 국정운영체제에 집중하는 '제도적 접근(institutional approach)'을 취하는 연구들이 등장하였다. 비록 체계적인 단계에까지는 이르지 못하였으나 개인적 차원을 벗어나기 시작한 연구들은 관료제와 대통령 간의 관계에 대하여 집중적인 조명을 하며 행정적 대통령의 행정적 전략과 리더십에 대한 유용성을 강조하였었다(Moe 1985).

조직 차원에서 고려할 수 있는 요인들은 조직의 분화 및 기능화와 관련된 조직구조의 문제와 구성원들에 대한 통제수준, 그리고 각료 및 비서관들의 충원 및 배치 문제, 조직 간 관계설정 및 조정·통합 문제 등이 있을 수 있다. 우선적으로 조직의 효율적 운영을 위해 필요한 형태로 조직을 분화, 기능화하여 조직설계를 하는 것이 필요하며 이는 정책의 성공적인 실행과 직접적으로 관련된다. 또한 훌륭한 구성원의 충원 역시 대통령이 행해야 할 필수적 직무 중 하나인데 유능한 인재를 적재적소에 배치하여 조직이 최대의 효율성을 유지하는 점 역시 중요하다. 예를 들어 강력한 권한을 가진 비서실장이 담당해야 할 업무를 제대로 수행하지 못하고 초권력적인 차원에서 조직관리를 한다면 대통령에게 커다란 정치적 재앙을 부를 수도 있다(Pfiffner 1994). 조직 관리자로서 대통령은 외부조직과도 갈등적이지 않은 좋은 관계를 유지하는 데 지속적 관심을 보여야 한다. 조직 내부적 차원에서 비서실 및 행정부와의 관계가 원만히 유지되어야 하며, 외부적으로도 의회와 법원, 이익집단, 언론 그리고 일반대중과도 우호적인 관계를 유지하는 것이 매우 중요하다.

한편 이러한 대통령의 '행정적 리더십(administrative leadership)'에 대하여 부정적 효과를 지적하며 의회에 대하여 반응하고 협조를 구하는 대통령의 '입법적 리더십

(legislative leadership)'의 필요성을 주장하는 연구들도 등장하였다. 의회는 대통령과 교환과 흥정을 통하여 영향을 상호 주고받고 있으며 정책이 입법화되는 과정에서 산출은 물론 투입과정에서도 매우 중요한 역할을 담당하는 국정운영의 한 축이다.

미국 헌법에 나타난 대통령의 원형은 행정부의 총책임자로서 대표성을 배제한 행정가였다. 대통령의 기본적 역할은 하원의원처럼 해당 지역주민들의 이익과 의사를 대표하는 것이 아닌 효율적인 행정 집행을 위한 정부관리 또는 공무원이었다. 의회가 국민의 의사를 정책에 반영함으로써 민주주의를 구현하는 데 있었다면, 대통령의 역할과 의미는 다수나 정부의 횡포로 인해 표출된 민주주의의 남용을 최대한으로 억제하는 데 있었다. 대통령이 의회와의 관계에 있어서 온 국민의 대표자로서 국민의 이익을 대변하는 것이 아니라, 의회가 국민 대다수의 의사를 정책에 반영할 때 대통령은 오히려 국민을 감시하고 경계하는 역할을 담당해야 하는 것으로 인식되었던 것이었다.

이러한 인식은 1828년 당선된 잭슨(Andrew Jackson) 대통령이 국민과 직접적인 관계를 맺도록 시도하면서 변화하기 시작하였다. 1830년대 유권자 투표에 의한 대통령 선거인단의 선거인 선출방식과 투표권의 신장을 통해 대통령제의 지지기반이 의회에서 국민으로 전환되면서 의회와 행정부와의 관계에 본질적 변화가 나타났다. 실제로

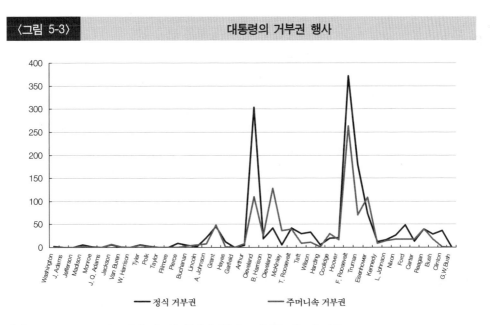

〈그림 5-3〉 **대통령의 거부권 행사**

출처: Stanley & Niemi(2006)의 자료를 업데이트하여 그래프를 새로이 작성

잭슨은 대통령도 입법과정에 참여할 자격이 있다는 입장에서 임기 동안 12번이나 의회에서 통과된 법안을 거부하였는데, 이후 거부권의 행사는 대통령의 주도적 국정운영을 위한 주요 정책결정의 방편으로 사용되었다. 실제로 1998년까지 2,540회의 거부권의 행사에 대하여 오직 106회만 실패하여 대통령 거부권 행사의 효과는 95.8%에 이르는 것으로 조사되었다.

3. 대통령과 의회

대통령과 의회의 관계를 주제로 다룬 대부분의 연구, 특히 '대통령 통치 중심적 접근'은 대통령의 입장, 즉 대통령이 주체가 되고 의회는 객체로 다루는 시각에서 주로 다루어져왔다. 이러한 연구들은 입법을 위한 무대인 의회에서도 대통령이 중심적 역할을 하고 있는 것처럼 간주하고 있다. 이러한 경향에 따라 입법부인 의회가 정치적 환경에서 어떠한 입법적 성과를 달성하였는가를 평가하기보다는 대통령의 정책이 입법적으로 성공을 거두었는가 또는 실패하였는가를 다루는 것에 주안점이 두어져 왔다. 대통령이 당선된 이후에 대통령의 정책제안들이 입법과정을 통해서 얼마나 많이 그리고 얼마나 빨리 입법화되는지에 의해 대통령의 성공이 좌우되는 것으로 인지되고 있다.

대통령 통치 중심적 접근에 의하면, 첫째, 대통령은 전국적인 선거구를 가지고 전국적 시각에서 정책을 고려한다고 한다. 이에 반해 의원들은 지방적 시각을 가지고 국가정책에 접근하는 경우가 많다고 한다. 둘째, 행정부는 대통령 한 사람을 통한 집권적 대표성을 나타내지만, 의회는 복수의 의원들을 통한 분권적 대표성을 가지는 것으로 본다. 따라서 국민에게 의회는 직접 다가서고 스스로 평가할 수 없는 복잡한 체제로 인식되지만, 대통령 1인은 뚜렷하고 분명하게 선택될 수 있는 대상이므로 의회보다는 대통령이 정책의 성립과정에서 국민들에게 더 큰 영향력을 발휘할 수 있고 주도권을 행사할 수 있는 환경에 주목하는 것이다. 의원들과는 달리 대통령은 국민들의 감정에 직접 호소하여 지지를 얻어낼 수단들을 항시 보유하고 있는 것은 사실이다. 기자회견, 라디오나 TV를 통한 대국민 연설 등을 통해 대통령은 국민들에게 다가갈 수 있고, 감성에 영향을 줄 수 있으며, 경우에 따라서는 선동도 할 수 있다. 더군다나 대통령 1인이 행정부의 모든 입장을 대변하지는 않으나, 그의 사고와 의견이 바로 정책에 연결될 수 있는 상황에 있으므로 국민들이 대통령의 일거수일투족에 관심을 가지게 되는 것이 일반적이다. 현대의 대통령은 그의 지배적 위상과 국민으로부터 유발되는 일체감과 지지로 인해 의회와 비교하여 현저한 정책 주도권을 확보할 수 있다고 주장한다.

셋째, 조직적 차원에서도 대통령은 의회에 비하여 상당히 유리한 위치를 확보하고 있음에 주목한다. 의회는 위원회와 소위원회로 권한이 분산되어 있고 제도적으로도 합의를 통한 복잡한 의사결정과정을 가지고 있으므로 효율적이고 신속한 정책결정과 행동을 취할 수 있는 능력이 매우 저하되어 있다. 이에 반해 대통령은 행정부의 기능 확대에 대하여 분권화보다는 집권화, 그리고 중앙화를 통하여 적응하여 왔다. 20세기 이후, 백악관 비서진의 중요성과 규모는 눈에 띄는 변화를 보여 왔다. 복잡성의 증가에 대한 분권화의 전략이 아니라, 참모진의 확충을 통한 중앙 집권적 관리는 대통령으로 하여금 정책에 대하여 신속한 행동을 취할 수 있는 능력을 향상시켰다. 국민의 관심과 기대가 대통령 1인에게 집중된 상황에서, 확보하고 있는 자원을 바탕으로 대통령이 능력발휘를 한다면 국민들의 강력한 지지로 이어지게 되며, 이를 통해 의회를 효과적으로 지배할 수도 있다는 것이다.

대통령 통치중심 접근법에서 지적하고 있는 측면들이 대부분 현실에서 타당성을 크게 가지나 이러한 시각에 의해서만 모든 국정운영이 이루어지는 것은 아니다. 의회도 전국적인 시각에서 정책에 접근할 수 있고, 분권적 대표성뿐만이 아니라 전체로서의 집권적 대표성도 존재하는 측면이 있으며, 조직적으로 열세임에도 불구하고 그 나름의 장점을 살려 꾸준하게 그 경쟁력을 키워왔음은 물론 그 정통성도 약화되었다고는 보기 힘들기 때문이다.

대통령제를 채택한 다원적 민주주의로서의 미국 정치는 세계에서 독특한 선진적 민주 정치의 전형을 보여주는 것으로 비춰지고 있으나, 한편에서는 거버넌스에 심각한 문제를 일으키고 있다는 주장이 강하게 제기되고 있다. 즉 '교착(gridlock)'이라는 표현을 통해 의회와 대통령 간에 타협과 합의가 잘 이루어지지 못하고, 사회적으로 필요한 정책들이 제때에 제대로 성립·추진되지 못한다는 평가를 받고 있다. 특히 1990년대 이후 현대 정치체제에 영향을 미치는 다양한 거버넌스 상황의 변화는 의회와 대통령에게도 그대로 전달되어 새로운 환경을 조성하고 있고 이에 대한 효과적 대응을 요구하고 있다.

제일 먼저 고려되어야 할 정치적 환경의 변화는 '분점정부(divided government)'의 등장이라고 볼 수 있다. 대통령의 출신 정당이 의회에서 다수당이 되어, 행정부와 입

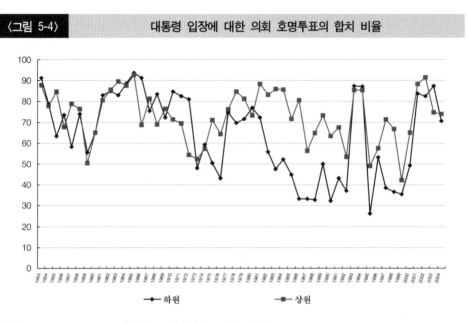

| 〈그림 5-4〉 | 대통령 입장에 대한 의회 호명투표의 합치 비율 |

출처: Stanley & Niemi(2006)의 자료를 이용하여 그래프 작성

법부의 주도권이 단일 정당에 의해 지배되는 상황을 '단점정부(unified government)'라 하는데, 1950년대 이후 이러한 단점정부보다는 대통령이 속한 정당과 의회의 다수당이 일치하지 않는 분점정부가 오히려 일반적인 현상으로 나타나고 있다. 아이젠하워가 대통령에 취임한 이후인 1953년부터 현재 트럼프 대통령의 2019년까지는 63%에 달하는 42년 동안 분점정부 상황이었다.

일반적으로 대통령은 분점정부보다 단점정부일 경우에 의회와의 관계에서 보다 성공적일 수 있다고 믿어지고 있다. 이러한 현상은 의회에서 정당의 응집력이 강해지고 정당의 정책노선에 따르는 투표가 많아진 1980년대 이후에 더욱 분명해졌다(〈표 4〉 참조). 이는 정당의 이념적 양극화에 기인한다고 설명될 수 있다. 실제로 1960년대 이전까지만 해도 공화당과 민주당의 이념적 폭은 매우 넓었다. 그러나 1960년대 이후 공화·민주 양당은 조금씩 이념의 스펙트럼이 명확하게 갈리는 상황을 맞기 시작했고, 1999년에 이러한 이념적 구분이 대체로 완성되었다. 즉 가장 보수적인 민주당 의원이 모두 공화당 왼쪽에 위치하고, 가장 진보적인 공화당 의원들이 민주당의 오른쪽에 위치하는 일관되고 분명한 스펙트럼적 구분 현상이 나타난 것이다. 이러한 이념의 당파적 분류는 각 정당 내부의 역할을 단순화시켰고 당내 의원들을 빠르게 결집시켰다.

1970년 의회 의원들은 소속 당이 제출한 입법안에 60% 정도의 찬성률을 보인 반면에, 1990년대 후반 이후에는 소속 당 제출 법률안의 찬성률은 90%에 달한다(〈그림 4〉 참조).

분점정부 상황에서 대통령이 의회로부터의 지지를 획득하기는 더욱 어렵게 되었으나, 분점정부 상황은 오히려 체제의 특성으로까지 보편화되고 있으므로 이러한 불리한 환경 하에서의 대통령의 효율적인 국정운영은 더욱 어려운 과제가 되고 있다. 따라서 분점정부 하에서 의회와 대통령 간에 정치적 합의가 이루어지지 못하여 사회적 요구에 대하여 제대로 정책 반응을 산출하지 못한다는 비판이 미국 정치에 대한 교착이라는 부정적 진단으로 이어지기도 한다.

IV. 대통령 보좌기구: 대통령실

미국의 대통령실(EOP: Executive Office of the President)은 1939년 루스벨트 대통령에 의하여 뉴딜 사업을 감독하기 위한 목적으로 설립되었다. 대통령실은 크게 두 개의 다른 구조로 구성되어 있는데 그 하나는 대통령 직속기구(Statutory Offices)이고, 다른 하나는 대통령비서실(White House Office)이다. 우리나라의 기구들과 비교하여 볼 때 대통령비서실은 청와대 비서실과 상응하고, 대통령 직속기구는 우리의 대통령 자문기구와 유사하다.

1. 대통령 직속기구

미국의 대통령 직속기구는 대통령에 대한 공식적인 보좌기능을 제공하기 위하여 법률에 의거하여 설치된 기구이다. 직속기구에는 정책부문에 따라 또는 기능에 따라 다양한 조직이 마련되어 있는데 이들 중 어떤 것은 단순한 자문기구에 그치기도 하고 어떤 것은 실질적으로 조정, 의사결정, 집행기구로서 기능하기도 한다. 자문뿐만이 아니라 조정과 집행의 기능까지도 수행하는 직속기구에는 관리예산처, 국가안전보장회의, 정책개발실, 국가경제위원회, 미 무역대표부 등을 들 수 있다. 이러한 기구들과 비교하여 다른 부처들에 우선하는 독립적인 권한과 스스로를 위한 참모진을 가지고 있지 못하고 단순히 대통령에게 자문과 조언을 하는 기구들이 있는데 이에는 경제자

문화의, 과학기술위원회, 환경위원회 등이 있다. 그리고 어떤 기구들은 순수하게 행정
적 기능만을 수행하는 것도 있는데 이러한 부류에는 행정실이 가장 대표적인 예가
될 수 있다.

몇 가지 주요한 직속기구들을 소개하면 다음과 같다. 먼저 가장 중요한 직속기구로
서 1947년에 설립된 국가안전보장회의(NSC: National Security Council)가 있다. 애초에
국방 및 외교정책에 대한 자문기관으로 출발한 이 기구는 현재에는 실질적으로 중요
한 국방, 외교정책의 결정 또는 조정에 관한 논의가 이루어지는 곳이다. 주요 구성원
은 대통령과 부통령, 국무·국방장관, 미 중앙정보부(CIA: Central Intelligence Agency)
국장과 합참의장, 그리고 외교안보수석보좌관이며, 필요에 따라 재무장관, UN대사,
경제수석비서관 등도 참여한다.

다음으로, 국내외 경제 문제에 대한 각 부처의 의견을 조율하고 결정된 경제정책이
각 부처 내에서 어떻게 추진되고 있는가를 점검하는 기능을 수행하는 국가경제위원회
(NEC: National Economic Council)가 있다. 1993년 클린턴 대통령에 의해 설립된 이
기구는 대통령을 위원회의 의장으로, 부통령, 국무장관, 경제자문회의 의장, 관리예산
처 처장, 미 무역대표부 대표, 국내정책수석보좌관, 경제수석보좌관, 과학기술수석보
좌관, 외교안보수석보좌관 등이 위원으로 참여한다.

그리고 대통령에게 경제정책에 대한 전문가들의 학술자문을 하기 위해 1946년에
설립된 경제자문회의(CEA: Council of Economic Advisors), 각 행정기관에서 제출한
예산안을 대통령의 정책목표와 사업순위에 맞추어 검토·조정하여 정부의 예산안을
편성하는 기능을 담당하고 관리예산처(OMB: Office of Management and Budget, 1939
년 설립) 등이 있고, 이외에도 이슈에 따라 환경위원회, 마약규제정책실, 국가우주위원
회, 과학기술위원회 등과 같은 참모조직들이 존재한다.

이러한 기본적인 기구 이외에도 대통령들은 자신이 관심 있는 분야의 사업에 도움
을 얻기 위한 목적으로 종종 새로운 기구들을 만들기도 하는데, G. W. 부시 대통령은
전 세계와 미국의 의사소통을 강화하기 위한 글로벌커뮤니케이션실과 사회복지사업
관련의 신뢰기반공동체추진실을, 그리고 오바마 대통령은 사회개혁 및 시민참여실과
농촌사회의 재건과 관련한 백악관 농촌위원회 등을 새로이 만들어 운영한 바 있다.
트럼프 대통령은 과거 폐지되었던 국가우주위원회를 다시 재건하여 새로운 관심을
표출하기도 하였다.

〈그림 5-5〉	대통령 직속기구의 구성

```
                ┌─ 대통령비서실(White House Office)
                ├─ 국가안전보장회의(National Security Council)
                ├─ 경제자문회의(Council of Economic Advisers)
                ├─ 환경위원회(Council on Environmental Quality)
                ├─ 중앙관저직원운영실(Executive Residence Staff and Operations)
                ├─ 국가우주위원회(National Space Council)
  President ─────┼─ 대통령정보자문위원회(President's Intelligence Advisory Board)
                ├─ 행정실(Office of Administration)
                ├─ 관리예산처(Office of Management and Budget)
                ├─ 마약규제정책실(Office of National Drug Control Policy)
                ├─ 과학기술정책실(Office of Science and Technology Policy)
                ├─ 미국무역대표부(Office of the United States Trade Representative)
                └─ 부통령실(Office of the Vice President of the United States)
```

* 도널드 트럼프 대통령의 보좌기구(Executive Office of the President: 대통령실)

2. 대통령비서실(White House Office)

대통령 직속기구와 함께 대통령을 보좌하는 가장 중요한 참모조직이 바로 대통령비서실이다. 비서실은 정치가와 지도자로서의 대통령의 직무를 보완하고 지원하고 대통령과 각 부 또는 기타 정부 기관과의 일상적 의사소통을 조정하는 역할을 한다.

대통령비서실은 각 행정부에 따라 다소 다르게 구성되고 있지만, 현재는 비서실장과 2명의 비서실 차장을 핵심으로 하여 구성되고 있다. 비서실 차장 중 1인은 정치관련의 업무를 담당하는 정무담당 차장이고 다른 이는 총무담당 차장으로 일반관리

업무를 주로 담당하고 있어 기능상 이원화되어 있다고 볼 수 있다. 또한 22명의 수석 보좌관들이 있고 그 하위에 차석보좌관, 특별보좌관, 법률자문역(Counsel), 비서관 (Secretary) 등이 존재하여 대규모의 인력으로 참모진을 구성하고 있다. 정무담당 차장 실에는 내각수석, 주정부수석, 정무수석, 민정수석 등이 포함되어 대통령의 최고 통치 자로서의 기능을 직접적으로 보좌하고 있고, 총무담당 차장실에는 관리행정수석, 총 무수석, 의전수석, 인사수석이 포진하여 대통령의 고유 통치업무를 지원함과 동시에 일반행정과 조직을 관리하는 데 필요한 지원을 하고 있다. 또한 대변인, 자문역, 의회 수석, 홍보기획수석 등도 배치되어 여러 필요한 기능을 분담하고 있다.

국가의 최고 통치자인 대통령의 측근에서 그를 보좌하는 비서진들은 각료들과는 달리 상원 승인의 필요가 없어 철저하게 대통령의 판단과 선택으로 결정된다. 따라서 비서진들은 오랫동안 대통령의 인근에서 친밀한 관계를 유지하며 일을 해 온 사람들 이고 대통령에 대해 높은 충성심을 가지는 경향이 있다.

대통령을 보좌하는 비서실의 조직은 미국이 건국된 초기부터 확립되어 운영되어 오던 제도가 아니었다. 건국 당시 대통령 스스로의 업무를 보좌하기 위한 공식적 보좌 조직은 전혀 존재하지 않았는데 그 이유는 각료들 자체가 대통령의 보좌 업무를 담당 하는 것이라는 인식이 있었기 때문이었다. 그러나 경제 사회적 변화와 정부의 기능이 확장됨에 따라 행정부의 수장으로 있는 대통령의 업무는 더욱 증대되었고 이에 따라 그 역할을 보좌하는 조직의 필요성이 대두되었다.

초기의 대통령들은 공식적 보좌 조직을 가지고 있지 못하였기 때문에 스스로의 업 무에 도움을 얻기 위하여 보좌진을 사비로 고용해야 했으며 1857년에야 비로소 3명의 유급보좌관을 둘 수 있게 되었다. 초기의 이러한 비서실 조직의 부재는 미국이 국가로 탄생하는 배경에서 그 원인을 발견할 수 있다. 즉 국가설립 당시 시민의 자유와 권리 의 확보가 최대의 헌법적 과제였고 이를 보호하기 위하여 철저한 권력분립을 도모하 였기 때문에 비서실과 같은 조직은 대통령의 권한을 비대화시킬 우려가 있었을 뿐 아니라, 당시에는 당과 내각이 현재의 대통령실의 역할을 대신하고 있었기 때문에 그 필요성도 그리 크지 않았다고 볼 수 있다.

이후 Hoover 행정부(1929~33)부터는 단순한 비서 업무에서부터 벗어나 소수의 전 문가들이 배치되어 대통령을 보좌하기 시작했고 이러한 보좌진의 규모는 지속적으로 증가하여 1943년에는 51명에 불과하였던 참모진의 수가 1953년에는 247명으로 증가 하였으며 1972년에는 583명으로까지 확대되었다. 그러나 Nixon 행정부 시기에 워터게이트 사건이 발생하여 대통령이 불미스럽게 물러남에 따라 국민들이 강력한 백악관에 대해 거부감을 가지게 되어 기존의 증가추세가 주춤하고 오히려 감소추세로 돌아서는 계기가 되었다. 그러나 전체적인 감소추세에도 특별보좌관 이상의 고위 보좌진의 규모는 계속 확대되었고 직급 및 부서도 세분화되는 추세여서 백악관으로의 권력집중은 계속 진전되는 것으로 여겨진다.

한편 비서실 조직은 공화당과 민주당의 후보 중 어느 당의 후보자가 대통령이 되느냐에 따라 공식화의 정도에 차이가 있다. 공화당 행정부에서 비서실장의 역할 증대와 조직의 관료화가 두드러지게 나타났던데 반해, 민주당 행정부에서는 대체로 비공식적인 조직체계를 선호하는 경향을 띠었다. 즉 공화당 대통령들은 강력한 비서실장이 이끄는 계선 조직을 선호하였던 것과는 반대로 민주당 대통령들은 비서실장의 역할을 약화 또는 심지어 폐지시키고 전담업무를 줄이는 등 조직을 보다 유연한 비공식 조직으로 운영하는 경향이 있었다.

3. 부통령과 영부인

대통령을 보좌하는 공식적 조직 이외에도 실질적으로 대통령을 도와주는 가장 중요한 사람들로 부통령과 영부인이 있다. 대통령이 건재할 때는 부통령의 존재는 그리 부각되지 못하는 것이 일반적이지만 대통령의 유고 시 부통령이 계승서열 제1위에 지정되어 있어서 결코 무시될 수 있는 자리가 아니다.

헌법에 의해 부통령은 상원의 의장이 된다. 보통의 경우에는 부통령이 상원에서 투표권을 가지고 있지 못하나 가부동수인 경우에는 투표를 할 수 있어 캐스팅 보트를 쥐고 있다. 부통령의 역할은 12가지로 요약될 수 있는데, 그 내용을 살펴보면 ① 상원 의장, ② 국가안보회의 멤버, ③ 각종 국가 조언위원회 의장, ④ 대통령 특사, ⑤ 대통령 핵심 조언자, ⑥ 의회 연락 책임자, ⑦ 위기 조정자, ⑧ 임시조정위원회 감독, ⑨ 대통령 출장 시 각료회의 주재, ⑩ 정당의 부지도자, ⑪ 대통령직 승계 실습, ⑫ 미래의 대통령 후보자 등이다. 지금까지 대통령의 사망으로 대통령직을 승계하거나 부통령직을 역임한 이후 선거로 대통령에 오른 부통령은 14명에 달하며, 대통령 후보자가 러닝메이트로 부통령 후보자를 선택할 때 표를 의식하여 지역적이나 이념적으로 균형을 맞추기 위한 안배를 고려하는 것이 일반적이다.

부통령과 더불어 중요한 역할을 하는 대통령 주변의 인물은 대통령의 부인인 영부

〈참고사항 5-5〉 가장 짧은 기간 재직한 대통령

전쟁영웅이었던 윌리엄 해리슨은 폭풍이 몰아치는 날씨에도 그의 용맹스러움을 나타내기 위해 흰색 군마를 타고 의사당에까지 행진한 후 코트도 입지 않은 채 역대 최장인 한 시간 45분 동안의 취임연설을 하였다. 그는 이때 얻은 폐렴으로 한 달 후 사망하여 대통령에 오른 지 단 31일 동안만 재직한 최단기록을 남기게 되었다. 해리슨은 훌륭한 군인이었고, 전쟁영웅이었으나 훌륭한 대통령으로서의 기억을 남길 만큼 충분한 재직기간을 갖지는 못하였다.

인(first lady)이다. 영부인은 선출되지도 않고 임명된 것도 아니며 그 지위가 헌법에 명시되어 있지도 않지만, 그 위상은 영부인을 미국민들이 가장 중요한 정치적 인물과 역할로 인지할 정도로 중요하다. 영부인은 최고 권력자인 대통령의 최측근으로서의 권력을 가지며 대통령의 동반자이기에 의사소통에 있어서 가장 강력한 위치에 존재하게 된다. 영부인은 단순히 사적인 지위에 머물지 않으며 남편이 대통령이 되는 순간 공인이 되어 공적 활동을 벌이게 된다. 영부인의 역할을 보여주는 대표적인 인물로 1992년 선거에서 클린턴이 "한 명 값으로 두 명을(two for one price)"이란 구호와 함께 대통령에 선출된 이후, 힐러리는 단순한 내조자가 아니라 적극적인 활동을 펼친 바 있다.

V. 행정부의 관료조직[1]

1. 관료제의 구성

미국 헌법은 대통령이 공무원을 임명할 수 있는 권한이 있다는 것 이외에는 관료제에 대해 별다른 언급이 없다. 1789년 의회는 대통령에게 의회의 동의 없이 공무원을 해임할 수 있는 권한을 부여했지만, 관료제를 실제로 누가 통제하는가는 미국 역사를 통해 뜨거운 논쟁거리가 되어왔다. 미국의 연방관료제는 가난한 사람들을 위한 공공

---

1) 이 절의 내용은 『미국 정부와 정치 2』(2013) 제8장의 내용을 재구성, 업데이트하였음을 밝힌다.

복지를 제공해주고, 국가안보에 위협을 주는 국내외 위협적 활동으로부터 미국을 방어하며, 연방정부가 재정정책과 금융정책 등을 통해 강력한 경제를 운영하기 위한 활동에 집중하며, 2019년 현재 약 210만 명의 연방 공무원과 약 1,950만 명의 주와 지방 공무원을 고용하고 있을 정도로 그 규모가 크다.[2]

대부분의 연방관료는 행정부에 소속되며, 그 구성은 내각을 구성하는 부(Departments)와 함께 독립행정기구(Independent Agencies), 독립규제위원회(Independent Regulatory Commissions), 그리고 공사(Government Corporations) 등으로 구성되어 있다.

최초의 내각은 3개의 부[3]에서 시작되었는데 각 부의 설립과정은 시간이 흐름에 따라 미국 생활 여건의 변화 속에서 새롭게 요구되는 업무에 따라 기존의 부가 분리되거나 통합, 혹은 새로운 부가 창설되었다. 각 부는 장관을 그 정점으로 부장관, 차관, 차관보, 부차관, 기타 하위직 등으로 직급이 낮아지면서 내부적으로 위계적 특성을 보인다. 각 부 간에도 그 중요성의 차이가 있는데, 1947년 대통령 승계법(Presidential Succession Act)에 따라 부통령, 하원의장, 상원의장에 이어 국무부장관, 재무부장관,

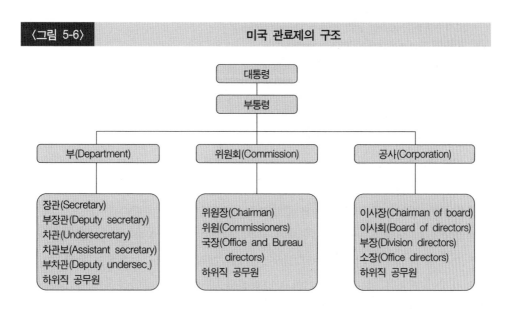

〈그림 5-6〉 **미국 관료제의 구조**

---

2) 미국 공무원 1인당 시민의 수는 14명 정도로 프랑스와 비슷한 수준이며, 독일, 스페인 등은 20명, 일본은 30명 정도이다.

3) 국무부(Department of State), 재무부(Department of Treasury), 전쟁부(Department of War)가 설치되었고, 법무장관(Attorney General)은 부가 아닌 개인으로 따로 존재했다.

〈표 5-1〉	내각의 종류와 설립연도	
부서 이름		설립연도
국무부(Department of State)		1789
재무부(Department of Treasury)		1789
전쟁부(Department of War) - 1947년 국방부에 통합		1789
해군부(Department of Navy) - 1947년 국방부에 통합		1798
내무부(Department of Interior)		1849
법무부(Department of Justice)		1870
- 1789년 검찰총장(Attorney General)*만 존재		
체신부(Department of Post Office) - 1971년 독립청이 됨		1872
농무부(Department of Agriculture)		1889
상무/노동부(Department of Commerce and Labor)		1903
- 1913년 상무부와 노동부로 분리됨		
상무부(Department of Commerce)		1913
노동부(Department of Labor)		1913
국방부(Department of Defense)		1947
보건/교육/복지부(Department of Health, Education and Welfare)		1953
- 1979년 보건복지부와 교육부로 분리됨		
도시주택부(Housing and Urban Development)		1965
교통부(Department of Transportation)		1966
에너지부(Department of Energy)		1977
보건복지부(Department of Health and Human Services)		1979
교육부(Department of Education)		1979
보훈부(Department of Veterans Affairs)		1989
국토안보부(Department of Homeland Security)		2003

* 미국에서는 법무부장관을 검찰총장(Attorney General)이란 용어로 사용함

국방부장관, 검찰총장, 내무부장관의 순으로 승계서열이 이어진다.

내각 이외의 독립기구들은 그 업무가 아주 독특하고 민감할 뿐만 아니라 현존하는 정부 부서에 적합하지 않은 기능인 경우, 정치적 압력으로부터 자유롭고 초당적인 활동을 보장할 필요가 있는 경우, 그리고 다원화된 미국사회의 다양한 이익을 대변하는 이익집단들에게 보다 더 잘 대응하기 위한 필요에 따라 설립되었다.

독립행정기구로는 항공우주국(National Aeronautics and Space Administration), 중앙정보국(Central Intelligence Agency), 평화봉사단(Peace Corps), 인사관리국(Office of Personnel Management) 등이 있는데, 이들은 업무영역이 특수성을 갖거나, 봉사 등을

위주로 정치적으로 자유롭게 활동하고 지역단위로 조직된다.

또한 규제를 위한 독립조직인 연방 준비제도이사회(Federal Reserve Board), 연방에너지규제위원회(Federal Energy Regulatory Commission), 연방무역위원회(Federal Trade Commission), 증권거래위원회(Securities and Exchange Commission), 식약청(Food and Drug Administration) 등 위원회 기구가 존재한다. 이러한 조직들은 국가경제 영역을 규제하기 위한 것으로 대통령의 통제 밖에서 운영되는 준입법기구이다. 그 위원들은 임명은 대통령이 하지만 상원의 승인이 필요하며, 정치적 이유로 파면될 수 없다.

마지막으로 공사로 일컬어지는 정부기업은 의회에 의해 설립되며, 행정서비스를 제공하고 있으나 민간기업 형식을 갖춘 공적 기관으로서 일반 회사들과 경쟁관계를 이루고 있다. 그 구성원들은 대통령 통제 하에 놓이며 구성원들 모두 공무원들이다. 우정공사(US Postal Service), 연방예금보호공사(FDIC: Federal Deposit Insurance Corporation), 철도회사인 암트랙(Amtrak)을 운영하는 전국철도공사(National Railroad Passenger Corporation), 공영방송공사(Public Broadcasting Corporation) 등이 바로 이 범주에 속하며, 이 밖에도 연방정부의 자금으로 정책집행을 하지만 연방정부에 직접 고용되어 있지 않은 준연방관리(quasi-federal employees)들도 관료의 범주에 속한다. 비

〈표 5-2〉 독립기구의 종류와 관련 이익집단

독립기구	크기	임기(년)	관련 이익집단
전국신용조합(National Credit Union Administration)	3	6	신용조합
연방준비제도이사회(Federal Reserve Board)	7	14	은행
소비자생산안전청(Consumer Product Safety Commission)	5	5	소비자단체
평등고용기회위원회(Equal Employment Opportunity Commission)	5	5	시민권단체
연방저축보험공사(Federal Deposit Insurance Corporation)	5	3*	은행
연방에너지규제위원회(Federal Energy Regulatory Commission)	4	4	정유회사
연방해양위원회(Federal Maritime Commission)	5	5	어업단체
연방무역위원회(Federal Trade Commission)	5	7	기업
전국노동관계위원회(National Labor Relations Board)	5	5	노동조합
증권거래위원회(Securities and Exchange Commission)	5	5	월스트리트
테네시계곡청(Tennessee Valley Authority)	3	9	지역농부들과 설비시설

* 통화감사장관 1명은 임기가 5년임

영리 단체인 랜드연구소(Rand Corporation), 국립과학재단(national Science Foundation), 국립보건연구소(National Institutes of Health) 등의 기관에서 근무하는 이들이 그 예가 된다.

2. 미국 관료제의 특징과 변화

1) 미국 관료제의 특징

미국 관료제는 다른 국가들과 비교해 볼 때 다음의 특징을 보인다.

첫째, 관료제에 대한 정치적 통제권이 대통령, 의회, 그리고 사법부에 의해 공유되고 있다. 의회는 관료조직을 조직하거나 해산할 수 있으며, 대통령은 관료들의 임명권을 가지며, 사법부는 관료들을 대상으로 행정법 재판을 담당한다. 둘째, 연방제의 특수성으로 대부분의 연방 정부기관의 업무는 주나 지방정부 기관들에게 분담되고 있다. 예를 들어, 교육부나 보건복지부의 경우 예산을 하위정부에 지원하면 이들 정부가 직접 정책집행을 담당한다. 셋째, 개인의 권리를 보호하고 정부의 권력남용으로부터 국민을 보호하기 위하여 당사자주의적 문화(adversary culture)를 기초로 법정에서 그 시시비비를 가려야 하는 상황이 자주 발생한다. 이런 갈등은 관료들 사이에서 발생하는 책임 공유 문제 때문일 수도 있고, 관료가 민간부문이나 이익단체, 공익단체들에 의해서 철저히 감시되기 때문에 정치적·법적 도전이 늘 존재한다. 마지막으로 미국의 연방정부는 특정 부문을 직접 소유, 경영하는 것보다는 민간기업에 대한 관료들의 규제를 선호하는 성향을 보인다. 이 때문에 전화, 전기, 담배, 석탄과 관련된 주요 기업들이 민영화되어 있으며, 다른 국가들에 비해 민간기업에 대한 규제가 더 심한 편이다.

2) 미국 관료제의 변화

미국 역사의 절반은 정실인사 또는 후견제도(patronage system)를 통해 공무원 임명이 이루어졌다. 의회가 보다 지배적인 기관이었고, 대통령은 의례적으로 관료 임명 시 의회의 선호를 수용했었기 때문이다. 따라서 그 임명은 의원들의 지역구 지지자들에게 보상의 의미로 또는 지역 정당조직을 형성하기 위해 이루어졌다. 이는 유권자가 확대되고 정당 활동이 강화되던 1816년에서 1861년 사이 연방공무원의 수가 8배나 증가된 현상으로도 알 수 있다. 남북전쟁이 끝난 후 미국의 연방관료제는 본격적으로 확대되기 시작했는데, 이 같은 증가는 미국에서 철도가 건설됨으로써 우편업무를 담당하는 우정국(U. S. Post Office)이 창설되었고 업무를 담당할 인원의 필요성이 강조되었기 때문이다. 게다가 미국 내 자유방임주의적 성향을 기초로 공무원들의 규제활동보다는 농부나 퇴역군인들을 위한 서비스 활동이 중요해졌기 때문이었다.

한편 19세기부터 20세기 초에 이르는 진보주의 시대 동안에는 대중들이 기업에 대한 정부의 규제를 강하게 요구하기 시작했고 경제대공황과 제2차 세계대전 기간을 거치면서 정부의 규모는 그 절정에 이르게 되었다. 이후 존슨 대통령이 '빈곤과의 전쟁'을 주장하고 환경파괴를 극복하기 위해 관료제의 규모를 다소 증가시키기도 했다. 사람들은 종종 '큰 정부'를 관료제의 크기로 인식하지만, 군인을 제외할 경우 민간인으로서의 연방공무원의 수는 제2차 세계대전 이후 크게 증가하지 않았으며, 연방프로그램에 의해 자금지원을 받은 주나 지방정부 또는 민간기업을 위해 간접적으로 일하는 연방공무원의 수가 증가하였다. 결국 현재의 미국 관료제는 경제대공황을 극복하기 위해 노력하던 뉴딜시대의 산물이다.[4]

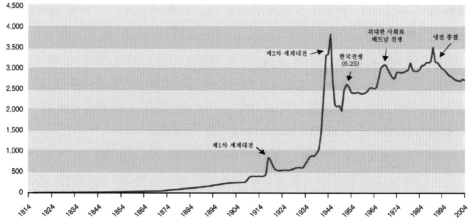

〈그림 5-7〉 **연방공무원 규모의 변화**

연방공무원의 수(1,000명)

---

4) 미 연방정부의 인력관리국(Office of Personnel Management)의 자료에 따르면 2004년 이후 전체 연방공무원의 규모는 큰 변화가 없이 210만 명 전후를 유지하고 있다(https://www.opm.gov/policy-data-oversight/data-analysis-documentation/federal-employment-reports/).

3. 관료제에 대한 통제

관료의 자율성은 엽관제적 충원이 실적제로 전환되고 공무원체제가 확대되면서 높아졌다. 정치적 임명직이 아닌 기타 공무원의 임기보장과 공무원 노조가 등장한 것이 대표적인 예라 할 수 있다. 그렇지만 관료제에 관한 내용이 미국 헌법에는 직접적으로 언급되어있지 않더라도, 대통령, 의회, 그리고 사법부와 관련된 내용에서 이들에 의해 각기 다른 방법으로 관료들이 통제되고 견제된다.

우선 대통령은 각 행정부의 예산에 대해 결정적인 영향력을 행사하는 예산편성의 최종 결정자 역할을 하며, 관료들에 대해 예산편성과 최상위 관료에 대한 임명 또는 해임권을 지니고 있다. 대통령은 의회의 동의를 얻어야 하긴 하지만 대통령 자신의 정책구상을 추진하기 위해 관료조직을 개편하고자 한다. 게다가 대통령은 행정부처에 행정명령(executive order)을 내림으로써 관료조직에 특정한 정책을 집행하기 위한 지침을 제공할 수 있다.

의회는 행정부서의 기능과 존폐를 결정하는 권한은 물론 대통령이 임명한 관료들에 대한 승인권을 가지며, 청문회를 통해 행정부서의 업무를 감독하거나 통제한다. 무엇보다도 의회에 의한 가장 강력한 통제는 행정부서들의 정책집행에 필요한 예산안에 대한 승인 권한이다. 관료들은 의회와 행정부에 의해 만들어진 규칙과 지시방침에 따라 일해야 하지만, 경력직 공무원들은 정부프로그램을 형성할 때 실제로 많은 자유재량권을 행사하고 있다. 이러한 행정부서의 재량권 남용을 막기 위해 의회는 입법부 거부권(legislative veto)을 행사함으로써 행정부의 정책집행과정에 관여할 수 있다. 만일 행정부서의 권한 남용과 오용이 의회의 조사나 청문회를 통해 밝혀지게 되면 사법부가 행정법 재판을 통해 행정부서와 관료들을 통제한다.

이러한 통제장치에도 불구하고 오늘날 미국 관료제는 독립된 하나의 부로 간주될 정도로 그 규모나 기능에 있어서 자율성이 증가한 것이 사실이다. 관료제는 과거에는 정책형성에 있어서 입법부와 사법부와의 철의 삼각동맹(iron-triangle paradigm) 속에서 기능해왔으나, 오늘날에는 이런 관계가 다른 모습의 철의 삼각동맹으로 변화되었다. 흔히 일반국민은 고객(clients)으로 그리고 관료들은 대리인(agents)으로서 간주되는 관계에서 연방관료들은 대중들의 관심과 자신의 이해가 일치될 수 있도록 노력하지만 업무수행에 있어서 외부로부터의 압력을 상당히 많이 받는다. 모든 정부 부서는 행정부 내의 상관, 대통령 보좌관, 의회 내 위원회, 이익집단, 미디어, 사법부, 다른 부처 등으로부터 자율성을 확보할 수 있어야만 하기 때문에 대중적 지지를 확보하기 위한 홍보활동에 적극적이어야 한다.

　미국 대중들은 과도한 관료적 형식주의(red-tape)와 세금 남용에 대해 비난하면서 관료사회에 대해 깊은 불신을 보여 왔다. 정부의 규칙, 규제, 서류작성 등이 너무 복잡하고 쉽지 않아 대중들은 공무원들과 직접 대면하길 원하지 않으며, 정부부서들끼리도 서로 상충하는 목표를 두고 활동함으로써 갈등이 빈번히 발생하고 있기 때문이다. 결국 1970년대 중반에는 관료적 형식주의와 문서업무에서 발생하는 비효율성을 치유하기 위한 노력이 있었고, 1980년대 이후에는 정부를 축소화하기 위하여 비영리적 자발적 영역을 확장함과 동시에 신행정경영과 같은 경영기술을 도입하기도 했다. 그럼에도 미국의 관료제는 각 행정부서들은 자신들의 역할이나 범위, 예산을 확대하려는 태도를 보이며, 일부 부서들이 동일 업무를 담당하는 중복성도 여전히 존재한다. 무엇보다도 무능력한 공무원을 해고하거나 좌천시키기 어렵기 때문에 공무원의 책임성이 부족하다는 비난을 피할 수 없다. 하지만 정보통신기술이 발달한 현 정보화시대에서 미국은 1993년 국제사회에서 최초로 전자정부 추구를 선언했고, 질 높은 서비스를 제공함으로써 행정업무의 효율성을 높이고, 행정과정의 투명성과 책임성, 그리고 정책과정의 민주성을 꾸준히 향상시켜 왔음은 부인하기 어렵다.

VI. 대통령 평가

　미국은 1789년 초대 조지 워싱턴 대통령부터 2019년 현재 도널드 트럼프까지 총 45대 44명의 대통령을 배출하였다. 22대 대통령 클리블랜드는 23대 대통령선거에서 벤자민 해리슨에게 패배하여 연이어 대통령이 되지 못하였다가 다음 선거에서 24대 대통령에 당선되어 총 44명이 45대의 대통령직을 수행한 것으로 기록되고 있다.

　가장 젊은 나이에 대통령이 된 사람은 43세에 대통령이 된 시어도어 루스벨트이고 케네디가 44세에 대통령에 당선되어 그 뒤를 잇고 있다. 가장 나이 들어 대통령에 당선된 사람은 트럼프인데 당선 당시 만 70세에 달하였다. 미국 대통령들의 직업을 살펴보면 변호사 출신이 44명 중 무려 26명으로 압도적으로 많다. 44명 중 부통령이나 주지사를 지낸 사람은 각각 14명이며, 많은 이들이 연방 하원이나 상원의원 또는 장관의 경력을 가지고 있다. 정치 경력 없이 대통령이 된 사람은 테일러, 그랜트, 아이

〈표 5-3〉		미국의 역대 대통령		
순서	재임 연도	대통령	직업(전직)	주요 경력
1대	1789~1797	George Washington	농장주, 군인	주하원의원, 제헌회의 의장
2대	1797~1801	John Adams	변호사	대사, 부통령
3대	1801~1809	Thomas Jefferson	변호사, 농장주	주하원의원, 주지사, 대사, 국무장관, 부통령
4대	1809~1817	James Madison	변호사	주하원의원, 연방하원의원, 국무장관
5대	1817~1825	James Monroe	변호사	연방상원의원, 대사, 주지사, 국무장관, 전쟁장관
6대	1825~1829	John Quincy Adams	변호사	대사, 연방상원의원, 국무장관, 연방하원의원
7대	1829~1837	Andrew Jackson	변호사, 군인	연방하원의원, 연방상원의원, 주대법원판사, 주지사
8대	1838~1841	Martin Van Buren	변호사	주상원의원, 주검찰총장, 연방상원의원, 주지사, 국무장관, 대사, 부통령
9대	1841	William Harrison	군인	주지사, 연방하원의원, 대사
10대	1841~1845	John Tyler	변호사	주하원의원, 연방하원의원, 주지사, 연방상원의원, 부통령
11대	1845~1849	James Polk	변호사	주하원의원, 연방하원의원, 연방하원의장, 주지사
12대	1849~1950	Zachary Taylor	군인	멕시코전쟁 시 소장
13대	1850~1853	Millard Fillmore	변호사	주하원의원, 연방하원의원, 부통령
14대	1853~1857	Franklin Pierce	변호사, 공무원	연방하원의원, 연방상원의원
15대	1867~1861	James Buchanan	변호사	주하원의원, 연방하원의원, 연방상원의원, 대사, 국무장관
16대	1861~1865	Abraham Lincoln	변호사	주하원의원, 연방상원의원
17대	1865~1869	Andrew Johnson	재봉사, 변호사	시장, 연방하원의원, 연방상원의원, 주지사, 부통령
18대	1869~1877	Ulysses Grant	군인	남북전쟁 시 연방군총사령관
19대	1877~1881	Rutherford Hayes	변호사	연방하원의원, 주지사

20대	1881	James Garfield	교수, 공무원	주상원의원, 연방하원의원, 연방상원의원
21대	1881~1885	Chester Arthur	교사, 변호사	부통령
22대	1885~1889	Grover Cleveland	변호사	시장, 주지사
23대	1889~1893	Benjamin Harrison	변호사	연방상원의원
24대	1893~1897	Grover Cleveland	변호사	시장, 주지사
25대	1897~1901	William McKinley	변호사	연방하원의원, 주지사
26대	1901~1913	Theodore Roosevelt	작가, 변호사, 공무원	해군차관, 주지사, 부통령
27대	1909~1913	William Taft	변호사, 공무원	주대법원판사, 필리핀총독, 전쟁장관, 연방대법원장
28대	1913~1921	Woodrow Wilson	교수, 공무원	주지사
29대	1921~1923	Warren Harding	출판업자	주상원의원, 연방상원의원
30대	1923~1929	Calvin Coolidge	변호사	시장, 주지사, 부통령
31대	1929~1933	Herbert Hoover	기술자	상무장관
32대	1933~1945	Franklin Roosevelt	공무원, 변호사	해군차관, 주지사
33대	1945~1953	Harry Truman	농부, 공무원	연방상원의원, 부통령
34대	1953~1961	Dwight Eisenhower	군인	2차 대전 시 유럽주둔연합군 사령관, 미육군참모장, 유럽주둔나토군총사령관
35대	1961~1963	John Kennedy	작가, 공무원	연방하원의원, 연방상원의원
36대	1963~1969	Lyndon Johnson	교사, 공무원	연방하원의원, 연방상원의원, 부통령
37대	1969~1974	Richard Nixon	변호사, 공무원	연방하원의원, 연방상원의원, 부통령
38대	1974~1977	Gerald Ford	변호사, 공무원	연방하원의원, 부통령
39대	1977~1981	Jimmy Carter	농부, 공무원	주상원의원, 주지사
40대	1981~1989	Ronald Wilson Reagan	배우, 공무원	주지사
41대	1989~1993	George Herbert Bush	기업경영자, 공무원	연방하원의원, 대사, CIA국장, 부통령
42대	1993~2001	William Jefferson Clinton	변호사, 교수, 공무원	주검찰총장, 주지사
43대	2001~2009	George Walker Bush	기업경영자	주지사
44대	2009~2017	Barack Hussein Obama	변호사	주상원의원, 연방상원의원
45대	2017~	Donald John Trump	기업경영자	부동산 사업가, 저술가

출처: http://www.whitehouse.gov/history/presidents/

젠하워, 트럼프 4명인데 앞의 세 명이 멕시코전쟁, 남북전쟁, 2차 대전 등 전쟁 이후에 전쟁 영웅인데 반해 트럼프는 기업가라는 점에서 특이한 이력이라 할 수 있다.

대통령에 대한 역사적 평가는 대통령의 업적뿐 아니라 성격, 집무스타일, 도덕성, 리더십 등의 개인적 차원에 대한 분석을 포함하여, 대통령비서실과 내각 운영 그리고 더 나아가 의회와의 관계, 언론과의 관계, 대국민 관계 등 조직적 차원, 그리고 안보, 외교 문제와 관련된 위기관리 등 다양한 요인들에 바탕으로 이루어졌다.

미국의 대통령 평가는 다수의 전문가들에게 체계적인 설문을 통하여 1948년 이래 꾸준히 시도되고 있다. 최초의 역사적 평가는 1948년 슐레징어(Arthur M. Schlesinger, Sr)에 의해 시도되었는데 55명의 역사학자들을 대상으로 한 설문을 통해 '위대한 (Great)', '위대함에 가까운(Near Great)', '평균(Average)', '평균 이하(Below Average)', '낙제(Failure)'의 다섯 범주로 대통령을 평가하였다. 그는 1962년에도 75명의 전문가를 대상으로 동일한 조사를 하였고, 이는 그 아들인 슐레징어 2세(Arthur M. Schlesinger, Jr)에 의해 1996년에도 이루어졌다.

좀 더 체계적인 조사는 마라넬(Maranell)의 1968년 연구에 찾아볼 수 있는데 그는 미국 역사가 협회(Organization of American Historians)의 회원들을 대상으로 종합적 명성, 업적, 실행력, 의욕적 활동, 응답자들의 정보의 총량, 이상주의, 융통성의 7개 범주로 평가하였다. 이후 연구에서는 지도력, 업적, 정치력, 인사, 성격의 5개 범주(US News and World Report Jan. 25, 1982)에서부터 개인적 배경(가족, 교육, 경력), 정당관리, 의사소통능력, 대의회관계, 법관인사, 경제, 행운, 타협능력, 위험감수의지, 행정부인사, 종합적능력, 창의력, 국내업적, 청렴성, 집행능력, 외교업적, 리더십, 지능, 중대실수회피, 현재 평가의 20개 범주까지 다양한 판단기준을 통하여 대통령에 대한 평가가 체계화되었다.

여러 역사적 평가에서 공통적으로 위대한 대통령으로 순위매김을 받는 대통령들은 링컨, 프랭클린 루스벨트, 워싱턴, 제퍼슨, 시어도어 루스벨트, 윌슨, 트루먼, 잭슨 등이다. 그리고 실패한 대통령으로 평가되는 대통령들은 하딩, 윌리엄 해리슨, 가필드, 그랜트, 앤드류 존슨, 닉슨, 뷰캐넌, 타일러, 피어스 등이다.

대통령이 어떠한 연유에서 역사적으로 위대하게 평가받고 또는 실패한 대통령으로 자리매김하는지에 대하여 여러 설명들이 있을 수 있다. 사이먼턴(Simonton 1987)은 마라넬의 조사결과를 가지고 통계적으로 분석한 결과, 대통령의 특권과 지도력의 강도, 행정활동, 행정적 업적 그리고 응답자의 소유 정보량이 많으면 많을수록 위대한

| 〈표 5-4〉 | | | | | | | | | 대통령의 평가 순위 | | | | | | | | | | | |

	1948[a]	1962[b]	1970[c]	1977[d]	1982[e]	1982[f]	1982[g]	1990[h]	1994[i]	1996[j]	1997[k]	1999[l]	2000[m]	2000[n]	2002[o]	2010[p]	2011[q]	2015[r]	2017[s]	2018[t]	2018[u]
Washington	2	2	3	2	2	3	4	4	4	2	3	3	1	2	4	4	3	2	2	2	1
J. Adams	9	9	11	10	–	9	10	14	12	11	14	16	13	12	12	17	12	15	19	14	14
Jefferson	5	5	4	4	5	4	2	3	5	4	4	7	4	5	5	5	4	5	7	5	5
Madison	14	11	15	–	–	14	9	8	9	17	10	18	15	11	9	6	14	13	17	12	7
Monroe	12	17	13	–	–	15	15	11	15	15	13	14	16	9	8	7	13	16	13	18	8
J. Q. Adams	11	12	18	–	–	16	17	16	17	18	18	19	20	18	17	19	20	22	21	23	18
Jackson	6	6	8	7	7	7	13	9	11	5	8	13	6	9	13	14	9	9	18	15	19
Van Buren	15	16	22	–	–	20	21	21	22	21	21	30	23	13	24	23	27	25	34	27	25
W. Harrison	–	–	–	–	–	26	35	28	–	35	37	–	–	36	35	–	–	39	38	42	39
Tyler	22	23	25	–	31	28	34	33	34	32	34	36	34	31	37	37	37	36	39	37	37
Polk	10	8	10	9	10	12	12	13	14	9	11	12	10	16	11	12	16	19	14	20	12
Taylor	25	22	27	–	–	27	29	34	33	29	29	28	31	20	34	33	33	33	31	35	30
Fillmore	24	24	29	–	34	29	32	32	35	31	36	35	35	26	38	38	36	37	37	38	38
Pierce	27	26	31	–	36	31	35	36	37	33	37	39	37	38	39	40	39	40	41	41	40
Buchanan	26	27	28	–	37	33	37	38	39	38	40	41	39	25	41	42	40	43	43	43	43
Lincoln	1	1	1	1	1	1	3	2	2	1	1	1	2	1	2	03	2	1	1	1	03
A. Johnson	19	21	21	–	33	32	38	39	40	37	39	40	36	22	42	43	36	41	42	40	44
Grant	28	28	32	–	35	35	36	37	38	34	38	33	32	39	35	26	29	28	22	21	24
Hayes	13	13	24	–	–	22	22	23	24	23	25	26	22	14	27	31	30	30	32	29	32
Garfield	–	–	–	–	–	25	30	26	–	30	29	–	–	33	27	–	–	31	29	34	28
Arthur	17	20	23	–	–	23	24	26	27	26	28	32	26	37	30	25	32	32	35	31	34
Cleveland	8	10	14	–	–	17	18	17	19	13	16	17	12	22	20	20	21	23	23	24	23
B. Harrison	21	19	26	–	–	26	31	29	30	19	31	31	27	28	32	34	34	29	30	32	35
McKinley	18	14	17	–	–	18	19	19	18	16	17	15	14	27	19	21	17	21	16	19	20
T. Roosevelt	7	7	5	5	4	5	5	5	3	6	5	4	5	7	3	02	5	4	4	4	4
Taft	16	15	16	–	–	19	20	20	21	22	20	24	19	21	21	24	25	20	24	22	22
Wilson	4	4	7	6	6	6	6	6	6	7	6	6	11	3	6	08	6	10	11	11	11
Harding	29	29	33	–	39	36	39	40	41	39	41	38	38	33	40	41	38	42	40	39	41
Coolidge	23	25	30	–	32	30	30	31	36	30	33	27	25	34	29	29	28	27	27	28	31
Hoover	20	18	19	–	–	21	27	28	29	35	24	34	29	30	31	36	26	38	36	36	36
F. Roosevelt	3	3	2	3	3	2	1	1	1	3	2	2	3	3	3	01	1	3	03	3	2
Truman	–	–	6	8	8	8	7	7	7	8	7	5	7	5	5	09	7	6	06	6	9
Eisenhower	–	–	20	–	9	11	11	12	8	10	9	9	9	24	10	10	10	7	05	7	6
Kennedy	–	–	12	–	–	13	8	10	10	12	15	8	18	8	14	11	15	14	08	16	10
L. Johnson	–	–	9	–	–	10	14	15	13	14	12	10	17	15	15	16	11	12	10	10	16
Nixon	–	–	–	–	38	34	28	25	23	36	32	25	33	36	26	30	23	34	28	33	29
Ford	–	–	–	–	–	24	23	27	32	28	27	23	28	32	28	28	24	24	25	25	27
Carter	–	–	–	–	30	25	33	24	25	27	19	22	30	17	25	32	18	26	26	26	26
Reagan	–	–	–	–	–	16	16	22	20	25	26	11	8	34	16	18	8	11	09	9	13
G. H. Bush	–	–	–	–	–	–	–	18	31	24	22	20	21	28	22	22	22	17	20	17	21
Clinton	–	–	–	–	–	–	–	–	16	20	23	21	24	18	18	13	19	8	15	13	15
G. W. Bush	–	–	–	–	–	–	–	–	–	–	–	–	–	–	23	39	31	35	33	30	33
Obama	–	–	–	–	–	–	–	–	–	–	–	–	–	–	–	15	–	18	12	8	17
Trump	–	–	–	–	–	–	–	–	–	–	–	–	–	–	–	–	–	–	–	44	42

a. Schlesinger, Arthur Sr., "The U.S. Presidents," *Life* 65(1948), 55명의 역사학자를 대상으로 조사.

b. Schlesinger, Arthur Sr., "Our Presidents: A Rating by 75 Scholars," *New York Times Magazine* (July 29, 1962) 58명의 역사가들이 포함된 75명의 전문가 조사

c. Maranell, Gary and Richard Dodder, "Political Orientation and Evaluation of Presidential Prestige," *Social Science Quarterly* 51: 418(1970), 미국역사가협회(Organization of American Historians)의 회원들 중 1,095명을 무작위로 선발하여 조사의뢰하여 571명으로부터 유용한 답변을 얻어 조사

d. Diclerico, Robert E, *The American President* (Englewood Cliffs, NJ: Prentice Hall, 1979), 역사학자 93명에 대한 조사

e. Chicago Tribune Magazine의 기자인 Steve Neal에 의해 49명의 역사가와 정치학자들을 대상으로 상위 10명과 하위 10명의 대통령을 조사. US News and World Report(Jan. 25, 1982)

f. Murray, Robert K., *Journal of American History* (1983) 1982년 미역사협회 모든 회원들에게 설문을 돌려 846명으로부터 유용한 답변을 얻어 조사

g, h, i. Lonnstrom and Kelly(1997), p.593. Siena Research Institute 주관으로 1982, 1990, 1994년 조사연구를 수행

j. A. M. Schlesinger, JR.(1996), 32명의 역사학자를 대상으로 조사

k. Wolliam J. Ridings, Jr. and Stuart B. McIver, 719명의 학자와 전문가들을 대상으로 조사(1997)

l. C-SPAN Suvey of Presidential Leadership, 90명의 역사학자와 대통령학 전문가들을 대상으로 조사(1999)

m. Federalist Society-The Wall Street Journal Survey on Presidents, Lindgren이 78명의 대통령학 학자들을 대상으로 조사(2000)

n. Charles F. Faber and Richard B. Faber(2000), 연구자들의 주관적 연구

o. Siena Research Institute(2002)

p. Siena Research Institute(2010)

q. United States President Center(2011)

r. Rottinghaus & Vaughn, American Political Science Association 회원 100명 대상(2015)

s. C-SPAN Presidential Historian Survey(2017)

t. Rottinghaus & Vaughn, American Political Science Association 회원 100명 대상(2018)

u. Siena College Research Institute, Presidential Expert Poll(2018)

대통령으로 평가받는다고 주장하였다. 이러한 변수 이외에도 상황적으로 볼 때 대통령이 재임한 당시의 경제상황이 매우 호전되어 국가가 부강하게 유지된 경우 대통령의 직접적 정책개입 여부를 떠나 매우 우호적인 평가환경으로 작용할 수 있다. 그리고 재임기간 중 역사적 사건이 발생하였다거나, 대통령이 암살되었다거나 하는 경우도 대통령에 대한 평가에서 유리한 요소로 나타난다. 그리고 집권기간도 중요하게 작용할 수 있는데 연임에 성공하여 다른 대통령보다 오랜 기간을 재임한다면 더 많은 업적을 쌓을 수 있는 기회를 부여받는다는 점에서 긍정적인 요소가 될 수 있다.

대통령이 위기의 시기에 대통령직을 잘 수행했을 경우 위대한 대통령으로 평가받을 수 있는 확률이 높다고 보는 견해도 있다. 평온한 시기에 대통령직을 수행하는 사람들에게는 평가가 공정하지 않게 작용하곤 하는데, 이는 국가적 위기상황에서 적극적으로 대처하여 위기를 성공적으로 극복했을 때 위대한 대통령으로 평가받는 경향이 있다는 것이다. 가장 성공적으로 평가받는 조지 워싱턴, 에이브러햄 링컨, 프랭클린 루스벨트 등은 공통적으로 미국의 운명을 결정짓는 중요한 사건들과 직접적인 연관성을 가지고 있다. 워싱턴은 독립전쟁의 영웅이고, 링컨은 남북전쟁과 노예해방을 성공적

으로 이끌며 미국의 분열을 막았으며, 프랭클린 루스벨트는 대공황과 2차 대전을 극복하면서 미국을 세계적 리더십을 가진 초강대국으로 발전시켰다.

결국 대통령 평가는 특정 성격의 대통령들에 우호적인 방향으로 이루어질 수 있고 또는 평가자의 성향에 따라 그 결과가 달라질 수 있다. 더불어 대통령에 대한 역사적 평가는 일관되게 유지되는 것이 아니라 시대적 상황에 따라 변화할 수 있고, 조사시점에 따라서도 달라질 수 있다는 점 역시 이를 판단하는 데 고려해야 할 사항이다.

제 **6**장

연방대법원

곽진영

미국 정치를 공부하는 교재에 왜 연방대법원(The Supreme Court)이 포함되어 있을까. 흔히 우리는 미국 정치제도의 가장 중요한 원리가 바로 삼권분립이라는 사실을 잘 알고 있으면서도 한국정치론에는 없는 사법부가 포함된 것을 의아하게 생각하는 일이 많다. 삼권분립이란 말 그대로 행정, 입법, 사법을 관장하는 제도 간의 권력이 분립되어 있고 이들 간의 견제와 균형이 정치체계가 작동하는 핵심 원리가 되는 것이다. 미국은 삼권분립 체제가 원활하게 작동되는 대표적인 국가라고 할 수 있으며, 미국 정치를 이해하기 위해서는 연방대법원과 사법체계에 대한 이해가 반드시 병행되어야 한다.

2000년 미국의 대통령선거는 그 결과가 확정되는 데 유례없는 시간을 필요로 했다. 박빙의 경쟁이었던 공화당 후보 부시와 민주당 후보 고어 간의 선거에서 플로리다 주의 개표 오류가 발견되면서 이에 대한 법적 공방이 시작되었기 때문이다. 국가 전체의 득표율이 아닌 주별 득표 결과에 따른 대통령 선거인단의 득표수로 당락이 결정되는 미국 대선에서 한 주에서의 성패가 승자와 패자의 운명을 달리하게 하는 유례없는 상황에 직면하게 된 것이다. 이러한 논쟁은 결국 헌법에 근거한 판정을 필요로 하게 되었으며 연방대법원의 권위 있는 결정이 그 힘을 발휘하였다. 연방대법원의 해석에 따라 부시의 승리가 정당성을 확보하면서 미국인들에게 받아들여진 것이다. 2000년 대선은 미국 정치에서 연방대법원이 어떤 역할을 수행하고 있는지 그 위상을 확인해 주었다.

실제로 미국 연방대법원은 미국인의 일상사와 깊이 연관되어 있다. 한편에서는 연방대법원의 이러한 중재 기능을 미국 정치의 장점으로 간주하지만 또 다른 한편에서는 법원 판결의 정책적 함의가 지나치게 강하다는 점을 문제로 지적하기도 한다. 예컨대 2000년 대선의 경우에도 대표성을 기본으로 하는 선거의 결과가 비선출직 판사들의 법적 해석에 의해 확정되었다는 사실에 대해서 대의 민주주의를 오염시키는 것이라는 비판도 제기되었다. 또, 연방대법원 판사의 비정파성을 인정하더라도 결국 법의 해석은 국민에 의한 것이 아닌 판사들 개인의 신념과 가치관을 반영한 해석에 의거한다는 점에서 연방대법원의 정책이행 기능을 비판하기도 한다.

그럼에도 불구하고 *로우 대 웨이드(Roe vs. Wade)* 판례는 미국사회에서 논란이 되어온 낙태가 허용되는 전환점이 되었으며, 1954년의 *브라운 대 교육위원회(Brown vs Board of Education)* 판례가 인종통합에 대한 중요한 잣대를 제공하였다는 데 대해서는 그 공로가 인정되고 있다. 본 장에서는 미국의 사법체계를 이해하고 미국 정치사회에서 연방대법원의 역할에 대해 살펴보고자 한다.

I. 미국사회에서 연방대법원의 위상

오늘날 미 연방대법원은 미국 정치 사회의 흐름과 변화를 주도하는 영향력 있는 정책결정기구의 하나로 인식되고 있다. 그렇다면 미국 건국 당시 헌법 입안자들은 연방대법원을 어떻게 이해했을까.

1787년, 해밀턴은 『연방주의논고』에서 사법부는 정부의 3개 부처 중에서 가장 약한 기관이며, "가장 위험하지 않은 부처(the least dangerous branch)"라고 적고 있다. 이와 달리 반연방주의자들은 연방법원의 판사들이 종신직이고 "이 땅 위에 우월한 법(the supreme law of the land)" 해석을 내릴 수 있는 권한을 지닌다는 점을 지적하면서 연방대법원이 지나치게 많은 권한을 가질 수 있다는 우려를 표명하기도 했다 (O'Connor et al. 2006, 345). 결국 1789년 의회는 사법부법(The Judiciary Act)을 통과시켰으며, 미국의 사법체계는 연방법원과 주 법원이 각각 독립적인 체계로 공존하는 이

〈참고사항 6-1〉 존 마샬(John Marshall)

존 마샬(1755~1835)은 버지니아의 오두막집에서 태어났다. 윌리엄 앤 메리 대학에서 받은 짧은 공교육을 제외하고는 거의 독학으로 법을 공부한 마샬은 변호사가 되어 버지니아에서 가정을 이루며 살았다. 변호사이기보다는 정치인이었던 그는 버지니아 의회의 대의원으로 미국 헌법이 버지니아에서 비준되도록 하는 데 중요한 역할을 담당하기도 했다. 1799년에는 워싱턴 대통령의 설득으로 미 하원의원에 출마하여 당선되는 기쁨을 누렸으며, 곧이어 1801년, 애덤스 대통령에 의해 올리버 엘스워스의 사임으로 공석이 된 연방대법원장에 임명된다. 위헌심사권의 기반을 마련한 마버리 대 매디슨(*Marbury vs. Madison*)

그림 _ Website of the Virginia Museum of Fine Arts

관례로 마샬은 미국 역사상 의미 있게 기억되는 대법관 중 한 명이 되었다. 그는 죽음에 이르기까지 1,000여 개의 판결에 참여했으며, 500개 이상의 의견서를 작성하였다(O'Connor et al. 2006).

원체계로 유지되어 왔다. 또한, 연방 판사들은 헌법에서 종신직으로 임명한 바에 따라 대중적인 지지 여부와 상관없이 그 역할을 수행하게 되었다(Janda et al. 2005, 438).

　초기 연방법원 판사들은 워싱턴 대통령이 자신의 행동에 대해 적법성을 물었을 때 이에 대한 자문 요청을 거절하였다고 한다. 국가건설과정에서 연방대법원이 독립적이며 비정치적인 기관으로 구축되어야 한다는 신념을 확고히 하기 위해서였다(O'Connor et al. 2006, 348). 또, 최초의 대법원장이었던 존 제이(John Jay)는 국정에 구체적으로 기여하기에는 연방대법원이 그에 필요한 위엄과 능력을 가지고 있지 못하다고 하면서 사임하기도 하였다. 그 후 애덤스 대통령이 존 마샬(John Marshall)을 대법원장에 임명하게 되는데 이것이 연방대법원의 위상을 변화시키는 중요한 시발점이 되었다(Janda et al. 2005, 438).

1. 위헌심사권(Judicial Review)

마샬 대법관의 임명 직후, 연방대법원은 중요한 갈등 사안에 직면하게 된다. 입법기관인 의회의 결정이 미국 연방헌법과 상충되는 경우 어느 쪽이 더 유효한가의 문제에 직면하게 된 것이다. *마버리 대 매디슨(Marbury vs. Madison)*은 이 문제를 둘러싸고 발생한 갈등을 조정한 판례로 이후 연방대법원의 위헌심사권을 인정하는 계기를 제공하였다.

사건은 1801년부터 시작된다. 제퍼슨파에 의해 대통령직에서 물러나게 된 연방주의자 애덤스는 임기 마지막 날 연방판사직을 추가로 만들고 이 중 워싱턴의 치안판사직에 마버리(Marbury)를 임명하였다. 그러나 임명과정이 다 마무리되지 못한 상황에서 정권이 이양되었고 신임 대통령 제퍼슨은 미결된 임명장의 발송을 중지할 것을 신임 국무장관 매디슨(Madison)에게 명했다. 이를 알게 된 마버리는 국무장관 매디슨을 상대로 소송을 제기하게 된다. 이제 막 연방대법원장에 임명된 마샬에게는 참으로 곤란한 지경이 아닐 수 없었다. 결국 마샬은 고민 끝에 1803년 2월 24일 판결문을 발표하는데, 이 판결문에서 일단 마버리가 임명장을 받을 권리를 가지고 있다는 점을 언급하고 그럼에도 불구하고 사법부법 제13조가 규정한 대법원의 제1심 관할권(Original Jurisdiction)이 헌법 제3조와 모순된다는 점을 지적하였다. 헌법 제3조는 대사 혹은 기타 외교사절에 영향을 주거나 주가 소송 당사자가 되는 경우에 대하여 대법원이 제1심 관할권을 갖는다고 규정하고 있으며, 따라서 마버리의 소송은 이 중 어느 조건에도 해당하지 않는다는 것이다. 따라서 이렇게 사법부법과 헌법의 내용이 상호 모순적인 경우 법원이 헌법의 틀을 벗어난 법의 집행을 수행할 수는 없다는 것이 판결의 요지였다. *마버리 대 매디슨* 판결은 연방대법원이 의회에 의해 결정된 법이라 하더라도 헌법에 위배될 때는 무효라는 결정을 내릴 수 있다는 위헌심사권(Judicial Review)을 행사할 수 있게 하는 중요한 계기를 제공하였다(Trachtman 2006, 24-28).

위헌심사권을 인정한다는 것은 사실상 연방대법원의 권한을 입법부나 행정부의 권한보다 우위에 두는 것으로도 볼 수 있다. 삼권분립과 견제와 균형을 핵심 원리로 하는 미국 통치구조에서 이러한 연방대법원의 잠재적인 우월권은 민주주의 원리에 반하는 것이라는 지적이 있는 것도 사실이다. 그러나 실제로 200여 년의 미국 역사에서 연방대법원이 국가 법률에 대해 위헌심사 판결을 내린 것은 180여 건에 지나지 않으며, 그중에서 국가적으로 중대한 사안이었던 경우는 극히 드물다는 점에서 그리

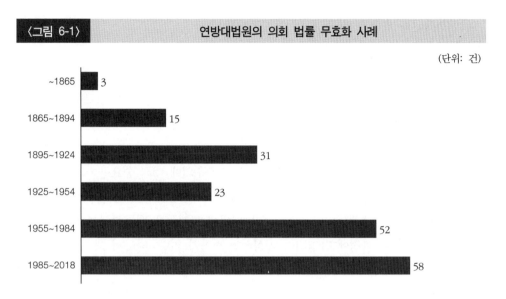

출처: U.S. Government Printing Office, www.congress.gov/constitution-annotated, T. J. Lowi et al., *American Government*, 5th ed.(New York, London: W.W. Norton & Co. Inc., 2019), p.355에서 재인용

우려할 것은 아니라는 주장도 있다(Janda et al. 2006, 440).

그러면 연방제로 구성된 미국의 법체계에서 주법이 헌법이나 국가법, 또는 연방 조약에 위배되는 경우에는 어떻게 위헌여부를 판명할까. 이에 대한 해답은 1796년에 내려졌다. 한 영국인 채권자가 채무를 이행받으려고 했으나 버지니아 주가 이에 대해 취소 결정을 내렸던 것이다. 그런데 이는 1783년에 체결된 파리조약에서 채무관계는 독립과 상관없이 지속적으로 인정한다는 결정과 상충하는 것이었다. 주의 결정을 연 방대법원에서 부정할 수 있는가에 대한 시비를 가리게 된 것이다. 결국 연방대법원은 헌법 4조에 명시된 바와 같이 헌법은 국가법과 조약을 포함하며, 최고의 법이므로, 주법을 무효화할 수 있다고 결론내리게 된다. 이런 판결에 대해 주들이 반발하였음은 물론이다. 주가 더 강한 권한을 지닌다고 주장하는 사람들은 헌법의 우월권이란 주 판사들이 주 법이 헌법과 상충될 때 헌법을 더 우선적으로 준수하라는 의미이지만 헌법의 해석은 오로지 해당 주의 주체적인 해석에 의거해야 한다고 주장하였다. 그러 나 연방대법원은 국가적인 법 적용의 통일성을 지키고, 주가 아니라 바로 국민들이 헌법에 구속되는 존재이며, 이들이 주에게 좋은 정부를 구성하도록 권한을 준 것이라 는 점을 다시금 분명히 하였다(Janda et al. 2006, 441).

위헌심사권의 내용은 다음의 세 가지로 구성된다.

- 연방법, 주 법, 지방법이 헌법에 위배되는 경우 이를 무효화
- 연방법이 주 법이나 지방법과 상충될 때 연방법이나 연방 조약이 우월함을 인정
- 연방대법원이 최우선의 헌법 해석권한을 지님을 인정

사실 연방대법원이 갖는 위헌심사권은 대의 민주주의에 대해 중요한 의문을 제기한다. 입법부나 행정부 수반은 국민이 선거를 통해 그 권한을 위임한 대표성을 지니는 대의기관이라는 점이 명백하다. 그러나 연방대법원 판사들은 대통령에 의해 임명되며 국민들의 의견이 이 과정에 반영되는 공식적인 절차가 없다. 따라서 대의 민주주의의 토대가 되는 대표성을 갖는 두 정부 기관의 결정이 그렇지 않은 기관에 의해서 무효화 될 수 있다는 것을 인정한 셈이라는 점에서 논란이 될 수 있는 것이다.

이런 점을 우려한 해밀턴은 『연방주의논고』에서 비록 연방대법원이 위헌심사권을 갖고 있지만, 입법부나 행정부와 비교할 때 그 실행력이 약하며, 특히 어떠한 강권력이나 의지를 지니지 않고 단지 판결만 할 뿐이라고 적고 있다. 그럼에도 불구하고 그 자신부터 위헌심사권이 입법과정에서 가장 중요한 장벽이 될 수 있다는 점을 인정한 것 역시 사실이다. 그러나 그는 가장 중요한 사실은 어디까지나 헌법에 명시된 국민의 의지가 일반법에 명시된 입법부의 의지보다 우위에 있다는 점이라고 재차 강조하였다. 특히 법관의 종신직 인정과 안정된 임금보장은 판사들이 입법부나 행정부의 정치적인 영향으로부터 비교적 자유로울 수 있도록 해주는 중요한 장치가 되고 있으며 오로지 헌법에 준거한 판결을 내도록 하는 중요한 동인을 제공하고 있다는 점 역시 위헌심사권이 존속될 수 있는 중요한 제도적 여건이 되고 있다.

II. 연방제와 사법체계

연방제로 운영되는 미국에서 사법체계는 어떻게 구성되어 있을까. 다른 정부 부처와 마찬가지로 사법체계 역시 연방 법원체계와 주 법원체계의 이원체계로 구성되어 있다.

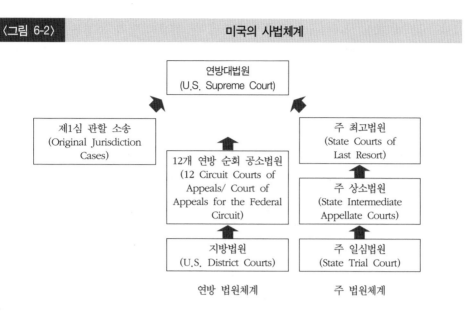

〈그림 6-2〉 　　　　　　　　　　　미국의 사법체계

연방대법원
(U.S. Supreme Court)

제1심 관할 소송
(Original Jurisdiction Cases)

12개 연방 순회 공소법원
(12 Circuit Courts of Appeals/ Court of Appeals for the Federal Circuit)

주 최고법원
(State Courts of Last Resort)

주 상소법원
(State Intermediate Appellate Courts)

지방법원
(U.S. District Courts)

주 일심법원
(State Trial Court)

연방 법원체계　　　　　　　　　주 법원체계

출처: O'Connor et al.(2006); Janda et al.(2005); Greenberg(1995); Lowi et al.(2019)

1. 주 법원체계

주 법원체계에서는 일반적인 민사, 형사소송의 대부분이 다루어진다. 공공질서를 파괴하는 행위와 관련된 형사소송의 경우 공공질서의 유지는 어디까지나 주, 혹은 지방 행정기관의 관할 사항이 되며, 따라서 주에 따라 형사범죄로 인정되는 내용이 각기 다르다. 예를 들어 살인, 강간, 방화 등은 모든 주에서 형사범죄로 인정되지만 마리화나 흡연 등은 주에 따라 범죄 인정 여부가 다르다. 또 공공질서의 파괴행위 가운데서도 세금 포탈, 위조 화폐, 문서 위조 등의 사건은 국가 안위와 관련되는 문제라는 점에서 연방 법원체계를 통해 처리된다. 한편, 시민들 간의 사고, 계약 위반, 이혼 등과 같은 분쟁과 관련되는 민사소송은 그 피해가 사회 전반에 미치지 않는 이슈들이므로 주로 상호 간의 손해배상이나 타협 등으로 해결된다(Janda et al. 2005, 444-445).

우리가 흔히 TV를 통해 보는 것과 같은 법정에서의 심의는 미국에서 그리 흔한 일은 아니다. 대부분의 민사, 형사소송들은 사전 청원거래(plea bargain)를 통해서 해결된다. 법정으로까지 가는 비용과 노력을 줄이고 그 결과를 예측하기 어려운 위험 부담을 지지 않기 위해서 대부분의 고소인과 피고소인들은 변호사가 중재하는 타협안을 두고 논쟁을 통해 협상에 이르게 되는 것이다. 실제로 법정심의로까지 이어지는 소송 이전의 고소 상태에서 고소인이 스스로 더 이상의 법적 논쟁을 포기하겠다고 하는 경우도 종종 있다.

법정심의로 이어지는 경우 판사들의 결정은 주로 두 가지에 기초한다. 그 하나는 그 사건에 관하여 적용할 명확한 법적 기준이 없는 경우 유사한 판결의 선례를 따라 판결하는 것으로 이를 일반법(common law), 혹은 판례법(judge-made law)이라고 한다. 또 다른 방법은 비준된 법안에 근거하여 판결하는 것으로 이를 법령해석(statutory construction)이라고 한다. 하지만 기존의 법전을 그대로 적용한다고 하여도 그것이 말 그대로 모든 판사에게서 동일하기는 어렵다. 따라서 판사들은 그 법이 만들어진 배경, 의도, 그리고 관련 위원회의 청문회나 토론회 내용 등을 고려하여 판결하고, 이러한 근거 자료들조차 명확하게 적용하기 어려운 경우에는 상급 법원 판사의 유사 사건 판결에 근거하여 판결한다(Janda et al. 2005, 445).

2. 당사자주의와 배심원제도

미국 법원의 중요한 특징 중 하나는 당사자주의(adversary system)이다. 당사자주의는 소송당사자와 피고소인이 중립법정에서 입증할 만한 증거를 통해 서로 과실이 있었음을, 혹은 과실이 없었음을 밝혀나가는 방식이다. 이는 검사가 고소를 하고 피의자는 판사 앞에서 무죄임을 입증하며, 판사가 그 과정에 참여하는 직권주의(inquisitional system)와는 차이를 보인다(서정갑 1989, 364-365). 이러한 당사자주의의 심의과정에서 배심원은 사실의 인정 여부를 결정하고 판결에 참여하는 역할을 수행한다. 따라서 누가 배심원이 되는가 하는 점은 판결과정에서 매우 중요한 부분이 되지 않을 수 없다.

바로 이런 측면에서 미국에서 배심원의 구성은 최근까지도 끊임없는 논쟁의 대상이 되고 있다. 배심원은 주로 투표등록을 한 인물 중에서 선정하기 때문에 과거에는 여성과 흑인이 선정에서 제외되었다. 1975년에 이르러서 여성과 흑인 모두가 배심원으로 선정될 수 있을 만큼 그 범주가 확대되었지만 그 이후에도 변호사들은 편견을 가질 수 있다는 이유로 제도를 이용한 교묘한 방법으로 이들을 제외시켜 왔던 것이 사실이다. 이에 대해 연방대법원은 마침내 여성, 흑인이라는 이유가 배심원 선정 대상에서 제외될 수 있는 근거가 될 수 없다고 판정하였고 오늘날에는 비교적 많은 여성과 흑인이 배심원으로 선정되고 있다.

3. 연방 법원체계

연방 법원체계는 "헌법이 정하는 법정(constitutional courts)"으로 구성된 체계로서 연방법원의 판사는 대통령이 임명한다. 먼저 지방법원은 연방 법원체계의 제1심 관할 법정으로서 주 일차법원과는 다른 특정 유형의 소송만을 다룬다. 연방체계의 지방 법정에서 다루게 되는 문제는 주로 다음의 세 가지 범주에 속한다.

① 연방정부가 분쟁의 한 당사자가 되는 경우
② 미국 헌법 하에서 요구되는 연방 차원의 문제, 예를 들어 외국와의 조약이나 연방법령과 관련되는 경우
③ 각기 다른 주에 거주하는 시민들 간의 소송, 그리고 7만 5천 달러 이상의 돈과 관련된 민사소송(O'Connor et al. 2006, 355)

연방 지방법원 소속 변호사들은 사건의 조사와 법정심의 여부 등을 결정하는 데 상당한 판결권을 지니며, 이러한 경험이 선거직으로 가는 발판의 역할을 하기도 한다. 예컨대 전 뉴욕시장 줄리아니는 뉴욕시 남부 구역의 연방 변호사로 일하다 선거에 나가 당선되기도 했다.

연방순회공소법원은 원심은 다루지 않으며, 주로 지방 법원에서 상고된 사건과 행정기관으로부터 올라온 사건을 심의한다. 실제로 약 10% 정도가 행정소송인데 이들 마저도 대부분 행정기관이 가장 많이 있는 워싱턴(Washington D.C.)에서 이루어진다. 그런 이유로 워싱턴의 공소 법원은 연방대법원에 이어 미국 "제2의 법정"으로 알려져 있다. 또 주 상소 법원의 결정은 그 주 안에서만 구속력을 갖지만 연방 공소 법정의 결정은 국가 전체에 대한 구속력을 지니는 것이라는 점에서도 판결의 영향력이 강하다. 공소법원에서 거부되어 다시 대법원에 상고를 한다 해도 실제로 거의 논의되지 못하기 때문에 연방공소법원의 결정이 사실상 마지막 판결이 되는 일이 흔하기 때문이다.

연방공소법원에서 또다시 증언이 진행되는 것은 아니며 사건의 주요 내용을 적은 적요서(brief)를 검토하고 이를 중심으로 법정에서 논쟁을 하게 된다. 연방공소법원의 판결은 선례(precedents)로 남게 되며, 이는 이후에 유사 소송의 판결에 중요한 근거를 제공하게 된다. 이러한 판결 방식을 "선례 구속(*stare decisis*, 영어로는 let the decision stand)"이라고 하는데 이 제도는 법체계의 지속성과 예측력을 높여 준다. 그러나 이러한 관례에도 불구하고 판사들은 새로운 근거를 마련하여 이전의 판결을 무시한 새로운 해석에 기초한 판결을 종종 내려 왔으며, 그런 이유에서 미국인들의 빈번한 소송이 가능했다고도 볼 수 있다. 결과가 어떻게 될 것이라는 것이 명백하다면 대부분의 사람들은 법정에 서기를 꺼리겠지만 이렇듯 선례 구속의 관례와 함께 새로운 해석이 가능하다는 점에서 법에 쉽게 호소할 수 있게 된다는 것이다(O'Connor et al. 2006, 357).

연방 법체계의 최고 법정인 연방대법원은 '태풍의 핵(The Storm Center)'이라는 별명에 걸맞게 논쟁적인 정치 사안들이 다루어지는 곳이다. 연방대법원의 심의 대상이 되는 사안은 크게 두 가지로, 먼저 연방대법원이 원심으로서 사건을 최초로 접수하고, 또 판결에까지 이르는 제1심 관할 소송이 있으며, 또 다른 경로는 미국 법체계의 마지막 창구로서 연방공소법원과 주 최고법원에서 올라온 사건들을 검토하는 것이다. 연방대법원이 원심으로서 다루게 되는 사건들은 주들 간의 분쟁, 연방정부와 주정부 간의 분쟁, 외국의 대사나 공사와 관련된 사건, 그리고 주가 원고로서 다른 주의 거주자와 분쟁이 생긴 경우에 국한된다(Janda et al. 2006, 449). 하급 법원에서 올라온 사건들이 모두 검토되는 것은 아니며 실제로는 아주 소수의 중요한 사건들만이 검토의 대상이 된다.

먼저 하급 법원으로부터 서류이송 청원을 해 오면 연방대법원은 그 내용을 검토하여 연방적인 문제와 관련이 된다고 판단하는 경우에 한해 그 청원을 수용한다. 이 때 대법관들은 그 사건의 내용과 하급 법원에서의 진행 내용을 적은 이송명령서(Writ of certiorari)를 보고 이를 회의(conference)를 통해 논의하여 심의 여부를 결정하게 되는 것이다. 이 회의에서는 4인 이상의 찬성에 의해서 심의 여부를 결정하는 '4인의 법칙(rule of four)'이 적용되며, 이렇게 결정된 사건들은 소송 사건 일람표(docket)에 올려지게 된다.

사건의 심의과정에서 중요한 역할을 수행하는 법무차관(Solicitor General)은 대통령의 임명을 받아 미국 정부를 대표하는 역할을 수행한다. 법무차관은 정부가 하급법원의 결정을 상고해야 할 것인지, 또 적요서(amicus curiae brief)를 작성할 것인지 등을 결정하게 된다. 결국 법무차관의 역할은 연방대법원의 아젠다를 수립하는 데 중요한 문지기적 역할을 하게 되는 셈이며, 그런 이유에서 그를 9인의 연방대법관에 이어 "10번째 대법관"이라고 부르기도 한다.

심의 대상이 된 사건 당사자는 문서로 작성된 소송사건 적요서(brief)를 제출하게

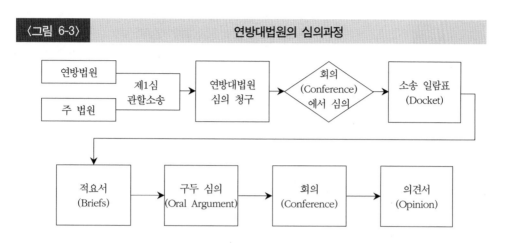

〈그림 6-3〉 연방대법원의 심의과정

출처: William H. Rehnquist, "The 2003 Year-End Report on the Federal Judiciary," *Third Branch: Newsletter of Federal Courts 3* (January 2004), Janda et al.(2005), p.450에서 재인용

되고 이에 대해 구두논쟁(oral argument)이 시작된다. 10월부터 이듬해 4월까지 대법관들은 하루 4시간씩 한 달에 5~6일 정도를 소모하여 심의 대상이 된 문제들에 대한 구두논쟁에 참여하며, 구두논쟁을 거친 사건은 회의(conference)에서 대법관들의 투표에 의해 판결에 이르게 된다. 이때 판결문은 대법원장이 다수 의견에 속한 경우에는 직접 작성하며, 소수 의견에 속한 경우에는 다수 의견에 속한 대법관 중에서 가장 선임의 대법관이 작성한다. 작성된 의견서는 다른 대법관들에게 회람되어 의견을 받아 수정된다. 또, 다수 의견과 다른 반대 의견서(Dissent)나 지지의견서(Concurrence)도 별도로 작성될 수 있다.

III. 판사와 대법관의 충원

연방 판사는 종신직이므로 어떤 인물이 등용되는가는 민주주의의 운영에서 매우 중요한 문제가 된다. 판사는 관례적으로 변호사 중에서 선임되며, 반드시 이전에 판사로서의 경력을 갖출 필요는 없다. 실제로 그간의 연방 판사들, 특히 연방대법관을 보면 거의가 백인, 남성, 기독교인이면서 잘 알려진 명문 법과대학을 나온 중상층 정도의 배경을 가진 인물들이었다. 민주당 소속 클린턴 대통령과 오바마 대통령은 이러한 편향성을 줄이기 위해서 인종과 성별 간의 비율을 고려한 인사를 시행한 것으로 잘

〈표 6-1〉		대통령의 연방 판사 임명 건수: 인종과 성별			

(단위: 명)

대통령	백인	흑인	히스패닉	아시안	여성
Bush	169	11	8	0	36
Clinton	282	61	23	5	106
G. W. Bush	266	24	30	4	71
Obama	208	58	31	18	136
Trump	60	1	1	5	18

출처: T. J. Lowi, et al., *American Government*, 5th ed.(New York, London: W.W. Norton & Co. Inc., 2019), p.355; J. A. Morone et al., *By the People*, 4th ed.(New York, Oxford: Oxford University Press, 2019), p.496

알려져 있다.

연방 판사의 임명은 대통령의 정책이 지속성을 갖는 것과 깊이 관련된다는 점에서 중요한 결정사항이다. 대통령은 영향력 있는 상원의원이나 정당 유력인사, 변호사 협회, 법학자, 주요 이익집단 대표들의 자문을 얻어 적임자를 선발해 낸다. 그러나 무엇보다 중요한 고려사항 중 하나는 그가 정당에 대해 얼마나 열의를 가지고 일해 왔으며, 자신과 같은 정책 노선과 이념 성향을 지니고 있는가 하는 점이다. 그렇다고 해서 대통령이 오로지 인물의 장점만을 가지고 결정하는 것은 아니다. 대통령이 지명한 인물이 상원에서 임명 거부될 수도 있기 때문에 대통령은 주요 상원의원, 특히 법사위원회(Judicial Committee) 의원들로부터 사전에 자문을 얻는다. 지방법원의 경우에는 특히 그 지역구의 대통령과 동일 정당 소속의 선임 상원의원으로부터 추천을 받아 이를 승인하는 일이 흔한데 이를 상원예우(senatorial courtesy)라고 한다. 그러나 판결의 결과가 전국적인 영향력을 지니는 연방 순회 공소 법원의 경우에는 상원예우가 적용되지 않는다.

대통령이 지명한 인물이 상원에서 거부되는 일도 종종 있다. 이런 불신임은 주로 분점정부 상황이거나, 혹은 대통령 임기 말의 권력 누수 현상을 반영하는 경우 나타난다. 대통령은 임기 이후에도 자신이 재임 시 추진해온 정책이 지속성 있게 진행되기를 바라는 마음에서 연방 판사들의 정책 노선과 당파성, 그리고 이념 성향 등을 고려하여 판사를 선임하게 되는 것이다. 특히, 연방대법원의 판사는 중요한 정치적 쟁점과 관련되는 사건을 다루는 최종 심의 판사라는 점에서 그 중요성이 더욱 크다고 할 수 있다. 연방 대법관은 종신직이기 때문에 새로운 대법관을 임명할 수 있는 기회가 모든 대통령에게 다 주어지지 않는다. 그 기회를 갖게 되는 대통령은 그런 점에서 신중을 기해 적임자를 지명하지 않을 수 없는 것이다. 연방대법원 판사는 중요한 정치적 쟁점을 판결하게 된다는 점에서 대부분의 경우 판사 경험을 지닌 인물들 중에서 선임되어 왔다. 이는 그들이 판사 재직 시 어떤 판결을 내렸는지를 통해 정책적·이념적 성향을 사전에 파악할 수 있기 때문이다(O'Connor et al. 2006, 359-364).

〈표 6-2〉	역대 연방대법원장	
연방대법원장	임명 대통령	임명 시기
제이 (John Jay)	워싱턴	1789
루트리지 (John Rutledge)	워싱턴	1795
엘스워쓰 (Oliver Ellsworth)	워싱턴	1796
마샬 (John Marshall)	애덤스	1801
테니 (Roger Brook Taney)	잭슨	1836
체이스 (Salmon Portland Chase)	링컨	1864
웨이트 (Morrison Remick Waite)	그랜트	1874
풀러 (Melville Weston Fuller)	클리블랜드	1888
화이트 (Edward Douglas White)	태프트	1910
테프트 (William Howard Taft)	하딩	1921
휴즈 (Charles Evans Hughes)	후버	1930
스톤 (Harlan Fiske Stone)	루스벨트	1941
빈슨 (Frederick Moore Vinson)	트루먼	1946
워렌 (Earl Warren)	아이젠하워	1953
버거 (Warren Earl Burger)	닉슨	1969
렌퀴스트 (William Hubbs Rehnquist)	레이건	1986
로버츠 (John G. Roberts, Jr.)	부시	2005

출처: Edward S. Greenberg and Benjamin I. Page, *The Struggle for Democracy* (New York: Harper Co. and Choice, 2005), p.534; U.S. Supreme Court Justices, http://www.supremecourts.gov/about/biogrphiescurrent.pdf 부분 발췌

한편, 모든 인사가 그러하듯이 그렇게 임명된 판사들이 전부 충실하게 대통령의 입장을 반영해 내는 것은 아니다. 역사적으로 대부분의 판사들이 예측 가능한 방향에서 판결을 이끌어 낸 것이 사실이지만 기대와 달리 아주 상반된 입장 전환을 보인 경우도 있다. 예를 들어, 프랑크풀터가 연방대법원에 들어간 뒤 임명자인 루스벨트 대통령의 기대와 달리 더 보수적으로 변화했던 것이나, 버거 대법원장이 닉슨이 요청한 행정특권의 인정을 무효화하는 만장일치의 대법원 판결에 함께 동참한 것 등이 그 예이다.

이렇게 대통령이 지명한 판사 후보들은 상원 법사위원회에서 청문회를 거쳐 그 승인 여부가 결정된다. 법사위원회는 상원예우를 벗어나 지명된 후보들에 대해서 흔히 진행상의 통제를 통해 승인을 어렵게 하기도 한다. 이를테면 의사진행 방해와 같은 방법을 통해서 청문과정을 지연시킴으로써 승인을 막는 것이 그것이다. 이렇듯 연방대법원 이하의 하급 법원에 대한 판사 임명은 중요한 정치적 갈등의 장이 되고 있으며, 의사진행방해나 승인 지연을 통해서 결국 지명된 후보 스스로 사퇴하거나 혹은 다음 선거 때 대통령이 다시 임명할 수 있게 유도하기도 한다.

판사의 임명과정에서 중요한 역할을 해 온 기관으로 미국 변호사 협회(American Bar Association: 이하 ABA)가 있다. ABA는 관례적으로 지명된 후보들에 대한 평가 결과를 제출해 왔으며 대통령은 이를 고려하기는 하지만 그 평가 결과를 항상 수용해 온 것은 아니다. 부시가 임명한 대법관인 수터(David Souter)는 ABA로부터 "매우 자격이 있다(Well-Qualified)"는 만장일치의 판결을 얻었지만 부시가 임명한 또 다른 대법관인 토마스(Clarence Thomas)는 중간 정도의 평가인 "자격 있음(Qualified)"이라는 평가를 얻었다. 심지어 토마스는 ABA 평가에서 두 명의 평가자로부터는 "자격 없음(Not-Qualified)"의 평가를 받기도 하여 최초의 "자격 있음" 이하의 평가를 받은 인물로 기록되었다. 부시는 임명 초기에 ABA의 평가가 더 이상 적용되지 않을 것임을 천명하였으며, 1996년 공화당 대통령 후보였던 밥 돌은 ABA의 평가가 결국은 "또 다른 자유 진영의 당파적 영향력"이라고 지적하면서, 본인이 당선되면 판사 선임과정에서 이를 아예 없애겠다고 선언하기도 했다. 결국 최근에는 공식적으로 후보자 명단이 전달되면 상원 법사위원회가 자체 평가를 실시하고 있다.

이익집단들 역시 판사 임명과정에 지대한 관심을 보인다. 그간 이익집단이 연방대법원 대법관 임명과정에 그다지 큰 영향력을 미치지 못했지만 1987년 보크(Bork)가 지명되었을 때 자유 진영의 이익집단들은 그의 과거 행적을 들춰내어 이를 언론 매체를 통해 지속적으로 알리는 등 적극적인 반대 활동을 펴기도 했다. 또 토마스 대법관의 임명과정에서도 이익집단들이 영향력을 행사하고자 다양한 활동을 전개하기도 하였다. 특히 최근에는 이익집단들이 하급법원의 판사 임명과정에 적극적으로 관여하고 있는데 이는 이들이 향후 연방대법원 대법관으로 임명될 가능성이 높다는 점을 고려한 변화로 볼 수 있다.

IV. 연방대법원과 사회변화

1. 사법 판결

연방대법원이 중요한 쟁점 사안을 헌법적 해석을 통해 판결한다는 점은 주지의 사실이다. 따라서 연방대법원의 최종 판결은 당장의 강제성을 띠는 것은 아니지만 사실상의 정책결정과 같은 효과를 발휘한다. 그러나 또 다른 한편으로 연방대법원의 판결은 구체적으로 규제하기보다는 다소 모호하게 작성되어 있기 때문에 이에 대해 다양한 유추해석을 가능하게 하기도 한다. 더욱이 최종 의견서를 작성하는 과정에서 여러 대법관들이 그 내용을 회람하면서 타협할 부분은 타협해 가는 등 의견 조정을 통해 완성하게 되기 때문에 유추해석의 여지가 많다고 볼 수도 있다. 1960년대에 연방대법원이 공립학교에서의 기도와 성경읽기가 종교의 자유에 반하므로 금지해야 한다고 발표하자, 주 법원의 판사와 변호사들은 이를 강제적인 경우는 헌법에 위배하지만 주가 후원하는 자율적인 경우는 수용 가능한 것으로 해석하는 등 그 적용을 달리한 것이 그런 사례이다.

이런 이유에서 판결을 내리는 일은 여러 가지의 고려 사항을 포함하여 신중히 이루어진다. 먼저 판사의 판결행태에 초점을 두는 학자들에 의하면 판사의 어린 시절 경험이나 종교적 가치관, 교육 수준, 정치적·법적 경력, 당파심 등과 같은 사회적 배경 요인들이 사건을 해석하는 판결 행태의 특성(Behavioral Characteristics)에 차이를 가져온다고 지적하였다. 예를 들어 블랙먼 판사는 이전에 병원에서 근무한 경력을 가지고 있는데, 이런 이유에서 *그가 로우 대 웨이드* 판결 당시에 의학적 증거에 대해 남다른 통찰력을 가지고 사실을 이해할 수 있었다는 것이다. 또 스튜어트 대법관은 대부분의 시민의 자유와 관련된 사건에서는 중도적인 입장이었지만 유독 언론의 자유에 대한 문제에서는 더 자유를 강조하는 입장을 보였는데 그 역시 이전에 신문기자였던 자신의 경험을 반영한 태도라고 볼 수 있다는 것이다.

또 다른 설명은 사법적 태도와 판결의 관계에 주목하는 태도 모델(Attitudinal Model)로 판결 시 판사는 자신의 정책적인 선호를 반영하여 판결하게 된다고 설명한다. 즉, 정당 일체감, 자신을 임명한 대통령의 정당, 또는 판사 자신의 자유/보수적 지향성 등이 판결에 영향을 미치게 된다는 것이다. 결국 자유진영, 혹은 민주당에 대해 당파심을 가지고 있는 판사는 낙태 문제에 대해 산모의 선택(pro-choice)을 중요시하는 입장을 갖기 쉬우며, 그런 자신의 가치관을 지지하는 방향으로 헌법적 해석을 내리게 된다는 것이다.

다른 측면에서 판사의 판결과정은 매우 전략적인 행동으로 인식되기도 한다(Strategic Model). 판사는 자신의 정책적 선호가 최종 결정에 반영될 수 있도록 하기 위해서 다른 판사들이 선호하는 판결과의 최적점을 찾아내려 노력하게 되는데, 이러한 전략적 과정이 판결과정이라는 것이다. 또한 이러한 일련의 과정에서 판사들은 입법부와 법원의 관계, 행정부와 법원의 관계 등을 고려하여 전략적인 판단을 내리게 된다고 설명한다.

연방대법원 판사의 결정은 사회적인 쟁점에 대한 헌법적 해석을 내리게 되기 때문

〈표 6-3〉	연방대법원 판결과 미국사회 여론: 몇 가지 사례		
이슈	소송	판결	여론
동의에 의한 성인의 동성애는 합법적이어야 하는가	*Lawrence v. Texas (2003)*	Yes	Maybe (50% 응답)
의원의 임기는 제한되어야 하는가	*U.S Term Limits v. Thornton (1995)*	No	Yes (77% 지지)
적극적 평등 조치는 헌법에 위배되지 않는가	*Grutter v. Bollinger (2003)* *Gratz v. Bollinger (2003)*	Yes	Yes (64% 지지)
10대의 낙태는 부모의 동의가 반드시 있어야 하는가	*Williams v. Zbaraz (1980)*	부모 중 한쪽	부모 모두 (38%) 부모 중 어느 한쪽 (37%) 부모 동의 필요 없음 (22%)
사형제는 합헌인가	*Gregg v. Georgia (1976)*	Yes	Yes (72% 동의)

출처: Karen O'Connor et al., *American Government*, 2nd ed.(New York: Pearson Longman, 2006), p.380

에 판결 이후에 사회적 파장을 일으키기도 한다. 낙태 인정 여부를 둘러싼 *로우 대 웨이드* 판결 직후에도 이를 지지하는 단체와 이에 반대하는 단체들이 수많은 편지와 문서를 대법원에 보냈으며, 시위대가 길을 메웠다. 그런 이유에서 연방 대법관들은 사건을 심의하는 과정에서 사회적 여론을 고려하게 된다. 한편, 여론이 연방대법원의 판결에 지대한 지지를 보낸 것은 그 무엇보다도 1974년의 *미국 정부 대 닉슨(U.S. vs. Nixon)* 판결이었을 것이다. 대통령에 대한 신념을 상실한 미국인들에게 적어도 헌법의 수호자인 연방대법원은 진실을 지킨다는 사실을 강하게 느끼게 해 주었기 때문이다(O'Connor et al. 2006, 378-379).

2. 사법 철학

연방대법원의 사회적 영향력을 고려할 때 그 판결이 갖는 중요성은 매우 크다. 그러나 판사의 충원과정에서 보았던 바와 같이 법원은 선출에 의한 공직자들이 운영하는 것이 아니라 대통령이 임명하고 상원이 승인하는 전문 법률가들에 의해 운영된다는 점에서 대의 민주주의의 원칙에 충실한 기관은 아니다. 따라서 이렇게 구성된 법원의 결정이 결국 입법부나 사법부와 같은 대표성이 인정되는 기관의 결정을 번복하거나 혹은 사회적인 변화를 이끌어내는 정책적 영향력을 지닌다는 점에서 법원의 정치적 역할에 대해 상반된 해석이 제기되어 왔다.

법원의 역할 범주에 대한 신조를 사법 철학이라고 하는데, 그 하나는 사법적극주의(Judicial Activism)로 이는 견제와 균형의 원리에 입각해서 볼 때, 결국 법원도 민주적 가치의 보존과 증진에 기여한다고 보는 것이다. 따라서 법의 해석 기능은 견제의 역할뿐 아니라 정당화의 기능도 수행해야 하며, 법원이 직접적으로 입법기능을 갖는 것은 아니지만 헌법에 잠재되어 있는 정책을 사회에 이식시키는 역할도 수행해야 한다는 사법적 규범을 적용한다. 따라서 사법 적극주의 입장에서 볼 때 판사가 법 해석을 하는 과정에서 상황적 요인을 고려하여 어느 정도 재량권을 가지고 해석할 수 있다고 인정하는 것이다.

또 다른 시각은 사법 자제주의(Judicial Restraint)로 연방 판사는 선거에 의해서 임명된 선출직이 아니며, 따라서 법 해석에 있어 기존의 입법을 무효화하는 것은 민주주의의 원칙에 어긋난다고 주장한다. 또한 연방대법원의 판결은 판사들의 개인적인 정책적 판단에 의거하는 경우가 많은데, 판사들은 정치적인 판단에 있어서 추정에 의거한 판단을 하게 된다고 지적한다. 결국 연방대법원의 판결이 정치적인 결과, 사회적인 변화에 영향을 미치게 되는 것은 민주적인 과정을 약화시키는 결과를 초래할 수 있으므로, 가능한 법 해석을 통한 다른 정부에 대한 통제는 자제되어야 한다는 것이다 (Thayer 1983; Black 1969).

이러한 양 시각 모두 각각의 주장에 대한 근거를 가지고 있다. 사법 적극주의의 입장에서는 연방대법원 대법관들은 이미 충분한 경험을 거친 인물들에 대해 여러 차례의 검증을 통해 선임되며, 실제로 사회 변화의 과정에서 의미 있는 결과를 주도하는데 긍정적인 기여를 해왔다는 점에서 보다 적극적인 법원의 기능이 발휘될 수 있다고 보는 것이다. 또한 오히려 대법관들은 선출직이 아니기 때문에 정치적인 거래로부터 자유로울 수 있으며, 종신직으로 임명된다는 점에서 제도적인 여건으로부터 자유롭게 냉정한 법 해석을 내릴 수 있다는 점을 지적한다.

한편 사법 자제주의의 입장에서 볼 때는 연방대법원 판사들이 대통령에 의해 임명되는 종신직이라고는 해도 여전히 그 임명과 퇴임에 있어 행정부, 입법부, 정당 등의 영향 하에 있다는 점에서 정치적으로 완전히 자유로울 수 없다는 점을 강조한다(곽진영 2001). 실제로 연방대법원 판사들은 퇴임의 시기를 놓고 자신과 같은 정당 소속의 대통령이 재임하는 시기를 기다렸다가 퇴임을 함으로써 동일 정당 대통령이 후임자를 임명할 수 있도록 하기도 했다.

사실 연방대법원의 판결이 얼마나 정책적인 영향력을 갖는가 하는 점에 대해서는 명확한 측정이나 검증이 어렵다. 대법원의 판결은 당장의 직접적인 효과를 가져오는 것은 아니며, 또 그 판결이 선례로 남아 이후의 판결에 영향을 준다고 하더라도 그 영향력을 실증적으로 검증할 수는 없기 때문이다. 중요한 것은 이러한 한계에도 불구하고 여전히 연방대법원은 국가 정책의 방향을 결정짓는 데 중요한 기점이 될 수 있는 판결을 헌법적 해석을 통해 제시하기 때문에 다른 어떤 기관 이상으로 정당성을 담보받는다는 사실이다.

이런 여러 가지 논란 속에서도 미국인들에게 연방대법원은 여전히 중요한 정치기관으로서 그 역할이 인정되고 있다. 연방대법원의 업무 수행에 대한 국민들의 승인도는 여전히 높아서 60%를 전후한 수준을 고수해오고 있다. 또 연방대법원을 위시한 사법 체계 전반에 대한 신뢰도 역시 69% 정도로 높은 것으로 나타나 미국인들에게 법원에 대한 신뢰도가 비교적 일관되게 유지되고 있는 것을 알 수 있다. 그 판결의 영향력이 얼마나 민주적으로 정당한 것인가의 논란에도 불구하고 미국인들은 연방대법원에 대해 헌법의 수호 기관이라는 위상을 여전히 인정하고 있는 것이다(곽진영 2007, 244-246).

3. 연방대법원의 정책이행

연방대법원은 공공정책을 실현하고 정치적 이해에 민감한 사안에 대한 조정자적인 기능을 갖는 기관으로서 오랜 기간 그 역할을 수행해 왔다. 특히 1960, 70년대의 워렌 법원의 태도는 연방대법원이 다른 정치 기관들과는 다른 방식으로 일정한 목표설정과 추구행위가 가능하다는 것을 보여 주었다(한상희 1999, 121-123). 당시 활발하게 전개되었던 시민운동, 인권운동, 여권운동 등이 진전되는 상황에서 많은 부분이 공익 소송이나 대표 소송에 대한 판결을 통해서 연방대법원이 새로운 입법을 유도한다거나 사회 여론을 끌어 들여 결과적으로 정책이 실현되도록 하는 데 기여해 온 것이다(Rosenberg 1991).

이렇게 연방대법원에 의한 사회 변화는 점진적으로 어느 정도의 시간을 가지고 변화를 이루어나간다는 점에서 "조용한 혁명(silent revolution)"이라고 불리워진다(Jacob 1988). 사법적 정책이행의 효과는 그 판결이 얼마나 잘 고안되었으며, 또 좋은 호응을 얻었는가와 관련된다. 교육평등 이슈를 다룬 *브라운 대 교육위원회*(*Brown vs. Board of Education*, 1954) 판결은 그 직후에 남부에서 적대적인 반응을 받았으며 구체적인 지침이 없는 사법적 판결은 판결 이후에 공공정책으로 이행되는 데에 적지 않은 시간을 필요로 했다. 그럼에도 불구하고 연방대법원이 관여하게 되는 사회 개혁적인 판결은 가치관의 변화를 동반하는 경우가 많다는 점에서 정책이행의 효과는 적지 않다고 할 수 있다.

연방대법원의 정책이행 역할에 대해서 부정적인 측면을 지적하는 입장에서는 연방대법원의 중요한 판결들이 항상 여론에 순응하는 것이 아니었다는 점을 강조하기도 한다. 렌키스트 법정의 낙태에 대한 판결은 당시의 여론과는 거리가 먼 것이었으며, 19세기 말에서 20세기 초반 당시 국민들로부터 지지를 받았던 정부의 대기업 규제 정책을 막는 판결을 내렸던 것, 또 대공황 당시 국가 경제의 위기 상황에서 자유 방임 경제 정책을 지지한 것은 거의 헌정상의 위기를 가져올만한 것으로 평가되기도 한다. 또 루스벨트 대통령의 뉴딜 정책을 실현하려는 절체절명의 순간에 연방대법원이 기업의 동지로서 판결을 내렸던 것처럼 법원이 힘 있는 경제 집단과 의견을 함께하는 경향이 있다는 지적도 있다(Greenberg et al. 1995, 542-544).

민주주의는 자유와 평등의 수호를 목표로 한다. 법원은 이러한 가치를 수호하는 중립적 기관이어야 한다고 국민들은 믿고 있다. 그러나 연방대법원의 그간의 판결들 가운데에는 오히려 소외된 이해 집단을 옹호해 주거나 평등이 실현되도록 하는 데 부정적으로 작용한 것들도 있다. 그럼에도 불구하고 미국 정치에서 연방대법원이 정치사회적으로 중요한 문제임에도 불구하고 의제화되지 못하는 이슈들을 법정으로 끌어들임으로써 대중의 관심을 모으고, 또 더 나아가 사회적인 변화를 이끄는 데 기여할 수 있다는 점에서 민주주의를 풍요롭게 하는 데 기여한다는 점은 인정되어야 할 것이다.

제7장

미국 주정부와 지방정부

강주현 · 김준석

I. 주정부와 주 헌법

1. 주정부에 대한 두 가지 이야기

〈사례 1〉 2004년 11월 콜로라도 주의 일반선거(general election)는 대통령선거운동의 열기와 함께, 「콜로라도헌법개정발의36(Colorado Constitution Amendment 36)」의 투표를 놓고 뜨거운 논란을 벌였다. 「콜로라도헌법개정발의36」은 콜로라도 주(州) 내의 연방대통령선거 선거인단 선출방식을 득표수 대비 선거인단배분제도로 변경하기 위해 주 헌법 조항의 개정을 주민투표를 통해 제안·결정한 것이다. 미국의 대통령과 부통령은 선거인단이라고 하는 직·간접선거를 혼합한 미국 고유의 독특한 제도를 통하여 선출된다. 시민이 각 주별로 선거인단을 선출하고, 선거인단이 다시 연방대통령·부통령을 선출하는 구조로, 미국 각 주의 선거인단의 선출은 대통령선거 일반투표에서 최다득표를 한 후보자에게 해당 주의 선거인단을 몰아주는 제도가 일반화되어 있다. 「콜로라도헌법개정발의36」는 다수득표자가 (콜로라도 주 전체에 배당된) 9명의 선거인단을 독식(獨食)하던 제도를 폐지하고, 대통령 후보자의 득표수에 비례하여 선거인단을 공평하게 나누도록 제도화를 시도하였다.

선거 결과 「개정안36」은 찬성 34.1%, 반대 65.9%로 부결되었지만, 만약 통과되었을 경우, 엄청난 파장과 논란을 가져올 수 있었다. 발의36은 주 헌법조항의 개정이 당장 2004년 대통령선거부터 효력이 발생함을 명시한다. 당시 대통령 후보였던 부시가 55%, 케리가 45%를 득표하였다고 가정할 경우 기존의 제도 하에서는 부시가 9명을 독식하지만, 콜로라도 헌법개정발의36에 따르면 부시와 케리가 5 : 4로 나누어야 한다. 따라서 상당한 법률적 논란을 내포하고 있었던 주 헌법개정발의였다. 바로 전(前) 선거였던 2000년의 경우 민주당의 앨 고어(Al Gore) 후보가 전체 득표수에서는 승리했으되, 선거인단의 확보에서 3명 차로 대선 문턱에서 주저앉았던 점을 고려하면, 2000년 대선에서 콜로라도의 선거인단 선출방식이 바뀌었었다고 가정할 경우, 미국 대통령은 부시가 아니라 고어가 되었을 것이다.

〈사례 2〉 미국의 연방의회와 (적어도) 30개 이상의 주는 법률을 통하여 동성(同性) 간의 결혼을 인정하지 않는다. 하지만 뉴잉글랜드지역의 버몬트 주에서는 제한적이지만 동성연애자(gay)의 혼인관계를 인정하고 있다. 1999년 버몬트 주 대법원(Vermont Supreme Court)은 베이커 對 버몬트(Baker v. Vermont) 판결을 통해, 동성연애자들이 사실혼관계를 법적으로 승인받기를 원할 경우, 이성애(異性愛)자들과 동등한 법적 권리를 주정부가 보장해야 함을 천명하고, 주 의회에 판결에 대한 법률적 근거를 마련토록 지시하였다. 이에 2000년 3월 버몬트 주 의회는 동성커플들이 사실혼관계의 법적인 정을 원할 경우 '공민결혼관계(civil union)'로 인정하고, 이성 간의 결혼과 동등한 법적 권리와 혜택을 보장받게 하는 법률을 통과시켰다.

미국의 주정부(state government)는 우리의 지방정부와 전혀 다른 개념이다. 우리의 중앙정부-광역자치단체-기초자치단체의 수직적 관계를 토대로 미국의 연방정부-주정부-지방정부에 등치시켜 접근할 경우 미국 정치제도에 대한 오해를 가져온다. 우리의 경우 주권과 헌법의 우월성이 중앙정부에 부여되고, 지방정부는 주권이 없는 정부 형태로서 전적으로 중앙정부의 권위에 예속된다. 지방제도는 중앙정부의 의지대로 재형성되고, 재조직되며, 심지어 폐지될 수도 있다. 하지만 미국의 주정부는 아메리카합중국(the United States of America)이라는 국호에도 드러나듯, 상당 부분 느슨한 연방의 틀 안에서 하나의 독립된 국가처럼 기능한다. 앞서의 두 사례와 같이 각각의 주가 연방대통령 선거인단의 선출방법과 절차를 독자적으로 결정할 수도 있으며, 다른 주들은 물론 연방법에 배치되는 사회규범을 법제화할 수도 있다. 미국의 주정부는 주민들에 대하여 일정 부분의 조세권을 독자적으로 행사하며, 법률을 제정하여 주민의 인신을 구속할 수 있다. 매춘행위는 뉴욕 주에서는 불법으로 형사 처벌되는 반면, 네바다(Nevada) 주 등에서는 합법적 행위이다. 심지어 법정최고형인 사형제도에 있어서도 허용하는 주가 있는 반면, 금지하는 주도 있다.

미국의 주정부가 유사(類似)국가로서 기능하는 데는, '연방국가'라는 미국 정치제도의 큰 틀과 미국 고유의 역사적 배경에서 기인한다. 연방제도 하 중앙기관과 지방기관은 주권을 나누며, 한 정부기관은 다른 기관의 권한을 침해할 수 없다. 미국의 주정부는 입법·행정·사법부의 권위를 상당 부분 보유하고 있으며, 연방과 분리한 재정적 홀로서기도 가능하다. 미국혁명을 전·후로 한 역사적 배경도 다른 연방국가에 비하여 미국의 주·지방정부의 권한이 강화되었는지를 설명하는 주요 요인이다. 처음 대륙의회(Continental Congress, 1774~81)의 형태로 시작된 미국연방은 연합(1781~89)단계를 거쳐, 연방정부로서 변화하였다. 연합(confederation)은 각각의 국가에 대한 독립성을 만장일치에 의하지 않고는 훼손할 수 없는 제한적인 성격을 가지고 있으며, 연합이 연방국가로 발전한 경우도 미국이 유일하다. 미국 혁명과정에서 아메리카의 13개 영국식민지는 각 식민지의 정치적 정체성과 전통이 훼손되지 않도록 독립성이 최대한 보장되면서 정치·외교적 최소기능을 담당할 정치공동체를 원하였고, 그 결과 탄생한 것이 연방정부이다. 연방정부가 중앙집권화를 시도하여 개인 및 주·지방정부의 주권을 제한할 것을 방지하기 위해, 삼권분립을 통하여 연방의 권력을 상호 견제하였다. 미국은 지역성 다양성의 바탕 아래 국가적 단일성의 도모, 권력에 대한 견제와 제한의 바탕아래 효과적 중앙조정을 도모하는 연방제 국가로 변화하였다.

2. 주 헌법(state constitution)이란?

미국 정치에 익숙하지 않은 이들에게 헌법(constitutional law)이란 용어는 연방정부(federal government)에만 적용되는 것으로 생각될 수 있다. 미국의 각 주가 연방정부와는 별개로 독자적 헌법을 보유하고 있다는 사실은 우리와 같은 외국인에게만 생소하게 느껴지는 것은 아니다. 미국의 한 조사는 미국인 51%가 자신이 거주하는 주에 독자적 헌법이 존재하는지 여부에 대하여 알지 못하는 것으로 나타났다.

미국 주 헌법의 기원은 미국독립 이전 식민지헌장으로 거슬러 올라간다. 로드아일랜드(Rhode Island)와 코네티컷(Connecticut)과 같은 특허식민지(charter colony)는 영국 왕실로부터 어느 정도 독립하여 식민지 초기부터 그들의 식민지 헌장을 사실상 주 헌법으로 활용하여왔다. 미국혁명 후 매사추세츠(Massachusetts) 주를 제외한 12개 주들은 즉각적으로 주 헌법을 제정, 대중적 추인 없이 효력을 발생시켰다. 하지만 가장 늦게 주 헌법의 틀을 완성한 매사추세츠 주만이 200년이 넘은 현재까지 헌법에 대한 전면적 개정 없이 당시의 큰 틀을 간직하고 있다(헌법조항의 부분적 개정은 118차례 행해졌다). 최초의 주 헌법의 내용은 주지사 및 행정부에 대한 농부의 두려움과 불신을 그대로 반영하고 있으며, 이는 당시 영국 식민지 총독들에 대한 식민지인의 경험과 무관하지 않다. 주 헌법은 입법부 우위구조를 확립하고, 주 의회에 (주지사에 대해 상대적으로) 강력한 권한을 부여한다. 하지만 행정·정책의 범위와 내용이 복잡해지면서, 주지사의 권한이 점차적으로 확대되는 경향을 보인다.

미국은 연방정부와 주정부가 모두 헌법을 가지고 있는 이중적 헌법제도(dual constitutionalism)를 보유하고 있으며, 이는 두 정부가 헌법이 부여한 범위 내에서 동등하며 각각의 주권을 보유하고 있음을 나타낸다. 연방정부의 권한은 연방헌법이 구체적으로 연방정부에 부여한 권한의 범위에 한정되고, 그 외의 모든 권한은 주정부와 지방정부에 귀속된다. 주 헌법은 주민의 기본권, 주의 권한, 선거규정, 입법부, 행정부, 사법부의 기능과 권한의 범위, 주의 재정, 정부 간 관계, 공공교육, 주공무원제도, 헌법개정 등에 대한 조항을 포괄한다. 주 헌법조항에 대한 수정은 19~20세기를 거치면서 주(州)당 평균 139회의 수정을 경험하였으며, 헌법의 전면적 수정도 적지 않았다. 매사추세츠는 1780년 제정된 이래 당시 헌법의 기초적 틀을 현재까지 그대로 유지해오고 있으며, 가장 최근 몬태나 주가 1975년 전면적 헌법개정을 단행하였다.

긍정적인 측면에도 불구하고, 현재의 주 헌법에 대한 많은 비판들이 제기되고 있으며, 주 헌법의 과도한 분량, 내용적 빈약, 부적절한 조항의 포함 등이 주요 이유로 지적된다. 초기의 주 헌법이 평균 5,000단어 분량이었던데 비하여, 수십·수백 차례 개정을 거치며 주 헌법의 내용과 분량은 확대되어왔다. 현재의 주 헌법은 평균 27,000단어를 포함하고 있으며, 이는 연방헌법(US Constitution)이 약 8,700자를 포함하고 있는 것에 비하여 세 배를 훌쩍 뛰어넘는 수치이다. 앨라배마 주 헌법은 약 310,000단어를 포함하고 있으며, 이 중 70%가 앨라배마 주의 한 카운티(county)지역에만 적용되는 내용으로 채워져 있다. 주 헌법 조항의 많은 내용들이 상호충돌하거나, 무의미한, 그리고 현실성을 잃어 헌법 전체의 법적 효력을 반감시키기도 한다. 증기선(steamboats)

〈표 7-1〉		미국 각 주의 헌법 개요			

주	헌법의 전면적 개정 횟수	현행 헌법의 효력발생일	추정 단어수	헌법조항의 개정	
				제안횟수	채택횟수
Alabama	6	Nov. 28,1901	310,296	913	664
Alaska	1	Jan. 3,1959	15,988	37	28
Arizona	1	Feb. 14,1912	28,876	227	125
Arkansas	5	Oct. 30,1874	40,720	179	85
California	2	July 4,1879	54,645	834	500
Colorado	1	Aug. 1,1876	45,679	282	135
Connecticut	4	Dec. 30,1965	16,608	30	29
Delaware	4	June 10,1897	19,000	*	132
Florida	6	Jan. 7,1969	38,000	116	86
Georgia	10	July 1,1983	37,849	68	51
Hawaii	1	Aug. 21,1959	20,774	113	95
Idaho	1	July 3,1890	23,442	202	115
Illinois	4	July 1,1971	13,700	17	11
Indiana	2	Nov. 1,1851	10,315	74	42
Iowa	2	Sept. 3,1857	12,616	57	52
Kansas	1	Jan. 29,1861	12,616	120	91
Kentucky	4	Sept. 28,1891	23,911	70	36
Louisiana	11	Jan. 1,1975	54,112	153	107
Maine	1	March 15,1820	13,500	198	168
Maryland	4	Oct. 5,1867	41,349	249	214
Massachusetts	1	Oct. 25,1780	36,700	146	118
Michigan	4	Jan. 1,1964	25,530	57	23
Minnesota	1	May 11,1858	11,547	213	118
Mississippi	4	Nov. 1,1890	24,323	155	121
Missouri	4	March 30,1945	42,000	156	99
Montana	2	July 1,1973	13,726	43	23
Nebraska	2	Oct. 12,1875	20,048	319	213
Nevada	1	Oct. 31,1864	20,770	206	128
New Hampshire	2	June 2,1784	9,200	282	143
New Jersey	3	Jan. 1,1948	17,800	65	52
New Mexico	1	Jan. 6,1912	27,200	264	139

New York	4	Jan.1,1895	51,700	287	217
North Carolina	3	July 1,1971	11,000	38	30
North Dakota	1	Nov.2,1889	20,564	249	137
Ohio	2	Sept.1,1851	36,900	263	159
Oklahoma	1	Nov.16,1907	79,153	314	161
Oregon	1	Feb.14,1859	49,326	434	220
Pennsylvania	5	1968	27,503	32	26
Rhode Island	2	May 2,1843	10,233	105	59
South Carolina	7	Jan.1,1896	22,500	665	480
South Dakota	1	Nov.2,1889	25,315	206	105
Tennessee	3	Feb.23,1870	15,300	57	34
Texas	5	Feb.15,1876	80,806	564	390
Utah	1	Jan.4,1896	11,000	146	96
Vermont	3	July 9,1793	8,295	210	52
Virginia	6	July 1,1971	21,092	42	34
Washington	1	Nov.11,1889	50,237	163	92
West Virginia	2	April 9,1872	26,000	116	67
Wisconsin	1	May 29,1848	14,392	181	133
Wyoming	1	July 10,1890	31,800	111	68

운항규제라든가, 공공교육과정에서 닭, 칠면조 등 가금류(家禽類) 생육교육의 필요를 역설한 조항(오클라호마) 등은 시대적 효용성을 상실하였을 뿐 아니라, 헌법상으로 보장될 필요가 없는 내용들이다. 또한 주 헌법의 많은 조항들이 특정 이익집단의 이해관계를 보호하기 위하여 삽입되는 것도 큰 문제로 지적된다. 앨라배마 주의 헌법이 냉해(冷害)와 전염병으로 피해를 입은 땅콩농가에 대해 주정부가 재정적으로 지원해야 함을 의무화한 것 등이 대표적인 예이다. 법률에 비하여 개정조건 및 절차가 지극히 까다로운 헌법조항에 불필요한 조항들이 대거 삽입되어 있다든지, 시대적 상황에 맞지 않는 조항들이 포함되어 있다든지, 지나치게 국지적인 이해관계를 반영하는 내용이 지나칠 경우 법의 전반적 효력과 현실성에의 의문은 물론, 주정부의 재량권을 심각하게 제한하는 결과를 가져올 수 있다는 점에서 주목할 필요가 있다.

II. 주지사와 주정부

1. 주지사 선출

주지사는 가장 영향력이 있고 중요한 주의 정치지도자이다. 주지사는 과거 정부에서 일했거나 정부나 정치 관련 일을 경험한 사람들이 다수이다. 정치나 정부관계자 외 영화배우 아놀드 슈워제네거(Arnold Schwarzenegger) 캘리포니아 주지사, 전 레슬링 선수였던 제시 벤추라(Jesse Ventura) 미네소타 주지사, 재계에 몸담았던 마크 워너(Mark Warner) 버지니아 주지사 등 다양한 경력의 주지사들도 있다.

주지사는 선거로 선출된다. 주지사 선거캠페인은 수백만 달러 규모이며 특히 인구가 많은 큰 주들에서 주지사선거는 텔레비전 광고에 상당한 자금을 투자한다. 36개 주지사선거에 쓰인 선거자금은 2002년 기준으로 총 840만 달러이며 이 규모는 4년 전과 비교해 볼 때 63%가 증감을 보였다. 따라서 주지사가 되기 위해서는 선거에 사용될 정치자금을 동원하는 능력이 후보에게 절실히 요구된다.

미국에서 34개 주의 주지사선거는 대통령 임기 중간(off-year)에 치러진다. 델라웨어, 인디아나, 미주리, 몬태나, 뉴햄프셔, 노스캐롤라이나, 노스다코타, 유타, 버몬트는 대통령선거가 있는 해에 같이 주지사를 선출하고 뉴햄프셔와 버몬트는 2년 임기에 따라 짝수연도에 주지사를 선출한다. 버지니아, 뉴저지, 켄터키, 미시시피, 루이지애나는 홀수연도에 주지사선거가 있다.

대부분의 주지사선거가 대통령선거가 없는 짝수연도에 실시되는 이유는 주지사선거에서 대통령선거의 영향을 최소화하기 위함이다. 대통령선거와 주지사선거가 동시에 있을 경우 유권자들은 연방정부의 이슈에 더 많은 관심을 쏟으며 대통령선거의 이슈들이 주지사선거에 영향을 미친다. 예를 들어 1994년 민주당 출신 클린턴 대통령에 대한 반감이 정점을 달했을 때, 공화당은 상원과 하원 양 의회를 장악했을 뿐 아니라 주지사선거에서도 과반수 획득에 성공했다.

주지사선거에 영향을 미치는 요소를 종합해서 평가하자면 아직까지는 미국 연방의 이슈보다는 각 주의 이슈들이 크게 영향을 미친다. 특히 주의 경제상황이 주지사선거에 가장 큰 영향력을 발휘한다. 다시 말해 유권자들은 주의 경제를 바탕으로 현재 정권을 잡고 있는 정당에 보상 또는 처벌을 결정한다.

2. 주지사의 공식 권한

1) 임명권

주지사는 주정부에서 일할 사람을 임명할 권한을 가지고 있다. 주지사가 주에 관계되는 모든 일을 다 전담하기는 사실상 불가능하기 때문에 주지사는 자신의 정책을 실현할 수 있는 사람을 주정부 요직에 임명하여 정책을 수행해나간다. 주지사가 자신이 원하는 방향으로 주정부를 이끌기 위해 주지사가 가지는 임명권은 주지사에게 막강한 힘을 부여해준다. 물론 주지사가 요직에 부적격자를 임명했을 경우 자신이 감당해야 할 정치적 피해는 상당하다. 주지사와는 직접 관련이 없지만 자신이 임명한 정부관리의 잘못된 정책 결정이나 정치 스캔들에 의해 주지사의 정치적 위상을 훼손하는 경우가 종종 발생한다.

2) 예산편성권

주지사의 가장 큰 권한 중 하나가 바로 주 예산편성권이다. 예산편성권으로 인해 주지사는 정부기관에 대한 통제 및 주 의원들과 관계에서 상당한 영향력을 행사하기 때문이다. 대부분의 주에서 각 정부부처와 기관들이 예산안을 주지사가 있는 중앙정부에 제출하면 주지사는 예산의 부처 간의 이동뿐 아니라 증감과 삭감을 결정할 수 있다.

3) 거부권

주지사는 입법의 수장으로서 법률안에 대한 거부권을 행사할 수 있다. 단 노스캐롤라이나 주는 예외이다. 주지사의 거부권을 무효화시키기 위해서는 의원의 1/3 이상의 동의를 얻어야 하는데, 실제 주 의원들이 주지사의 거부권을 무효화시키는 경우는 거의 발생하지 않는다. 그 이유는 주지사가 속한 정당의 의원들이 주지사의 거부권을 무효화시키는 데 동조하지 않기 때문이다.

4) 특별회기소집권

주지사는 주 의원들을 정기회기 이외에 특별회기를 통해 소집을 할 수 있는 권한을 가지고 있다. 특별회기는 주지사가 중요한 정책현안을 급속히 처리하기 위해 소집되는 것으로 최근에는 많은 주지사들이 주정부의 세입이 부족할 때 지출을 줄이기 위해 의원들을 소집한다. 특별회기는 가끔 특별한 이슈를 위해 소집되기도 하는데 의료법안의 통과나 정기회기에 통과하지 못했던 예산의 통과를 위해서 소집되는 경우가 있다. 주지사가 특별회기를 소집할 수 있는 것은 주지사의 권한이지만, 특별회기 소집 건에 대한 이슈를 사전에 충분히 주 의원들과 협상을 하지 않았을 경우, 목표달성이 힘든 경우도 있다. 주지사가 의원들을 특별회기에 소집할 권한이 존재하지만, 의원들에게 자신이 원하는 방향으로 그들을 움직일 수 있는 권한은 없기 때문이다. 이러한 이유로 주지사가 너무 자주 특별회기를 소집하거나 거부권을 쓰는 것은 주지사의 힘이 약하다는 신호로 간주되기도 한다.

5) 사면권

주지사는 대통령과 같이 죄인들의 죄를 감면하거나 사면할 수 있는 사면권을 가지고 있다. 사면은 사면위원회의 권고에 의해 이루어지기도 하지만 사면을 결정할 수 있는 권한은 주지사에 전적으로 달려 있으며 이 결정은 번복될 수 없다. 미국에서 주지사의 사면권한을 대대적으로 사용한 경우는 2003년 일리노이 주이다. 일리노이 주지사 조지 라이언은 4명의 사형수를 사면하고 167명의 종신형을 자들을 감면하는 대대적인 사면을 감행했다. 이런 대대적인 사면의 배경은 최근 DNA 테스트 같은 정밀작업에 따라 기존에 사형과 종신형을 받은 사람들의 형량의 부당함에 따른 조처였다. 이러한 사면 조치로 라이언 일리노이 주지사는 사형을 반대하는 지지자들 사이에 국제적인 명성을 얻었으나 검사들과 미국 국내에서는 비난의 여론이 일기도 했다.

3. 주정부와 지방정부의 관계

지방정부는 연방정부나 주정부에 비해 미국 시민들의 일상생활에 관여해 그들의 활동이 시민들이 인식할 수 있는 정부단위이다. 지방정부는 딜런의 규칙(Dillon's Rule)에 따라 주정부에 의해 상당한 제약을 가진다. 딜런의 규칙은 지방정부는 주정부에 의해 주어진 권한만을 가진다는 것으로 아이오와 대법원 존 딜런 판사의 이름을 딴 규칙이다. 딜런의 규칙은 주정부는 통치권한이 없기 때문에 지방정부의 권한은 제한적이라는 해석에 의거한 것이다. 물론 딜런의 규칙에 대한 찬반의 의견이 엇갈리고 있다. 1870년대에 거슬러 올라가 미주리 주 의원들이 주정부로부터 지방정부가 얼마만큼 독립적일 수 있는가에 대해 주 헌법을 다시 쓰는 경우도 있다(Pelissero 2003).

지방정부에 얼마만큼의 권한과 독립성을 부여하는가는 주정부마다 다르다. 어떤 주정부는 다른 주정부들에 비해 지방정부에 더 많은 권한을 주기도 하는데, 이러한 차이는 각 주의 문화와 시민의 참여 정도가 다르기 때문이다. 아이다 호나 웨스트버지니아와 같은 주들은 지방정부의 권한이 작으며 오리건이나 메인 같은 주들은 주정부에서 지방정부에로 권한이양을 많이 허용해준 주들이다(Vogel 1997). 버지니아는 인구 5만 이상의 시들에게 자치권을 부여했는데, 자치권을 가지는 시들은 고기, 담배, 목재 같은 품목에 거래 세금을 징수할 수 있다.

지방정부가 딜런의 규칙에 따른 제한을 피해나가는 경우가 가끔 있는데 이는 지방자치규칙(Home Rule)에 의거한 것이다. 지방정부는 장치단체의 자유와 주정부의 간섭으로로부터 자유로워지고자 주 의원들에게 지방자치를 인정해달라고 청원하는데 이것은 주로 헌장(charter)의 형식으로 나타난다. 헌장 운동은 19세기에 시작되어 1970년대 초에 절정을 이루었다. 헌장은 시민들이 작성한 청원이나 시민들의 투표에 의해 찬성된 것에 한해 승인될 수 있다. 전국군연합회(National Association of Counties)에 따르면, 36개의 주가 헌장을 허용하고 있다고 한다. 자치규칙은 두 가지 형태가 있는데, 하나는 모든 시에게 주 의원들이 자치규칙을 승인하는 일반헌장(general act charters)과 한 커뮤니티에만 적용되는 특별헌장(special act charters)이 있다.

III. 주 의회

1. 주 의회 권한과 한계

1) 주 법 제정과 정책수립

주 의회는 주 법률 제정과 정책수립을 하는 기관이라는 점에서 막강한 권한을 가지고 있다. 주 의회는 매년 엄청난 양의 정치적 사안을 다룬다. 미국의 각 주는 정치, 문화, 사회, 경제적으로 많은 차이를 나타내므로 각 주의 의회는 이러한 특성을 반영한 결과 미국 주의 법은 서로 다르다. 물론 법적으로 음주 가능한 연령을 21세로 정하는 것 같이 연방정부에서 주들이 모두 동일한 법적 기준을 가지라고 강력히 권고하는 문제도 있지만 대부분의 문제들은 각 주의 입장에 따라 법을 정한다.

주 의원들이 관계하는 대부분의 법안들이 미디어를 통해 공론화되지 않지만 주민들

〈표 7-1〉		미국 주의 특이한 법
주	특이한 법	법 제정 사유
애리조나	낙타 사냥은 불법	미군이 한때 애리조나 사막에서 낙타를 이용한 실험을 했으나 결국 포기했다. 그 후 낙타는 자유롭게 풀어주었으며 현재 보호대상이다.
플로리다	모든 공공기관의 문은 밖의 방향으로 열리도록 해야 함	화재나 위급 상황에서 빠른 대피와 인명 보호를 위한 목적이다.
하와이	옥외 광고판을 세우는 것 금지	하와이 주는 관광이 주된 수입원이므로 자연적 경관을 해치는 건물의 외향을 규제하는 것이다.
노스캐롤라이나	단체모임에 특정의상을 입고 참여하는 것을 금지	KKK(백인우월주의 단체)는 하얀색 두건과 옷을 입고 모이는 것으로 유명하다. 따라서 주정부가 이들의 모임을 방지하기 위한 목적이다.
테네시	스컹크를 주 테네시 주 내로 반입을 금지함	스컹크는 광견병이나 공수병의 인자를 가지고 있으므로 이를 방지하기 위한 목적이다.
오리건	운전자는 자동차에 자가 주유하는 것 금지	하나의 일자리라도 더 창출하기 위한 경제 부흥을 위한 조치이다.

* 본 자료는 www.dublaws.com.의 자료를 바탕으로 작성했음

에게 직접적인 영향을 미치는 문제나 주민들이 관심 있어 하는 이슈들은 미디어를 통해 많은 주목을 받는다. 특히 주 세금과 재정에 관련된 법안들이 관심의 초점이 되는 대표적 이슈들이다. 따라서 주 의회 의원들은 주 예산을 둘러싸고 상당한 신경전을 벌일 수밖에 없다. 모든 주들이 매년 주 예산을 편성해야하기 때문에 의원들은 이에 관계된 크고 작은 모든 문제들에 대해 촉각을 곤두세우고 의회 내에서 토론과 논쟁을 지속한다. 물론 대개의 경우 주 의회는 어떤 사건이 생기면 이에 관련된 이슈들을 즉각 다룬다. 예를 들어 1999년 콜로라도 주 리틀톤(Littleton)의 콜롬바인(Columbine) 고등학교 총기사건 직후 각 주들은 총기규제에 대한 수많은 법률안이 제청되었다. 법안 제청이유는 주로 두 가지로 분류되는데, 주 예산과 같이 반드시 의회 내에서 고려해야만 하기 때문에 제청하는 것과 지역주민, 정부, 로비스트의 요구에 따른 법안 제청이 있다.

2) 주 지역구를 대표

주 의회 의원들의 가장 중요한 권한 중 하나가 바로 지역 주민을 대표한다는 것이다. 주 의회 의원들은 주민들의 이익을 대표하여 정책결정과정이나 법 제정에 목소리를 낸다. 또한 주 의회 의원들은 주민들이 불편을 느끼거나 개선하고 싶은 부분의 문제를 이슈화시킨다. 예를 들어 저소득층 의료보험제도(Medicaid)의 경우 연방과 주의 공동 분담체제로 일정 기준치에 부합되면 수혜를 받을 수 있게 한 것이 취지였으나 기준치에 부합된 모든 사람들이 수혜를 받지는 못했다. 2001년 텍사스 휴스턴 민주당 의원 가넷 콜만(Garnet Coleman)이 이를 바꾸고자 했다. 당시 텍사스 주는 아이들을 저소득층 의료보험에 등록하기 전에 14개의 다른 서류를 요구했고 이들 서류는 매번 두서너 달에 한 번씩 재인증을 거쳐야 했다. 콜만은 이 복잡한 서류를 단 4장짜리 문서로 간소화했으며 이로 인해 혜택을 받지 못했던 140만 명의 어린이들이 저소득층 의료보험 혜택을 볼 수 있게 되었다(Greenblatt 2001).

주 의회의원들이 어떤 이슈에 대한 일에 손을 떼는 경우가 있다. 이러한 경우는 외부의 압력이라기보다는 가끔 의회 내부의 변화에서 비롯되기도 한다. 2001년 애리조나 상원의 리더십 변화는 그동안 장기적으로 끌어왔던 몇몇 문제에 종지부를 찍었는데, 여기에는 주 고속도로 순찰의 인력부족, 주 정신의학의 재정부족, 새 계약체결에 따른 물 공급문제 등이었다(Greeenblatt 2001). 한 정당의 독점적인 의회 지배로 인해 리더십의 교체가 이루어지지 않은 뉴욕 주의 경우 이슈에 대한 의회 내의 합의가 이루어지기 어렵다. 뉴욕 주는 공화당이 상원을 민주당이 하원을 오랫동안 장악했기 때문에 이들 간에 합의를 이루지 못하는 이슈들이 산재해 있다.

3) 주 행정부 감찰권

주 의회 의원들은 주지사나 행정부 각 기관이 맡은 바 일을 잘 수행하고 있는지를 감찰하는 권한을 가진다. 주 의회 의원들이 이러한 감찰권한을 가지는 이유는 의원들이 제정한 법과 정책을 수행하는 기관이 바로 주 행정부이기 때문이다. 주 의회의 감찰권한은 청문회, 감사, 조사 등을 통해서 이루어진다. 문제는 의회의 행정부의 감찰이 때때로는 유권자들이나 이익집단의 이해와 요구에 따른 다소 응징적이며 일시적인 성격을 보인다는 점이다. 이러한 경우 대부분이 의원들이 객관적인 자료에 의거하기보다는 사람들이 겪은 일화나 사건 중심으로 행정부에 대한 개입이 일어날 경우이다. 또한 감찰이 주 의회 의원들의 선거 캠페인에 중요한 영향력을 가진 이익집단이나 지역인사들의 요구로 인해 이루어지는 경우도 있다. 실제로 주 의회 의원들은 자신들이 적극적으로 행정부 감찰에 개입하기보다는 주로 의원들의 참모들이 감찰에 참여한다. 따라서 주 의원들이 감찰 권한은 실제로 아주 큰 영향력을 발휘하는 것은 아니다. 주 의원들이 감찰하고자하는 행정부가 실제로 어떤 특정분야에 전문성을 가지고 있기 때문에 완벽한 감찰은 사실상 불가능하다는 한계를 지니고 있다.

2. 주 의회의 전문화

지난 35년간의 주 의회의 가장 두드러진 특징 중 하나가 바로 의원들의 전문화(professionalism)이다. 전문화된 의원과 비전문화된 의원의 차이는 전문화된 의원들이 많은 참모들을 데리고 의회관련 일에 전적으로 매달리는 것에 비해 비전문화된 의원들은 다른 직업을 가지고 의회 관련 일에 있어 상대적으로 규모가 작은 참모들을 데리고 일에 참여한다. 최근 경향은 모든 주 의회의원들이 점점 더 전문화되고 있다는 것이다. 심지어 비전문화된 의원 역시 점점 자신의 시간 할애를 의회 일에 관계하고 있다. 1940년 초기에는 뉴저지, 뉴욕, 로드아일랜드, 사우스캐롤라이나 4개 주만이 매년 회기를 열었지만, 그러한 경향은 다른 주에 점점 확산되어 최근에는 거의 모든 주가 매년 정기회기를 가지고 있다.

주 의원들이 어느 정도 전문화되어 있는가는 주마다 차이가 난다. 주 의원이 전문화될수록 법안과 정책을 상정하고 정부기관을 감찰하는 일에 있어 더욱 효과적이다. 인구가 많은 주가 주 의회의 전문화 정도가 강한 경향이다. 이러한 경향을 나타내는 이유는 인구가 많은 큰 주들이 인구가 적은 작은 주에 비해 처리해야 할 문제나 행정부 역시 방대하기 때문이다. 여기에 큰 주들은 자기 주들의 수많은 문제와 안건을 다루어야 하는 주 의회 의원들에게 많은 투자를 한다. 미네소타나 위스콘신 같은 주들은 많은 참모들을 가진 전문화된 의원들이 활동하는 대표적인 주들이다. 반면 텍사스 주는 크기 면에서 미국에서 두 번째로 큰 주이지만 작은 정부를 지향하는 보수적인 이데올로기적 성향 때문에 주 의회 의원들은 낮은 세율과 정부개입을 최소화하기 위해 의회는 2년에 한 번씩 비상근 형식으로 만난다.

IV. 직접 민주주의의 장(場)으로서 주정부:
주민발의, 주민투표, 주민소환[1]

1. 미국의 주민소환제도의 운영

대의제 민주주의는 주권자인 국민이 국가의사나 정책을 직접결정하지 않고 정치적 대표자를 선출하여 그들로 하여금 결정하게 하는 원리이다. 주민소환을 비롯하여, 주민발안, 주민투표 등의 직접 민주주의제도의 도입 논의는 대의제도의 도입이 정치적 대표를 구성할 권한과 대표를 통해 정책을 결정할 권한을 분리시켰다는 전제에서 출발한다(이경주 2005). 국민이 정책결정권한을 대표자에 위임한 가운데, 정치적 대표에 대한 상시 통제권을 확보하기 위한 제도적 수단으로서 직접 민주주의의 보완적 도입이 논의되는 것이다. 직접 민주주의의 핵심제도로서 주민소환은 임기 중인 공직자를 주권자인 국민이 해임·교체할 수 있는 권한을 부여하는 정치과정이다. 주민소환은 임기 중인 공직자의 해임을 가능하게 한다는 점에서 탄핵과 공통점을 가진다. 하지만 탄핵이 구체화된 탄핵사유의 명시와 정당성 여부를 의회를 통하여 판단하는 사법 제도적 성격을 가지는 것과 달리, 소환제도는 주권자인 국민의 정치적 판단을 요구하는 공직자 해임수단이란 점에서 차이를 가진다.

현재 미국은 연방 차원에서는 주민소환이 금지되어있다. 연방헌법은 소환제도는 물론 발안·투표 등 연방 차원에서 어떠한 직접 민주주의제도도 허용하지 않는다. 이는 19세기 사법부가 '국민이 일단 입법권을 위임한 후에는 다시 선별적으로 철회할 수 없다(delegata potestas non potest delegari 또는 delegatus non potest delegare)'는, 관습 원칙에 기초한 것으로, 연방 차원에서 직접 민주주의제도 적용을 위헌으로 규정한 판례에 근거한다. 이러한 엄격한 제한은, 비록 연방 상하원 의원들을 비롯한 연방 선출직 공직자들이 각 주에서 선출되었을지라도 지역의 이익보다 연방 전체를 우선시해야 한다는 생각에 바탕을 둔 것이다(Zakaria 2003).

하지만 미국의 주-지방정부 차원에서는 주민발안·투표·소환 등 다양한 직접 민주주의제도들이 근 한 세기가 넘는 기간 동안 뿌리 깊게 자리하고 있다. 이는 주 헌법이 연방에 비해 주민의 의사에 비교적 강하게 기속되도록 구상된 데 기인한 것이다.

---

1) 미국 주민소환과 관련된 내용은 김준석(2003)의 논문 중 일부 내용을 요약 정리한 것이다.

1640년 식민지 초기 당시 영국인 정착촌이었던 매사추세츠 주에서의 주민투표가 실시된 것이 미국 직접 민주주의제도 도입의 시초로 간주된다. 미국의 소환선거에 대한 개념은 주가 대륙회의의 대표를 교체할 수 있도록 규정한 연맹규약(Articles of Confederation and Perpetual Union) 제5조에서 발견된다. 특히 주민소환제의 채택은 19세기 후반~20세기 초반 미국을 휩쓴 포퓰리즘(populism)과 진보주의 운동의 깊은 영향을 바탕으로 한다. 당시 철도회사를 비롯한 거대 산업자본들의 독점적 지위와 정치·경제적 영향력은, 의회를 비롯한 정치권력의 집중화에 대한 민중의 우려를 자극했고, 결과로 진보주의 운동세력의 주-지방정치권으로의 진출이 가속화되었다. 미국에서 최초로 주민소환제를 채택한 지방정부는 로스앤젤레스 시(1903), 주차원(statewide)으로서는 오리건(1908)이 최초로 선거직 공직자에 대한 소환선거제도를 제도화하였다. 이후 캘리포니아(1911), 네바다, 애리조나, 콜로라도(1912), 미시간(1913), 캔자스, 루이지애나(1914), 위스콘신(1926) 등의 순으로 소환제가 채택되었으며, 최근의 예로 1978년 조지아와 1996년의 미네소타가 있다.

2006년 3월 현재, 주지사를 비롯한 주정부의 선출직 공직자 및 법관의 소환과 관련하여 미국 내 18개의 주가 헌법상 권리로 공직자 소환을 허용하고 있으며, 알라스카, 애리조나, 캘리포니아, 콜로라도, 조지아, 아이다호, 캔자스, 루이지애나, 미시간, 미네소타, 몬태나, 네바다, 뉴저지, 노스다코타, 오리건, 로드아일랜드, 워싱턴, 위스콘신이다. 여기에 자치헌장에 의거 (주정부 공직자를 제외한) 지방정부 차원의 주민소환을 허용하고 있는 17개 주를 포함하면 약 35개 주, 즉 미국 주정부의 약 3분의 2가 주민소환제를 대표자에 대한 권리로서 보장하고 있다.

미국 주-지방정부의 소환제도의 기본적인 얼개는 발의-심사-투표의 3단계로 구성된다. 일정 수 이상의 투표자의 발의(petition)가 필요하고, 이 발의의 유효성에 대한 심사가 이루어 진후, 마지막으로 소환투표가 실시된다. 주민소환의 적용범위로서는 일반적으로는 선거직 공직자로 제한하는 것이 대부분이나 일부 주에서는 임명직 공직자 및 사법 공직자의 경우도 포함시킨다. 주민소환제의 대상 시기는 통상 임기시작 6개월과 임기만료를 앞둔 6개월을 제외한 해당공직자의 임기로 정한다. 이는 임기시작 전 6개월간은 공직자의 실적을 평가하기 어렵고, 임기만료 전 6개월은 주민소환 과정의 시간적 소요를 고려할 때 실익이 없기 때문이다(Zimmerman 1997).

소환청원을 위해서는 일정한 수의 유권자들로부터 서명이 필수적이며, 최소서명인 수의 제한은 주별로 다양하다. 일반적인 소환요건으로는 지난 주지사선거에서 모든 후보들에게 투표된 투표수의 25%에 해당하는 서명을 확보하는 것으로 캔자스 주는 지난 총선에서 소환대상이 되고 있는 직위의 공직자에 투표한 투표자 수의 40%에 해당하는 미국 주 전역에 걸쳐 가장 높은 비율의 서명을 요구한다. 반면 가장 낮은 비율의 서명자수를 요구하는 곳은 캘리포니아 주로서, 조세형평위원회 위원, 사법 공직자, 주 의원의 경우는 20%, 주지사를 포함한 여타공직은 12%의 서명을 요구한다. 요건을 갖춘 소환청원서가 주 의회에 접수되면 소환서명의 유효여부에 대한 판단을 거쳐 원칙적으로 소환투표를 하게 된다.

2. 미국 내 주-지방공무원 소환선거의 사례

소환제도의 도입 역사가 일백 년을 넘는 미국이지만 주지사 등 주 전역을 선거구로 하는 공직자의 소환은 드문 현상이다. 주지사의 경우 1921년 노스다코타 주의 프레지어 주지사, 1929년 오클라호마 주의 존스턴 지사, 1988년 애리조나 주의 미켐 지사, 그리고 2003년 캘리포니아 주의 데이비스 주지사 등 단 네 경우에만 소환발의에 성공하였다. 이 중 주민투표에 의한 소환·해임에 성공한 경우는 1921년의 린 프레지어 (Lyn Frazier)와 2003년 데이비스 단 두 건에 불과하다. 짐머만(Zimmerman 1997)은 주 전역을 선거구로 하는 공직자 소환이 어려운 이유를 두 가지로 제시한다. 첫째, 비용과 시간상의 제한이다. 일단 서명의 요건이 높고, 규정한 서명자의 확보를 위해서는 소환을 추진하는 조직은 주 전역에 걸쳐 활동해야 하나 이는 사실상 어렵다. 두 번째로 주 차원에서 소환절차를 밟기 전 탄핵 등의 대안적 해임방법을 활용하는 경우도 있다. 즉 탄핵 선고나 해임, 의회의 권고, 중죄를 범한 경우 자동으로 공직해임을 규정하는 주 법률 등 주민소환 이외의 다양한 견제장치가 활용될 수 있다는 점이다.

주지사 소환의 최초는 1921년 노스다코타 주 유권자들이 주지사 프레지어와 검찰 총장, 농업위원을 소환·해임한 사례이다. 프레지어 지사에 대한 소환은 부패나 의무의 태만을 포함한 것이라기보다는, 위험도가 높은 농민대출의 무더기 허가, 대규모 채권발행 등 노스다코타 은행의 운영을 둘러싼 프레지어 주지사의 진보정책에 대한 주민들의 불안감이 반영된 것이다. 비록 소환 전 탄핵되었으나 공직자 개인비리에 의한 주민소환 시도 사례는 1988년 애리조나 주지사 에반 미켐(Evan Mecham)의 사례를 찾아볼 수 있다. 미켐 주지사는 취임 후 마틴 루터 킹(Martin Luther King Jr.) 목사 생일의 주 기념일화 계획을 전면 취소하였을 뿐 아니라, 1987년 존 버치 소사이어티에서 행한 연설에서 흑인, 동성애자, 여성을 경멸하는 발언으로 주지사 자질에 대한 문제가 제기되었다. 또한 그는 3개의 위증죄, 2건의 사기, 선거운동에서의 기부·지출과 관련된 1번의 거짓 보고 등 총 6건의 중대한 개인비리 혐의를 받고 있었다. 이에 1988년 애리조나 주 유권자들은 미켐 지사의 소환을 위한 임시투표를 실시하기 위하여 적정한 서명자 수를 확보하여 성공적으로 청원을 접수시켰으며, 투표는 5월 17일로 확정되었다. 하지만 애리조나 주의 상원은 4월 4일 미켐 지사에 관한 두 가지 비리를 확인 후, 21 대 9로 탄핵안을 가결하였고, 하원 또한 45 대 14로 이에 따름에 따라 미켐 주지사는 공직에서 해임되었다(Zimmerman 1997).

3. 2003년 캘리포니아 주지사 소환선거

2003년 10월 6일 캘리포니아 주민들은 그레이 데이비스(Gray Davis) 주지사를 소환하고, 동시실시된 보궐선거를 통하여 아놀드 슈워제네거(Arnold Schwarzenegger)를 새로운 주지사로 선출하면서 당해 2월의 소환서명운동으로부터 8개월여의 극적인 정

〈표 7-3〉	캘리포니아 소환선거 결과		
Gray Davis 주지사의 소환 여부			
	득표		득표율(%)
소환 찬성	**4,851,398**		**55.4**
소환 반대	3,917,508		44.6
주지사가 소환된다면 대체 주지사로?			
후보	정당	득표	득표율(%)
아놀드 슈워제네거	**공화당**	**4,107,851**	**48.6**
크루즈 부스타만테	민주당	2,668,473	31.6
톰 멕클린톡	공화당	1,129,402	13.4
피터 미구엘 카메로	녹색당	235,286	2.8
아리아나 허핑턴	무소속	46,678	0.6
피터 우버로스	공화당	24,645	0.3

출처: the California Secretary of State(2003)

치드라마의 막을 내렸다. 소환선거의 결과 데이비스는 캘리포니아에서 소환된 최초의
주지사이자, 미국 역사상 82년 만에 이루어진 소환투표에서 해임된 두 번째 주지사로
기록되었다. 2003년 캘리포니아 소환선거는 여러 측면에서 미국 국내는 물론 전 세계
적 관심을 집중시켰다. 이는 전직아역스타, 포르노영화배우, 코미디언 등의 135명의
주지사대체후보군, 그리고 보디빌더에서, 헐리우드 액션스타로, 그리고 정치인으로
화려하게 등장한 오스트리아 이민자출신 아놀드 슈워제네거 출마 등의 오락적 홍행요
소가 부각된 점도 부분적으로 기인한다. 하지만 무엇보다 재선된 지 1년이 안 된 선출
직 공직자에 대하여 임기 중 정치적 사유에 대한 책임을 물어 주민이 해임하는 것이
정당한가에 대한 논의는 대의민주주의 원리 하에서 주민참여 직접 민주주의의 제도화
의 범위와 한계를 고민하는 이들에게 중요한 시사점을 제공하였다.

아놀드 슈워제네거의 당선은 기성 정치인 에 대한 유권자의 불신이 참신하고 대중
적인 친화력을 가진 아놀드 슈워제네거에 대한 선호로 전환된 것으로 분석된다. 또한
슈워제네거가 정부운영 및 재정관리에서 보수적 성향을 보이는 것과 달리, 낙태권리
의 부분 인정, 동성애커플의 부분적 권리 인정, 총기규제 찬성, 환경보호중시정책 등
사회·윤리적 이슈에 있어서 진보적 태도를 보인 것도 캘리포니아 주민들의 성향과
잘 부합된 것으로 평가된다(Kousser 2005).

미국의 정치 참여

□ 제3부 미국의 정치 참여 필자 소개(원고 게재 순)

- **이현우** 서강대학교 정치외교학과 교수 / 노스캐롤라이나대학교 정치학 박사
- **박영환** 영남대학교 정치외교학과 강사 / 앨라배마대학교 정치학 박사
- **김성연** 건국대학교 정치외교학과 부교수 / 뉴욕주립대학교(스토니브룩) 정치학 박사
- **류재성** 계명대학교 국제지역학부 부교수 / 텍사스대학교(오스틴) 정치학 박사
- **서현진** 성신여자대학교 사회교육과 교수 / 퍼듀대학교 정치학 박사
- **이한수** 아주대학교 정치외교학과 부교수 / 텍사스A&M대학교 정치학 박사
- **정진민** 명지대학교 정치외교학과 명예교수 / 시라큐즈대학교 정치학 박사
- **정수현** 통일강원연구원 객원연구원 / 플로리다주립대학교 정치학 박사
- **이정희** 한국외국어대학교 정치외교학과 명예교수 / 미주리대학교 정치학 박사
- **장혜영** 중앙대학교 정치국제학과 부교수 / 남가주대학교 정치학 박사
- **최준영** 인하대학교 정치외교학과 교수 / 플로리다주립대학교 정치학 박사

제 8 장

연방의회선거

이현우 · 박영환

이 장에서는 연방의회선거를 크게 제도와 행태로 나누어 살펴보고자 한다. 전반부에서는 미국 의회 선거제도 발전 및 특징에 관한 전반적인 개관을 한 뒤, 예비선거의 내용과 종류, 현직자의 높은 재선율과 원인, 그리고 연임제한 등을 다룬다. 후반부에서는 동시선거와 중간선거의 비교, 투표율, 선거자금 및 의회선거에서 유권자들의 투표행태를 중심으로 살펴본다.

I. 의회 선거제도

양원제를 채택하고 있는 미국 의회는 상원과 하원으로 구성되어 있으며, 이들 양원의 선출단위와 임기가 서로 달라 의회 내에서도 권력분립이 나타난다. 미국건국자들은 의회가 국민들과 가장 가까이 하면서 동시에 가장 강력한 권한을 갖는 권력기관이 되도록 구상하였다. 양원제를 채택하면서 상원은 장기적 안목으로 국가업무를 논리적으로 처리할 수 있도록 지적 능력이 높은 엘리트들로 구성하고, 하원은 단기적으로 지역구의 이해관계를 전국적 차원에서 다루는 역할을 할 수 있도록 평범한 사람들로

채워질 수 있도록 구상하였다. 따라서 하원의원들은 가까운 이웃처럼 서로가 알고
지내면서 일상생활의 요구를 잘 처리할 수 있는 보통사람들이면 충분하다고 생각하였
다. 반면에 상원의원들에게는 국가적으로 중요한 문제를 인식하고 해결할 수 있는
좀 더 높은 수준의 능력을 기대하였다.

인구비례로 선출되는 하원의원은 한 선거구에서 한 명의 의원을 뽑는 단순다수 대

〈표 8-1〉	하원의원 최소배정 주들(2010년과 2018년 인구 추정치)			
주	인구수	인구비율(%)	하원비율(%)	배정 의석수
2010년				
와이오밍	563,626	0.18	0.8	1
버몬트	625,741	0.20	0.9	1
노스다코타	672,591	0.22	0.9	1
알래스카	710,231	0.23	1.0	1
사우스다코타	814,180	0.26	1.1	1
델라웨어	897,934	0.29	1.3	1
몬태나	989,415	0.32	1.4	1
로드아일랜드	1,052,567	0.34	1.5	2
50개 주	총인구 308,143,815	100	총의원수 435	
2018년(추정치)				
와이오밍	577,737	0.18	0.8	1
버몬트	626,299	0.19	0.8	1
노스다코타	760,077	0.23	1.0	1
알래스카	737438	0.23	0.9	1
사우스다코타	882,235	0.27	1.2	1
델라웨어	967,171	0.30	1.3	1
몬태나	1,062,305	0.33	1.4	1
로드아일랜드	1,057,315	0.32	1.4	1
50개 주	총인구 326,464,979	100	총의원수 435	

출처: United States Census Bureau

표제를 택하고 있다. 하원의석의 정원은 435명으로 인구분포에 따라 선거구가 획정되는데 헌법 1조 2절 3항에서는 아무리 작은 주라 해도 최소한 1명의 하원은 배정하도록 규정하고 있다. 따라서 주의 인구가 전국인구의 1/435에 미치지 못하는 주들도 1명의 하원의원이 배정되어 있다. 〈표 8-1〉에서 보는 바와 같이 2010년 센서스 결과를 바탕으로 하원의원이 1명인 주는 7개인데, 와이오밍, 버몬트, 노스다코타는 인구수가 1/435가 되지 않으며, 알래스카, 델라웨어, 몬태나, 사우스다코타는 2명을 배정받기에는 부족한 인구분포이다. 한편 2018년 현재 앞의 주들을 대상으로 하원의원 분포를 예상해보면 와이오밍, 버몬트, 알래스카는 인구수가 1/435가 되지 않으며, 노스다코타, 사우스다코타, 델라웨어, 몬태나, 로드아일랜드는 2명을 배정 받기에는 부족한 인구수를 보여 각각 1명씩 배정받을 것으로 예측된다.

연방의회의 의원이 되기 위한 자격은 헌법에 명시되어 있다. 헌법 2절 2항에서는 하원의원이 되기 위한 조건으로 연령이 25세 이상, 미국시민으로서 7년 이상인 자, 그리고 출마한 주의 주민이어야 한다고 규정하고 있다. 하원의원 후보자는 반드시 자신이 출마한 지역구에 거주할 필요는 없다. 상원의원이 되기 위해서는 연령이 30세 이상, 미국시민으로서 9년 이상 지내야 하며, 선거 당시 선출되는 주의 주민이어야 한다고 헌법 1조 3절에 규정되어 있다. 연방 상원의원들은 매 2년마다 전체의 1/3을 선출하게 되므로 의원들은 3개의 집단(Class)로 구분되어 있다. 3개의 집단은 Class I, II, III으로 구분하는데, 2020년을 시점으로 3개 집단의 시기를 살펴본다면 Class I은 2020년, Class II는 2022년, Class III은 2024년에 선거를 치른다. 단 여기서 같은 주 두 명의 상원의원이 동일한 집단에 속하지 않으므로 같은 해에 같은 주에서 2명의 상원의원을 동시에 선출하는 일은 없다. 상원은 주의 인구수나 크기에 관계없이 50개의 모든 주에 각각 2명의 의석이 배정되어 있다. 따라서 대표성의 특성을 보면 하원은 자신이 속한 지역구의 유권자들을 대표하는 성격이 강하고 상원은 자신이 속한 주를 대표하는 속성이 있다고 할 수 있다. 임기에 있어서도 하원은 2년마다 선거를 치르지만 상원은 6년 임기로 차이가 난다. 초기에 상원은 주 의회에서 선출하였으나 1913년 수정헌법 17조에 따라 유권자에 의한 직접선거로 선출방식이 바뀌었다. 〈표 8-2〉에 앞의 내용들이 간략하게 정리되어 있다.

상원의석은 주별로 2명씩 고정되어 있기 때문에 인구변화에 따라 변동이 없지만 하원의 경우 주별 인구변동을 반영한 의석수 조정이 매 10년마다 이루어진다. 미국에서는 10년마다 전 국민을 대상으로 센서스를 실시하는데 그 결과를 바탕으로 고정된

〈표 8-2〉	연방의회 선거제도	
	하원	상원
근거	헌법 1조 2절	헌법 1조 3절
선출방식	첫 선거부터 유권자가 선출	초기에는 주의 상원의원들이 선출하였으나, 수정헌법 17조(1913)에 따라 유권자들이 선출
의원 수	435명	100명
의석할당	주의 인구수에 따라	모든 주에 2명씩
임기	2년	6년
선거주기	2년마다 모든 의석 선출	2년마다 전체 의석의 1/3 선출
자격	25세 이상, 지역구가 속한 주에 거주, 선거 시까지 7년 이상 미국시민권 유지	30세 이상, 대표하는 주에 거주, 선거 시까지 9년 이상 미국시민권 유지
임기 제한	없음	없음

하원 총의석수 435석 내에 주별 의석배분(apportionment)과 선거구 재획정(redistricting)이 이루어진다. 2010년에 이루어진 센서스 조사결과는 2012년 하원의원선거에서 주별 의석배분 결정에 반영되었다. 이 당시 의석조정에서 가장 큰 변화가 나타난 주는 텍사스이다. 2012년 의석배분에서 텍사스는 새로이 4석을 얻었고, 플로리다는 2석을 획득하였다. 반면에 오하이오와 뉴욕은 각각 2석을 잃었다. 이러한 주별 의석배분에 따라 주 의회는 선거구를 재획정한다. 그리고 이번 선거구 재획정 결과는 향후 10년 간 지속된다. 즉 다음 의석배분 및 선거구 재획정은 2022년에 이루어진다.

2020년 센서스 조사결과 예상되는 주별 하원의석 배분 변화를 보면 텍사스가 3석이 늘어난 39석, 플로리다가 2석이 늘어난 29석, 노스캐롤라이나, 몬태나, 콜로라도, 애리조나, 오리건은 각각 1석씩 늘어 14석, 2석, 8석, 10석, 6석으로 예측된다. 반면 뉴욕 주는 2석이 줄어든 25석, 미시건, 오하이오, 펜실베이니아, 일리노이, 웨스트버지니아, 로드아일랜드, 앨라배마는 각각 1석씩 줄어 13석, 15석, 17석, 17석, 2석, 1석, 6석으로 예측된다. 그리고 캘리포니아와 미네소타는 현행 의석수 유지나 1석이 감소할 것으로 보인다.[1]

장기적 관점에서 1940년과 비교하여 하원의석 배분에 따라 가장 많은 의석을 획득

| 〈그림 8-1〉 | 주별 하원의원 의석수(2010년 센서스 기준) |

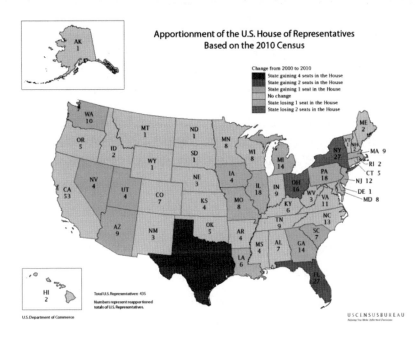

출처: United States Census Bureau, https://www.census.gov/prod/cen2010/briefs/c2010br-08.pdf(검색
    일: 2019.12.11)

한 주는 캘리포니아(+30), 플로리다(+21) 등이다. 반면에 펜실베이니아(-15)와 뉴욕
(-18)은 가장 많은 의석을 상실하였다. 〈그림 8-1〉은 2010년 센서스를 반영한 주별
하원의석 배분을 보여준다.

의석수가 줄거나 늘었을 경우 이전의 선거구를 변경할 수밖에 없겠지만 의석배분에
변화가 없는 주에서도 인구분포의 변동에 따라 선거구 재획정이 이루어지기도 한다.
한편, 선거구 재획정이 없는 주들도 있다. 위의 지도에서 보듯이 1명의 하원의원만
배정된 주들에서는 의석이 늘어나지 않는 한 선거구 재획정은 없다. 선거구 재획정을
주관하는 기관도 주별로 다양하다. 대부분의 주에서는 주 의회에서 재획정의 권한을
갖는다. 34개 주에서는 주 의회가 결정한 재획정안을 주지사가 동의함으로써 새로운
하원 선거구가 확정된다. 한편 7개의 주에서는 주 의회가 선거구 재획정의 권한을

___

1) https://www.brennancenter.org/our-work/research-reports/potential-shifts-political-power-after-20
    20-census(검색일: 2019.12.11).

〈참고사항 8-1〉 1929년 의석배분법(Reapportionment Act of 1929)

435명의 하원의원 의석이 정해진 것은 1911년이지만, 이 의석을 센서스에 근거하여 할당하여야 된다는 것은 1929년 의석배분법(Reapportionment Act of 1929)에 따른 것이므로, 현재와 같은 의석배분의 방법은 1929년에 확정된 것으로 보아야 한다. 435석의 예외로 1959년 알래스카와 하와이가 미국영토로 편입된 직후에는 잠정적으로 하원의 수가 437명으로 유지되었다. 모든 권한을 행사할 수 있는 하원의원 이외에 5명의 하원주재 대표자(delegates to the House of Representatives)가 있다. 미국 해외 영토인 사모아, 괌, 마리나 군도, 버진 아일랜드 그리고 푸에르토리코에서 대표를 하원에 파견한다. 이들은 투표권은 없지만 그 이외의 하원의 모든 권한을 갖기 때문에 하원의 위원회에도 구성원으로 참가한다.

가질 때 정치적 계산으로 인해 공정성의 문제가 생길 수 있다는 우려 때문에 독립적이거나 양당이 합의한 위원회를 구성하고 재획정의 권한을 부여하고 있다. 선거구 재획정의 권한이 어디에 있는가에 관계없이 반드시 지켜야 원칙이 있는데, 연방대법원이 결정한 표의 등가성의 원칙이다. 1962년 베이커 대 카 사건(Baker v. Carr)으로 연방대법원은 그동안 선거구 획정에 관여하지 않는 전통을 깨고 '불평등한 인구비례에 따른 선거구 획정은 연방헌법 제14조 수정조항에 위배된다'고 위헌판결을 내렸으며, 이후 이 판결은 선거구 재획정의 원칙으로 지켜지고 있다.

헌법제정 당시에 연방하원의 규모는 65명이었고 하원의원의 수는 인구 3만 명당 1명의 비율을 초과하지 못한다고 명시하여 과도하게 의원수가 늘어나는 것을 경계하였다. 이후 하원의원 수는 지속적으로 증가하여 현재와 같이 435명의 정원을 갖게 된 것은 1911년 이후의 일이다. 그 이후 인구는 계속 증가하는 반면 하원의원의 수는 일정하기 때문에 한 명의 하원의원이 대표하는 유권자의 수는 늘어나게 되어 1850년대에는 한 명의 의원이 10만 명의 국민을 대표하던 것이 1970년대에는 50만 명, 그리고 2010년 인구조사에 따르면 한 명의 하원의원은 약 71만 명의 국민을 대표하게 되었다. 연방헌법이 제정되었던 1790년대에는 지역구당 국민의 수가 약 3만 3천 명이었는데 현재와 같이 늘어난 것이다. 20세기 이전까지는 매 10년마다 의원정수가 늘어났는데 이는 인구의 증가뿐 아니라 지속적으로 미국에 새로운 주가 편입되었기 때문이다.

다른 국가와 비교했을 때 미국하원 한 명이 대표하는 인구수는 예외적으로 많다. 2018년 현재 일본 중의원의 경우 의원 1인당 27여만 명, 대만이 20여만 명 정도로 전 세계에서 의원 1인당 대표하는 인구수가 많은 편에 속하고, 한국 국회의원은 1인당 17여만 명을 대표한다.[2] 인구증가와 사회의 복잡성을 고려할 때 20세기 초반에 정해진 하원의원 의석수를 늘려야 한다는 주장이 끊임없이 제기되었다. 이들이 주장하는 근거는 의원정수를 정할 당시에는 하원의원 지역구의 인구가 6만 명 정도를 넘지 않을 것이라는 예상에서 출발했기 때문에 현재와 같이 지역구당 71만에 달하는 상황에는 맞지 않는다는 것이다. 사실 435명이라는 하원의원 정수는 특정한 계산이나 목적의 결과가 아니다. 1910년의 센서스를 바탕으로 이루어진 의석배분이 1920년 센서스에 따라 바뀌어야 하는데 의회가 이에 대한 합의를 이루지 못하게 되자 1929년 의석배분법(Reapportionment Act of 1929)을 제정하면서 이전의 435석의 의원정수를 그대로 명문화한 것에 불과하다. 한 명의 하원의원이 대표해야 하는 인구가 많아질수록 국민들의 다양성이 반영될 기회가 작아진다는 것은 심각한 문제이다. 이외에도 현실적 관점에서 여러 가지 문제가 발생하고 있다.

첫째, 의석수가 고정되어 있기 때문에 10년마다 의석배정의 변경은 어떤 주에 추가 의석 배정은 다른 주의 의석상실을 가져오는 제로섬(zero-sum)의 구조를 가져왔다. 둘째, 정치적 평등성과 관련된 문제로 모든 유권자들이 선거에서 일인일표를 행사하지만 그 영향력은 지역구 크기에 따라 달라지는데, 지역구의 크기가 커질수록 정치적 대표성의 편차가 더욱 커지게 된다. 현재와 같은 의원정수 속에서 가장 큰 지역구와 가장 작은 지역구의 편차가 2배에 달하기 때문에 정치평등에 위배된다. 셋째로, 과도한 대표성으로 인해 개인들의 국회의원에 대한 정치적 영향력은 적어지고 조직화가 가능하고 효율성이 높은 상위집단과 이익집단들의 영향력이 커졌다. 지역구가 너무 크기 때문에 조직화되지 못한 일반시민들이 하원의원에 접근하거나 정치적 영향을 미치기가 힘들어졌다. 넷째로, 지역구의 크기가 커짐에 따라 선거운동 비용이 기하급수적으로 상승하게 되었다. 이로 인하여 조직이나 경제적 자원이 충분하지 못한 정치 신인들이 선거에 도전하기 힘들게 되었고, 현직의원들에게 유리한 환경이 조성되었다. 이 같은 여러 가지 이유로 미국 하원의원의 정수를 늘려야 한다는 주장이 제기되기도 하지만, 일반국민들의 관심을 끌지는 못하고 있다. 그 이유 중 하나는 국민들의 의회신뢰도가 낮다는 점이다. 국민들이 의회의 업무수행에 만족하지 못하고 있기 때문에 의회규모가 커지는 것을 달가워하지 않는다. 또 하원의석수 변경 문제는 대통령

---

2) https://www.cia.gov/index.html(검색일: 2019.12.11).

선거에서 선거인단의 정원 문제와도 연관이 있어서 하원의원 정수의 증대에 대한 논의는 신중한 편이다.

II. 예비선거

미국선거에 대한 관심이 주로 대통령선거에 있기 때문에 의회예비선거에 대한 관심은 매우 낮다. 그러다 보니 주별 연방의회 예비선거가 대통령예비선거와 같은 날 열렸을 것이라고 추측하는 경우도 있다. 여기서 미국의 선거는 연방정부가 아닌 주정부에 의해서 독립적으로 관리되고 운영된다는 점을 다시 한번 상기할 필요가 있다. 주별로 선거날짜와 방법이 다양하다는 것을 항상 기억해야 한다. 〈표 8-3〉에서 보면 미국대선에서 가장 먼저 예비선거를 치를 예정인 주는 아이오와(2월 3일)이며, 예비선거 방식은 당원들이 회의방식을 통해 후보를 선출하는 코커스(caucus)이다. 뉴햄프셔는 국민경선 방식으로 유권자들이 직접 후보를 선택하는데 2월 11일에 치를 예정이다.[3] 그런데 아이오와에서 연방의회 예비선거는 6월 2일이고, 뉴햄프셔는 9월 8일에 연방의회 예비선거가 있을 예정이다. 이처럼 각 주의 결정에 따라 대통령예비선거와 연방의회 예비선거가 각각 다른 날짜에 치러진다. 대통령예비선거는 대부분의 주에서 4월말까지 치러지지만, 이 시기까지 연방의회 예비선거가 끝난 주는 8개에 불과하다(여기서 노스캐롤라이나, 텍사스는 제외되는데 예비선거 일자는 각각 3월 3일이지만 결선투표 일자는 5월 12일, 5월 26일이다). 2020년 대규모 대선예비선거가 치러질 3월 3일 수퍼화요일(Super Tuesday) 이전에 의회예비선거가 치러진 주는 하나도 없었다.

연방의회 예비선거 방식은 대통령예비선거와 유사하다. 그러나 본질적 차이는 대통령예비선거는 주별 결과를 합산하여 정당의 대통령 후보를 결정하기 때문에 각 주는 최종 승자를 결정할 필요가 없지만, 의회예비선거에서는 승자를 결정해야 한다는 점이다. 1월부터 시작된 주별 예비선거를 통해 대선후보자는 전국전당대회(national convention)에서 대통령 후보로 선출되기 위한 대의원의 수를 확보하는 것이 목표이다. 그러나 의회예비선거는 본 선거에 출마할 후보자를 최종적으로 결정해야 하기 때문에

---

3) 뉴햄프셔의 경우 〈표 8-3〉에는 2020년 대선 예비선거 일자가 미정으로 나와 있지만, 다른 출처에 따르면 2월 11일로 예비선거 일자가 잡혀 있다(http://www.ncsl.org/research/elections-and-campaigns/2020-state-primary-election-dates.aspx(검색일: 2019.12.11).

〈표 8-3〉	2020년 대통령선거와 연방의회선거의 예비선거 일정표(잠정)				

STATE	PRESIDENTIAL PRIMARY DATE	PRESIDENTIAL CAUCUS DATE		CONGRESSIONAL PRIMARY DATE	CONGRESSIONAL RUNOFF DATE
Alabama	3/3		S	3/3	3/31
Alaska		Pending	S	8/18	
American Samoa		Pending		n/a	
Arizona	3/17		S	8/4[1]	
Arkansas	3/3		S	3/3	3/31
California	3/3			3/3	
Colorado	3/3		S	6/30	
Connecticut	4/28			8/11[3]	
Delaware	4/28		S	9/15	
D.C.	6/2			6/2	
Florida	3/17			8/18	
Georgia	3/24		S	5/19	7/21
Guam		Pending		8/29	
Hawaii		Pending		8/8	
Idaho	3/10		S	5/19	
Illinois	3/17		S	3/17	
Indiana	5/5			5/5[3]	
Iowa		2/3	S	6/2	
Kansas		Pending	S	8/4[3]	
Kentucky	5/19		S	5/19	
Louisiana	4/4		S	11/3[2]	12/5[2]
Maine	3/3		S	6/9	
Maryland	4/28			4/28[3]	
Massachusetts	3/3		S	9/15	
Michigan	3/10		S	8/4[3]	
Minnesota	3/3		S	8/11	
Mississippi	3/10		S	3/10	3/31
Missouri	3/10			8/4	
Montana	6/2		S	6/2	
Nebraska	5/12		S	5/12	
Nevada		2/22 (Democrats) Pending (Republicans)		6/9	
New Hampshire	Pending		S	9/8	
New Jersey	6/2		S	6/2	
New Mexico	6/2		S	6/2	
New York	Pending			6/23	
North Carolina	3/3		S	3/3	5/12
North Dakota		Pending		6/9	
N. Mariana Islands		Pending		n/a	
Ohio	3/17			3/17	
Oklahoma	3/3		S	6/30	8/25
Oregon	5/19		S	5/19[3]	
Pennsylvania	4/28			4/28	
Puerto Rico	Pending			Pending	
Rhode Island	4/28		S	9/8	
South Carolina	2/29 (Democrats) Pending (Republicans)		S	6/9[3]	6/23
South Dakota	6/2		S	6/2	8/11
Tennessee	3/3		S	8/6	
Texas	3/3		S	3/3[3]	5/26
Utah	3/3			6/23	
Vermont	3/3			8/11	
Virginia	3/3		S	6/9[3]	
Virgin Islands		Pending		8/1	
Washington	3/10			8/4	
West Virginia	5/12		S	5/12[3]	
Wisconsin	4/7			8/11	
Wyoming		Pending	S	8/18	

Notes:

1. In Arizona, the U.S. Senate election is for an Unexpired Term.
2. In Louisiana, a Congressional primary election is not held. The election for candidates seeking Federal office is the General election scheduled for 11/3/2020. If necessary, a Runoff Election will be held on 12/5/2020.
3. In Connecticut and Utah, conventions are held by the political parties prior to the primary. In Virginia, political parties may choose to nominate by convention rather than by primary election. In other states, such as Indiana, Kansas, Maryland, Michigan, Oregon, South Carolina, Texas and West Virginia, minor parties may hold conventions to nominate candidates.
4. The dates listed are tentative and subject to change.

출처: State Election Offices, Statutes and State Parties, https://www.fec.gov/resources/cms-content/documents/2020pdates.pdf(검색일: 2019.12.11)

결선투표(runoff election)의 방식이 사용되기도 한다. 앨라배마, 아칸소, 조지아, 루이지애나, 미시시피, 노스캐롤라이나, 오클라호마, 사우스캐롤라이나, 텍사스 등 9개 주에서는 필요한 경우 결선투표를 실시한다. 예비선거에 참여할 수 있는 유권자의 자격 조건에 따라 선거방식을 구분할 수 있는데, 주정부는 개방형(open), 폐쇄형(closed), 일부폐쇄형(semi-closed)방식 중 하나를 선택한다.

1) 개방형예비선거 방식에서는 유권자가 어떤 정당에 등록되어 있지 않다 해도 예비선거에 참여할 수 있다. 그러나 2개 정당의 예비선거에 동시에 참여할 수는 없다. 개방형예비선거에 참여하기 위해서는 합법적 유권자 자격만 있으면 된다. 개방형을 택한 주에서는 대체로 유권자 등록을 할 때 어떤 정당에 소속감을 가지고 있는지 밝힐 필요가 없다. 따라서 유권자가 투표할 정당을 마음대로 택할 수 있기 때문에 투표역선택(crossover voting)의 문제가 발생할 여지가 있다.

2) 폐쇄형예비선거에서는 유권자 등록 시 소속정당을 등록한 유권자에게만 그 정당의 예비경선에 참여할 자격을 부여한다. 몇몇 주에서는 선거당일에 정당소속이 없는

〈참고사항 8-2〉 투표 역선택(crossover voting)

투표 역선택이란 자신이 선호하는 정당이 아닌 다른 정당의 예비선거에 참여하여 선거경쟁력이 낮은 후보에게 투표하여 그 후보가 당선되게 함으로써 본 선거에서 자신이 진심으로 선호하는 후보가 당선되기 쉽도록 하는 전략의 투표를 말한다.

무소속 유권자(unaffiliated voters)들이 투표할 수 있도록 하는 경우도 있는데, 이 경우 무소속 유권자들이 정당에 등록한 후에야 비로소 그 정당에 투표할 자격을 부여한다. 그리고 소속정당을 등록한 것은 차후 다시 소속정당을 변경하기 전까지는 그대로 정당소속이 유지된다. 정당소속이 아닌 유권자들을 배제시키는 폐쇄형 방식은 집회의 자유(freedom of assembly)가 정당에 보장된 것이라는 점에서 합법적이라 할 수 있다. 이 방식의 예비선거에서 후보자들은 평균 유권자들의 이념보다 정당이념에 좀 더 치우치는 입장을 취하는데, 이는 선거에 참여한 정당소속 투표자들의 이념성향을 반영한 것이다.

3) 일부폐쇄형예비선거에서는 소속정당이 없는 유권자들은 투표할 정당을 선택할 수 있지만, 이미 소속정당을 가진 투표자들은 소속정당에만 투표를 할 수 있다. 개방형과 폐쇄형의 중간적인 성격을 가진 일부폐쇄형은 다른 정당에 소속감을 가지고 있는 유권자들이 투표에 참여하는 것을 막을 수 있다는 점이 장점이다. 물론 이론적으로 볼 때 다른 정당에 심리적 소속감을 갖고 있는 유권자가 유권자 등록 시 무소속으로 등록한다면 다른 정당에 투표할 수 있다. 사실 이런 전략적 행위를 우려하는 것은 폐쇄형예비선거에서도 마찬가지이다.

이러한 예비선거 관리방식은 대통령선거의 예비선거와 크게 차이가 없다고 하겠다. 그러나 몇몇 주들에서는 대통령예비선거와 의회예비선거의 날짜뿐 아니라 방식도 다르게 채용하고 있다. 선거전문가들조차 미국 연방의회 예비선거 제도가 워낙 복잡해

〈표 8-4〉	의회예비선거와 대통령예비선거의 방식이 다른 주			
	의회예비선거			대통령예비선거
주	폐쇄형	개방형	일부폐쇄형	
알래스카	공화당	민주당		개방형
애리조나			○	폐쇄형
캔자스	공화당		민주당	폐쇄형
루이지애나		○		폐쇄형
뉴햄프셔	○			일부폐쇄형

서 정확히 파악하기 힘들고, 선거 관련 서적들도 불일치하는 내용을 담고 있는 경우가 많다. 더욱이 선거 때마다 방식이 변경되는 경우가 많아서 더욱 혼란이 가중되고 있는 실정이다. 〈표 8-4〉는 2012년 2월 현재 파악된 대통령예비선거와 의회예비선거가 일치하지 않는 주들에 관한 정보이다.

III. 현직자의 높은 재선 가능성

미국 의회선거에서 나타나는 특징 중 하나가 상하원선거에서 현직의원들이 재당선되는 비율이 다른 민주주의 국가들에서 비해 월등히 높다는 점이다. 특히 하원의원들의 재선율이 상원보다 더 높으며 재선율은 90퍼센트가 넘는다. 1950년 이후 2018년까지 총 35번의 하원선거 결과를 보면 5번(1964년, 1966년, 1974년, 1992년, 2010년)의 선거를 제외하곤 90퍼센트 이상의 재선율을 보이고 있고 평균 93.17%의 재선율을 보였다.[4] 이처럼 현직의원들의 당선율뿐만 아니라 득표비율도 높아지면 선거경쟁성이 낮아질 것을 우려하는 이들이 많다. 즉 현직자의 당선가능성이 높기 때문에 경쟁력 있는 도전자가 나타나지 않을 가능성이 높아지고 선거를 통한 정치경쟁이 제대로 이

〈표 8-5〉		역대 상하원 다선의원(상위 3위)		
	이름	정당/지역	기간	시기
상원	Robert C. Byrd*	민주당/웨스트버지니아	51년 176일	1959/1/3~2010/6/28
	Daniel K. Inouye	민주당/하와이	49년 349일	1963/1/3~2012/12/17
	Strom Thurmond	공화당/사우스캐롤라이나	47년 5개월	1954/12/24~1956/4/4, 1956/11/7~2003/1/3
하원	John Dingell, Jr.	민주당/미시건	59년 21일	1955/12/13~2015/1/3
	Jamie L. Whitten	민주당/미시시피	53년 60일	1941/11/4~1995/1/3
	John J. Conyers	민주당/미시건	52년 336일	1965/1/3~2017/12/5

* 하원 경력까지 합산한 결과

---

4) https://www.thoughtco.com/do-congressmen-ever-lose-re-election-3367511(검색일: 2019.12.11).

루어지지 않는다는 문제가 생기는 것을 지적하고 있다. 만일 현직자의 높은 재선율이 현직의원들에 대한 유권자들의 긍정적 평가 때문이라면 이는 민주주의 기본원칙에 어긋나는 것이 아니다. 현직의원들이 유권자들을 만족시키기 때문에 재선될 수 있다면 높은 재선율은 현직자에 대한 보상이라는 관점에서 문제가 될 것이 없다. 그러나 현실적으로 미국 국민들의 국회나 자신의 지역구 국회의원들에 대한 평가가 전반적으로 부정적이라는 사실로 미루어 볼 때 현직자의 높은 재선율은 분명히 우려해야 할 문제라고 하겠다.

　구체적으로 2018년 선거결과를 분석해 보면 하원선거에 현직의원 378명이 재출마하여 345명이 승리하였다. 하원의 재선율이 91퍼센트에 이르는데, 놀라운 것은 1950년 이후 재선율 평균(93퍼센트)과 비교하면 2퍼센트 포인트 낮은 수치라는 사실이다. 한편, 33석의 상원선거에서 3석은 현직자가 은퇴한 후 치러진 현직불출마선거(open seat)였다. 그리고 나머지 30석은 현직자가 출마한 선거였다. 이들 중 현직상원이 패한 경우는 5곳이었다. 25명이 재선에 성공한 것이다. 이처럼 높은 재선율 덕분에 2019년 116대 하원의원들의 평균임기는 8.6년이고, 상원의원들은 10.1년이다(Egar and Wilhelm 2019).

〈표 8-6〉		2018년 의회선거 재선율	
		하원	상원
정원		435	33
재선 추구		378	30
은퇴		52	3
패배	예비선거	4	0
	본선거	29	5
재선		345(91.2%)	25(83.3%)

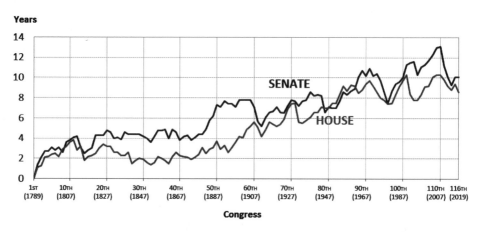

<그림 8-2>
상하원 평균 임기 추세(1대~116대)

출처: Egar, William T. and Amber Hope Wilhelm, "Congressional Careers: Service Tenure and Patterns of Member Service, 1789-2019"(2019), p.6의 Figure 1 재인용. Congressional Research Service, https://fas.org/sgp/crs/misc/R41545.pdf(검색일: 2019.12.11)

IV. 높은 재선율의 원인

과도하게 재선율이 높다는 것은 정치신인이 국회에 진출할 수 있는 기회를 박탈하여 정치의 정체화를 불러일으킨다는 것으로 이에 대한 우려와 함께 다양한 원인들이 제기되었다. 우선 앞에서 설명한 바와 같이 10년마다 주별 의석수 조정이 있게 되고 이에 따라 선거구 재획정이 이루어지게 되는데 이때 현직자들에게 유리하게 조정되기 때문에 재선율이 높아진다는 주장이 있다. 대부분의 주에서 선거구 재획정은 주 의회에서 주도하므로 각 정당의 정치적 의도가 포함될 수밖에 없다. 재획정의 경향성을 보면 현직의원에 유리하게, 주 의회를 지배하는 정당에 유리하게 그리고 가능하다면 소수자들의 대표성이 유지되거나 높아질 수 있도록 재획정이 이루어진다는 것이다. 그런데 이러한 주장이 타당하다면 10년마다 재획정이 이루어진 직후 현직자의 재선율이 급격히 높아지고 이후 선거에서는 비슷한 재선율이 유지되어야 하는데, 그런 경향이 경험적으로 발견되지 않는다. 오히려 대법원의 판결에 따라 선거구 재획정이 표의 등가성 원칙을 엄격히 지켜지기 때문에 자의적인 선거구 재획정이 불가능해지며, 현직자에게는 기존에 관리했던 지역구에서 얻었던 지지보다 낮은 지지를 얻을 가능성이 있다. 선거구 재획정이 이루어진 직후 1972, 1982, 1992년 선거에서 다른 선거 때보다 현직자 교체가 많았다는 사실은 위의 주장과 다른 면을 보여준다.

다음으로 후보자의 자질에 초점을 맞추어 설명해 보면 현직의원들의 자질이 도전자들보다 우월하기 때문에 현직자들의 재선 가능성이 높다는 것이다. 후보자의 자질을 어떻게 평가할 수 있는가 하는 것이 논쟁의 여지는 있지만, 이 주장이 사실이라면 유권자들이 자질이 높은 후보를 선택하는 것은 바람직한 것이므로 재선율의 문제는 없는 것처럼 보일 수 있다. 그러나 근본적으로 따져보면 오랫동안 현직자들이 계속 선거에서 승리함에 따라 당선가능성이 있는 자질의 도전자들이 선거에 출마할 의사를 갖지 않는 것이 문제라 할 수 있다. 도전자의 당선 가능성이 낮기 때문에 높은 잠재력을 가진 후보자가 나타나지 않고 이로 인해 현직자가 당선될 가능성이 높아지는 구조는 또다시 자질이 좋은 도전자의 출마의사를 위축시키는 악순환을 불러온다. 따라서 현직자의 자질이 우월한 현상은 현직자의 높은 재선율을 설명하는 근본적 원인이 아니라 높은 재선율의 결과에 해당한다. 결국 중요한 것은 선거에서 현직자에게 유리하게 작용하는 요인들을 파악하는 것이다.

현직의원의 유리함은 주로 현직자효과(incumbency effect)로 설명된다. 그 첫 번째가 인지효과(recognition effect)이다. 미국의 유권자들이 현직의원을 인지하는 비율이 80퍼센트가 넘는데 반하여 도전자에 대한 인지도는 그 절반 정도에 머물고 있다. 현직의원들은 의회에서뿐 아니라 지역구 업무를 수행하면서 매스컴을 통해 자신의 이름을 유권자들에게 알릴 수 있는 기회가 많다. 특히 지역 언론이 활성화된 미국에서는 지역구 의원들의 활동이 유권자들에게 알려질 기회가 많기 때문에 유리하다. 두 번째로 선거자금 조달이다. 선거를 성공적으로 치르기 위해서 풍부한 선거자금은 필수적이다. 선거자금 마련에 현직자가 도전자보다 월등히 유리하다. 〈표 8-7〉에서 2018년 평균모금액을 보면 현직상원의원은 1,557만 달러를 모금한데 비해 도전자는 1/10을 조금 넘는 211만 달러를 모금했을 뿐이다. 흥미로운 것은 현직불출마 주에서 도전한 후보자들은 현직상원의원이 재출마한 주에서 도전자들이 모금한 액수보다 약 80만 달러의 금액을 더 모았다는 점이다. 미국선거에서 모금액수가 후보의 능력을 평가하는 지표가 되는데, 이를 바탕으로 보면 앞에서 언급한 바와 같이 현직자가 출마한 선거구의 도전자보다 현직자가 출마하지 않는 지역의 후보자들이 더 선거경쟁력이 있다고 할 수 있다.

이러한 현상은 하원에서도 마찬가지로 나타난다. 즉 현직자의 선거자금 규모는 도

〈표 8-7〉	2018년 상하원 선거자금 모금(평균)			
	상원		하원	
	후보자 수	평균모금(달러)	후보자 수	평균모금(달러)
현직자	37	15,576,230	409	1,873,225
도전자	191	2,117,319	1,120	441,039
현직불출마	33	2,907,897	691	602,164

출처: Center for Responsive Politics, https://www.opensecrets.org/overview/incumbs.php(검색일: 2019. 12.11)

전자와 비교가 되지 않는 정도이며, 현직불출마 선거구에서 후보자들의 모금능력이 현직자 재출마 선거구의 도전자보다 더 높은 것을 알 수 있다. 결국 선거자금이 선거운동에 중요한 만큼 현직자에게 유리한 선거여건이라는 것을 알 수 있다. 후보자에게 기부금을 내는 유권자나 이익집단들은 다양한 이유에서 그 후보자의 당선에 기여하고자 하는 의도를 가지고 있다. 그중 중요한 동기가 기부를 한 후보가 당선되어 어떤 식으로든 반대급부를 받고자 하는 계산이다. 따라서 기부를 결정하는 데 있어 후보자의 당선가능성을 비중 있게 고려하게 된다. 이처럼 구조적으로 현직자의 높은 당선가능성으로 인하여 더욱 많은 기부금이 현직의원에게 몰리게 되고 이는 다시 현직의원의 당선가능성을 높이는 순환적 조건을 만들어내고 있는 셈이다.

V. 임기 제한

상원과 하원의원들의 높은 재선율로 인해 새로운 인물들이 의회에 제대로 진출하지 못하고 있는 문제를 개선해야 한다는 주장이 상당한 공감대를 이루어가고 있다. 현직의원 재선율이 90퍼센트가 넘는 정체된 상황을 타개하기 위한 방안 중 하나가 의원들의 임기를 제한(term limits)해야 하는 것이다.

미국 대통령의 임기가 재선까지만 허용되는 것처럼 연방의회 의원들의 임기를 제한하는 것이 필요하다는 주장이 꾸준히 제기되고 있다. 의회에 대한 국민들의 만족도가 30퍼센트를 밑도는 이유 중의 하나가 선거의 경쟁이 낮고 현직의원들의 교체가 드물

〈참고사항 8-3〉 현직의원 재선율 산정 방식의 문제

2018년 의회선거에서 현직의원의 재선율을 출마한 의원들 중 재선에 성공한 경우로 따진다면 하원은 91.3퍼센트, 상원은 83.3퍼센트이지만, 모든 의원들 중 재선한 의원의 비율을 따지면 하원은 79.3퍼센트 상원은 75.8퍼센트이다. 2018년 선거에서 하원에는 90명, 상원에는 8명의 새로운 의원이 의회에 진출하였다.

기 때문이라는 주장도 한 몫을 한다. 더욱이 대통령뿐만 아니라 주지사나 주 의회 의원들의 임기를 제한하고 있는 주들이 있는데, 유독 연방의회 의원들의 임기만 제한하지 않을 이유가 없다는 것이다. 주지사의 임기는 대체로 주 헌법에 명시되어 있는데, 임기를 연속 2번으로 제한하되 4년 이후에는 다시 도전할 수 있도록 하는 주가 다수이다. 한편, 14개 주에서는 주지사의 임기 제한이 없다. 주 의회 의원들의 임기를 어떠한 형태로든 제한하고 있는 주들은 15개이다.

1990년대 초반에 여러 주에서 연방의회 의원의 임기를 제한하는 법안이 제안되고 투표를 거쳤다. 그리고 이들 중 8개의 주에서는 투표자 2/3가량의 지지로 법안이 통과되었다. 임기 제한 법안들은 대체로 상원은 2번의 6년 임기, 하원은 4번의 2년 임기를 제시하고 있다. 그러나 이에 대하여 연방대법원은 주가 연방의회 상원이나 하원의 임기를 제한할 수 없다는 판결을 내림으로써 그 효력은 무효화되었다(*U.S. Term Limits v. Thornton*). 연방대법원은 주는 연방의회 의원에 대해 헌법에서 명시한 것 이상의 엄격한 자격을 제한할 수 없다고 판결한 것이다. 하지만 이러한 시민들의 움직임은 연방의회가 임기 제한을 심각하게 고려하는 계기를 마련하였다. 1994년 공화당은 임기 제한을 공약으로 내세우고 103대 국회와 104대 의회에서 이와 관련된 법안을 의회에 제출하였으나 통과되지 못했다. 연방의회 의원의 임기를 제한하기 위해서는 연방헌법을 바꾸어야 하는 것이다. 그런데 역사적으로 살펴본 바와 같이 연방헌법을 수정하기 위한 절차와 조건은 일반 법률을 제정하거나 개정하는 것과는 비교할 수 없을 정도로 까다롭다. 따라서 불가능하지는 않지만 헌법개정을 통해 연방의회 의원의 임기를 제한하는 것은 쉽지 않을 것으로 예상된다.

임기 제한 지지자들이 주장하는 바를 살펴보면, 첫째로 직관적으로 알 수 있듯이 권력이 장기화되면 부패한다는 사실이다. 비록 정기적으로 선거를 통해서 유권자들의 평가를 받지만 현재와 같은 선거구조는 현직의원들에게 매우 유리하다. 뿐만 아니라 의원들은 장기간 의정활동으로 인해 특정 이익집단이나 로비조직과 특별한 관계를 맺고 영향을 받을 가능성이 높아진다. 그리고 동시에 차기선거를 크게 우려하지 않기 때문에 유권자들에 대해 덜 민감해지게 된다. 구체적 예로 의회 내에서 정보위원회가 위원의 임기를 제한하고 있는데 그 이유가 오랫동안 이 위원회에서 활동을 하다 보면 정보관련 행정 관료들과 친밀한 관계를 맺게 되어 독립적인 활동에 장애가 될 우려가 있기 때문이다. 이처럼 의회 자체도 장기적 임기에서 발생하는 문제를 인정하고 있는 셈이다.

지지자들은 또한 여론조사에서 80퍼센트가량의 시민들이 의원들의 임기 제한을 찬성하고 있다는 사실을 강조한다. 이처럼 대다수의 시민들이 원하는 것이라면 당연히 임기 제한이 제도화되어야 한다는 것이다. 선거에서 현직의원들에 비해 도전자들의 정치적 자질이 낮은 것도 현직자에게 월등히 유리한 선거환경 때문이라는 점을 볼 때 임기 제한으로 현직불출마 선거구가 많이 생긴다면 능력 있는 정치신인들이 출마할 가능성이 높아질 것이다. 또한 의원들의 장기연임이 계속되면 의회 내에서 다선우선의 원칙(seniority rule)이 지배적이 되어 개별의원들의 능력에 따른 효율적 의정활동에 방해를 받게 된다. 좀 더 설명하면 정체되어 있는 의회라는 집단 속에서 다선의원에게 우선권이나 특혜를 베풀 수 있는 것은 젊은 의원들도 언젠가는 자신들도 그러한 특혜를 누릴 수 있을 것이라는 기대가 있기 때문에 가능하다. 만일 의원들이 자주 바뀐다면 자신의 미래도 불확실한 상황에서 다선의원들에게 양보한 것에 대한 보답을 미래에 받을 수 있다는 보장이 없으므로 다선우선의 원칙이 의회를 지배하는 보편적 원칙으로 받아들여질 수 없을 것이다.

한편, 연방의회 의원의 임기 제한을 반대하는 주장을 살펴보면, 먼저 임기 제한으로 인하여 출마하지 못하는 유능한 현직의원이 있다면 이는 유권자의 선택의 폭을 제한하는 것과 다르지 않다는 것이다. 그러나 이 주장이 타당하다면 대통령의 임기 제한 역시도 문제가 될 것이다. 오히려 같은 논리로 현직자에게 유리한 선거구조가 정치신인의 출마를 위축시킴으로써 유권자의 선택을 제한하는 것이라고 할 수 있다. 임기 제한 반대자들은 다른 측면에서 임기를 제한하다보면 좋은 정치인을 잃을 우려가 있다는 점을 강조한다. 비록 현재 의회에 대한 시민의 신뢰가 낮기는 하지만, 이것이 반드시 새로운 인물이 충원되지 않기 때문이라고 볼 수는 없다는 것이다. 의원들이 의회에서 경험을 쌓고 그 지식을 의정활동에 활용하게 된다. 경험이 일천한 신인의원들이 반드시 더 나은 의회를 만든다는 보장이 전혀 없다. 자칫 잘못하면 의원들이 의정경험을 충분히 쌓을 기회를 갖지 못함으로써 의원을 보좌하는 전문적인 보좌진들의 영향력 하에 놓일 우려도 있다. 또한 임기 제한이 생기게 되면 마지막 임기에 처한 의원은 의정활동을 충실히 해야 할 동기 중 하나인 재선욕구를 잃게 된 셈이며, 아울러 레임덕에 처해서 정치적 영향력을 제대로 발휘할 수 없게 된다. 의회를 개혁하기 위해서 임기 제한 이외에 위험성이 적은 다른 방안들을 우선적으로 수행해 볼 필요가 있다. 예를 들어 다선의원들의 혜택이라고 여겨지는 위원회 위원장을 다선우선의 원칙이 아니라 위원회 의원들 간의 선거를 통해서 선출하던지 혹은 위원장의 임기를 제한하는 것만으로도 다선우선의 원칙에 따른 문제들을 해결할 수 있는 방법이 된다는 것이다. 이처럼 의원의 임기 제한 반대론자들도 의회가 개혁되어야 한다는 점에는 반대하지 않는다.

VI. 동시선거와 중간선거

미국선거를 대통령선거 및 의회선거가 동시에 치러지는 동시선거(on-year election)와 의회선거만 치러지는 중간선거(midterm election)로 구별할 수 있다. 물론 대통령선거와 의회선거 외에 주지사선거나 주차원에서 치러지는 각종 선거 등도 동시선거와 중간선거 때 실시된다. 여기서는 논의의 불가피한 확대를 막기 위해 대통령선거와 의회선거로 한정한다. 4년마다 동시선거가 있는 이유는 4년의 대통령의 임기와 2년의 하원의 임기, 6년의 상원의 임기(상원의 1/3)가 4년을 주기로 동시에 만료되어 같은 날에 선거가 치러지기 때문이다. 중간선거는 대통령 임기 중 절반에 해당하는 2년차에 치러지는 선거로 하원의 전 의석과 상원의 1/3석을 새로 선출한다. 의회선거의 결과는 동시선거 또는 중간선거에 따라 다르게 나타난다(Calvert and Ferejohn 1983; Campbell 1991; Erikson and Wright 2005; Kernell, Jacobson and Kousser 2012, etc.). 중간선거는 현직 대통령에 대한 중간평가의 성격이 짙어서 집권당에 불리한 선거로 알려져 있다. 경험적 연구결과에 따르면 집권당은 하원에서 대략 30석 정도를 잃는 것으로 나타난다. 지난 2010년 중간선거에서 집권당인 민주당은 63석을 잃었다. 동시선거와 중간선거에 따라 선거결과가 다르게 나타난다고 한다면 무엇이 이러한 현상을 발생시키는지에 대해 좀 더 깊이 살펴볼 필요가 있다.

일반적으로 동시선거에서는 의회선거에 입후보한 후보자들의 경우 그들이 속한 정당의 대통령 후보자가 대통령선거에서 당선이 유력하다면 그들의 당선도 상당히 유력한 것으로 여겨진다(Erikson and Wright 2005; Jacobson 2013; Kernell, Jacobson and Kousser 2012). 이런 현상은 유권자들의 의원에 대한 투표선택이 대통령선거에 기반하여 이뤄지는 것으로 설명되지만 구체적인 이유에 대해서는 여전히 더 많은 설명을 필요로 한다. 그 이유가 어떠하든 이와 같이 대통령 후보의 인기가 같은 정당의 의회선거 후보자들의 당선에까지 영향을 미치는 것을 편승효과(coattail effect)라 부른다. 동시선거에서 민주당의 편승효과가 가장 강하게 나타난 선거는 1964년 동시선거였으며, 공화당의 경우 1980년 동시선거다.

2016년 동시선거에서도 결과적으로 편승효과가 존재하였다고 볼 수 있다. 워싱턴 기득권 정치를 비판하면서 아웃사이더 돌풍을 일으킨 트럼프는 주류 기득권 정치에 분노한 미국 대중들의 표심을 흔들어 연방상하원선거에서 같은 당 소속인 공화당 후보들의 당선에 일조를 했다. 트럼프의 대통령 당선이라는 이변과 함께 공화당은 연방 하원과 상원에서도 다수당의 지위를 유지하였다. 물론 공화당은 상하 양원의 기존 의석에서 약간의 의석을 잃었지만(상원: -2, 하원: -6) 상원선거에서 다수당의 지위를 잃을 것이라는 예측에도 과반수보다 1석이 많은 52석을 차지하였고, 하원선거에서도 241석을 차지하여 과반수(218석)를 넘어 강력한 과반수 정당을 지키는 데 성공하였다. 편승효과의 규모는 일정하지 않다. 대체로 2차 세계대전 이후부터 동시선거에서 편승효과의 규모는 점차 감소 추세에 있다(Erikson and Wright 2005). 분할투표(split ticket)의 증가와 분점정부(divided government)의 잦은 출현도 편승효과의 감소로부터 기인한다고 볼 수도 있다.

〈표 8-8〉은 2차 세계대전 이후부터 분점정부가 자주 출현하고 있다는 것을 보여준다. 〈그림 8-3〉은 동시선거에서 하원의원 지역구별 분할투표 비율의 시계열 패턴을 보여주고 있다. 최근 들어 분할투표 비율이 감소하고 있지만 전반적인 추세는 2차 세계대전 이후부터 2010년 이전까지 분할투표의 현상이 뚜렷하게 나타나고 있음을 보여주고 있다. 일부 동시선거에서는 편승효과가 존재하지 않는 경우도 있는데 대표적인 경우가 클린턴 대통령의 재선이 있었던 1996년 동시선거다. 1996년 동시선거 결과, 공화당 228석, 민주당 206석이었고 민주당은 직전 하원선거에서 불과 2석을 얻는데 그쳐 하원에서 과반수 의석을 차지하는 데 실패하였다. 2012년 동시선거에서도 사실상 편승효과가 없었다고 보는 게 적절할 것 같다. 이 선거에서 집권당인 민주

〈표 8-8〉 　　　　동시선거에서 분점정부가 발생한 연도(1908~2016)

연도	정부형태	연도	정부형태	연도	정부형태	연도	정부형태
1908	단점정부	1936	단점정부	1964	단점정부	1992	분점정부
1912	분점정부	1940	단점정부	1968	단점정부	1996	분점정부
1916	단점정부	1944	단점정부	1972	분점정부	2000	분점정부
1920	분점정부	1948	분점정부	1976	분점정부	2004	단점정부
1924	단점정부	1952	단점정부	1980	단점정부	2008	분점정부
1928	단점정부	1956	분점정부	1984	분점정부	2012	분점정부
1932	분점정부	1960	분점정부	1988	분점정부	2016	단점정부

〈그림 8-3〉 　　　동시선거에서 하원선거의 지역구별 분할투표 비율(1920~2016)

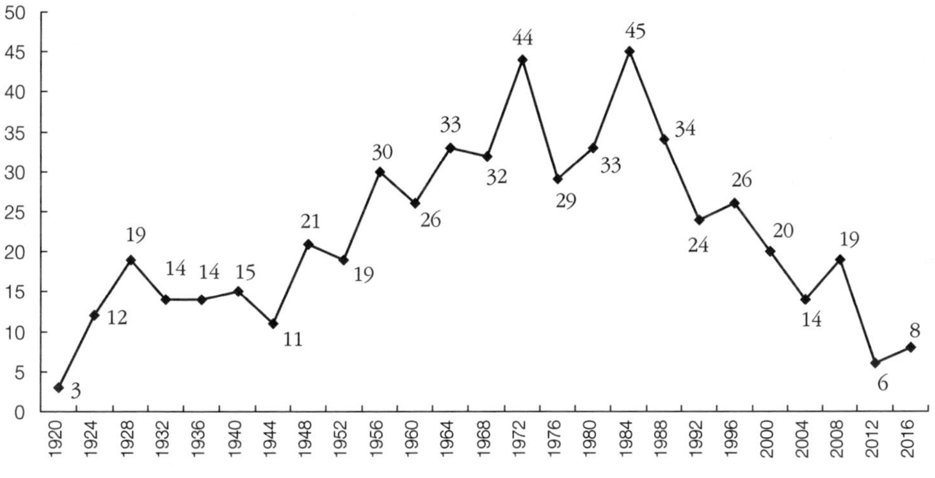

출처: Jacobson and Carson(2020), p.207의 Figure 6-3 재인용

당은 하원에서 불과 8석을 추가하는데 그쳐 하원에서 과반수 의석을 획득하는 데 실패했다. 선거결과 234석 대 201석으로 공화당이 하원의 과반수 정당이 되었다.

중간선거는 앞에서 지적한 것처럼 대통령과 집권당에 대한 중간평가의 성격이 짙은 선거로서 야당에 유리한 선거 상황이다. 과거의 중간선거 결과들은 이러한 현상을 잘 뒷받침해주고 있다. 특히 1938년에서 1994년까지 총 16번 치러진 중간선거에서 집권당이 하원에서 의석을 단 한 석이라도 추가하는 경우는 발생하지 않았다. 최근에 치러진 2018년 중간선거에서도 집권당인 공화당은 하원에서 42석을 잃었다. 1998년 중간선거와 2002년 중간선거는 이런 패턴에서 예외로 존재한다. 1998년 선거에서 민주당은 클린턴 대통령의 르윈스키 스캔들로 곤경에 처했음에도 불구하고 하원에서 의석 추가에 성공하였다. 또 2002년 선거에서는 9/11 이후 부시 대통령의 높은 인기와 공화당에 유리한 선거구 재획정에 힘입어 공화당은 하원에서 의석 추가가 가능하였다(Cox and Katz 2002; Erikson and Wright 2005).

의회선거를 연구하는 학자들은 중간선거에서 집권당이 의석을 잃는 규모는 경제상황과 대통령의 국정수행 평가에 따라 달라진다고 본다(Kernell, Jacobson and Kousser 2012). 실업률이나 인플레이션이 낮은 경제상황이나 대통령의 국정수행 평가가 유권자들로부터 호의적일 경우에는 중간선거에서 집권당이 하원 의석을 잃는 정도가 크지 않으며 그 반대일 경우 집권당이 하원에서 의석을 잃는 정도는 상대적으로 크다는 것이다. 중간선거에서 집권당이 하원에서 의석을 잃는 현상에 대한 근본적인 설명은 크게 편승효과의 소멸과 의회와 행정부의 균형의 관점에서 시도되고 있다(Erikson and Wright 2005). 편승효과의 소멸이란 측면에서 본다면, 동시선거에서는 현 대통령과 같은 정당의 의회선거 후보자들이 편승효과로 인해 기대이상으로 당선되어 집권당의 의석이 크게 늘어나게 되었지만 중간선거에서는 편승효과가 더 이상 존재하지 않기 때문에 현 대통령 소속 정당의 의회선거 의석은 자연스럽게 줄어들 수밖에 없다는 것이다. 따라서 논리적인 추론의 결과는 동시선거에서 편승효과가 크면 클수록 중간선거에서 대통령 소속 정당의 하원 의석 감소는 더 커진다는 것이다. 이와 달리 행정부와 의회 사이에 균형을 추구하려는 관점에서는 중간선거를 대통령과 의회의 관계를 견제와 균형의 장치로 이해한다. 특히 중도층 유권자들의 대통령 권력에 대한 견제 심리 작용으로 의회선거에서 야당에게 힘을 실어준 결과 중간선거에서 대통령 소속 정당의 하원 의석 감소는 불가피하다고 보고 있다.

VII. 투표율

의회선거만 치러지는 중간선거 투표율은 대통령선거와 의회선거가 함께 치러지는 동시선거와 비교해서 상대적으로 낮다. 〈그림 8-4〉는 1960년에서 2014년 동안 동시선거와 중간선거의 투표율을 시계열적으로 보여주고 있는 그래프이다. 이 그래프에서

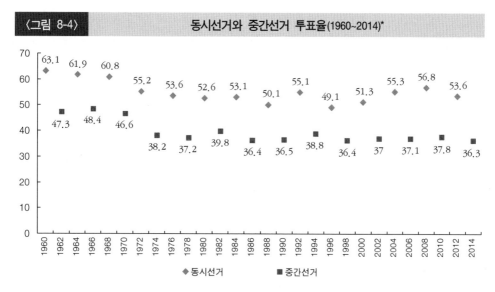

〈그림 8-4〉 동시선거와 중간선거 투표율(1960~2014)*

◆ 동시선거   ■ 중간선거

* 18세 이상의 투표권 연령에 해당하는 전체 인구(voting-age population)를 기준으로 투표율을 계산
출처: Infoplease, "National Voter Turnout in Federal Elections: 1960-2014," https://www.infoplease.c
  om/us/government/elections/national-voter-turnout-in-federal-elections-1960-2014(검색일: 2019.12.11)

알 수 있듯이, 1960년에서 2014년 동안 총 14번의 중간선거에서 평균 투표율은 약 40퍼센트로서 단 한 번도 투표율이 50퍼센트 이상 올라간 경우가 없었다. 반면 동시선거의 경우 같은 기간 총 14번의 선거에서 평균 투표율은 약 55퍼센트로서 대략 중간선거 투표율보다 15퍼센트 정도 더 높다. 동시선거와 비교해서 중간선거의 투표율이 낮은 이유는 유권자들의 선거관심과 미디어의 보도방식에서 그 원인을 찾을 수 있다. 동시선거에서는 의회선거와 함께 대통령선거도 같이 치러지므로 의회선거만 치러지는 중간선거와 비교해서 유권자들의 관심이 상대적으로 높을 수밖에 없다. 또 대통령선거에 대한 미디어의 집중적인 보도와 선거기간 동안 대통령 후보자들이 내보내는 엄청난 TV 광고는 전국적인 선거관심을 불러일으켜 유권자들의 투표효능감을 제고시킬 수도 있기 때문이다.

투표율 계산과 관련하여 주로 사용하는 방법은 투표권 연령에 해당하는 전체 인구(voting-age population: 18세 이상의 유권자) 중 투표한 사람들의 비율을 구하는 게 일반적이다. 그러나 맥도널드와 팝킨(McDonald and Popkin 2001)에 따르면 이렇게 투표율을 구하는 방식은 정확하지가 않다고 한다. 투표를 할 수 있는 연령에 해당하는 유권자라고 해서 모두가 투표를 할 수 있는 자격을 얻는 것은 아니기 때문이다. 예를 들면, 중범죄자나 비 시민권자는 투표를 할 수 있는 나이에 있다고 하더라도 투표를 할 수가 없다. 따라서 투표권을 가진 연령층에서 실제로 투표 자격이 있는 전체 인구(voting-eligible population)를 대상으로 투표율을 계산하는 방식이 더 정확할 수 있으며 이들을 대상으로 투표율을 구하면 투표권 연령에 해당하는 전체 인구를 대상으로 계산하는 것보다 투표율이 높게 나온다. 그러나 어떤 방식으로 투표율을 구하든 전체적인 투표율 패턴은 중간선거의 투표율이 여전히 동시선거의 투표율보다 낮으며, 1970년대로 접어들면서 중간선거와 동시선거 모두 그 이전과 비교해서 투표율이 하락하고 있는 추세이다.

미국의 의회선거 투표율(또 대통령선거 투표율)은 다른 선진민주주의 국가들과 비교해서 낮다. 특히 1970년대 이후 미국 각 주에서 까다로운 선거등록 절차를 간소화하는 노력을 보였음에도 불구하고 투표율은 계속 감소 추세에 있고 다른 선진민주주의 국가들과 비교해서도 여전히 낮다. 미국선거의 낮은 투표율에 대한 설명들은 제도적, 개인적, 집합적 수준에서 포괄적으로 이뤄지고 있다.

1. 제도적 수준

미국의 의회선거뿐만 아니라 대통령선거에서 투표율이 낮고 감소하고 있는 추세는 먼저 제도적 측면에서 진단이 필요하다. 미국에서 투표참여는 개인들의 강제적인 의무가 아니다. 또 미국 유권자들의 선거등록 절차는 다른 나라들과 비교해서 까다롭다. 미국의 경우 선거인등록은 국가의 주도나 책임 하에 이뤄지는 것이 아니라 전적으로 개인의 책임에 맡기고 있다. 그리고 미국의 선거일도 투표율 감소에 기여를 한다. 미국의 선거일은 11월 첫째 월요일이 지난 첫 번째 화요일로 법으로 정해져 있으며 공휴일이 아니다. 미국의 양당체계(two-party system)도 투표율 하락을 설명하는 데 유용하다. 다운스(Downs 1957)의 중위투표자 정리(the median voter theorem)에 따르면 정당들은 유권자들로부터 표를 얻기 위해 중도적인 정책선호나 이념을 표방한다고 한다. 그 이유는 유권자들은 그들과 정책적으로 또는 이념적으로 가장 가까운 정당에 지지를 보내는 경향이 있으므로 정당들의 정책선호나 이념적 위치는 중간에 수렴할 수밖에 없다는 것이다. 문제는 정당들이 이념적으로 중간에 수렴하면서 유권자들은 정당들의 정책적 차이를 구별하기가 힘들게 되었고 그 결과 투표선택에 어려움을 가져와 투표율 감소에 일조를 하게 되는 것이다.

2. 개인적 수준

선거등록 절차를 간소화하는 등 제도적 측면에서 투표율을 제고하는 시도가 펼쳐졌음에도 불구하고 투표율이 계속 감소하고 있다면 유권자들의 개인적 수준에서 이런 현상을 설명할 필요가 있다. 제일 먼저 고려해야 하는 것은 유권자들의 사회경제적 지위(SES: socioeconomic status)다. SES는 교육, 수입, 직업으로 측정되는데 그중에서도 교육이 중요하다. 일반적으로 교육수준이 높을수록 수입도 높고 좋은 직업을 가질 확률도 높다. 이러한 사회경제적 지위를 가진 유권자들은 그렇지 못한 유권자들보다 투표참여를 더 자주하는 경향이 있다. 그들은 정치에 관심이 많을 것이고 정치적 지식 수준도 높을 것이다. 무엇보다 그들은 투표참여에 필요한 자원들(투표참여에 따른 시간과 비용, 선거자금 기부, 조직활동과 커뮤니케이션에 필요한 시민적 자질)을 가지고 있어서 투표참여를 용이하게 만들기 때문이다(Verba, Schlozman, and Brady 1995). 한편 교육수준과 투표율의 관계에 대해 한 가지 지적해야 할 것은 대부분의 선진민주주의 국가들의 경우, 집합적 수준에서 유권자들의 교육수준이 높아지고 있음에도 불구하고 투표율은 점차 감소하는 경향에 있다.

투표효능감과 정치적 무관심도 투표참여를 설명하는 데 중요한 요인들이다. 나의 한 표가 선거결과, 나아가서 국가의 공공정책 결정에 중요한 영향을 미친다고 생각하면 투표에 참여할 확률이 높을 것이다. 또 내가 정치체제로부터 소외되고 있다고 느낀다면 정치 냉소주의를 더욱 부채질할 것이고 이것은 투표율 하락에 영향을 미치는 요인으로 작용할 것이다.

개인들이 생활하고 있는 사회적 네트워크도 중요하다. 정당일체감이 강하고 조직활동이 활성화되고 있는 사회적 네트워크나 동네에 살고 있는 유권자들일수록 정치참여가 활발하다는 경험적 연구도 있다(Huckfeldt and Sprague 1995). 마지막으로 정당이나 정치엘리트의 동원화(mobilization)도 투표참여와 관련해서 중요하다. 선거운동기간 동안 후보자나 정당의 전화나 우편, TV 광고, 직접접촉과 같은 동원전략은 투표율 제고에 기여를 한다. 그러나 로젠스톤이나 한센(Rosenstone and Hansen 1993)에 따르면 후보자나 정당이 영향력 있는 인물이나 조직에만 동원노력을 집중한 나머지, 일반 유권자들을 투표장에 끌어들이는 노력은 게을리하게 되면서 투표율 하락을 자초하고 있다고 한다.

3. 집합적 수준

집합적 수준에서 특정 계층, 집단과 투표참여는 상관관계가 있다. 일반적으로 중장년층(40대~60대)의 투표율은 젊은 층이나 노년층보다 높다. 여자보다 남자의 투표율이 더 높으며, 흑인이나 히스패닉과 같은 소수인종보다 백인들의 투표참여가 더 높다. 그리고 농촌지역이 도시지역보다 투표율이 높다.

VIII. 선거자금

1960년~1970년대 들어서 선거운동의 양상이 정당조직 중심에서 후보자 중심으로 변화하면서 선거자금은 후보자들을 선거에서 경쟁력 있는 후보로 만드는 데 중요한 역할을 하게 된다. 실제 선거운동은 많은 돈을 필요로 한다. 선거유세나 홍보에 필요한 비용, 선거조직 비용, 선거참모 인건비, 선거공약 개발 비용 및 정당조직 운영비, 기타 경상비 등을 고려할 때 선거자금 조달 없이 후보자들이 선거운동을 한다는 건 상상 불가능한 일이다. 특히 현대에 들어와 TV를 이용한 선거운동이 폭발적으로 늘어나면서 후보자들의 선거비용은 기하급수적으로 급증하고 있는 추세이다. 이런 점에서 후보자들의 선거자금의 규모와 선거결과의 관계는 비례할 가능성이 높을 것이다. 그러나 경험적 연구에 따르면 하원선거에서 선거자금의 효과는 현직자보다는 도전자에게 나타나는데 그 이유는 현직자의 경우 이미 인지도나 조직력에서 도전자보다 우위에 있으므로 추가적인 선거비용의 지출은 재선에 큰 영향을 미치지 못하기 때문이다(Jacobson 1978). 반대로 도전자의 경우 현직자에 비해 인지도나 조직력에서 열세이므로 이를 극복하기 위한 선거비용 지출은 조금이라도 당선에 기여할 가능성이 높아진다(Kernell, Jacobson and Kousser 2012). 경험적 결과야 어떻든 선거에서 경쟁하는 후보자들은 유권자들에게 자신의 장점과 업적을 홍보하고 상대방의 약점을 공격하는 수단으로 언제나 선거자금의 모금과 지출에 노력을 기울일 수밖에 없다.

미국 의회선거에서 선거자금의 제공은 거의 대부분 민간부문에 의존하고 있다. 선거자금이 천문학적으로 치솟으면서 선거자금 기부의 규제에 대한 여론이 형성되기 시작하였다. 미국에서 선거자금 규제의 역사는 선거자금 기부에 있어서 정치적 불평등 문제와 의사표현의 자유라는 가치들이 충돌하면서 전개되어 왔다.

1. 선거자금 규제의 역사

1970년대에 들어서 천정부지로 치솟는 선거자금에 대해 연방의회는 규제에 나서기 시작한다. 그 대표적인 조치가 1971년 제정된 연방선거자금법(FCFA: Federal Campaign Finance Act)이다. 이 법은 1974년에 개정이 된다. 그 주요내용은 선거자금의 기부와 지출에 대한 상한선 설정 및 그 내역 공개, 부분적인 대통령 선거공영제, 그리고 선거법 집행과 선거자금 모금 및 지출 관련 정보를 수집, 발간을 담당할 연방선거관리위원회(FEC: Federal Election Commission) 신설 등이다(Kernell, Jacobson and Kousser 2012).

개정된 1974년 FCFA에 대해 여론이 들끓기 시작했다. 이 법이 수정헌법 제1조에 보장된 의사표현의 자유를 침해한다는 주장과 민주주의의 일인일표(one person, one vote)의 원칙이 정치자금 제공의 능력에 의해 훼손되면 안 된다는 정치적 평등의 주장이 팽팽히 맞섰다. 연방대법원은 1976년 버클리 대 발레오 판결(*Buckley v. Valeo*)에서 선거자금의 상한선 설정 및 내역 공개에 대해서는 합헌을, 선거자금 지출에 있어 제한은 위헌이라는 결정을 내렸다. 대법원의 결정에 1976년 의회는 의회선거에서 선거자금 지출에 대한 규제를 포기하였고 대통령선거에 대해서는 국고보조금을 제외한 선거자금의 경우는 지출상한액 폐지를 결정하였다(김민전 2001).

FCFA는 다시 개정의 운명을 맞게 된다. 1974년 개정된 FCFA가 주와 지방단위의 정당활동과 풀뿌리조직의 선거운동을 위축시켰던 것이다. 이에 1979년 개정된 FCFA는 주와 지방단위의 정당들의 정당조직구축, 선거인등록, 투표율 증대와 풀뿌리조직 차원의 선거활동에 사용되는 선거자금에 대해서는 규제를 철회하였다. 이러한 목적으로 선거자금의 모금, 지출 및 공개에 대해 어떠한 규제도 받지 않는 선거자금을 소프트머니(soft money)라 부른다. 아무런 규제를 받지 않는 소프트머니로 인해 다시 선거자금의 부정적 폐해가 도마 위에 오르면서 의회는 소프트머니에 대한 개혁에 착수한다. 그 결과 매케인(McCain)과 파인골드(Finegold)의 주도로 2002년에 의회는 소프트머니를 폐지하는 초당적선거자금개혁법안(BCRA: Bipartisan Campaign Reform Act)을 통과시켰다. 커넬, 제이콥슨, 코우저(Kernell, Jacobson, Kousser 2012)에 따르면, 현재 선거자금 규제의 흐름은 후보자나 정당에 직접 흘러들어가는 선거자금에 대해서는 엄격한 제한의 움직임을 보이고 있지만 기업, 노조, 이익단체에 의해 조직된 정치활동위원회(PAC: political action committee)의 독자적인 선거자금의 모금과 사용에 대해서는 제재를 가하지 않는 방향으로 전개되고 있다.

2. 선거자금 기부의 원천

연방선거관리위원회 자료에 따르면 2017년 1월 1일에서 2018년 9월 30일까지 상하원 후보자들이 조성한 선거자금은 23억 달러가 넘는다. 그중에서 하원의 경우 약 15억 달러, 상원은 약 8억 달러이다.[5] 이러한 막대한 규모의 선거자금을 후보자들은 어디에서 기부를 받는가? 〈그림 8-5〉는 2018년 현재 정당별 하원 후보자들의 선거자금조성 내역 비율을 보고하고 있다. 하원 후보자들의 선거자금 절반 이상은 개인들의 기부에 의해 조성되고 있다. 민주당은 전체 100퍼센트 중 개인기부(고액기부와 소액기부 모두 포함)가 66퍼센트, 공화당은 50퍼센트를 차지하고 있다. 다음으로 PAC에 의한 선거자금 조성이 뒤를 따르고 있고, 후보자 개인자산과 기타에 의한 선거자금 조성은 양당 모두 전체 선거자금 규모에서 차지하는 비중이 낮다. 하원 후보자들의 선거자금 조성에서 정당에 따라 차이가 나타나는 특징은 공화당의 경우 민주당에 비해 PAC으로부터 후원받은 선거자금 비율이 높다는 점이다. 공화당은 민주당보다 7퍼센트가 많은 40퍼센트를 PAC으로부터 선거자금을 기부 받았다. 반면 민주당은 개인 기부자들 중 소액기부자의 후원비율이 공화당보다 많았다. 미국에서 개인의 후원금액이 200 달러 이하이면 소액기부, 200달러 초과이면 고액기부로 분류한다.

〈그림 8-6〉은 2018년 현재 정당별 상원 후보자들의 선거자금 조성 내역을 보고하고 있다. 선거자금 조성의 전반적인 추세는 하원의 경우와 비슷한 양상을 보인다. 양당 모두 고액기부와 소액기부를 합친 개인기부의 비율이 월등히 높은데 민주당은 70퍼센트, 공화당은 64퍼센트를 차지한다. 다음으로 PAC의 선거후원금이 차지하고 있고, 기타 및 후보자순으로 선거자금 조성의 비중이 낮게 나타난다. 하원과 마찬가지로 PAC에 위한 선거자금 기부는 민주당보다 공화당에서 높게 나타났다(공화당 26퍼센트, 민주당 12퍼센트). 또 민주당은 공화당보다 개인의 소액기부 비중이 높았다.

하원 및 상원 후보자들의 선거자금 조성에서 나타나는 정당별 두드러지는 특징은 개인기부, 그중에서도 소액기부의 비율이 민주당에서 높게 나타난 반면 PAC에 의한 후원금은 공화당에서 높게 나타났다. 그리고 하원과 상원을 비교했을 때, PAC이 기부하는 선거자금의 의존도는 상원보다 하원에서 더 높았으며, 상원은 하원보다 개인들

---

5) Federal Election Commission, https://www.fec.gov/updates/statistical-summary-21-month-camp aign-activity-2017-2018-election-cycle/(검색일: 2019.12.11).

〈그림 8-5〉	정당별 하원 후보자들의 선거자금조성 내역 비율(2018)

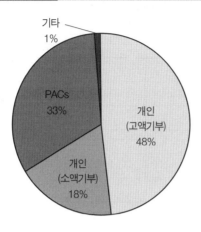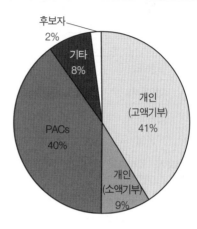

출처: Center for Responsible Politics, "Where the Money Came From," https://www.opensecrets.org/overview/wherefrom.php(검색일: 2019.12.11)

〈그림 8-6〉	정당별 상원 후보자들의 선거자금조성 내역 비율(2018)

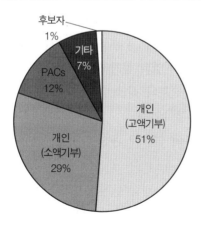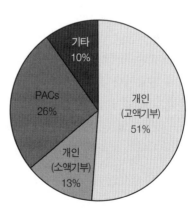

출처: Center for Responsible Politics, "Where the Money Came From," https://www.opensecrets.org/overview/wherefrom.php(검색일: 2019.12.11)

〈표 8-9〉	개인들과 PAC들이 기부한 선거자금내역 중 기부 원천별로 차지하는 상대 비율(2007~2008)	
	개인들(%)	PACs(%)
노동조합	2.0	98.0
이익단체	43.0	57.0
건강단체	66.0	34.0
기업	79.4	20.6
변호사, 로비스트	93.0	7.0
기타(교육, 종교단체 등)	100	0

출처: Bond and Smith(2012), p.370의 Table 10.9 인용

이 기부하는 후원금에 더 의존하였다.

전체 선거자금조성에 있어서 개인들의 기부금과 PAC의 기부금이 차지하는 비중을 고려했을 때, 이들의 구체적인 선거자금 기부 원천을 살펴보는 것도 의미 있는 일일 것이다. 〈표 8-9〉는 2007년에서 2008년 동안 개인들과 PAC들이 기부한 선거자금 내역 중 구체적인 기부 원천별로 각각이 차지하는 상대 비율을 구한 것이다. 이 표에서 볼 수 있듯이, 기업이나 변호사, 로비스트들은 PAC을 통해서라기보다는 개인적으로 선거자금을 기부하였다. 하지만 PAC을 이용한 기업의 선거자금 기부율은 약 21퍼센트로서 변호사나 로비스트의 그것보다 약 14퍼센트나 더 높다. 한편 노종조합이나 이익단체는 주로 PAC을 통해서 선거자금을 기부하였다.

한편 2012년 동시선거에서 슈퍼팩(super PAC)의 역할에 관심이 집중되었다. 선거자금의 모금과 선거비용 지출에 있어서 슈퍼팩(super PAC)이 큰 비중을 차지하였기 때문이다. 일반적인 정치활동위원회가 특정 후보나 정당에 직접적으로 선거자금을 제공해주는 것과 달리 슈퍼팩은 독자적으로 TV 광고를 통해 무제한적인 선거자금을 쓰면서 특정 후보나 정당을 지지한다.

3. 선거비용 지출 대상

후보자들의 선거운동의 목표가 유권자들에게 그들의 정책이나 이념을 알리고 이를

기반으로 지지를 호소하고 설득하는 것이라 한다면 광고와 홍보에 선거비용이 많이 지출될 것이라고 미뤄 짐작할 수 있다. 사실상 상원선거의 경우 후보자들의 선거비용의 대부분은 TV나 라디오를 이용한 광고로 쓰인다. 반면 하원선거의 경우 미디어를 활용한 선거운동의 비용 지출은 낮고 대신 후보자들의 캠페인 메시지 전달 수단으로서 우편 선거운동에 비용을 지출한다(Kernell, Jacobson, Kouser 2012). 그 이유는 상원선거의 경우 하원보다 지역구의 규모도 크고 유권자들의 거주지역도 넓게 퍼져 있기 때문에 캠페인 메시지의 효율적인 전달을 위해서는 방송매체를 통한 즉각적인 홍보가 필요하다. 반대로 상대적으로 규모가 작은 지역구를 가진 하원의 경우에는 조밀하게 거주하는 유권자들을 대상으로 우편물을 이용한 캠페인 메시지의 전달이 더 효율적일 수 있다. 물론 하원선거의 후보자들도 보다 많은 잠재적인 지지자들의 설득과 확보를 위해 TV나 라디오를 활용하기도 한다.

유세, 집회, 호별방문, 직접접촉과 같은 전통적인 선거운동에 대한 선거비용 지출은 미디어나 우편에 사용되는 선거비용에 비해 많지 않다(Kernell, Jacobson, Kouser 2012). 하지만 TV, 라디오, 우편을 통한 유권자들과의 간접적인 접촉에 비해 직접적인 접촉의 강도가 훨씬 높은 전통적인 선거운동 방식은 유권자들의 지지와 설득을 직접적으로 이끌어낼 가능성이 높으므로 여전히 유효한 선거운동의 방식이라 할 수 있다. 캠페인 메시지 홍보비용과 전통적인 선거운동에 지출되는 선거비용 못지않게 많이 드는 선거비용은 인건비, 선거사무실 임대료, 통신비, 장비사용료, 교통비, 기타 경상비 등이다. 이런 항목에 대한 지출은 총 선거비용 지출에 약 1/4에 해당한다(Kernell, Jacobson, Kouser 2012).

IX. 의회선거에서 유권자들의 투표행태

유권자의 개인적 수준에서 특정 후보자에게 투표를 하는 요인들은 크게 세 가지 측면, 즉 당파성(partisanship) 측면, 이슈적 측면, 후보자의 특성과 개인적 자질의 측면에서 설명될 수 있다.

먼저 당파성이란 정당일체감(party identification)과 같은 의미로 특정 정당에 대한 유권자들의 심리적 유대감을 말한다. 민주당(공화당)에 대해 심리적으로 유대감을 가지고 있는 유권자는 민주당(공화당) 후보들에게 투표할 가능성이 높을 것이다. 이러한 당파성의 요인이 투표행태에서 중요한 이유는 특정 집단에 소속된 정체성은 한 개인의 정치행태를 규정하는 데 결정적 작용을 하며, 또 이런 정당일체감은 시간이 흘러도 상당히 안정적이라는 점이다(Green, Palmquist and Schickler 2004).

의회선거에서 유권자들의 투표행태를 이슈적 측면에서도 설명할 수 있다. 좀 더 구체적으로 말한다면, 특정 이슈나 정책에 대한 선호는 유권자들이 투표를 결정하는 데 중요한 역할을 한다. 정치인과 정당은 일반대중들의 삶에 영향을 미칠 수 있는 정책을 결정하고 법을 만든다. 따라서 유권자들은 그들이 선호하는 이슈나 정책을 가진 정당, 후보자들에게 투표를 할 가능성이 높을 것이다. 이슈에 기반한 투표는 다시 전망투표(prospective voting)와 회고투표(retrospective voting)로 나누어질 수 있다. 전망투표와 회고투표의 차이는 유권자의 이슈를 고려한 투표선택이 정당이나 후보자가 앞으로 펼칠 정책에 대해서 기대/염려에 기초하여 내려지는지 아니면 정당이나 후보자가 과거에 수행해온 업적을 평가하여 내려지는지의 여부이다.

마지막으로 후보자의 개인적 특성이나 자질도 유권자의 투표선택에 중요하다. 유권자들은 그들과 비슷한 인종이나 종교, 성별, 지역, 사회적 배경을 가진 후보자들을 더 친근하게 느낄 것이고 이것이 그들의 투표결정에 영향을 미칠 것이다. 더해서 그런 후보자들의 정책적 견해나 입장을 유권자들은 자신들의 견해, 입장과 일치할 것이라고 기대를 하고 지지를 보낸다. 또 후보자의 개인적 성격과 자질도 중요하다. 유권자들은 과단성이 있고 정직하고 용기 있는 지도자들을 좋아하며 이러한 자질을 가진 후보자가 결국 당선될 가능성이 높을 것이다.

제**9**장

대통령선거

김성연 · 류재성

선거는 정권의 정통성(regime legitimacy)을 보장하는 가장 확실한 방법이며 동시에 일반국민들이 자신들의 요구와 희망을 표출하는 가장 안정적인 통로다. 정당과 후보는 선거를 통해 자신들의 정책에 대한 유권자의 지지를 확보함으로써 정부를 구성하고 정책을 실현할 수 있다.

미국은 세계 어느 나라보다 오랫동안 선거를 통해 대통령 리더십의 교체를 실현해 온 국가다. 1789년 초대 대통령선거 이래 2012년 대통령선거에 이르기까지 57번의 대통령선거가 실시되었으며, 지금까지 44명의 대통령이 대통령직을 수행해 왔다. 4년을 주기로 11월 2일과 8일 사이의 화요일에 실시되는 미국 대통령선거는 1789년 이래 단 한 차례도 중단된 바 없다. 여러 한계에도 불구하고 주기적인 선거를 통한 최고 리더십의 안정적인 교체는 미국 민주주의의 가장 큰 특징 중 하나이다.

미국은 대통령제의 원형 국가이지만 매우 독특한 대통령 선출방식을 가지고 있으며, 선거제도 역시 역사적으로 변화해 왔다. 그리고 그 변화의 내용은 대체로 민주주의의 확대와 심화의 방향과 일치한다. 이번 장에서는 미국 대통령 선거제도의 주요한 특징과 변화 그리고 미국 유권자들의 선거 참여와 후보자 선택에 대해 살펴본다. 논의의 주요한 초점은 선거인단(Electoral College)제도, 주요 정당의 후보 선출 방식, 투표권(voting rights)의 확대와 유권자 등록(voter registration) 제도, 미국 유권자들의 투표 참여 양상, 그리고 후보자 선택의 결정 요인 등이다.

I. 대통령 선거과정 일반

미국의 대통령선거는 다음의 순서로 진행된다.

우선, 후보자들이 출마선언을 하면 예비선거(primary election) 및 코커스(caucus)를 거쳐 전당대회(party convention)에서 각 당 후보가 선출된다. 각 당 후보 선출 후 TV 토론 등 본격적인 선거캠페인이 선거(general election)일까지 진행되며, 이후 선거인단(electoral college) 투표를 거쳐 대통령 당선자가 확정된다.

후보자의 출마선언이 선거가 열리는 직전 년도 초기 혹은 그 이전까지로 빨라지면서 전체적인 선거일정은 2년여 남짓 진행되는 경향이 강해지고 있다. 후보자 출마선언 후의 선거일정은 민주당과 공화당 후보 확정을 위한 당내 경선인 예비선거와 코커스과정이다. 이 경선과정의 정점은 예비후보 간 토론이다. 2012년 대통령선거의 경우 공화당 예비후보들 사이의 첫 공식 토론이 열린 것은 2011년 5월 5일, 즉 선거가 있기 1년 반 전이었다. 예비선거 및 코커스는 대통령선거가 열리는 해의 시작과 함께 실시된다. 공화당의 경우 2012년 1월 3일 아이오와 주 코커스를 시작으로 1월 10일 뉴햄프셔 주 예비선거, 1월 21일 사우스캐롤라이나 주 예비선거, 1월 31일 플로리다 주 예비선거로 이어지면서 2월부터 6월 26일의 유타 주 예비선거에서 종료되기까지 50개 주와 워싱턴 DC 및 미국령 해외영토(괌, 푸에르토리코, 버진 아일랜드, 미국령 사모아)에서 실시되었다. 예비선거 및 코커스에서 승리한 후보는 9월경에 열리는 각 당의 전당대회를 통해 대통령 후보로 공식 확정된다.

이후의 과정은 정당 간 후보 경쟁이다. 미국의 독특한 선거인단제도로 인해 후보 간 경쟁은 안정적인 지지를 받는 주(safe states)를 제외하고, 정당 및 후보에 대한 지지가 유동적인 주(swing states)에 집중된다. 후보 간 경쟁의 백미는 TV 토론이다. TV 토론은 대통령 후보와 토론위원회(Commission on Presidential Debate)에서 주관한다. TV토론에 참가할 수 있는 자격은 수학적으로 당선이 가능할 만큼의 주(states)에서 투표용지(ballot)에 후보 이름을 탑재한 후보 및 토론 전 특정 시점에서의 5개 여론조사 결과 최소 15%의 지지를 확보하고 있는 후보로 제한된다. 2012년 대통령선거의 경우 10월 3일, 16일, 22일 3차례 대통령 후보 간 TV 토론이 개최되었고, 10월 11일에는 부통령 후보 간 TV 토론이 열렸다.

대통령선거일은 11월 첫 번째 월요일 이후의 화요일로 법률로 정해져 있다. 4년마다 열리는 대통령선거일에는 대통령뿐만 아니라 임기 2년의 435명 하원의원 전체와 임기 6년의 상원의원 중 1/3을 동시에 선출한다. 따라서 대통령선거를 일반선거(general election)라고도 부른다. 일반유권자의 투표 결과로 주별 선거인단 배분이 정해지면, 대통령 당선인(president-elect)이 결정되지만, 공식적인 확정은 대통령 선거인단 투표를 통해서이다. 대통령 선거인단은 일반선거 이후 12월의 두 번째 화요일 이후 월요일에 주별로 소집되어 투표한다. 대통령의 공식 취임은 1933년의 제20차 수정헌법에 의해 1월 20일로 정해져 있다. 그 이전의 대통령 취임일은 미국헌법이 효력을 발휘한 날을 기념한 3월 4일이었다.

II. 대통령 선거인단제도

미국 대통령선거는 기본적으로 대통령 선거인단을 통한 간접선거 방식이다. 미국시민들은 현재 대통령 선출을 위해 직접 투표하지만, 이러한 방식의 투표가 건국 초기부터 모든 주에서 실행되었던 것은 아니다. 달리 말하면 건국 초기 일부 주의 시민들은 대통령 선출에 어떠한 방식으로든 참여할 수 없었다. 더욱이 대통령 선거인단을 통한 간접선거 방식은 일반시민들의 직접투표에서의 승자가 대통령이 되지 못하는 경우를 만들어 낼 수 있다. 실제로 미국 역사상 시민들의 직접투표에서의 패자가 대통령에 취임한 경우가 4번 발생했다. 6대 존 퀸시 애덤스(John Quincy Adams, 1824년 선거), 19대 러더포드 헤이스(Rutherford B. Hayes, 1876년 선거), 23대 벤자민 해리슨(Benjamin Harrison, 1888년 선거), 43대 조지 부시(George W. Bush, 2000년 선거) 대통령은 모두 일반시민의 직접선거에서는 다수를 획득하지 못했지만, 선거인단 선거에서 과반수의 선거인단 득표에 성공했다.

이러한 일이 발생하는 것은 미국의 독특한 선거인단제도 때문이다. 아래에서는 미국의 대통령 선거인단제도에 대해 자세히 살펴보도록 한다. 대통령 선거인단의 현재의 운영방식과 그 변화의 역사를 이해하는 것은 미국의 대통령 선거제도를 이해하는 핵심일 뿐 아니라 건국 초기 미국의 정치제도의 본질적 특성 및 그 역사적 전개를

〈표 9-1〉		역대 대통령선거 결과				

선거 연도	대통령 당선자	(차점) 낙선자	당선자 일반 유권자 득표율(%)	일반 유권자 득표율 차이(%p)	당선자 선거인단	(차점) 낙선자 선거인단
1789	George Washington	–	–	–	69	–
1792	George Washington	–	–	–	132	–
1796	John Adams	Thomas Jefferson	–	–	71	68
1800	Thomas Jefferson	John Adams	–	–	73	65
1804	Thomas Jefferson	Charles Pickney	–	–	162	14
1808	James Madison	Charles Pickney	–	–	122	47
1812	James Madison	DeWitt Clinton	–	–	128	89
1816	James Monroe	Rufus King	–	–	183	34
1820	James Monroe	John Quincy Adams	–	–	231	1
1824	John Quincy Adams	Andrew Jackson	30.92	-10.44	84	99
1828	Andrew Jackson	John Quincy Adams	55.93	12.25	178	83
1832	Andrew Jackson	Henry Clay	54.74	17.81	219	49
1836	Martin Van Buren	William Henry Harrison	50.79	14.20	170	73
1840	William Henry Harrison	Martin Van Buren	52.87	6.05	234	60
1844	James K. Polk	Henry Clay	49.54	1.45	170	105
1848	Zachary Taylor	Lewis Cass	47.28	4.79	163	127
1852	Franklin Pierce	Winfield Scott	50.83	6.95	254	42
1856	James Buchanan	John C. Frémont	45.29	12.20	174	114
1860	Abraham Lincoln	John C. Breckinridge	39.65	10.13	180	72
1864	Abraham Lincoln	George B. McClellan	55.03	10.08	212	21
1868	Ulysses S. Grant	Horatio Seymour	52.66	5.32	214	80
1872	Ulysses S. Grant	Horace Greeley	55.58	11.80	286	0
1876	Rutherford B. Hayes	Samuel J. Tilden	47.92	-3.00	185	184
1880	James A. Garfield	Winfield Scott Hancock	48.31	0.09	214	155
1884	Grover Cleveland	James G. Blaine	48.85	0.57	219	182
1888	Benjamin Harrison	Grover Cleveland	47.80	-0.83	233	168
1892	Grover Cleveland	Benjamin Harrison	46.02	3.01	277	145

1896	William McKinley	William Jennings Bryan	51.02	4.31	271	176
1900	William McKinley	William Jennings Bryan	51.64	6.12	292	155
1904	Theodore Roosevelt	Alton Brooks Parker	56.42	18.83	336	140
1908	William H. Taft	William Jennings Bryan	51.57	8.53	321	162
1912	Woodrow Wilson	Theodore Roosevelt	41.84	14.44	435	88
1916	Woodrow Wilson	Charles Evans Hughes	49.24	3.12	277	254
1920	Warren G. Harding	James M. Cox	60.32	26.17	404	127
1924	Calvin Coolidge	John W. Davis	54.04	25.22	382	136
1928	Herbert Hoover	Al Smith	58.21	17.41	444	87
1932	Franklin D. Roosevelt	Herbert Hoover	57.41	17.76	472	59
1936	Franklin D. Roosevelt	Alf Landon	60.80	24.26	523	8
1940	Franklin D. Roosevelt	Wendel Willkie	54.74	9.96	449	82
1944	Franklin D. Roosevelt	Thomas E. Dewey	53.39	7.50	432	99
1948	Harry S. Truman	Thomas E. Dewey	49.55	4.48	303	189
1952	Dwight D. Eisenhower	Adlai Stevenson	55.18	10.85	442	89
1956	Dwight D. Eisenhower	Adlai Stevenson	57.37	15.40	457	73
1960	John F. Kennedy	Richard Nixon	49.72	0.17	303	219
1964	Lyndon B. Johnson	Barry Goldwater	61.05	22.58	486	52
1968	Richard Nixon	Hubert Humphrey	43.42	0.70	301	191
1972	Richard Nixon	George McGovern	60.67	23.15	520	17
1976	Jimmy Carter	Gerald Ford	50.08	2.06	297	240
1980	Ronald Reagan	Jimmy Carter	50.75	9.74	489	49
1984	Ronald Reagan	Walter Mondale	58.77	18.21	525	13
1988	George H. W. Bush	Michael Dukakis	53.37	7.72	426	111
1992	Bill Clinton	George H. W. Bush	43.01	5.56	370	168
1996	Bill Clinton	Bob Dole	49.23	8.51	379	159
2000	George W. Bush	Al Gore	47.87	-0.51	271	266
2004	George W. Bush	John Kerry	50.73	2.46	286	251
2008	Barack Obama	John McCain	52.87	7.27	365	173
2012	Barack Obama	Mitt Romney	50.98	3.69	332	206
2016	Donald Trump	Hillary Clinton	46.1	-2.1	304	227

이해할 수 있는 주요한 관점을 제공한다.

1. 구성

미국의 대통령은 주별로 인구비례에 따라 할당된 선거인단에 투표에서 과반수 득표로 선출된다. 현재의 선거인단 수는 538명인데, 이것은 하원의원 전체 435명, 상원의원 전체 100명 및 워싱턴 DC에 배정된 3명의 합과 같다. 워싱턴 DC에 할당된 3명의 선거인단은 1961년에 비준된 제23차 수정헌법에 따른 것이다. 이 수정헌법 이전에 워싱턴 DC 거주자에게는 대통령선거에 참여할 수 있는 기회가 없었다. 1964년 대통령선거 이래 예외 없이, 워싱턴 DC의 3명의 선거인단은 민주당 후보에게 돌아갔다. 대통령에 당선되기 위해서는 총 270명의 대통령 선거인단의 득표를 확보해야 한다.

미국이 선거인단제도를 통한 선출방식을 채택한 것은 헌법 고안자들(Framers) 사이의 대통령 선출방식에 대한 이견이 절충된 결과다. 대통령 선출방식은 '연방의회에 의한 간접선거' 방식과 '일반유권자에 의한 직접선거' 방식 사이의 대립으로 나타났는데, 이들 사이의 이견이 '해소'되지 못하고 선거인단을 통한 대통령 선출방식으로 '절충'되었다. 그 결과 대통령 선거인단제도는 일반유권자에 의한 직접선거 방식이 아니며, 동시에 의회 등에 의한 간접선거 방식도 아니다. 미국 헌법 고안자들은 대통령 선거인단을 통한 대통령 선거방식만을 규정하고, 대통령 선거인단을 어떻게 구성하느냐의 문제는 각 주 의회에 위임함으로써 대통령 선출방식과 관련된 정치적 갈등을

〈참고사항 9-1〉 선거인단 정원

538명의 선거인단 수는 1964년 이래 고정되어 있다. 1789년 초대 대통령선거에서의 선거인단 수는 81명이었으며, 이후 인구증가 및 새로운 주의 연방 편입에 따라 지속적으로 증가한다. 하원의원 수는 1912년 이래 435명을 최대로 하여 고정되어 있다(하원의원 수는 1959년 하와이와 알라스카 주의 미 연방 편입으로 일시적으로 437명으로 증가된 바 있다). 미국의 주별 하원의원 수는 인구비례에 따르는데, 건국 이래 지속적인 인구증가 및 새로운 주의 연방편입으로 인해 하원의원 수 역시 지속적으로 증가했다. 하원의 효율적인 의사진행을 위해 하원의원 수의 계속적인 증가가 허용될 수 없었던바, 연방의회는 1911년의 하원의원 수 할당법(Apportionment Act)에 의해 435명으로 하원의원 수를 고정한다.

회피한 것이다.

건국 초기 대통령 선거인단의 구성은 주로 주 의회에 의한 선거인단 '지명'에 의해 이루어졌다. 예컨대 1792년 대통령선거에서 주 의회에 의한 대통령 선거인단 지명은 15개 주 중 9개 주에서 실시되었으며, 이러한 방식은 1824년 대통령선거에까지 이어져 24개 주 가운데 6개 주에서 실시되었다. 주 의회에 의한 대통령 선거인단 지명은 1828년 대통령선거를 기점으로 두 개 주(델라웨어 주 및 사우스캐롤라이나 주)에서만 실시되며, 나머지 주들은 모두 시민에 의한 직접투표에 따른 선출 방식의 선거인단 구성으로 전환한다. 따라서 대체로 1828년 이후에야 대통령 선거인단 구성이 일반시민에 의한 직접선거 방식으로 전환된 것이며, 이는 초기 미국의 선거제도가 갖는 민주주의의 결핍을 보완한 것이라고 할 수 있다.

대통령 선거인단 구성을 주에 위임한 헌법 규정은 일반시민들의 올바른 정치적 판단 능력에 대한 회의 및 그에 따른 투표에 대한 불신에 기반한다. 당시의 일반시민의 높은 문맹률이나 언론에 의한 후보자에 대한 정보 제공의 제한, 교통시설의 낙후로 인한 후보자 유세의 어려움 등을 고려한다면, 주 의회에 의한 대통령 선거인단 지명 방식이 사용된 것이 놀라운 일은 아니다. 더불어 대통령 선거인단의 구성은 각 주들의 독립성을 인정하여 개인 투표자들의 의사가(그들이 직접 투표한다고 가정한다면) 주를 단위로 하여 조정되도록 고안된 것이다. 따라서 선거인단제도는 대중과 엘리트, 각 주들 사이의 이해관계를 절충한 결과다.

선거인단의 실제 구성은 주별로 일반선거에서의 일반유권자의 투표결과에 따라 이루어진다. 각 정당은 배정된 선거인단 수에 해당하는 선거인 명부(slate of electors)를 작성하여 주 선거관리위원회에 제출한다. 선거결과에 따라 승리한 정당이 제출한 선거인 명부로 선거인단이 결정된다. 예컨대 버지니아 주의 경우 11명의 하원의원과 2명의 상원의원이 있으므로 13명의 선거인단이 할당된다. 대통령선거 투표용지에 등재되는 후보를 배출한 정당은 13명의 선거인 명부를 주 선거관리위원회에 제출하고, 승리한 정당(2012년 선거의 경우 민주당)이 제출한 명단에 이름이 올라 있는 사람이 버지니아 주의 선거인단이 되는 식이다.

따라서 일반인들은 선거인단이 누구인지 알지 못한다. 일반유권자들은 투표소에서 대통령 후보들 중 한 명을 택하고, 개표 결과에 따라 승리한 후보 정당의 선거인단이 미리 결정된 선거인 명부에 따라 결정되는 것이다. 선거인단이 되기 위한 자격은 헌법에 규정되어 있는데, 연방 공무원이나 군인 혹은 선출직 공직자가 아니면 누구나 가능하다. 대체로 선거인 명부에 들어가는 사람들은 정당의 활동가로서, 정당에 대한 기여가 많고 충성심이 높은 사람들을 중심으로 주 정당위원회에서 선정한다.

2. 투표 방식

대통령 선거인단은 대통령선거 이후 12월의 두 번째 화요일 이후 월요일에 주별로 소집된다. 2012년의 경우 2012년 12월 17일에 50개의 주 수도에서 대통령 선거인단이 소집되었다. 따라서 선거인단 전체가 한 장소에 모이는 것은 아니다. 이들은 일반 시민들의 투표 결과에 상응하게 대통령과 그의 러닝메이트인 부통령 후보에게 각각 1표씩 2표를 투표한다.

이러한 방식은 최초의 규정을 개정한 결과다. 최초의 방식은 각 선거인단이 대통령 후보에게만 2표를 행사하는 것이었으며, 그중 한 표는 자기 주 출신 이외의 주 출신에게 투표하도록 규정되어 있었다. 행사된 2표 중 과반수 득표자가 대통령이 되며 차점자가 부통령으로 확정되었다.

대통령과 부통령 후보에게 각각 1표를 행사하는 방식은 1804년의 제12차 수정헌법에 의해 도입된 것이다. 제12차 수정헌법은 1800년 선거에서 나타난 문제점을 교정하기 위한 것이었다. 1800년 선거에서 대통령과 부통령 후보로 출마한 토마스 제퍼슨 (Thomas Jefferson)과 아론 버(Aaron Burr)는 모두 민주-공화당(Democratic-Republican Party) 소속이었는데, 대통령 선거인단의 다수를 구성하고 있던 민주-공화당(Democratic Republican Party) 선거인단은 대통령과 부통령 구별 없이 자신들에게 주어진 2표를 각각 제퍼슨과 버에게 투표했다. 당시의 규정은 대통령 선거인단의 과반수 득표자가 대통령으로 당선되며 차점자가 부통령으로 당선되는 것이었는데, 제퍼슨과 버는 같은 득표(73표)를 함으로써 대통령 당선자를 확정할 수 없게 된 것이다. 헌법에 따르면 이러한 경우 연방하원이 대통령 당선자를 결정한다. 연방하원은 36차례의 투표를 통해 토마스 제퍼슨을 대통령으로 최종 선출한 바 있다.

대통령 선거인단에서 과반수를 확보하지 못해 연방하원에 의한 대통령 당선자 결정은 1824년 대통령선거에서도 나타난다. 앤드류 잭슨(Andrew Jackson) 후보가 과반수의 대통령 선거인단을 확보하는 데 실패하자, 대통령 당선자 확정은 연방하원에게 위임되고 여기서 존 퀸시 애덤스(John Quincy Adams)가 다수를 획득함으로써 대통령으로 확정된다. 연방하원은 선거인단 득표 상위 3명의 후보를 대상으로 하원의원 1인당

〈참고사항 9-2〉 신뢰를 어긴 선거인단(faithless elector)

신뢰를 어긴 선거인단은 자신에게 부여된 임무, 즉 주의 일반유권자 선거에서 다수를 득표한 후보에게 투표하도록 한 임무를 수행하지 않은 선거인단을 일컫는다. 헌법에는 선거인단의 투표와 관련한 규정이 없다. 다만 현재 24개 주에서 주 법률로서 신뢰를 어긴 투표인단을 제재할 수 있는 규정을 마련해 놓고 있다. 선거인단은 충성도 높은 정당 활동가를 정당에서 지명하는 경우가 많아 신뢰를 어긴 선거인단에 대한 제재는 법률적이기보다는 정당에 의한 파문 등 실제적이다. 미국 역사상 소수의 신뢰를 어긴 선거인단의 경우가 있었지만 그것이 대통령 당선인을 바꾼 경우는 없다.

1표를 행사한다. 연방상원은 선거인단 득표 상위 2명의 부통령 후보를 대상으로 상원의원 1인당 1표를 행사한다.

부통령 후보들 중 과반수 득표에 성공하지 못한 후보가 발생하면 제12차 수정헌법에 따라 부통령 결정권한은 연방상원이 갖는다. 연방상원은 상위 2명의 득표자를 대상으로 상원의원 1인당 1표의 표결권을 가진 투표를 실시한다. 상원의원 2/3의 출석과 출석 상원의원 과반수의 득표로 부통령을 결정한다. 실제로 연방상원은 1836년 선거에서 리처드 존슨(Richard Mentor Johnson)을 부통령으로 결정한 바 있다.

3. 선거인단 배정

주별로 할당된 선거인단의 후보 배정은 일반유권자의 투표 결과에 따른다. 일반유권자의 다수를 득표한 후보가 주에 배정된 선거인단 전체를 차지하는 승자독식(winner-take-all) 방식이다. 예컨대 플로리다 주에 배정된 29명의 선거인단은 일반유권자 득표에서 4,235,270표로 50.1%를 득표해서 4,162,081표로 49.1%를 득표한 롬니(Mitt Romney) 공화당 후보에게 승리한 오바마(Barack Obama) 민주당 후보에게 '모두' 배정된다. 〈그림 9-1〉에서 보이듯, 주별 인구비례에 따른 선거인단 배정으로 캘리포니아 주의 경우 55명의 선거인단을 가지고 있는 반면, 몬태나 주나 와이오밍 주와 같이 인구가 작은 주들은 3명의 선거인단을 가지고 있다.

승자독식 방식의 선거인단 배정은 네브래스카 주와 메인 주를 제외한 모든 주에서 채택하고 있는 방식이다. 네브래스카 주와 메인 주의 선거인단 배정 방식은 일반유권

〈그림 9-1〉 　　　　　2016년 대통령선거 결과에 따른 주별 선거인단 배정

주: ■은 공화당 배정 선거인단, ■은 민주당 배정 선거인단이다

자의 다수를 득표한 후보자가 주의 상원의원 몫인 2명의 선거인단을 배정받고, 나머지 하원의원 몫만큼의 선거인단은 하원의원 선거구를 단위로 단위 선거구에서의 다수자가 1명의 선거인단을 배정받는 방식이다. 예컨대, 네브래스카 주의 경우 후보 A가 1 선거구에서 승리하고, 후보 B가 2 선거구에서 승리하며, 후보 C가 1, 2 선거구 모두에서 작은 차이의 차점자였으나 주 전체적으로는 최다 득표를 기록했다면, 후보 C가 상원 몫의 2명의 선거인단을 배정받고, 후보 A와 B는 각각 1명의 선거인단을 배정받는다.

　승자독식의 선거인단 배정 방식은, 매우 극단적이지만, 39개 주 및 워싱턴 DC에서 단 한 표의 일반유권자 득표를 하지 못한 후보도 다음의 12개 주들(캘리포니아, 뉴욕, 텍사스, 플로리다, 펜실베이니아, 일리노이, 오하이오, 미시건, 뉴저지, 노스캐롤라이나, 조지아, 버지니아) 중 11개 주에서 다수의 일반유권자 득표에 성공한다면 당선에 필요한 270명의 대통령 선거인단을 배정받아 대통령에 당선될 수 있게 한다.

4. 선거인단제도의 문제점

선거인단제도는 건국 초기부터 채택되어 현재까지 유지되고 있지만 여러 비판으로부터 자유롭지 않다. 첫째, 표의 등가성(one-person one-vote) 원칙 훼손이다. 대통령 당선을 위해 산술적으로 가능한 일반유권자로부터의 최소 득표율은 22%에 불과하다. 270석 선거인단의 확보가 가능한 11개 주에서 1표 차이로 승리하고, 나머지 모든 주에서는 1표도 얻지 못해도 당선이 가능하다는 것이다. 물론 이러한 산술적 가정이 실현되기란 거의 불가능에 가깝다. 그럼에도 불구하고, 선거인단제도는 미국 일반유권자의 1표가 모두 같은 가치를 갖아야 한다는 민주주의 원칙을 구현하고 있지 못하다. 예컨대 와이오밍과 버몬트 주의 3석의 선거인단은 캘리포니아 주의 55석의 선거인단이 대표하는 인구의 1/60을 대표한다. 노스다코타 주의 68만 4천 표는 텍사스 주의 2천5백67만 5천 표와 등가다. 몬태나 주의 1표는 뉴욕 주의 20표와 같은 가치를 갖는다. 동등한 가치를 갖아야 한다는 원칙이 지켜지고 있지 못한 것이다. 물론 미국이 갖는 연방제의 특성상 선거인단을 통한 표의 주별 환산제도가 갖는 장점 혹은 불가피성이 있다. 더불어 이상의 문제점은 선거인단의 연방제적 특성보다는 선거인단의 할당 방식이 승자독식으로 이루어지는 데 따른 것이다.

관련해서, 둘째 민주당 혹은 공화당의 승리가 안정적으로 보장된 주들에서는 거의 아무런 선거 캠페인이 이루어지지 않는다. 민주당 안전 주(safe state)인 캘리포니아나 뉴욕 주, 공화당 안전주인 텍사스 주 등이 그 예다. 13개의 작은 주들 역시 마찬가지인데, 6개의 민주당 안전 주 및 6개의 공화당 안전 주는 대통령선거 캠페인에서 아무런 주목을 받지 못한다. 이들 작은 주중 유일한 예외는 뉴햄프셔 주일 뿐이다. 반면 선거 캠페인과 전국적 여론의 관심은 오하이오, 플로리다, 펜실베이니아 주 등과 같은 대표적인 스윙 주(swing states)들에 집중된다. 이들 지역에 대통령 후보의 방문이나 캠페인 광고 등이 집중되고, 이들 지역의 정책 현안에 대한 후보들의 관심과 공약이 늘어날 수밖에 없다. 결과적으로 선거 캠페인과정은 특정 주(즉 안전 주)의 배제와 특정 주(즉 스윙 주)에 대한 호혜의 방식으로 진행된다.

셋째, 미국 대통령선거에서의 투표 참여율은 매우 낮다. 1996년 대통령선거에서의 투표율은 49.1%로 과반에도 미달했으며, 그 이후의 투표율 역시 50~60% 사이로 매우 낮다. 여러 요인이 작용한 결과이지만, 선거인단제도의 승자독식 방식이 안전 주 등에서의 투표참여 가치를 낮춘 결과라는 분석이 가능하다. 민주당(혹은 공화당) 안전 주에서 공화당(혹은 민주당) 후보를 지지하는 유권자가 '사표'를 감수하고 투표를 결정하는 것은 쉽지 않은 일이다.

III. 정당의 후보 선출 방식

미국은 건국 초기부터 양당제의 전통이 매우 강한 국가이다. 현재의 공화당과 민주당의 양당체제가 확립된 것은 1856년부터다. 물론 그 이전 시기에도 공고한 양당체제였다. 미국의 대통령이 되기 위한 첫 관문은 두 주요 정당의 후보로 지명되는 것이다. 당내 경합의 과정에서 승리한 후보가 두 주요 정당의 후보로 확정되면 두 주요 정당 후보 사이의 경합이 시작되는 것이다. 미국의 두 주요 정당은 현재 예비선거(Primary election) 및 코커스에서 일반유권자가 직접 선거를 통해 자기 당의 후보를 선출하는 제도를 갖고 있다. 매우 통상적으로 보이는 이러한 방식은 그러나 상대적으로 짧은 역사를 가지고 있다. 본격적으로 예비선거를 통한 후보자 선출이 시작된 것은 1972년 선거 이후부터다. 일반유권자가 정당의 대통령 후보 선출에 직접적으로 참여할 수 있는 방향의 개혁이 이루어지는 데는 상당한 시간이 소요되었던 것이다.

1. 의회 내 정당지도부 지명(Congressional Caucus 혹은 'King' Caucus) 및 전당대회

건국 초기의 정당들은 소위 '킹' 코커스라는 의회 내 정당지도부 서클이 대통령 후보를 지명했다. 이 제도는 정당의 주요 인사들이 서로 간의 합의 혹은 담합에 의해 대통령 후보를 결정하는 방식이다. 매우 폐쇄적인 이 방식은 정당의 대통령 후보 경정에 있어 일반유권자의 참여를 원천적으로 차단했다.

1832년 대통령선거에서부터 전당대회(party convention)를 통한 정당 대통령 후보 선출 방식이 사용되었다. 전당대회를 통한 후보 선출은 코커스 방식을 통한 후보 선출보다 참여인원이 확대되었다는 점에서 민주적이지만, 여전히 주를 대표하여 전당대회에 참여하는 대의원(state delegates)의 선택이 각 주의 정당 지도자에 의해서 이루어졌다는 점에서 제한적이다. 그럼에도 불구하고 전당대회를 통한 정당의 대통령 후보 선출 방식은 이전 방식에 비해 진일보한 것이다. 후보를 결정하는 주요 집단이 소수의 의회 내 정당 지도부로부터 각 주의 정당 지도부로 확대되었고, 형식적이지만 각 주를 대표하는 대의원의 참여를 허용했다는 점에서 그렇다.

2. 예비선거 및 코커스

현재와 같은 예비선거, 즉 일반유권자가 참여하여 정당의 대통령 후보를 결정하는 방식의 시초는 1901년 플로리다 주에서부터다. 이후 1905년 위스콘신 주가 주 법률로서 예비선거를 입법화하여 실행하였다. 1912년 선거에서부터 1916년 선거에까지 20개 주에서 예비선거가 실시되었다. 예비선거의 실시는 정당의 대통령 후보 결정권한을 정당 엘리트로부터 일반유권자에게 귀속시키는 민주적 방식이라고 할 수 있다. 그러나 예비선거를 통한 정당의 대통령 후보 선출 방식은 1920년대 이후 진보운동 (Progressive movements)의 퇴조의 영향으로 더 이상 확대되지 않는다. 이 시기는 혼합제도(mixed system) 시기로 구분된다. 주 정당 지도부의 영향력이 강하게 관철되는 전당대회 방식과 일부 주에 도입된 예비선거 방식이 혼용되던 시기라고 할 수 있다.

예비선거 채택의 본격적인 재 점화는 1968년 민주당 전당대회에서의 일련의 폭력을 수반한 시위에서 비롯된 민주당의 개혁정책으로부터 시작되었다. 린든 존슨(Lyndon B. Johnson) 대통령의 불출마로 당시 부통령이었던 허버트 험프리(Hurbert Humphrey)가 민주당 전당대회를 통해 대통령 후보로 지명되지만, 이 지명과정에서 일반 민주당원들의 의사는 반영되지 못했다. 실제로 험프리 후보는 일반유권자가 참여하는 주별 예비선거에 단 한 차례도 참여하지 않은 반면, 경쟁 후보인 유진 매카시(Eugene McCarthy)와 로버트 케네디(Robert Kennedy)는 거의 모든 예비선거에 참여했다. 그럼에도 불구하고 전당대회를 통한 후보 지명에 성공한 것은 허버트 험프리였던 것이다.

전당대회 이후 민주당은 맥거번-프레이저위원회(McGovern-Fraser Commission)를 구성하고 민주당 대통령 후보를 선출하는 공동의 기준을 제시한다. 위원회의 권고안에는 민주당 전당대회 대의원 선정과정에 광범위하고 공개적인 일반유권자의 참여가 보장되어야 한다고 명시한다. 위원회의 권고에 따라 민주당은 예비선거를 통한 대통령 후보 선출을 확대해 가고 공화당 역시 같은 방식을 채택한다. 그 결과 1968년 당시 15개 주에서 실시되었던 예비선거는 이후 지속적으로 확대되어 현재는 대부분의 주에서 예비선거 혹은 일반유권자가 참여하는 코커스 방식을 채택하고 있다.

예비선거는 주별로 다른 방식을 채택하고 있다. 먼저 폐쇄형(closed system)은 정당에 등록되어 있는 유권자에게만 예비선거 참여 기회를 부여하는 제도를 말한다. 개방형(open system) 제도를 택하고 있는 주에서는 모든 유권자들이 유권자 등록과 상관없이 예비선거에 참여할 수 있다. 개방형예비선거에서는 반대 정당 지지자들이 선거결과를 의도적으로 바꿔놓을 수 있는 역투표의 가능성이 존재하며, 한 유권자가 두 정당 모두의 예비선거에 참여하는 것 역시 가능하다. 반공개형(semi-open) 제도를 택하고 있는 주들은 정당에 등록한 유권자와 더불어 무당파 유권자(independents)에게도 투표를 허용하는 방식이다. 유권자의 정당 등록 시점 역시 주별로 상이한데, 예컨대 뉴욕 주에서 유권자들이 예비선거에 참여하기 위해서는 예비선거일 1년 전까지 등록해야 하는 반면, 뉴햄프셔 주는 예비선거 10일 전까지 등록을 허용한다.

코커스 방식은 일반유권자의 참여를 허용하면서 정당의 대통령 후보를 결정한다는 점에서는 동일하지만 그 실행 방식에는 차이가 있다. 코커스는 장기간에 걸친 일련의 회의를 통한 다층적 결정방식을 취한다. 일반적으로 코커스는 정당 조직의 최소 단위인 프리싱트(precinct)에서 일반 당원이 참석하는 토론과 회의를 시작으로, 다음 단계(예컨대 카운티, 하원의원 선거구)의 회의에 참석할 대표를 선출하고, 최종적으로 주 전당대회에 참석할 대표를 선출하는 과정으로 이어진다. 현재 코커스 방식은 아이오와,

〈참고사항 9-3〉 조기 예비선거(Front-loading)

예비선거는 주별로 정해진 일정에 따라 진행된다. 예비 후보의 입장에서는 초기에 개최되는 예비선거에서 승리하는 것이 필수적이다. 선거자금 모금이나 언론 및 대중의 관심 등 유리한 선거캠페인 환경이 조성되기 때문이다. 각 주의 입장에서는 예비선거 일정을 앞으로 당기면 후보 및 전국적인 여론의 관심의 대상이 될 수 있으며, 예비후보가 주의 이해관계를 반영하는 선거 공약을 제시할 가능성 역시 커진다. 그 결과 1968년에 뉴햄프셔 주에서만 3월 이전에 예비선거가 있었는데 1980년에는 3월 이전 예비선거를 치르는 주가 10개로 늘었고 1988년에는 20개에 달하게 되었다. 따라서 4월이 시작되기 전 2/3가 넘는 전당대회 대의원이 선정되면서 그 이후 치러지는 예비선거에의 참여율이 급격히 떨어지는 현상이 발생하고 있다. 조기 예비선거는 전국적 명성을 갖지 못한 후보가 예비선거를 치르면서 유력한 후보로 등장할 수 있는 기회를 봉쇄한다. 높은 대중적 인기와 풍부한 선거자금을 가진 후보가 초기 예비선거에서 선전하고 그 승리의 여파를 이후 선거에서도 몰아갈 가능성이 높기 때문이다. 더불어 조기 예비선거 결과 정당의 대통령 후보가 일찍 결정되면서 충분한 시간을 가지고 후보자들의 평가할 수 있는 기회 역시 감소하게 되었다.

네바다, 알래스카, 아이다호 주 등 주로 인구가 작은 주에서 채택하고 있다. 코커스에 참여하는 대중은 예비선거보다 적다. 주로 정당 활동가들이 참여하기 때문이다. 일반 유권자에게 몇 시간 동안 이어지는 토론과정에 참여하는 것은 부담이 아닐 수 없다. 코커스가 낮은 참여율로 인해 대표성의 문제를 가질 수 있지만, 다른 한편으로 토론을 통한 숙의(deliberation)과정을 거친다는 장점을 갖기도 한다.

예비선거제도를 통해 미국 정당은 후보 선출과정을 일반유권자에게 개방했으며, 이 것은 정당 민주화의 진전으로 해석할 수 있다. 그러나 다른 한편으로, 예비선거에 대 한 일반유권자의 참여율은 매우 낮으며, 더욱 심각한 것은 예비선거 참여자가 사회경 제적 혹은 정책지향에 있어 매우 극단적이라는 점이다. 이들은 정당의 핵심 지지자들 로서, 이들의 영향력이 확대된 만큼 정당의 정강정책 역시 이들의 이해관계와 의사를 반영하는 방향으로 극단화된다. 그 결과는 정당의 외연 확장 혹은 새로운 유권자의 정당 유입이 예전보다 더욱 어렵게 되었다는 점이다.

3. 전당대회(National Convention)

민주당과 공화당의 전당대회는 4년마다 대통령선거가 열리는 해에 개최된다. 전당 대회는 정당의 정강정책(party platform)의 채택 및 발표를 통해 정당이 향후 4년간 지향하는 정책 목표와 수단을 대중에게 공개한다. 더불어 전당대회는 예비선거를 통 해 확정된 정당의 대통령과 부통령 후보를 공식적으로 지명하는 행사이기도 하다.

대체로 9월경에 열리는 전당대회를 통해 민주당과 공화당은 대통령과 부통령 후보 를 확정하고 정강정책을 공표함으로써 대통령선거에서의 승리를 위한 핵심 유권자의 지지와 동원을 공고히 한다. 전당대회 이후 양당의 대통령 후보에 대한 지지율이 상승 하게 되는데 이를 전당대회 효과(convention bounce)라고 한다. 2012년 대통령선거의 경우 민주당 전당대회(Democratic National Convention)는 9월 4일부터 9월 6일까지 노스캐롤라이나 주 샬롯에서 "전진(Forward)"을 모토로 개최되었으며, 공화당 전당대 회(Republican National Convention)는 "보다 나은 미래(A Better Future)"를 모토로 8월 27일부터 8월 30일까지 플로리다 주 탬파에서 개최된 바 있다.

전당대회에는 각 주를 대표하여 대통령 후보를 지명하는 주 대리인들(delegates) 및 주 및 카운티 단위의 정당 지도부가 참석한다. 이들은 주별 예비선거 및 코커스에서 결정된 후보를 각 주의 주민을 대표하여 선출 지명하는 역할을 한다. 주별 대리인의 후보별 할당 방식에 있어 민주당과 공화당은 상이한 제도를 채택하고 있다. 민주당의 경우 지지 유권자가 여성 및 소수 인종 등 사회적 약자들이 포함되어 있어 이들의 이해관계와 의사를 대표하기 위한 장치가 보다 정교한 방식으로 규정되어 있다. 즉 이들을 대표할 수 있는 대리인 집단의 분포가 일정하게 고정되어 있다. 더불어 주별로 할당된 대리인 역시 승자독식이 아니라 후보별 득표율에 따라 비례적으로 배분하는 방식이 이용된다. 반면 공화당의 경우 승자독식에 의한 대리인 분배 방식(unit rule)을 채택하고 있다.

후보별 대리인 비례 할당 방식을 채택하고 있는 민주당의 예비경선은 공화당 예비경선에 비해 오래 진행될 가능성이 크다. 민주당은 승자독식에 의한 대리인 분배 방식이 아니므로 주별 예비경선의 승자가 아니더라도 일정한 수의 대리인을 확보할 수 있고, 승자라 하더라도 압도적인 승리가 아니라면 주별로 할당된 대리인 전체를 가져오기 어렵기 때문이다. 예비경선이 길어지면서 승자 확정이 늦어지는 민주당과 짧은 예비경선을 통해 승자가 빨리 확정되는 공화당 후보 중 누가 더 본선 경쟁력을 극대화할 수 있느냐의 문제는 대답이 쉽지 않다. 예비경선이 어떻게 치러졌느냐가 관건이기 때문이다. 그러나 일반적으로 두 방식은 각기 나름의 장단점을 갖는다. 민주당의 경우처럼, 당내 후보 경선이 길어지는 것은 후보 간 경쟁의 심화로 후보들의 단점이 노출되면서 본선 경쟁력이 약화될 수 있는 반면, 치열한 경쟁의 지속으로 후보 인지도

〈참고사항 9-4〉 슈퍼 대리인(superdelegate)

슈퍼 대리인은 주별 예비선거와 코커스에 의해 선택된 (일반) 대리인이 아니라 정당 지도부 및 선출직 공직자(하원의원, 상원의원, 주지사 등)와, 주 정당이 임의로 선택한 추가적인 대리인 등이 자동으로 부여받는 직위다. 이들은 (일반) 대리인과 달리 주별 예비선거 및 코커스 결과와 상관없이 자신의 의사에 따른 자유로운 투표가 가능하다. 1980년 민주당의 헌트위원회(Hunt Commission)의 제안에 따라 이루어진 슈퍼 대리인은 처음 도입된 1984년 전당대회에서 전체 대리인의 14%를 차지하였으나, 이후 점차 증가하여 현재 20%에 이른다. 슈퍼 대리인 제도가 채택된 것은 정당 지도부 및 민주당 소속 선출직 공직자의 영향력을 확대하여 본선에서 당선 가능성이 높은 후보를 선출하는 데 영향을 미치기 위한 것이다. 슈퍼 대리인들은 예비선거와 코커스가 진행되는 동안 자신의지지 후보를 밝힘으로써 예비선거 및 코커스 결과에 영향을 미칠 수 있다. 예비선거와 코커스 결과가 박빙이라면 슈퍼 대리인의 선택에 따라 최종적인 정당 후보가 바뀔 수도 있다. 현재까지, 그러나, 그러한 선례는 없다.

및 유권자와 언론의 관심을 이끌어 낼 수 있다. 공화당의 경우처럼, 당내 경선이 짧게 이루어지는 경우, 당내 후보 간 경쟁을 일정하게 제한하고 후보를 조기에 확정함으로써 상대당 후보와의 경쟁을 준비할 수 있는 시간 및 전략적 자원을 효율적으로 사용할 수 있게 할 수 있다. 반면, 대중과 언론의 관심을 유지하는 데 어려움이 있을 수 있다.

IV. 투표권의 확대, 유권자 등록제, 대통령 후보 등록

1. 투표권의 확대

미국이 현재와 같은 보통 선거권, 즉 일정 연령 이상의 성인 인구가 성별이나 인종, 재산의 유무와 관계없이 투표권을 갖게 된 것은 그리 오래전이 아니다. 건국 초기의 투표권은 백인 성인 남자 중 일정한 재산을 소유하고 있는 시민(property requirements)에게 국한되었다. 당연히 여성과 흑인, 백인 빈곤층은 투표할 수 없었다. 재산을 소유하지 않은 시민들은 공적인 문제에 대해 신뢰할 만한 결정을 할 수 없을 뿐 아니라, 경제적 독립을 이루지 못한 시민들은 쉽게 매표의 대상이 될 수 있다는 것이 당시의 논리였다. 여성과 노예 신분인 흑인은 논의의 대상조차 되지 못했다. 1820년대를 거치면서 성인 백인 유권자의 재산 소유 규정은 여러 주에서 폐기된다. 예컨대 뉴욕 주는 1821년 주 헌법수정을 통해 투표권에 포함된 재산 소유 규정을 폐기한다.

흑인에게 투표권이 부여된 것은 남북전쟁 후에 이루어진 제14, 15차 수정헌법을 통해 인종, 피부색, 과거의 상태 등에 따른 투표 제한을 금지하면서부터다. 그러나 남부 여러 주에서 흑인의 참정권은 보장되지 못했다. '흑백 분리 평등 원칙(separate but equal doctrine)'을 중심으로 하는 소위 '짐 크로우 체제(Jim Crow System)'의 등장 때문이다. 남부의 여러 주들은 흑인의 참정권을 제약하기 위한 법률을 제정했는데, 흑인의 경우 헌법을 읽고 이해하고 있음을 증명하는 시험(literacy test)에 통과해야 했으며, 더불어 일정한 세금(poll tax)을 납부해야 했다. 더불어 시험을 통과하지 못한 백인들을 위한 일종의 구제 장치 역시 마련되었는데, 그것은 1867년 이진에 투표를 한 경험이 있거나 주의 군에 복무한 경험이 있는 자녀들에게 투표할 권한을 부여하는 것이었다. 결국 백인을 위한 유예조건을 통해 흑인들의 투표권만을 제한하고자 한 것이었다.

미국 흑인들이 실질적으로 투표에 참여할 수 있는 길이 열린 것은 1965년에 제정된 투표권리법(Voting Rights Act)에 의해서다. 투표권리법은 읽기능력 시험 등 투표를 위한 일체의 제한조치나 기준의 제시를 금지하는 것이었다. 이 법을 통해 제15차 수정헌법이 제시하는 인종이나 피부색에 따른 투표권 제한 금지가 실제적으로 실현될 수 있었다.

여성 참정권의 경우 역시 쉽지 않은 길을 통해 실현되었다. 1915년에 제출된 여성 참정권 보장 법률안은 하원을 통과하지 못한다. 1918년 9월과 1919년 2월에 제출된 또 다른 법률안은 하원을 통과하지만 상원 통과에 실패한다. 1919년 5월 하원을 통과한 법률안은 6월 상원 통과에 성공하고, 이어서 일련의 주들에서의 헌법수정안 비준이 통과되면서 최종적으로 1920년 8월 여성참정권을 보장하는 제19차 수정헌법의 효력이 발생한다.

투표권에 대한 최소연령 제한도 21세에서 18세로 낮춰졌다. 제2차 세계대전에 징병되는 연령이 18세가 되면서 전투에 참가하는 연령의 시민에게 투표할 수 있는 권한이 부여되어야 한다는 주장이 제기되지만 받아들여지지 않는다. 1954년 아이젠하워(Dwight Eisenhower) 대통령이 투표연령을 낮추기 위한 헌법개정을 시도하지만 상원에서 거부된다. 결국 1971년 제26차 수정헌법에 의해 전국적으로 투표연령이 18세로 낮아지게 되었다.

2. 유권자 등록제(Voter Registration)

미국은 다른 국가들과 달리 유권자 투표 등록제를 갖고 있다. 즉 미국 유권자들은 투표 가능 연령이 되었다고 해서 자동적으로 투표할 수 있는 것이 아니다. 노스다코타 주를 제외한 미국의 모든 주에서, 유권자가 투표권을 행사하기 위해서는 투표일 전에 주 법률이 정한 시점(통상적으로 선거일 1달) 이전 혹은 일부 주(아이다호, 아이오와, 미네소타, 뉴햄프셔, 위스콘신, 와이오밍 주)처럼 선거 당일에 유권자 스스로 선거인 등록을 해야 한다. 주에 따라서는 유권자 등록을 할 때 유권자가 지지하는 정당을 밝히도록 하고 있는 경우도 있는데 이러한 주의 경우는 주로 폐쇄형예비선거를 실시하는 주들이다.

유권자 투표 등록제는 선거 부정을 막기 위한 방법으로 1888년 선거에서부터 주별로 단계적으로 도입되었다. 이 제도의 도입은 오스트레일리아 식 투표제도(Australian Ballot)의 사용과 더불어 시작되었다. 오스트레일리아 식 투표용지는 오스트레일리아에서 처음 도입된 것으로 모든 투표용지가 그 형태와 색상 등이 동일해야 하며 정부에

| 〈그림 9-2〉 | 오스트레일리아 식 투표용지 도입 이전의 정당 투표용지 |

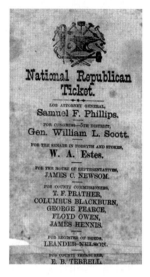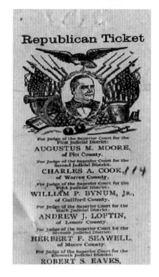

〈그림 해제〉 위의 투표용지는 '공화당'이 제작, 배포한 것이다. 유권자들은 이 투표용지를 '공화당'으로부터 제공받아 공화당이 설치한 기표소에서 투표한다. 민주당 역시 별도의 투표용지를 제작, 배포하고, 별도의 기표소를 운영한다. 오스트레일리아 식 투표제도가 도입되기 이전에는 정당에 의한 매표와 중복투표 등을 감시하거나 처벌할 수 있는 장치가 없었다. 실제로 일부 카운티에서는 투표율이 100%가 넘는 곳도 있었다.

의해 관리되는 제도다. 더불어 투표용지에의 기표는 폐쇄된 장소에서의 비밀 투표로 이루어져야 한다는 것이다. 너무나 당연하게 보이는 이러한 비밀투표가 1888년 선거 이전에는 이루어지지 않았다는 것이다. 오스트레일리아 식 투표제도가 도입되기 이전 투표용지는 정당에 의해 만들어졌다. 정당에 따라 각기 다른 색상과 크기였음은 물론이고 기표 역시 공개된 장소에서 이루어졌다(〈그림 9-2〉 참조). 이러한 투표용지 및 기표 방식은 정당에 의한 유권자 매수를 용이하게 하는 장치로 악용되었다.

진보의 시기(Progressive era)에 이루어진 여러 개혁 가운데 하나인 오스트레일리아 식 투표제도는 비밀투표를 보장함으로써 정당에 의한 유권자 매수를 차단하기 위한 목적으로 채택되었다. 더불어 유권자 등록제 역시 중복투표나 대리투표를 막기 위한 목적으로 도입된 것이었다. 유권자 등록제가 갖는 목적에도 불구하고 투표 전에 등록해야 하는 것은 부담이 아닐 수 없다. 물론 매번의 선거에 유권자 등록을 할 필요는 없으며 일정한 거주지에 계속 거주한다면 한 번의 유권자 등록으로 충분하다. 다만 일부 주에서는 2번의 선거에 연속으로 불참하면 새롭게 유권자 등록을 해야 하는 규

〈참고사항 9-5〉 2011년 유권자 등록법 개정

2011년 플로리다, 조지아, 오하이오, 테네시, 웨스트버지니아 주 의회는 조기투표 (early voting) 기간을 단축하는 법률을 입법화했다. 플로리다 및 아이오와 주 의회는 중범죄인의 투표를 금지했으며, 캔자스, 사우스캐롤라이나, 테네시, 텍사스, 위스콘신 주 의회는 투표 시 정부가 발행한 신분증(예컨대 운전면허증이나 여권)을 제시해야 하는 새로운 법률을 통과시켰다. 이러한 일련의 유권자 등록법은 선거부정을 방지, 근절하는 것을 입법 목적으로 한다. 이상의 법률에 대해 공화당은 대체로 찬성 입장이지만, 민주당은 강력히 반발한다. 이들 법률이 소수 인종 및 젊은층 유권자의 투표 참여를 억제할 것이란 주장이다.

정을 가지고 있기는 하다.

유권자들의 투표 등록에 따른 번거로움을 덜어주기 위한 법률이 1993년에 제정된 소위 '모터 보터(Motor Voter)법'이라 불리는 유권자 등록법(National Voter Registration Act)이다. 이 법률은 유권자 투표 등록을 용이하게 하기 위해 주정부가 통일된 유권자 투표 등록 서비스를 자동차 면허시험/등록장, 장애인 센터, 학교, 공공도서관 및 우편을 통해 제공할 것을 강제한다.

3. 대통령 후보 등록(Presidential Ballot Access Laws)

미국 대통령은 지구상에서 가장 강력한 권한을 가진 인물로 묘사된다. 이 강력한 직위를 가지려면 미국령에서 태어난 시민이어야 하며, 35세 이상이어야 하고, 미국 영주권자로서 적어도 14년 이상을 미국령에 거주해야 한다. 이러한 기준은 최소한의 요건일 뿐이다. 미국 대통령에 출마하여 유권자의 선택을 받기 위해서는 유권자가 기표할 투표용지에 자신의 이름을 올려야 한다. 말하자면 후보 등록을 통한 투표용지 탑재다. 한국 대통령선거의 경우 일정한 요건을 갖춘 후보자가 중앙선거관리위원회를 통해 후보 등록을 마치면 전국의 기표소에서 후보자 이름이 인쇄된 투표용지에 자신의 이름을 탑재할 수 있다.

연방제 국가인 미국의 경우 이러한 전국 단위의 일관된 기준이 없다. 다시 말하면 주별로 대통령선거 투표용지에 이름을 올릴 수 있는 후보의 기준이 개별적으로 정해져 있다. 미국 헌법 1조 4항에 따르면 연방 선거를 규제하는 권한은 주정부에 귀속된다. 이 규정에 따라 오스트레일리아 식 투표용지의 도입과 더불어 투표용지에 대한 관리가 주정부에 귀속되어 있어서, 투표용지에 접근할 수 있는, 즉 후보자 이름을 올릴 수 있는, 기준 역시 주정부가 규제한다. 주로 20세기에 들어와 주별로 입법화되기 시작한 투표용지 접근법(Ballot Access Law)은 기존의 두 주요 정당의 이해관계가 반영되면서 제3당 혹은 무소속 후보의 투표용지 접근을 매우 어렵게 만들었다. 즉 주별 투표용지 접근은 일정 숫자의 유권자 서명 및 청원을 통해 이루어진다.

예컨대 앨라배마 주의 경우, 직전 동일 수준의 선거 참여 유권자의 3%의 서명을 확보해야 한다. 앨라배마의 주 단위 선거에 제3당 혹은 무소속 후보로 등록하기 위해서는, 따라서, 2006년 기준으로 41,012명의 서명을 확보해야 한다. 텍사스 주의 경우 대통령선거에서 투표용지에 후보자를 탑재하기 위해서는 직전 주 단위 선거에서 5% 이상을 득표한 제3당의 후보이거나, 무소속 후보의 경우 직전의 주 단위 선거 투표자의 1%의 서명을 첨부한 청원서를 제출해야 한다. 이 1%의 유권자 가운데 두 주요 정당의 예비선거에 참여한 유권자는 제외된다. 텍사스 주의 경우 투표가능 연령 인구가 2008년 기준 17,735,442명이며 이들 중 12,752,417명이 등록 유권자들이다. 등록 유권자를 제외한 나머지 유권자 4,983,025명이 무소속 유권자가 서명을 받을 수 있는 유권자들이다. 등록 유권자의 50%가 투표했다고 가정하면, 그 가운데 1% 즉 대략 63,762명의 서명이 필요하게 된다. 다른 주의 상황도 비슷하다.

서명을 받는 작업에는 시간뿐 아니라 인력이 필요하며, 인력을 운영하는 데는 자금이 필수적이다. 미국의 50개 모든 주에서 이러한 서명 작업을 통해 각 주의 투표용지에 자신의 이름을 탑재할 수 있는 제3당이나 무소속 후보는 많지 않다. 2012년 대통령선거의 경우 헌법당(Constitution Party)의 버질 구드(Virgil Goode) 후보는 콜로라도 주에서 투표용지 탑재에 성공했지만 오클라호마 주의 투표용지에는 자신의 이름을 올리지 못했다. 2012년 대통령선거의 경우 5개 주 이상의 투표용지에 자신의 이름을 탑재한 제3당 후보는 6명 남짓이다. 달리 말하면 6명 남짓의 후보가 5개 주의 투표용지에 이름으로 올려 유권자의 선택을 받을 수 있었을 뿐, 나머지 45개 주의 투표용지에는 이름조차 탑재하지 못했다는 의미다. 당연히 이들 45개 주의 일반유권자들은 두 주요 정당 후보 이외의 다른 후보를 투표용지에서 발견할 수 없었고, 투표할 수 없었다.

제3당이나 무소속 후보에게 50개 주 전체의 투표용지에 후보 이름을 탑재하는 일 자체가 거대한 도전이다. 1992년 대통령선거에서 무소속 후보로, 1996년 선거에서 개혁당(Reform Party) 후보로 출마했던 억만장자 로스 페로(Ross Perot)와 그의 지원 하에 2000년 선거에 출마했던 패트릭 뷰캐넌(Patrick Buchanan) 등이 50개 주 전체의 투표용지 탑재에 성공했을 뿐이다. 녹색당(Green Party)은 2000년 선거에서 44개 주에, 2004년 선거에서는 27개 주에서만 투표용지 탑재에 성공했다. 2004년과 2008년 선거에서 무소속 후보로 출마했던 랠프 네이더(Ralph Nader)는 각각 34개 주와 45개 주에서 투표용지 탑재에 성공한 바 있다.

V. 투표 참여

미국에서 투표참여는 의무가 아니라 권리라고 여겨지며, 기본적으로 유권자들의 자율적인 결정에 맡겨진다. 이것은 호주나 독일 등에서 투표 참여를 시민의 의무라고 보고 투표를 하지 않을 경우 벌금을 부과하는 등의 제도적 제재를 가하는 것과 구별된다. 따라서 만일 정부와 정치에 대해 별다른 관심이 없거나 혹은 자신의 의사를 투표를 통해 표현할 필요를 느끼지 못한다면 굳이 투표에 참여할 필요가 없다. 또한 정치에 대해 크게 실망했거나 정치에 대한 강한 불신을 가지고 있다면 투표를 하지 않는 것을 통해 이를 표출할 수도 있다. 물론 이것이 미국에서 투표참여에 대한 사회적인 압력이 전혀 없다는 것은 아니다. 투표참여가 시민의 의무라는 생각과 이에 대한 사회적 압력은 여전히 미국 유권자들이 투표에 참여하는 가장 중요한 이유 중 하나이다.

미국 사람들은 투표참여 외에도 다양한 방식으로 정치과정에 참여한다. 각종 이익단체나 조직에 가입하여 활동하기도 하고, 선거 때 정당과 후보에게 돈을 기부하기도 하며, 가족이나 친구 그리고 지인들과 정치적인 문제에 대해 토론을 하기도 한다. 미국은 시민들의 이익단체 및 조직 가입률이나 정치적 효능감이 세계에서 가장 높은 나라들 중의 하나이며 정치인들에 대한 기부나 정치적인 문제에 대한 토론 그리고 각종 자원봉사도 상당히 활발하게 이루어지는 나라이다. 일반적으로, 정치학자인 시드니 버바(Sidney Verba)가 지적하는 것처럼, 미국은 세계에서 참여 민주주의를 가장 모범적으로 구현하고 있는 나라들 중의 하나라고 할 수 있다(Verba, Schlozman and Brady 1995).

1. 낮은 투표율

단체 가입이나 기부 그리고 자원봉사 등을 통한 참여는 활발함에도 불구하고 미국 유권자들의 투표참여율은 다른 나라에 비해 상당히 낮다. 〈그림 9-3〉은 세계 여러 나라의 1945년부터 2006년 사이의 평균 투표율을 나타낸다. 그림에서 볼 수 있듯이 미국의 평균 투표율은 영국과 캐나다와 비슷한 수준으로 스웨덴, 이탈리아, 프랑스, 독일 등 유럽 국가들에 비해 상당히 낮다. 이러한 낮은 투표율은 최근에 치러진 선거에서도 계속해서 나타난다. 예를 들어, 조지 부시(George W. Bush) 대통령이 당선된 2000년과 2004년 선거의 투표율은 각각 51%와 55%였고 버락 오바마(Barack Obama) 대통령이 당선된 2008년과 2012년 선거의 투표율은 각각 57%와 53%(추정치)였다.

그러면 다른 형태의 정치 참여는 상대적으로 활발함에도 불구하고 미국의 투표율이 이렇게 낮은 이유는 무엇인가? 우선, 미국의 유권자 등록제(voter registration)의 영향을 들 수 있다. 앞에서 설명했던 것처럼, 미국의 유권자들은 선거일 전에 본인이 직접 유권자 등록을 해야만 투표에 참여할 수 있는 자격을 얻을 수 있다. 이러한 사전 등록제가 유권자들에게 상당한 부담으로 작용하리라는 것은 자명하다. 실제로 미국의 투

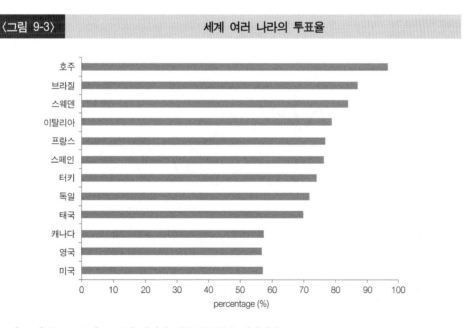

| 〈그림 9-3〉 | 세계 여러 나라의 투표율 |

주: 이 그래프는 1945년~2006년 사이의 평균 투표율을 나타낸다
출처: International Institute of Democracy and Electoral Assistance(http://www.idea.int/vt/)

표참여율은 유권자 등록제가 도입되면서 큰 폭으로 떨어졌다. 〈그림 9-4〉는 1789년부터 2016년까지 미국 대통령선거 투표율을 보여준다. 대통령선거 투표율은 1890년대에서 1910년대 사이 큰 폭으로 떨어졌는데, 이 시기는 대체로 미국에서 유권자 등록제가 도입된 시기와 일치한다. 좀 더 구체적으로 보면, 유권자 등록제 실시 전인 1890년대까지 대통령선거 투표율은 70~80%에 달했으나 등록제 실시 후 50~60%로 감소했으며 이러한 투표율은 이후 다소의 변화가 있었지만 대체로 지금까지 유지되고 있다. 유권자 등록제는 특히 저소득층과 저학력층의 투표율 감소에 커다란 영향을 미치는 것으로 알려져 있다. 저소득층은 일반적으로 고소득층에 비해 평일의 근무시간에 시간을 내어 유권자 등록을 하기가 어렵다. 또한 저학력층은 고학력층에 비해 민주주의에서 투표참여가 갖는 중요성에 대한 이해와 투표 참여에 대한 의무감 등이 약하다.

둘째로, 미국은 다른 나라에 비해 선거가 훨씬 많고 또 자주 치러진다는 점을 들수 있다. 미국은 거의 모든 수준의 정부에서 선거를 통해 행정부의 대표와 입법부 의원들을 선출하며 그 주기 또한 상대적으로 짧은 편이다. 또한 각 선거마다 본선거뿐만 아니라 예비선거까지 치르는 경우가 많다. 이러한 상황에서 미국의 유권자들은 이 모든 선거에 항상 참여하여 투표할 필요를 느끼지 못할 수 있다. 또한 미국의 단순

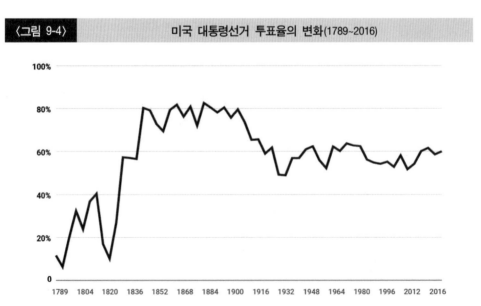

〈그림 9-4〉 　　　　　　　미국 대통령선거 투표율의 변화(1789~2016)

출처: Vital Statistics of American Politics(CQ Press, Stanley and Niemi, eds. 1992), Walter Dean Burnham(2010), https://rooseveltinstitute.org/wp-content/uploads/2010/12/burnham-white-paper-pdf.pdf

다수제 하에서 표의 가치는 유럽의 비례대표제와 비교했을 때 상대적으로 낮다.

셋째, 낮은 투표율을 설명하는 또 하나의 요인은 미국의 약한 정당이다. 19세기 말까지만 해도 미국의 정당들은 강력한 조직을 가지고 있었다. 그리고 이러한 정당조직을 이용하여 선거 때마다 수십만 명을 동원해서 투표 참여를 독려했고 필요한 경우 유권자들을 투표소까지 실어 나르기도 했다. 그 결과 당시의 투표율은 보통 70~80%에 이르렀다. 그러나 이러한 강력한 "정당 기계(political machines)"들은 20세기 들어와 급격히 약화되었고 지금에 와서는 거의 사라졌다. 현재 미국의 낮은 투표율은 이러한 정당 조직의 약화와 무관하지 않다.

마지막으로, 선거에 대한 무관심과 정치에 대한 불신이다. 현재 상당수의 미국 유권자들은 선거가 자신과 별다른 관련이 없다고 생각하거나 혹은 마음에 드는 후보가 없다고 느낀다. 그리고 정치와 선거에 관심이 없거나 모든 후보들이 다 싫다고 하는 사람들은 일반적으로 투표를 하지 않는 경향이 있다. 실제로 각종 여론조사에 따르면, 왜 투표를 하지 않았느냐는 질문에 대해 미국 유권자들은 보통 너무 바쁘거나 아파서, 혹은 관심이 없어서, 혹은 마음에 드는 후보가 없어서 투표를 하지 않았다고 대답한다.

2. 누가 투표에 참여하는가?

누가 투표에 참여하고 누가 기권을 하는가도 선거에서 대단히 중요한 문제이다. 얼마나 많은 사람들이 투표에 참여하는가가 선거의 양적 대표성과 관련된다면, 투표에 참여하는 사람들의 구성은 선거의 질적 대표성에 영향을 미친다. 예를 들어 만일 부유층의 투표 참여는 높은 반면 빈곤층의 참여는 낮다거나 혹은 특정 지역의 투표율이 다른 지역의 투표율에 비해 압도적으로 높다면, 이것은 선거의 질적 대표성이라는 측면에서 문제가 될 수 있다.

사람들이 어떻게 투표 참여 여부를 결정하는가 혹은 누가 투표에 참여하고 누가 기권을 하는가에 대해 일반적인 설명을 제시하는 것은 쉽지 않은 문제이다. 그러나 미국의 유권자들 중 투표에 참여하는 사람들과 참여하지 않는 사람들의 사회경제적 특성은 널리 알려져 있다. 미국 유권자들의 투표 참여 여부는 나이, 교육 수준, 거주 기간, 인종, 소득 등의 사회경제적 특성에 따라 달라진다. 이 중에서 가장 중요한 요인은 나이, 교육 수준, 그리고 거주 기간이며, 인종이나 소득 수준 등도 영향을 미치지만 그 중요성은 상대적으로 덜하다. 〈그림 9-5〉는 2016년 미국 대통령선거에서 투표에 참여한 사람들과 참여하지 않은 사람들에 대한 미국 인구조사국(U.S. Census Bureau)의 조사 결과를 나타낸다.

우선, 미국 유권자들은 나이가 많을수록 더 열심히 투표에 참여하는 경향이 있다. 2016년 선거의 경우, 65세 이상의 유권자들 중 70.9%가 투표에 참여한 한 반면 30세 미만의 유권자들은 약 46.1%만이 투표에 참여했다. 이러한 젊은 층의 투표율은 전체 투표율보다 약 10%가량 낮으며 65세 이상 노년층의 투표율과 비교하면 20% 이상 낮다. 또한, 교육수준이 높을수록 투표에 참여할 확률이 높아진다. 2016년 선거에서 대학 졸업이나 그 이상의 교육을 받은 사람들은 약 73%가 투표에 참여했지만, 고등학교를 졸업하지 못했거나 그 이하의 학력을 가진 사람들의 투표참여는 그 반에도 미치지 못했다. 한편, 고등학교를 졸업한 사람들은 약 51%가 투표에 참여했으며, 대학 교육은 받았지만 학사학위(Bachelor's degree)를 얻지 못한 사람들은 약 65%가 투표에 참여했다. 거주 기간 및 거주 형태 또한 투표율에 중요한 영향을 미친다. 관련 자료에

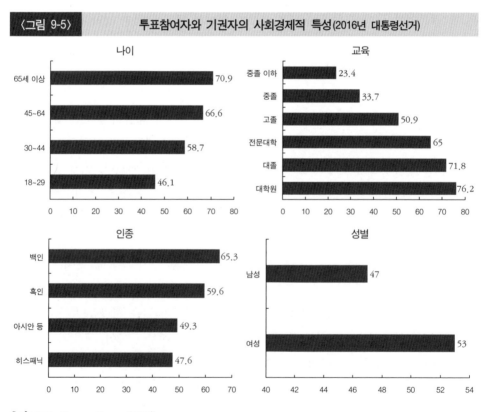

〈그림 9-5〉 투표참여자와 기권자의 사회경제적 특성(2016년 대통령선거)

출처: U.S. Census Bureau(2016)

따르면(http://www.census.gov/prod/2006pubs), 2004년 대통령선거의 경우 한 거주지에 5년 이상 거주한 사람들은 약 76%가 투표에 참여한 반면 거주 기간이 1년 미만인 사람들은 53%만이 투표에 참여했다. 또한 자신이 소유한 집에 살고 있는 사람들의 투표 참여가 그렇지 않은 사람들보다 대체로 높다.

소득, 성별, 인종 등도 투표 참여에 영향을 미친다. 일반적으로 소득이 높을수록, 남자보다는 여자가, 그리고 흑인들이나 기타 유색인종보다 백인들이 더 많이 투표에 참여한다. 이 중에서 인종별 투표 참여는 선거에 출마한 후보에 의해 영향을 받는다. 2008년 대통령선거에서 흑인들은 백인들보다 더 많이 투표에 참여했다. 이것은 흑인인 버락 오바마가 민주당 후보로 대통령선거에 출마했기 때문이다. 실제로 2008년 선거에서 흑인들의 투표율은 2004년 선거에 비해 4% 이상 증가했다. 이와 유사하게, 흑인인 제시 잭슨(Jessie Jackson)이 출마한 1984년 대통령선거에서도 흑인들의 투표율은 이전 선거에 비해 5%가량 높아졌다.

VI. 후보자 선택

선거에서 유권자들은 투표참여 여부와 함께 투표를 한다면 누구에게 투표할 것인가를 결정해야 한다. 그러면 미국 유권자들은 어떻게 후보를 선택하는가? 지금까지 수많은 학자들이 이에 대해 여론조사 결과, 선거 결과, 그리고 실험 등을 통해 연구해 왔으며, 그 결과 이에 대한 폭넓은 공감대가 형성되었다. 크게 보아, 미국 유권자들의 후보자 선택은 정당 지지, 정책 이슈, 그리고 후보들의 개인적 특성에 의해 결정된다. 그리고 이 세 가지 요인들 중에서 가장 중요한 것은 정당에 대한 지지이다.

1. 정당에 대한 지지

정당에 대한 지지는 미국 유권자들의 후보자 선택을 가장 정확하고 안정적으로 예측할 수 있는 변인이다. 20세기 중반 이후, 대체로 미국 유권자들의 60~70%는 스스로를 민주당 지지자(Democrats)거나 혹은 공화당 지지자(Republicans)라고 생각한다. 그리고 이들은 대부분의 선거에서 거의 전적으로 이러한 정당일체감(party identification)에 따라 후보를 선택한다.

〈참고사항 9-6〉 정당일체감의 측정

미국선거연구(American National Election Studies) 여론조사 등에서 정당일체감은 다음과 같이 측정된다. 우선, 응답자에게 민주당 지지자, 공화당 지지자, 그리고 무당파 중 어디에 해당하는지 묻는다. 다음으로, 민주당이나 공화당 지지자에게는 해당 정당의 강한 지지자인지 혹은 약한 지지자인지를 묻고, 무당파에게는 완전한 무당파인지 아니면 민주당이나 공화당에 호의를 가지고 있는 무당파인지 묻는다. 이에 따라 응답자의 정당일체감은 7개의 범주로 구분된다.

선거에서 정당일체감은 자신이 지지하는 정당의 후보에 대한 기본적인 혹은 일차적인 선호를 규정한다. 따라서 정당일체감은 미국의 주 의회선거나 작은 규모의 지방선거와 같이 유권자들의 관심이 적고 중요한 쟁점들이 별로 없는 선거에서 상대적으로 더 커다란 영향을 미친다. 그러나 대통령선거와 같이 사람들이 관심이 집중되고 중요한 이슈들이 쟁점이 되는 선거에서도 정당일체감은 여전히 강력한 영향력을 행사한다. 〈그림 9-6〉은 2016년 대통령선거에서 민주당 지지자, 공화당 지지자, 그리고 무당파가 도널드 트럼프, 힐러리 클린턴, 그리고 기타 후보를 선택한 비율(%)을 나타낸다. 2016년 선거에서 민주당 지지자들과 공화당 지지자들은 90% 정도가 각각 자기 당의 후보인 클린턴과 트럼프를 후보로 선택했다. 그리고 무당파는 오바마와 매케인 지지로 나뉘었으나 오바마에 대한 지지가 더 높았다. 이러한 현상은 2008년뿐 아니라 다른 선거에서도 일반적으로 나타난다. 대부분의 미국 대통령선거에서 민주당과 공화당 지지자들은 90% 이상의 압도적 다수가 자기 당의 후보를 선택하며, 그에 따라 무당파의 선택에 의해 선거 결과가 좌우된다.

그러면 이러한 정당일체감은 무엇을 의미하며 어떻게 후보자 선택에 영향을 미치는가? 이에 대해서는 크게 세 가지의 서로 다른 시각이 존재한다. 첫 번째 시각은 정당일체감을 정치 정당에 대한 개인의 심리적 연계(psychological attachment)라고 본다. 이에 따르면 사람들은 유년기와 청소년기의 사회화 과정을 통해서 자신이 속한 인종, 성별, 종교 등의 기본 공동체와 비슷하게 정당에 대한 기본적인 태도, 감정, 믿음 등을 발전시키며, 이것은 이들이 성인이 된 후에 겪는 초기의 정치적 경험에 의해 커다란 영향을 받는다. 그리고 이렇게 형성된 정당에 대한 심리적 연계 혹은 일체감은 이후 크게 변하지 않고 대체로 평생 동안 유지된다. 즉, 설혹 자신이 지지하는 정당의 정책

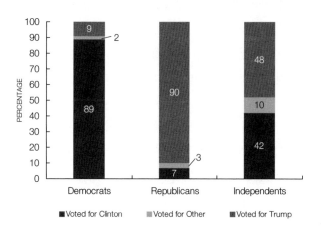

〈그림 9-6〉 정당지지가 후보자 선택에 미치는 영향(2016년 대통령선거)

출처: ANES(American National Election Studies, http://www.electionstudies.org), 2016

이나 후보가 마음에 들지 않는 경우가 생기더라도 정당일체감은 잘 바뀌지 않고 계속 유지된다는 것이다.

예를 들어 1930년대 초에 20대 초반이었던 사람들은 대다수가 대공황과 루스벨트(Franklin D. Roosevelt) 대통령의 영향으로 민주당에 대해 일체감을 갖게 되었으며, 이들의 민주당에 대한 지지는 이후에도 오랫동안 지속되었다. 반면에 1980년대 중반에 20대 초반이었던 사람들은 많은 수가 레이건(Ronald Reagan) 대통령의 인기와 사회주의의 몰락 그리고 신자유주의의 부상 등으로 공화당에 대한 일체감을 갖게 되었고 대다수가 지금까지 공화당 지지자로 남아있다.

두 번째 시각은 정당일체감이 정당의 정책에 대한 유권자들의 선호를 반영한다고 본다. 이에 따르면 유권자들에게 정당은 자신의 이해관계를 정치적으로 대변하고 정책을 통해 이를 실현시키는 대리인이며, 따라서 사람들은 일반적으로 자신이 선호하는 정책을 제시하는 정당에 일체감을 갖게 된다. 예컨대 미국의 고소득자들과 부유층은 민주당보다 공화당을 지지하는 경향이 있다. 공화당은 전반적인 감세를 주장하는 반면 민주당은 부유층에 대한 증세를 주장하기 때문이다. 반대로 흑인이나 히스패닉 등 소수인종은 대체로 공화당보다 민주당을 선호한다. 이것은 민주당이 소수인종의 이익을 보호하기 위해 오랫동안 노력해온 것과 무관하지 않다.

이런 관점에서 보면 정당은 유권자들이 제한된 정보 속에서 자신의 정책 선호에 맞는 후보를 선택하도록 도와주는 역할을 한다. 어떤 후보가 민주당 혹은 공화당 소속이라는 사실은 그 후보의 정책 공약에 대해 상당한 정보를 제공한다. 즉 후보들의 소속 정당을 알면 구체적인 정책 공약을 몰라도 이들이 앞으로 어떤 정책을 추진할 것이며 또 여러 이슈에 대해 어떤 입장을 취할 것인가를 예측할 수 있는 것이다. 이런 점에서 정당은 유권자들에게 구체적인 정보의 부재 속에서도 어느 정도 자신의 정책적 선호에 맞는 후보를 선택할 수 있는 손쉬운 방법(shortcut)을 제공한다고 할 수 있다.

세 번째 설명은 정당일체감이 각 정당 특히 각 당의 대통령에 대한 유권자들의 과거의 경험을 반영한다고 본다. 이에 따르면 유권자들은 대통령과 정부의 정책적 성과에 기초해서 집권당의 집권 능력을 평가하며, 정당일체감은 이러한 평가를 반영한다. 예를 들어 경제상황이 좋거나 대통령이 중요한 정책적 성공을 거두면 집권당의 통치 능력에 대한 유권자들의 평가가 좋아지며 이에 따라 집권당에 대한 정당일체감도 강화된다. 거꾸로 경제상황이 좋지 않거나 심각한 정책적 실패가 발생하면 집권당에 대한 정당일체감은 약화된다. 즉 정당일체감은 정당의 정책적 성공과 실패에 대한 유권자들의 경험을 집약해서 나타내는 일종의 종합적 지표 혹은 계정(running tally)이라는 것이다(Fiorina 1981).

지금까지 정당일체감의 성격과 영향에 관한 서로 다른 세 가지 시각들을 살펴보았지만 이들이 반드시 서로 배치되는 것이라고 볼 필요는 없다. 이러한 설명들은 오히려 정당일체감이 갖고 있는 여러 가지 다른 측면들을 밝혀준다는 점에서 서로 상호보완적이라고 할 수 있다. 즉 심리적 연계, 정책에 대한 선호, 그리고 과거의 경험이 합쳐져서 현재의 정당일체감을 이루는 것이다.

2. 정책 이슈

미국 유권자들의 후보자 선택에 영향을 미치는 또 다른 요인은 정책에 대한 선호이다. 정책투표(issue voting), 즉 정책에 기초해서 후보자를 선택하는 것은 대의 민주주의가 제대로 작동하기 위한 필수적인 기초이다. 대다수의 미국 유권자들은 정부의 규모, 사회복지, 의료보험, 환경 등의 정책 사안들에 대해 일정한 선호를 가지고 있으며, 이러한 정책 선호는 정당에 대한 지지와 더불어 선거 결과에 중요한 영향을 미친다(Ansolabehere, Rodden and Snyder 2008).

정책투표는 크게 회고적 투표와 전망적 투표로 나눠진다. 회고적 투표는 후보자와 정당의 과거 정책과 그 결과에 대한 평가에 기초해서 후보자를 선택하는 것을 말하고 전망적 투표는 과거의 정책이 아니라 앞으로의 정책과 그 결과에 대한 전망에 기초해서 후보자를 선택하는 것을 말한다. 개별적인 선거에서 회고적 투표와 전망적 투표의 상대적 중요성은 부분적으로 후보자들의 선거 전략에 따라 좌우된다. 미국의 대통령선거에서 정당과 후보들은 항상 자신에게 유리한 방향으로 선거의 중심 이슈를 규정하려고 노력한다. 예컨대 경제 상태가 좋고 현 행정부에 대한 유권자들의 평가가 호의적일 경우 여당 후보는 정부의 업적에 대한 평가를 집중적인 이슈로 제기하며, 이러한 전략은 유권자들의 회고적 투표 성향을 강화시킨다. 반대로 경제적 위기 국면이나 경제에 대한 불확실성이 높은 상황일 경우 야당 후보는 변화의 필요성을 강조하고 미래를 보고 선택할 것을 촉구하는데, 이것은 전망적 투표를 증가시킨다.

미국 선거에서 정책 이슈들의 상대적인 중요성은 개별적인 선거에 따라 달라진다. 예를 들어 테러리즘은 2004년 대통령선거에서 미국인들이 가장 중요하다고 생각하는 이슈 중 하나였으나 경제 위기 상황에서 치러진 2008년 선거에서는 그 중요성이 대폭 감소했다. 그러나 다른 정책 사안들과 달리 경제 문제는 대부분의 선거에서 유권자들이 항상 가장 중요하게 생각하는 이슈의 하나이다. 특히 선거 시기의 경제상황은 선거 결과에 중요한 영향을 미친다. 경제투표(economic voting)란 유권자들이 경제상황에 대한 판단에 기초해서 투표를 통해 집권당의 후보에게 보상이나 처벌을 가하는 것을 일컫는다. 즉 경제상황이 좋다고 판단되면 집권당 후보를 지지하고 그렇지 않으면 집권당 후보에 대한 지지를 철회하는 것이다. 대통령선거나 연방의회선거에서의 집권당의 득표율은 보통 선거시기의 경제지표들과 연관되어 있다. 예컨대 실업률과 인플레이션율이 올라갈수록 집권당 후보의 득표율은 떨어지며 반대로 내려갈수록 득표율은 올라간다.

경제투표에서 중요한 것은 경제상황에 대한 유권자들의 주관적 판단이다. 특히 대통령선거 직전에 측정된 소비자신뢰지수(Consumer Confidence Index)는 미국 대통령선거결과를 상당히 정확하게 예측할 수 있는 변인으로 알려져 있다. 소비자신뢰지수는 앞으로의 경제상황에 대해 사람들이 얼마나 낙관적으로 혹은 비관적으로 생각하는가를 나타내는 지표로서, 100 이상일 때는 경제에 대한 전망이 낙관적이고 100 이하일 때는 비관적이라는 것을 의미한다. 소비자신뢰지수를 기준으로 할 때, 1968년부터 2008년까지의 대통령선거 중 현직 대통령이 연임에 실패한 1980년과 1992년 선거는 모두 경제상황에 대한 전망이 비관적인 상황에서 치러졌다. 반대로 대통령의 연임 직후 치러진 선거 중에 집권당 후보가 다시 당선되었거나 크게 선전했던 1988년과 2000년 선거는 모두 경제적 호황 시기에 치러졌다. 또한 현직 대통령이 연임에 성공한 선거들 역시 대부분 경제에 대한 전망이 낙관적인 상태에서 진행되었다.

3. 후보자의 특성

후보자들의 개인적인 특성 또한 미국 유권자들의 선택에 영향을 미치는 중요한 요인이다. 우선, 후보들의 인종, 종교, 성별, 출신 지역, 소득 수준 등 사회경제적 특성이 영향을 미친다. 미국 유권자들은 자신과 비슷한 사회경제적 배경을 갖고 있는 후보를 다른 후보에 비해 선호하는 경향이 있다. 자신과 유사한 배경을 갖고 있는 후보가 생각이나 선호도 자신과 비슷할 것이라고 믿는 것이다. 아울러 자신과 같은 배경을 가지고 있는 사람이 선거에서 승리하여 정치 지도자가 되는 것을 보고 싶어 하는 심리도 있다. 이러한 이유 때문에 각 정당은 선거에 출마하는 자기 당 후보들의 구성이 최대한 많은 사회경제적 집단들을 포괄하도록 만들기 위해 노력한다. 대통령선거에서 각 당이 부통령 후보를 선택할 때 가장 중요하게 고려하는 것들 중의 하나도 이러한 후보 구성의 "균형"이다.

결단력, 진실성, 솔직함, 리더십 등 후보자들의 자질이나 성격적 특성 또한 중요하다. 예를 들면 지난 2004년 대통령선거에서 공화당은 부시 대통령의 일관성과 도덕성 그리고 종교적 독실함을 강조하는 한편 민주당 존 케리(John Kerry) 후보를 일관성이 없는 사람 그리고 필요에 따라 말을 바꾸는 사람이라고 공격했다. 반면에 민주당은 존 케리 후보의 지성, 중산층에 대한 관심, 그리고 전쟁 영웅으로서의 경력을 강조하면서 부시 대통령의 군 경력 상의 문제를 부각시켰다. 결국 공화당의 주장이 유권자들로부터 더 많은 공감을 얻었고 이것이 부시 대통령의 재선에 도움이 되었다.

결론적으로, 정당, 정책이슈, 그리고 후보들의 개인적 특성 모두 미국 유권자들의 선택에 중요한 영향을 미치는 요인들이다. 이 세 가지 요인들의 상대적인 영향력은 부분적으로 유권자들의 정보 수준에 따라 달라진다. 일반적으로 정보 수준이 낮은 유권자들은 거의 전적으로 정당에 의존하여 후보자를 선택하는 반면, 정보 수준이 높은 유권자들은 상대적으로 더 중요하게 정책이슈와 후보들의 특성을 고려한다. 아울러 정책이슈와 후보들의 개인적 특성은 상대적으로 단기적인 요인들이고 정당에 대한 지지는 장기적인 요인이라고 할 수 있다.

제**10**장

미디어와 여론

서현진·이한수

미국 정부는 입법부, 행정부, 사법부로 구성되어 있지만 미국 정치를 제대로 파악하기 위해서는 제4부(the fourth branch)라 불리는 대중매체(Mass Media)에 대한 이해가 필요하다(Carter 1959). 대중매체는 정부와 시민 간의 커뮤니케이션을 촉진시키는 가장 중요한 수단이다. 대중매체는 시민에게 다양한 정보를 제공한다. 그런데 대중매체는 단지 뉴스를 보도하는 것만이 아니라 뉴스를 만들고 의제를 설정하는 등 다양한 방법으로 여론을 형성하기도 하며, 여론을 다시 정부와 정치인에게 전달하여 정책결정에 영향을 미치기도 한다. 그리고 대중매체는 기존의 정치사회적 가치를 교육시키고 전수하여 사회통합과 안정에 기여하기도 하지만 감시자와 비판자 역할을 통해 사회 변화를 이끌어내기도 한다.

특히 정치인들은 대중매체로부터 자유롭지 못하다. 선거에서 대중매체의 지지를 얻지 못한 후보들이 고전하거나 낙선하는 것은 흔히 볼 수 있는 일이다. 그 반대의 경우 또한 드물지 않다. 의회에서 예산이 삭감될 때, 대통령이 해외 파병을 할 때, 대법원에서 중대한 판결이 내려질 때도 기사가 생산된다. 이런 기사는 워싱턴의 정치적 행보뿐 아니라 미국사회 전반에 큰 영향을 미친다. 이렇듯 대중매체는 선거과정에서부터 여론형성과 정책 결정 그리고 집행 단계에 이르는 모든 정치과정에 상당한 영향을 미치기 때문에 제4부로 불린다.

이 장에서는 제4부로서 대중매체의 정치적 중요성에 대해 파악하기 위해, 먼저 다른 나라와 비교되는 미국 대중매체의 특징에 대해 살펴본다. 다음으로 대중매체의 역사적 발달과정을 살펴봄으로써 정치 커뮤니케이션 방식에 어떤 변화가 나타났는지 알아본다. 마지막으로 대중매체가 여론형성과 선거운동 그리고 대통령의 통치에 미치는 정치적 영향력을 검토한다. 미국 대중매체는 오랫동안 다양한 형태로 발전해오면서 다양한 기능을 수행하고 그 정치적 영향력도 점차 확대되어 왔다. 특히 여론형성과 선거 그리고 대통령과 관련하여 중요한 기능을 수행하고 큰 영향을 미쳐왔기 때문에 여기서는 이 세 분야에 대해 다룬다.

I. 미국 대중매체의 특징

1. 언론의 자유 보장과 대중매체의 민간 소유 구조

전 세계에서 아마 가장 많은 대중매체가 존재하는 나라들 중 하나는 미국일 것이며, 언론의 자유[1] 역시 폭넓게 인정되고 있다. 왜 미국에는 이렇게 많은 대중매체가 존재하고 폭넓은 자유를 누리는 것일까? 이는 미국 정부가 수정헌법 1조에 보장된 언론의 자유와 대중매체의 사적 소유권을 광범위하게 허용하기 때문이다.

수정헌법 1조는 언론의 자유를 침해하는 의회법의 제정을 금지하고 있다.[2] 언론의 자유란 정보에 대한 사전 금지(prior restraint) 또는 정부 검열(censorship)로부터 자유롭다는 뜻으로 편집인이나 기자들이 원하는 것을 출판하거나 방송할 권리가 있음을 의미한다. 물론 언론에 사실과 다른 내용이 보도되어 명예훼손을 당한 사람은 비방(libel)으로 고소할 수 있다. 하지만 실제로 소송을 제기한 정치인들이 이기는 것은

---

[1] "국경 없는 기자들(Reporters without Borders)"이 발표하는 세계 언론의 자유 지수(World Press Freedom Index)에 따르면, 미국 언론의 자유는 점차 하락하고 있는 추세이다. 2019년 측정치에 따르면 미국의 언론 자유 지수는 180개국 중 48위이다(https://rsf.org/en). 반면, 프리덤 하우스(Freedom House)에서 측정한 언론의 자유도에 따르면 미국은 언론의 자유가 가장 높은 수준으로 보장된 국가로 분류된다(https://freedomhouse.org).

[2] 현재 언론(press)이란 모든 대중매체를 포함하는 의미로 확대되었다.

<참고사항 10-1> 건국 초기 언론 통제의 예

건국 초기 미 연방정부가 언론을 통제한 예가 있었다. 1798년 의회는 여러 가지 법령을 만들어 언론보도의 내용을 통제하였다. 언론이 대통령, 연방정부 또는 의회에 대해 사실이 아닌 내용이나 스캔들 또는 사소한 내용을 실을 경우 엄벌에 처할 수 있게 한 것이다. 하지만 연방주의자들에 의해 주도된 이런 법령은 여론의 지지를 얻지 못했고 민주공화당 후보가 정권을 잡으면서 실효를 거두지 못했다(Horn 2004, 33).

거의 불가능한데 이들을 비판하지 못하도록 하는 법이 없기 때문이다. 정치인이나 공직자들이 소송을 하는 것은 단지 언론의 이런 비방행위를 저지하고 대중의 동정을 얻으려는 목적인 경우가 많다.

언론의 자유가 보장되기 위해서는 정보획득의 자유와 정보제공자에 대한 보호가 필요하다. 흔히 기자들은 정치인이나 정치적 사건을 조사하기 위해 비밀 정보제공자에게서 도움을 받는다. 그러나 이들이 보호되지 않는 환경이라면 필요한 정보를 구하기가 쉽지 않을 것이다. 정보제공자 보호를 위한 연방법은 제정되지 않았지만 미국 주의 반 이상은 기자의 취재원보호법(shield laws)을 통과시켰다. 그리고 연방법인 1980년 프라이버시 보호법(the Privacy Protection Act of 1980)은 매우 예외적인 경우를 제외하고 연방, 주, 지방 등 어느 수준의 정부도 정보제공자를 찾거나 체포하는 것을 금하고 있다(Remy 2006, 536-537). 비록 언론의 자유 범위를 둘러싼 논란은 존재해왔지만, 수정헌법 1조에 대한 보편적 지지는 미국 언론을 자유롭고 강하게 하는 원동력이 되어왔다.

미국 대중매체의 또 다른 특징은 사적 소유권의 보편화이다. 다른 유럽국가에서는 방송매체를 제외한 신문 잡지 등 인쇄매체만 사적 소유가 인정되고 있는데 반해 미국에서는 대중매체가 대부분 민간 기업에 의해 소유되고 운영된다. 정부가 지분을 갖거나 경영에 개입하는 방송, 신문, 잡지는 거의 없다. 이렇듯 민간 소유가 용이하다 보니 미국의 각 지역에는 대도시뿐만 아니라 중소도시, 카운티, 타운 등 그 지역 주민을 대상으로 하는 고유의 방송이나 신문이 있다. 이런 지역매체의 뉴스는 주로 지역에 필요한 정보와 이익을 중시하는 경향이 있기 때문에 해당 지역민에게 미치는 영향력이 매우 크다.

반면, 수많은 지역매체에 비해 전국매체는 소수에 불과하다. 전국적으로 뉴스를 전하는 방송국은 ABC, CBS, NBC, FOX, CNN이 있으며, AP(Associated Press)와 UPI (United Press International)통신사, 월스트리트저널(The Wall Street Journal)과 유에스 에이 투데이(USA Today) 등 신문사, 그리고 타임(Time)이나 뉴스위크(Newsweek) 같 은 주간지가 있다. 전국적 매체가 비록 소수이기 하지만 기사 선정을 통해 정책 관련 의제를 설정하고, 이에 대한 여론을 형성 주도하며, 지역매체의 보도를 이끄는 경향이 있기 때문에 그 영향력은 상당하다고 볼 수 있다.

하지만 언론의 자유와 사적 소유권이 보장된다고 해서 미국 언론이 늘 공정하고 중요한 기사를 생산하는 것은 아니다. 정부의 간섭으로부터 자유로운 것은 사실이지 만 구독률이나 시청률 등을 올려서 많은 이윤을 얻어야 하기 때문에 대중적 관심을 끄는 선정주의나 스캔들 보도가 난무하기도 한다. 정치적으로 중요한 이슈이지만 대 중적 관심이 적고 비교적 어려운 외교 안보에 관한 뉴스는 정치적 중요성이 덜한 이슈 에 관한 뉴스(예를 들면, 대통령의 사생활에 관한 뉴스)보다 소홀하게 보도되기도 한다. 그리고 언론사 사주, 대주주, 광고주 등의 경제적 이익이나 편집인과 기자들의 이념적 편견에 따라 뉴스의 내용이 결정되거나 심지어 사실과 다르게 만들어질 수도 있기 때문에 상업성과 편파성 문제가 지속적으로 제기되어 왔다.

또한 몇몇 기업에 의한 대중매체의 독점이나 권력집중 현상이 나타나면서 뉴스 내 용의 동일화 현상에 대한 비판도 일고 있다. 예를 들면 1990년 캐피털 시티와 ABC 그룹은 뉴욕, 시카고 등지에 8개 방송사를 소유하고 있어 전체 텔레비전 방송사 시장 의 24%를 점했다. 가장 큰 신문사 망을 갖고 있는 가넷트사는 텔레비전 방송국 10개 와 라디오 방송국 16개를 소유했다(잔다, 베리, 골드만 1997, 159). 이런 현상은 더욱 가속화되는 추세인데, 디즈니(Disney)는 1996년에 ABC를 인수하여 여러 개의 라디 오, 신문, 케이블 TV, 주요 네트워크 방송사를 소유하는 언론재벌이 되었다. 테드 터 너(Ted Turner)의 미디어 제국과 합병한 타임워너(Time-Warner)도 여러 개의 영화사, 뉴스 매거진, 케이블 채널과 CNN을 소유하고 있다(Volkomer 2011, 104). 이런 집중 현상은 다양한 정보와 의견 표명의 기회를 줄어들게 하고 있다.

2. 정부규제

그렇다면 미국에는 방송이나 언론심의위원회 등 대중매체에 대한 규제기구가 없을 까? 대중매체가 사적으로 소유되고 큰 정치적 자유를 누리고 있는 것이 사실이지만 정부 규제가 전혀 없는 것은 아니다. 수정헌법 1조에는 당시 방송매체가 없었으므로 이에 대한 언급이 없다. 하지만 방송매체는 공중파 사용을 허가받아야 하기 때문에 인쇄매체보다 많은 규제가 필요하다. 1934년 의회는 연방통신위원회(Federal Communications Commissions)를 설립했다. 이 위원회는 임기가 5년인 통신 위원 5명으로 구성된다. 통신 위원은 상원의 승인을 얻어 대통령이 임명한다. 이 위원회는 대통령이나 의회의 정치적 통제를 받지 않는 독립적인 규제위원회로서 라디오, 텔레비전, 전화, 전보, 케이블 그리고 위성 등에 의한 미국 주 간 또는 외국과의 통신을 규제하는 일을 담당한다. 주로 방송운영을 허가하고 기술적인 규제 내용을 정하는 일을 하는데 가장 중요한 임무는 소유권과 방송 내용에 대한 규제이다(Remy 2006, 537).

먼저 소유권 규제에 대해 살펴보면 연방통신위원회는 단일사가 소유할 수 있는 라디오와 텔레비전 방송국 수를 제한하는 등 방송사의 소유구조를 규제한다. 특히 소수의 기업에 의해 대중매체가 독점되는 것을 막기 위해 여러 가지 통신법이 마련되었다. 예를 들면 1941년 통신법은 시카고나 뉴욕 같은 단일 지역에 한 기업이 8개 이상의 라디오 방송국을 설립하지 못하도록 하였다. 1975년에는 기업이 한 지역에서 신문사와 텔레비전이나 라디오 방송국을 함께 소유하지 못하도록 하였다. 이런 소유권 규제는 대중매체의 분산적 경쟁구조를 만들고 다양한 정보와 견해를 전달할 수 있다는 이점이 있었다.

그러나 1990년대 중반부터 이런 규제가 완화되기 시작했다. 전화선을 이용하여 케이블과 동일하게 정보를 제공할 수 있는 기술이 발전하면서 AT&T나 디즈니 같은 기업은 정부규제가 없다면 중장거리 전화서비스, 케이블 텔레비전, 위성 텔레비전, 인터넷 서비스가 동시에 가능하다는 것을 알게 되었다. 이런 기업들의 압력에 의해 1996년 의회는 경쟁 정책과 규제 철폐의 방향을 제시한 통신법 개정 법률안(Telecommunications Act of 1996)을 통과시켰다. 1934년 통신법의 제정 이래 62년 만에 개정안이 통과된 것이다.

이제 한 기업이 소유하는 방송사가 전체 시장의 35%를 넘지 않는 한 라디오나 텔레비전 방송국 수는 제한되지 않는다. 케이블과 텔레비전 방송국의 교차 소유도 가능하며 전화사도 텔레비전 서비스를 제공할 수 있게 되었다. 1996년 통신법으로 인해 다양한 대중매체 소유 기업들 사이의 경쟁이 유발될 것으로 기대되었으나 오히려 방송, 통신, 인터넷 등 기업들 간의 합병으로 인해 미디어 독점은 강화되는 추세이다. 그 예로 2000년 미국 최대의 인터넷 회사인 아메리카 온라인(AOL: America Online)과

케이블 회사 중 두 번째인 타임워너(Time-Warner)의 합병을 들 수 있다. 라디오 시장은 더 심각한데 4개의 기업이 현재 2/3의 라디오 뉴스 청취자를 점하고 있다(Remy 2006, 538-540).[3] 이런 소유권에 대한 규제 완화가 어떤 결과를 가져올지는 미국사회에서 아직도 논란의 대상이 되고 있다.

다음으로 뉴스 보도 내용에 대한 규제이다. 미국에서 방송내용에 대한 정부 규제나 심의는 거의 없다. 방송국들과 전국방송연합(National Association of Broadcasters) 등은 섹스, 폭력, 외설 등의 방송수위를 규제하는 자체 심의 규칙들을 만들어 적용하고 있다. 1934년 이래 통신위원회는 몇 가지 규칙을 만들어 방송 내용에 영향을 미쳐왔을 뿐 내용을 규제하거나 검열할 수는 없었다. 예를 들면 1949년에 통신위원회는 방송국이 논란의 여지가 있는 이슈에 대해 찬반 양측 의견을 공정하게 보도해야 한다는 공정성 원칙(fairness doctrine)을 만들었다. 하지만 이 원칙은 보도 내용에 대한 규제이므로 실제적인 검열이며 언론의 자유를 보장하지 못한다는 이유로 1987년에 폐지되었다.

1996년 통신법도 보도내용에 대한 정부규제를 일부 허용하는 두 가지 조항을 포함하고 있다. 하나는 텔레비전 제조사가 부모가 자녀를 보호하기 위해 폭력이나 선정적인 프로그램을 차단할 수 있도록 하는 'V-chip'을 1998년부터 수상기마다 넣어야 한다는 것이다. 다른 조항은 온라인상의 외설, 폭력물로부터 미성년자를 보호하기 위한 통신품위법(the Communications Decency Act)으로 인터넷 등 온라인 통신망을 통해 미성년자에게 음란물 등을 보여줄 경우 최고 2년 이하의 징역이나 25만 달러 이하의 벌금이 부과된다. 그러나 이 조항은 청소년 보호를 위한 정부 방침도 중요하지만 성인의 헌법상 표현의 자유를 지나치게 억압한다는 이유로 1997년 연방 대법원이 위헌 결정을 내림으로써 폐지되었다(Bardes, Shelley and Schmidt 2006, 324). 이와 같이 미국에도 보도내용에 관한 정부규제가 있긴 하지만 매우 느슨한 편이다.

언론이 정부의 정책결정에 관련된 정보의 획득부터 보도에 이르기까지 매우 자유로운 것이 사실이지만 한 가지 중요한 예외가 있다. 민주국가에서 국가안보를 위한 정보의 보호는 국민의 알 권리와 늘 충돌한다. 미국 정부도 외교 문제나 군사기밀 등과

---

3) 2006년에는 미국 통신회사들이 주정부의 허가 없이도 텔레비전 서비스를 하도록 허용하는 법안이 미하원을 통과하기도 했다. 이에 따라 통신업체들은 각 주정부로부터 허가를 받지 않고도 타임워너같은 기존 유료 케이블 텔레비전을 상대로 전국적인 텔레비전 사업을 펼칠 수 있게 되었다.

관련된 정보에 대한 언론의 접근을 차단하려고 애써왔고 언론은 정보에 대한 접근권 (the right of access)이 보장되지 않으면 언론의 자유는 보장될 수 없다고 맞서왔다. 지금껏 지방 법원에 제기된 200여 개의 소송 중 60% 정도가 접근권을 인정하고 있다. 하지만 연방 대법원은 몇 몇 판례를 통해 언론의 자유가 일반대중에게 공개되지 않는 정보를 특별히 얻을 수 있는 대중매체의 헌법적 접근권을 보장하는 것은 아님을 명시했다.[4] 즉, 사법부는 전시에 전함의 항해계획이나 전투 중인 부대의 이동과 같은 안보에 관한 전략적인 정보를 출판하거나 방송하는 것에 대한 정부의 검열을 지지해왔다.

그럼에도 불구하고 연방정부가 군사기밀이나 정부 비밀문서의 내용이 언론으로 흘러가는 것을 늘 차단할 수 있는 것은 아니다. 베트남전 당시, 뉴욕타임스(New York Times)는 미국이 참전하게 된 경위를 설명한 국방성의 비밀문서에 대해 보도하였다. 정부는 그 보도를 막으려고 연방대법원에 소송(*New York Times Co. v. United States*, 1971)을 제기했는데, 법원은 이 보도가 국가안보에 해를 끼치지 않는다고 판결하였다. 또한 전장에서 기자들의 취재를 철저히 통제할 수 있는 것도 아니다. 베트남전쟁에 참가한 종군기자들은 군용 헬기나 트럭을 타고 전장을 자유롭게 누비며 매일 전쟁 상황에 대한 사진과 기사를 전송했다. 하지만 1991년 걸프전 당시에는 미국 정부가 전선에서 취재하는 기자의 수를 극히 제한하고 공식적인 브리핑을 통해서만 정보를 제공하도록 했다. 때문에 정보의 신뢰성 문제가 비판 대상이 되었다. 이런 비판을 피하는 동시에 보도 내용을 통제하기 위해 2003년 이라크전에서는 부시 정부가 카타르 중앙지휘소에서 기자들에게 매일 브리핑을 하였고 500명 이상의 기자들에게 군대와 함께 다니는 '밀착(embedded)' 취재를 허용했다. 덕분에 이라크 전장에 대한 보도는 군과 정부에 호의적인 내용이 많았다(Bardes, Shelley and Schmidt 2006, 324).

---

4) 1965년 *Zemel v. Rusk* 소송에서 대법원은 '언론과 출판의 자유가 정보획득의 무제한적 권리를 의미하지는 않는다'고 판결하였다. 1972년 *Branzburg v. Hayes* 소송에서도 언론은 수정헌법 1조에 의해 일반적으로 공개되지 않는 정보에 특별히 접근할 수 있는 헌법적 권리를 보장받지는 않는다고 판결하였다 (Remy 2006, 537).

II. 대중매체의 발달과 정치 커뮤니케이션 방식의 변화

최초로 등장한 미디어는 무엇일까? 당시에도 지금처럼 언론의 자유가 있었을까? 정보의 홍수 속에 사는 오늘날과 달리 인쇄매체가 등장하기 전 정보는 일부 계층이 소유하는 매우 제한적인 것이었으며 주로 입에서 입으로 전달되곤 했다. 대표적 인쇄매체인 신문의 등장은 이런 커뮤니케이션 방식에 최초로 획기적인 변화를 가져왔다. 이후 방송매체인 TV의 등장과 뉴미디어로 불리는 케이블 TV, 인터넷, 소셜 미디어의 등장으로 인해 인류는 이제 원하는 정보가 무엇이든 언제 어디서나 쉽게 얻을 수 있는 시대로 진입했다. 여기서는 정보 기술의 발전에 따라 정치 커뮤니케이션 방식이 어떻게 변화되어 왔는지 살펴보았다.

1. 신문

처음 미국에서 신문이 창간된 것은 일부의 정치적 목적 때문이었다. 18세기 건국 초에 정치인들과 지지자들은 자신들의 주장을 홍보하기 위해 신문을 창간했다. 예를 들면 워싱턴(Washington) 대통령 시절 연방주의자들은 자신의 정치적 견해를 알리기 위해 신문을 창간했고 반대파인 제퍼슨(Jefferson)도 공화파의 신문을 창간했다. 공화파 신문의 편집자는 국무부 직원으로 채용되었고 정부문서를 독점하는 혜택을 받았다. 앤드류 잭슨(Jackson)도 신문을 만들었으며 50명 정도의 언론인들을 정부 부서의 직원으로 대우했다. 그리고 이런 신문은 발행부수도 적고 매우 비쌌기 때문에 일반인이 구독할 수 없었다. 즉 당시 신문은 특정 정파의 주장을 대변하기 위해 만들어졌고 소수의 부유층과 정치가만이 구독할 수 있었으며 보도내용도 철저히 통제되는 등 정치에 종속되어 있었다(최명 2006, 128).

이후 1830년대 중반에 본격적인 신문의 대중화 시대가 열렸다. 페니페이퍼(penny paper)가 등장하여 매우 싸게 대중에게 신문이 공급되는 획기적인 변화가 일어난 것이다. 당시 미국사회는 사회경제적 변화를 겪었는데 급속한 인구증가와 도시화로 인해 광범위한 독자층이 형성된 것이다. 또한 인쇄기술과 통신수단의 발달은 신문의 대량생산과 전국적 보급을 용이하게 해주었다. 이 무렵부터 신문은 구독료 이외에 광고 게재료에 의존하게 되었고 광고수입의 증대는 대중매체가 정부와 정치인으로부터 재정적으로 자립할 수 있는 기반을 마련해 주었다. 배포유통망이 확대되고 뉴스가 전국적으로 신속하게 보도됨에 따라 신문은 객관성과 공정성을 유지하고자 노력하게 되었다. 뉴스기사의 구성도 보다 체계적으로 발전하고 외국 특파원을 두기도 했다.

이처럼 정당 신문에서 대중에 기반을 둔 'Penny Press' 시대로의 변화가 일어났지만 정치와 대중매체가 분리된 것은 아니었다. 정치인 대신 신문사 사주들이나 편집인들이 미디어의 보도성향을 결정짓거나 기사 내용을 왜곡하는 등 막강한 정치적 영향력을 행사하면서 언론의 정치 색채가 더욱 강화되었다. 그리고 19세기 말엽부터 신문의 기업화 현상이 두드러지며 경쟁사를 의식하여 정부나 정치인들에 대한 스캔들이나 비리폭로 등 선정적인 내용을 중점 보도하는 황색 저널리즘(Yellow Journalism)[5]이 유행하였다. 대중적 관심을 끌고 더 많은 독자층을 확보하기 위해 신문들은 대담한 헤드라인, 충격적인 이야기, 애국심을 고취하는 내용, 풍자만화 등 사실보다 부풀려진 내용이나 루머가 주를 이루는 보도 내용에 의존했다. 치열한 경쟁 속에서 선정적이고 비정상적인 기사, 가십, 만화 등을 게재하는 폭로 저널리즘은 오늘날 상점의 카운터를 메운 일종의 타블로이드(tabloid)와 같은 것이었다.

20세기 이후 신문사들은 뉴욕타임스(New York Times), 워싱턴포스트(Washington Post), 월스트리트 저널(Wall Street Journal) 등 전국 신문을 만드는 한편 타블로이드판 신문도 만들면서 경쟁과 합병을 병행해왔다. 타임(Time), 뉴스위크(Newsweek), 유에스 뉴스와 월드리포트(U.S. News and World Report) 등 전문 저널도 등장했으며 진보적인 네이션(Nation)이나 보수적인 내셔널 리뷰(National Review) 등 정치 색채가 다른 다양한 전문지들이 있다(Horn 2004, 34-35). 그럼에도 불구하고 최근 들어 신문은 가장 외면받는 매체인 것으로 보인다. 퓨리서치센터(Pew Research Center)의 미국 시민들을 대상으로 한 설문조사 결과에 따르면, 2017년 현재 텔레비전을 통한 뉴스 소비가 약 50%인 것에 반해, 신문을 통한 뉴스 소비는 약 18%에 불과한 것으로 나타났다.[6] 1984년 전체 일간신문의 판매부수가 약 6천3백만이었던 것에 비해 2018년 전체 판매부수 측정치는 겨우 2천8백만에 불과하다. 이 연구소의 조사 결과에 따르면, 1984년 이후 전체 신문의 판매부수는 점진적으로 감소하고 있는 추세이다.[7]

---

[5] 황색 저널리즘이란 말은 퓰리처가 뉴욕 월드(New York World)지에 연재한 인기 만화 주인공 옐로우 키드에서 비롯되었는데 이 신문과 경쟁하는 모닝 저널(Morning Journal) 간의 선정적 기사의 경쟁을 조롱하는 용어가 되었다(현택수 2005, 51).

[6] https://www.pewresearch.org/topics/state-of-the-news-media/

[7] https://www.journalism.org/fact-sheet/newspapers/

2. 방송

20세기에 접어들면서 본격적으로 대중매체 시대가 열린 것은 라디오와 TV 등 방송 매체의 등장 때문이다. 1910년대에 실험적 라디오 방송이 여러 번 시도되었으나 당시 공중파(Airwaves)는 공공의 재산으로 매우 비싸고 제한적이었다. 수익성을 고려한 최초의 대중 라디오 방송이 시작된 것은 1920년 피츠버그의 KDKA 방송국에 의해서였다. 1933년 프랭클린 루스벨트(Franklin D. Roosevelt) 대통령이 '노변정담(fireside chats)'이라 알려진 최초 라디오 연설을 한 이래 라디오는 워싱턴과 국민 그리고 워싱턴 밖의 여러 정치행동가들을 이어주는 매우 중요한 수단이 되어왔다.

최근에도 라디오는 미국인들에게 중요한 뉴스 정보원인데 러시 림보(Rush Limbaugh)[8]가 진행하는 청취자 참여가 가능한 보수적인 토크쇼는 수백만의 공화당 지지자를 고정 청취자로 확보하고 있다. 이외에도 하워드 스턴(Howard Stern),[9] 돈 이머스(Don Imus),[10] 래리 킹(Larry King)[11] 등이 진행하는 라디오 토크쇼는 많은 청취자를 확보한 인기 있는 프로그램이다.

최초의 TV 방송 역시 통신기술 발전단계를 거쳐 1920년대에 실험 방송을 하였다. 당시 20여 개의 방송국이 존재하였으나 처음 방송이 시작된 것은 1939년이었다. 그리고 60년대 말 본격적으로 수상기의 대중화가 시작되면서 TV의 대중시대가 열렸다. 동시에 여러 지역으로 같은 프로그램을 송신할 수 있는 장치가 개발되면서 ABC, NBC, CBS 등 네트워크 텔레비전이 등장한다. 그리고 케이블 방송도 인공위성 덕에 특별한 수신안테나만 있으면 어느 지역에서든 시청이 가능했고, 보다 선명한 화면과 다양한 채널을 공급할 수 있었기 때문에 빠르게 성장할 수 있었다. 1980년에 글로벌 네트워크 전문 뉴스 채널인 CNN(Cable News Network)이 설립되어 현재 전 세계적으로 많은 시청자 확보하고 있다. 미국 내에서는 Fox News Channel이나 NBC 계열인 MSNBC와 CNBC의 경쟁도 심하다. 상하원에 대한 뉴스를 매일 보도하는 C-SPAN (Cable-Satellite Public Affairs Network)도 규모는 작지만 매우 충성스러운 시청자를 확

---

8) *The Rush Limbaugh Show*는 1984년 새크라멘토에서 처음 시작했고, 1988년부터 전국적으로 방송되었다.

9) *The Howard Stern Show*는 1979년 시작하여 현재까지 방송 중이다.

10) 1968년 6월 1일 시작했던 *Imus in the Morning*은 2018년 3월 29일까지 방송되었다.

11) 라디오 토크쇼인 *Larry King Show*는 1978부터 1994까지 방송되었다.

보하고 있는 케이블 방송사다.

TV는 뉴스 외의 다른 방법으로도 정치커뮤니케이션 매체가 되는데 상당한 수의 미국인들이 제이 레노(Jay Leno)와 데이빗 레더맨(David Letterman) 같은 심야오락프로나 새러데이 나잇 라이브(Saturday Night Live) 같은 오래된 코미디 프로그램에서 정치 뉴스를 접하기도 한다. 일요일 아침 TV 토크쇼와 인터뷰 프로그램도 정치적 관심이 많은 시청자들에게는 인기가 있다.

3. 인터넷

앞서 지적한 언론재벌에 의한 정보의 소유와 통제 추세는 21세기 들어 주요 정보매체로 급부상한 인터넷에 의해 견제되고 있다. 대중이 아닌 개인에게 직접 무제한의 정보를 싸고 빠르며 다양한 방식으로 제공하는 인터넷매체의 등장으로 인해 미국 정치는 새로운 시대를 맞고 있다. 인터넷은 최초로 1969년 남가주대학(The Univ of Southern California)에서 국가 방위를 목적으로 국방성(The Department of Defense), 국립과학연구소와 나사(The National Foundation and NASA), 기타 연구기관 등 다양한 지역의 컴퓨터 망을 게이트웨이나 링킹시스템(gateways or linking systems)에 연결하기 위해 설치되었다. 1970년대부터는 특수 고객을 위한 사적 온라인 서비스가 시작되었다. 1980년대 말부터 군사적 연구 사이트뿐만 아니라 학문적 연구기관과 상업적 용도로 사용되었고, 1990년대 중반에 이르러 World Wide Web(WWW)이 등장하면서 보편화되었다(Davis 1999, 34-35).

인터넷은 여러 가지 장점을 가진 매체이다. 인터넷에는 시간과 공간의 제약이 없기 때문에 사용자들은 원하는 정보를 언제든지 선택하여 볼 수 있다. 인터넷을 활용하면 정보 공급자는 정보를 수용자에게 직접 전달할 수 있다. 또한 정보 수용자가 이 정보를 다시 인터넷을 통해 다른 이용자에게 전달할 수도 있다. 이로 인해 인터넷 상의 정보는 상대적으로 빠르게 재생산되는 경향이 있다. 또한 방송사의 웹사이트들을 보면, 정보 공급자가 문자(신문), 소리(라디오), 화면(TV) 정보를 수용자에게 동시에 전달할 수 있음을 알 수 있다. 쌍방향 커뮤니케이션은 인터넷매체의 가장 큰 장점이며, 대중에게 다량의 메시지를 전달하는 대량 의사소통과 이메일 등을 통한 개인적 의사소통이 동시에 가능한 것도 장점이라고 볼 수 있다.

이렇게 많은 장점을 가진 인터넷의 확산으로 기존 정치커뮤니케이션 방식에 긍정적인 변화가 나타나고 있다. 정보의 양적 증대로 인해 시민들이 정치이슈에 대해 자유로운 의사표현과 토론에 참여하는 일이 수월해졌다. 따라서 정치인이나 언론사 사주 또는 편집인이나 기자가 아닌 네티즌들이 직접 여론을 형성할 수 있게 되었다. 또한 특정 정치인 팬클럽의 예에서 볼 수 있듯이 네티즌의 적극적인 정치참여 활동이나 정치인과의 직접 커뮤니케이션도 가능해졌다. 특히 젊은 세대처럼 정치에 대한 관심이 적고 덜 참여적인 시민도 페이스북, 유튜브, 트위터 등 다양한 소셜 미디어(SNS)를 통해 쉽게 정치과정에 연계될 수 있다.

다양한 견해가 공존하는 인터넷의 활성화는 정부나 언론재벌들의 권력 집중으로 인한 정보의 통제에 대한 대안도 제시한다. 예를 들면, 2003년 3월과 4월 이라크전에서 미군과 동행한 취재기자들은 인터넷 '전쟁 블로그(warblogs)'를 통해 전장소식을 직접 송신했다. 당시 대중매체의 최대 헤드라인 뉴스는 이라크전쟁을 지지하는 내용이었지만 반전 운동가들은 최초로 이메일을 통해 대대적인 반전운동을 펼쳤다(Horn 2004, 40). 이처럼 기존 대중매체의 특성을 그대로 가지고 있으면서 새로운 장점이 부가된 인터넷의 등장으로 인해 여론형성과 선거 그리고 정치과정 전반에 걸쳐 기존 정치커뮤니케이션 방식이 변화되고 있다. 인터넷의 정치적 개입은 확대되어 왔으며 그 영향력도 점점 증대되고 있다.

III. 대중매체와 여론형성

1. 정보제공

대중매체는 여론에 어떤 영향을 미치는가? 어떻게 여론을 주도하고 형성하는가? 먼저 대중매체는 정보를 대량 생산하여 대중에게 신속하게 전달하는 기능을 수행하는데 이 과정에서 특정 의견을 소개하고 강조함으로써 여론을 주도하고 형성한다. 피에르 부르디외(P. Bourdieu)의 표현을 빌리자면 본래 여론은 '여론이 아닌 의견지도자나 엘리트층의 의견'일 수 있다. 대중매체는 이런 지도층의 의견을 전달하거나 만들어냄으로써 여론을 형성하는 데 중요한 역할을 한다.

앞서 살펴본 바와 같이 미국에서는 건국 초 신문이 정치커뮤니케이션 매체로 등장한 후 1920년대 라디오, 1940년대 TV, 1980년대 케이블 TV, 그리고 1990년대 중반에는 인터넷이 새로운 뉴스매체로 등장하였다. 19세기 말까지 미국인들에게 가장 중요한 뉴스 출처는 신문이었지만 TV가 생동감 있는 현장뉴스를 신속하게 보도하고 광범위하게 전파함으로서 대중을 사로잡아 가장 중요한 뉴스매체가 되었다. 최근에는 인터넷이 주요 뉴스매체로 급부상하면서 TV 다음으로 중요한 매체가 되고 있다.

〈그림 10-1〉은 퓨리서치센터(Pew Research Center)가 조사한 뉴스매체 이용 현황을 보여준다. 이 표에 따르면, 2016년에는 TV를 통해 뉴스를 보는 응답자가 57%로 가장 많았지만 2018년에는 이 비율이 49%로 하락하였다. 반면 2016년 조사에서 인터넷 뉴스웹사이트를 통해 뉴스를 본다는 응답자가 28%였는데, 2018년에는 33%로 증가하였다. 반면 신문, 잡지 등의 인쇄매체와 라디오는 이용률이 하락하는 추세이다. 특히, 인쇄매체의 이용률(16%)은 소셜 미디어 이용률(20%)보다 낮은 수치를 기록했다.

〈그림 10-2〉는 선거에 관한 뉴스 출처 현황을 보여주는데, 2012년 대선에서 주요 캠페인 뉴스 정보원은 TV로 전체의 67%를 차지했다. 하지만 이는 90년대 초 유권자

| 〈그림 10-1〉 | 뉴스매체 이용률 | 〈그림 10-2〉 | 캠페인 뉴스 이용률 |

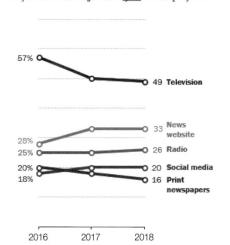

More Americans get news often from social media than print newspapers

% of U.S. adults who get news often on each platform

57% — 49 Television

28% — 33 News website
25% — 26 Radio
20% — 20 Social media
18% — 16 Print newspapers

2016   2017   2018

Source: Survey conducted July 30-Aug. 12, 2018.
PEW RESEARCH CENTER

출처: https://www.journalism.org

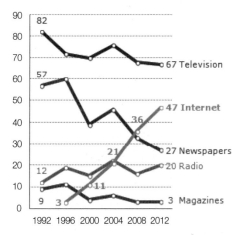

Internet Grows as Campaign News Source

82 ... 67 Television
57 ... 47 Internet
36 ... 27 Newspapers
21 ... 20 Radio
12 ...
9 3 ... 3 Magazines
11

1992 1996 2000 2004 2008 2012

PEW RESEARCH CENTER Nov. 8-11, 2012 voter callback. Q26.

출처: http://people-press.org

의 82%가 TV 뉴스를 선거의 주요 정보원으로 삼았다고 한 것과 비교하면 매우 낮은 수치이다. 신문도 1992년 57%에서 현재 27%로 절반 이상 하락했다. 한편 1996년 3%에 불과했던 인터넷 뉴스 이용자는 2012년에 47%에 달해 인터넷이 선거에서도 매우 주요한 정보매체로 성장하고 있음을 알 수 있다. 2016년 설문조사 결과에 따르면, 약 78%의 응답자가 TV 시청을 통해 대통령선거에 관한 정보를 얻었다고 한 반면, 약 65%는 디지털매체를 통해 선거에 관한 정보를 얻었다고 답했다.[12) 이 조사 결과는 TV가 선거 관련 정보를 얻는 데 있어 여전히 유권자들에게 가장 익숙한 매체라는 것을 보여준다. 또한 디지털매체를 통한 선거 정보 획득이 지속적으로 증가하고 있음을 알 수 있다.

이와 같이 시민들은 대중매체를 통해 주요 정치정보를 얻는다. 대중매체는 선거 시 후보자의 공약, 이슈, 자질 등에 대한 다양한 정보를 제공할 뿐만 아니라 평상 시 국가의 실업률이나 경제상황, 자국민의 전쟁파병 등 여러 분야에 대한 정보를 제공한다.

2. 최소 효과(Minimal Effect) 이론

그렇다면 실제로 대중매체가 제공하는 정보에 따라 개인의 생각과 행동 혹은 여론이 변화할까? 이는 학자들뿐만 아니라 정치인들에게도 주요 관심사다. 매체 효과에 관한 초기 연구를 살펴보면, 대중은 주사나 총알을 맞은 것처럼 미디어가 제공하는 정보를 즉각적으로 흡수한다는 피하주사 이론(Hypodermic needle theory)이나 마술탄환 이론(Magic bullet theory)이 일반적이었다. 하지만 미국 정치에서 미디어의 역할이 가장 중요하고 영향력이 큰 분야인 선거운동에 대한 연구 결과는 이와 달랐다.

1940년 오하이오 주 에리 카운티(Erie County) 주민을 대상으로 대선 선거운동 기간 동안 후보자 선호 변화를 분석한 라자스펠드, 베렐슨, 고넷(Lazarsfeld, Berelson, Gaudet 1948)은 대중매체를 통해 다양한 선거정보를 습득했음에도 불구하고 대부분의 유권자들이 기존에 선호하던 후보자에 대한 지지를 유지한다는 연구결과를 내놓았다. 이 연구에 따르면, 대중매체를 통한 정보 습득은 유권자들이 이미 갖고 있는 기존 선호를 전환시키기보다 이를 강화시키거나 잠재된 선호를 일깨우는 역할을 하는 것으로 보인다.

이와 유사하게 이후 1950년대와 60년대 연구들도 선거과정에서 매체 효과가 제한

---

12) 라디오는 44%, 인쇄매체는 36%의 비율을 보였다(https://www.journalism.org).

적이라는 연구결과를 내놓았다. 트루먼 대통령의 위슬 스탑 캠페인(whistle-stop cam-paign)으로 유명한 1948년 선거에 대한 연구는 캠페인에 관심을 기울인 사람들의 기존 태도는 변화되기보다 더욱 강화되었다고 결론지었다(Berelson et al. 1954). 매체가 정치행태에 미치는 영향력이 크지 않은 까닭은 유권자들이 당파성이나 이념과 같은 기존 정치성향에 따라 매체를 선택적으로 이용하거나 정보를 이해하기 때문일 수 있다(Klapper 1960). 또한 선거 정보가 후보자로부터 유권자에게 직접 전달되기보다 매체를 통해 선택적으로 때로 해석되어 전달되기 때문에 매체를 통한 후보자들의 메시지가 유권자들의 선호에 미치는 영향력이 미미하게 관찰될 수도 있다.

3. 다양한 매체 효과(Media Effects)

미디어의 최소 효과에 대한 이론들은 미국에서 TV 소유 가구 수가 1/4도 채 되지 않았던 시절에 연구된 것이다. 향후 TV 보급이 확대되고 정당의 공천과정이 민주화되었으며 선거자금법이 개정되는 등 일련의 환경변화가 일어나면서 이 이론은 수정되기 시작했다. 대선 공천이 정당 지도자나 소수 엘리트에 의해 결정되던 제도가 1960년대 들어 예비선거를 통한 경선방식으로 민주화되면서 공천과정에서 정당의 영향력이 감소하였다. 게다가 1970년대 선거자금법은 선거자금을 정당 차원이 아닌 개인에 의해서 조달할 수 있도록 1974년과 1976년에 개정되었다.

이처럼 이전의 정당 중심 선거전이 인물 중심의 선거전으로 변화되고 예비선거와 본 선거에서 이기기 위해 매체의 주목을 받아야 하는 새로운 캠페인 환경이 조성되면서 대중매체의 영향력이 증가하게 되었다. 많은 연구들은 다양한 측면에서 매체 효과를 입증하기도 했는데 대표적인 것이 의제설정 효과이다. 여기서 의제설정 효과란 가장 중요한 정책이나 쟁점에 대한 대중의 인식에 대중매체가 미치는 영향력을 말한다(McCombs and Shaw 1972). 의제설정 효과는 매체가 뉴스 혹은 정보를 선택적으로 제공할 수 있기 때문에, 그리고 대중이 매체를 통해 주요 정보를 습득하기 때문에 발생한다. 비록 매체가 무엇을 생각할 것인지(what to think)를 결정할 수 없을지 몰라도 무엇에 대하여 생각할 것인지(what to think about)를 결정하는 데는 중요한 역할을 할 수 있다(Cohen 1963).

에티오피아의 기근 사태 보도는 대중매체가 어떻게 의제를 설정하는가를 보여주는 예가 될 수 있다. 1987년 10월 23일에 보도된 'the Faces of Death in Africa'라는 제목의 에티오피아에 대한 4분짜리 NBC 뉴스 보도는 오랜 기근으로 죽어가고 있는 아프리카 사람들의 처참한 모습을 생생히 보여주었다. 아프리카에서 기근으로 많은 사람들이 죽어간 것은 매우 오랫동안 진행된 일이었지만 그동안 어느 누구도 관심이 없었다. 하지만 이 뉴스는 아프리카에 대한 미국인들의 관심을 고조시키고 궁극적으로 미국의 대외정책에까지 영향을 미쳤다(Iyengar and McGrady 2007).

미디어의 의제설정 효과는 프라이밍 효과(priming effect)와 밀접하게 연관되어 있다. 프라이밍 효과란 매체가 개인의 선호를 직접적으로 변화시키기기보다 신호나 판단을 위한 기준에 영향을 미침으로써 종국적으로 선호나 판단을 변화시키는 것을 말한다(Iyengar & Kinder 1987). 이 이론에 따르면, 선거 기간 중 특정 쟁점이 더 많이 보도된다면 유권자들은 더 많이 보도된 쟁점에 대한 자신들의 판단 또는 평가에 무게를 두어 후보자를 선택하게 될 것이다. 이 효과가 나타나는 까닭은 우선 대중이 모든 쟁점에 집중할 수 없다는 사실에 있다. 예를 들어 선거 기간 중 특정 쟁점이 더 자주 보도되는 경우 이 쟁점은 유권자들에게 더 두드러지게 보이게 될 것이기 때문에 유권자들은 이 쟁점에 대한 평가를 중심으로 후보자를 선택하게 될 것이다.

실제로 드럭만(Druckman 2004)의 연구에 의하면, 미국 유권자들은 더 많이 보도된 쟁점에 대한 평가에 기반을 두어 후보자에게 투표하는 경향이 있음을 확인할 수 있다. 쟁점 효과는 선거운동을 이해하기 위해서도 매우 중요하다. 어떤 후보가 특정 정책, 예를 들어 복지정책에 강점이 있다면, 이 후보에게 효과적인 선거 전략은 복지 문제가 더 활발히 논의되고 매체에 의해 이 정책이 더 많이 보도되도록 힘쓰는 것이 될 수 있다.

한편 뉴스가 어떻게 구성되는가에 따라 사회 문제에 대한 책임소재가 다르게 형성될 수 있다. 프레임(frame)은 뉴스가 전하는 사회현실에 대한 인식, 확인, 해석의 틀을 의미하는데 갬슨(Gamson 1968)은 프레임이 뉴스를 특정한 방식으로 해석하도록 돕는 이야기 구성 방식이라고 했다. 예를 들면 뉴스 보도에서 범죄, 실업자, 경제 문제, 테러리스트 등의 문제를 에피소드(episodic framing)로 구성하면 그 책임소재는 개인적 문제가 된다. 반면 사회 문제나 사건의 배경 설명과 분석 그리고 비판 등 사회 정치적 상황을 고려하여 테마(thematic framing)로 구성하면 그 책임은 개인보다는 사회나 정부의 탓으로 여겨지는 경향이 있다. 종국적으로 이러한 프레이밍(framing)은 정보 수용자의 행태에 변화를 유발할 수 있다.

즉 대중매체는 정보를 제공하여 정치적 관심과 지식수준을 높이고 특정 문제나 쟁

〈참고사항 10-2〉 침묵의 나선이론(the theory of spiral of silence, 1973)

1970년대 미국에서 의제설정이론이 주목받을 때, 유럽에서는 노엘 노이만(E. Noelle-Neumann)의 침묵의 나선이론에 학문적 관심이 집중되었다. 이 이론은 미디어가 여론의 전개과정에서 어떻게 작용하는지를 설명하고 있다. 침묵의 나선이란 자신의 의견이 대중적이라고 생각하는 사람은 의견을 표명하는 반면, 그렇지 못한 사람은 침묵하게 될 때 발생한다. 예를 들어 낯선 사람들과 기차를 타고 가는 열차 내에서 어떻게 특정 주제에 대해 토의하게 되는지 그 과정을 연구해 본 결과, 지배적인 경향은 다수의 의견과 일치할 경우 자유롭게 토론하지만 의견이 일치하지 않을 경우 토론을 회피한다는 것이다. 즉, 침묵의 나선은 승자의 편에 서는 문제가 아니라 자신이 속한 사회집단으로부터 고립되는 것에 대한 두려움에서 야기되는데 자신에 대한 타인들의 비판 위협은 개인을 침묵하게 만드는 요인이 된다. 보통 사람들은 자신의 견해가 대중매체의 내용과 다를 때 무력감을 느끼는데 이는 자신의 의견이 대중적이지 않아서 사회 조롱의 대상이 될까봐 두려워하기 때문이다. 따라서 사람들은 대중매체가 지배적인 견해를 명백히 하면서 여론을 형성하는 것을 무의식적으로 받아들인다는 것이다.

점에 대해 주의를 환기시킨다. 그리고 프레이밍을 통해 쟁점의 특정 측면을 부각시킬 수 있다. 이 과정을 통해 매체는 유권자들의 문제 인식과 행태에 영향을 줄 수 있다. 예를 들어 선거 기간 중 경제 문제에 대한 반복적인 뉴스는 유권자들의 경제에 대한 관심을 고조시킬 것이다. 경제에 관한 관심 증대는 경제 문제에 대한 평가를 중심으로 후보자들에 대한 지지를 결정하는 이유가 될 수 있다. 더 나아가 좋지 않은 경제 상황에 관한 기사를 테마식으로 구성한다면, 유권자들은 경제 문제를 정부의 정책과 연관시킬 가능성이 높다. 결국, 경제 상황에 대한 이러한 기사는 현직 후보의 득표율에 부정적인 영향을 미칠 것이다.

4. 뉴미디어와 양극화(Polarization)

최근 들어 인터넷의 발달로 인해 소셜 미디어와 같은 새로운 매체가 등장하면서 여론형성이나 정치적 태도의 변화에 미치는 미디어의 의제설정 효과가 절대적이지 않다는 주장이 제기되고 있다. 시공간의 제약 없이 정치정보가 대중에게 직접 전달되는 네트워크 시대에는 매체를 통해 정치지도자나 언론인 등 엘리트층이 항상 여론을 형성하거나 주도하지는 않을 것이라고 보는 것이다. 인터넷매체는 빠르게 변화하고 있고 앞으로 기존 매체와는 다른 방법으로 여론형성에 영향을 미치게 될 것이다.

하지만 인터넷도 기존 매체와 같은 하나의 매체일 뿐이라는 주장도 존재한다. 인터넷 상의 정보를 효율적으로 관리하고 유포하는 사용자들 대부분이 기득권층이거나 이미 정치적으로 관심이 많은 사람들이어서 미디어의 의제설정능력이 엘리트의 손에 그대로 남아 있다는 것이다. 미국선거에 대한 몇몇 경험적 연구들은 사이버 공간에서 진정한 의미의 토론이나 참여 등 쌍방향 커뮤니케이션이 빈번히 일어나지 않았고, 특히 시민과 후보자 간의 상호작용 역시 극히 드물었다고 주장한다(Norris 2003, 24). 또한 인터넷은 주로 정치에 대한 관심이 높거나 참여적인 시민에게만 유용한 정보수집과 참여의 수단이라는 주장도 있다(Davis 1999).

뉴미디어의 등장이 또 다른 '최소 효과' 현상 혹은 양극화 현상을 가져온다는 주장도 있다(Bennett and Iyengar 2008). 인터넷을 포함한 뉴미디어의 등장은 대중에게 더 많은 선택을 가져다주었다. 과거에 비해 더 많고 다양한 채널과 매체가 등장한 것은 부인할 수 없는 사실이다. 베넷과 아이엔거는 이러한 변화된 커뮤니케이션 환경으로 인해 이념적/당파적 양극화 현상이 나타난다고 주장했다. 이는 과거에 비해 더 다양한 이념적인 매체와 채널의 등장이 이념과 당파성의 소유자들이 자신들의 이념이나 당파성에 따라 뉴스를 선택적으로 소비할 수 있는 환경을 만들어 주었기 때문이다.

변화된 매체 환경은 이념이나 당파성을 가진 사람들이 자신의 당파성이나 이념에 더 집중하는 결과를 낳게 될 것이다. 새로운 매체의 등장과 선택의 증가는 이념적 양극화뿐만 아니라 대중 사이의 정치적 지식과 교양의 양극화에도 영향을 미칠 수 있다(Iyengar and McGrady 2007). 사회적 이슈에 관심을 갖는 사람들이 좀 더 손쉽게 사회 문제와 관련된 정보를 얻게 되는 반면, 이러한 문제 관심이 없는 사람들은 다양해진 매체를 통해 여가, 쇼핑, 여행, 게임 등에 몰두할 수 있는 매체 환경이 조성되었다. 결국, 사회 문제에 관심이 있는 사람들의 정치 지식은 증가하는 반면 무관심한 사람들의 정치적 지식은 지속적으로 감소하게 될 것이라는 주장이다.

이처럼 새로운 매체의 등장이 어떻게 매체 효과에 영향을 미칠 것인가는 논쟁적이다. 모든 것이 변화될지 아니면 기존 체계가 유지될지에 대한 논란이 계속되고 있다. 향후 매체가 여론 형성에 어떤 영향을 미칠지 지켜봐야 하지만, 분명한 것은 매체의 종류, 정치적 상황, 또는 쟁점에 대한 대중의 개인적 태도나 매체 의존도에 따라 효과는 다르게 나타날 것이라는 사실이다.

IV. 대중매체와 선거운동

1. TV 선거운동과 영향력 증대

오늘날 선거결과에 대한 대중매체의 영향력은 지속적으로 논란의 대상이 되고 있다. 그렇지만 미국의 선거에서 매체가 차지하는 비중과 역할은 다른 어느 나라보다 높고 중요하다. 최근에는 정당의 역할을 대신한다고 할 만큼 그 영향력이 커져왔다. 미디어가 유권자들의 투표참여와 선택에 직접적인 영향을 미치는지 여부와 상관없이 선거운동은 미디어를 중심으로 치러지는 것이 현실이다. 특히 유권자는 선거운동 뉴스보도, 방송 토론, 그리고 개별 후보의 선거 광고 등을 통해서 후보자의 성품, 이념, 정치적 공약과 여러 가지 쟁점과 정책에 대한 입장, 유권자의 지지 기반 등 다양한 정보를 얻는다.

먼저 매체가 뉴스보도를 통해 어떻게 선거 관련 정보를 제공하고, 선거 쟁점을 분석하고, 후보들의 공약과 선거운동을 감시하고 비판하는지 살펴보자. 후보로 선출되는 데 중요한 아이오와 코커스와 뉴햄프셔 예비선거 등 초반부터 미디어는 후보들의 개인적 성품과 자질 그리고 정책 등 다양한 면에 대해 정보를 제공하고 후보를 검증하는 역할을 한다. 1988년 민주당 대선 후보 경선에서 선두를 달리던 게리 하트 상원의원은 젊은 여성 모델과의 혼외정사 사실이 언론보도를 통해 밝혀지자 경선을 포기하기도 했다. 또한 2008년 공화당 대선 선두주자인 루돌프 줄리아니 전 뉴욕시장의 경우 두 번의 이혼 등 사생활에 대한 언론의 집요한 검증이 있었다.

물론 후보자들은 선거결과에 좋은 영향을 미칠 내용만 보도되길 원한다. 하지만 뉴스 보도의 내용을 후보자들이 통제하기는 쉽지 않다. 캠페인 초기 뉴스 보도는 후보자의 정책 입장을 소개하는 것에 초점을 둔다. 선거운동이 진행되며 보도는 특정 정책이나 쟁점에 선택적으로 집중된다. 일반적으로 미국 언론은 외교 정책보다 국내 쟁점을 더 비중 있게 다루는 경향이 있다. 왜냐하면 실업, 건강보험정책, 범죄, 세금 등 유권자들의 생활과 더 친숙한 뉴스가 상대적으로 더 많은 관심을 유도할 수 있기 때문이다.

선거보도와 관련한 또 다른 특징은 경마식 보도(horse race report)이다. 선거운동을 다룰 때 미국 언론은 후보자들의 정책을 논하기보다 후보들 간의 경쟁에 초점을 두고 보도하는 경향이 강하다. 언론의 선택적인 정보 제공과 경마식 보도는 선거결과에 영향을 미칠 수 있다. 앞서 언급하였듯이 선택적 보도는 언론이 선거 기간 중 의제를 설정할 수 있다는 것을 의미한다. 또한 경마식 보도는 유권자들의 정책 투표, 즉 정책 비교를 통한 후보자 선택에 장애가 될 수 있다. 특히 선거 보도는 후보자를 선택하지 못한 유권자에게는 더 큰 영향을 미치는 경향이 있다(Ansolabehere et al. 1996, 168-177).

다음으로 후보들은 매체를 통해 자신의 능력과 정책을 알리고 장점을 부각시키는 등 긍정적인 메시지를 전달하기 위해 정치 광고를 한다. 정당이나 후보가 대중매체에 돈을 지불하고 대중에게 정치적 메시지를 직접 전달하는 것이기 때문에 상품 광고처럼 비용이 많이 들고, 짧은 시간에 자신을 소개해야 하기 때문에 이미지 만들기와 감성호소 전략에 집중한다. 최초로 대통령선거에 TV 광고가 등장한 것은 1952년이었다. 아이젠하워(Eisenhower)는 당시 600만 달러라는 사상 최대의 비용을 광고에 사용했다.

1960년대 이래 TV를 통한 선거캠페인이 확대되면서부터 네거티브 캠페인 광고가 성행하게 되었다(Moore 1999, 271). 대표적인 예는 민주당 존슨 후보 측이 공화당 골드워터 후보가 미국을 핵전쟁 위기로 몰아넣을 것이라는 의미를 전달하기 위해 만든 '데이지 걸'이라는 광고이다. 어린 소녀가 데이지 꽃잎을 따는 평화로운 장면에서 시작하여 핵폭발로 인해 화면이 암흑으로 변하는 32초짜리 짧은 광고는 많은 사람들에게 오래도록 충격으로 기억되었다(Bardes, Shelley and Schmidt 2006, 318).

이후 자신들의 장점을 부각시키기보다는 경쟁자에 대한 부정적 메시지를 전달하여 자신에게 투표하도록 유도하는 네거티브 캠페인 광고가 급격히 확산되었다. 1992년 대선은 가장 부정적인 캠페인으로 기록되었는데 공화당의 레이건, 부시로 이어지는 12년 집권을 무너뜨리기 위해 클린턴은 경제 문제를 슬로건으로 삼았다. 당시는 걸프전 승리로 공화당에게 유리한 상황이었지만 클린턴 선거운동 팀은 전쟁에 승리해도 경제가 나빠지면 소용없다는 메시지를 강조하면서 부시가 재임기간 지키지 못한 세금동결 약속에 관한 부분을 집중 공략했다. 1996년에도 클린턴 측의 정치 광고 주요 메시지는 공화당이 집권하면 노약자 방치와 교육 피폐화 등이 발생할 것이라는 부정적인 것이었다.

2012년 대선에서 후보들은 캠페인 예산의 2/3 이상을 TV 광고에 사용했으며 네거티브 광고가 난무했다. 공화당 롬니 후보는 오바마 대통령의 경제 실정을 집중적으로 비판했다. 예를 들어, 4년 전 경제 회복 약속을 전혀 지키지 못했으며 앞으로도 그럴 능력이 없음을 강조하여 진정 국익을 위해 행동하는 대통령인지에 대한 의문을 제기했다. 또한 오바마 행정부의 투자가 중소기업인을 돕기 위한 것이기 때문에 미국의 전통적인 자본주의 원칙과는 다르다고 주장하며 오바마 대통령이 유럽스타일의 사회

민주주의를 추진하고 있다고 비난했다.

오바마 대통령 측도 롬니 후보가 대다수 미국 서민들의 삶을 이해하지 못하고 자본가로서의 이익추구와 합법적 탈세 등 경제적 부유층의 이익만을 대변한다고 비난했다. 기업가로 롬니는 더 많은 이익을 얻기 위해 미국의 일자리를 외국으로 이전시키고 스위스 은행에 자기 돈을 숨겨왔다고 주장했다. 오바마 지지단체인 Priorities USA Action이 만든 비방 광고는 솔트레이크 동계 올림픽에서 롬니가 중국, 인디아, 버마, 스위스, 버뮤다, 케이맨 제도 팀들에게 손을 흔드는 장면을 보여주면서 내레이션으로 '중국의 수천 개의 일자리가 롬니 회사 덕분에 만들어졌다'는 등의 메시지를 내보냈다. 이런 네거티브 전략은 특히 격전주(battleground states)에서 두드러졌는데 예를 들어, 두 후보들 간의 경쟁이 치열했던 버지니아 리치몬드에서 6월 9일부터 22일까지 방영된 광고를 보면 긍정적인 광고는 하나도 없고 비난광고만 무려 4,504개에 이르렀다.[13]

2016년 선거에서도 이러한 양상은 크게 달라지지 않았다. 메릴랜드대학 *Center for Political Communication and Civic Leadership*의 선거 광고 분석 결과[14]에 따르면, 클린턴과 트럼프 모두 정책보다는 후보자 개인 특성에 집중한 광고 전략을 들고 나온 것을 알 수 있다. 예를 들어, 클린턴의 선거 광고들 중 73.7%는 후보자 특성에 관한 것이었으며, 트럼프의 광고들 중 35%가 후보자 특성에 대한 네거티브 캠페인이었다. 예를 들어, 클린턴은 트럼프의 이민정책을 비판하는 광고나 트럼프의 테러리즘과 이민에 관한 광고 모두 공포를 바탕으로 상대를 공격하는 전략을 취하고 있다. 앞서 소개한 분석 결과에 따르면, 상대를 공격하는 광고 대부분이 공포 또는 분노라는 감정에 기대고 있는 것으로 나타났다. 2016 대통령선거에서 거대 정치활동위원회[15] 역시 네거티브 캠페인에 집중했다. 클린턴 지지 위원회[16]의 경우 민주당 전당대회 이후 15개의 TV 광고 중 14개가 후보자 특성에 관한 네거티브 광고였으며, 트럼프 지지 위원회[17]의 13개 광고 중 11개가 클린턴에 대한 네거티브 광고였다.

셋째, 선거캠페인 중에 가장 미디어의 개입에서 자유로운 것은 후보자 TV 토론이

---

13) *New York Times*, 2012/07/26. 당시 리치몬드에서 많을 때는 일주일에 약 1,500개에 달하는 광고가 방송되었다(Washington Post, 2012/07/12).

14) https://parcumd.wordpress.com/

15) Super PAC(Political Action Committee).

16) Priorities USA Action.

17) Rebuilding America Now.

다. 후보자는 자신의 정책과 비전을 많은 유권자를 대상으로 미디어의 해석 없이 직접 제시하고 타 후보들과의 차별성을 부각시킬 수 있는 기회를 얻는다. 이는 유권자들에게도 선거의 중요 쟁점과 이슈 그리고 정책에 대한 후보자 간 차이를 직접 느끼고 배울 수 있는 좋은 기회이다. 즉, TV 토론은 단독 연설이나 광고보다 후보자의 연출된 모습과 메시지를 유권자에게 일방적으로 전달할 가능성이 적다. 또한 TV 토론은 현직자에 비해 상대적으로 덜 알려진 도전자에게 자신의 비전을 제시할 수 있는 기회를 제공한다.

물론 최초의 TV 토론이었던 1960년 미국 대통령선거의 닉슨과 케네디 토론의 예에서 볼 수 있듯이 TV 토론도 캠페인 보도나 광고가 갖는 미디어의 한계에서 완전히 자유롭지는 못하다. 1960년 대선 TV 토론은 유권자들에게 보다 나은 정치적 선택의 기회를 제공하기 위해 ABC, NBC, CBS 등 3대 주요 방송사가 주최하였다. 당시 케네디 후보는 매사추세츠 주 상원의원 출신으로 젊음과 패기를 가진 정치 신인이었으며 부통령인 닉슨 후보는 정치거물이었다. 라디오 토론에서는 닉슨이 우세하였다. 그런데 유권자의 90% 이상이 총 4회의 토론회 중 최소 1회를 시청한 TV 토론에서는 케네디가 우세하였다. 케네디는 0.1% 차이로 선거에서 승리하였는데 TV 토론에 의해 후보자를 최종 선택한 유권자 4백만 명 중 3백만 명이 케네디에게 투표하였다고 알려져 있다. 1960년 대선 TV 토론은 열세였던 케네디 후보가 외모와 순발력으로 좋은 이미지를 창출하고 당선되는 데 결정적 역할을 했다고 평가된다.

이후 3차례의 대선에서는 집권당 후보들의 거부로 TV 토론회가 없어졌다가 16년 뒤인 1976년에 방송사가 아닌 여성유권자연맹(League of Women Voters) 주최로 포드와 카터 후보의 TV 토론이 부활되었다. 1980년 공화당 예비선거 토론회에서 레이건 후보가 다른 후보자들도 초대한 것에 불만을 품은 부시 후보가 논쟁을 거부한 일이 있었다. 주최 측은 초대되지 않은 후보자들을 돌려보내라고 요구했는데 레이건 후보가 불응하자 그의 마이크를 꺼버렸다. 이에 대해 레이건 후보가 "나는 이미 이 마이크 사용료를 지불했다("I paid for this microphone Mr. Green.")"고 말한 것은 강력한 리더십 이미지를 갖는 계기가 되었다.[18] 반대로 부시 후보는 배짱이 부족하고 비타협적이

---

18) 이 토론회는 *Nashua Telegraph*라는 신문사가 주최 및 후원하려 했었는데, 토론회 며칠 전 연방선거관리위원회(FEC)는 신문사의 후원이 불법 선거공헌에 해당한다고 판결했다. 당시 부시 후보 측은 토론회 비용의 절반을 부담하기를 꺼렸고, 결국 레이건 후보 측에서 방송토론 비용을 부담하였다.

〈참고사항 10-3〉 TV 토론 관련 법규

최초의 TV 토론인 1960년 케네디와 닉슨의 토론은 지상파 방송사들이 주최하였는데 당시 공화, 민주 양당 후보만 초청하는 것은 연방통신법 제315조 '동등시간의 원칙 (Equal Time Role)'에 위배된다는 논란에 휩싸였다. 미국에서는 자유로운 언론보도가 허용되는 신문과 달리 방송에서는 공공성을 위한 법적·제도적 장치들을 마련해 놓았는데 선거방송의 공정성을 확보하기 위한 가장 기본 원칙이 동등시간 원칙이다. 그러나 1960년만 해도 후보자수가 무려 16명이었기에 이 원칙을 적용하는 데는 현실적 어려움이 따랐고 결국 주요정당 후보에게만 적용되었다. 이후 1976년부터 1984년까지 여성유권자 연맹이 TV토론을 주관하였는데 역시 TV 토론의 횟수, 시기, 방식, 참가기준 등을 놓고 갈등을 겪었다. 1986년 동등시간 원칙은 미연방항소법원에 의해 폐기 가능한 조항이라고 판결 받았다. 이 원칙의 폐기는 대통령 후보들이 합의만 하면 얼마든지 자유롭게 TV 토론을 개최할 수 있는 분위기를 조성하였다. 1987년 대통령토론위원회(CPD: Commission on the Presidential Debates)가 설립되어 1988년 대선부터 현재까지 TV 토론을 개최하고 있다. 현재는 토론참가 후보결정시 공포된 5개 전국적 여론기관의 조사결과를 종합하여 최소한 15% 이상 지지를 얻어야 하는데 이런 게이트키핑 기준은 제3당 후보를 배제하기 위한 정치적 산물이란 비판을 받고 있다(송종길 2006, 213-234).

라는 부정적 이미지를 갖게 되었다. 이후 1980년 본 선거에서 현직 대통령 지미 카터에게 압승을 거두면서 레이건 후보는 TV 토론회의 최대 수혜자로 불리게 되었다.

하지만 최근 선거에서는 TV 토론이 선거의 판세를 바꾸거나 후보자 선택에 결정적 영향을 미치지 않는 것으로 나타났다. 2012년 대선에서 3번에 걸친 후보 토론회와 1번의 부통령 후보 토론회가 열렸다. 국내정치 문제를 다룬 1차 토론회는 롬니 대통령을 상상할 수 있을 정도로 롬니 후보가 일방적으로 앞섰다. 토론회 직후 시청자를 대상으로 한 갤럽조사 결과 72%의 응답자들이 롬니 후보가 토론을 더 잘했다고 평가했다.[19] 롬니 후보가 예상외로 1차 토론에서 선전했지만 이를 통해 중도 유권자들을 규합하거나 경합 주에서 승기를 잡는 데는 성공하지 못했다.

방송매체는 시각과 청각 정보를 통해 감정을 전달하는 데 상대적인 강점이 있다.

---

19) 청중이 직접 후보들에게 질문을 하는 타운홀 방식으로 진행된 2차 토론회에 대해서는 오바마 대통령이 잘했다는 응답자 비율이 51%로 롬니 후보가 잘했다는 비율(38%)보다 높았다. 외교정책에 대한 3차 토론회에서도 오바마 대통령이 잘했다는 비율이 56%로 롬니 후보 33%보다 높았다.

이런 까닭에 때로 TV 토론에서 토론내용 보다 용모, 자세, 표정, 목소리 등 외양과 말솜씨가 더 부각되곤 한다. 게다가 토론 직후 언론이 지도자로서의 능력과 전문적 지식이 충분한가보다 얼마나 상대의 공격에 참을성 있게 대응하는지, 호감이 가는지 등 이미지나 스타일에 초점을 둔 보도와 해석을 하면서 정책 내용보다 후보의 이미지는 선거의 주요 논쟁거리가 되기도 한다. 특히, 논쟁 도중 실언을 하거나 한 번의 실언이 뉴스 보도에 반복적으로 나타나면 선거전에서 매우 불리하게 된다. 1976년 포드 대통령이 외교정책에 관한 질문에 "동유럽 국가들이 소련의 지배에서 자유롭다"고 답하여 무지함이 드러났고 상대적으로 카터의 인기가 상승하였다. 1988년 부시 대 먼데일 후보의 토론에서도 사형제를 반대하는 먼데일 후보가 자신의 아내가 강간을 당할지라도 사형제에 반대한다고 답해 냉혈인간의 이미지를 갖게 되었다. 이렇듯 TV 토론은 후보자의 소통 능력을 보여주기도 하지만 이미지 중심의 캠페인으로 치우치는 경향 때문에 늘 비판을 받아왔다. 그럼에도 불구하고 TV 토론은 여전히 미국에서 가장 영향력 있는 선거캠페인 방법들 중 하나이다.

2. 인터넷 선거운동

1990년대 등장한 인터넷은 가장 중요한 선거운동매체로 급부상하고 있다. 대중매체를 이용한 정치광고 및 선전은 높은 비용이 요구되기 때문에 선거자금이 풍부한 다수당에게 유리한 반면 인터넷 선거운동은 사뭇 다른 양상을 띤다. 인터넷은 저렴한 비용으로 정책과 능력을 홍보할 수 있어서 소수당 후보에게 유리한 매체이다. 최초의 온라인 선거운동 사례로 꼽히는 1998년 미국 미네소타 주지사선거의 예에서 볼 수 있듯이, 전직 프로 레슬링 선수였던 개혁당의 제시 '더 바디' 벤추라(Jesse 'The Body' Ventura) 후보가 주요 정당 후보들을 제치고 승리한 것은 인터넷 선거운동을 적극적으로 활용한 덕분이라고 볼 수 있다.

게다가 라디오, 신문, TV 등과 같은 기존의 대중매체를 활용하는 선거운동은 라디오 연설, TV 토론, 정치광고 등과 같이 간접 또는 일방향 소통 형태를 띠는 반면, 인터넷은 수평적이며 쌍방향적인 매체로서 메시지 전달과 수신이 외부의 간섭 없이 상대적으로 자유롭게 행해질 수 있다. 때문에 인터넷을 활용하면 후보자는 유권자와 직접 소통이 가능할 뿐만 아니라 협송(narrowcasting)[20]이 가능하기 때문에 유권자 집단을 세밀하게 분류하여 각 집단의 특성을 고려한 선거운동을 펼칠 수 있다(Morris 1999).

이런 장점으로 인해 인터넷 선거운동은 다양한 형태로 전개되어 왔다.

2000년 공화당 예비선거에서 존 매케인 상원의원은 인터넷을 통해 전체 모금액의 1/4에 육박하는 370만 달러를 모았다. 2004년 대선 민주당 후보 경선과정에서 각 후보들은 선거모금, 지지자 모임 결성, 자원봉사자 모집 등을 전적으로 인터넷에 의존했다. 2006년 중간선거에서는 UCC(User Created Contents) 동영상으로 인해 몇몇 의원들이 선거에서 패하였다는 보도가 있었다. 대표적 사례로 버지니아 주 상원선거에서 공화당 후보였던 조지 앨런 의원이 인도계 청년을 마카카(원숭이)라고 비난한 동영상이 유튜브(YouTube.com)에 올려져 널리 유포되면서 지지도가 하락하였다. 물론 이 동영상이 앨런의원의 낙선에 결정적 역할을 했는지 명확하지는 않으나 UCC가 새로운 선거운동매체로 등장한 것은 사실이다.

2008년 대선 민주당 예비선거 캠페인에서도 UCC의 영향력이 입증되었는데 지지율 경쟁에 뒤지던 오바마 후보가 인터넷에 올린 한 동영상으로 인해 힐러리 후보보다 높은 지지를 얻게 되었다. 2007년 3월 유튜브가 모든 대선후보와 유권자들 간의 소통을 위해 'You Choose 08'이라는 선거캠페인을 시작한 것처럼 2008년 대선에서 UCC는 인터넷 캠페인의 중요한 기반이 되었다. 게다가 스마트폰의 등장으로 인해 인터넷 공간에서 시작된 소셜 네트워킹은 급속하게 이동통신 공간으로 확장되었다.

이처럼 빠르게 진화된 인터넷 선거운동은 지난 2008년 오바마 대통령선거를 기점으로 10년 만에 네트워크 선거운동으로 전환되었다. 이전 선거운동이 홈페이지를 기반으로 한 UCC 중심이었다면 2008년 선거부터 유튜브뿐만 아니라 페이스북, 트위터 등 소셜 네트워크 서비스(SNS: Social Network Service)를 통해 선거 정보가 제공되는 네트워크 선거운동이 본격화되었다. 오바마 선거운동 캠프는 휴대전화를 통해 유권자를 동원하고 정치자금을 모금했다.

소셜 네트워크를 통한 선거운동의 확산은 정보 공급자와 수요자 경계를 불분명하게 만들었다. 유권자들은 소셜 네트워크를 통해 정치 정보와 의견을 나누고 서로 참여를 독려했다. 즉, 지지자를 조직하기보다는 스스로 조직되도록 하는 네트워크 방식이 소셜 미디어의 활용으로 가능해진 것이며, 이러한 방식의 선거운동이 성공을 거두게 된 것이다(Johnson and Perlmutter 2011). 이전의 온라인 선거운동을 통해 유권자들이 수동적 정보 수용자에서 적극적 응답자로 전환되었다면, 다양한 소셜 미디어가 활성화

20) 특정 대상 집단에게만 정보를 제공.

된 2008년 선거를 통해서는 후보자 중심의 미디어 선거운동이 유권자 중심으로 조직화된 네트워크 선거운동 구조로 변화된 것이다. 2010년 중간선거를 통해서도 유권자들의 투표 참여와 선택에 있어서 소셜 미디어의 영향력이 입증되었다.

2012년 대선에서도 소셜 미디어는 중요한 선거운동 수단이 되었다. 퓨리서치센터 조사에 따르면, 소셜 미디어를 통해 뉴스를 접한다는 유권자는 2008년 2%에서 2012년 20%로 급증했다. 2008년 대선에서 소셜 미디어 사용자의 67%가 오바마 후보에게 투표했다는 사실 때문에 2012년 대통령선거에서 후보들은 소셜 미디어를 비롯해 치열한 인터넷 선거경쟁을 벌였다. 오바마 대통령은 21세기형 데이터와 전통적인 도어 투 도어(Door to door)를 융합한 전략으로 역사상 가장 발전된 테크놀로지를 이용한 캠페인을 벌였다고 평가받고 있다.[21] 이러한 전략이 재선에 얼마나 기여했는지 알 수 없지만 전통적인 매스컴 마케팅만으로 선거를 치를 수 없는 시대가 된 것은 확실하다. 또한 온라인 선거운동도 개인적이고 선별적으로 소셜 미디어를 활용해야 하는 등 큰 변화가 일어나고 있다.

2016년 대통령선거에서도 후보자들은 소셜 미디어를 활용하여 선거운동을 펼쳤다. 클린턴, 샌더스, 트럼프 모두 적극적으로 페이스북이나 트위터와 같은 소셜 미디어를 활용하였다. 흥미로운 차이는 트럼프의 경우 자신의 소셜 미디어에 올린 내용에 대한 일반 시민들의 글이나 반응에 대해 좀 더 적극적으로 대응했다는 점이다. 예를 들어, 퓨리서치센터의 분석 결과[22]에 따르면, 2016년 5월 11일과 31일 사이 트럼프의 리트윗은 약 5,947건인 것에 비해 클린턴은 1,581건, 샌더스는 2,463건에 불과했다. 특히 트럼프의 리트윗은 일반 시민들을 대상으로 한 경우가 78%에 달한 반면, 클린턴은 자신의 선거운동 계정에 리트윗한 것이 80%, 그리고 샌더스는 언론매체에 리트윗한 경우가 66%였다. 트럼프의 이러한 소셜 미디어 활용 전략은 페이스북 활용에서도 유사하게 관찰되었다. 트럼프의 전략적인 트위터 정치는 당선 이후에도 계속되고 있다

---

21) 오바마 대통령은 한 번도 선거운동에 참여한 적이 없는 새로운 인물 60명으로 기술팀을 구성하고 유권자와 자원봉사자들에 대한 다양하고 새로운 정보를 수집하고 통합하는 기술적 시도를 했다. 데이터를 구축하고 관리하는 사람들은 수천 개의 통계 모델을 이용해 여론 조사 정보, 방문, 선거운동 광고와 비용 등에 관한 내용을 분석했다. 이런 데이터는 롬니 후보에 비해 14%나 많은 선거자금을 모금하는 데 효율적으로 이용되었다. 또한 유권자들이 지지호소 전화를 걸었을 때 얼마나 빨리 끊어 버리는지, 현관문을 얼마나 빨리 닫는지 등에 관한 데이터를 구축하고 이를 기반으로 지지자가 될 잠재적 성향이 있는 유권자를 구별해내었다.

22) https://www.journalism.orgjournalism.org

(Frantzich 2019).

3. 미디어 선거운동의 부정적 영향력

최근 들어 미디어 선거운동의 확산으로 미디어의 부정적 영향에 대한 우려도 커지고 있다. 미국사회가 해결해야 할 미디어 선거운동의 문제점에 대해 살펴보면 다음과 같다. 첫째, 미디어 선거운동은 비용이 너무 많이 든다는 점이다. 미디어 선거운동은 미디어 캠페인 매니저와 자문위원, 여론조사 담당자, 정치광고 제작자 등 많은 전문가를 필요로 한다. 인터넷의 등장으로 선거비용의 절감과 투명한 선거에 대한 희망이 생겼지만 시간이 흐름에 따라 인터넷 공간도 풍부한 자원을 가진 정당과 후보가 수준 높은 인프라와 웹사이트를 구축하는 현상이 나타나고 있다. 따라서 인터넷도 다수당 후보들에게 유리한 공간이 될 것이라는 주장이 힘을 얻고 있는 추세다.

둘째, 선거 승리를 위해 후보들은 선거자금 마련 만큼 좋은 이미지 만들기에도 주력해야 한다. 앞서 언급한 바와 같이 언론매체는 당선가능성이 높은 선두주자들의 인물, 이미지, 화젯거리 등을 중심으로 기사를 드라마적으로 구성하여 보도함으로써 유권자들의 흥미를 유발하고자 한다. 그러다 보니 정당과 후보의 정책이나 쟁점 같은 본질적 내용보다 후보별 인기도, 지지도, 당선가능성 예측 등에 주목하는 경마 보도를 한다. 이런 관행은 지명도가 높은 소수의 선두주자들에게만 미디어 보도가 집중되어 흑색선전과 비방의 표적이 되거나 신선한 인물이 급부상하여 주목을 받고 당선이 되기도 하는 등 정치의 오락화에 기여한다. 그리고 정확한 여론조사에 근거한 선거예측은 여론파악에 기여하고 투표에 참고사항이 되지만 그렇지 않은 여론조사 자료는 유권자의 투표방향과 궁극적 선거결과에 해를 주기도 한다.[23]

셋째, 네거티브 캠페인의 확산이다. 네거티브 캠페인은 대중매체의 인기주의, 선정주의에 영합한 측면이 있다. 앞서 살펴본 선거 광고를 통해서도 알 수 있듯이 네거티브 캠페인은 후보들의 주요 전략이다. 일부 학자들은 네거티브 캠페인이 오히려 투표

---

23) 1980년 이래 대선에서 텔레비전의 여론조사나 출구조사에 대한 정부규제가 필요한지에 대한 논란이 일었는데 몇몇 의원들과 유권자들은 미국 전역에서 투표가 마감될 때까지 출구조사를 하거나 그 결과를 발표하는 것을 금해야 한다고 주장한다. 다른 이들은 아예 미국 전역에 같은 시간에 투표를 마치도록 하는 연방 법을 만들어 출구조사가 투표에 영향을 미치지 못하도록 해야 한다고 한다. 하지만 이에 대한 연방규제법은 아직 만들어지지 않았다.

율을 상승시키며 유권자 선택에도 영향을 미친다는 주장을 한다. 이들의 주장에 따르면, 부정적인 메시지는 보다 독특하고, 뚜렷하며 잘 기억되기 때문에 유권자들이 이에 대해 더 많은 관심을 보이고 종국적으로 투표율 상승에 기여한다.

하지만 네거티브 캠페인과 투표참여를 경험적으로 분석한 연구들에 따르면 네거티브 캠페인은 투표참여를 저조하게 하는 원인들 중 하나이다(Ansolabehere, Iyengar and Simon 1999). 이 주장에 따르면, 네거티브 캠페인 중심의 선거전에서 유권자들은 반드시 알아야 할 정책이나 이슈 같은 본질적인 정보보다도 유권자들의 선택에 도움이 되지 않는 사소한 흥밋거리와 이미지 중심, 후보자 간 갈등을 조장하는 정보를 얻기 때문에 정치 불신이 높아져 기권하게 된다는 것이다. 실제로 미디어 캠페인이 유권자들의 선택에 영향을 미쳤는지는 여전히 논란의 대상임에도 불구하고 네거티브 캠페인이 기권을 유도하며 특히 무당파, 선거관심도가 낮은 유권자들, 투표에 자주 참여하지 않는 유권자들일수록 이 효과가 크게 나타난다는 의견이 지배적이다.

V. 대중매체와 대통령

미국과 같이 대중매체가 발달한 나라에서는 대통령에 당선되는 것뿐만 아니라 성공적인 대통령이 되기 위해서도 미디어를 효과적으로 이용할 수 있어야 한다. 대중매체와 대통령은 공생관계에 있다. 왜냐하면 미디어는 보도할 뉴스 자료가 필요하고 대통령은 뉴스 보도가 필요하다. 미국 정치인 뉴스의 80% 정도가 대통령에 관한 것이라는 통계를 보면 미국 대통령이 훌륭한 뉴스 소재임에 틀림없는 듯하다. 대통령 또한 자신의 정책을 알리고 국민과의 의사소통을 위해 대중매체가 필요하다.

대통령은 다양한 방법을 통해 직접 대중에게 메시지를 보내는데 자신의 정책에 대한 여론을 살펴보기 위해 종종 정보를 의도적으로 유출하기도 한다. 대통령이 대중매체를 통해 메시지를 전하는 보편적인 방법은 보도자료(news release)이다. 대통령 공보담당 참모들에 의해 준비된 보도자료 내용은 대부분 그대로 신문이나 방송에 보도된다. 뉴스브리핑(news briefing)은 정부의 정책, 결정, 집행 등에 대해 설명하는 것으로 백악관 대변인이 매일 뉴스브리핑을 통해 대통령의 업무수행에 대한 정보를 제공하고 기자들의 질문에 답한다. 또한 시어도어 루스벨트(Theodore Roosevelt) 대통령이 처음 사용한 기자회견(press conference)도 현재까지 종종 이용되는 방법이다. 기자회견에서 특정 내용에 대한 질문이 허락되지 않기도 한다(Remy 2006, 528).

최초로 방송매체를 성공적으로 활용한 대통령은 프랭클린 루스벨트(Franklin D. Roosevelt)이다. 당시 TV는 없었고 대부분의 신문사주들은 그를 지지하지 않았다. 그래서 루스벨트 대통령은 라디오를 통해 직접 대중과 노변정담(fireside chats)을 나누면서 지지를 이끌어냈다. 160여 년간 대통령의 얼굴을 한 번도 본적이 없는 대부분의 미국인들이 집에 앉아서 라디오로 대통령의 목소리를 듣게 된 것이다. 루스벨트 대통령은 정치에 대한 이야기를 쉽게 풀어서 전달했으며, 그의 확신에 찬 목소리는 메시지 전달에 효과적이었다. 예를 들어, 루스벨트 대통령은 1933년 많은 은행들이 도산위기를 맞았을 때 국민들에게 예치금 출금을 말아 달라고 호소하여 은행 산업의 붕괴를 막았다. 1941년 7월 일본으로부터 진주만 공격을 받았을 때도 많은 국민들의 애국심을 고취시키는 연설("a day that will live in infamy")로 참전을 독려하여 2차 대전을 승리로 이끌었다(Bardes, Shelley and Schmidt 2006, 323).

존 F. 케네디(John F. Kennedy)나 로널드 레이건(Ronald Reagan) 대통령도 대중의 지지를 얻어내는 데 대중매체를 잘 이용했고 TV나 신문의 헤드라인을 장식하는 데 능숙했다. 조지 W. 부시(George W. Bush) 대통령도 이라크전쟁 동안 대중매체를 잘 활용했다. 2003년 4월 이라크 정권이 무너졌음을 알릴 때 부시 대통령은 항공모함 에이브러햄 링컨호의 갑판 위에 내려 연설을 했다. 이는 최고사령관(commander-in-chief)으로서의 이미지를 부각시키기 위함이었다.

대중매체는 대통령에게 이처럼 기회를 주기도 하지만 반대로 대통령은 대중매체로 인해 지지를 잃기도 한다. 현대의 대중매체는 대통령을 포함한 정치인들에게 호의적이기보다는 비판적이다. 대통령이나 주요 대통령 후보가 스캔들의 주역이라면 더 많은 기자들이 이 스캔들을 취재하러 몰릴 것이며 기사는 확대 재생산될 것이다. 한 예로 1987년 민주당 대선 후보인 게리 하트(Gary Hart)는 플로리다에서 젊은 여성과 데이트하는 장면이 신문지상에 공개된 후 일주일이 채 안 되어 대선경쟁에서 물러나야 했다.

미국 언론들이 대통령과 그 측근의 부정부패를 파헤치는 일에 얼마나 자부심을 갖는지는 워터게이트(Watergate) 스캔들의 예를 보면 더 분명히 알 수 있다. 워터게이트는 1970년대 초에 발생한 가장 영향력 있는 사건으로 워싱턴포스트의 밥 우드워드(Bob Woodward)와 칼 번스테인(Carl Bernstein)이 밝혀냈다. 사건은 1972년 6월 17일 워싱턴에 있는 민주당 본부에 침입하려 한 도둑 다섯 명이 체포되면서 시작되었다.

리처드 닉슨(Richard Nixon) 대통령은 그의 참모들에 의해 벌어진 이런 부당하고 불법적인 일에 대해 전격 조사가 이루어질 것을 두려워했다. 닉슨과 최측근 참모들의 대화를 녹음한 것에 의하면 닉슨은 돈을 주고 침입자들의 입을 막으려 했고 범죄사실을 은폐하기 위해 정부요원의 협조를 강요하기도 했다. 이런 닉슨의 행동은 각종 신문들에 의해 끈질기게 세상에 알려졌고, 결국 1974년 8월에 TV를 통해 대통령직을 사임하는 닉슨의 연설이 생중계되었다. 워터게이트 스캔들에 대한 뉴스보도가 닉슨 대통령의 사임에 중요한 영향을 미쳤다고 볼 수 있다.

빌 클린턴(Bill Clinton) 대통령의 경우는 좀 특이하다. 보편적으로 대국민연설은 대통령이 정책적 지지를 얻을 수 있는 매우 좋은 기회이며 케네디, 존슨, 닉슨, 레이건 같은 대통령은 마음대로 텔레비전을 통해 연설을 할 수 있었다. 클린턴 대통령에게도 대국민 연설은 매우 중요한 기회였지만 1995년과 1996년 두 해 동안 단 두 번의 대국민 연설 기회를 얻을 정도로 주요 텔레비전 방송은 그에게 인색하였다.

방송매체가 호의적이지 않은 상황에서 섹스 스캔들이 터지고 탄핵논쟁으로 이어지면서 클린턴 대통령과 백악관은 수많은 기자들뿐만 아니라 전 국민의 뉴스 대상이 되었다. 클린턴 대통령의 탄핵이 진행되는 동안 클린턴 지지자들은 Moveon.com이라는 웹사이트를 만들어 그가 직위를 보유해야 한다는 논쟁을 전개했다(Morris 1999, 184). 클린턴 대통령은 대중매체를 잘 활용한 대통령은 아니지만 새로운 매체인 인터넷은 그를 탄핵위기에서 구해내고 그의 정책에 끈임 없는 지지를 보내는 원동력이 되었다.

지금까지 살펴본 바와 같이 현대의 대통령은 미디어의 발달로 인해 원하든 원하지 않든 대중매체와 밀접한 관계를 맺고 있다. 변화된 매체 환경 속에서 대통령은 자신의 메시지를 대중에게 전달하는 데 있어 몇 가지 어려움에 직면하게 되었다. 먼저 24시간 방송되는 케이블 뉴스 채널과 인터넷의 발달로 인해 시민들은 언제 어디서나 뉴스를 볼 수 있게 되었다. 50년 전만 해도 뉴스를 접하는 방법은 단순했다. 하루에 한두 번 발간되는 신문을 보거나 15분간 보도되는 TV 저녁 뉴스를 보는 것이다. 하지만 현재는 일 년 365일 뉴스가 보도되기 때문에 대통령을 비롯한 정치인들은 주요 사건 발생이나 선거전에서 상대 후보의 공격에 항시 대기하고 있어야 하며 즉각 반응해야 한다.

이러한 환경변화로 인해 과거에 비해 대통령의 메시지가 대중에게 직접 전달되기 더 어려워졌다. 30년 전만 해도 대통령은 주요 방송 3사의 뉴스를 통해 국민과 소통

할 수 있었다. 하지만 지금은 수백 개의 케이블 채널과 인터넷 등 다양한 뉴스매체와 수많은 채널이 존재한다. 과거에는 특정 시간대에 모두가 뉴스를 시청해야 하고 대통령의 연설을 볼 수밖에 없었지만, 이제 시청자들은 대통령의 연설이 듣고 싶지 않다면 다른 채널을 선택하면 그만이다. 또한 다양한 뉴스매체와 토크쇼 등에서 대통령의 메시지를 재가공하고 희화하기도 한다.

　다양한 매체와 채널의 존재로 인해 대중은 원하는 매체와 채널에서만 뉴스를 소비할 수 있게 되었다. 라디오 토크쇼가 그 예가 될 수 있다. 라디오 청취율 조사 보고서를 살펴보면, 라디오 뉴스나 토크쇼 프로그램이 2019년 현재 1,600개 넘는다(Nielsen 2019). 한 매체의 측정에 의하면, 이들 중 가장 높은 청취율의 러시림보쇼는 주간 청취자 수가 천오백만을 넘는다.[24] 흥미로운 사실은 라디오 토크쇼의 약 91%가 보수적인 성향을 띤다는 것이다(Halpin et al. 2007). 보수적인 청취자들은 보수 성향의 토크쇼 프로그램만 선호하며 진행자의 의견에 전적으로 동의하는 경향이 있다. 마찬가지로 인터넷도 정당일체감이나 이념이 동일한 사람들끼리 소통하면서 기존의 태도를 더욱 강화한다. 이러한 환경은 대통령이 대중을 설득하는 것을 더 어렵게 만든다. 새로운 매체의 등장은 대통령에게 대중과의 효과적인 소통을 위한 더 많은 자원과 전략을 요구하고 있다.

---

24) http://www.talkers.com/

제**11**장

정당

정진민·정수현

샤츠슈나이더(E. E. Schattschneider)에 따르면 정당 없는 현대 민주주의는 생각할
수 없다(Schattschneider 1942). 현재 민주주의 국가에서 정당은 정권을 잡기 위해서
비슷한 정치적 견해와 이념적 성향을 가진 사람들이 결집한 조직으로서 유권자들의
이익을 집약하고 대변하고 있으며, 선거에서 승리하기 위해 유권자들의 정치참여를
부추기고 선거에 출마하거나 정부를 구성할 정치엘리트를 충원하는 역할을 수행하고
있다. 하지만 매디슨(James Madison)을 비롯한 많은 미국의 건국의 아버지들은 정당
에 대해 부정적인 시각을 가지고 있었다. 그들은 정당이 특정한 이익을 대변하는 파벌
로써 그 당시의 영국처럼 사회적 갈등을 야기하고 시민들을 정치엘리트의 지시에 굴복
시킴으로써 개인의 정치적 독립성을 훼손시킬 것이라고 생각하였다(Hofstadter 1969).
그러나 연방정부의 권한 확대를 두고 연방주의자와 반연방주의자의 양대 파벌이 생겨
나고 서로의 갈등이 격해지면서 정당은 자연스럽게 미국 정치의 중심에 자리 잡아가
게 되고 1860년대 전후로 형성된 민주당과 공화당의 양당체제가 현재까지 이어오고
있다.

이번 장은 미국 정당의 변화와 특징에 대해서 소개하기 위해서 다음과 같이 구성되
어있다. 우선, 건국 시기부터 현재까지의 미국의 정당의 역사와 변화를 크게 여섯 시

기로 나누어서 설명한 후 미국 정당이 유럽의 정당과 구별되는 몇 가지 특징들을 살펴보겠다. 다음으로 정부와 선거에서 정당이 수행하는 역할을 기술하고 정치 조직으로서 미국 정당이 어떻게 작동하고 있는지 알아보겠다. 마지막으로 20세기 이후 간헐적으로 출현했던 정치적으로 중요한 제3정당에 대해서 기술한 이후에 왜 미국에서 민주당과 공화당의 양당체제가 오랜 기간 동안 지속되었는지를 설명하겠다.

I. 미국 정당의 역사와 정당체계의 변화

미국 건국 당시 가장 큰 쟁점은 연방정부와 미연방을 구성하고 있는 주정부 간의 권한 배분과 관련된 문제였다. 이 문제를 둘러싸고 건국 당시부터 두 개의 정파가 대립하였는데, 한편은 강력한 연방정부의 수립을 목표로 삼았던 연방주의자(Federalist)들이었고 다른 한편은 주의 자율성을 중시하여 강력한 연방정부의 등장을 억제하려 하였던 반연방주의자(Anti-Federalist)들이었다. 대표적인 연방주의자로는 해밀턴(Alexander Hamilton), 매디슨(James Madison), 애덤스(John Adams) 등이 있었으며 대표적인 반연방주의자는 제퍼슨(Thomas Jefferson), 먼로(James Monroe), 헨리(Patrick Henry) 등이 있었다. 하지만 이때만 해도 대중적 기반을 갖는 본격적인 정당이 존재했다기보다는 정치지도자들의 정치적인 성향에 의해 나누어진 정파에 머무는 수준이었다.

미국에 대중적인 지지기반을 갖는 본격적인 정당이 등장하게 된 것은 선거권이 확대되기 시작한 1820년대 이후이며 미국의 정당체계는 중대선거(critical election)라고 불리는 사회를 양분시킬만한 쟁점을 둘러싸고 양대 정당 간에 유권자들의 지지를 확보하기 위해 매우 치열한 경쟁이 이루어지는 중요한 선거를 통해 주기적으로 크게 바뀌어 왔다(Key 1955; Burnham 1970; Brady 1988). 미국에서 중대선거라고 불릴만한 선거는 학자들에 따라 차이가 있긴 하지만 건국 이후부터 지금까지 대략 5개 정도이다(Clubb et al. 1980; Petrocik 1981; Sundquist 1983). 따라서 중대선거를 통한 정당체계의 재편성이 대략 30, 40년에 한 번꼴로 이루어져 왔다고 볼 수 있다.

1. 1800년 선거와 민주공화당 일당체제의 등장

1790년을 전후로 해밀턴은 연방주의자들과 북동부 지역의 지지자들을 결속시켜 새로 수립된 연방정부에 더욱더 강력한 정치적 권한을 부여하고자 하는 연방주의당(Federalist Party)을 설립하였다. 연방주의당은 중앙은행을 설립하여 연방정부의 기금으로 독립전쟁으로 인한 주정부의 부채를 탕감시키는 동시에 독립전쟁으로 틀어진 영국과의 외교관계를 회복하고자 노력하였다. 1796년 선거에서 연방주의당은 상하원 모두에서 다수당이 되었을 뿐 아니라 연방주의당원이었던 당시 부통령 애덤스는 대표적인 반연방주의파인 제퍼슨을 물리치고 제2대 대통령으로 선출되었다.

이와 같은 연방주의당의 세력확산에 위기의식을 느낀 제퍼슨은 메디슨과 다른 반연방주의자들을 결집시켜 현재 민주당의 전신이 되는 민주공화당(Democratic-Republican Party)을 창설하였다. 남부를 정치적 기반으로 한 민주공화당은 중앙은행의 설립을 반대하였으며 주정부의 자율성과 농민들의 이해관계를 보호하고자 하였다. 또한 독립전쟁 당시 미국의 동맹국이었던 프랑스를 저버리고 여전히 왕정국가인 영국과의 관계회복에 주력하였던 해밀턴과 연방주의당을 강력히 비판하였다.

1800년 선거를 기점으로 양당 간의 힘의 균형은 민주공화당 쪽으로 옮겨가게 된다. 민주공화당이 주와 지방의 밑바닥에서부터 지지층을 잘 조직화해 나감으로써 제퍼슨을 제3대 대통령으로 선출시키고 연방 상원과 하원 모두에서 다수 의석을 차지한 것이다. 반면에 연방주의당은 해밀턴파와 애덤스파로 나누어져 당내 분쟁이 극심하였으며 지방 조직력에서도 민주공화당에 상당한 열세를 보임으로써 선거에서 패배하고 만다. 그리고 그 이후 약 30년 동안 민주공화당은 매디슨, 먼로, 애덤스(John Quincy Adams)에 이르기까지 계속 대통령을 배출시키면서 연방정부와 의회 내 힘의 우위를 지켜나가는 데 반해서 연방주의당은 다시는 그 이전의 정치적 힘을 회복하지 하지 못하고 1820년을 전후로 역사 속에서 사라졌다.

2. 1832년 선거와 민주-위그 양당체제

1820년대 말까지 민주공화당의 일당우위가 지속되었던 미국의 정당체제는 1824년 대통령선거를 시발로 민주공화당 내 파벌 싸움이 격화되면서 1830년대를 전후로 또다시 민주당(Democratic Party)과 휘그당(Whig Party)의 양당체제로 재편되게 된다.

1824년 선거에서 민주공화당의 잭슨(Andrew Jackson)은 같은 민주공화당 당원으로 대통령선거에 출마했던 애덤스(John Quincy Adams), 크로포드(William H. Crawford), 클레이(Henry Clay)를 제치고 유권자 투표와 선거인단 투표 모두에서 최다득표를 하였다. 하지만 잭슨이 대통령 선거인단의 과반수를 차지하는 것에 실패하게 되자 미국 헌법 2조 1항과 수정헌법 12조에 의거해서 연방하원이 선거인단 상위 투표자 3명 중한 명을 대통령으로 선출하게 된다. 여기서 상위 3명 안에 포함되지 못했던 클레이는 애덤스를 공개적으로 지지하였고 결국 애덤스가 잭슨을 이기고 대통령으로 선출되었다.

유권자 투표에서 이기고도 하원 내 계파 간 연합으로 선거에 패배한 잭슨은 그러한 결과를 정치적 야합의 산물이라고 비판하였고 자신을 지지하는 당내 세력들을 모아 민주당을 조직하였다. 그리고 당시까지 엘리트 중심으로 운영되던 정당과 정치구조를 보다 대중 참여 중심의 구조로 변모시키고자 노력하였다. 그 일환으로 우선 일반시민들에게 투표권을 확대시키기 위해서 유권자 요건 중에 하나였던 개인의 재산 기준을 주별로 완화시키거나 철폐시켜 나갔다. 이로 인해 1824년 36만 5천 명에 불과했던 유권자의 수는 1828년에 100만 명까지 늘어나게 된다(Dye and Sparrow 2009, 208). 또한 대통령 후보 선출을 위해서 주와 전국 단위의 정당대회를 도입하였고 대중집회 역시 활발히 벌어나갔다. 그 결과 전쟁영웅으로서 서민들에게 폭 넓은 지지를 받던 잭슨은 1828년 대통령선거에서 과반수 이상의 선거인단 득표를 얻음으로써 현역 대통령이었던 애덤스를 이기고 새로운 대통령으로 당선되었다.

결국 잭슨파와 반잭슨파로 분열되어 있었던 민주공화당은 1832년 선거를 기점으로 잭슨파 정치인들이 결집한 민주당과 애덤스, 클레이 같은 반잭슨파 정치인들이 만든 위그당으로 완전히 양분되어졌다. 민주공화당의 일당체계가 공식적으로 공식을 고하고 미국의 정당정치가 다시 양당 구조로 재편된 것이다. 1830년대에는 민주당이 중앙 정치에서 압도적인 우위에 있었지만 1840년대에 들어와서는 위그당이 해리슨(William Harrison)과 테일러(Zachary Taylor)를 후보로 내세워 대통령선거에서 두 차례 계속 승리하기도 하였다. 이러한 민주당과 위그당의 양당체제는 1850년대에 노예제 폐지 문제를 둘러싸고 미국의 정당체계가 다시 한번 재편될 때까지 약 20여 년간 유지되었다.

3. 1860년 선거와 민주-공화 양당체제

건국 이후 미국사회에서 가장 큰 쟁점들 중 하나는 건국 이전부터 유지되어 오던 노예제 폐지 문제였다. 노예제 문제를 둘러싼 갈등은 남부가 노예제 존속을, 북부가 노예제 폐지를 각각 지지함으로써 남북 간의 지역적 균열과도 중첩되어 있었다. 바로 이러한 노예제 폐지를 명분으로 1854년 창당된 정당이 공화당(Republican Party)이었고 노예제 폐지를 강력히 요구하였던 북부지역을 주요 지지기반으로 삼게 된다. 노예제 폐지 문제와 관련하여 당 내 대립이 심했던 위그당은 결국 분열되면서 소멸되었고 민주당은 노예제 존속을 주장하던 강력한 남부지역의 지지세력에 의해 유지되었다.

1860년을 전후로 하여 이전의 민주당 대 위그당의 경쟁구조는 현재와 같은 민주당 대 공화당의 경쟁구도로 바뀌게 된다. 먼저 1858년 연방하원선거에서 공화당은 노예제를 두고 북부와 남부당원들이 분열되었던 민주당을 이기고 하원의 다수를 차지하는 데 성공하였다. 1860년 대통령선거에서 역시 민주당은 여전히 노예제로 인한 당내 의견 대립을 극복하지 못하고 2명의 후보가 나왔다. 결국 민주당 지지자들의 표가 분산되면서 신생 공화당의 링컨(Abraham Lincoln) 후보가 대통령으로 당선하게 된다.

1860년 선거로 노예제 폐지를 명분으로 창당한 공화당이 집권함에 따라 결국 그 이듬해인 1861년 노예제 폐지를 반대오던 남부 11개 주가 연방에서 탈퇴를 선언했다. 그리고 이 남부의 주들은 '남부연합(Confederate States of America)'을 결성하여 이들의 연방 탈퇴를 반대하던 북부의 연방정부와 전쟁에 돌입하게 된다. 남북전쟁에서 연방정부가 승리하게 됨에 따라 노예제는 폐지되었고 남부에는 북부의 군대가 진주하여 군정을 실시하게 됐다. 연방정부는 노예제 폐지뿐 아니라 흑인에게 투표권을 부여하고, 남부 백인의 정치활동을 금지하는 등의 강력한 정책을 펼쳤다. 이후 1876년 재건기(Reconstruction)라 불리는 군정이 종식하면서 행정권이 남부 각 주에 이양되었다. 군정 기간 중에 공직을 맡았던 북부사람, 흑인 등은 남부 백인에 의해 다시 교체되었고 노예제가 부활되지는 않았지만 흑인들에 대한 차별적인 관행들은 계속되었다. 이러한 흑백 간의 차별적 관행은 1960년대까지도 지속된다.

1876년 남부의 재건기가 종식되고 남부를 대표했던 민주당이 다시 연방의회에 진출하게 되면서 남북전쟁 직후의 공화당의 압도적인 우위는 사라지고 1896년까지 민주당과 공화당은 경쟁적인 정당체계를 유지한다. 민주당은 특히 연방 하원선거에서 강세를 보였으며 1884년에는 클리블랜드(Grover Cleveland)를 후보로 내세워 대통령

선거에서 승리하기도 하였다.

4. 1896년 선거와 공화당 우위 정당체계의 등장

1896년 대통령선거가 치러질 즈음에 가장 중요한 정치쟁점은 화폐제도였다. 그때까지 미국의 화폐제도는 금본위제이었는데 공화당은 기존의 금본위제를 유지하자는 입장이었고 민주당은 통화량 확대를 위해 은본위제를 채택하자는 입장이었다. 화폐제도 문제가 발생하게 된 데에는 원래 농업국가였던 미국이 1870년대부터 빠르게 산업화가 이루어진 것과 연관되어 있다. 빠른 속도의 산업화로 성장의 혜택이 도시의 대기업가들에게 집중되면서 카네기, 록펠러 같은 신흥재벌들이 등장했다. 이처럼 도시의 대기업가들이 성장의 혜택을 독점하는 것과는 대조적으로 농촌은 점점 쇠락하여 갔다. 이는 산업화 이후 국부를 늘리는 기업에게는 세제혜택이 따랐고 대량생산으로 공산품의 이윤은 크게 늘어난 반면, 농촌은 토지면적에 따른 과세로 인하여 조세 부담이 과중한 상태에 있었기 때문이다. 농산품의 가격은 공산품에 비해 매우 낮았으며 그만큼 이윤도 적었다. 또한 도시에 농산품을 파는 유통업자나 농산품을 도시로 실어나르는 철도업자들은 농민들로부터 헐값으로 농산품을 사서 이를 도시에 비싸게 팔아 폭리를 취했다. 많은 농민들이 경제적인 어려움에 직면하게 되면서 이 당시 전체 농민의 2/3 이상이 채무자로 전락하였다. 이에 따라 농민들은 민중주의 운동(Populist Movement)을 전개하면서 대대적인 채무탕감을 요구하게 되었고 금에 비해 수량이 풍부한 은의 가치가 낮아 상대적으로 빚을 갚기에 수월한 은본위제로 바꾸자는 주장을 하게 된 것이다. 이러한 농민들의 민중주의 운동에 기반을 두고 중서부와 남부 지역에는 민중당(Populist Party)이라는 정당까지 출현하게 되었다.

1896년 대통령선거에서 민주당은 농민들의 요구를 반영하여 대기업의 독과점 규제, 자유무역, 은본위제 등 민중당의 정책을 전폭적으로 수용하였을 뿐 아니라 대통령 후보로 농민들의 이익을 대표하는 젊은 웅변가 브라이언(William Jennings Bryan)을 후보로 내세웠다. 이에 맞서 공화당은 도시의 상공 세력을 대표하여 규제 반대, 보호무역, 금본위제를 공약으로 제시한 매킨리(William McKinley)를 대통령 후보로 내세웠다. 선거결과는 공화당의 압승이었다. 1870년대 이후 빠른 산업화 도시화로 인해 대기업, 중소상공인, 산업노동자 등 도시세력과 흑인 유권자를 대표하는 공화당은 불어나는 도시 지역의 유권자를 지지기반으로 가질 수 있었기 때문이다. 이에 반해 민주당은 지지 지역이 넓었으나 유권자의 수는 적었다. 1896년 선거 이후 1932년까지 공화당은 장기집권하면서 연방 행정부뿐 아니라 연방 상원과 하원에서 모두 다수 의석을 장악함으로써 공화당이 압도적으로 우위에 있는 정당체계가 지속되게 된다.

5. 1932년 선거와 민주당 우위 정당체계의 등장

1929년 월 스트리트 주식시장의 주가 폭락과 함께 시작된 대공황으로 인해 많은 기업들이 도산하면서 실업자들이 거리로 대거 쏟아져 나오게 되었고 가정파탄, 노숙자 급증, 자살자 속출 등 대규모 사회 혼란이 초래되었다. 이처럼 경제적으로 어려운 상황에서 어떻게 대공황을 극복하고 경제회복을 이루어 내느냐가 1932년 선거에서 가장 중요한 정치쟁점이 되었다. 이와 관련하여 재선을 시도하였던 공화당의 후버(Herbert Hoover) 대통령은 기본적으로 '자본주의 경제는 일정한 주기가 있기 때문에 조금만 인내하면 회복될 수 있다'라는 입장을 갖고 있었고 많은 유권자들은 이러한 후버에 대해 크게 실망하였다. 이와는 대조적으로 민주당의 후보로 나섰던 뉴욕 주지사 출신의 루스벨트(Franklin D. Roosevelt)는 '당선이 되면 100일 내에 경제를 회복시킬 수 있는 획기적인 정책들을 내놓겠다'라고 약속함으로써 지쳐 있던 미국인들의 압도적인 지지를 얻어 승리할 수 있었다. 또한 연방의회의 상하 양원까지 민주당이 장악하면서 정부 정책의 입법화가 신속히 이루어질 수 있는 토대가 마련되었다.

1932년 선거에서 승리한 루스벨트는 뉴딜(New Deal)정책으로 불리는 일련의 경제회복 프로그램에 따라 새로운 사회안전망 제도들을 마련하였고 경기부양을 위한 각종 공공사업을 시행하였다. 우선 안정된 노후생활을 위한 사회보장제도와 함께 저소득층을 위한 공공 복지제도를 마련하였고 노조의 권리보장, 실업수당제도 등의 친노동적인 정책들을 실행시켰다. 또한 경기부양책의 일환으로 남부의 테네시 강 유역에 다목적 댐을 건설하여 공공의 일자리를 창출하는 테네시의 개발 사업을 추진하였고 저수지를 축조하여 중서부 곡창지대에 농업용수를 확보해 나갔으며 국립공원에 등산로를 만드는 등 많은 연방정부 주도의 사업들을 진행하였다. 이러한 대규모 공공사업들은 많은 일자리들을 창출하여 실업자들을 구제하고 미국의 경기를 회복시키는 데 크게 기여한다.

미국의 정당체계 변화와 관련하여 더욱 중요한 것은 루스벨트의 뉴딜정책으로 혜택을 보게 된 도시의 저소득층, 빈민, 노동자, 소수인종, 새로운 이민자들이 민주당의 주요 지지기반으로 편입됨으로써 이후 1990년대까지 이어온 민주당 우위 정당체계의 기틀이 마련되었다는 점이다. 뉴딜정책의 결과로 민주당은 기존 지지기반이었던 농촌, 남부백인에 도시 빈민, 노동자, 소수인종까지 추가되어 크게 확장된 지지기반을 갖게 되었고 이러한 민주당을 지지하는 유권자 지지 연합들을 가리켜 뉴딜연합(New Deal Coalition)이라고 부르게 된다. 뉴딜연합이 다양한 집단들의 이해관계가 얽혀 있는 매우 복잡한 이질적인 연합임에도 하나의 지지기반이 될 수 있었던 것은 루스벨트 대통령의 뛰어난 정치력 때문이기도 하였다. 특히 흑인 유권자들이 자신들을 노예제로부터 해방시켰던 공화당을 버리고 민주당의 지지자로 전환되기 시작하였다는 것과 뉴딜연합을 통해 남부백인과 흑인이 함께 민주당의 지지기반을 구성하였다는 것은 중요한 의미를 갖는다.

6. 뉴딜정당체계의 해체

1930년대에 형성된 뉴딜연합은 1960년대 중반부터 서서히 동요하기 시작한다. 특히 뉴딜연합의 동요는 민주당이 본격적으로 흑인 인권 문제에 대해 적극적으로 입장을 표명하기 시작한 것과 관련되어 있다. 1960년대는 남부지역의 흑인들에 대한 차별적인 관행들, 예를 들어 흑인들이 투표권이 있어도 행사하지 못하게 한다거나 흑인과 백인이 다니는 학교가 나뉘어지고 버스 좌석을 달리 하여 앉는 등의 차별적인 관행들에 대한 문제제기가 본격적으로 이루어진 시기였다. 마틴 루터 킹(Martin Luther King, Jr.) 목사 등 인권운동가들이 대대적인 흑인 인권운동을 펼쳤고 대도시 거주 흑인들의 대규모 시위와 폭동이 끊이지 않았다. 또한 1960년대는 미국이 월남전에 깊숙이 개입했던 시기였다. 미국은 모병제를 징병제로 일시적으로 전환하면서까지 월남전에 적극적으로 참전하는데 이는 젊은 유권자들의 반발을 가져왔고 반전시위, 유혈사태 등의 국내 소요를 낳았다. 그 밖에도 개방적인 가치관을 갖고 기존 사회질서에 반발하는 젊은 세대와 기성세대 간의 갈등이 심화되기도 하였다.

이처럼 혼란스러운 시대적 흐름 속에 사회적 쟁점들에 있어 전통적인 가치를 유지하고 지키는 것을 중요시하는 공화당과는 대조적으로 새로운 변화를 수용하는 데에 긍정적인 민주당의 입장은 남부백인과 같은 보수적인 성향을 가진 전통적인 민주당 지지자들의 호응을 얻기가 힘들었다. 더욱이 민주당이 흑인의 인권 문제에 대해 적극적인 입장을 표명함으로써 1960년대 후반 이후 흑인들의 민주당 지지는 더욱 증가하여 흑인 10명 중 9명 이상이 민주당을 지지하게 되었다. 이러한 민주당의 움직임에 반발하여 전통적인 민주당 지지기반이었던 많은 남부의 백인 유권자들은 공화당 지지로 전환하기 시작하였다. 실제로 1960년대 이후 대통령선거나 의회선거에서 남부 유권자들이 민주당을 이탈하여 공화당을 지지하게 되는 변화들이 생겨났으며 1968년 공화당의 닉슨 후보가 대통령에 당선된 이후 대통령선거 수준에서 뉴딜시대로부터 유지되어 오던 민주당 우위의 구도가 사라지게 되었다. 또한 공화당이 연방 상원과 하원을 모두 장악한 1994년 중간선거부터는 의회선거 수준에서의 민주당의 우위도 없어진다.

II. 미국 정당의 특징

유럽의 정당은 민주화과정에서 노동자들이 투표권을 획득하고 계급이나 종교 등의 특정 집단의 정체성을 중심으로 하여 지지집단을 통합하고 그들의 이익을 대표하면서 발전해갔다. 시민들은 유권자들의 정당의 정강정책에 동조해서 입당원서를 내고 일정한 심사를 거쳐 당원으로 받아들여지면 정기적으로 당비를 내고 정당 활동에 대한 의무와 권리를 갖게 된다. 하지만 미국의 정당은 정당의 운영과 당원들의 관계에 있어서 유럽의 정당들과는 다음과 같은 차이를 나타낸다.

첫째, 미국의 정당은 선거에서의 승리를 다른 어떤 목표보다도 중요시하는 선거정당의 성향이 강하다. 정당의 연결망 조직은 평상시에도 존재하지만 이러한 조직이 본격적으로 활성화되는 것은 선거기간 중이다. 지역마다 정당의 지지도에 따라 차이가 있기는 하지만 각 지역의 열성적인 정당지지자들은 선거기간 중에 정당의 선거운동에 적극적으로 참여한다. 이처럼 지역조직들이 주로 선거기간 중에만 활성화되고 정치자금도 선거기간에 집중하여 모금하여 사용한다는 점에서 평상시에도 지역조직들이 상시적으로 운영되고 정치자금이 선거기간 이외에도 지출되는 유럽이나 우리나라의 정당들과는 차이가 있다. 또한 미국의 정당들은 이념의 실현보다는 선거에서의 승리를 주된 목적으로 하기 때문에 정치적 이해득실에 따라 지지하던 정책을 포기하기도 하고 다른 정당의 정책들을 수용하기도 한다.

둘째, 미국의 정당은 주나 지역의 당조직이 높은 자율성을 갖고 운영되는 분권적인 구조를 가지고 있다. 특히 중앙당에 해당되는 정당의 전국위원회(national committee)

는 오랫동안 상징적인 존재에 불과하였고 실제로 활발하게 움직이는 중요한 당조직은 주나 지역의 조직이었다. 때문에 "미국의 정당은 두 개가 아니라 50개 주에 각각 민주당이 50개, 공화당이 50개가 있어 모두 100개다"라는 말이 있을 정도이다. 이와 같은 미국 정당의 분권적인 특징은 주로는 미국이 연방국가로서 연방을 구성하는 주의 자율성이 크다는 데에서 비롯되었다. 최근 들어 전국위원회의 영향력이 강해지는 경향이 있긴 하지만 여전히 주나 지역의 당조직은 강한 자율성을 가지고 운영되고 있다.

셋째, 미국의 정당은 약한 정당의 특징을 가진다. 각 정당은 지역적으로 분권적인 구조를 가지고 있을 뿐만 아니라 전통적으로 정당 구성원들의 자율성도 강하여 정당의 내적인 응집도 또는 정당 단합도(party unity)가 낮다. 또한 유럽의 정당과 비교하여 정당 구성원들의 이탈 행위에 대한 제재가 덜 엄격한, 즉 정당기율(party discipline)이 약한 특징을 갖고 있다. 실제로 연방의회나 주 의회의 의원들은 표결 시 정당의 정책 방향뿐 아니라 자신의 이념적 성향이나 지역구 유권자들의 선호에 의해 크게 영향을 받고 있다. 이처럼 미국의 정당이 약한 정당의 특징을 갖게 된 데는 유럽의 정당들이 계급의 이익을 대표하는 계급정당으로부터 출발한 것에 반해서, 미국 정당들은 일찍부터 선거에서의 승리를 위해 다양한 이익들을 대표해 내는 특성이 강하여 이념정당적 성격이 약했던 데에서부터 기인하고 있다. 더불어 선거과정에서 유럽처럼 정당 중심의 선거를 치르기보다는 후보자 중심의 선거가 치러지는 경향이 강한 것도 정당의 영향력이 약한 또 다른 요인이 된다.

〈참고사항 11-1〉 미국의 등록제

미국은 선거제도에 있어 다른 민주국가들과는 달리 등록제(register system)를 갖고 있다. 즉 미국에서는 유권자들이 선거에서 투표권을 행사하려면 사전에 유권자 스스로 선거인 등록을 해야 한다. 등록된 유권자는 주별로 차이가 있긴 하지만 대략 전체 유권자의 70퍼센트 정도이다. 주에 따라서는 유권자 등록을 할 때 유권자가 지지하는 정당을 밝히도록 하고 있는 경우도 있는데 이러한 주의 경우는 각 정당의 지지자가 어느 정도 있는지 쉽게 확인할 수 있다. 정당에 대해 일정 정도 애착을 갖고 있는 정당지지자는 정당의 비교적 안정적 지지기반이라 할 수 있으며 정당 투표자에 비해 그 규모는 작다.

III. 정부 내의 정당

대부분의 정당들은 정부 내에서 활동한다. 미국의 양대 정당인 민주당과 공화당은 연방의회와 행정수반인 대통령을 통해서 정부의 정책을 지지하거나 반대하는 역할을 수행하고 있다.

1. 정당과 의회

민주당과 공화당은 연방의회의 조직과 일상적인 활동에서 큰 영향력을 미치고 있다. 연방의회에서 가장 큰 영향력을 행사하는 하원의장은 우리나라 국회와는 달리 당적을 유지하면 자신이 소속된 정당의 이해관계를 대변한다. 모든 의원들이 하원의장 선출에 참여하지만, 사실상 하원의 다수당이 하원의장을 결정하고 있다. 다수당이 원내회의를 통해 하원의장 후보를 내면, 그 후보는 다수당 의원들의 지지를 얻고 하원의장으로 선출되는 것이다.

정당은 하원과 상원의 위원회를 조직하는 역할도 담당하고 있다. 비록 위원회 구성은 위원회의 조직과 권한을 규정한 법규에 따르지만 그 외의 다른 위원회 관련 사항은 정당 지도부와 원내회의에 의해서 결정된다. 가령, 각 정당은 의석수에 비례하여 각 위원회에 배정되는 의원의 수가 할당된다. 만약 무소속이나 제3당 소속의 후보가 의원으로 선출이 되면, 양당은 이들 의원들이 어떻게 위원회에 배정될지에 대해서 합의해야 한다. 두 정당이 합의하지 않으면 무소속 혹은 제3당의 의원은 위원회 활동이 불가능할 수도 있다. 또한 정당은 위원장과 의원들의 위원회 배정을 결정한다. 19세기 말부터 가장 오랫동안 위원회 활동을 연속적으로 수행한 다수당 의원이 위원장으로 선정되는 것이 관례가 되었다. 1970년대는 민주당과 공화당은 위원장을 검토하는 방식에 제도적인 변화를 주어서 매 2년마다 위원장직을 계속 수행할지에 대해서 새롭게 투표하도록 하였다. 2011년에 공화당은 소속 의원들이 하원에서 위원장을 할 수 있는 횟수를 세 번으로 제한하였다. 현역 위원장이 횟수제한으로 위원장직을 사임하면 일반적으로 그다음으로 오랜 기간 동안 위원회에 속해 있던 공화당 의원이 위원장직을 수행하게 된다(Lowi et al. 2017, 505).

2. 대통령과 정당

대통령은 자신이 소속된 정당의 지도자로서의 역할을 수행하며 정당의 선거결과는 대통령에 대한 평가에 의해서 크게 영향을 받게 된다. 대통령선거가 실시되지 않는 중간선거에서 유권자들은 정부 정책에 대한 책임을 정당에게 묻는다. 경제가 나쁠 때는 설령 야당이 의회의 다수를 점하더라도 유권자들은 대통령이 소속된 여당에게 그 책임을 묻는다.

또한 대통령은 행정부의 내각을 구성하고 특정한 정책에 대한 법률의 제정을 원할 때 소속 정당에 의지한다. 특별한 경우를 제외하고는 장관과 다른 핵심 직책은 대통령과 정당에 충실한 정치인들이 맡는다. 가령, 주지사 혹은 의원이었거나 선거운동 중에 대통령을 보좌했던 측근이 그와 같은 직책을 맡을 가능성이 높다.

대통령과 백안관의 보좌관은 의회를 통해서 법률을 제정하기 위하여 원내지도부와 긴밀히 협력한다. 우리나라와 달리 대통령과 행정부에게는 법률안제출권이 없으며 의원들만이 법안을 발의할 수 있다. 거의 대부분의 대통령이 주도하는 입법계획은 하원과 상원에서 소속 정당의 의원들이 법안을 제출할 때 시작되며, 정당지도부는 백안관이 지지하는 법안에 대한 다수의 지지를 얻기 위해서 개별 의원들과 협상을 한다. 어떤 경우에는 대통령이 직접 의원들에게 특정한 법안에 대한 지지를 설득하기도 한다.

어떤 정당이 하원과 상원의 다수당이냐에 따라 의회에서의 대통령의 영향력이 달라진다. 대통령 소속 정당이 하원과 상원 모두에서 다수당이 되었을 경우에는 대통령이 주도하는 법안의 80% 이상이 의회에서 통과된다. 오바마(Barak Obama) 대통령은 첫 번째 임기 기간 동안 민주당이 하원과 상원의 다수당이 되면서 그가 지지하는 법안의 96%가 의회의 승인을 받아 법률로 제정되었다. 하지만 오바마가 재선했을 때는 공화당이 하원의 다수당이 되면서 법률의 제정에 어려움을 겪는다. 2013년부터 2015년까지의 제113대 의회 기간 동안 오바마 대통령이 지지한 법안의 93%가 민주당이 다수당이었던 상원에서 통과한 반면에, 공화당이 다수당인 하원에서는 단지 15%만이 승인을 받았다(Lowi et al. 2017, 506).

IV. 유권자 속의 정당

많은 유권자들은 특정 정당에 대해 정당일체감(party identification)이라 불리는 심리적 유대감을 가지고 있다. 지난 150여 년 동안 민주, 공화 양당체제가 유지되어 오면서 양당 중 어느 한 당에 대해 일체감을 지니고 있는 유권자들이 많이 생겨났다. 전체 유권자의 대략 70퍼센트 정도는 강도의 차이는 있지만 양당 중 어느 한 당에 대해 일체감을 갖고 있으며 나머지 30퍼센트 정도는 어느 정당과도 일체감을 갖고 있지 않은 소위 무당파(independent) 유권자들이다.

〈그림 11-1〉에서 보듯이 1930년대 말부터 1970년대까지 민주당은 유권자들의 정당일체감에 있어 공화당에 무려 20% 정도 우위에 있었다. 이러한 두 정당 간의 정당일체감의 차이는 1980년에 들어와서 많이 줄어들었는데 1990년대에는 민주당이 여전히 공화당에 비해 약간 앞서 있긴 하지만 둘 간의 지지도는 거의 대등한 추세를 보이게 된다. 그러나 2000년대 부시(George W. Bush) 정권 하에서 이라크전쟁과 아프가니스탄전쟁이 장기화되고 2008년 금융위기가 도래하자 공화당에 대한 지지도가 하락하면서 민주당과 공화당 간의 정당일체감의 격차는 다시 약간 벌어진다.

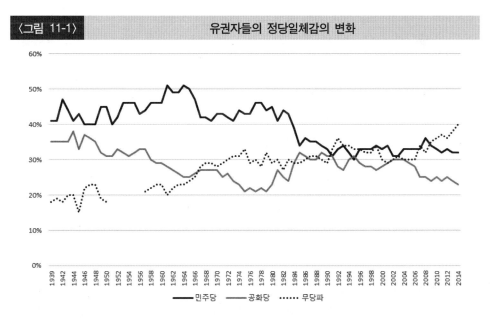

〈그림 11-1〉 유권자들의 정당일체감의 변화

출처: 1939년~1989년 갤럽(Gallup); 1990년~2014년 타임미러(Time Mirror)/퓨리서치센터(Pew Research Center) 여론조사

기존의 양대 정당들 중에서 어떤 정당도 지지하지 않는 무당파의 비율은 지난 반세기 동안 꾸준히 증가하고 있으며 2000년대 중반 이후 기존 정치에 대한 실망감과 함께 그 비율이 급증하여 2000년 말에 무당파로 자처하는 유권자의 수는 민주당이나 공화당에 정당일체감을 표명하는 유권자의 수보다 더 많아졌다. 양당 모두 이러한 무당파를 끌어들이기 위해서 부단한 노력을 기울이고 있는데 실제 선거에서는 민주당이나 공화당 중 어느 한쪽 정당을 지지하는 유권자(leaner)와 순수무당파로 3분화된다.

1. 유권자의 사회경제적 배경과 정당일체감

전통적으로 민주당은 공화당보다 다양한 사회집단을 포함하는 지지기반을 갖고 있지만 1930년대 뉴딜정당체계로 재편된 이후 남부 백인, 흑인을 비롯한 소수인종 집단, 도시 빈민, 저소득층, 노동자계급 등을 포함하는 중하류층들이 민주당의 주요 지지기반이 되고 있으며 공화당은 기업인, 전문직, 관리직 등 중상류층들로부터 주로 지지를 받고 있다. 1950년대 경제적 호황을 맞으면서 민주당을 지지하는 하위계층 중에 많은 사람들이 중·상류층으로 올라섰지만 이들의 지지정당은 크게 변하지 않았다. 이는 한번 형성되면 상당한 내구력을 갖는 정당일체감의 특징 때문이었다. 즉 유권자가 정당에 대해 갖고 있는 일체감은 처음에는 이해타산적으로 형성되지만 시간이 지나면서 정서적인 유대관계를 만들어 가기 때문에 지지정당을 바꾸는 경우에도 대개는 한 번에 바꾸지 않고 무당파를 거쳐 바꾸는 경우가 많다.

〈그림 11-2〉의 2016년 퓨리서치센터(Pew Research Center)에서 실시한 여론조사 결과를 살펴보면 현재에 있어서도 유권자들의 사회경제적 배경은 민주당 혹은 공화당과 정당일체감을 형성하는 주요 요인이 된다는 것을 알 수 있다. 먼저 여성 유권자들일수록 민주당과 정당일체감을 가지는 경우가 많았다. 여성 유권자들 중에 민주당 지지자의 비율은 40%인 반면 공화당 지지자 비율은 27%에 불과하였다. 다음으로 유권자들의 연령 혹은 세대별로 정당일체감을 살펴보면 젊은 층에서는 민주당을 지지하는 비율이 매우 높았지만 유권자들의 연령이 높아질수록 공화당에 대한 지지율이 점차 늘어났다. 퓨리서치센터에서 밀레니얼 세대라고 지칭하는 1981년~1996년생의 경우 민주당과 공화당의 지지율은 각각 34%와 22%로서 민주당의 지지율이 훨씬 높았다. 반면에 1945년 이전에 태어난 침묵의 세대 경우에는 공화당의 지지율이 40%로 민주당 지지율보다 8%가 높았다. 또한 고졸 이하의 저학력층이나 대학원 졸업 이상의 고학

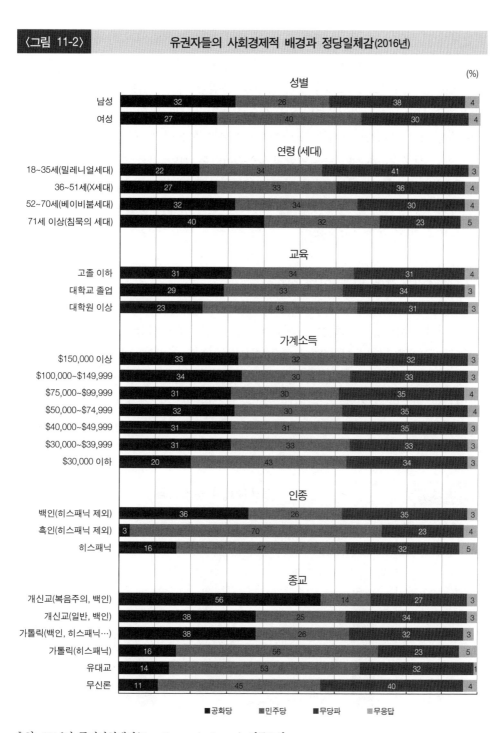

〈그림 11-2〉 유권자들의 사회경제적 배경과 정당일체감(2016년)

출처: 2016년 퓨리서치센터(Pew Research Center) 여론조사

력층에서 민주당의 지지율이 공화당 지지율보다 높았고, 유권자의 가계소득이 증가할
수록 공화당을 지지율이 증가하였다. 백인 유권자(히스패닉 제외)의 경우 공화당 지지
율이 민주당 지지율보다 10%가 높은 반면에, 흑인과 히스패닉계 유권자들의 경우 민
주당 지지율이 공화당 지지율보다 압도적으로 높았다. 대다수의 복음주의 개신교도는
공화당에 정당일체감을 가지고 있었으며 무신론자와 유대교도들은 민주당을 지지하
는 경향이 강했다. 하지만 뉴딜연합의 한 축이었던 백인 가톨릭교도들은 1973년의
'로 대 웨이드(Roe v. Wade)' 사건 이후, 여성의 낙태 권리를 지지하고 있는 민주당에
반발하여 공화당 쪽으로 정당일체감을 옮겨감으로써 현재는 공화당 지지율이 민주당
지지율보다 훨씬 높게 나타난다.

2. 정당일체감에 따른 이념 성향

민주당과 공화당을 지지하는 유권자들의 이념 성향에는 상당한 차이가 있다. 많은
민주당 지지자들은 자신의 이념 성향을 진보(liberal)를 표방하는데 반해 대다수 공화
당 지지자들은 보수(conservative) 성향을 가지고 있다. 2018년 갤럽(Gallup) 여론조사
에 따르면 민주당 지지자들 중 진보, 중도, 보수의 비율은 각각 51%, 34%, 13%인
반면에 공화당 지지자들 중 진보, 중도, 보수의 비율은 각각 4%, 22%, 73%였다〈그림

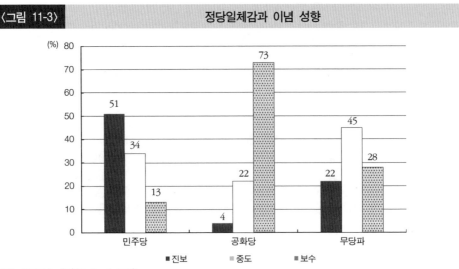

〈그림 11-3〉 　정당일체감과 이념 성향

출처: 2018년 갤럽(Gallup) 조사

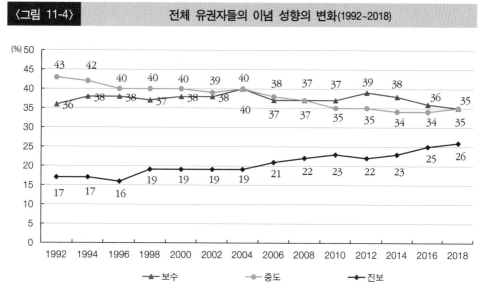

〈그림 11-4〉 전체 유권자들의 이념 성향의 변화(1992~2018)

출처: 갤럽(Gallup)

11-3〉 참조). 이처럼 공화당 지지자들의 보수 성향의 이념적 응집도가 민주당 지지자들의 진보 성향의 이념적 응집도보다 강하게 나타났다. 무당파의 경우 중도 성향이 가장 많았으며 다음으로 보수, 진보순이었다.

1992년부터 2018년까지 갤럽 여론조사에 따르면 전체 유권자들의 이념 성향에 있어 가장 높은 비율을 점하는 것은 중도적 성향으로 약 40% 내외의 유권자들이 이러한 성향을 갖고 있었다. 하지만 이 시기에 있어 중도적 성향의 유권자들의 비율이 점차 줄어든 반면에 진보적 성향의 유권자들의 비율이 점차 증가하는 것으로 나타난다. 1992년에는 진보적 성향의 유권자의 비율이 17%였지만, 2018년에는 진보적 유권자의 비율이 26%로 증가하였다. 같은 기간 동안 자신을 보수라고 답한 유권자들의 비율은 35% 내외를 유지하고 있다.

하지만 이러한 미국 전체 유권자들의 이념 성향 분포는 열성적 정당지지자라 할 수 있는 정당 활동가들의 이념 성향 분포와는 다소 차이가 있다. 즉 정당 활동가들의 경우에는 일반유권자들에 비해 뚜렷하게 강한 이념성향이 나타는데 민주당 활동가들은 강한 진보적 성향을, 공화당 활동가들은 강한 보수적 성향을 가지고 있다.

특히, 정당활동가들의 강한 이념 성향은 1980년대 이후로 오면서 뚜렷하게 나타나기 시작했다. 대체로 1970년대까지 미국 양대 정당 간의 이념적 차별성은 유럽의 좌,

우파 정당들과 비교하여 볼 때 상대적으로 크지 않았다. 이는 정치적인 극단주의자 (extremist)를 싫어하는 대다수 미국 유권자들의 성향을 반영하여 양대 정당의 많은 정치인들의 성향 역시 중도적이었기 때문이다. 하지만 공화당과 민주당의 이념적 중도 성향은 1980년에 레이건(Ronald Reagan) 대통령이 집권하게 되면서부터 달라지기 시작하였다. 레이건은 이미 1964년 당시 공화당 내 보수적인 대선후보였던 골드워터 (Barry Goldwater)를 지지하여 찬조연설을 할 만큼 매우 보수적인 성향의 사람이었다. 하지만 1964년 대선에서 공화당의 보수적인 골드워터 후보는 참패하였지만 1980년 선거에서 보수적인 레이건 후보가 대통령에 당선될 수 있었던 것은 그 사이 공화당 및 공화당 지지자들의 이념성향에 변화가 있었다는 것을 의미한다. 이러한 공화당의 보수화는 이에 대한 반작용으로 민주당의 진보화를 가져와 결국 1980년대 이후 공화, 민주 양당에서 각각 보다 보수적이거나 진보적인 분파가 당의 주도권을 장악하게 되면서 양대 정당의 이념적 차별성은 커지게 되었다. 특히 1994년 중간선거에서 승리하여 의회를 장악하게 된 공화당 내에 깅그리치(Newt Gingrich)와 같은 매우 보수적인 지도자가 등장하게 된 것도 공화, 민주 양대 정당의 이념성향 변화와 맥을 같이 한다고 볼 수 있다.

3. 민주당과 공화당의 정책적 차이

민주당은 경제적인 부문에서 기업의 독과점 억지를 위해 필요하다면 정부가 적극적으로 시장에 개입할 수 있다는 입장이다. 또한 기후변화 문제를 해결하기 위해서 강력한 규제가 필요하다는 친환경적 정책을 지지하고 있으며 저소득층 지원 및 노년층 의료보호 등의 복지정책을 강화하고 현재의 사회보장제도 유지를 통한 공적인 연금제도를 유지해야 한다고 주장한다. 사회적 쟁점에 있어서는 낙태 문제를 임산부의 결정에 맡겨야 한다는 선택 중시(pro-choice)적 입장이고 동성 결혼에 찬성한다. 더불어 줄기세포 연구에 대한 정부 지원과 사형제도의 폐지, 수감자들의 인권 보호 강화를 지지하고 있다. 창작물의 외설적인 표현 문제에 있어서는 '표현의 자유'를 최대한 인정하자는 입장이다.

이와는 대조적으로 공화당의 경우 경제적인 부문에서 시장에 대한 국가의 개입을 최소화하자는 입장이며 상위계층과 기업에 대한 감세정책을 지지한다. 환경 문제에 있어서는 생태계의 보전보다는 개발을 더 중시하는데 예를 들면 알래스카 연안지역의 유전개발을 통한 미국의 해외 자원 의존도를 낮추자고 주장하고 있다. 낙태 문제는 산모의 권리보다는 태아의 보호를 우선시하는 생명중시(pro-life)적 입장이며 동성결혼에 반대한다. 또한 줄기세포 연구에 대한 정부 지원을 반대하고 사형제도는 현재와 같이 그대로 유지할 것을 주장한다. 문화적 부문에서는 창작물의 외설적인 표현을 엄격히 규제하자는 입장이다.

양당의 정책적인 차이를 요약하자면, 경제적 문제에 있어서 민주당이 독과점 등 시장의 실패에 대한 정부의 규제가 필요하다는 입장인데 반하여 공화당은 정부규제는 최소화되어야 한다는 입장이다. 환경 문제에 있어서는 민주당은 보호를, 공화당은 개발을 주장하고 있다. 사회문화적으로 민주당이 허용적이고 새로운 변화를 수용하자는 입장인데 비해 공화당은 가족의 가치(family value)를 비롯한 전통적인 규범들을 지켜야 한다는 보수적인 입장을 취한다. 이러한 사회문화적인 문제에 있어 공화당의 보수적 입장은 기독교연합(Christian Coalition)과 같은 보수적인 개신교도 집단이 공화당의 주요 지지기반을 구성하고 있는 것과도 관련이 있다. 즉 공화당이 이들 보수적인 개신교도들의 후원을 받기 위해서는 이들의 의견을 적극적으로 대변해야 할 필요성이 있고 이러한 필요성이 사회적인 문제들에 있어 공화당의 정책방향을 보수적으로 유지시키는 주요 이유가 되고 있다.

V. 조직으로서의 정당

기본적으로 미국의 정당 조직은 대통령, 의회, 지역선거와 긴밀하게 연결되어 있다. 전국위원회(national committee)는 미국 전역을 선거구로 하는 대통령선거를 관리하는 역할을 담당하며 주위원회(state committee)는 주 전역을 하나의 선거구로 하는 상원의원과 주지사선거와 관련이 있다. 또한 주위원회 산하조직들은 시위원회(city committee), 카운티위원회(county committee), 구위원회(ward committee)들로서 주보다 작은 단위에서 선출되는 주의원들과 공직자들을 선출되는 선거구와 대응해서 형성되어 있다. 연방 하원의원이나 주 상원의원의 경우 주 하원의원보다 넓은 선거구를 가지고 있기 때문에 몇 개의 지역위원회들이 연합하거나 주위원회와 시(혹은 카운티)위원회 사이에 하원선거구위원회처럼 별도의 정당조직이 있기도 하다. 이와 같이 대부분 정당조직들은 실제로 선거가 치러지는 선거구와 일 대 일로 대칭하고 있으며 그 아래 가장 기초적인 조직으로는 투표구위원회(precinct committee)가 있다.

우선 가장 큰 규모의 선거인 대통령선거의 경우 미국 전역을 하나의 선거구로 하며 이와 관련된 정당조직은 전국위원회(national committee)이다. 다음으로 상원의원과 주지사의 선거구는 주 전역을 하나의 선거구로 하고 있으며 이와 관련된 정당의 조직은 주위원회(state committee)이다. 그 아래의 주위원회 산하 조직들은 주보다 작은 단위의 지역구에서 선출되는 공직자들의 선거구와 대응하여 형성되어 있다. 예를 들어 시/군위원회(city/county committee)는 주로 주 하원의원을 선출하는 선거구와 대응되어 있고 구위원회(ward committee)는 시의회 혹은 군의회 의원을 뽑는 선거구와 대응되어 있다. 주 하원의원보다 넓은 선거구를 가지고 있는 연방 하원의원이나 주 상원의원의 경우 후보를 선출하거나 선거운동을 하는 데 있어 몇 개의 해당 시/군위원회들이 연합하거나 주위원회와 시/군위원회 사이에 연방하원 선거구위원회(Congressional district committee)와 같은 별도의 정당조직을 갖기도 한다. 이처럼 미국 정당의 조직은 실제로 선거가 치러지는 선거구와 1:1로 대응하고 있지만 단 하나 선거구와 대응되어 있지 않은 정당조직이 있는데, 이는 가장 기초적인 당조직이라고 할 수 있는 투표구위원회(precinct committee)이다. 결국 직접 선거구와 대응되어 있지 않은

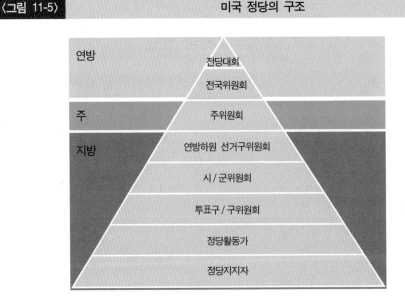

〈그림 11-5〉 미국 정당의 구조

출처: O'Connor and Sabato(2006), 431 참조

투표구위원회를 제외하고는 미국 정당의 모든 조직은 실제 선거가 치러지는 선거구와 대응하여 구성되어 있다고 할 수 있다.

이러한 정당조직들은 〈그림 11-5〉와 같이 상향식으로 조직되어 진다. 즉, 투표구위원회에서 선출된 대의원들이 모여 구위원회를 구성하고 다시 구위원회 대의원들이 시/군위원회를 구성하며 시/군위원회 대의원들은 주위원회를, 주위원회 대의원들은 전국위원회를 각각 구성하는 방식이다.

전국위원회나 주위원회에는 당조직에서 일하는 상근 근무자가 있지만 지방 조직으로 내려가면 대도시의 당위원회를 제외하고는 평상시에는 대개 상근자가 없다. 선거 기간 중에만 자원봉사자 중심으로 일시적으로 활성화되는 것이다. 더욱이 이러한 지방 조직들은 그 규모나 활동 정도에 있어 전국적으로 균일하지 않고 상당한 편차를 가지고 있다. 이 같은 편차는 지역별 정당의 지지도 차이와 관련 있는데 지지도가 높은 지역의 당조직은 상대적으로 잘 정비되어져 있어서 활발한 활동을 보이는 반면, 지지도가 낮은 지역의 당조직은 부실하게 운영되는 경우가 적지 않다.

하지만 미국 정당의 지역 조직들이 항상 지금처럼 일시적으로 활성화된 것만은 아니었다. 한때는 지역의 당조직이 강한 시기가 있었다. 19세기 말부터 20세기 초까지 특히 미국 북부 지역 도시들, 예를 들면 뉴욕, 필라델피아, 시카고 같은 전통적인 대도시들은 강력한 당조직들을 가지고 있었다. 그 당시는 대서양을 통해 이민자들이 대거 유입되던 시기였고 연방정부와 지방정부보다는 각 지역의 정당조직들이 새로운 이민자들에게 미국사회에 정착하는 데 필요한 일자리, 주거알선, 복지 등 다양한 서비스의 상당 부분을 제공하였다. 따라서 이민자들의 정치적 선택에 대도시 지역의 정당조직들은 적지 않은 영향력을 미칠 수 있었다. 또한 이들 조직들은 조직 내 기율이 강하여 정당머신(party machine)이라고 불릴 만큼 일사불란한 체제를 갖추고 있었다. 이 시기에는 시장선거와 같은 지방선거에서 승리하면 시당조직이 시정부를 완전히 장악하여 시정부의 공직을 나눠 갖는 엽관제(spoils system)를 관료충원 방식으로 하고 있었기 때문에 정당조직은 중요하였다. 더군다나 지역조직들은 지방정부의 공직뿐 아니라 지방정부가 발주하는 각종 공공사업 관련 이권 분배에도 관여하고 있었기 때문에 머신 정치가 성행했던 이 시기는 그만큼 정치 부패도 만연해 있었다.

그러나 1930년대에 루스벨트(Franklin D. Roosevelt)가 대통령에 당선된 이후 정당 머신의 영향력은 쇠퇴해 갔다. 이처럼 북부 대도시의 머신 정치가 쇠퇴해 간 데는 다음과 같은 몇 가지 이유가 있었다. 첫째, 정당머신의 전성기에는 정당머신이 저소득층 등 사회적 약자에 대한 일정 정도 복지서비스를 제공하는 역할도 수행했었지만 1930년대 이후 사회보장제, 실업수당제 등 정부의 복지제도가 갖추어지기 시작하면서 정당이 이러한 역할을 수행할 필요성이 줄어들기 시작하였다. 둘째, 정당머신을 가동시키는 데 필요한 인력의 상당 부분은 미국에 새롭게 이민 온 사람들로 구성되어 있었는데 1차 대전 이후로 오면서 이민자들이 현저하게 감소하면서 정당머신의 영향력이 약화되었다 셋째, 직업관료제의 정착 역시 정당머신의 쇠퇴와 관련 있었다. 정당머신의 전성기에는 아직 직업관료제가 징착되지 못하고 주로 엽관제를 통해서 관료충원이 이루어지고 있던 시기였다. 선거에서 승리한 정당은 이러한 관료충원의 중요한 통로로 기능하고 있었다. 하지만 연방정부에서부터 주나 지방 정부로 점차 직업관료제가 확산되어 가면서 정당이 이러한 기능을 수행할 필요성이 점점 줄어든 것이었다. 넷째, 주나 지방정부의 감사제도가 정비되면서 회계운영의 투명성이 크게 향상된 것도 정당이 관여된 비리의 소지를 줄이게 되어 정당머신의 영향력을 약화시키는 데 기여하였다. 끝으로 산업화가 고도화됨에 따라 도시거주 인구가 교외 지역으로 퍼져 나가면서 좁은 지역에 인구가 밀집해 거주하던 시기와 비교하여 유권자 동원에 있어 당조직의 효용성이 줄어들게 되었고 선거과정에 있어 매체의 활용이 증가하면서 선거운동의 당조직 의존도는 한층 더 낮아졌다.

전통적으로 민주, 공화 양대 정당의 연방조직인 전국위원회는 주나 지방의 당조직에 비해 약했던 것이 사실이다. 하지만 1980년대 이후 점차 양대 정당의 연방 당조직이 강해지는 현상이 나타나고 있으며 이러한 양대 정당의 연방조직의 강화 추세는 미국 정당정치에 새로운 변화를 가져오고 있다. 우선 양대 정당의 연방 조직이 강화되고 있는 것은 상근 인력 수에 있어 민주당과 공화당 전국위원회의 경우 1970년대 30명 수준에서 1990년대 이후로 오면서 200여 명과 400여 명 수준까지 각각 증가하고 있는 데에서 잘 나타나고 있다.

민주, 공화 양당의 전국위원회의 조직에 이와 같은 변화가 일어나게 된 것은 1970년 전후에 촉진된 민주당과 공화당의 정당개혁에 그 원인이 있었다. 1968년 민주당 전당대회는 베트남전의 미군 철수와 관련해 대립하던 진보적 지지자들과 전통적 지지자들이 대통령 후보 선출을 둘러싸고 극심한 갈등을 겪게 된다. 결국 부통령이었던 험플리(Hubert Humphrey)가 후보로 선출되었지만 민주당은 당내분열의 후유증 속에서 선거를 치러야 했고 공화당의 후보였던 닉슨에게 패배하고 만다. 이를 계기로 민주당은 맥거번-프레이저위원회와 일련의 개혁 위원회를 구성하여 대의원 선출 방식을 보다 참여적으로 변경하고 예비선거의 확산 등을 위한 당내규칙을 제정한다(Herrnson 2010). 이는 전국위원회가 주 대의원 선출에 있어서 상세한 지침들을 내리게 함으로써 전국위원회가 정당과 대통령선거에 미치는 영향력을 높인다(Mayer 2010). 워터게이트 (Watergate) 사건과 이로 인한 1974년과 1976년 선거에서 대패한 공화당 역시 정당조직과 선거 전략을 재정비했다. 공화당 전국위원회는 정당 조직들의 자금모금을 현대화하고 현실적인 선거 목표와 전략을 개발함으로써 주와 지방의 정당 지도자들을 돕는다(Bibby 1980; Conway 1983). 공화당 전국위원회, 하원위원회, 상원위원회가 지원한 다른 프로그램들도 후보자 모집과 훈련, 그리고 자금유치, 정책연구, 대상 유권자들의 데이터와 풀뿌리 조직 등의 선거운동 전달방식 등을 포함했다(Herrnson 1988). 민주당 역시 1984년 선거의 패배 이후 이런 공화당의 주와 지역 조직 정비 노력들을 모방하기 시작했으며, 민주당 전국위원회의 의장이었던 딘(Howard Dean)의 "50개 주 전략(50-State Strategy)은 민주당을 밑바닥으로부터 재건하고자 한 시도였다(Herrnson 2010).

이와 같은 정당개혁의 결과로서 현재 민주당과 공화당의 전국위원회는 대대적인 모금을 통해 확보된 자금을 가지고 지역 조직 활동에 도움을 주고 있다. 선거과정에서 많은 비용이 지출되는 TV광고와 같은 홍보와 관련된 기술적 지원 등을 해주거나 반복적인 여론조사를 통해 확보된 각 지역 유권자들의 태도나 선호에 대한 정확한 정보를 제공해 주면서 주나 지방 차원의 선거운동을 실질적으로 지원하는 전략을 구사한 것이다. 이는 자연스럽게 하부 당조직에 대한 전국위원회의 영향력이 커지는 효과를 낳게 되었고 과거 느슨하고 약했던 전국위원회를 강화시키는 데 크게 기여하였다.

이러한 전국위원회의 권한 강화는 양대 정당의 이념적 성향에도 변화를 가지고 왔다. 일반적으로 민주당이 정치적으로 진보적인 성향을, 공화당이 정치적으로 보수적인 성향을 갖고 있는 것이 사실이지만 오랫동안 각 당내 정치적인 성향의 지역적 편차가 커서 당내 이념적 성향의 동질성은 강하지 못하였다. 하지만 민주, 공화 양당의 전국위원회의 영향력이 커지면서 지역 당조직 구성원들 간의 이념적 성향이 상당 정도 균일해짐에 따라 정당 내 동질성이 커지는 반면 정당 간의 이념적 차별성은 보다 뚜렷해지고 있다.

VI. 제3당과 양당체제의 지속 원인

미국 정당체계의 가장 큰 특징은 양당체제(Two-Party System)이다. 이민의 역사로 시작한 미국사회에는 세계 각국으로부터 온 많은 민족과 인종이 모여 살고 있는 데다가 산업화로 인해 계층 간, 부문 간 다양한 이해관계의 분화가 이루어져 있기 때문에 정당체제도 다당제가 맞는 것이 아닌가 하는 의문이 생겨날 수 있다. 하지만 위에서 살펴봤듯이 미국은 건국 이후 연방주의당-민주공화당, 민주당-위그당, 민주당-공화당 식의 양당체제가 유지되어오고 있다. 하지만 이러한 양당체제에서도 간헐적으로 제3당들이 출현하여 정치적인 영향력을 발휘하거나 현재에도 군소정당으로 남아 있다.

1. 제3당

제3당들은 남부의 주권당이나 혁신당, 민중당과 같이 기존 정당의 분파로부터 갈라져 나왔거나 사회적 위기 속에서 강력한 경제와 정치개혁을 요구하면서 창당된 경우가 많다. 또한 사회당, 공산당, 자유당, 녹색당처럼 특정한 정치 이념과 정책을 지향하면서 설립되기도 한다.

미국의 선거의 역사를 살펴보면 때때로 강력한 제3의 정당이나 제3의 대통령 후보가 등장하기도 했지만, 어떤 정당이나 후보도 기존의 양대 정당들과 대등한 수준의 정치적 세력으로는 발전하지 못했다. 〈표 11-2〉에서 보듯이 루스벨트(Theodore Roosevelt)나 라폴레(Robert Lafollette), 월러스(George Wallace)는 각각 1912년, 1924년, 1968년 대통령선거에서 제3의 정당후보로 출마해서 적지 않은 유권자 득표를 얻었지만 선거인단 득표는 과반수에 크게 못 미쳐 패배하고 만다. 더군다나 1992년 대통령선거에서 무당파 후보로 출마한 페로(Ross Perot)는 수천만 달러의 선거비용을 지출하고 19퍼센트의 득표율을 거뒀음에도 불구하고 선거인단 투표에서 단 한 표도 얻지 못함으로써 미국 양대 정당 간의 경쟁 구도 간에서 제3의 후보가 지니고 있는 정치적 한계를 잘 드러냈다. 하지만 1992년의 페로나 2000년 대통령선거에 출마했던 네이더(Ralph Nader)와 같이 박빙의 선거에서 제3의 후보가 보수진영과 진보진영의 표를 분산시키는 역할을 함으로써 대통령선거 결과의 큰 변수로 작용하기도 한다.

〈표 11-1〉		20세기 미국 제3당 대통령 후보의 득표율		
대통령 후보	선거연도	소속정당	유권자 득표율(%)	선거인단 득표수
Theodore Roosevelt	1912	Progressive Party	27.4	88
Robert M. La Follette	1924	Progressive Party	16.6	13
George C. Wallace	1968	American Independent Party	13.5	46
John Anderson	1980	Independent	6.6	0
Ross Perot	1992	Independent	18.9	0
Ross Perot	1996	Reform Party	8.5	0
Ralph Nader	2000	Green Party	2.7	0
Ralph Nader	2004	Independent	0.4	0
Ralph Nader	2008	Independent	0.4	0

출처: Dye and Sparrow 2009, 241

2. 양당체제가 지속되는 이유

그렇다면 왜 미국에서는 대부분의 유럽 국가들과는 달리 제3당이 대안세력으로 성장하지 못하고 오랜 기간 동안 양당체제를 유지해오는 것일까? 거기에는 크게 네 가지 이유가 있다.

첫 번째로 미국사회를 양분시키는 중요한 쟁점의 주기적 등장이 양당체제를 지속하게 한다. 건국 당시부터 노예제나 화폐제도처럼 전 사회를 양분할 정도의 중요한 쟁점이 주기적으로 부상했으며 이러한 쟁점을 둘러싸고 뚜렷하게 대비되는 입장을 취하는 두 개의 정치 세력 간에 중대선거라 불리는 매우 경쟁적인 선거가 치러졌다. 이러한 상황에서 양대 정당 이외의 제3당이 유권자 지지를 동원해 낼 수 있는 여지는 매우 좁아질 수밖에 없었다.

두 번째로 연방의원과 대통령을 선출하기 위해 소선거구 단순다수대표제와 승자독식제를 채택하고 있다. 선거제도는 한 나라의 정당체제를 결정짓는 주요 변수 중의 하나이다. 하나의 선거구에서 한 명을 뽑는 소선거구제 하에서 가장 많은 득표를 한 후보가 당선되는 단순다수대표제가 선거제도로 채택될 경우 유권자들이 사표 방지를 위해서 거대 정당 후보에게 투표를 하고 이로 인해 양당체제가 형성될 가능성이 높다는 듀베르제의 법칙(Duverger's Law)은 미국이 가장 적절한 사례가 될 수 있다. 더욱이 같은 소선거구 단순다수대표제를 채택하고 있는 영국의 경우 내각제의 정부형태를 가지고 있지만 미국은 의회선거에서 단순다수대표제를 채택할 뿐만 아니라 승자독식제를 기반으로 하는 대통령제의 권력 구조를 가지고 있기 때문에 양당체제가 더욱 공고해질 수 있었다.

세 번째로 양대 정당이 아닌 군소 정당이나 무소속 후보들은 선거에 출마하기가 쉽지 않다. 를 들어 양대 정당의 후보가 아닌 경우 선거에 나서기 위해서는 주와 선거 종류에 따라 다소 차이는 있지만 전체 등록 유권자의 5% 내지 10%에 이르는 많은 수의 청원 서명인을 확보해야 하는데 이는 군소 정당이나 무소속 후보에게 적지 않은 부담으로 작용하고 있다. 또한 선거과정에서 점차 비중이 커지는 각종 매체를 통한 홍보비용 등으로 인해 전체 선거비용이 계속적으로 증가하고 있는데 이는 자금력이 부족한 군소 정당이나 무소속 후보에게 높은 진입 장벽이 되고 있다.

네 번째로 미국사회의 낮은 계급인식과 이념의 달성보다는 선거에서 승리를 주된 목적으로 하는 미국 정당의 성향으로 인해 양당체제가 지속될 수 있었다. 유럽은 산업화가 어느 정도 진행된 이후 일반대중들에게 보통 선거권이 주어졌지만 미국은 산업화가 시작되기 이전인 1830년대에 이미 적어도 백인 남성들에게는 계층에 상관없이 보통 선거권이 주어졌다. 보통 선거권의 빠른 확대는 유럽에서 산업화에 의해 노동자가 양산되고 선거권 획득을 위한 투쟁과정에서 계급의식이 고조됐음을 고려해 볼 때 미국의 계급의식이 유럽에 비해 상대적으로 낮아지는 정치문화적 요인으로 작용하였다. 따라서 미국사회는 높은 계급의식과 강한 이념적 전통으로 인해 다당체계가 일상화된 유럽과는 다른 정치문화적인 토양 위에서 발전할 수 있었고 그 결과 양당체계가 오랜 기간 동안 지속될 수 있었다. 더욱이 민주·공화 양대 정당은 서구의 정당처럼 이념적인 정당이기보다는 실용적인 성격이 강한 정당이어서 제3의 정치세력이 부상할 때 이를 쉽게 흡수하는 게 가능함으로써 제3의 정치세력이 주요 정당으로 성장하는 것을 어렵게 만들고 있다.

VII. 1980년대 이후 정당정치의 양극화

약한 정당의 특징을 갖고 있던 미국의 정당들은 1980년대에 들어오면서 정치적 양극화 현상과 함께 다시 강화되는 변화를 보여준다(정진민 2013; 2018). 무엇보다 유권자들의 정당일체감이 강화되면서 선거에서 후보자 개인의 자질을 고려하기보다는 특정한 정당에 일률적으로 투표하는 유권자들의 수가 늘어나고 있다. 또한 〈그림 11-6〉과 〈그림 11-7〉에서 나타나듯이 1990년대부터 각 당의 지지자들의 이념적 성향이 뚜렷한 차별성을 드러내고 있다. 1994년 진보적 성향을 가진 민주당 지지자들의 비율은 25%에 불과했지만 2018년에는 그 비율이 약 두 배 증가하여 51%의 민주당 지지자들이 진보적 성향을 가졌다고 답하였다. 반대로 공화당 지지자들 중에서는 보수적 성향을 가진 유권자들의 비율이 점차 증가하고 있다. 보수적 성향을 가진 공화당 지지자들의 비율은 1994년에 58%였지만, 2018년에는 73%로 증가한다. 즉, 민주당 지지자들은 진보 성향으로, 공화당 지지자들은 보수 성향으로 응집하면서 두 정당 간의 이념적 양극화가 강화되고 있는 것이다.

이처럼 유권자들의 정치적 양극화가 가속화되고 하원과 상원에서의 정당지도부의 영향력이 강화되면서 의회 내 표결에 있어서 민주, 공화 양당 중 어느 한 당의 과반수

〈그림 11-6〉	민주당 지지자들의 이념 성향(1994~2018)

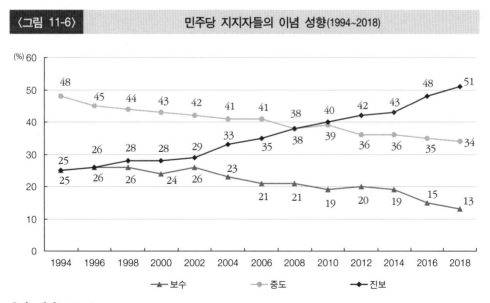

출처: 갤럽(Gallup)

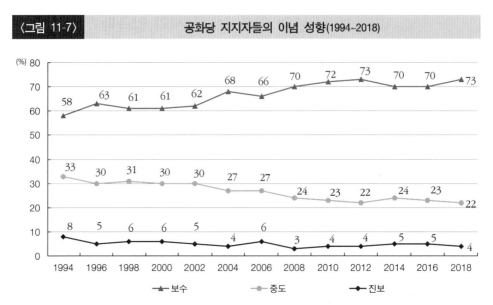

〈그림 11-7〉 공화당 지지자들의 이념 성향(1994~2018)

출처: 갤럽(Gallup)

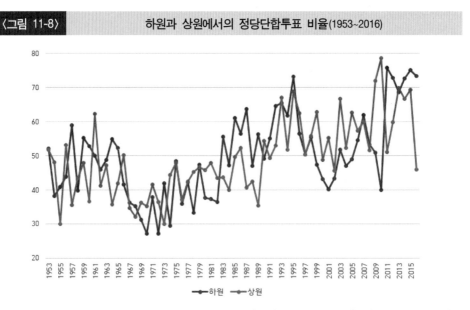

〈그림 11-8〉 하원과 상원에서의 정당단합투표 비율(1953~2016)

주: 정당단합투표의 비율은 전체 호명투표(roll call vote) 중에서 한 당의 과반수가 찬성하고 다른 당의 과반수
   가 반대하는 비율을 의미함

출처: Congressional Quarterly Weekly Report

가 찬성하고 다른 당의 과반수가 반대하는 정당단합투표(party unity vote)의 비율도 높아지고 있다. 〈그림 11-8〉에서 보듯이 1960년 말에는 하원과 상원에서의 정당단합투표의 비율이 30% 이하까지 하락했지만 2010년 이후에는 70% 이상으로 증가하였다. 다시 말해서, 의원들이 법안 투표에 있어 소속 정당의원들과 비슷한 투표행태를 보이면서 다른 정당 의원들과 대립되는 입장을 가지는 경우가 점차 증가하고 있는 것이다.

약했던 정당의 영향력이 1980년대 이후 다시금 강화된 이유는 크게 두 가지로 정리할 수 있다. 첫째, 2002년 선거자금개혁법(Bipartisan Campaign Reform Act of 2002)이 제정되기 이전까지 민주당과 공화당의 전국위원회는 연성자금(soft money)의 무제한 모금을 통해 확보된 풍부한 자금을 주나 지역 차원의 조직 활동이나 선거에 제공함으로써 기초 당조직을 강화시킬 수 있었다. 즉, 각 당의 전국위원회의 재정적 후원으로 인해 지역의 조직이 보강되면서 지역의 유권자들을 대상으로 한 정당 활동이 강화되었고 이는 정당일체감을 갖는 유권자들의 증가로 이어졌다. 둘째, 민주당과 공화당의 지역적 지지기반 변화로 정당 내 동질성이 강해졌다. 보수적인 성향이 강한 남부 주들에서는 민주당의 지지기반이 크게 약화된 반면에 공화당의 지역적 기반은 강화되었고, 진보적인 성향이 강한 동북부 주들에서는 민주당의 지지기반은 강화된 반면에 공화당의 지지기반은 점차 약해지고 있다. 이러한 양당의 지역적 지지기반의 변화는 민주당 내 보수적인 세력의 약화와 공화당 내 중도적인 성향의 약화를 가져와 민주당을 더욱 진보적인 정당으로 그리고 공화당을 더욱 보수적인 정당으로 각각 변화시키고 있다.

제 **12** 장

이익집단 정치

이정희 · 장혜영 · 최준영

I. 미국, 집단 가입자들의 나라

우리나라에서 어떤 정치적 문제가 발생하였다고 하자. 우리는 그 문제를 어떻게 해결하고자 할까? 여러 가지 방법이 있을 수 있겠지만 대다수 한국인들의 머릿속에 가장 먼저 떠오르는 생각은 아마도 정부일 것이다. 즉 정치적 문제를 바라보는 대다수의 한국인은 자신이 직접 나서서 그 문제를 해결하겠다고 생각하기보다는 정부가 나서서 해결사의 역할을 해야 한다고 생각하는 경향이 강하다는 뜻이다. 그러면 같은 상황에 놓여 있는 미국인은 어떠한 생각을 갖고 있을까? 이 점에 대해서는 1831년에서 1832년 사이에 미국 전역을 여행하면서 미국인과 미국 정치를 자세히 관찰하고 그에 대한 매우 심도 깊은 분석을 제시하였던 토크빌의 견해를 살펴볼 필요가 있다. 토크빌은 "뭔가 새로운 문제를 해결해야 할 때마다 프랑스인들은 정부를 바라보고 영국인들은 엘리트들을 바라보는데 비해 미국인들은 집단을 찾고자 한다"는 점을 지적하였다(Tocqueville 1945). 즉 미국인들은 자신과 비슷한 견해를 지니고 있는 사람들이 모여 있는 결사체에 가입하거나 또는 그러한 결사체를 만들어서 문제를 해결하고자 하는 성향이 강하다는 말이다. 문제해결의 주요 수단으로서 정부가 아니라 집단 또는 결사체를 생각하고 있다는 측면에서 미국인들은 우리와 매우 다른 모습을 보이고 있다.

미국인들이 문제해결을 위해 정부보다는 시민들의 결사체에 의존하고자 하는 것은 자신이 정책결정에 많은 영향을 미칠 수 있다고 생각하는 정치적 효능감(political efficacy)의 수준과 민주 시민으로서 지니는 의무감의 수준이 다른 나라에 비해 상대적으로 높기 때문이라는 연구결과가 있다(Almond and Verba 1963). 즉 많은 미국인들은 공통된 관심사를 지니고 있는 시민들끼리 힘을 합쳐 국가의 정책입안과 집행에 영향을 미칠 수 있고 또 그래야만 한다고 생각하고 있다는 것이다. 이러한 미국인들의 성향은 매우 다양한 영역에 걸쳐 수없이 많은 이익집단을 만들어 내었으며, 이러한 이익집단들은 미국의 정책결정과정에 적극적으로 참여함으로써 다른 나라에 비해 상당히 활발한 이익집단 정치를 구현하고 있다. 그러나 미국에서 이익집단 정치가 활발하게 일어나고 있는 이유는 비단 미국인들의 정치적 성향에만 국한되는 것은 아니다. 적어도 세 가지 또 다른 이유들이 존재한다.

첫째, 미국이 다른 나라들에 비해 매우 다원화된 사회를 지니고 있는 국가라는 점이다. 미국사회에서 다원화의 수준이 다른 나라에 비해 상대적으로 높게 나타나고 있는 이유는 두 가지이다. 하나는 미국이 전 세계로부터 이민을 받아들여 국가의 기틀을 마련하였다는 역사적 사실에 연관되어 있다. 서로 다른 언어, 전통, 관습, 종교를 지닌 다양한 인종들이 한 국가 안에 모여 있는 경우 하나의 민족이 국가 구성원의 대부분을 차지하고 있는 경우보다 훨씬 다원화된 이해관계가 형성되고 표출될 가능성이 높다. 다음으로 미국의 영토가 매우 광대하다는 점을 들 수 있다. 북아메리카 대륙을 차지하고 있는 미국 영토의 광대함은 한 국가 안에 무려 다섯 개의 시간대가 존재한다는 점에서도 확연히 드러난다. 영토의 광활함은 각 지역마다 독특한 전통과 문화를 창출시켰으며, 지역마다 분출하는 서로 다른 이익들이 공존하는 다원화된 사회가 미국이라는 것이다. 이처럼 다양한 인종적 구성과 지역적 특수성은 미국사회에서 매우 폭넓고 다양한 이해관계가 형성되는 이유가 되었고, 이러한 다원화된 이해관계의 존재는 수없이 많은 이익집단의 형성과 이익집단 정치의 활성화로 이어졌다.

둘째, 미국의 헌법에서 규정하고 있는 엄격한 권력분립과 연방주의도 이익집단 정치의 활성화를 가져오는 데 일조하였다. 권력분립은 모든 정치적 권력과 기능을 한 부처가 독점하는 것을 방지하고 다른 정부 부처와 서로 나누도록 한다. 이는 정책이 입안되고 집행되는 과정에서 정부의 세 부처가 각기 독자적인 기능을 수행함을 의미하며, 따라서 어느 한 부처라도 반대를 표명하는 경우 정책이 성공적으로 집행되기 어려워질 수 있다. 이러한 상황은 이익집단의 영향력을 강화시킬 수 있는 계기를 마련하였다. 특정 법안에 반대하는 한 이익집단이 어떤 식으로 정책결정기관에 영향을 미칠 수 있는지 예를 들어보도록 하자. 이 이익집단은 우선 법안이 입안되어 의회를 통과하지 못하도록 하원과 상원 내에서 법안을 심사하는 상임위원회나 소위원회를 대상으로 로비활동을 할 수 있다. 만약 의회 내에서 법안의 통과를 저지하는 데 실패하는 경우 대통령에게 그 법안에 대한 거부권을 행사하도록 압력을 넣을 수 있다. 이도 성공하지 못한다면 대법원에 그 법안이 헌법에 위배되는 것이라 판결해 달라고 로비활동을 펼치거나 또는 법안의 실질적 집행을 담당하고 있는 관료들을 대상으로 자신들에게 유리한 방향으로 법안이 집행될 수 있도록 압력을 행사할 수 있다.

한편 연방정부와 주정부의 이원적 정부구성을 규정하고 있는 연방주의도 이익집단의 로비대상의 수를 증가시킴으로써 이익집단 정치의 활성화를 유발시켰다. 연방정부와 주정부 그리고 지역정부들을 모두 합쳐 미국에는 2017년 인구센서스 기준 38,779개의 지방정부가 존재하며, 51,296개의 특별구(Special districts)가 있는 것으로 나타났다(Governing the States and Localities).[1] 각각의 정부는 헌법에 명시되어 있는 서로 다른 권한과 관할권을 지니고 있으며, 이익집단들은 자신들이 지니는 이해관계의 성격과 범위에 따라 영향을 행사할 수 있는 다양한 수준의 정부를 대상으로 로비를 할 수 있다.

결국 미국의 권력분립과 연방주의는 이익집단이 다방면에 걸쳐 여러 차례 영향력을 행사할 수 있는 기회를 제공하고 있으며, 기회가 많은 만큼 이익집단의 로비활동이 성공할 가능성도 높다. 성공의 확률이 높을 때 이익집단이 지니는 정치적 효능성은 커지고, 많은 이익집단의 창출과 이익집단 정치의 활성화로 귀결된다.

셋째, 다른 나라에 비해 상대적으로 약한 정당의 존재가 이익집단 정치가 미국에서 번성하게 만드는 또 다른 이유라 할 수 있다. 일반적으로 이익집단과 정당은 이익표출과 집산의 기능을 담당하고 있으나, 양자 간 관계에 따라 기능의 상호침투가 가능하다. 미국은 사회, 경제, 정치적 발전상황이나 법적·제도적 정치구조의 정착과정을 통해 이익집단과 정당이 비교적 독립적이며 대칭적으로 발전하여왔다. 현재 미국 정당

---

1) Governing the States and Localities, https://www.governing.com/gov-data/number-of-governments-by-state.html(검색일: 2019.9.20).

의 힘이 과거에 비해 상당히 커지고 있다는 다양한 증거들이 존재함에도 불구하고
(Aldrich 1995; Aldrich and Rohde 2000; Rohde 1991), 미국의 정당은 다른 나라들의
정당에 비해 그 힘이 상대적으로 미약하다고 할 수 있다(Schattschneider 1942). 정당
의 힘이 강한 경우 사회 각계에 산재한 다양한 이해관계들이 정당이라는 매체를 통해
수렴되어 정책으로 집행될 가능성이 높다. 그러나 정당의 힘이 약하다면 사회 내의
다양한 이해관계들이 정당에 수렴되기보다는 오히려 정책결정과정에서 이익집단을
통해 직접적으로 투입될 확률이 높다. 결국 이익집단 정치가 미국에서 활성화 될 수
있는 주된 이유 중 하나는 미국 정당의 힘이 약하여 이해관계의 수렴기능이 떨어지기
때문이라 하겠다.

II. 이익집단의 종류

미국의 수도인 워싱턴에 위치한 K Street는 미국 이익집단을 비롯한 로비스트들이
운집한 로비의 중심지이다. 이 거리를 따라 수없이 많은 빌딩들이 줄지어 있는데 이
빌딩 속에는 2000년 이후 34,750개 이상의 로비 단체들이 활동하고 있다. 특히 적극

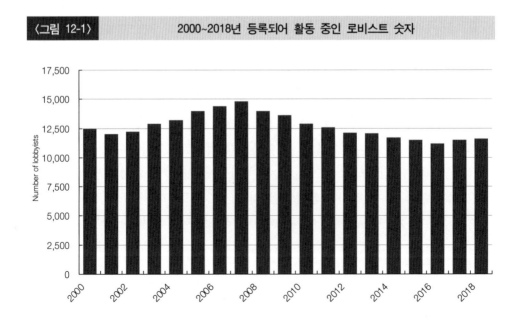

〈그림 12-1〉 2000~2018년 등록되어 활동 중인 로비스트 숫자

〈표 12-1〉	유형별로 분류한 주요 이익집단

기업 관련	**이데올로기 관련**
National Association of Manufacturers	American Conservative Union
National Federation of Independent	Americans for Constitutional Action
Businesses	(보수주의단체)
National Small Business Association	Americans for Democratic Action
U.S. Chamber of Commerce	(진보주의단체)
무역 관련	**단일 이슈 관련**
American Bankers Association	National Abortion Rights Action League
American Gas Association	National Rifle Association
American Iron and Steel Institute	National Right-to-Life Committee
American Truckers Association	National Taxpayers Union
National Association of Broadcasters	
전문직 관련	**환경 관련**
American Bar Association	Greenpeace
American Medical Association	National Wildlife Federation
National Education Association	Sierra Club
노조 관련	**종교 관련**
AFL-CIO	American Jewish Committee
American Federation of Teachers	Christian Coalition
United Auto Workers	National Council of Churches
United Steel Workers	U.S. Catholic Conference
United Postal Workers	National Catholic Welfare Council
농업 관련	**인권 관련**
American Farm Bureau Federation	American Indian Movement
National Farmers Union	Mexican-American Legal Defense and
National Milk Producers Federation	Education Fund
obacco Institute	National Association for the Advancement
	of Colored People
여성 관련	**연령 관련**
League of Women Voters	American Association of Retired Persons
National Organization for Women	Children's Defense Fund
공익 관련	**정부 관련**
Common Cause	National Conference of State Legislators
Consumer Federation of America	National Governors Association
Ralph Nader's Public Citizen, Inc.	U.S. Conference of Mayors

출처: Thomas Dye(1997)

적인 로비활동을 하는 로비스트들은 2018년 현재 11,568명으로 2000년부터 2018년까지 매년 만 명이 넘는 다양한 로비스트들이 활동하고 있다(〈그림 12-1〉). 한 나라의 수도에 이렇게 많은 이익집단들이 운집하여 활동하고 있는 사례는 미국을 제외하고는 거의 없다고 할 수 있다. 이렇게 볼 때 미국을 '집단에 가입한 사람들의 국가(a nation of joiners)'라고 부르는 것도 지나친 과장은 아닐 듯싶다(Wilson and Dilulio 1998). 그렇다면 미국에서 활동하고 있는 이익집단들은 누구인가? 〈표 12-1〉은 유형별로 대표적인 이익집단들을 정리한 것이며, 이들은 4가지 범주로 다시 구분할 수 있다: 경제적 이익 관련 집단, 공익 관련 집단, 단일 이슈 집단, 이데올로기 집단.

1. 경제적 이익집단

경제적 이익집단은 매디슨과 같은 미국 건국의 아버지들(The Founding Fathers)도 그 존재를 인식하고 있었던 것으로 아마도 미국에서 가장 오래된 역사를 지니고 있는 이익집단이다. 이러한 종류의 이익집단은 구성원의 경제적 이익의 확장 또는 보호를 주된 목적으로 한다. 예를 들어 재계에 종사하고 있는 사람들은 투자를 확대할 수 있도록 세금을 낮추어 달라고 하거나 수입상품에 높은 관세를 매겨 값싼 외국상품들과의 경쟁을 완화시켜 달라고 정부에 요청한다. 한편 생산직에 근무하고 있는 노동자들은 고용주들의 자의적인 횡포로부터 스스로를 보호하고 자신들의 경제적 이익을 보장받기 위해 노동조합을 만들어 적극적으로 활동하고 있다. 또는 의사와 같은 전문직에 종사하고 있는 사람들도 자신들의 경제적 이익을 극대화하는 방향으로 정부정책이 입안되도록 많은 노력을 기울인다. 이들은 대체로 방대한 인적·물적 자원을 지니고 있으며, 따라서 다른 유형의 이익집단들에 비해 정책결정과정에 보다 큰 영향력을 행사하고 있다.

2. 공익 관련 집단

공익 관련 집단들은 소비자, 유권자, 일반대중 등 광범위한 계층의 사람들의 이익을 대변하는 것을 목적으로 하는 집단이다. 이들은 대부분 경제적 이익 관련 집단들의 사적 이익 추구 방향과는 다르게 특수한 이익이 정부의 정책으로 입안되고 집행되는 것을 견제하고 억제하는 존재로 자리매김하고 있다(Dye 1997). 이들의 주된 활동은 소비자 보호나 환경보호 또는 공공안전 등과 같이 공익에 관련된 분야에 정부가 적극적으로 개입하여 규제를 실시하도록 만드는 데 초점을 맞추고 있다. 이들은 정부의 규제를 최대한 활용하고자 한다는 측면에서 정부의 사회로의 적극적 개입을 강조하는 진보적 진영(liberals)에 가까우며, 따라서 진보적 이데올로기 그룹과 연합을 형성하기도 한다.

3. 단일 이슈 집단

대부분의 이익집단들은 회원들의 이해증진과 관련하여 매우 다양한 분야에서 활동을 한다. 예를 들어 NAACP와 같은 이익집단은 흑인인권의 향상을 위해서 교육, 형사소송체제, 주거, 복지 등과 같이 매우 다양한 분야에서 활동하고 있다. 따라서 대부분의 이익집단들은 다(多)이슈 집단(multi-issue groups)이라 부를 수 있다. 이러한 유형의 이익집단들에 비해 단일 이슈 집단들은 단 하나의 이슈 분야에 모든 역량을 투입한다. 이러한 집단들은 대부분 특정 이슈에 대해 적극적인 사람들로 구성되어 있으며, 따라서 이들 집단들은 자신들이 추구하고자 하는 목표를 달성하는 데 어떠한 정치적 타협도 거부할 가능성이 높다. 또한 목표달성에 대한 강렬한 열정에 기인한 이들 집단의 적극적 정치참여는 정책을 결정하는 정치인들이 쉽사리 이들의 요구를 뿌리칠 수 없게 만든다. 이러한 측면에서 이들은 정책결정과정에 매우 강력한 영향을 미치는 존재라 할 수 있다. 이러한 유형의 대표적인 집단으로 낙태 문제를 둘러싸고 낙태를 허용해야 된다고 주장하는 프로 초이스(pro-choice) 집단과 허용해서는 안 된다는 프로 라이프(pro-life) 집단을 들 수 있다.

4. 이데올로기 집단

이데올로기 집단은 자유주의 또는 보수주의 이데올로기에 입각한 정책의제가 국가정책에 반영될 수 있도록 노력하는 데 주된 목적을 지니고 있는 집단들이다. 이데올로기 집단은 국내정책뿐 아니라 종종 외교통상정책에도 관심을 갖는다. 자유주의적 입장에서 활동하고 있는 대표적인 이데올로기 집단은 Americans for Democratic Action(ADA)이며 보수주의의 대표적 집단은 American Conservative Union(ACU)이다. 이들은 미국의 의원들이 정책투표를 할 때 얼마나 자유주의적 또는 보수주의적 정책의

〈참고사항 12-1〉 티 파티 운동(Tea Party Movement)

2009년 이후 미국 정치에서 나타난 주요한 특징 중 하나는 티 파티 운동이다. 현대의 티 파티 운동은 과거 보스턴 티 파티 운동으로부터 영감을 얻은 세금 인상 반대 운동으로 2001년부터 지역의 보수주의적 단체들이 의원들과 행정 관료들에게 차(tea bags)를 보내는 것으로 시작되었다. 티 파티 운동에 참여하는 참가자들은 보수층, 자유주의자 및 대중영합주의자로서의 포퓰리스트를 포함하고 있으며 2009년 이후 주로 시위나 데모 등을 통한 정치적 저항과 함께 자신들이 지지하는 후보자들을 당선시키기 위한 다각적인 노력을 기울임으로써 미국사회에 새로운 영향력 있는 집단으로 등장하였다. 이들이 주장하는 정치 아젠다는 명확하게 합의되고 있지는 않지만 대체로 미국 연방헌법을 준수하고, 정부 지출을 축소하며 감세를 통한 정부채무를 줄이는 것을 주장하며 이민정책에 반대한다. 티 파티 운동에 대한 미국 국민들의 여론은 초기의 지지가 조금씩 하락하는 패턴을 보이고 있다. 현재 티 파티 운동에 대해 안정적으로 지지를 보내는 사람들은 대체로 공화당 지지의 보수주의자들로 나타나고 있으므로 티 파티 운동이 미국 내에서 이념적인 균열을 심화시킬 수 있다는 우려의 목소리도 있다.

〈참고사항 12-2〉 싱크 탱크(Think Tank)

싱크 탱크란 정부 정책에 대한 연구를 수행하고 그 결과를 책이나 논문, 학회, 신문사설 등을 통해 널리 알림으로써 정책결정과정에 영향을 미치고자 하는 공익조직이다. 싱크 탱크는 사설 재단이나 기업, 재력가의 재정적 지원으로 운영되는 경우가 대부분이며, 학자, 작가, 전직 관료나 은퇴한 정치인 등 정부정책에 대한 전문적 지식을 지닌 사람들을 연구원으로 충원한다. 몇몇 싱크 탱크는 비당파적이며 이데올로기적으로 중립적인 입장을 견지하고 있으나, 대부분은 진보주의 또는 보수주의와 같은 이념적 목적을 사회 속에 구현하기 위해 활동하고 있다. 기업이나 재력가들은 많은 경우 보수적 성향을 지니고 있고 이들이 보수주의적 싱크 탱크에 전폭적인 지원을 하고 있기 때문에 진보주의적 싱크 탱크보다는 보수주의적 싱크 탱크가 훨씬 왕성한 활동을 하고 있는 것으로 평가된다. 다음은 미국의 주요 싱크 탱크를 이념적 성향에 따라 구분한 것이다.

진보주의	보수주의
Brookings Institution	American Enterprise Institute
Center for Defense Information	Cato Institute
Children's Defense Fund	Ethins and Public Policy Center
Economic Policy Institute	Free Congress Foundation
Progressive Policy Institute	Heritage Foundation

제를 반영하기 위해 노력하였는지를 점수화하여 매년 발표하고 있다. 이들 각각의 점수는 ADA 점수와 ACU 점수로 불리고 있으며, 각 의원들의 전반적인 이데올로기 성향을 파악할 수 있는 중요한 척도로 간주되어지고 있다. 물론 단일 이슈 집단들도 의원들에 대한 점수를 발표하고 있기는 하나 이는 특정 이슈에 대한 의원들의 지지여부를 확인하는 차원에 머무르고 있다는 측면에서 의원들의 이데올로기에 대한 전반적인 성향을 반영하고 있는 ADA 점수나 ACU 점수와는 다르다고 할 수 있다. 이러한 집단 중 외교정책에 큰 비중을 두고 있는 집단들(Foreign Policy Groups)은 세계평화, 안보, 환경, 인권 등의 문제에 대해 나름대로의 신념과 주의, 주장을 확립하고 있다. 1차 대전 이후 미국이 국제연맹 가입 등으로 논쟁이 있을 때 설립된 외교정책협회(Foreign Policy Association)와 국제관계협의회(Council on Foreign Relations)는 지금까지 존속되고 있다.

5. 인종 관련 이익집단

인종과 관련된 이익집단은 각기 다른 인종 그룹이 미국 정부의 대외정책 및 국내정책에 자신들의 이익을 도모하기 위하여 활동한다. 인종 관련 이익집단은 특히 미국 정부의 대외정책에 영향을 주고자 노력하는데 이들은 특히 특정 인종과의 유대를 강조하면서 미국 정부로 하여금 그 유대관계를 통하여 특정 국가에 대한 미국 정부의 대외정책에 관여하고자 한다. 최근 미국의 국내, 외 정책 결정과정에서 이러한 인종 관련 이익집단들의 로비 활동이 활발해졌다. 이들의 활발한 정책 로비 활동은 동시에 미국 내의 보수주의적 "미국 중심" 인종 관련 이익집단과의 긴장관계를 형성하기도 한다. 특히 이러한 인종 간 긴장 관계는 인종 간 문화적 다양성을 인정하지 않으려는 집단과 자신들의 인종적·문화적 정체성을 유지하고자 하는 집단 간의 갈등으로 심화될 가능성을 내포하기도 한다. 또한 이러한 인종 갈등은 각 인종 간 로비단체들의 첨예한 경쟁을 통하여 미국 정부의 대외정책에 영향을 주려 노력한다. 인종 관련 이익집단은 1)다양한 전문 로비집단을 통하여 조직적으로 재정을 확보하고 관련 정보를 수집하며, 2)인종집단을 결집하여 선거에 적극적으로 참여하도록 권장하고, 3)여론 형성에 적극 참여하여 자신들의 주장을 확산시키려 노력한다. 인종 관련 이익집단의 활동은 여타 이익집단과 구분하여 서로 다른 집단들이 필요에 따라 다양한 연계를 형성하여 특정 인종의 이익뿐만 아니라 광범위한 인종 관련 이익의 확보를 담보할 수 있다는 점에서 의의가 있다. 이는 인종 관련 이익집단의 활발한 활동은 다양한 시민들의 요구와 제안을 정책 결정과정에 접합시킴으로써 공공선의 장을 넓힌다는 점에서 긍정적 효과가 있다. 이러한 이익집단에는 National Association for the Advancement of Colored People, American Israel Public Affairs Committee, League of United Latin American citizens 등이 있다.

III. 이익집단의 운영

1. 이익집단의 재정적 소스

어떤 조직이 설립되고 유지되기 위해서는 막대한 자금이 필요하다. 거의 대부분의 이익집단이 회원들로부터 회비를 걷고 있기는 하지만 회비를 높게 책정하기 힘들다는 현실적 이유 때문에 회비만 가지고 조직을 운영하기는 힘든 실정이다. 따라서 이들은 회비 이외의 재정지원을 통해 필요한 자금을 충당해야만 한다. 그리고 이익집단들이 자신들에게 지속적으로 재정적 지원을 제공할 수 있는 후원자(patron)를 확보할 수 있는가의 여부는 그들의 성공적 활동과 직결되어진다고 할 수 있다(Walker 1983). 회비 이외에 이익집단들이 선호하는 재정 충당 방식은 다음과 같이 세 가지로 구분할 수 있다.

1) 재단 기부금(Foundation Grants)

재단에서 제공하는 기부금은 이익집단에 있어서 없어서는 안 될 재정적 소스라 할 수 있다. Berry(1977)의 연구에 의하면 연구대상에 포함되어 있던 83개의 공익 관련 집단 중 3분의 1이 자신들의 재정의 반 이상을 재단 기부금으로 충당하고 있으며, 그중 10분의 1은 재정의 90% 이상을 재단 기부금에 의존하고 있다고 한다. 이와 같이 중요한 재정적 지원을 확보하지 못한 이익집단들은 대부분 사라질 수밖에 없는데, 이러한 경우의 대표적인 사례로 1960년대 진보적 학생들에 의해 형성되었던 이데올로기 집단들을 들 수 있다(Walker 1983). 이들 집단들의 급진적이고 과격한 활동은 일반 국민들 사이에 이들에 대한 매우 부정적인 이미지를 만들어 내었고, 이러한 부정적 이미지와 연계되는 것을 꺼려한 재단들은 이들 집단에 기부금을 제공하지 않았다.

그 결과 중요한 재정적 소스에 대한 접근이 차단됨으로써 이들 집단은 결국 쇠락의 길을 걷게 되었다.

그러면 재단들은 왜 이익집단에게 기부하고자 하는가? 좀 더 구체적으로, 이들은 이익집단에 대한 재정적 지원을 통해 도대체 어떤 목적을 달성하고자 하는가? 이들에게는 두 가지 일면 모순되어 보이는 목적이 있을 수 있다(Walker 1983). 우선 이들은 자신에게 도움이 될 수 있는 외곽 지원세력을 만들어 놓으려는 목적을 가지고 있다. 자신들에게 호의적인 이익집단들을 재정적으로 지원하고 이들로 하여금 정책결정과정에 적극적으로 개입하게 만듦으로써 자신들에게 유리한 방향으로 정부 정책이 입안되고 집행되게 만들고자 한다는 것이다. 이와는 상반되게 재단들은 순수한 공익의 목적 하에 이익집단에 대한 지원을 한다. 예를 들면 폭력과 저항의 목소리가 미국사회 전반을 흔들고 있었던 1960년대에 이들 재단들은 다양한 이익집단들에 대한 지원을 강화하였다. 이는 사회 전반에 퍼져 있는 좌절과 분노를 이익집단이라는 채널로 수렴시켜 제도권 내에서 문제를 해결하도록 유도함으로써 안정적인 정치체제를 유지시키고자 하였기 때문이다. 이러한 목적 자체의 양면성에도 불구하고 재단의 기부금은 이익집단의 운영에 있어서 절대적으로 필요한 재정적 소스를 구성하고 있다. 대표적인 재단으로는 Ford Foundation, Rockefeller Family Fund, Scaife Foundations 등이 있다.

2) 연방정부 보조금

이익집단들은 연방정부로부터도 재정적 지원을 받을 수 있다. 물론 연방정부가 이익집단들이 대정부 로비활동을 하는 데 도움이 되라고 지원을 하는 것은 아니다. 연방정부로부터 이익집단들에 제공되는 대부분의 재정적 지원은 이익집단이 수행하고 있는 일련의 프로젝트에 대한 지원의 형식을 띠고 있다. 예를 들어 the National Alliance of Business라는 이익집단은 1980년 연방정부로부터 2천만 달러에 달하는 지원을 받았는데, 이는 이 그룹이 추진하고 있던 청소년들을 위한 여름방학 아르바이트 프로그램 등과 같은 프로젝트에 대한 지원이었다(Wilson and Dilulio 1998). 이와 같은 연방정부 보조금은 이익집단이 자의적으로 사용할 수 없는 것이기는 하지만, 이익집단의 활동력을 전반적으로 강화시킬 수 있다는 측면에서 많은 도움을 주고 있다.

한편 연방정부로부터 보조금을 받는 이익집단들은 연방정부가 더 적극적으로 사회에 개입해야 한다고 생각하는 경향이 강하다(Walker 1983). 즉 이들 집단들은 보수주의적 입장보다는 진보적 입장에 가깝다고 할 수 있다. 보수주의자인 레이건은 대통령으로 당선되고 나서 이익집단에 대한 연방정부 보조금을 대폭 삭감하였는데 이는 두가지 효과를 가져왔다. 하나는 연방정부의 지출을 감축시킴으로써 작은 정부를 추구하는 보수주의자들을 기쁘게 하였으며, 또 다른 하나는 진보적 이익집단들의 재정적소스를 차단함으로써 진보주의자들의 정치적 활동에 제동을 걸 수 있었다는 점이다. 레이건의 이러한 정책을 혹자는 '좌파의 돈줄 막기(de-fund the left)'라 부르기도 한다 (Wilson and Dilulio 1998).

3) 직접청원메일(direct mail)

직접청원메일은 비교적 최근에 등장한 재정 충당 방식이다. 이 방식이 매우 효과적인 이유는 기부금을 보낼 가능성이 높은 부류의 사람들을 신중하게 선택하여 접촉함으로써 기부금의 액수를 극대화시킬 수 있기 때문이다. 예를 들어 보수주의 이데올로기를 표방하고 있는 이익집단은 고급 승용차를 몰고, 교회에 정기적으로 나가며, 교외에 살고 있는 사람들을 표적으로 직접청원메일을 보낸다. 부자이거나 기독교를 믿거나 교외에 살고 있는 사람들은 가난하거나 무신론자이거나 도시 내에 살고 있는 사람들보다 보수주의자일 확률이 높다. 따라서 이들은 그러한 메일을 보낸 보수주의적 이익집단의 목적에 공감할 가능성이 상대적으로 높고 따라서 기부금을 보낼 확률도 높다.

이 방식이 지니고 있는 한 가지 문제는 비용이 너무 많이 든다는 것이다. 우선 메일을 보낼 사람들의 명단을 작성하는 데에만도 상당히 많은 비용이 소요된다. 이익집단의 스태프들이 직접 명단을 작성하거나 아니면 기존의 메일 리스트를 구매하여 명단을 확보하게 되는데, 어떤 식으로든 많은 비용을 지불해야만 한다. 또한 메일에 포함될 편지나 브로슈어를 작성하는 데 들어가는 비용, 우편요금 등도 추가적으로 지불해야만 한다. 일반적으로 명단에 포함된 사람들 중 적어도 2% 이상이 기부금을 보낼때 어느 정도 수지타산이 맞는다고 알려져 있는데, 2% 이상의 기부자들을 확보하기위해 이익집단들은 다양한 방법을 동원한다. 예를 들면 흑인인권 단체들이 흑인들에게 직접청원메일을 보낼 때 편지 겉봉투에 KKK단의 사진과 같이 선정적인 사진을 집어넣어 메일을 받은 사람들로 하여금 그대로 쓰레기통에 버리지 않고 한 번쯤은 메일봉투를 열어보게 만든다든지 이익집단과 가까운 유명인사의 추천사를 편지내용에 삽입하여 유명인사의 영향력을 빌리는 것과 같은 방법을 사용한다.

2. 회원의 충원과 동원

이익집단의 성공적인 활동을 위해서는 많은 사람들이 이익집단에 동참하여 적극적으로 참여해야 한다. 즉 회원으로 가입하거나, 기부금을 낸다든지, 지역구 의원에게 편지를 보내 자신이 소속되어 있는 이익집단이 원하는 법안을 통과시켜 달라고 요구하다든지, 또는 이익집단이 조직한 시위에 참가하는 것과 같이 여러 시민들의 참여는 이익집단의 성공을 위해서 매우 중요한 요소다. 그러나 이와 같은 시민들의 자발적인 동참을 끌어내기가 그리 쉽지 않다는 데 이익집단의 고민이 놓여 있다. 이는 대다수의 사람들이 이익집단의 활동에 무임승차(free riding)를 하려고 하는 경향이 있기 때문이다(Olson 1965).

무임승차자란 자신은 아무런 비용도 지불하지 않고 남이 열심히 노력하여 얻어낸 결실을 공유하고자 하는 사람들을 가리킨다. 이들의 존재가 이익집단 정치에 있어서 특히 문제가 되는 것은 이익집단의 활동에 무임승차하는 행위가 시민 개인의 입장에서 봤을 때는 매우 합리적이기 때문이다. 환경단체의 활동을 예로 들어보자. 만약 내가 특정 환경보호 단체에 가입하여 열심히 활동하여 결국 보다 쾌적한 환경을 만들어 내는 데 일조했다고 하자. 그 결과 내가 얻은 순이익은 대략 다음과 같을 것이다: *나의 순이익$_1$ = 쾌적한 환경 - 활동에 참여하는 데 소요된 비용*. 그러나 내가 그러한 환경단체에 가입하여 열심히 노력하지 않았지만 그 단체에 가입하여 활동한 사람들의 노고에 의해 깨끗한 환경이 만들어졌을 때 내가 얻을 수 있는 순이익은 다음과 같다: *나의 순이익$_2$ = 쾌적한 환경 + 여가활동을 통한 이득*. 여기서 여가활동을 통한 이득이란 내가 환경단체에 가입하여 활동하는 대신 다른 일을 하면서 얻을 수 있는 이득을 의미한다. 나의 순이익 1과 2를 비교해보면 당연히 2가 클 수밖에 없고 따라서 내가 합리적이라면 환경단체에 가입하지 않고 무임승차를 선택할 가능성이 높다.

이와 같은 무임승차의 문제에 직면한 이익집단들은 *나의 순이익$_1$*이 *나의 순이익$_2$* 보다 클 수 있도록 만듦으로써 자신들의 활동에 보다 많은 시민들이 동참할 수 있는 여건을 조성하고자 많은 노력을 기울이고 있다. 즉 이익집단들은 *나의 순이익$_1$* (= 쾌적한 환경 - 활동에 참여하는 데 소요된 비용)에 α라는 새로운 이득을 추가시킴으로써 *나의 순이익$_2$*가 지니는 가치보다 더 크게 만들고, 이를 통해 보다 많은 시민들이 무임승차보다는 이익집단의 활동에 동참하는 것이 더 좋다고 느끼게 만들고자 한다는 것이다. 여기서 α는 이익집단들이 회원으로 가입하는 사람들에게만 제공하는 유인동기

(incentives)로 부를 수 있다. 이익집단들은 다양한 유인동기를 회원들에게 제공하고 있는데 크게 물질적 유인(material incentive), 유대적 유인(solidary incentive), 목적공유적 유인(purposive incentive)으로 구분되어질 수 있다(Dye 1997; Olson 1965; Wilson and Dilulio 1998).

1) 물질적 유인

물질적 유인이라 함은 물건이나 서비스 등 돈으로 환산되어질 수 있는 유인을 의미한다. 예를 들어 AAA(the American Automobile Association)라는 이익집단은 회원에 가입하는 경우 최신 지도를 제공한다든지 자동차 보험에 가입시켜 준다든지 또는 특정 모텔에 대한 할인혜택을 주는 것과 같은 물질적 유인을 제공한다. 은퇴한 노인들의 이익증진을 위해 활동하고 있는 AARP(the American Association of Retired Persons)와 같은 집단은 할인된 가격에 생명보험을 들게 해주거나 세금정산에 대한 무료 컨설팅을 해준다든지 또는 약을 우편으로 배송해주는 서비스와 같은 물질적 유인을 통해 많은 회원들을 확보하고 있다. 한편 의료직에 봉사하고 있는 사람들의 이익을 증진시키기 위해 결성된 AMA(the American Medical Association)라는 이익집단은 의료소송이 발생한 경우 소송비용을 지원해주거나 의학 관련 정보를 담고 있는 전문잡지를 제공하는 것과 같은 물질적 유인을 사용하고 있다. 이러한 물질적 유인은 사람들로 하여금 이익집단의 목적과 취지에 대한 공감이 없이도 회원으로 가입하게 만드는 동기를 제공한다는 측면에서 회원의 수를 늘이기 위한 주요한 수단이 되고 있다.

2) 유대적 유인

유대적 유인은 작은 집단에서 서로 얼굴을 맞대고 만나면서 생겨나는 친밀감이나 동료애와 같은 사회적 유대감에 연계되어 있다. 이익집단은 사회적 동물인 인간들이 매우 소중한 가치로 여기는 사회적 유대감을 느낄 수 있는 기회를 제공함으로써 시민들의 회원가입과 적극적 참여를 모색한다. 그러나 이러한 유대적 유인이 의미를 지니기 위해서는 사람들이 모이는 조직자체가 너무 커서는 안 된다. 거대 조직 속에 있는 사람들은 조직 내의 다른 사람들과 친밀한 관계를 형성하기가 비교적 어렵기 때문이다. 따라서 규모가 큰 이익집단들은 각 지역별로 소규모의 하부조직망을 만드는 경우가 많다. 이익집단들은 이런 하부조직망을 통해 유대적 유인이 최대한 발현될 수 있는 공간을 제공하여 회원들 간에 친목과 유대가 형성될 수 있도록 노력하고 있다. 그리고 그러한 유대감의 형성은 회원들로 하여금 자신이 속해 있는 이익집단의 목적을 이루기 위해 더 많은 자발적 참여를 제공할 가능성을 높이게 된다. 회원들의 적극적이고 자발적인 기여가 이익집단의 활동에 매우 중요한 영향을 끼친다고 할 때 이익집단이 유대적 유인을 얼마나 효과적으로 다루는가는 이익집단의 운영과 성공에 있어서 매우 중요하다.

3) 목적공유적 유인

목적공유적 유인은 이익집단이 자신이 지향하는 목적에 대한 중요성을 끊임없이 환기시키고 강조함으로써 그 목적 달성을 추구하는 사람들에게 지속적이고 적극적인 동참을 유도하는 것이다. 보다 많은 사람들이 목적공유적 유인의 가치가 크다고 느낄 수 있게 만들기 위해서는 이익집단들이 추구하는 목적 자체가 중요한 이슈라는 인식이 사회 전반에 광범위하게 퍼져 있을 필요가 있다. 따라서 이익집단들은 선정적인 사건의 발생과 스캔들에 대한 보도자료를 언론에 배포하거나 또는 언론매체의 관심을 끌 수 있는 이벤트를 기획함으로써 자신들의 목적이 보다 많은 사람들에게 알려질 수 있도록 힘을 기울인다. 이들의 이러한 노력은 집권세력의 성향이 어떠한가에 따라 성공여부가 결정되어지는 경우도 빈번하다. 예를 들어 환경보호에 소극적인 보수주의 정권이 집권하고 있다면, 이에 대한 비판과 반대의 목소리를 높이는 환경보호단체는 언론매체의 성격상 더 많은 언론의 조명을 받게 되고 따라서 더 많은 사람들의 관심과 지지를 획득할 수 있다. 보수주의를 표방하는 이익집단이 보수주의자인 레이건 대통령 때보다 자유주의자인 클린턴 대통령 시절에 더 성공적으로 활동할 수 있었다는 점도 같은 맥락에서 해석할 수 있다.

IV. 이익집단의 로비활동

로비 또는 로비스트의 어원에 대해서는 다양한 주장이 존재한다. 혹자는 영국의 의원들이 의사당에서 논의를 끝내고 나올 때 의회 로비에서 기다리고 있다가 의원들에게 다가가 청원을 하는 사람들로부터 로비스트와 로비라는 단어가 만들어졌다고 한다. 그러나 이에 이의를 제기하는 사람들은 이 단어가 미국에서 형성되어진 것이라고 주장한다. 미국의 그랜트(Ulysses Grant) 대통령은 휴식을 취하기 위해 백악관 근처

〈표 12-2〉	이익집단들이 사용하는 로비전술	
로비전술의 종류		사용된 퍼센트
청문회에서의 증언		99%
입장을 표명하기 위해 정치인을 직접적으로 접촉		98
회의나 점심시간 등을 활용한 정치인에 대한 비공식적 접촉		95
연구결과나 기술적 정보제공		92
회원들에게 이익집단의 활동을 소개하는 편지 보냄		92
다른 이익집단과 연합형성		90
정책의 집행에 대한 영향행사		89
언론매체 종사자와 접촉		86
입법 관련 전략 수립을 위한 정치인 컨설팅		85
법안발의에 대한 조언		85
유권자들을 동원하여 지역구 의원에게 편지 보내기		84
새로운 이슈를 제기하거나 기존에는 간과되어 왔던 문제들에 초점을 맞춤으로써 정부의 정책아젠다 형성에 영향을 미침		84
풀뿌리로비활동 전개		80
지역유지로 하여금 그 지역 의원들을 접촉하게 함		80
정부규제법안이나 규칙 등의 작성에 도움을 줌		78
각종 전문 위원회 활동에 참여		76
의원들에게 특정 법안이 그들의 지역구에 어떤 여파를 미칠 것인지 알려줌		75
법적소송활동		72
선거자금제공		58
도움이 필요한 정치인 돕기		56
공직임명에 영향 행사		53
의원들의 입법투표기록 공개		44
조직의 재정 충당을 위한 활동		44
언론매체를 통해 특정 이슈에 대한 이익집단의 입장 홍보		31
선거운동에 인력제공		24
특정 후보에 대한 지지표명		22
시위		20

출처: Schlozman and Tierney(1988)

에 있는 윌라드 호텔의 로비를 자주 찾았는데 이 로비에 많은 사람들이 기다리고 있다가 대통령에게 이런 저런 탄원을 한데서 로비와 로비스트라는 말이 시작되었다는 것이다(O'Connor and Sabato 1998). 이렇게 단어의 어원에 대해서는 의견이 분분하지만 단어의 뜻에 대해서는 거의 대부분의 사람들이 동의하고 있다. 로비는 정책결정에 영향을 미치기 위해서 정치인들을 겨냥하여 펼치는 활동을 가리키며 로비스트는 그러한 활동을 수행하는 사람들을 의미한다.

이익집단들이 자신들에게 유리한 정책을 만들기 위해 사용하는 로비의 전술은 〈표 12-2〉에 나타나 있는 것처럼 매우 다양하다고 할 수 있다. 여기서는 합법적인 테두리 안에서 이익집단이 사용하는 대표적인 로비방식에 대해 이야기해 보도록 하겠다.

1. 긍정적 여론의 형성(Public Relations)

이는 전국적으로 이익집단의 목적이나 조직 자체에 대한 긍정적인 여론을 형성시켜 여론에 민감한 정치인들의 호의적인 반응을 유도한다는 차원에서 직접적이기보다는 간접적인 로비방식이다. 긍정적인 여론을 창출하기 위해서 이익집단들은 언론매체를 적극적으로 활용한다. 예를 들어 이익집단들은 신문이나 TV에 광고를 게재하여 자신들을 애국적인 시민이나 미국의 전통적 가치에 대한 수호자 등으로 묘사함으로써 긍정적 이미지를 만들어 내기 위해 많은 재원을 할애한다. 한편 뉴스보도에 자신들에 대한 긍정적인 내용이 반영될 수 있도록 언론보도자료를 기자들에게 제공하거나 특정 사안에 대한 인터뷰에 적극적으로 응하는 것과 같은 노력도 병행하고 있다.

2. 정책결정자에 대한 접근(Access) 확보

정책결정과정에 영향을 주기 위해서는 정책을 결정하는 사람들에 대한 접근이 확보되어야 한다는 점은 주지의 사실이다. 여기서 말하는 정책결정자에 대한 접근이란 공식적이기 보다는 사적이고 개인적인 접근이 가능한지를 의미한다. 로비 그 자체가 지니는 성격상 공적이고 열린 공간에서 로비활동을 수행하기는 어렵기 때문이다. 정책결정자에 대한 이러한 종류의 접근을 확보하기 위해 이익집단들은 일상적으로 선거자금을 제공하거나 여행경비와 같은 편의를 제공하는 활동 등을 통해 정책결정자들과 사적인 관계를 돈독히 하고자 한다. 이익집단들이 정책결정자에게 사적인 편의를 제

〈참고사항 12-3〉로비대행업체: 로비전문회사, 법률회사, 대외홍보회사

미국의 수도 워싱턴에는 특정 기업이나 집단의 이익을 위하여 로비를 대행하는 다양한 업체들이 있다. 이러한 로비 대행업체는 크게 로비전문회사, 법률회사, 그리고 대외홍보회사 등으로 구분할 수 있다. 로비전문회사는 말 그대로 고객을 위한 전문적인 로비활동을 수행함으로써 이윤을 창출하는 회사를 의미한다. 이러한 회사는 로비의 효과를 극대화하기 위하여 정치인들과의 네트워크를 지니고 있는 전직 의원이나 고위직 공무원들을 적극적으로 고용한다. Cassidy and Associates가 대표적인 회사라 할 수 있다. 법률회사는 로비활동과 더불어 상세한 법률상담까지 제공한다는 측면에서 매력적이라 할 수 있다. 이러한 활동을 하고 있는 대표적인 법률회사로 Patton Boggs나 Piper Rudnick이 있다. 대외홍보회사는 로비대행업무와 고객을 위한 대외홍보활동을 동시에 제공하고 있는데 전통적인 대외홍보업계의 선두주자인 Hill and Knowlton과 Burson-Marstellar가 대표적인 회사이다. 재정적인 능력이 되는 기업이나 집단은 세 종류의 로비대행업체를 동시에 고용하는 경우도 빈번하다. 대표적인 경우가 마이크로소프트이다. 마이크로소프트는 1990년대 후반 독과점에 관련된 소송에 휘말림으로써 많은 곤욕을 치렀다. 이러한 상황을 타개하기 위하여 마이크로소프트는 무려 23개에 달하는 로비전문회사, 법률회사, 대외홍보회사를 고용하였고, 이들의 로비활동은 독과점에 대한 논의가 더 이상 발생하지 않도록 만드는 데 많은 기여를 하였다고 한다.

공하는 것은 불법적인 것과 합법적인 것을 가르는 기준이 종종 불분명하기 때문에 2006년 아브라모프라는 로비스트에 의해 발생한 스캔들과 같이 메이저급 스캔들의 주된 소스로 작용하기도 한다.

3. 정보의 제공

미국의 의원들은 하루에도 수십 개의 법안에 대한 찬반투표를 실시한다. 따라서 의원들은 많은 경우 상정된 법안에 대한 전문지식 없이 투표를 해야 하는 상황에 놓이게 된다. 특정 법안이 담고 있는 내용에 대한 지식이 없는 경우 의원들은 그 법안의 찬반 여부를 놓고 매우 불확실한 입장에 빠질 가능성이 높다. 이때 그 법안의 가결 여부에 직접적인 이해관계를 지닌 이익집단들은 의원들에게 그 법안을 둘러싸고 반드시 고려해야 하는 정보를 제공한다(Wilcox and Kim 2005). 이러한 정보를 제공할 때 이익집단들은 자신들에게 유리한 쪽의 정보를 강조하는 경향이 있기는 하지만, 될 수

있으면 그러한 정보가 지나치게 편향되지 않도록 주의한다고 한다(Dye 1997). 지나치게 편향된 정보를 의원들에게 제공하는 경우 의원들이 그 이익집단에 대해 지니고 있는 신뢰도가 급격히 떨어질 수밖에 없고 미래에는 이러한 이익집단들이 제공하는 정보를 받아들이려 하지 않을 것이기 때문이다.

4. 풀뿌리 로비활동(Grass-Roots Lobbying)

이 로비방식은 의원들의 지역구에 있는 유권자들을 동원하여 의원들에게 영향을 미치고자 하는 전술이다. 의원들에게 있어서 선거에서의 승리는 매우 중요한 목적이 될 수 있으며(Fiorina 1989; Mayhew 1974), 따라서 다수의 지역구민들이 원하는 것은 될 수 있으면 수용하기 위해 애쓴다(Brady et al. 2000; Wright 1989). 의원들이 지역구민들의 요구에 민감하게 반응할 수밖에 없다는 사실을 잘 알고 있는 이익집단들은 의원들의 지역구민들을 전면에 내세워 의원들에게 압력을 가하고자 한다. 이러한 로비활동의 대표적인 사례는 지역구민들로 하여금 의원의 지역구 사무실을 직접 방문하거나 전화나 편지를 통하여 이익집단의 입장을 정책결정과정에 반영하라고 요구하는 방법이다. 이 밖에도 이익집단들은 의원들의 지역구에 있는 지역방송이나 지역신문들을 적극 활용하여 의원의 지역구 내에서 자신들에게 유리한 여론이 형성될 수 있도록 만드는 방식도 사용하고 있다.

5. 시위

한미 FTA에 반대하는 일단의 한국 시위대가 미국에 가서 FTA 반대 시위를 개최한 적이 있다. 한국에서 경찰과의 폭력적 대치도 마다하지 않던 이들은 미국에서는 법적인 테두리 안에서 매우 평화적인 시위를 진행하여 많은 미국인들의 공감을 자아낸 바 있다. 이들이 폭력적 시위를 선택하지 않은 이유는 물론 남의 나라에서 시위를 개최한다는 측면도 있었겠지만 원정 시위대가 불법적이고 폭력적인 시위에 대한 거부감이 심한 미국인들의 성향을 잘 읽고 있었기 때문이다. 시위에 대한 미국인들의 의견을 조사한 한 연구에 의하면 무단으로 건물을 점거한다거나 폭력을 사용하거나 사유재산에 대한 피해를 입히는 것과 같은 시위활동에 대해서는 설문 응답자의 90% 이상이 부정적으로 바라보고 있다(Barnes and Kasse 1979). 이러한 미국인들의 성향을 반영하듯이 〈표 12-2〉에 나와 있는 이익집단의 로비전술에서 시위가 차지하는 비중은 가장 낮게 나타나고 있다. 로비활동의 일환으로 시위를 자칫 잘못 사용하게 되는 경우 그러한 시위를 주도한 이익집단에 대한 부정적 이미지가 생성되어 장기적인 관점에서 득보다는 실이 많은 상황이 발생할 가능성이 높다. 따라서 이익집단들은 정책결정자에 대한 사적인 접촉이나 풀뿌리 로비활동과 같은 전통적인 방식으로는 도저히 자신들의 이익을 보호할 수 없다고 판단하지 않는 한 섣불리 시위를 로비의 주된 방식으로 선택하지는 않는다.

6. 선거캠페인 지원

이익집단들은 자신들의 취지와 목적에 부합하는 정책결정자들을 선거에 당선시키기 위해 많은 노력을 기울이고 있다. 자신의 목적에 동정적인 정치인들이 정책결정과정에 많이 참여하면 할수록 자신들의 이익에 부합하는 정책들이 입안되고 집행될 가능성이 높기 때문이다. 이를 위해 이익집단들은 선거자금을 기부하거나 회원들로 하여금 특정 후보를 지지하라고 격려하기도 하며 그들을 위해 여론조사나 분석을 대행하기도 한다(Herrnson 2005). 그러나 이들은 선거에서 특정 정치인을 떨어뜨리기 위한 캠페인은 될 수 있으면 자제한다(Dye 1997). 이는 이익집단들이 현직 정치인을 떨어뜨릴 수 있을 만큼 충분한 표를 동원하기 사실상 어렵다는 점과 이들이 재선에 성공하는 경우 정책결정과정 내에 적을 만들게 될 가능성이 높기 때문이다. 따라서 선거캠페인과정에 있어서 이익집단의 활동은 특정 후보를 떨어뜨리는 전략보다는 지지후보를 당선시키는 데 그 초점이 모아진다고 할 수 있다.

V. 정치활동위원회

정치활동위원회(PAC: Political Action Committees)는 기업이나 노조, 무역회사, 이데올로기 집단, 또는 비영리단체 등에 의해 만들어지는 조직으로서 이익집단들이 선거자금을 정치인들에게 제공하는 주요한 루트가 되어 왔다. 연방정부가 허용하는 정치활동위원회는 연계형(connected)과 비연계형(non-connected)으로 나눌 수 있다. 그러나 이후 법원의 결정에 따라 독립 지출만 허용하는 이른바 슈퍼 정치활동위원회(Super

Political Action Committee)가 결성되었다. 연계형 정치활동위원회는 일반적으로 기업체, 노조 및 기타 단체들로 구성되고, 이들은 기업가들, 주주 및 기관 회원들로부터 기부금을 받는다. 반면, 비연계형은 특별히 연결된 조직이 없이 제한된 규모의 기부금을 스폰서 기관으로부터 받는데 이러한 기관들은 대기업이나 노조가 아닌 기관들로부

〈표 12-3〉	유형별로 본 대표적 정치활동위원회
기업 관련 정치활동위원회	노조 관련 정치활동위원회
American Telephone and Telegraph Company Inc. Political Action Committee(AT&T PAC)	AFL-CIO Committee on Political Education(COPE)
Federal Express Corporation Political Action Committee(FEPAC)	American Federation of State, County, and Municipal Employees(AFSCME)
Philip Morris Political Action Committee(PHIL-PAC)	Communications Workers of America Committee on Political Education (CWA-COPE)
United Parcel Service Political Action Committee(UPS PAC)	Teamsters Union Democratic/Republican/ Independent Voter Education Committee
Waste Management Inc. Employees' Better Government Fund(WMI PAC)	National Education Association Political Action Committee
	United Auto Workers(UAW V CAP)
이데올로기/이슈 관련 정치활동위원회	무역/전문직 관련 정치활동위원회
Conservative Campaign Fund	American Bankers Association Political Action Committee
Council for a Livable World(environmental)	American Medical Association Political Action Committee
EMILY'S List(women candidates)	Association of Trial Lawyers of America Political Action Committee
GOPAC(conservative)	National Association of Home Builders Political Action Committee(BUILD-PAC)
National Abortion Rights Action League Political Action Committee	National Automobile Dealers Association Election Action Committee
National Committee to Preserve Social Security and Medicare Political Action Committee	National Association of Broadcasters Television and Radio Political Action Committee
National Right-to-Life Political Action Committee	Realtors' Political Action Committee
National Rifle Association Victory Fund	

출처: Dye(1997)

터 받는다. 그러나 슈퍼 PAC의 경우 2010년 등장한 신흥 정치활동위원회로 이들은 자신들이 지지하는 후보에게 무제한 재정적 지원이 가능하다. 이들의 재정지원 소스는 기업, 노조, 개인 등으로 다양하다. 이러한 기부는 익명으로 이루어지는 경우가 많으며, 후보자에게 직접 지원하지 않는 한 지지후보에 대한 정치광고를 하거나 상대 후보의 낙선 광고에 사용할 수 있다. 규모가 큰 정치활동위원회를 유형별로 정리하면 〈표 12-3〉과 같다. 정치활동위원회의 수는 1974년 이후 급격하게 증가하게 되는데 이는 1974년 의회를 통과한 연방선거운동법(FECA: the Federal Election Campaign Act)과 긴밀한 관련이 있다. 이익집단의 선거자금이 연방선거의 결과에 미치는 영향을 제어하기 위한 의도로 만들어진 이 법안은 크게 다음과 같은 두 가지 주요 내용을 포함하고 있다. 첫째, 특정 이익집단이나 개인이 연방선거에 출마한 후보에게 기부할 수 있는 선거자금의 한도를 정하고 이에 대한 엄격한 규제를 실시한다. 둘째, 기업이나 노조와 같은 이익집단들이 정치활동위원회를 설립하고 이 위원회를 통해 선거자금을 정당이나 후보에게 기부하는 것은 허용한다. 이 법안에 대한 구체적인 내용과 문제점은 후에 다시 논의하도록 하겠다. 그러나 정치활동위원회를 선거자금을 기부할 수 있는 중요한 조직으로 지정한 이 법안의 통과는 선거자금의 기부를 통해 정책결정과정에 영향을 미치고자 하는 많은 이익집단들로 하여금 싫든 좋든 정치활동위원회를 만들 수밖에 없도록 하였고 결과적으로 수없이 많은 정치활동위원회가 만들어지는 상황을 창출하였다.

2016년 미국 대통령선거와 관련하여 정치활동위원회의 활동을 살펴보면 총 8,666개의 정치활동위원회가 등록되어 40억 달러를 모금한 것으로 나타났다(FEC 홈페이지)[2] 슈퍼 정치활동위원회를 제외하고 기업 중심의 정치활동위원회가 많았고(1,803개), 통상 관련 정치활동위원회(736개) 등 기업과 통상 관련 연계형 정치활동위원회가 활발하게 활동하였다. 또한 슈퍼 정치활동위원회는 2,722개가 등록되어 총 18억 달러를 모금하여 압도적인 모금액을 보였다. 2016년 대통령선거에서 정치활동위원회의 유형별로 본다면 기업 관련 정치활동위원회의 수가 가장 많고 노조 관련 정치활동위원회의 수는 289개로 상대적으로 적은 수를 나타냈다. 한 가지 특이한 사항은 1980년대 이후 이데올로기 이익집단을 대변하고 있는 정치활동위원회의 수가 급증하여 1982년

---

2) https://www.fec.gov/updates/statistical-summary-24-month-campaign-activity-2015-2016-election-cycle/(검색일: 2019.10.2).

부터는 기업 관련 정치활동위원회 다음으로 많은 정치활동위원회를 구성하고 있다는 점이다. 이는 현대 미국 정치에서 이데올로기 집단의 영향력이 급성장하여 정치과정에 많은 영향을 미치고 있다는 주장의 간접적인 증거가 될 수 있다(Fiorina et al. 2006).

그렇다면 이러한 정치활동위원회의 선거자금 기부는 어떤 특징을 지니고 있는가? 가장 두드러진 점은 이들 자금의 거의 대부분이 현직자(incumbent)에게 집중되고 있다는 것이다(Biersack and Viray 2005; Herrnson 2005). 2018년 총선에서 현직자에 대한 정치활동위원회의 기부는 90% 이상이 현직자에 집중되어 있고, 도전자는 평균 3% 미만의 지원을 받았다(〈표 12-4〉 참조). 이는 90% 이상의 현직 의원들이 재선에 성공하고 있는 미국 정치의 독특한 상황에 기인하는 바가 크다. 현직 의원들과 경쟁하는 도전자들이 선거에서 이길 가능성이 매우 낮다면 그들에게 선거자금을 지원하는 것은 비합리적인 투자가 될 수밖에 없는 것이다. 정치활동위원회의 선거자금 기부방식이 지니는 또 한 가지 특징은 많은 경우 선거자금의 기부가 정파적으로 이루어지는 경향

〈표 12-4〉 현직자와 도전자에 대한 정치활동위원회의 분야별 기부 현황(2018년 선거)

분야	총액	현직자(%)	도전자(%)	오픈(%)
Agribusiness	$27,916,405	93.6	2.0	4.4
Communic/Electronics	$28,541,688	95.6	0.7	3.6
Construction	$16,598,167	89.3	3.6	7.1
Defense	$18,135,518	96.7	0.6	2.7
Energy/Nat Resource	$31,539,997	89.6	3.7	6.7
Finance/Insur/RealEst	$89,497,757	93.9	1.5	4.6
Health	$54,658,186	92.8	1.9	5.3
Lawyers & Lobbyists	$13,850,396	88.6	5.2	6.2
Transportation	$27,945,801	93.1	2.2	4.7
Misc Business	$42,575,005	92.7	2.6	4.7
Labor	$58,788,960	72.8	14.5	12.7
Ideology/Single-Issue	$94,937,989	57.8	23.1	19.0

OpenSecrer.org(검색일: 2019.10.2)

이 있다는 점이다. 즉 진보적 성향을 지니는 정치활동위원회는 거의 대부분 민주당이나 민주당 후보에게 기부하고, 보수적 성향을 지닌 정치활동위원회는 공화당에 기부하는 패턴이 감지되고 있다(Biersack and Viray 2005).

정치활동위원회의 활동과 관련하여 2012년 미국 대통령선거는 Super PACs의 급격한 증가를 그 특징으로 들 수 있다. "슈퍼 정치활동위원회"는 정치자금을 기부하고자 하는 기업, 노동조합, 개인으로부터 제한 없이 자금을 기부받을 수 있다. 또한 이들은 이렇게 모여진 정치자금으로 대통령선거 및 의회선거에서 자신들이 선거캠페인을 직접 지휘하지 않는 한 자신들이 지지하는 후보를 지원하거나 반대하는 후보를 낙선시키기 위해 자금을 사용할 수 있다. 최근 헌법 재판소의 판결인 "Citizens United" 판례에서 미 연방대법원은 슈퍼 정치활동위원회에게 무제한의 정치자금을 모금할 수 있는 길을 열어주었고 이로 인하여 미국 정치는 급변하고 있다. 2012년 신고된 슈퍼 정치활동위원회는 총 210개로 집계되었고 이 중 가장 많은 자금을 모금한 집단은 Restore Our Future와 American Crossroads로 각각 $153,841,569와 $117,467,008을 모금하였다. "미래의 재건(Restore Our Future)"의 경우 자신들이 지지하는 후보를 위한 자금 지출과 반대하는 후보를 낙선시키기 위한 자금 지출 간은 현격한 차이를 보이는데 이들이 최종 지출한 $142,097,462 중 $128,177,540을 반대하는 후보의 낙선에 사용한 것을 알 수 있다. 따라서 연방선거위원회에 등록한 대부분의 슈퍼 정치활동위원회는 자신이 지지하는 후보의 당선을 돕는 목적 이외에도 반대하는 후보의 낙선 운동에도 적극적임을 알 수 있다.[3]

2016년 미국 대통령선거에서 상위 20개 정치활동위원회는 정파에 따른 기부 쏠림 현상을 보이기보다 민주당과 공화당 후보에게 일정 수준 균형 있는 지원을 하고 있음을 보여주었다. 다만 몇몇 주요 정치활동위원회는 정파적 지지를 확실하게 보여주고 있는데 예를 들어 International Brotherhood of Electrical Workers의 경우 96%의 기부금을 민주당 후보에게 지원하였고, Majority Committee PAC의 경우 100%를 공화당 후보에게 지원하였다(〈표 12-5〉).

---

3) http://projects.wsj.com/super-pacs/#/2012/committees

〈표 12-5〉	상위 20개 정치활동위원회(2016년 대통령선거)		
PAC Name	총액($)	민주당(%)	공화당(%)
National Association of Realtors	3,973,350	42	58
National Beer Wholesalers Association	3,322,700	43	57
AT&T Inc	2,953,750	38	62
Honeywell International	2,861,364	40	60
National Auto Dealers Association	2,659,250	28	72
Lockheed Martin	2,612,750	38	62
Blue Cross/Blue Shield	2,573,398	36	64
International Brotherhood of Electrical Workers	2,570,650	96	4
American Bankers Association	2,449,007	22	78
Sheet Metal, Air, Rail & Transportation Union	2,424,975	85	15
Credit Union National Association	2,380,350	47	53
Operating Engineers Union	2,250,300	74	26
Comcast Corp	2,242,300	36	64
National Association of Home Builders	2,185,625	17	83
Boeing Co	2,163,135	43	57
Northrop Grumman	2,135,500	39	61
National Association of Insurance & Financial Advisors	2,091,950	33	67
Majority Committee PAC	2,086,513	0	100
American Crystal Sugar	2,050,500	51	49
United Parcel Service	2,037,256	32	68

OpenSecret.org(검색일: 2019.10.2)

VI. 이익집단 정치, 미국 민주주의 그리고 사회운동

1. 이익집단의 긍정적 효과

　미국에서는 상당히 오랜 기간 동안 이익집단의 성격과 민주주의사회에서 이들의 역할에 대한 논쟁이 있었다. 이러한 논쟁은 이익집단이 민주주의 발전에 있어서 긍정적인 영향을 미치는 존재라고 주장하는 쪽과 민주주의 발전을 저해하는 존재라고 주장하는 쪽의 대립으로 이루어져 왔다. 여기서는 어느 한쪽의 주장이 맞는다고 일방적으로 서술하기보다는 양 진영의 주장을 모두 소개하여 독자가 스스로 판단할 수 있는 기회를 주고자 한다. 그럼 먼저 이익집단 정치가 어떻게 미국 민주주의의 발전에 기여하고 있는지 알아보도록 하자.

　이익집단 정치의 긍정적 요소 중 가장 중요한 것은 아마도 이익집단 정치가 보다 나은 대의제를 구현하는 데 기여하고 있다는 점일 것이다. 대의제란 직접민주주의가 제한되는 상황에서 국민의 대표를 뽑아 그들로 하여금 국가정책결정과정에 국민의 뜻이 반영되게 하는 제도를 의미한다. 그러나 국민의 대표로 선출된 정치인들이 항상 유권자들의 의지와 선호를 정책결정에 반영하고 있는 것은 아니다. 그들은 종종 유권자들의 선호를 무시하고 자신의 이데올로기나 정책적 선호에 맞추어 국가정책을 결정함으로써 대의제의 취지를 무색하게 만든다는 증거가 존재한다(Kalt and Zupan 1984, 1990; Parker and Choi 2006). 따라서 이익집단은 국민과 국민의 대변자들 사이에 형성되어 있는 이와 같은 느슨한 연결고리를 단단하게 묶어주는 역할을 한다는 측면에서 보다 나은 대의제를 이룩하게 하는 주된 기제로서 작동한다.

　우선 이익집단들은 특정 이슈에 대해 비슷한 선호를 가진 다수의 사람들을 결집시켜 정책결정과정에 참여시킴으로써 정책결정자들이 그러한 이슈에 대해 보다 많은 관심을 가지도록 압력을 행사한다. 이 과정에서 이익집단들은 새로운 관심 분야를 국가정책으로 입안하게 만든다는 측면에서 보다 건전한 대의제를 구현할 수 있다. 여기서 다수의 시민들이 결집되어 정책결정과정에 참여한다는 점이 매우 중요하다. 다음 선거에서 승리하는 것이 주된 목적 중 하나인 정치인들은 다수의 시민들이 요구하는 사항을 거부하기 매우 어려워진다. 이를 거부하거나 무시했다간 다음 선거에서 자신에게 일관되게 반대표를 던질 유권자들이 그만큼 증가하기 때문이다. 사회 곳곳에 흩어져 있는 사람들을 하나의 조직된 힘으로 뭉치고 이러한 결집된 힘을 바탕으로 정책결정자들로 하여금 국민의 뜻을 대변하게 강제한다는 점에서 이익집단 정치는 보다 나은 대의제를 창출하는 역할을 하고 있다.

이익집단은 일반국민들이 특정 현안에 대해 보다 명확한 이해를 할 수 있도록 도와줄 수 있다는 점에서 민주주의 발전에 도움이 된다. 미국인들은 전반적으로 정치에 대한 지식수준이 낮은 것으로 알려져 있다(Dye 1997). 예를 들어 일반인들의 정치적 지식에 대한 설문 조사 결과에 의하면 단지 29%의 응답자들이 자신의 지역구를 대변하고 있는 하원의원의 이름을 알고 있다(DelliCarpini and Keeter 1991). 정치체제의 주인인 국민이 정치에 대한 지식수준이 매우 낮다면 이들을 대변하는 정치인들은 국민들을 무시하고 자신의 생각대로 활동할 여지가 많아지기 때문이다. 이런 환경에서 이익집단들은 특정 현안에 대한 홍보와 교육을 실시하여 보다 많은 유권자들이 그러한 이슈에 대한 정보와 지식을 습득할 수 있게 도와준다. 이를 통하여 국민들이 정치현안에 대해 보다 명확하고 논리적인 의견을 지니게 되는 경우 정책결정자들이 함부로 국민들의 요구사항을 무시할 수 없게 된다는 측면에서 이익집단의 존재는 보다 나은 민주주의 구현에 도움이 된다.

한편 이익집단은 정책결정자들의 무관심 속에 정책결정과정에서 배제되고 있는 문제를 중요한 정책의제로 탈바꿈시킴으로써 보다 폭넓은 정책적 논의를 가능하게 한다는 점에서도 긍정적이다. 이익집단들은 일반인들이 인식하지 못하고 있는 이슈에 대해 그 이슈가 지니고 있는 중요성과 필요성을 널리 알리고 홍보함으로써 많은 유권자들의 관심을 유발시킨다. 그 이슈에 대해 관심을 가진 유권자들의 수가 증가하게 되면 그때까지 그 이슈를 무시해왔던 정책결정자들도 관심을 가지고 그 문제를 바라보게 되어 정책결정과정에 있어서 중요한 의제 중 하나로 고려될 가능성이 높아진다. 예를 들어 PETA(People for the Ethical Treatment of Animals)라는 그룹은 실험실에서 실험동물들에게 자행되고 있는 여러 비윤리적 행위들을 고발하고 이에 대한 법적인 규제를 만들기 위해 많은 노력을 기울였다. 이들의 활동이 있기 전에는 실험실 동물에 대한 처우 자체를 문제로 인식하고 있는 사람들은 매우 드물었다. 그러나 이들의 활발한 노력은 많은 사람들로 하여금 실험실 동물도 하나의 살아있는 생물로서 그 자체로 존중받아야 된다고 느끼게 만들었으며, 결국 이 문제를 국가의 중요한 의제 중 하나로 만들어 나가는 데 성공하였다.

마지막으로 이익집단은 정치인들의 활동을 모니터 한다거나 특정법안이 제대로 집행되고 있는지 감시함으로써 민주주의 발전에 큰 도움을 줄 수 있다. 어떤 회사의 생산성을 높이기 위해서는 이 회사에서 일하고 있는 회사원들이 열심히 일하고 있는 지를 모니터할 수 있는 시스템이 필요하고 실제로 많은 방식들이 개발되어 왔다는 점은 주지의 사실이다. 그러나 정치체제의 생산성을 높이기 위해 정책을 결정하는 정치인들이나 결정된 정책을 집행하는 관료들을 감시하기 위한 노력은 상대적으로 매우 적었다. 이는 회사와는 달리 정치인이나 관료들을 감시하는 행위가 직접적인 경제적 이득으로 연결되기 어려워서 사람들로 하여금 그러한 감시활동에 참여하게 할 유인이 거의 없었기 때문이다. 그러나 특정 이슈가 정책에 반영되고 집행되는 것을 주된 목적으로 삼고 있는 이익집단들에게 있어서 정책결정자들과 관료들의 행위를 감시하고자 하는 유인동기는 매우 높다. 예를 들어 여권신장을 위해 노력하고 있는 NOW(the National Organization for Women)라는 단체는 의원들이 여권신장을 위해 얼마나 노력하고 있는지 모니터링해서 그 결과를 발표하고 여성에 관련된 법들이 관료에 의해 제대로 집행되고 있는지 항시 감시함으로써 보다 신장된 여성들의 삶을 구축하기 위해 노력하고 있다. 이러한 단체들이 항상 자신들의 행위를 감시하고 있다는 점을 알고 있는 정책결정자들이나 관료들은 언제나 신중하게 처신해야 할 필요성을 느끼게 되고 이러한 상황은 이들의 책임회피(shirking) 가능성을 낮출 수 있다는 측면에서 보다 나은 대의제를 가능하게 한다.

요약하자면 이익집단은 유권자를 계몽시키고 정치과정에 참여시킴으로써 정책결정자들이 유권자들의 뜻을 보다 적극적으로 따르게 만들며, 또한 이들의 활동을 감시하고 평가함으로써 이들이 잘못된 방향으로 나아가지 못하게 억제하고 있다는 측면에서 보다 나은 대의제를 만들어 내는 데 일조하고 있는 것으로 평가할 수 있다. 그러나 이익집단 정치는 이와 같이 긍정적인 측면과 함께 분명 민주주의 발전에 역행하는 부정적인 요소를 지니고 있다.

2. 이익집단의 부정적 효과

이익집단의 정치가 미국 민주주의 발전에 있어서 부정적인 영향을 미치고 있다는 주장은 이익집단 정치가 일반국민이 아니라 특정 집단이나 계층에게 유리한 방향으로 국가정책이 입안되게 함으로써 국가정책의 편향성을 조장한다는 점을 강조한다. 이익집단의 부정적 영향은 다음의 몇 가지 주장에서 근거를 찾을 수 있다. 첫째, 모든 이익집단들이 평등하게 만들어진 것이 아니라는 점이다. 즉 특정 집단은 다른 집단들에 비해 더 큰 영향력을 행사할 수 있다. 예를 들어 2002년 총선에서 정치활동위원회가 기부한 총 선거자금 중 82%가 전체 정치활동위원회의 단지 14%에 불과한 정치활동위원회에 의해 기부되었다(Herrnson 2005). 선거자금을 기부하는 경우 정책결정과정자에 대한 접근가능성이 올라간다는 연구결과(Langbein and Lotwis 1990)를 고려하면 선거자금을 충분히 기부할 수 있는 능력을 지닌 소수 몇몇 거대집단들이 여타 집단들보다 정책결정과정에 더 많은 영향을 행사함으로써 국가정책을 편향되게 만들 가능성이 매우 높다.

둘째, 이익집단 정치는 경쟁에 토대를 이루고 있기보다는 독점적 상황 속에서 이루어질 가능성이 높다. 이익집단 정치를 긍정적으로 바라보는 사람들은 이익집단들이 주요 현안을 둘러싸고 서로 경쟁을 하는 과정에서 일정 정도 타협이 이루어지고, 그 결과 모두가 동의할 수 있는 정책이 만들어진다고 주장한다. 그러나 실상은 특정 이익집단의 정책결정자에 대한 압력이 다른 집단들의 압력을 압도하여 하나의 이익집단에게 유리한 방향으로 정책이 결정될 가능성이 매우 높은 것이 사실이다. 예를 들어 Kingdon(1989)은 의원들의 정책투표에 대한 연구를 수행하면서 전체 분석대상 중 단지 12%에서 이익집단들이 서로 경쟁하는 상황이 발생하였다는 점을 발견하였다. 이 말은 곧 대부분의 의원들은 정책투표를 할 때 경쟁하는 이익집단들로부터 다양한 방향의 압력을 받기보다는 일방향의 압력에 노출될 가능성이 높음을 의미한다. 이런 경우 특정 집단에 유리한 방향으로 정책이 결정될 확률이 높을 수밖에 없다.

셋째, 이익집단은 민주적으로 운영되기보다는 소수 리더들에 의해 운영될 가능성이 높다는 점이다. 앞에서 이익집단들은 회원의 수를 늘이기 위해 물질적 유인을 제공한다는 점을 지적한 바 있다. 이러한 물질적 유인 때문에 이익집단에 가입한 회원들은 이익집단이 표방하는 목적 자체에 대해서는 별다른 관심이 없을 수 있다. 즉 이들은 단지 회원에 가입함으로써 얻을 수 있는 물질적 편의를 얻기 위해서 이익집단에 가입하였지 이익집단이 표방하는 목적을 달성하는 데 일조하기 위해 가입하지는 않았다는 뜻이다. 이런 회원들이 다수를 차지하는 경우 그 집단은 일반 회원들이 지니고 있는 선호와는 별도로 이익집단의 리더들에 의해 자의적으로 운영되기 쉽다(Dye 1997). 리더들이 회원의 의견을 반영하기 위해 노력하기 보다는 자신이 원하는 방식으로 정책결정과정에 개입하게 된다면 바람직한 대의제를 구현하는 데 오히려 역행할 수 있는 위험성이 존재한다.

넷째, 이익집단의 부정적 측면을 강조하는 사람들은 이익집단 정치가 정부의 정책

입안 능력을 현저히 떨어뜨린다는 점 또한 지적한다. 국가정책은 장기적인 관점에서 보다 많은 국민들이 혜택을 받을 수 있는 방향에서 입안되고 집행되어야 한다. 그러나 특정 현안에 대해 이익집단들이 극렬하게 대립하여 갈등을 빚어내고 있을 경우 그 현안에 대한 정책을 입안하기 매우 곤란해질 수 있다. 이익집단들 간의 분쟁을 해결하기 위해서는 국가정책에 분쟁을 벌이고 있는 집단들이 요구하는 사안이 적절한 타협의과정을 거쳐 녹아들어가야 하겠지만 이런 타협이 불가능한 경우가 자주 발생한다. 이런 경우 국가정책은 매우 왜곡된 형태로 만들어질 가능성이 높거나 그도 아니면

〈참고사항 12-4〉 미국총기협회(NRA: National Rifle Association)

2007년 봄 미국 조지아공대 캠퍼스에서는 끔찍한 사건이 벌여졌다. 한국 출신 유학생이 동료 학생들을 무차별 사살한 사건으로 미국사회에 큰 충격을 던졌다. 한국에서는 이 문제가 민족 문제로 비화될 것을 우려했으나, 미국사회는 이 사건을 한 개인의 정신적 문제와 총기소지 및 판매제도의 문제로 귀결시켰다. 총기의 소지와 판매에 대한 논쟁은 어제 오늘의 이야기가 아니다. 1999년 콜럼바인고등학교(Columbine High School)에서 총기사고가 있은 후나 조지아공대 사건이 있은 후에도 논쟁의 중심에는 항상 미국총기협회(NRA: National Rifle Association)가 자리 잡고 있다. 2001년 Fortune지가 미국에서 가장 영향력이 큰 집단을 연방의회의원, 의회 스태프, 백악관 보좌관의 도움으로 선정한 결과 미국총기협회가 87개 단체 중 단연 1위를 차지했다. 미국총기협회는 총기 판매와 소지에 대한 강력한 규제를 주장하는 여론의 압력에도 불구하고 굳건하게 지위를 지키고 있다. 미국총기협회는 420만여 명의 회원과 본부에 300여 명의 스태프를 두고 있으며, 2000년 예산은 1,680만 달러에 달한다. 그중 800만 달러는 공화 민주당 후보의 선거자금으로 기부하였다. 미국총기협회는 강력한 로비스트와 자원이 풍부한 정치활동위원회, 전국 방방곳곳의 풀뿌리 조직으로 커가고 있으나, 한편 거대해지고 있는 조직의 분파 현상과 회비와 회원의 변동폭이 커지고 있어 위기감도 존재한다. 미국총기협회는 수정헌법 2조의 규정, 즉 총기를 소지할 권리를 중요한 가치로 신봉하는 그룹과 스포츠와 사냥을 선호하는 그룹으로 구성되어 있어 이들의 조화로운 이익표출이 문제가 될 수 있으며, 최근 총기 사건으로 인해 미국총기협회에 대항하는 단체가 태동하고 있다. 2012년 12월 14일에 발생한 코네티컷 초등학교 총기 사건으로 인하여 총기 규제에 대한 논쟁이 심화되었다. 특히 이른바 살상 무기로 지목되는 무기류 소지를 제한하거나 엄격한 신상조사를 통해 사고의 위험을 줄이는 부분에 대한 논란이 주 차원뿐만 아니라 연방 차원에서 심화되고 있고 이 과종에서 미국총기협회가 어떻게 대응할 것인지에 대해 귀추가 주목되고 있다. 이에 대해 미국총기협회는 최근 일련이 총기 사건을 방지하기 위해 각 학교마다 무장 경비를 세우는 것을 제안하고 있으며 이에 대한 비판의 목소리도 커지고 있다.

아예 정책 자체를 만들지 못하는 상황이 발생한다.

다섯째, 이익집단은 종종 행정부, 의회와의 인적교류를 통해 삼자간의 협조관계를 긴밀하게 하며, 그들만의 이해를 위한 '철의 삼각구조(Iron-Triangle)', '안락한 삼각구조(Cozy-Triangle)'로 굳어진다. 일단 철의 삼각구조가 공고화되면 그 내부의 정책결정 과정은 외부의 시선을 받지 않게 되어 정책결정의 탄력성을 잃게 된다. 이와 관련하여 회전문 현상(Revolving Door Phenomenon)의 폐해도 짚어볼 필요가 있다. 성공적인 로비활동을 위해 모든 수단을 동원하게 되고 그 과정에서 많은 비합리적 관행이 지속되고 있다. 그중 하나가 국회의원, 보좌관, 그리고 행정 관료들이 그들의 직책을 떠나 관련 이익집단의 임원으로 채용되거나 또는 계약에 의한 로비스트로 활동하는 것인데 이것을 회전문 현상이라고 한다. 전직의원이나 전직관료가 과거의 동료나 부하직원을 상대로 로비활동을 함으로써 개인적 접촉이 용이하며, 특정 사안이 어떠한 경로를 통해 결정된다는 것을 잘 알고 있어 효율적으로 영향력을 행사할 수 있다. 그러나 이러한 회전문 현상으로 정책결정과정이 왜곡된다는 지적에 귀 기울일 필요가 있다. 공직자 윤리법이 회전문 현상을 규제하고 있으나, 전직 공무원들은 법 규정에 별로 큰 부담을 느끼고 있지 않다. 재임 중 다른 특정 이슈 외에도 무수히 많은 정책 이슈를 위해 로비활동을 할 수 있으며, 1년 동안 자신의 전직 근무처를 대상으로 로비활동을 할 수 없으나, 1년은 그리 긴 시간이 아니기 때문이다. 법의 효율성의 강화를 위해서 많은 의원들이 회전문 현상을 강하게 규제해야 한다고 주장하고 있으나, 의원 스스로 자신들의 이익을 제한한다는 현실적인 이유와 개인적인 직업선택의 자유를 침해 할 소지가 있어 실현되지 않고 있다.

마지막으로 이데올로기 집단이나 단일 이슈 집단의 증가는 미국 정치의 양극화를 가져옴으로써 거의 대부분 중도입장에 놓여 있는 국민들을 정치과정에서 소외시키는 결과를 만들어 내었다는 지적도 있다(Fiorina et al. 2006; Irish et al. 1981). 이러한 집단들은 대체로 자신들이 추구하는 목적을 달성하는 데 있어서 어떠한 타협이나 양보도 하지 않으려는 경향을 보인다. 이들은 대체로 진보주의와 보수주의라는 이데올로기 진영으로 구분할 수 있으며 민주당과 공화당의 노선이 보다 진보적으로 또는 보수적으로 변하는 데 결정적인 영향을 끼쳤다고 판단된다. 각 정당의 이데올로기 노선이 보다 명확해짐에 따라 두 정당 간의 이데올로기적 대립도 강화되어갔고 궁극적으로는 미국 정치의 양극화를 이끄는 데 일조하였다. 민주주의는 소수가 아니라 다수의 의견에 따라 정책이 결정되는 것을 주된 규칙으로 하고 있다. Fiorina와 그 동료들

(2006)에 의하면 미국 대다수의 국민들은 이데올로기적으로 중립적인 노선을 표방하고 있다고 한다. 그러나 이들의 의견을 대변해야 하는 민주당과 공화당 두 정당이

〈참고사항 12-5〉 군산복합체

1961년 아이젠하워 대통령은 퇴임사에서 미국의 군산복합체들이 자유와 민주주의를 파괴할 것이라고 주장하며 군산복합체의 폐해에 대해 경고한 바 있다. 군산복합체란 군부와 방위산업체 간의 상호의존체계를 의미하는데, 아이젠하워의 경고에도 불구하고 해체되기는커녕 오히려 상하 양원의 의원, 보좌관 등을 끌어들여 정부 안에 공고한 철의 삼각구조를 형성시켰다. 군산복합체가 자유와 민주주의에 위협이 될 수 있는 이유는 군부와 군수산업체가 자신들의 이익확대를 위해 지역 간의 분쟁을 부추기거나 미국으로 하여금 불필요한 전쟁을 하게 만듦으로써 자유와 민주주의의 필수조건인 평화의 정착을 어렵게 만들기 때문이다. 최근에는 군산복합체와 정치인들로 구성된 철의 삼각구조의 폐쇄성과 경직성을 비판해왔던 대항들도 국방 관련 연구프로젝트에 대거 참여하면서 소위 MAG(Military-Academic-Governmental Industrial Complex)라 불리는 구조의 창출을 가져왔다. 군산복합체론은 반미주의자들로 미국을 비판하는 데 사용하는 주된 논거 중 하나로 자리매김되고 있다. 예를 들어 미국의 북한과 적대적인 관계를 유지하면서 전쟁도 불사하겠다는 입장을 취하는 것의 이면에는 군산복합체의 이익을 담보하기 위한 노력이 숨어있다는 주장이 바로 그것이다.

〈참고사항 12-6〉 이슈 네트워크

최근 많은 학자들은 철의 삼각구조가 이슈 네트워크로 대치되고 있다고 주장한다. 이슈 네트워크란 특정 정책이나 이슈 분야에 이해관계가 얽혀 있는 이익집단, 정치인, 관료, 정책 전문가들의 느슨한 상호작용을 의미한가. 철의 삼각구조에 비해 훨씬 개방적이고 따라서 그 구성원도 고정되어 있지 않다는 것이 이슈 네트워크의 주된 특징이다. 이슈 네트워크가 철의 삼각구조를 대치하고 있는 이유는 이익집단과 의회 내 입법 전문가, 민간 정책 전문가들의 수가 급격히 늘어났고 이들이 서로 정책결정에 영향을 미치기 위해 경쟁을 하고 있기 때문에 과거처럼 군건한 이해관계의 형성이 어려워졌다는 사실에 놓여 있다. 그러나 이러한 주장에 대한 반론도 만만히 않다 예를 들어 시대의 변화에 따라 새롭게 등장하는 정책분야에서는 이익집단과 정치인, 관료로 구성되는 철의 삼각구조가 여전히 막강한 영향력을 행사하고 있다는 증거가 존재한다. 철의 삼각구조가 사라져가고 그 자리에 이슈 네트워크가 들어서고 있는지에 대해서는 아직 완전한 결론이 내려지지 않은 상황이다.

이데올로기적으로 분극하고 있는 현상은 다수를 구성하고 있는 중도주의자들의 선호가 정책결정과정에서 소외되고 있음을 의미한다. 단일 이슈 집단이나 이데올로기 집단과 같이 소수의 힘이 바로 이러한 현상을 창출하는 데 중요한 영향을 미쳤고 이는 민주주의의 발전을 방해하는 주된 원인이 될 수 있다고 생각된다.

3. 이익집단과 미국 사회운동

이익집단은 특정 목표 및 사적 이익을 추구하는 일단의 사람들이 모여 형성한 단체이다. 앞서 설명한 대로 이익집단의 유형 중 하나인 공익 관련 이익집단의 경우 특정 사익을 추구하는 것이 아닌 공적 이익에 집중하는 단체이다. 이 경우 이익집단은 사회운동의 일환으로 활동하기도 한다. 애드보커시 그룹(Advocacy Group)이 이에 해당될 수 있는데 "어떤 단체이든 정부정책에 영향을 미치고자 하지만 정부를 운영하지 않는"(Young and Everitt 2004)[4] 집단으로 다양한 집단이 애드보커시 그룹이 될 수 있다. 그렇다면 미국의 이익집단과 애드보커시 그룹을 통한 사회운동은 미국 민주주의에 어떠한 영향을 미칠 수 있을까?

미국은 이익집단 활동뿐만 아니라 사회운동에 관해서도 오랜 전통을 가지고 있는 국가이다. 미국의 사회운동은 성별, 인종, 종교를 넘어 평등한 시민의 권리를 획득하기 위한 노력의 일환이었고 이 과정에서 다양한 이익집단들이 때로는 사회운동을 주도하기도 하였다. 사회운동은 "개인 혹은 집단의 비공식적 네트워크를 통하여 정치 및 사회의 변혁을 위한 공유된 생각을 구현하기 위한 노력"(Young and Everitt 2004)으로 정의할 수 있다. 사회운동은 추구하는 목표에 따라 사적 영역과 공적 영역의 경계가 불분명할 수 있고, 사적 이익이라도 동일한 이익이 집약되어 많은 사람의 공감을 얻으면 공적 이익으로 전환될 가능성을 만든다. 따라서 공적 이익을 추구하는 이익집단의 경우 자신들이 추구하는 '공익의 실현'을 위하여 여타 이익집단들과 유사하게 정부의 정책에 영향을 주기 위한 다양한 노력을 한다. 1960년대 미국의 대표적 사회운동인 Civil Rights Movements의 경우 버스 보이콧, 폭동, 커뮤니티 저항운동 등 폭력과 비폭력 활동을 통해 미국 흑인들의 시민권 확대를 위해 노력하였다. 특히 미국의 시민권 저항운동에서 주요 역할을 담당했던 단체들인 National Association for

---

4) Lisa Young and Joanna Everitt, *Advocacy Groups* (Vancouver UBC Press, 2004).

the Advancement of Colored People(NAACP 1909), Congress of Racial Equality (CORE 1942), Southern Christian Leadership Conference(SCLC 1957), Student Nonviolent Coordinating Committee(SNCC 1960) 등은 시민권 확대라는 공익을 추구하는 공적 이익단체 혹은 단일 이슈 이익집단으로 분류할 수 있다.

미국의 사회운동은 신사회운동을 통해 탈물질주의 및 탈산업화를 경험하면서 다양한 행위자들이 참여하는 모습으로 변모하였고, 이들이 다루는 사회운동의 주제 또한 평화운동, 학생운동, 여권신장운동, 성소수자(Gay and Lesbian), 환경운동 등 중산층을 중심으로 확산되었다. 이러한 신사회운동은 정치기회구조를 통해 다양한 이익집단들의 출현을 가능하게 하였고 이를 통하여 미국 사회운동은 공적 이익집단들의 활동뿐만 아니라 특정 목표를 추구하는 다양한 이익집단이 활동할 수 있는 환경을 제공하였다.

2000년대 등장한 티 파티 운동 또한 새로운 형태의 사회운동이자 이익집단의 활동으로 이해할 수 있다. 2009년 이후 등장한 현대 티 파티 운동은 과거 보스턴 티 파티 운동으로부터 영감을 얻은 세금 인상 반대 운동으로 2001년부터 지역의 보수주의적 단체들이 의원들과 행정 관료들에게 차(tea bags)를 보내는 것으로 시작되었다. 이들은 명확하게 합의된 정치적 아젠다를 추구하기보다 자신들의 신념에 맞는 후보에 대한 지지를 통해 보수 이념 및 정책에 영향을 주기 위해 노력하고 있다. 이들은 2010년 선거에서 다수의 "티 파티 지지 후보"를 당선시키는 저력을 보여주었고 그 영향력은 미국 지방선거에서 지속되고 있다.

가장 최근 등장한 "미투(METOO)" 운동이나 "BlackLivesMatters", "MUSLIMBAN"[5] 운동 등은 최근 미국의 사회운동이 다루는 영역이 과거 인종 및 종교 등에 대한 사회 불평등 문제를 넘어 이민자 및 난민 이슈, 직장 내 성평등, 페미니즘 등으로 다양해지고 있음을 보여주었다. 이렇듯 미국 사회운동은 공적 이익집단뿐만 아니라 다양한 애드보커시 그룹들의 활동을 통해 활동 영역과 이슈가 확대되고, 이를 통해 미국의

---

5) Black Lives Matter 운동은 2013년 미국 흑인 커뮤니티에서 시작된 국제적 사회운동으로 흑인들에 대한 조직적 인종차별에 반대하는 운동이다. Muslim ban은 대통령 행정명령 13769(Executive Order 13769)로 "해외 테러리스트의 국내 유입을 방지하여 미국을 보호하는" 법안으로 도널드 트럼프 대통령이 2017년 1월 27일 발효하여 3월 16일까지 집행되었다. 이를 통해 2017년 난민신청자 수를 5만 명으로 축소하였고, 특히 시리아 난민을 포함, 이란, 이라크, 리비아, 소말리아, 수단, 및 예멘 난민들에 대한 제한을 시도하였다.

이익집단 정치는 이제 특정 영역에서 사적 이익을 추구하는 개별 집단의 정치뿐만 아니라 사회의 변혁 추구에도 영향을 주었다.

VII. 이익집단에 대한 공식적 제재: 연방 선거법과 로비활동법

미국 이익집단 정치에 대한 긍정적, 부정적 평가에도 불구하고 이익집단 정치 자체를 부정하거나 거부하려는 움직임은 없다. 수정헌법을 통해 집회와 언론, 사상의 자유를 원천적으로 보장하고 있으며, 미국 건국 이후 이러한 자유를 기본권으로 인식하고 있기 때문이다. 그러나 이익집단 정치의 과도한 영향력 행사가 민주정치과정을 왜곡할 가능성이 있는 경우 종종 법, 제도적 장치를 마련하여 규제한다.

우선 이익집단의 로비활동을 공개하여 국민들이 그 활동을 손쉽게 알 수 있도록 법을 제정하여 운영하고 있다. 그 대표적인 법이 로비공개법(Lobbying Disclosure Act of 1995)이다. 로비로 인해 정책결정과정에서 생겨날 수 있는 부패와 비리의 요소를 제거하기 위하여 어느 정도의 규제가 필요하다는 공감대가 형성되어 왔다. 그러나 로비활동의 규제는 여러 가지 어려움에 처해 있었는데 무엇보다도 미국헌법에 규정된 청원권을 박탈하는 어떠한 입법도 할 수 없다는 것이 로비규제의 걸림돌이었다. 미연방의회는 1913년, 1929년 그리고 1935년에 로비에 관한 광범위한 조사를 한 후 로비의 불법성에 관련된 상당한 정보도 입수했으나 로비규제법은 1946년에 와서야 가능했다. 그 후 수차례의 개정으로 보완작업이 지속되었으나 본질적으로 규제를 위한 법이라기보다는 로비활동의 공개를 유도하는 제도라 할 수 있다.

또 다른 로비 규제는 미국 내 외국로비(Foreign lobby)에 대한 대응이다. 제2차 세계대전 이후 미국은 국제정치와 세계경제의 중심지로 등장하였으며, 미국의 제반정책이 타국의 정치 경제상황에 큰 영향을 미치게 됨에 따라 미국의 정책결정에 영향력을 행사하려는 외국 로비가 심화되었다. 외국로비에 대한 미국의 대응은 국내로비에 대한 규제보다 앞서 있었다. 1930년대 후반 나치즘이나 공산이데올로기 선전이 시작 되었을 때 이를 위험하게 생각한 미 의회는 외국로비스트등록법(FARA: Foreign Agents Registration Act of 1938)을 제정하였다. 이 법은 정치 이데올로기의 선전을 금지하기 위한 것이라기보다는 외국로비스트의 활동을 일반국민에게 주지시키고 폭로시키려는 것이었다. 50년대까지 외국로비활동에 대한 규제는 사상전파를 그 대상으로 하였으나 60년대에 들어서면서 외국의 경제적 이익을 대변하면서, 정책결정에 영향력을 끼치려는 적극적인 외국로비가 초점이 되었다. 그 대표적인 로비는 설탕수입쿼터제에 대한 로비였는데, 외국로비는 농업위원회를 집중 공략하는가 하면 쿼터에 따라 보수를 받도록 하는 계약을 맺기도 했다. 미 의회는 공격적 외국로비를 효과적으로 견제하기 위하여 1966년 FARA 수정법을 통과시켰다. 이전의 법은 정치이데올로기 선전과 전복지도자를 그 타깃으로 삼았으나, 새로운 FARA는 변호사나 PR전문가들과 같이 정치과정에 영향을 미치는 합법적 로비스트를 대상으로 한 것이다.

이익집단의 활동을 간접적으로 규제하고 있는 것은 정치자금법이다. 그러나 앞서 설명한바와 같이 이익집단이 영향력을 행사하는 중요한 수단의 하나가 선거자금을 제공하는 것이기에 정치자금법 또는 연방선거법 규정이 이익집단 활동을 직접적으로 규제하고 있다고 볼 수 있다. 미국의 정치자금 제도는 오랜 역사를 지니고 있다. 1907년의 타일맨법(Tilman Act, 1910년에 연방공직선거에 관한 수지공개에 대하여 최초의 입법이 행해졌으며, 이어 1925년의 연방부패행위방지법(Federal Corrupt Practices Act of 1925))에 의해 운영되었다. 이후 1939년 해치정치활동법(Hatch Political Activities Act)이 제정되어 정치자금의 기부한도액이 설정되고, 또한 1947년에는 조세관계법인 태프트하틀리법(Taft Hartley Act)이 제정되어 부분적으로 정치자금제도를 정착시키는 데 기여하였으나, 1971년에 제정된 연방선거법(FECA: Federal Election Campaign Act)에 의해 비로소 오늘날과 같은 근대적인 정치자금제도가 시작되었다. 1971년 연방선거법에 의해 후보, 정당 및 정치활동위원회(Political Action Committee)의 자금공개 요건이 더욱 엄격해지게 되었다.

2002년 3월, 7년여의 산고 끝에 미국의 선거법이 개정되었다. 공화당의 의사진행 방해의 위협에도 불구하고 상원은 선거자금 개혁안을 60 대 40으로 통과시켰다. 하원은 240 대 189로 이 법안을 이미 통과시켰다. 이 법안은 정당에 대한 무한정의 선거자금공여 즉 소프트머니(Soft Money)를 규제하는 것이며, 이익집단들에 의한 이슈광고를 금하고 있다. 액수에 대한 제약이 없고 헌금액과 사용처를 규제받지 않아 정치헌금 중 소프트 머니의 규모는 급팽창해왔다. 그 결과 이익집단과 정치권 간의 은밀한 거래의 대상이 되기도 했다.

소위 "소프트머니"는 넓은 의미에서 법의 규제 대상에서 벗어나는 모든 기부금을 포함한다. 소프트머니의 큰 부분을 차지하는 것은 주 및 지역 정당단체들에 대한 기부였으며, 기술상으로 소프트머니 기부금은 오직 주 및 지역단위의 정당 활동, 예를 들어 유권자 등록, 범퍼스티커나 버튼과 같은 유권자 용품의 분배 등을 지원하는 데 사용되도록 되어 있었다. 그러나 실질적으로 소프트머니는 연방선거에 대대적으로 침투해 들어와 대선 및 연방의원선거 후보 지원의 주요 수단이 되어 왔다. 과거 소프트머니는 선거자금 기부 제한에 저촉되지 않았다. 연방선거법 규정상 기업과 노조는 연방 후보, 정당 또는 PAC에 직접적인 기부를 할 수 없으나, 이들에 의한 소프트머니 기부는 기부가 이루어진 해당 주의 법적 제한에만 적용된다. 또한 소프트머니는 이미 기부금 상한을 채운 개인 기부자들에게 정치헌금을 할 수 있는 추가 기회를 제공했다. 법적으로 개인 기부자 1인당 모든 후보, PAC, 정당을 통틀어 연 최고 25,000달러까지 기부할 수 있다. 일단 상한액이 채워지고 나면 그 이상의 기부는 불가능한 것이 원칙이나 소프트머니가 이를 가능하게 해 주는 것이다. 부유층 인사들은 이 장치를 이용하여 법에서 허용하는 정상적 수준보다 상당히 높은 기부를 해 왔다.

2010년 슈퍼 정치활동위원회의 등장은 소프트머니의 규제를 사실상 제한하는 효과를 가져왔다. 슈퍼 정치활동위원회는 직접 정당이나 후보에게 기부하지 못하도록 엄격하게 제한되어 있지만 간접적인 방식을 통해 지지 후보에 대한 선거캠페인 및 광고를 할 수 있고, 반대 후보에 대한 낙선 광고나 네거티브 캠페인을 할 수 있다. 예를 들어 2012년 대통령선거에서 슈퍼 정치활동위원회는 버락 오바마 후보에 대한 반대 캠페인을 위해 $148,991,645를 모금함으로써 반대 후보자를 위한 네거티브 캠페인에 사용한 총액 $266,411,832 중 50%가 넘는 금액을 사용한 것으로 나타났다(Washington Post 2012). 또한 2012년 민주당과 공화당은 2002년 소프트머니의 규제 이후 가장 많은 기부금을 모금한 것으로 나타났다. 2011년 1월부터 2012년 7월 31일까지 $467,000,000을 모금하였는데 이는 4년 전 모금했던 $339,000,000보다 훨씬 많은 금액이었다. 민주당과 공화당의 대통령 선거자금 모금 또한 2002년 소프트머니 규제 이후에도 줄어들지 않았는데 2008년 대통령선거에서 양 당은 $688,000,000을 모금하였는데 이는 2000년 대통령선거에서 '소프트머니'로 모금했던 $640,000,000을 상회하는 것이었다(Bloomberg 2012).[6] 따라서 여전히 소프트머니 규제법이 실행된 이후에도 여전히 정당들은 선거자금을 모금하는 데 어려움이 없었고 오히려 다양한 슈퍼 정치활동위원회의 활동으로 당선 및 낙선 운동이 벌어지게 되었다.

---

6) Parties Raise Record Case After 'Soft Money' Ban, http://www.bloomberg.com/news/2012-09-05/parties-raise-record-cash-after-soft-money-ban-bgov-barometer.html(검색일: 2012.12.30).

현대 미국의 거버넌스

□ 제4부 현대 미국의 거버넌스 필자 소개(원고 게재 순)

• **이소영** 대구대학교 국제관계학과 교수 / 텍사스대학교(오스틴) 정치학 박사
• **이병재** 연세대학교 디지털사회과학센터 연구교수 / 텍사스대학교(오스틴) 정치학 박사
• **정구연** 강원대학교 정치외교학과 조교수 / 캘리포니아대학교(로스앤젤레스) 정치학 박사
• **권보람** 한국국방연구원 선임연구원 / 노스캐롤라이나대학교 정치학 박사
• **김영호** 국방대학교 안보정책학과 교수 / 오하이오주립대학교 정치학 박사
• **정하윤** 성공회대학교 민주주의연구소 연구교수 / 이화여자대학교 지역학(미국지역) 박사

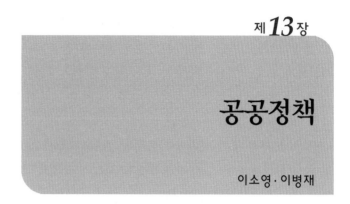

제**13**장

공공정책

이소영 · 이병재

I. 서론: 연방정부의 역할 논쟁과 공공정책

　미국의 대표적인 공공정책인 사회복지정책과 이민정책은 미국사회의 정치적 균열과 갈등을 가장 잘 반영하는 정책 분야이다. 양당체제를 가지고 있는 미국은 갈등이 공화당-민주당의 두 범주로 제도화되는 경향이 있다. 사회복지와 이민정책도 예외 없이 민주당과 공화당 간 정책의 차이가 상당하다. 공공정책을 둘러싸고 양당 사이의 근본적인 차이점은 연방정부의 권한 및 역할 문제와 관련되어 있다.

　미국은 건국 당시부터 개인의 생활 영역에 대한 국가 개입의 최소화를 정치체제의 핵심 가치로 삼아 왔다. 국가의 시장규제가 증대하고 복지국가체제 하에서 국가 개입 영역이 커질 수밖에 없는 현대 국가에 이르러서도 여전히 제한적 정부론을 기반으로 하는 18세기 자유주의의 전통이 중요한 정치적 이념으로 남아 있다. 이러한 자유주의는 개인 책임, 노동 윤리, 자조, 독립 등의 가치를 강조하는 개인주의적 전통과 결합하여 미국인의 핵심적인 정치 이념을 형성하고 있다. 특히, 개인의 자유와 책임을 중시하면서 연방정부가 모든 정책에 최소한으로 개입하기를 원하는 개인주의적 자유주의 전통은 미국 공화당의 정책적 기조가 되고 있다. 이러한 관점에서는 공공부문이 복지를 위한 재화나 서비스를 제공하는 것은 비합리적이라고 본다. 개인의 생계에 대한 책임은 개인에게 있으며, 자유로운 시장에서 열심히 일하는 사람은 누구나 돈을 벌고, 질 좋은 교육을 받고, 양질의 의료 서비스를 받을 수 있기 때문이다. 사회 문제를 해결하기 위해 국가가 개입하는 것은 시장경제의 자율성과 효율성을 떨어뜨리는 일이 된다. 이 때문에 공화당과 미국 보수주의자들은 기본적으로 연방정부 주도의 사회정책을 최소화할 것을 주장한다.

반면, 20세기 들어 현대적 자유주의, 또는 적극적 자유주의가 부상하면서 국가 개입 확대에 대한 요구 또한 증대되었다. 국가의 적극적 역할을 강조하는 현대적 자유주의가 미국에서 부상하게 된 데에는 1929년 대공황의 영향이 크다. 대공황에 의해 빈곤층뿐 아니라 중산층까지도 경제적 안전을 보장받을 수 없다는 두려움이 팽배하면서 국가의 역할을 요구하게 된 것이다. 특히, 민주당을 주로 지지하는 자유주의자들은 복지국가체제를 옹호하면서 사회적 서비스와 경제 영역에서 국가 개입에 대한 목소리를 높여 왔다. 이러한 관점은 의식주, 교육, 의료 등 특정한 재화와 용역들은 그것들에 대해 지불할 능력이 있는지 여부에 관계없이 누구나 소비할 수 있어야 한다는 생각에 바탕하고 있다. 이를 위해 정부가 보조금 등을 통해 모든 이들이 소비할 수 있도록 책임을 져야 한다는 것이다. 이렇게 정부의 역할 제한론과 여기에 대비되는 국가 개입

〈참고사항 13-1〉 고전적 자유주의와 현대적 자유주의

건국 시기부터 미국민들에게 강한 영향을 주었던 고전적 자유주의는 개인의 자유 및 자연권, 자유기업자본주의, 작은 정부 등에 대한 강한 신뢰를 바탕으로 하고 있다. 이는 정부의 간섭을 최소화하고 시장의 기능에 맡길 때 개인의 자유가 최고로 보장될 수 있다고 보는 스미스(Adam Smith)의 고전경제학에 기반을 둔 자유주의 시각이다. 그러나 현대사회에 이르러 일부 자유주의자들은 정부가 간섭하지 않는 상태에서 오히려 자유라는 가치관이 침해되는 현실에 주목하게 된다. 이들은 고전적 자유주의의 소극적인 자유 개념에서 벗어나서 개인이 자유를 추구하는 데 있어 제한이 될 수 있는 요인들을 정부가 적극적으로 개입하여 제거함으로써 개인의 자유를 보장해야 한다는 적극적 자유개념을 수용하였다. 이 현대적 자유주의는 특히 경제가 불안정할 때 국가가 시장의 수요를 조정하는 역할을 해야 한다고 주장한 케인즈(John Keynes)의 경제 개념에 기반하여 경제영역에 대한 국가의 적극적 역할을 지지한다. 전통적 자유주의 개념과 현대적 자유주의 개념은 각각 미국의 보수주의와 자유주의의 이론적 바탕을 이루고 있다.

확대에 대한 요구는 현대 미국 정치의 이념적 스펙트럼을 형성하는 가장 본질적인 이슈이다.

공공정책과 관련하여 연방정부의 역할 제한에 대한 논쟁은 건국 초기부터 있어 왔던 연방정부와 주정부의 권한 배분에 대한 오랜 논쟁과도 연관되는 문제이다. 연방정부의 역할을 중요시하는 현대 자유주의적 입장과는 반대로 연방정부의 권한을 최소화해야 한다는 관점에서는 공공정책 실현의 주체가 연방이 아니라 주정부에 있음을 강조해 왔다. 즉, 공화당의 경우, 복지와 이민정책 등 사회정책의 주체가 연방정부가 아닌 주정부가 되어야 효율적으로 정책을 실현할 수 있다고 주장하는 반면, 민주당은 주정부가 사회정책을 실행하는 것은 비효율적이며 자의적 시행에 따른 한계가 있을 수밖에 없기 때문에 연방정부가 주도하여 실현하여야 함을 주장한다. 이민정책의 경우에도 민주당은 시민권 문제와 연관되어 있으므로 연방정부의 관할이라는 입장이다.

II. 미국 사회복지정책

1. 미국 사회복지정책의 특징

1) 연방정부 주도의 공공복지제도 발전 지체

미국의 개인주의적 자유주의 전통은 미국 사회복지제도의 바탕을 이루고 있다. 미국인에게는 개인의 문제는 개인이 노력하여 극복해야 할 상황이며, 이것이 어려운 경우, 가족이나 친구, 또는 자선단체의 자발적 도움으로 해결할 수 있다는 인식이 강하게 내재되어 있다. 따라서 국가가 개입하여 관장하는 공공복지제도에 대한 거부감을 상당 부분 가지고 있다. 미국에서 보편적 의료보험제도의 도입이 힘들었던 것도 미국민들의 이러한 인식 때문이다.

대공황 이후 사회적 요구에 의해 만들어진 사회보장제도 또한 복지정책의 책임 소재를 연방정부에 두지 못하고 주정부와 협력체계를 구축하거나 주정부에 위임하는 형태를 취하고 있다. 연방-주정부 간 역할의 중첩은 미국 복지정책의 전 역사에서 목격되는 부분이다. 주정부는 강한 재량권을 가지고 연방정부가 요구하는 복지정책의 시행을 거부하거나 그 정책을 수정하여 시행하는 것이 일반적이다. 이러한 주정부의 자율성과 재량권은 연방정부가 제정한 복지 프로그램의 본래 목적 달성에 자주 걸림

〈그림 13-1〉 OECD 국가들의 GDP 대비 공공사회지출 및 민간사회지출 비율(2015년)

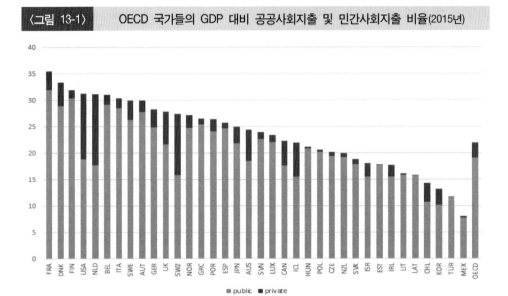

출처: OECD(https://stats.oecd.org/Index.aspx?DataSetCode=SOCX_AGG)

돌이 되어 왔다.

이렇게 국가가 주도하는 공공사회복지정책의 발전이 지체되는 상황에서 많은 사회적 문제가 민간영역으로 넘겨졌다. 그 결과 〈그림 13-1〉에서 나타나듯이, 미국 사회복지에서 민간영역이 차지하는 부분은 다른 선진국들에 비해 상당히 크게 나타나고 있다.

2) 이분화된 선별적 사회복지제도

개인 삶의 질에 대한 책임을 개인에게 돌리고 있는 미국의 경우, 사회복지는 꼭 필요한 사람들에게만 최소한도로 주어지는 혜택의 개념으로 인식되고 있다. 이 때문에, 정부재정으로 주어지는 복지혜택은 빈곤층만 받을 수 있는 선별적 복지의 형태이고, 나머지 사회보장(Social Security)은 복지수급자가 급여와 기여를 통해 기금을 적립함으로써 혜택을 누리는 형식이다. 그 결과 복지정책은 빈곤정책과 동일하게 인식되는 경향이 있으며, 특히 1960년대 흑인들에 대한 빈곤정책의 경험으로부터 공적부조와 같은 복지정책을 흑인들에 대한 보조금 지급으로 인식하는 경향이 크다. 이러한 인식 하에 빈곤층을 대상으로 하는 복지정책은 '세금을 내는 이들이 빈곤층에 베풀어주는 수혜'로 간주되어 개인주의적 자유주의가 팽배한 미국사회에서 지속적으로 비판

〈참고사항 13-2〉 잔여적 복지모델과 제도적 복지모델

잔여적 복지모델은 당면 문제를 해결할 수 없는 소수의 사람들만을 대상으로 임시적이고 자선적인 의미의 복지가 제공되는 형태이다. 잔여적 모델에서 복지의 일차적인 책임은 국가에 있지 않으며, 개인의 자립이 불가능한 경우에는 가족, 친구, 이웃, 기업 등이 복지를 제공한다. 시장경제가 사회적 자원을 적절히 배분하는 가운데, 국가의 역할은 최소화되며, 단지 부족한 부분만을 담당한다. 복지서비스는 엄격한 자격심사를 통해 일부 빈곤층에게만 제공된다. 반면, 제도적 복지는 모든 사람들을 대상으로 사회복지제도가 상설적·조직적으로 운영되어 사회의 정상적인 주요 제도로 기능하는 것을 의미한다. 여기서는 국가의 역할이 강조되고 국민 일반에게 보편적인 급여가 제공되어 사회 구성원 대부분이 혜택을 누리기 때문에 복지의 수혜자와 비수혜자의 구분이 무의미하다. 대개 미국과 일본은 잔여적 복지모델에 가깝고, 스웨덴, 노르웨이 등은 제도적 복지모델에 가까운 것으로 평가된다.

의 대상이 되어 왔다. 비판의 주요 요지는 개인에게 있는 빈곤의 책임을 사회가 떠맡게 됨으로써 복지 수혜 대상자들의 자립 의지를 꺾고 빈곤을 오히려 악화시킨다는 것이었다. 특히, 이러한 생각은 게으르고 의존적이라는 흑인에 대한 편견과 결합하여 미국민들의 복지에 대한 부정적 관점을 더욱 강화시키는 요인이 되고 있다. 복지에 대한 부정적 관점은 결국 미국 공적부조의 상징이었던 부양아동가정부조(AFDC: Aid to Families with Dependent Children)가 노동활동을 하는 경우에만 한시적으로 복지혜택을 주는 빈곤가족한시부조(TANF: Temporary Assistance for Needy Families)로 대체되는 결과를 낳았다.

반면, 급여와 기여에 바탕한 기금을 통해 소득 및 의료를 보장하는 사회보장(Social Security) 및 메디케어(Medicare) 제도는 재정 지출의 급증에도 불구하고 대통령 후보들의 공약에서 늘 중요한 자리를 차지하고 있을 만큼 주요 정치적 이슈로 작용하면서 그 수혜자들이 정치적 힘을 발휘해 왔다.

2. 미국 사회복지정책의 전개

1) 1930년대: 대공황과 사회보장법

미국의 사회복지정책은 1930년대 대공황의 산물이다. 열심히 일하는 것만으로 경제적 안전을 보장받을 수 없으며 자선이나 구호만으로는 경제적 재난을 완화할 수 없다는 것을 인식하면서 사회보장에 대한 요구가 생겨난 것이다. 1932년 프랭클린 루스벨트(Franklin D. Roosevelt)가 대통령에 선출된 후 연방정부는 대공황의 재난들을 극복하는 데 보다 적극적인 역할을 하기 시작하였다.

대공황 전에 미국의 사회복지정책은 빈곤의 원인을 개인의 책임으로 간주하였고 개인적 빈곤의 퇴치를 위한 연방정부의 역할은 거의 없이 민간영역에서 필요한 지원이 이루어지는 정도였다. 그러나 대공황으로 안정된 생활을 누리던 중산층마저 하루 아침에 실업자가 되어 무료급식 줄을 서야 하는 상황이 되었다. 대공황의 여파가 극에 달했던 1933년 미국의 실업률은 25%에 달하였다(Cohen 2000). 그 결과, 정부가 사회발전에 적극 개입하여야 한다는 생각이 광범위한 동의를 얻기 시작하였다.

이러한 가운데 대통령에 당선된 민주당의 루스벨트 대통령은 뉴딜(New Deal)정책이라는 일련의 경제회복 프로그램으로 사회안전망을 구축하기 시작하였다. 시장에 대한 조절이 필요할 때는 국가가 시장의 수요를 창출하고 조절하는 역할을 해야 한다는 경제학자 케인즈(John M. Keynes)의 이론을 받아들여 실시된 뉴딜정책은 자유방임시장에 기반한 미국에서 국가가 경제 영역에 공식적으로 개입하는 기원이 되었다. 루스벨트 정부는 은행과 시장을 살리기 위해 긴급은행법(Emergency Banking Act)을 발효하였으며, 대규모 실업 문제를 해결하기 위해 1933~4년 민간공공사업처(Civil Works Administration) 및 1935년 공공사업진흥청(Works Progress Administration)을 신설하여 공공고용정책의 기반을 마련하고 미국민들에게 최소한의 경제적 안전을 제공하기 시작하였다. 뉴딜정책의 또 하나의 업적은 영구적인 사회복지 프로그램을 시작하였다는 점이다. 1935년 발효된 사회보장법(Social Security Act)은 노령연금, 실업보험, 공공부조, 사회복지서비스 등으로 구성되어 있으며, 고용과 관련해서는 고용이 가능한 사람들에게는 실업보험과 노령연금으로, 고용이 불가능한 사람들에게는 공공부조 프로그램을 운영하는 것으로 되어 있다. 이 중 노령연금만 재정과 운영을 연방정부가 관장하고 실업보험은 연방과 각 주 간 협력 방식으로, 또 공공부조와 사회복지서비스는 지방정부가 관장하되 연방정부가 보조금을 지급하는 방식으로 디자인되었다(박병현 2010).

사회보장법은 그간 지방 단위의 단편적 프로그램으로 운영되던 사회복지를 전국적인 복지 시스템으로 전환한 획기적인 법이었다. 그러나 이 법이 사회복지정책을 연방정부가 단일 프로그램으로 관할하지 못하고 각 주에 그 운영의 책임을 맡긴 것은 고전적 자유주의를 신봉해 온 미국에서 연방정부의 역할 강화에 대한 두려움이 여전히 강하게 남아 있었기 때문이었다. 민주당이 상하원을 장악한 상황에서도 루스벨트 대통령의 사회보장법 초안은 큰 반발을 초래하였고 심지어 '사회주의로의 진행'이라는 비난까지 받아야 했다(O'Connor et al. 2004).

이 때문에 사회보장법은 애초에 계획했던 법안에서 상당히 수정되어 통과되었다. 그 결과 노령연금과 실업보험에서 농부, 가사노동자, 임시노동자, 비영리조직 피용자와 자영업자들이 제외되었고 실업보험 역시 연간 20주 중 8주 이상을 취업한 사람들로 제한되었다(Rimlinger 1993). 공공부조 프로그램 또한 실시 규정이나 수급자격 등이 주정부의 재량에 맡겨짐으로써 주정부의 의지와 역량에 따라 혜택을 받지 못하는 사람들도 많았다. 더불어 미국의사협회나 보험회사들의 반발로 의료보험은 처음부터 사회복지 영역에서 제외된 채 논의가 진행되었다. 무엇보다도 1935년 사회보장법의 가장 큰 한계는 사회복지가 세금에 의해 사회전체를 대상으로 운영되는 보편적 복지의 개념으로 이해되지 않았다는 데 있을 것이다. 기금 적립으로 보험 혜택을 누리는 계층과 세금에 의해 복지를 수혜받는 빈곤계층으로 나누어 시행됨으로써 복지정책이 빈곤정책과 동일하게 인식되는 결과를 낳았고, 개인주의적 자유주의 전통이 강한 미국에서 이러한 복지 개념은 이후 아동수당이나 의료, 공공주택정책 등 보편적 복지의 실행을 어렵게 만드는 핵심 요인으로 작용하였다.

2) 1960년대~1970년대 중반: 빈곤과의 전쟁(War on Poverty)

미국은 제2차 세계대전 개입을 통해 대공황으로 인한 경제적 침체로부터 벗어날 수 있게 되었다. 고용은 점차 안정되었고 뉴딜정책에 기반한 복지정책도 변화가 필요해졌다. 특히 1960년대 흑인민권운동은 흑인들의 빈곤 문제에 대한 관심을 증폭시키면서 복지정책의 개혁을 유도하였다. 존슨 대통령은 흑인 복지에 관심이 많았던 케네디 행정부의 사회복지정책을 승계하여 빈곤층을 위한 식품부조법(Food Stamp Act) 및 의료복지정책인 메디케이드(Medicaid)와 메디케어(Medicare)의 의회 통과를 성공시키면서, '위대한 사회(Great Society)' 건설을 위한 '빈곤과의 전쟁'을 선포하였다.

존슨 정부의 위대한 사회 프로그램은 빈곤층을 대상으로 한 공적부조 프로그램이 주를 이루고 있다. 인종 간의 갈등을 해소하고 빈곤을 퇴치하고자 시도한 이 정책으로 사회복지 예산이 급격히 증가하고 다양한 빈곤퇴치프로그램이 시작되었다. 빈곤층의 자립을 돕기 위한 지역사회행동프로그램과 직업훈련프로그램이 실시되었고 공공부조 정책도 개혁이 이루어졌다. 대표적으로, 기존의 아동을 위한 공공부조제도인 빈곤아

동부조(ADC: Aid to Dependent Children)의 수혜자가 아동뿐 아니라 보호자까지로 넓혀지고 적용범위도 농촌 지역까지 확대되어 부양아동가정부조(AFDC: Aid to Families with Dependent Children)로 개편되었다.

하지만, 존슨의 빈곤과의 전쟁은 크게 성공적이지는 못한 것으로 평가되고 있다. 프로그램의 실시에도 불구하고 흑인들의 실업감소와 고용안정이 실현되지 못하였고, 이에 따라 흑인들은 더욱 강력한 복지정책을 요구하게 되었다. 그러나 무엇보다도 큰 문제는 1970년대 기하급수적으로 늘어나는 사회복지비용의 지출에 대응할 수 있는 경제성장이 이루어져야 하는 시점에서 석유파동, 경제성장률 둔화, 실업률 증대 등 위기를 맞이하게 되었다는 사실이었다. 경기침체로 정부의 조세수입이 감소되었을 뿐만 아니라 베트남전쟁의 참전비용은 사회복지비용의 증가와 더불어 미국을 '쌍둥이 적자(twin deficit)'에 시달리게 하는 요인이 되었다. 이러한 요인들은 경제와 사회에 대한 국가의 개입에 대해 보수주의자들의 비난을 불러 일으켰으며, 그 결과 보수주의자들을 중심으로 복지국가 해체론까지 대두되게 되었다.

3) 1980년대: 자유주의로의 회귀와 복지의 축소

1970년대 전 세계를 휩쓴 석유파동과 더불어 온 경제위기에 직면하여 정부의 적극적 개입과 복지정책 및 공공부문 확대를 주장한 케인즈주의정책은 한계를 맞이하게 되었다. 1981년 대통령에 취임한 레이건 대통령은 '레이거노믹스(Reaganomics)'로 명명되는 경제정책을 통해 케인즈주의적 경제정책으로부터의 탈피를 선언하고 존슨의

〈참고사항 13-3〉 레이건 정부의 신보수주의(Neo-conservatism)

레이거노믹스(Reaganomics)로 명명되는 경제정책을 통해 레이건 대통령은 정부규제의 완화, 조세율 인하, 긴축재정, 통화긴축 등을 통한 시장기능의 강화를 추구하였다. 흔히 신보수주의라고 불리는 레이건 시대의 이 새로운 패러다임의 등장은 미국사회에서 개인과 시장의 자유방임을 옹호하고 국가의 경제적 개입의 축소를 강조하는 신자유주의의 본격적 등장을 의미하며, 미국사회가 다시 자유주의적 가치로 복귀한 시점이라고 할 수 있다. 국가 역할의 제한은 복지에 대한 연방정부의 관여도를 줄이는 방향으로도 나타났다. 그 결과 복지에 있어서 잔여적 성격이 더욱 강조되었으며, 연방정부 차원에서 일괄적이고 광범위하게 다루어오던 복지의 책임과 역할의 많은 부분이 주정부에게 이관되었다.

〈표 13-1〉		사회복지정책에 관한 정치적 관점
	보수주의(Conservatism)	자유주의(Liberalism)
이론적 배경	고전적 자유주의	현대적 자유주의
시장에 관한 입장	자유방임시장주의, 사적재산의 중요성	시장에 대한 규제 필요
사회복지 관련 정부의 역할	정부의 역할 최소화, 분권화된 정부	공동체를 위해 필요한 복지증진에 정부가 적극적 개입
사회복지정책	빈곤층을 대상으로 최소한의 안전망 제공	경제적 안전과 기본적 사회재 보장을 위해 보편적 프로그램을 국가가 제공
주로 지지하는 정당	공화당	민주당

위대한 사회 프로그램을 축소할 것을 제안하였으며, 이에 따라 정부가 중심적 역할을 하는 복지정책에 대한 대대적인 개혁이 이루어졌다.

우선 레이건 정부는 공적부조 프로그램의 예산을 대폭 삭감하였다. 그 결과, 공적부조의 수혜심사가 보다 엄격해지고, 빈민에 대한 재정적 급여 및 사회서비스가 대폭 감축되거나 사라졌으며, 식품부조, 의료보호, AFDC와 관련한 재정도 크게 삭감되었다. 이와 더불어 레이건 시대 복지정책의 또 하나의 특징은 연방정부의 주도권 제한과 주정부의 역할 증대에서 찾을 수 있다. 연방정부 차원의 복지정책들이 연방정부에게 이전되었고, 연방 보조금에 대해서도 항목별로 주정부에 지급하는 것이 아니라 주정부가 자율적으로 사용할 수 있도록 복지항목들을 포괄하여 보조금을 제공하는 포괄보조금(block grants) 제도로 변경하였다. 이 제도는 주들이 사정에 맞게 복지기금을 사용할 수 있게 하는 장점을 가졌지만, 반면, 각 주들이 기금을 자의적으로 사용할 수 있는 여지를 만들어 주정부의 역량에 따라 빈민에 대한 복지의 질이 다르게 나타나는 결과를 초래하였다. 뿐만 아니라 레이건 시대에는 보조금의 총액 또한 과거에 비해 크게 감소하면서 사회복지 지출이 전반적으로 감소하고 공적부조제도의 후퇴를 가져왔다고 평가되고 있다.

4) 1990년대 이후: 복지개혁과 공공의료보험

레이건 대통령과 그 뒤를 이은 부시 대통령이 실시한 일련의 복지축소정책은 미국 사회에 빈민의 증가를 가져왔다(남기민 2010). 부시를 이어 대통령에 취임한 클린턴 대통령은 보편적 복지를 의미하는 공공의료보험제도의 입법을 추진함과 동시에 근로연계복지 체제를 구축하는 개혁을 추진하였다.

1980년대 신보수주의가 부상하면서 특히 빈곤층에 대한 보조금을 중심으로 하는 공적부조에 대한 사회적 비판이 증가하였다. 이러한 사회적 분위기를 반영하여 공화당은 AFDC 수혜를 제한하는 개혁안을 마련하였다. 이에 대응하기 위해 클린턴 행정부와 민주당은 근로연계복지 프로그램을 제안하게 되고, 공화당이 주도하는 의회에서 공화당의 법안에 이러한 제안이 반영되어 '개인책임 및 근로기회조정법(PRWORA: Personal Responsibility and Work Opportunity Reconciliation Act)'이 의회를 통과하게 되었다. 이로써 사회복지에 대한 개인의 의존이 줄어들고 사회복지 수급이 근로를 전제로 하게 되었다. 이 개혁을 통해 수급권자의 권리로서의 복지 대신 수급 기간이 한정된 임시적 성격의 공공부조 프로그램이 미국 공공부조제도에서 핵심적 위치를 차지하게 되었고 지금까지도 미국의 복지체계의 핵심 원칙으로 작용하고 있다.

이에 따라 빈곤가정에 대한 공적부조 프로그램인 AFDC도 빈민에게 한시적으로만 도움을 주는 TANF 프로그램으로 대체되었다. TANF는 전 생애에 걸친 총 수혜 기간을 5년으로 제한하고, 수혜자가 수혜받은 지 2년 후부터는 노동을 하거나 직업훈련을

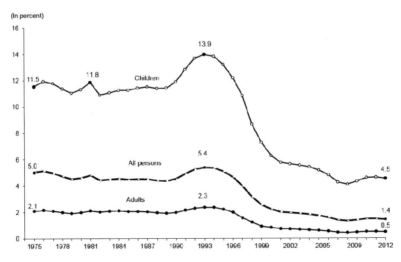

〈그림 13-2〉   **AFDC/TANF 수급자 비율(1975~2012)**

출처: U. S. Department of Health and Human Services, Indicators of Welfare Dependence Annual Report to Congress 2015

받을 것을 조건으로 하고 있다. 이 새로운 프로그램들에서 가장 특징적인 부분은 과거 공적부조 예산의 무제한 매칭자금(open-ended federal matching program)제도로부터 연방정부가 주정부에 5년에 한 번씩 일정 액수를 일괄 지급하는 포괄보조금(block grants)제도로 바뀌면서 공적부조 예산이 크게 감축되었다는 점이다. 포괄보조금 제도는 앞서 지적하였듯이, 주정부가 독립적으로 각 주의 실정에 맞게 복지제도를 개혁할 수 있는 자율성과 유동성을 제공한다. 그 결과, 실제로 많은 주들이 연방법에 규정되어 있는 것보다 TANF 수혜 기간을 더 줄이거나 더 엄격한 근로규칙을 정하고 있는 것으로 나타났다(박병현 2005). 클린턴 행정부의 복지개혁으로 공적부조 프로그램의 수급자 수가 크게 감소하였고 〈그림 13-2〉에서 볼 수 있듯이, 특히 아동수급자의 수가 2배 이상 감소하여 미국 공적부조의 후퇴로 평가되고 있다. 2005년의 적자감축법은 TANF 수급자 수 산정 기준을 변경하여 수급자 수를 감소시키고 수급가구에 대한 지원을 삭감하였다. 2008년 경제위기에 대한 연방정부의 대응으로 2년간 일시적으로 예산이 증가되었으나 2010년 회계연도에 TANF 비상기금이 종료되자 대부분의 주가 프로그램의 감소와 직원의 감축을 감행하였다.

한편, 클린턴 대통령은 미국 복지의 숙원사업인 공공의료보험제도 실시에 전력을 쏟았다. 미국의 의료보험제도는 미국 복지의 후진성을 나타내는 대표적인 분야로 지적되어 왔다. 미국의 공공의료보험에는 노인들을 위한 메디케어와 빈곤층을 위한 메디케이드, 그리고 재향군인들을 대상으로 하는 VHA(Veteran's Health Administration) 및 인디언 보호구역 주민을 위한 건강 서비스 등이 있다. 오바마 정부에서 의료보험 개혁을 실시하기 전인 2010년 기준으로 약 30% 정도의 미국인이 공공의료보험의 혜택을 받고 있는 것으로 조사되었다. 이 시기 미국 전체 보험가입자 중 49%는 직장의료보험 가입자이며, 전체 국민의 약 16%가 의료보험의 혜택을 전혀 받지 못하고 있는

〈표 13-2〉 **의료보험 개혁 전 미국 의료보험 가입률(2010년 기준)**

계	민간의료보험		공공의료보험			무보험
	직장의료보험	개인의료보험	메디케이드	메디케어	재향군인의료보험	
소계	55.3%	9.5%	15.9%	14.5%	4.2%	
총계	83.7%					16.3%

출처: U.S. Census Bureau 2011, 김양미(2012), p.142 재인용

것으로 나타났다(〈표 13-2〉 참조).

이러한 상황에서 미국에서는 오랫동안 전 국민에 대한 의료 혜택의 필요성이 끊임없이 이슈화되었고, 클린턴 대통령은 1993년 힐러리 클린턴(Hillary Clinton)을 위원장으로 하는 의료개혁특별위원회를 만들어 공공의료보험제도 개혁안을 제출하였다. 그러나 의료 관련 이익집단들과 보험회사들의 강한 반발로 의회 통과에 실패하였다. 미국의 의료보험개혁법안은 오바마 행정부 시기인 2010년이 되어서야 우여곡절 끝에 의회를 통과할 수 있었다. 이 개혁법안도 공화당과 개혁반대세력의 강한 반발로 정부가 주도하는 공공보험(public option) 조항은 삭제된 채 통과되었지만, 미국 역사상 최초로 국민의료보험 시대의 막을 열었다는 점에서 큰 의의가 있다. 그러나 개혁법 통과후 현재(2019년)까지도 개인의 자유와 주정부의 권한에 대한 연방정부의 침해 논란을 불러일으키면서 의료보험 개혁 관련 소송이 계속되고 있고, 특히 트럼프 행정부 하에서 의료보험 개혁을 약화시키기 위한 일련의 법률과 조치들이 만들어지면서 개혁의 지속 여부가 여전히 불안한 상황이다.

3. 미국의 사회복지정책 개관

1) 소득보장제도(Income Security)

소득보장 프로그램은 은퇴, 장애, 실업, 가장의 사망 등으로 인해 수입원이 없어진 개인들을 대상으로 소득을 보장해 주는 사회복지정책이다. 소득보장 프로그램은 크게 개인의 재정 상태와 관계없이 제공되는 사회보험제도(non-means-based program)와 수입이 특정 액수 이하인 사람들에게만 혜택을 주는 부조형 프로그램(means-tested program)으로 나뉜다.

(1) 소득보장을 위한 사회보험(non-means-based program)

개인의 재정 상태와 상관없이 혜택이 주어지는 사회보험의 경우 민간보험과 비슷한 방식으로 운용된다. 대표적인 사회보험은 일반적으로 Social Security라고 불리는 공적연금제도(OASDI: Old Age, Survivors, and Disability Insurance)이다. 이 제도는 현재의 고용주와 근로자가 낸 세금으로 현 노령인구의 수입을 보장하는 방식으로 운용되고 있다. 이 제도를 위한 사회보장세(Social Security tax)는 누진세가 아닌 일종의 역진세로서 수입이 낮은 사람들의 수입에서 차지하는 비율이 크기 때문에 비판의 대상이 되고 있기도 하다.

　현재 미국의 공적연금제도의 가장 큰 문제는 연금 기금의 부족이다. 베이비붐 세대가 은퇴하는 2018년에 공적연금 지출액이 조세수입을 초과할 것으로 전망되었지만 미국의 경제위기와 함께 2010년에 이미 연금지급액이 조세수입을 초과하였다(〈그림 13-3〉 참조). 부시 대통령은 공적연금의 민영화를 통해 이 문제를 해결하고자 시도하여 민주당과 자유주의자들의 강한 반발에 직면하기도 하였다.

　소득 수준에 관계없이 수혜 받을 수 있는 또 다른 사회보험은 실업보험(Unemployment Insurance)이다. 연방법에 의해 한 분기에 1,500달러 이상을 고용인에게 지급하고 있거나 1년에 20주 이상 일하는 노동자를 한 명이라도 고용하고 있는 고용주는 모두 실업보험에 가입하여야 하지만, 주에 따라 이와는 다르게 규정하고 있는 경우도 있다. 모든 고용주는 각 고용인의 실업보험을 위해 매년 고용인 1인당 420달러를 세금으로 연방정부에 납부해야 하며, 주정부에도 주정부가 정한 액수를 세금으로 납부해야 한다. 실업보험은 일자리를 잃은 근로자들은 모두 혜택을 받을 수 있으나 비정규직이나 자신의 부주의로 인한 해고자 및 스스로 직장을 떠난 경우는 수혜를 받을 수 없다. 실업보험은 연방과 주정부의 협력 프로그램이지만, 주로 주정부의 책임 하에 시행되고 있으며, 그 때문에 주별로 세액 및 지불 정도가 크게 다른 경향을 보인다.

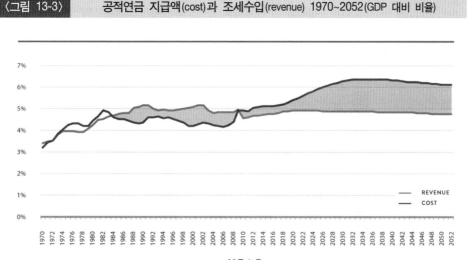

〈그림 13-3〉　공적연금 지급액(cost)과 조세수입(revenue) 1970~2052(GDP 대비 비율)

YEAR

출처: www.demos.org

일반적으로는 노동조합의 힘이 상대적으로 약한 남부 주들의 실업급여 액수가 다른 주들에 비해 적은 편이다.

공적연금제도와 마찬가지로 실업보험제도에 있어서도 가장 큰 문제는 실업자의 수가 급증하면서 보험금을 지급할 기금이 부족하다는 것이다. 이 때문에 많은 주들이 빚을 지게 되자 주들은 실업 급여액을 축소하거나 법인세를 높이는 정책을 실시하는 것으로 이 문제를 해결하려 하고 있다. 하지만 실업보험 기금을 비롯한 사회복지 전반에 대한 주정부의 기금 부족은 여전히 미국 사회복지정책의 핵심적인 문제가 되고 있다.

(2) 빈곤층을 위한 소득보장(공적부조)

빈곤층을 위한 소득보장제도는 소득이 특정 액수 이하인 개인이나 가정을 돕기 위해 마련된 제도로서, 보충적 소득보장(SSI: Supplemental Security Income), PRWORA (Personal Responsibility and Work Opportunity Reconciliation Act), TANF(Temporary Assistance for Needy Families), 그리고 식품부조(Food Stamp Program)를 대체한 영양보조프로그램(Supplemental Nutrition Assistance Program), 공영주택(Public Housing), 학교 급식(National School Lunch Program) 등이 포함된다. 미국 인구조사국에 의하면, 2018년의 경우 미국 전체 인구 중 약 28%가 공적부조 혜택을 받은 것으로 집계되었

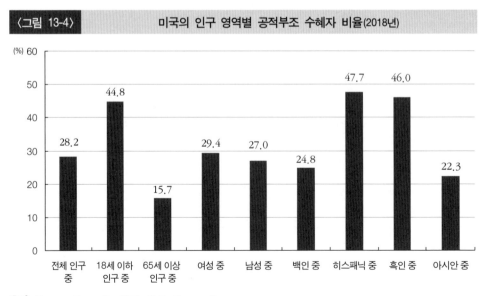

〈그림 13-4〉 **미국의 인구 영역별 공적부조 수혜자 비율(2018년)**

출처: Poverty Status in 2018, U.S. Census Bureau

다. 2018년 인구 영역별 공적부조 수혜자 비율은 〈그림 13-4〉와 같다.

1935년 사회보장법으로 시작된 빈곤 노인 및 시각장애인 대상 소득보장제도가 1972년 닉슨 행정부에 이르러 장애 및 지급 규정을 표준화하면서 빈곤 노인과 장애인을 대상으로 하는 SSI 프로그램으로 대체되었다. SSI를 위한 일차적 기금은 연방정부에 의해 지급되지만, 주정부가 연방정부의 기금을 보조하도록 되어 있어 기본적 성격은 연방과 주정부 간 협력체계이다. 수혜 자격 기준과 지급 수준은 주로 주정부가 결정하며, 미국 시민권자뿐 아니라 미국 내 거주하는 외국인들 중에도 자격이 되는 사람에 한해서 SSI를 지급하도록 하고 있다. 1996년 사회복지개혁에 의해 SSI의 수혜자와 지급액에 상당 부분 제한이 가해지게 되었는데, 지난 10여 년 동안 물가상승률 대비 SSI 수급액은 거의 변화가 없었다. 수급액은 주별로 크게 차이가 나지만, 2014년 12월 기준 8백만 명이 매달 평균적으로 약 530달러를 지급받는 것으로 집계되었다.

한편, 미혼모가 증가하였던 1960년대 빈곤 가정, 특히 모자 가정을 위해 중요한 역할을 담당하였던 AFDC는 문란한 성관계, 혼외 임신 및 의존성을 증가시켜 영원히 복지수혜 가정으로 남게 하는 정책이라는 비난에서 자유롭지 못했다. 이 때문에 1980년대 후반부터 AFDC에 대한 개혁이 시도되었다.

개혁의 일례로 사회보장 혜택을 받는 가정의 구성원에게 교육, 직업훈련, 직업경력을 제공하는 고용기회와 기본기술(JOBS: Jobs Opportunities and Basic Skills) 프로그램이 연방과 주정부의 협력 기금을 통해 성공적으로 실시되었다. 가정 및 어린이 부조법(Family and Child Support Act)은 각 주들로 하여금 가장이 실업 상태인 양부모 가정에도 복지혜택을 제공하도록 요구하고 있다. 수혜 가정의 부모 중 한 명이 법이 규정하고 있는 교육 및 노동 활동에 일주일에 16시간 이상 참여하도록 규정하고 있는 이 제도가 전국적으로 시행된 초기인 1992년의 경우 계획하였던 수를 훨씬 초과한 약 50만 명의 사람들이 프로그램에 참여한 것으로 알려져 있다.

TANF는 AFDC의 후속 프로그램이다. 빈곤층에 대해 단순히 보조금을 지급하는 공적부조가 빈곤층의 자립의지를 약화시켜 빈곤의 악순환을 야기한다는 사회적 비판에 직면하여 근로와 복지혜택을 연계시키는 형태로 복지 프로그램을 개혁하는 과정에서 탄생하였다. 1996년 제정된 PRWORA(Personal Responsibility and Work Opportunity Reconciliation Act)는 AFDC를 TANF로 대체하면서 미국 복지정책에 큰 변화를 가져온 법이었다. 전통적으로 미국에서는 일방적으로 베푸는 복지에 대해 회의적인 경향이 강한데, 특히 1980년대 신보수주의자들의 복지에 대한 강한 비판에 직면하여

1990년대는 복지에 대한 개혁 요구가 커져 있었다. 대선 후보시절에 이미 복지 개혁을 약속한 클린턴 대통령은 이후 공화당과의 협상을 통해 PRWORA를 탄생시켰다.

TANF도 같은 맥락에서 빈곤가정에 조건 없이 보조금 혜택을 주는 AFDC를 대체하여 마련되었다. TANF는 보조금 수혜 기간을 생애 총 5년으로 제한하고, 수혜받는 경우에도 2년 안에 근로활동을 하도록 규정하고 있다. 또한 18세 이하의 미혼모의 경우, 성인과 함께 살거나 학교에 다닐 경우에만, 그리고 모든 미혼모의 경우, 아이의 아버지에 대한 정보를 제공한 경우에만 복지혜택을 받을 수 있도록 정하고 있다.

공적부조 예산 삭감을 가져온 포괄보조금제를 통해 각 주에게 자율권이 주어지면서 주별로 조금씩 다른 정책을 시행하고 있지만, 대부분의 주에서 한 가정이 TANF를 활용할 수 있는 개월 수를 제한하고 있다. 수혜의 조건들은 주마다 다른데, 예를 들어, 테네시 주와 위스콘신 주의 경우는 TANF 수혜자들의 노동활동을 일주일에 40시간으로 규정하고 있는 반면, 델라웨어 주와 매사추세츠 주는 20시간으로 정하고 있다. 또한 주에 따라서는 장애인이나 노령인구에 대해서, 또는 2살 이하의 자녀가 있는 경우에 대해서 노동활동 의무를 면제해 주고 있기도 하다. 보조금 액수는 인플레이션을 고려할 때 해가 갈수록 낮아지고 있는 추세이며, 2017년에는 약 250만 명이 월평균 432달러의 보조금을 받은 것으로 집계되었다(Center on Budget and Policy Priorities).

첫 번째 TANF가 끝난 2002년, 부시 대통령은 TANF 재승인을 통해 TANF를 수혜하는 모든 가정에 대해 노동활동 참여를 의무화하고 노동의무 시간을 늘리는 것을 제안하였지만, 주정부의 자율성에 맡겨진 TANF 특성상, 여전히 주에 따라 조금씩 다

〈표 13-3〉	미국의 소득보장을 위한 사회복지정책	
	개인 재정과 관계없는 사회보험	빈곤층을 위한 사회복지(공적부조)
대표적인 종류	공적연금제도(OASDI 또는 Social Security) / 실업보험	SSI / PRWORA / ADFC / TANF / 식업부조(Food Stamps)
자격	재산 및 소득 수준과 관계없이 혜택 / 일정 조건을 충족하는 모든 개인들에 자격 부여	자격 심사를 통해 특정 소득 수준 이하인 개인 및 가정 선별
기금	근로자의 급여 또는 기여금을 통한 기금 마련	세금을 통한 복지 기금 마련
정치적 이슈	지출의 증대로 인한 기금의 부족 / 대선 후보들의 주요 정치적 공약 구성 / 수혜자들의 정치적 파워가 강함	빈곤을 개인의 책임으로 돌리는 사회적 가치로 인해 지속적인 정치적 비판의 대상이 됨 / 복지의 규모와 범위가 축소되는 경향

른 기준으로 집행되고 있다. 한편, TANF는 불법이민자나 영주권 취득 5년을 경과하지 않은 영주권자에 대한 지원 중단을 규정하고 있어 비난의 대상이 되기도 한다.

공적부조의 또 하나의 대표적인 프로그램으로는 빈곤층의 영양과 건강을 유지하기 위한 영양보조프로그램(SNAP: Supplemental Nutrition Assistance Program)을 들 수 있다. 이 프로그램은 1930년대부터 실시되어 오던 식품부조프로그램(Food Stamp Program)을 대체하여 만들어진 제도이다. 빈곤층이 영양가 있는 식품을 살 수 있도록 연방정부가 제공한 기금을 통하여 주정부가 스탬프나 쿠폰을 배부한다. 미국 농무부(Dept. of Agriculture) 발표에 의하면, 2018년 5월 현재 약 3,900만 명의 미국인들이 영양보조프로그램의 수혜자로서 스탬프를 제공받고 있는 것으로 집계되고 있다.

2) 공공의료보험제도: 메디케어와 메디케이드

미국의 공공의료보험 프로그램은 크게 메디케어(Medicare)와 메디케이드(Medicaid)로 나뉘어 있다. 두 프로그램은 모두 케네디 행정부에서 제안되어 존슨 대통령 시기에 의회를 통과하면서 탄생하였다.

메디케어는 공적연금(Social Security) 수혜 자격이 있는 모든 노인들에게 제공되는 의료보험 프로그램이다. 수혜자의 재정 수준에 관계없이 제공되는 의료보험으로서, 공적연금과 마찬가지로 미래의 수혜자들이 미리 투자하는 메디케어 기금으로 운영된다. 메디케어 중 65세 이상 모든 공적연금 대상자들에 해당되는 병원보험 유형(Medicare Part A)을 위한 기금은 임금 노동자와 고용인 수입의 2.9%(노동자와 고용인 각각 1.45%)를 세금으로 부과함으로써 마련되고 있으나, 2013년부터 연간 수입 20만 달러 이상의 고소득자에 한해 부담 비율이 3.8%까지 늘어났다. 2018년에 메디케어 수혜자는 약 6천만 명에 이른 것으로 조사되었다(Medicare Trustees Report 2019).

노령인구가 늘어나고 노인들의 의료 서비스에 대한 수요가 증가하고 있을 뿐 아니라, 의료비 또한 급격히 증가하고 있기 때문에 메디케어는 상당히 비용이 많이 드는 복지 프로그램이 되고 있다. 이 때문에 미국 행정부와 의회는 지속적으로 메디케어에 대한 개혁을 시도하거나 보조법안을 만들어 왔다. 예를 들어, 1988년 레이건 행정부는 장기적인 질병이나 재난에 의한 노인 의료 보호를 위한 메디케어 재난보상법(Medicare Catastrophic Coverage Act)을 마련하여 그 비용을 재정 상태가 좋은 노인층에게서 충당하겠다는 제안을 하였으나, 노인층의 강한 반발에 부딪혀 의회가 이듬해 법안을 폐기하였다. 1990년대 중반에는 메디케어 의사들에 대해 의료처치뿐 아니라 지역의 규

〈참고사항 13-4〉 메디케어 유형 A~D(Medicare Part A~D)

메디케어 보장범위는 A~D까지 네 가지 유형으로 나뉘어 있는데, A형은 병원보험으로서 65세 이상의 공적연금 대상자 모두에게 해당되는 보험이며, 입원, 특정 기술을 요하는 간호, 가정의료 서비스 등을 보장한다. B~D형은 선택사항으로서, A형이 보장하지 못하는 서비스들에 대한 보장을 내용으로 하고 있다. B형은 일반 의료보험의 형태로서 다른 보험이 없는 상태에서 B형에 가입하지 않는 경우에 연간 10%의 벌금을 낼 뿐 아니라 보험 비용이 낮고 80%를 보험에서 보장하기 때문에 대부분의 노인들이 가입하고 있다. 1997년 통과된 법은 기존의 A형과 B형뿐 아니라, C형을 신설하여 민간 보험 가입을 통해서도 A형 및 B형과 같은 혜택을 받을 수 있도록 하고 있다. D형은 2006년 메디케어현대화법(Medicare Modernization Act)을 통해 처방약에 대한 보장을 받을 수 있게 되면서 포함된 유형이다. 메디케어 A형을 위한 기금은 기본적으로 고용주와 피고용인의 수입에 각각 1.45%씩, 총 2.9%를 세금으로 부과함으로써 마련되고 있으나, 고소득자(개인은 연 20만 달러, 부부는 연 25만 달러 이상 소득자)의 경우에는 수입의 2.35%를 부과한다.

모에 따라 차등을 두어 상환금을 지급하는 제도를 만들었고, 메디케어 개혁이 주요 이슈로 부상한 2000년 대선에서 대통령으로 당선된 부시 대통령은 처방약도 보장하도록 하는 메디케어현대화법(Medicare Modernization Act)을 제정하기도 하였다. 이 법으로 메디케어에 대한 정부 지출이 기하급수적으로 늘어나면서 비판의 대상이 되었으나, 노령 유권자가 증가하고 이들의 투표 영향력이 커지면서 미국 대통령과 대선 후보들은 메디케어와 공적연금 개혁에 무관심할 수 없는 입장이다. 특히, 오바마 행정부의 의료보험 개혁과 맞물려 메디케어 개혁은 미국사회에서 중요한 이슈가 되었다.

2018년 중간선거에 즈음하여 민주당에서는 65세 이상 노인에게만 연방정부가 제공하는 메디케어를 전 국민에게 확대하자는 '메디케어 포 올(Medicare for All)'이 주요 이슈로 등장하였고, 2020년 대선과 의회선거를 앞두고는 많은 민주당 후보들이 이를 지지하고 있다. 반면, 트럼프 대통령을 비롯한 공화당은 근본적으로는 연방정부가 메디케어 수급자의 의료비를 지원하는 기존 방식에서 의료비 지출에 상한선을 정해 초과 의료비를 가입자 본인이 부담하는 '보험료 지원 프로그램' 방식으로 전환시키고 싶어 한다. 이는 메디케어를 보험 시장에서 경쟁시킴으로써 메디케어 관련 연방정부의 지출을 줄이고자 하는 데 그 목적이 있지만, 아직은 국민의 지지를 받고 있지 못하다. 2020년 대선을 앞둔 2019년 10월 트럼프 대통령은 민주당의 개혁안에 반대하면서

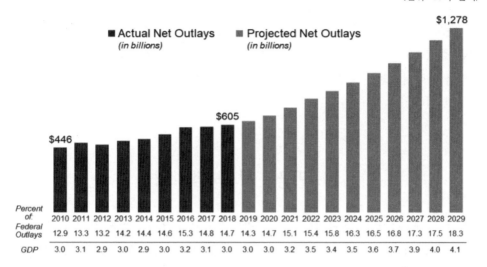

〈그림 13-5〉 　메디케어 비용 지출(2010~2029)

(단위: 10억 달러)

주: 2019년 이후는 예상 지출 금액
출처: 카이저가족재단(Kaiser Family Foundation) 분석 자료
　　원자료는 의회예산국(Congressional Budget Office)의 *The Budget and Economic Outlook 2019 to 2029* (2019)

노인과 장애인에게 대한 보험 혜택을 강화하고자 하는 행정명령에 서명하였다.

　한편, 메디케이드는 메디케어와는 달리, 빈곤층에게 주어지는 포괄적인 의료보험 혜택이다. TANF나 SSI 수혜 대상이 되는 빈곤층의 외래, 입원, 처방약, 그리고 장기적인 가정 간병비까지 모든 의료 서비스 비용을 보장한다. 1986년에 의회가 메디케이드 보장범위를 저소득층 임산부와 어린이들에게로 확대하는 법을 통과시키자, 각 주들도 빈곤지수 186% 이하 가정의 임산부와 1세 이하 영아에 대해 메디케이드 보장을 확대하였다.

　메디케이드는 빈곤층을 대상으로 하는 공적부조이기 때문에 엄격한 자격심사가 동반된다. 메디케이드 자격조건은 주마다 다양하게 적용되고 있다. 연방정부는 일정 빈곤 수준 이하인 가정은 모두 메디케이드 수혜를 받을 수 있게 자격 표준을 제시하고 있지만, 각 주정부는 자신의 자유재량권을 갖고 메디케이드 대상자들의 자격을 제한 또는 확대할 수 있다. 이 때문에 그 수혜자 범위가 주정부의 재정에 따라 주별로 상당히 다르게 나타나고 있다.

메디케이드 기금은 연방정부와 주정부가 공동으로 마련하고 있으며, 연방정부는 이 중 각 주의 보건의료 지출 수준에 따라 50~80% 정도의 비용을 지불하고 있다. 메디케이드는 연방정부가 가장 많은 비용을 지출하고 있는 공적부조 프로그램이다. 공화당 정부는 이 지출을 줄이고자 연방정부가 제공하는 메디케이드 재원에 일종의 상한선을 설정하고 주정부에 포괄적인 형태로 고정 보조금을 제공함으로써 연방정부의 책임을 약화시키고 주정부의 권한과 책임을 강화하는 방향으로 메디케이드의 개혁을 꾀하고 있다.

III. 미국의 의료보험 개혁

미국은 OECD 국가 중 유일하게 전 국민이 의료보험 혜택을 받는 보편적 의료보험 체계(Universal Healthcare System)를 갖추지 못하고 있는 나라이다. 그간 보편적 의료복지를 위한 개혁 논의가 장기간 계속되었지만 실패를 거듭하였다. 1930년대 루스벨트 행정부 하에서 논의되었던 의료보험 개혁은 결국 2010년에 이르러 보편적 복지의 형태로 만들어졌지만, 국민의료보험을 국가가 주도하고자 하였던 시도는 무산되었다.

1. 미국 의료보험 개혁의 역사

미국 의료보험 개혁의 본격적인 역사는 1930년대 루스벨트 대통령 시대로 거슬러 올라간다. 노령연금과 실업보험을 제도화하는 과정에서 처음으로 전국적인 의료보험 프로그램의 가능성에 대한 논의가 시작되었다. 하지만 연방정부 주도의 의료보험에 대한 반발과 재정적 문제로 인해 본격적인 논의를 전개하지 못하였다. 특히 미국의사협회(American Medical Association)는 정부 주도의 의료보험체계에 대해 강하게 반발하였다. 이후 1945년 트루먼(Harry Truman) 대통령도 전 국민을 대상으로 하는 의료보험 시스템을 만들기 위한 10개년 계획을 의회에 제안했지만, 미국의사협회는 다시 사회의료보장제도의 해악을 경고하였고 여론 또한 부정적인 상황에서 개혁 계획은 수포로 돌아갔다. 1962년 케네디 대통령 또한 노령연금 수혜자 전체에게 의료 혜택을 주고자 하였지만 역시 의회를 통과하는 데 실패하였다.

30여 년 동안의 의료보험 개혁 실패 후 1965년 마침내 존슨 대통령은 메디케어와 메디케이드 프로그램 시행 법안에 서명하였다. 그러나 1968년 선거에서는 이 의료 프로그램으로 인한 정부 지출의 증가 문제가 핵심 캠페인 이슈로 등장하여 비난에 직면해야만 했다.

한편, 1971년에는 닉슨 대통령이 고용주가 직원들을 위해 민간 의료보험회사를 통해 최소한의 의료보험을 공급해야 한다는 법안을 지지함으로써 직장의료보험이 보편화되는 계기를 맞게 되었다. 같은 시기 케네디(Ted Kennedy) 상원의원은 연방정부가 주관하고 재정 지원하는 보편적 의료보험체계로의 개혁을 골자로 하는 의료보장법(Health Security Act)을 발의하였다. 그러나 이 법안에 대한 사회적 반대는 여전히 큰 상황이었다. 1976년에 대통령에 당선된 후 카터(Jimmy Carter) 대통령 또한 비슷한 법안을 제안하였지만 경제공황으로 이 논의는 물밑으로 가라앉고 말았다.

이후 1980년대 후반 일련의 의료 법안 개혁안이 의회에서 통과된 후 1988년에는 병이나 장애로 인해 재정적 파탄을 맞은 노인들을 보호하기 위한 법인 메디케어 재난보상법(Medicare Catastrophic Coverage Act)이 통과되었다. 이 제도는 3,300만 명의 메디케어 수혜자들에 대해 누진세로 유지되도록 계획되었지만 누진세에 반발하는 수십만의 부유층 노인들로 인해 1989년 의회는 결국 이 법을 폐기하게 된다. 과거의 법안들이 정부의 역할 확대와 연방 의료재정의 확대에 대한 반대로 국회를 통과하지 못했던 것에 반해, 이 메디케어 재난보상법은 국회를 통과했음에도 연방정부 역할 확대의 물적 토대를 형성하는 소위 부자증세에 대한 반발로 다시 폐기되는 상황을 맞이한 것이다.

1993년에 이루어진 클린턴 대통령의 의료보험개혁안은 철저히 비밀스러운 작업을 통해서 이루어진 후 대중들에게 공표되었다. 고용여부에 관계없이 모든 미국인들이 국가가 주관하는 의료보험 혜택을 받도록 하고 있는 이 법안이 발표되자 법안 반대자들은 시위, 캠페인 등을 통해 강한 반대를 표명하였고 결국 법안은 사장될 수밖에 없었다. 특히 법안의 작성과정에서 소외되었던 보험회사, 이익집단, 민주당 내 반대세력, 공화당 등의 반대가 매우 극심하였다(이소영 2011).

1990년대 클린턴 대통령 시기를 지나면서 의료보험 문제는 미국 유권자들의 중요한 관심사로 남게 되었다. 특히, 노인들을 대상으로 하는 메디케어 개혁 문제는 2000년 대선에서 주요 이슈로 등장하였다. 앞서 언급하였듯이, 부시 대통령은 처방약까지 메디케어를 통해 보장하도록 하는 메디케어현대화법(Medicare Modernization Act)에 서명하였다. 하지만 메디케어 지출을 급격히 증가시킬 이 법에 대해 민주당은 강하게 비난하였고 민주당과 부시 정부 사이의 논쟁은 지속적으로 이어졌다. 이러한 정치적 환경에서 2008년 오바마 후보는 의료보험혜택을 받지 못하고 있는 4,700만 미국인들도 국가주도 의료보험 체계 하에서 의료 혜택을 받을 수 있는 보편적 의료보험을 위한 개혁을 약속하였다.

　오바마 대통령은 클린턴 행정부와는 달리 기업과 의료보험 업계 대표들을 협상테이블에 부르면서 개혁의 첫발을 내디뎠다. 클린턴 정부 당시 개혁의 가장 강력한 반대 세력이었던 의료보험 회사들은 2009년에는 개혁의 필요성을 인정하고 협상 테이블에 앉았다. 그러나 개혁이 진행되면서 공화당과 보험업계, 이익단체 및 민주당 내 보수주의 세력의 강한 반대에 부딪히며 수없이 많은 협상과 정치적 전투를 통해 법안의 세부 항목들을 수정해 나가야 했다. 특히, 의료보험 개혁의 핵심 조항인 국가 주도의 공공보험(Public Option) 조항은 타협을 위해 삭제될 수밖에 없었다. 2010년 3월 오랫동안의 타협과 설득과정을 거쳐 수정된 최종 법안이 마침내 하원과 상원을 통과하였다.

　이 개혁으로 3,200만 명이 추가로 의료보험 혜택을 받게 됨으로써 대부분의 미국인들이 의료보험혜택을 받을 수 있게 되었다. 개혁법은 전 국민의 의료보험 가입을 의무화하고 있는데, 특히 25인 이상 직원을 둔 기업이 의료보험을 제공하지 않을 시에는 과징금을 부과하도록 규정하고 있다. 또한 의료보험 개혁으로 메디케이드 수혜자를 추가로 1,600만 명 더 늘리게 되었다. 무엇보다도 기존 병력 때문에 보험회사들이 보험 구입 및 혜택을 거부하지 못하도록 규정하는 조항은 법안 제정과정에서 보험회사들의 강한 반대에 부딪힌 항목으로서 의미 있는 개혁 항목으로 평가받고 있다. 의료보험개혁법인 PPACA(Patient Protection and Affordable Care Act), 소위 오바마케어가 2014년부터 시행되자 개혁은 공화당과 보수주의자 및 보수주의적 색채를 띠는 주들의 강한 반대에 직면했다.

　2010년 개혁법 통과 이후 매 선거 때마다 의료보험개혁법 폐기를 약속하였던 공화당은 2016년 의회와 행정부를 모두 장악하면서 마침내 의료보험개혁법 폐기를 위한 수순을 밟았다. 그러나 오바마케어를 폐기하고 소위 트럼프케어라고 불리는 대체법안을 통과시키기 위한 공화당 의회의 일련의 시도들은 실패로 돌아갔다. 이와 함께 오바마케어에 대한 여론의 지지도 점차 높아졌다. 그럼에도 불구하고, 트럼프 정부와 공화당은 2017년 12월에 의료보험 구입 의무조항을 지키지 않는 개인에 대해서 부과되는 세금(벌금)을 없애는 것을 주요 내용으로 하는 '감세 및 일자리법(Tax Cuts and Jobs Act of 2017(TCJA))'을 통과시켰다. 의회예산국은 이 법의 시행으로 의료보험 수혜자가 크게 감소하고 보험료도 크게 늘어날 것으로 예측하였다.

2. 의료보험 개혁의 주요 이슈

미국의 의료보험 개혁은 매우 복잡한 이해관계가 얽혀 있고 이념적 해석이 거듭되어 온, 미국사회 갈등구조를 대표하는 이슈이다. 의료보험 개혁을 둘러싸고 형성된 가장 큰 갈등 요인은 미국 사회복지정책 전반을 관통해 온 국가-개인의 관계와 연방-주 관계에 대한 이해의 차이에 있다.

완전히 사적 영역에 속해 있던 의료보험을 국가 주도로 전환하려는 노력은 미국의 전통적 정서 하에서 번번이 실패할 수밖에 없었고, 우여곡절 끝에 이루어진 오바마 정부의 의료보험개혁안 또한 재정위기 하에서 작은 정부를 선호하는 미국민의 정서에 호소하는 공화당과 보수주의자들의 전략 앞에 위기를 맞게 되었다. 복지를 개인의 책임 영역으로 인식하고 사적 영역에 국가의 개입이 최소화되기를 원하는 공화당과 보수주의적 이익집단 및 유권자들은 연방정부의 책임 하에 전체 국민에게 혜택을 주는 보편적 복지에 대해 강력히 반대하였다. 2010년 3월 의회를 통과한 후 의료보험개혁법은 공화당과 보수주의자들의 비판에 부딪히며 2010년 11월 중간선거에서 민주당이 참패하게 된 중요한 원인을 제공하였다. 중간선거를 통하여 다수 의석을 공화당이 차지하게 된 하원은 임기가 시작된 직후인 2011년 1월 의료보험개혁법 폐기안를 통과시켰다. 이는 민주당이 다수당인 상원에서는 폐기안이 통과될 수는 없는 상황에서 이루어진 공화당의 상징적 행태였다. 의료보험 개혁을 둘러싼 이러한 정치적 환경은 미국의 정치권을 더욱 심하게 양극화시켰으며, 이에 따라 유권자들 역시 의료보험 개혁 이슈에 대한 인지도와 관심을 바탕으로 양극화되는 현상을 보였다.

오바마 행정부의 의료보험 개혁은 또한 연방정부와 주정부의 권한 배분 문제와 관련해서도 갈등을 빚었다. 2010년 개혁법이 의회를 통과한 직후 플로리다와 버지니아를 포함한 20개 주에서는 즉각 위헌 소송에 나섰다. 이들 주들이 주장하는 위헌의 가장 큰 이유는 연방정부가 모든 미국인들에게 의무적으로 의료보험을 구매하도록 강제할 어떠한 권한도 없으며, 따라서 개혁이 개인들의 자유를 억압하는 결정이라는 것이었다. 그러나 2012년 7월 연방대법원은 '정부가 일반 시민들에게 의무적으로 보험에 가입하도록 강제할 수 있는가'라는 문제를 핵심 이슈로 하는 위헌소송에 대해 의료보험개혁법의 합헌 판결을 내렸다. 이 판결을 통해 대법원은 전 국민에게 의료보험의 보유

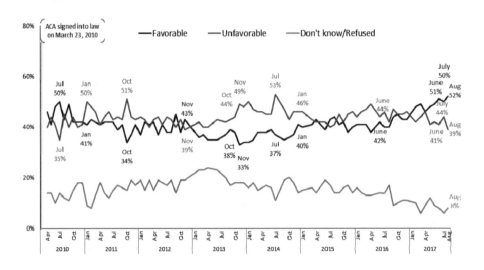

〈그림 13-6〉　의료보험 개혁에 대한 찬반 여론 추이(%)

　를 의무화하는 것은 헌법이 연방의회에 부여한 권한 이상의 행위라고 규정하면서도, 연방정부가 보험에 가입하지 않은 사람들에게 물리게 될 재정부담은 벌금이 아닌 세금이라고 규정함으로써 개혁법을 합리화시켰다. 그러나 이러한 판결은 공화당으로 하여금 의료보험 개혁으로 세금이 증대할 것이라는 공격을 강화할 수 있도록 해 줌으로써 갈등의 여지를 남겼다. 특히 2013년 예산안 협상과정에서 공화당은 사회복지비용 지출 삭감을 주장하였고 민주당은 증세를 주장하면서 팽팽히 맞서 마지막까지 합의에 이르지 못하고 2013년 3월 1일 예산자동삭감 조치가 이루어졌다. 2014년 예산안 협상과정에서도 메디케어 예산 증대와 고소득층 증세에 관해 공화당의 반대가 거세지면서 결국 정부폐쇄에까지 이르게 되었다.

　의료보험 개혁을 재정악화 문제와 연결시키는 공화당의 주장은 의료보험 개혁에 대한 부정적 여론을 확대하고 2012년 대선, 2014년 중간선거, 그리고 2016년 대선에서 유권자들에게 어느 정도 부정적 영향을 미친 것으로 보인다. 하지만 정당선호에 따라 유권자들의 의료보험 개혁 찬반이 나뉘는 경향을 보이고 있어 실제 투표에 큰 영향을 미치기는 어려웠을 것으로 평가되고 있다.

　그러나 여러 차례의 '폐기와 대체' 시도와 이후 이어진 세제개혁법 실시로 여론의 관심을 끌게 되면서 의료보험 개혁 이슈는 자연스럽게 2018년 중간선거의 핵심 이슈로 부상하게 되었다. 2018년 10월의 카이저 가족재단 조사에 의하면, 투표선택에 가장 중요한 이슈를 의료보험 이슈라고 응답한 비율이 30%로 가장 높았다. 특히 의료보험 개혁 이슈 중 오바마케어 약화로 인해 야기될 수 있는 의료비의 증가와 기존 병력자의 보험 미가입 가능성이 유권자들이 가장 크게 관심을 가진 이슈였던 것으로 조사되었다. 실제로 2018년 중간선거에서는 의료보험 개혁이 캠페인 이슈로 부각된 지역들에서 공화당 후보들이 상당히 고전하고 민주당 후보들이 선전하였다.

IV. 미국 이민정책[1]

미국 건국 이래 끊임없이 이민자들이 유입되었지만, 인구 구성에 영향을 미칠 정도의 대규모 이민자 유입은 1) 1840년대~1850년대, 2) 1890년대~1차 대전, 그리고 3) 1965년 이민법 개정 이후에 발생하였다. 이민정책에는 경제, 복지, 국가 안보, 인도주의 등 다양한 문제들이 복잡하게 얽혀 있으며, 이민 문제는 지난 수십 년간 미국 정치를 둘러싼 논쟁을 지배하는 주요 쟁점 중 하나였다. 최근 들어 의회에서 수많은 노력과 시도가 있었지만, 포괄적인 이민개혁을 위한 합의에 도달하는 데 실패하였다. 결과적으로 이민 문제가 행정부와 사법부의 손에 놓이게 되었으며, 이는 주정부와 지방정부의 역할 및 권한에 관한 논의에도 영향을 미치고 있다.

1. 미국 이민정책의 특징

1) 주정부와 공유한 연방정부의 이민정책

1787년 제정된 미국 헌법의 1조 8절 4항은 "미국 전체에 공통되는 획일적인 귀화 규정과 파산 문제에 대한 획일적인 법률을 제정할" 권한이 연방의회에 있다고 규정하고 있다. 이 권한에 따라 1790년 미국 의회는 최초의 연방귀화법(United States Naturalization Law of March 26, 1790)을 통과시켰는데, 이 법에서 미국 영토 내에 최소 2년 이상 거주한 "자유 백인남성(free white person)"을 시민으로 규정하였다. 또한 노역계약에 종속되지 않고 "품행이 방정(good moral character)하며" 미국헌법에

---

1) 이 절은 초판본(2013)의 제16장 "공공정책"(이소영·이옥연), V절의 내용을 바탕으로 수정 및 업데이트 한 것임.

대한 충성을 서약한 경우를 시민권의 자격으로 명시했다. 1795년의 수정된 귀회법 (Naturalization Act)은 시민권 취득을 위한 필수 거주 기간을 5년으로 연장하였고, 3년 의 사전 통보 기간을 명시하고 있다. 1798년에는 필수 거주 기간을 14년으로, 사전 통보 기간을 5년으로 연장하였다. 1802년에 제정된 귀화법은 시민권의 자격 요건을 자유로운 백인 남성으로, 사전 통보 기간을 3년, 미국 내 필수 거주 기간을 14년으로 확정하였다. 이처럼 건국 초창기부터 시민권의 조건에 대해 연방정부는 상당히 까다 로운 제한을 두고 있다.

하지만, 연원을 따지면 미국은 건국보다 이주가 앞섰던 국가이다. 연방정부가 미국 시민의 자격을 명시한 법을 제정하기 이전에 이민 관련 업무는 주정부가 담당하였다. 따라서 이주민을 수용하는 총괄적 이민정책의 주요 책임이 연방정부보다 먼저 존립한 주정부 또는 그 하위 정부 체계에 소재했다. 그렇기 때문에 미국 연방헌법을 채택하고 연방주의를 통치의 주요 원칙 중 하나로 구현하는 건국과정에서 이민 문제는 연방- 주정부 관계를 구성하는 정치 또는 정치경제 의제 중 하나였다.

주정부의 관할이었던 이민 관련 문제는 1875년경 연방정부로 이전되었다. 사실 1819 년(Steerage Act)부터 연방정부가 새로 유입되는 이민자의 수를 집계하기는 했지만, 이 민 관련 사안은 대체적으로 주정부가 규제하였다. 1849년 미 연방대법원이 이민 관련 규제는 주정부가 아니라 연방정부의 관할이라는 점을 천명한 The Passenger Cases 에서부터 시작된 움직임은 1875년 Page Act를 통해 단일 이민 관련 체제를 구축하는 방향으로 나아갔다. 사실 이 법 자체는 주로 중국인 이민자들을 타깃으로 한 것이었는 데, 실제로 이민과 관련된 제도가 정립되기 시작한 것은 몇 년 뒤였다(Gerber 2011).

이민 문제에 대한 관할권이 주정부가 아닌 연방정부에 있다는 것은 연방대법원의 판례에 의해서 지속적으로 재천명되어 왔다. 주정부가 이민자를 선별하는 것은 금지 되어 있으며, 미국 헌법의 연방정부 우위 조항(Supremacy Clause)은 헌법상에 연방과 주의 충돌이 발생할 때 명백히 규정된 경우를 제외하고 연방법의 우위를 인정하고 있다. 헌법에 명시된 전권(plenary powers) 구절에 의하면, 이민 규제의 핵심이 출입 국을 다루는 국가 간 관계에 있기 때문에 이민정책의 주체를 연방정부로 규정하며, 연방최고법원도 이에 합치되는 판결을 내려왔다.

하지만, 이러한 상황에도 불구하고 많은 주에서는 불법 이민자들의 복지혜택을 제 한하고 주 경찰 및 지역 경찰이 체포된 사람들의 체류 지위 확인을 허용하는 등의 이민자 관련 법안을 통과시켜온 것도 사실이다. 이민 문제에 관해 주가 권한을 가질 필요성을 역설하는 사람들은 연방 정부의 규제가 충분하지 않으며, 제한된 주정부의 자원의 효율적인 활용과 주민의 안전을 위하여 주의 권한 확대를 주장하고 있다. 그렇다면 주에서 도입되는 이러한 이민 관련 법들은 헌법을 위반하는 것인가? 이 문제에 대한 답은 간단하지 않다.

2) 이민정책의 정치적 논쟁

수정헌법 14조가 1866년 통과됨으로써 예전의 흑인노예였던 사람들이 시민권을 부여받게 되었는데, 향후 이 조항은 미국 영토 내에서 출생 또는 미국시민권을 가진 부모에게서 출생한 모든 사람에게 확대된다. 1870년에 흑인에게도 귀화가 허용되기 시작하였으며, 이후 아시아인에게도 합법적인 미국 거주가 허용되었다.

1921년 미 의회는 Emergency Quota Act를 통과시켰는데 이는 주로 정치적 박해를 피해 본국인 동유럽 국가를 떠난 유대인들을 대상으로 하였다. 1910년 인구조사를 기준으로 미국에 거주하고 있는 인구의 출신국가별 분포에 따라 최대 3%까지만 이민자 수를 허용한 것이었다. 이 법은 이민자 수의 제한과 국가별 할당 제도라는 두 가지 특성이 나타난다는 점에서 미국 이민정책의 전환점이 된다고 볼 수 있다. 1924년 제정된 National Origins Quota Act(Johnson-Reed Act)는 아시아 국가로부터의 이민을 전면적으로 제한하였으며, 서반구 이외의 지역으로부터의 이민을 165만 명으로 제한하였다(Reimers 2016; Hoerder 2016).

1965년 하트-셀러 법안(Hart-Celler Act)으로 불리는 Immigration and Nationality Act 이후 최근까지 미국은 공식적으로는 개방 지향적 이민정책을 표방한 반면, 대다수의 유럽 국가는 정치, 경제적 상황에 따라 폐쇄적 이민정책을 취하는 방향으로 나아갔다. 이 과정에서 미국이 명실상부한 이민자 국가의 위상을 지니게 되었지만, 공식적으로 미국에서도 이민 문제가 국내정치 상황에 의해 영향을 받기 시작하면서 표방하는 이민정책과 그 실제 간의 격차가 심화되었다. 이민 문제 역시 일반 공공정책과 마찬가지로 이민자 총수 또는 출신국가나 지역별 할당의 증감 등이 미치는 정치, 경제적 효과를 중심으로 논의되어 왔다.

2019년의 갤럽 여론조사에 따르면 미국인의 76퍼센트가 이민을 미국에 좋은 것으로 간주한다고 응답하고 있으며, 81퍼센트는 일정한 요건을 갖추면 불법이민자에게 시민권을 얻는 길을 열어주는 방안에 찬성하고 있다.[2] 하지만 이민증가에 관한 문항에서는 대체로 현재 수준 유지 또는 감소에 대한 선호가 증가에 대한 선호보다 더 높게 나타난다. 이민자 수가 증가할수록, 경제침체가 심각할수록, 최근 이민자가 대상이 될수록, 이민증가에 대한 반발이 거세지는 경향이 크다. 근대 국가의 이민정책은 출입국과 귀화를 다루는 국가 간의 문제에서 출발하며, 국경 통제는 주권, 국민, 영토의 근대 국가개념과 밀접하게 연계된 법제도적 문제로서 국가안보와 직결된다. 또한 이민 문제는 이주민의 통합과 수용에 관한 국가 내부의 문제, 즉 국가에 대한 구상과 연결된다. 헌법은 이민자를 원론적으로 '열외'로 간주한다. 결국 이민 문제를 국가정체성 문제로 확대하는 경우, 개인 또는 집단의 권리를 보장하려는 자유주의의 이상과 이민 규제라는 현실이 충돌할 수 있다. 그러나 대다수 안정된 민주주의 국가의 헌법은 이민자의 법적 지위를 원론적으로만 언급하거나 그에 관해 침묵한다. 그 결과 이민자의 사회 및 경제적 권리가 정치적 논리로 결정될 수 있는 공백이 생긴다.

2. 미국 이민정책의 전개

1) 19세기 중반 이전: 이중연방주의(dual federalism)

〈표 13-4〉에서 보듯이, 19세기 중반까지 크게 3차례에 걸친 이민법 개정이 있었다는 사실은 주정부가 실질적으로 제각기 출입국 관리를 관장하는 주체였음을 보여준다. 연방정부와 주정부는 항시 이견 대립의 상황에 처하지만, 이를 타결하는 방안 역시 권력분산과 권력공유의 딜레마의 해결을 통해 풀어야 했다. 미국 국내로 유입되는 이주자, 즉 이민자를 사회 구성원으로 통합하는 업무는 국가의 경제적 필요성, 즉 노동에 대한 수요에 근거하기 때문에 정치적 압력으로부터 구속받지 않도록 해야 한다는 기본 방침이 정립되었다. 이에 따라 연방정부는 기본 정책지침을 입법화하고 이에 대한 실질적 집행권한을 주정부에게 부여하는 분업화를 택했다. 나아가 연방사법부는 인권 존중을 포함한 보편적 사법 논리에 근거해 집행방향을 판결문에 명시했지만, 동시에 그를 이행하는 정치적 공동체의 구성원 자격을 결정하는 권한의 소재에 대해 침묵했다. 그 결과 이민자의 권한과 지위에 관한 양분되거나, 또는 경우에 따라 상충하는 견해가 병존했다. 따라서 이민자가 미국의 구성원으로서 동등한 권한을 행사할 수 있느냐는 문제는 실질적으로 입법과정을 통해 결정되었다(Zolberg 2006).

미국 수정헌법 제14조 평등 보호(equal protection) 구절은 이민자의 권한 자체에

---

2) https://news.gallup.com/poll/1660/immigration.aspx

| 〈표 13-4〉 | 1950년대 이전까지 제정-공표된 연방 이민법령과 연방정부 구조* |

연도	법령	대통령(정당)	의회 다수당 상원/하원
1790	최초 연방귀화법 제정	워싱턴(무소속)	연방파
1798	Alien and Sedition Act	애덤스(무소속)	연방파
1819	Passenger Act	먼로(민주공화)	민주공화
1875	*Henderson v. Mayor of New York*	**그랜트(공화)**	공화/**민주**
1882	Immigration Act Chinese Exclusion Act; Immigration Act	아더(공화)	공화
1891	Immigration Act	**해리슨(공화)**	공화/**민주**
1906	귀화 조건으로 영어능력 필수화	T. 루스벨트(공화)	공화
1907~8	일본노동자의 미국 이민협정(하와이 제외)		
1917	문자해독능력 필수화; 아시아 이민금지지역 선정	**윌슨(민주)**	**공화**/민주
1918	Passport Control Act		
1921	Emergency Quota Act	하딩(공화)	공화
1924	National Origins Quota Act(Johnson-Reed Act)		
1929	출신국적별 할당 공식 책정	후버(공화)	공화
1942	Bracero Agreement; Public Law 45(1943)	FDR(민주)	민주
1943	Chinese Exclusion Act 철회		
1948	Displaced Persons Act	**트루먼(민주)**	**공화**/민주
1952	Immigration and Nationality(McCarran-Walter) Act		

출처: Martin Schain, *The Politics of Immigration in France, Britain, and the United States: A Comparative Study* (New York: Palgrave-Macmillan, 2008), pp.184-185; 미국정치연구회 편, 『2008년 미국 대선을 말한다: 변화와 희망』(서울: 오름, 2008), pp.281-283; http://www.nilc.org/
* 분점정부는 **진하게** 표시했다

대해 명시하지 않고 있다. 미국 연방최고법원이 인종이나 원 국적(national origin)과 마찬가지로 이민자 신분(alienage)에 대해서 위헌의 개연성이 있는 기준(suspect classification)으로 분류한 판결을 내린 경우는 있다. 이는 평등 보호와 관련된 통치 행위의 위헌성 여부를 판단하는 사법심사에서 강도 높은 기준을 요구하는 "엄격 심사(strict scrutiny)"를 채택한 사례에 제한되었다. 원론적으로 헌법적 관점에서는 이민자는 거주 기간과 상관없이 외지인(alien), 즉 제3국에 소속된 국민이다. 따라서 이민자의 입국과 입국 후 정착 권한을 구별하지 않기 때문에 "엄격 심사"를 채택하지 않는 경우도 빈번했다. 다만 연방정부에게 부여된 전권 구절에 근거한 정부 행위로 인해 헌법이 정한 기본권이 유린되는 경우에 한해, 이민자에게도 평등 보호 조항을 적용한다는 선례가 축적되었다. 따라서 특권에 해당하는 정치적 권한을 이민자에게 허용하거나 제한하는 정부 행위 자체는 입법을 포함한 정상적 정치과정을 통해 결정할 사안이라는 결론이 가능하다.

2) 1950년대 이전: 연방 우위성

이중 연방주의와 연방 우위성 시대 간 분수령이 된 것은 서부 개척에 투입할 노동력 공급을 원활하게 하기 위해 1868년 중국과 미국 간 중국인 이민을 도모한 Burlingame-Seward 조약을 들 수 있다. 이 조약은 중국에게 최혜국(Most Favored Nation)의 특권을 부여하였고 미국에 이주하는 중국인에게 귀화의 특권도 부여하였다. 그러나 공화당 다수당의 의회가 반발하자 공화당 헤이즈 대통령은 급기야 1880년에 귀화를 보류하는 조항을 삽입하여 조약을 개정했고, 이어 공화당 그랜트 대통령과 공화당 다수당의 연방의회는 중국 이민을 향후 10년간 잠정 보류하는 연방 법안을 제정했다. 사실 연방정부가 중국과 조약을 체결한 것은 캘리포니아 주가 이민 법안을 제정(1850년,

〈참고사항 13-5〉 중국 이민 문제와 연방-주정부 관계

서부개척의 대표적 주들은 이민자가 창설한 동부 주와 달리 미국의 국가정체성을 이민자 국가와 결부하는 데 그다지 공감하지 않은 채 별도의 정착과정을 거쳤다. 즉 이민자가 주축이 된 동부 주들과 달리 서부 주들은 미개척지대인 변방(frontier)을 개척한다고 자부하는 토착민이 주축을 형성했다. 따라서 서부의 백인 개척자는 미국의 영토 확장에 참여해 국가건설에 기여했다는 자부감에 근거해 이질적 집단인 이민자가 그 공로를 가로챈다는 불안감을 여과 없이, 폭력적으로 드러내곤 했다. 특히 캘리포니아 주는 연방정부보다 앞서 중국 이민의 증가에 반발해서 주법을 제정해 중국 이민자의 권한을 제한했다. 1848년 미국 서부의 골드러시는 유럽계 이민자 집단에게 증가하는 중국인 이민에 대한 규제를 요구하는 계기가 되었다. 이에 부응하여 캘리포니아 주는 1850년과 1852년에 Foreign Miners' License Tax Law를 제정함으로써 시민권이 없는 중국인 이민자의 재산축적을 제어했다. 이후 1870년대 경제침체에 접어들면서 중국인 이민자에 대한 반감은 더욱 악화되어 전국적으로 확산되기에 이르렀다.

1852년)한 이후였다. 1882년 공화당 그랜트 행정부는 중국이민금지법을 제정하였으며, 결과적으로 조약은 효력을 상실했다. 이후 1902년에는 급기야 영구 보류를 안건으로 하는 법안을 통과시키면서 중국 이민자의 귀화를 원천 봉쇄했다.

19세기 말에는 연방주의에 입각한 이민정책의 결정과정에서 연방과 주정부 차원에서 선출된 대변인 간 네트워크가 형성되었다. 더불어 주정부 대변인을 통해 연방정부에 압력을 넣는 방식으로 주정부가 권한을 행사하게 되었다. 결과적으로 그 압력은 특정 이민자 집단의 권한을 제한하는 입법안으로 결실을 맺었고, 주정부에게 이 시기는 이민법 개혁의 황금기에 해당했다. 그러나 동시에 1882년에는 이민 문제, 특히 출입국 관리에 관한 연방정부의 권한 확대도 이뤄졌다. 실제로 뉴욕 주는 이전까지 주정부가 개별적으로 관장하던 이민자 입국절차와 관련한 규제를 연방정부에게 일임하여 출입국 관리의 책임 소재지를 단일화시키도록 압력을 가했다. 그 결과 1891년에 이민, 특히 출입국 관리에 관한 한 연방정부에게 모든 권한이 소재한다고 공표한 연방이민법을 제정했다. 연방대법원도 1875년 이민 규제가 외국과의 통상을 규제하는 연방정부의 권한 영역이라는 판결을 내렸다.

〈표 13-4〉는 유입인구가 폭증한 19세기 후반부터 1943년에 중국인 추방법을 철폐하기까지 연방정부가 제정한 이민법이 배가되었음을 보여준다. 이러한 연방정부의 입법 활동주의는 미국이 남북전쟁의 종료, 산업혁명, 양차 세계대전을 거치며 주요 강대국으로 부상한 위상에 걸맞은 권역 확장을 입증한다. 즉 국제무대에서 주요 강대국의 입지를 확고하게 하려면, 미국의 대표 정부로서 연방정부는 국내에서도 주정부의 정책을 통합하는 상위정부로서 위상 강화의 필요를 절감했다. 그 결과 주정부에게 부여된 권한에 대해 점차적으로 연방정부가 우위권한을 주장했다. 실제로 19세기 말을 종점으로 이민 문제에 관한 한 주정부는 자발적으로 정책 집행의 주도권을 연방정부에게 이관했다. 또한 20세기 초에는 이민을 제한하기 위한 일련의 법안, 예컨대 영어구사능력이나 문자해독능력 또는 출신 국가에서 미국 사증을 발급받는 것을 의무화함으로써 미국 영토 내 입국 이전에 사전 관리할 수 있는 법을 제정했다. 이어 1921년에 출신국가별 할당을 재배정한 이후 이민법 개정 내용은 이민자 집단의 구성에 초점을 맞췄다. 결과적으로 20세기 초부디 주정부가 아닌 연방정부가 주도해 공식적으로 폐쇄적 이민정책으로 전환했다(Reimers 2016).

주목할 사실은 연방정부의 권한 증대가 주정부의 의사와 무관하게 진행되거나 심지어 주정부의 권한 이관에 대한 반발에도 불구하고 전개되었다는 점이다. 또한 이민과

| ⟨표 13-5⟩ | 1960년대 이후부터 제정-공표된 연방 이민법령과 연방정부 구조* |

연도	법령	대통령(정당)	의회 다수당 상원/하원
1965	Immigration and Nationality(Hart-Celler) Act	존슨(민주)	민주
1978	Immigration and Nationality Act 개정	카터(민주)	민주
1986	Immigration Reform and Control Act	**레이건(공화)**	공화/**민주**
1990	Immigration Act(IMMACT)	**부시(공화)**	**민주**
1996	Illegal Immigration Reform and Immigrant Responsibility Act(IIRIRA); Antiterrorism and Effective Death Penalty Act(AEDPA)	**클린턴(민주)**	**공화**
1997	숙련기술자 대상 잠정사증 확대		
2000	Legal Immigration Family Equity Act		
2005	Real ID Act	W. 부시(공화)	공화
2009	Uniting American Families Act	**오바마(민주)**	민주
2010	Development, Relief, and Education for Alien Minors Act(American Dream Act) — 하원만 통과		민주/**공화**

출처: ⟨표 13-4⟩와 동일함
* 분점정부는 **진하게** 표시했다

이민자정책에 관한 권한이 연방정부에 이관되었음에도 불구하고 각종 이권을 내세운 압력단체의 영향력에 의해 연방정부는 이민 규제를 추진할 수 있는 통제력을 침식당했다. 더불어 사법부의 신중한 대응은 정치적 공동체의 구성원으로서 이민자의 권한을 헌법에서 명기하지 않은 탓에 그대로 정치적 압력에 노출시킬 위험성을 내포했다.

3) 1950년대 이후: 신연방주의

상대적으로 포괄적이라고 평가되는 1990년 이민법은 1965년 이민법을 수정·확장했는데, 사증 발급을 40% 증가시켰으며 전체 이민자를 70만으로 늘리는 것을 목표로 했다. 또한 1996년 통과된 불법이민 개혁 및 이민 책임 법안(Illegal Immigration Reform and Immigrant Responsibility Act)은 국경 통제와 이민 및 귀화 관련 업무 담당 연방정부 요원의 증원을 골자로 했으며, 불법 입국 시도에 대한 처벌 강화와 샌디에이고 지역의 국경 장벽을 제안하였다. 하지만 이러한 제안은 재정 문제로 인해 제대로 실행되지 못하였다.

1990년대 이후 주정부는 입법 활동주의로 이민 문제에 관한 책임 소재지를 재탈환하고자 하는 의지를 분명히 했다. 단적인 사례로 1994년 캘리포니아 주에서 주민발의로 입법안으로 채택되었다가 로스앤젤레스 연방구역법원에서 위헌판결로 번복된 주민발안(Proposition) 187을 들 수 있다. 이 주민발안의 주요 골자는 캘리포니아 주가 자체적으로 시민권 검증제도를 구비하고 불법이민자에게 공공구제와 서비스의 혜택을 제한할 수 있다는 데 내용이다. 특히 캘리포니아 주민 중 히스패닉 주민의 1/3과 아시아 및 아프리카계 주민의 과반수가 이 주민발안을 가결시켰다는 점에서 연방정부의 이민정책에 정면 도전장을 던진 사건이었다. 이는 이민정책이 단순한 반이민 정서에 의해 좌지우지된다는 통념을 뒤집는 중요성을 지닌다.

현재 멕시코나 태평양 연안과 접한 서부 주에는 다른 어느 지역의 주보다 불법 이민자가 집중되어 있다. 무엇보다 그로 인한 재정적 손실도 크다는 인식이 사실 여부와 관계없이 팽배하다. 실제로 2016년 현재 전체 불법이민자의 20퍼센트가 캘리포니아에, 15퍼센트가 텍사스에 분포한다.[3] 불법 이민자의 삼분의 일가량이 이 두 주에 거주하는 것이다. 이 불법이민자에게 들어가는 공공구제와 서비스 비용 이외 출입국 관리 위반자 감금 시설 유지비 등은 결과적으로 주 재정에 압박을 준다는 반발이 크다(Lamont 2000). 문제는 이러한 비용을 대부분 주정부나 이하 하위정부에서 전적으로 부담하는 데 비해 이민자에 대한 세금의 대부분을 연방정부가 징수하는 데 대한 불만이다. 결국 주 재정이 이중으로 압박을 받는 불합리를 능동적으로 해결하겠다는 의지가 주정부의 입법 활동주의로 나타나기 시작했다.

더불어 과거 이민 규제가 노동시장과 최저임금 논의에 의해 정책 틀을 구상했다면, 1990년대 중반 이후에는 재정 건전성에 미치는 악영향 논의로 대체되었다. 특히 재정 균형 논의를 1994년 중간선거에서 연방하원의 다수당 지위를 확보한 공화당이 개헌 논의로 '승격'시키는 분위기가 수용되면서 이민 규제는 재정 건전성 회복과 직결된다는 주장이 설득력을 가지고 전파되었다. 그 결과 불법이민을 근절하려는 캘리포니아 주 법안보다 더 진일보한 형태로 연방정부 법안은 이민자의 총수 제한에 주력함으로써 이민자 국가로서 미국의 위상은 유지하되 실질적으로는 이민의 문을 닫고자 했다.

---

3) https://www.pewresearch.org/hispanic/interactives/u-s-unauthorized-immigrants-by-state/

그러나 각종 이익단체의 이합집산으로 인해 오히려 이민자 할당이 증가했을 뿐 불법 이민에 대한 근본적 해결책은 제시하지 못했다. 〈표 13-5〉에서 볼 수 있듯이, 1952년 이민국적법 이후 거의 매 10년마다 이민법 개혁 논의를 입법화시키려는 시도가 있었 지만, 이민 규제와 거리가 멀거나 아니면 입법과정에서 소멸하는 경우가 빈번했다. 이는 불법이민을 근절하려던 캘리포니아 주를 비롯해 불법이민으로 가장 타격이 큰 몇몇 주에게 연방정부의 무능력을 확인시켜주는 결과를 낳았다.

4) 2000년대 이후의 이민정책

2001년 9월 11일의 테러 공격은 이민에 대한 시민들의 시각에 커다란 영향을 미쳤 다. 2,974명의 사망자가 발생한 이 사건은 사증 발급 절차, 이민 관련 기관 내부 및 상호간의 정보 공유에서 커다란 허점이 있음을 드러냈다. 이민 법안 개혁이 다시 논의 되기 시작하였는데, 이번에는 하원과 상원에서 상충되는 법안을 제출하였다. 2005년 12월에 하원은 국경 보호, 반테러 및 불법이민 통제 법안(Border Protection, Anti-terrorism, and Illegal Immigration Control)을 통과시켰고, 상원에서는 스펙터 의원이 발 의한 포괄적 이민법안(Comprehensive Immigration Reform Act)이 2006년에 통과되었 다. 상원의 법안은 이미 미국에 거주하고 있는 불법이민자들 대부분을 구제하고 합법 적 이민을 증가시키는 방안을 제시하고 있었다. 이 두 법안은 각각 하원과 상원에서 통과되었으나, 양원 간의 합의가 도출되지 않아 결국 실패로 돌아갔다. 2007년 유사 한 내용의 포괄적 이민 개혁 법안이 상원에서 다시 발의되었으며, 상원에서는 정파를 아우르는 지지를 받았지만, 일반국민들에게는 커다란 호응을 받지 못하였다. 결과적 으로 이 법안은 통과되지 못하였다.

많은 이민자들의 기대를 안고 출범한 오바마 대통령의 이민 문제에 관한 첫 번째 주목할 만한 조치는 2012년에 이르러서야 나왔다. 오바마 대통령 임기 초반인 111대 의회에서 민주당은 하원의 다수를 차지하고 있었으며(민주당 256, 공화당 178, 공석 1), 상원에서도 거의 초다수(supermajority)에 가까운 의석을 확보하고 있었기 때문에 "거의 완벽히 의회를 장악"하고 있는 상황이었다.[4] 이러한 상황에서 오바마 행정부는 포괄적 이민개혁(comprehensive immigration reform)에 소극적인 태도를 보였을 뿐만

---

4) 제111대 회기가 시작할 때 상원은 민주당 57석, 공화당 41석, 민주당 성향 무당파 2석(버니 샌더스 (Bernie Sanders)와 조 리버맨(Joe Lieberman))으로 구성되어 있었다. 필리버스터를 막을 수 있는 초 다수에 1석이 부족한 상황이었다.

아니라, 오히려 불법 이민자들에게 대한 추방 조치를 적극적으로 강화하였다. 2009년~2010년에 추방된 이민자들의 수는 각각 391,341명과 381,738명으로 이미 전임 부시 대통령 때의 최대치인 359,795명(2008년)을 넘어섰다. 오바마 임기 동안 미국에서 추방된 이민자의 수는 3,094,208명으로 부시 행정부 시기의 2,012,539명을 훌쩍 넘어선다.

오바마 대통령은 2012년 5월 미성년 입국자 추방 유예(DACA: Deferred Action for Childhood Arrivals)를 통해 어린 시절에 부모와 함께 미국에 입국하여 현재 거주하고 있는 약 70만 명의 불법 체류자들에 대해 2년간의 추방유예 조치를 취했다. 2013년에는 소위 "8인의 집단(Gang of Eight)"[5]으로 불리는 8명의 상원의원들이 "국경안보, 경제적 기회, 그리고 이민 현대화(Border Security, Economic Opportunity, and Immigration Modernization)" 법안을 발의하였는데, 이 법안은 미국 내에 거주하는 대략 1,100만에 달하는 불법 이민자들에게 국적을 취득할 수 있는 길을 마련하고, 고숙련 노동자들을 대상으로 하는 H-1B 비자의 수를 늘리며, 저숙련 노동자들을 위한 W-비자의 신설 등을 포함하는 내용을 담고 있었다. 또한 국경 보안과 고용주들에 대한 전자확인 절차(E-Verify)를 강화하는 내용도 포함하고 있었다. 이 법안은 상원에서 68-32로 통과되었으나, 일반국민들의 커다란 저항에 맞닥뜨렸고, 하원에서는 논의조차 되지 않았다. 결국 이 법은 113대 의회에서 통과되지 못하였다.

2014년에 오바마 대통령은 미국적자 또는 영주권자의 부모에 대한 강제추방 유예 조치(DAPA: Deferred Action for Parents of Americans)를 추가적으로 발표했는데, 이는 미국 시민권 또는 영주권을 취득한 자녀를 가진 불법이민자 부모에게 3년간, 갱신가능한 취업 허가 및 추방 면제권을 발급하는 조치였다. DAPA는 대략 360만 정도의 불법 이민자들에게 해당되는 조치였는데, 많은 주에서 이 조치에 반대하여 소송을 제기하였고 법원의 임시 명령에 따라 소송이 진행되는 동안 DAPA는 실시되지 못하였다.

선거운동 기간에 이민정책에 초점을 맞추었던 트럼프 대통령은 취임 직후 미국의 이민제도를 근본적으로 바꿀 수 있는 몇 가지의 행정명령을 발표했다. 트럼프 대통령

---

5) 이민 관련 "8인의 집단(Gang of Eight)"은 상원의원들인 마이클 베넷(Michael F. Bennet,민주당-콜로라도), 리차드 더빈(Richard J. Durbin, 민주당-일리노이), 제프 플레이크(Jeff Flake, 공화당-애리조나), 린지 그래함(Lindsey O. Graham, 공화당-사우스캐롤라이나), 존 매케인(John McCain, 공화당-애리조나), 로버트 메넨데즈(Robert Menendez, 민주당-뉴저지), 마르코 루비오(Marco Rubio, 공화당-플로리다), 찰스 슈머(Charles Schumer, 민주당-뉴욕)이다.

이 서명한 행정명령에는 다음의 것들이 포함되었다. 첫째, 국경 안보와 관련되는 것으로 미국-멕시코 국경 장벽설치였다. 또한, 국경에서 체포된 불법이민자들에게 법적 절차가 진행되는 동안 임시적으로 미국 입국을 허가하는 관행을 폐지했다. 둘째는 추방대상 불법이민자들의 범위를 확대하고 이민업무 관련 직원들을 증원하였으며, 소위 "이민자 보호 관할 지역(sanctuary jurisdiction)"에 대한 연방정부의 지원을 제한하는 내용을 담고 있었다. 셋째, 테러 예방과 관련되는 조치로서 이란, 이라크, 리비아, 소말리아, 수단, 예멘, 시리아 등 국가의 국적자들의 미국 입국이 최소 90일 동안 금지되고, 시리아 국적자의 입국은 무기한으로 금지되며 난민 프로그램은 120일 동안 잠정 중지된다는 내용의 조치였다. 트럼프 행정부는 여행 금지 조치를 두 차례에 걸쳐 수정하였으며 결국은 연방대법원에서 5-4로 지지받았다.

트럼프 대통령은 난민의 연간 최대 허용치를 이전의 절반수준인 5만으로 축소하였으며 망명 신청 절차를 까다롭게 만들었다. 또한 트럼프 행정부는 본국의 자연재해로 인해 미국에 체류하고 있던 니카라과인과 아이티인들에게 부여된 임시 보호 지위(Temporary Protected Status)를 중지시켰으며, 2018년에는 온두라스인, 네팔인, 엘살바도르인들에 실시되어 오던 유사한 프로그램을 종료시켰다.

이민자의 수를 줄이려는 노력 끝에 트럼프 행정부는 망명자들이 맨 처음 도착하는 국가(주로 멕시코 또는 과테말라)에서 망명신청을 하도록 하는 조치를 취하려 했으며, 멕시코산 물품의 관세를 인상할 것을 위협하기도 하였으나, 멕시코 정부가 국경 지역 군대 배치에 동의함으로써 이러한 조치들이 실행되지는 않았다.

트럼프 대통령의 행정명령은 개인은 물론 많은 지방정부 및 주정부의 저항 및 소송을 불러일으켰다. 2017년 9월 발표된 DACA의 점차적인 폐지계획은 다양한 저항과 소송으로 실행되지 못하고 있다. 트럼프 행정부는 불법월경자들에 대한 처벌을 강화하여, 무관용 원칙을 적용하고 있다. 부모들이 재판을 기다리는 동안 어린 자녀들과 분리되어 생활하는 문제와 열악한 수용시설이 보도되기도 했다. 2018년 이후 하루에 처리할 수 있는 망명신청자의 수를 책정하여 나머지 사람들은 멕시코에 머무르도록 하고 있지만, 이러한 조치가 국제법 및 미국의 법에 대한 위반이라는 주장도 있다.

3. 미국 이민정책의 개관

1) 연방과 주정부 간 관계로서 이민정책

미국의 정책결정과정은 거부권을 행사할 수 있는 행위자가 복합적 다층구조로 존재하기 때문에 길고 험난한 여정을 거친다. 이민과 이민자정책은 수직적으로나 수평적으로나 복잡한 연대세력 간 이합집산을 동반한다. 따라서 이민법이 특정 집단이나 계층 또는 가족관계 간 할당 조정에 관한 개정을 시도하는 순간 모든 행위자의 거부권 행사 가능성도 커진다. 결국 이는 이민자 총수를 확대하는 방법, 즉 파이를 크게 만드는 미봉책으로 끝날 수밖에 없는 필연성을 의미한다. 그러나 여론은 일관적으로 이민의 확대에 대해 부정적 반응을 보이고, 특히 불법 이민자의 증가에 대해서는 심각한 우려를 표명한다. 결국 국민에 더 가깝게 존재한다고 자부하는 주정부로서는 이민법의 주체로서 지위를 재탈환할 명분을 확보하는 셈이다.

이에 더해 이민 문제는 정치공동체의 구성원으로서의 행태에 대한 규정을 수반한다(Zolberg 2006). 그런데 "진정한" 국민으로서 권한을 행사할 수 있는 자격 또는 자질을 검증하자는 소위 "토착민주의(autochthony)"로 치닫는 위태로운 정치풍경이 다름 아닌 이민자 국가 미국에서도 펼쳐졌다는 점에 주목해야 한다. 대표적으로 트럼프 행정부 하에서 발생하고 있는 4명의 비백인 초선 민주당 하원의원들에 대한 혐오발언을 들 수 있다. 이러한 논의는 앞으로 이민자의 권한과 지위를 포함해 미국의 국가 구상 또는 "미국정체성 찾기"에 관한 논의의 전개방향과 밀접하게 연관되어 있다. 게다가 연방주의 헌정질서를 채택한 미국의 경우, 국가정체성의 정치조차 연방정부나 주정부 중 적절한 입법과 집행주체에 대한 논리로 연계될 소지가 크다.

2) 이민정책의 요인: 인구 구성도, 경제 침체, 반이민정서

〈그림 13-7〉은 1953년부터 2018년까지 미국 인구 구성도 변화를 나타내는 외국태생 인구 비율 및 실업률, 그리고 이민에 관한 여론 설문조사를 보여준다. 외국태생 인구 비율과 실업자 비율, 특히 실업자 중에서도 27주 이상 실업상태인 장기 실업자 추세와 함께 이민에 관한 정치적 체감온도 지표로 사용되는 설문조사 결과를 대비하면, 외국태생 인구 비율은 1953년 6.8퍼센트에서 하향 추세를 보이다가 1986년 이후 상승세를 타면서 2018년까지 지속적으로 증가해 13.7퍼센트를 기록하였다. 전체 인구 중 이민자의 비율도 1980년대 중반까지 8퍼센트 내외에서 보합 추세를 보이다가

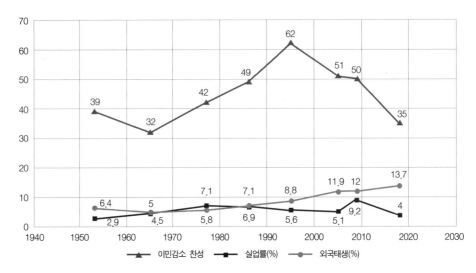

<그림 13-7> 미국 인구 구성도 변화, 실업률 및 반이민 정서 추세(1953~2018)

출처: http://www.census.gov/compendia/statab/hist_stats.html, Gallup Poll, 해당 연도
1. 이민감소 찬성: 이민감소에 찬성하는 설문응답자 백분율
2. 외국태생(%): 전체인구 중 외국태생인구 백분율
3. 실업률(%): 민간경제 분야 가용노동자 중 실업자 백분율

2000년 11.1퍼센트, 2010년 12.9퍼센트, 2017년 13.7퍼센트로 증가하고 있다.

　이는 이민자 국가 미국이 1900년대 초에 공식적으로 개방적 이민정책을 폐기한 이후 1960년대 민권운동을 계기로 다시 개방적 이민으로 정책전환을 했다는 주장을 일부 입증한다. 주목할 사실은 이러한 증가가 능동적으로 개방적 이민정책으로 선회한 결과가 아니라 이익단체의 로비에 밀려 수동적으로 타협한 미봉책으로 인한 부산물이라는 점이다. 더불어 이민 규제를 요구하는 여론과 특히 불법이민으로 인한 고충을 호소하는 캘리포니아를 포함한 국경지대 주정부의 압력에 부응하는 차원에서 할당 조정이라는 방식을 채택했다. 그러나 결과적으로 할당 조정으로 인해 타격을 받게 되는 특정집단, 특히 히스패닉 이주자의 불법이민을 조장하는 악순환을 초래했다는 비난을 면하기 어렵다.

　민간 경제 분야의 가용노동자 중 실업자 비율은 경제 주기에 따라 등락을 반복하지만, 대공황 이후 최악이라고 평가받는 금융위기의 여파로 인해 2009년에는 급기야 9.2퍼센트로 치솟으면서 1982년(9.7퍼센트)과 1983년(9.5퍼센트)의 최악 수준에 달했다. 하지만, 2018년의 실업률은 4퍼센트 내외로 호황을 맞이하고 있다. 실업률과 합

〈참고사항 13-6〉 노스캐롤라이나 샬롯 시의 심리적 국경지대

이민자 수용단계는 ①주류와 모든 면에서 이질성을 보이는 히스패닉 집단을 호기심으로 바라보는 "Welcome, amigos"에 이어, ②샬롯 시 아메리카은행 본부의 건축 회사가 텍사스에 소재한 탓에 노동력으로 유입된 히스패닉 인구의 증가를 "Bank of America Phenomenon"으로 관망하다가, ③이 유입인구가 본부건물이 완성된 후에도 상주하자 그에 대한 반감을 표시하는 "Honk if you hate Spanish"로 격앙되고, ④급기야 비이민자 도시인 샬롯 시마저도 이민 문제에 관한 선택의 기로("Charlotte at the immigration crossroads")에 서 있다는 정치쟁점화로 이어진 현상이 목격된다. 결국 이민자가 정착하는 곳으로 간주되지 않던 지역에서도 특정 집단의 규모가 커지자 기회비용의 상실에 대한 우려가 격화되며 주정부나 지방정부 등 하위정부 차원에서 불충분한 이민 규제에 대한 연방정부의 불신이 심화된다.

법적 이민 인구 비율의 증감을 대조해보면, 대체로 경제가 활성화하면 노동력 수요에 부응하려는 유입인구의 증가로 인해 합법적 이민 인구 비율도 동반 상승하는 추세를 보였다. 그러나 경제 침체기에는 이와 상응하는 유입인구의 감소가 반드시 수반되지는 않았다. 더구나 합법적 이민 인구 비율이 폭증한 1989년부터 1991년까지 실업률과 합법적 이민 인구 비율을 대조하면, 실업률의 증가에도 이민 인구 비율이 1990년까지 증가했다. 이러한 역행은 이민 규제의 실패로 인한 부산물로 평가해야 한다. 특히 국경통제나 불법이민 근절의 압박감이 상대적으로 큰 국경지대 주정부로서는 집중된 비용부담을 연방정부가 분담해주지 않는다면, 자구책을 강구하겠다는 발상을 내놓을 수밖에 없다. 나아가 물리적 국경지대가 아니더라도 이질적 유입인구의 증가에 따른 비용부담을 자각하는 심리적 국경지대에서 주정부의 반발은 가능하다.

1999년 이전에는 일관된 설문 조사 문항이 없기 때문에 십 년 단위로 정리한 도표만 보면, 이민 감소에 찬성하는 비율이 1965년 이민법 개정을 계기로 폭증하고 불법이민도 증가한 데 반발하는 추세를 보이다가 1990년대 중반을 기점으로 보합세를 유지한다고 나타났다. 그러나 1999년부터 2009년까지 설문 조사 결과를 검토하면, 이민의 정치가 대선보다 중간선거 직전에 선거의제로 활용된다는 점을 추론해볼 수 있다(이소영·이옥연 2011, 213). 즉, 중간선거가 있기 직전의 해당 연도(2001년, 2005년, 2009년) 설문조사에는 공통적으로 이민 감소에 찬성하는 응답률이 선거유세가 펼쳐지기 이전보다 올라간다. 예외적으로 2008년 대선 직전에도 이민 감소를 찬성하는 비율

이 증가하지만, 이 경우는 민주당 오바마 대통령후보가 아프리카계임을 감안할 때 최초로 유색인종 후보가 양대 정당 후보로서 대통령에 당선될 경우 향후 이민정책의 선회에 대한 우려를 반영한 결과라고 볼 수 있다. 최근의 설문조사 결과는 이민감소를 찬성하는 비율이 감소하고 있음을 보여주고 있다.

1980년대부터 시작한 이민법 개혁 논의는 1990년대에 들어서 적절한 이민정책 구상과 집행의 주체, 즉 국민의 의사를 존중해 이민 규제를 제대로 수행할 수 있는 주체에 대한 논의로 확대되었다. 그리고 9·11사태와 이후 반테러전이라는 전례 없는 국가적 위기 상황을 거치면서 이민과 이민자정책은 국가안보와 그를 받쳐주는 국가정체성의 보존 문제로 변형되었다. 더구나 그 정치적 의지가 연방정부 차원의 입법과정을 통해 결실을 맺었다. 예컨대 2001년 애국법(Patriot Act)의 핵심 내용에는 테러집단과 연계되었다는 사실과 무관하게 그렇게 의심되는 이민자들을 구속하거나 추방할 수 있는 정부 부처, 구체적으로 사법부나 이민국의 권한을 대폭 확대하는 방안이 포함되었다. 그리고 2005년 이후 폐지를 잠정적으로 합의하였지만 여론의 압력에 밀려 이듬해 애국법 연장을 승인했다.

아이러니는 이러한 연방정부의 정책방향 선회가 오히려 주정부의 이민 규제 권한을 공세적으로 주장하기 위해 연방정부를 상대로 포문을 여는 데 필요한 비장의 무기를 제공했다는 사실이다. 예컨대 2010년 봄에 애리조나 주가 이민법(SB 1070)을 제정하자 연방항소법원이 그 핵심조항의 이행을 제어하는 판결을 내렸음에도 불구하고, 6개 주는 잇따라 유사한 법안을 상정했다. 그 결과 이민과 이민자정책이 연방정부에 대한 불신과 연방정부의 무능을 상징하는 징표로 통용된다. 그리고 이 배경에는 연방주의를 통치 원칙으로 채택한 이민자 국가 미국의 연방헌법과 침묵하는 헌법의 빈자리를 제대로 채우지 못하는 연방대법원이 자리한다. 더구나 이민은 국가정체성의 근간을 뒤바꿀 만한 파괴력을 제공할 수 있는 잠재력을 지니기 때문에, 정치인은 선거의제로서 이민 문제를 끊임없이 유권자 동원에 활용하려는 충동을 느낀다. 2016년의 대통령선거와 2018년의 중간선거는 이러한 양상을 잘 보여주고 있다.

V. 결론

미국의 의료보험정책을 포함한 사회보장정책은 개인의 자유와 책임, 자율을 중요시하며 연방정부 역할의 최소화와 그에 따른 연방-주 간 분권화를 강조하는 미국의 개인주의적 자유주의 가치에 바탕하고 있다. 이 때문에 국가가 주도하는 보편적 복지제도로 발전하지 못하고 소득 수준 심사에 입각한 선별적 복지에 머무를 수밖에 없었다. 최근 의료보험 영역에서 보편적 복지로의 개혁이 시도되고 있지만, 보수주의자들과 주정부의 반발로 개혁의 장기적인 성공 가능성이 아직은 불확실한 상황이다. 더구나 개혁의 과정에서 국가가 주도하는 공공보험은 결국 삭제됨으로써 미국인의 복지에 대한 인식이 아직은 잔여적 수준을 벗어나지 못하고 있음을 알 수 있다. 특히 국가 재정이 크게 투입되는 의료복지 분야에 있어서 공화당과 민주당, 보수주의자들과 자유주의자들의 논쟁과 갈등은 심화되고 있다. 미국의 사회복지정책은 이와 같이 정부의 역할과 크기에 대한 미국사회의 가치 논쟁과 맞물려 있어 정치적·경제적·사회적 환경에 따른 변화의 가능성이 큰 정책 분야라 할 수 있겠다.

한편 이민정책 또한 이러한 미국사회의 가치 논쟁에서 자유롭지 않다. 실질적으로 일정 기간 거주한 경우 시민권을 자동적으로 부여할지 여부나 또는 좀 더 구체적 사안으로 영구적으로 시민권 취득에 따른 수혜를 거부할지에 대한 결정권이 대체로 연방정부보다 주정부 이하 정부단계에 소재한다. 따라서 이민인구의 현저한 증가추세, 그중에서도 특정 집단의 폭증은 연방-주정부 관계 설정 또는 재설정에 영향을 끼칠 수 있다. 이민 문제가 정치경제의 의제일 뿐 아니라 국가정체성의 의제로 부각되는 이유는 바로 연방정부가 주도한 이민법 개혁에 의존해 더 이상 이민을 규제하기 어렵다는 판단 하에 주정부가 과거에 연방정부에게 위임한 또는 연방정부의 선점을 묵인한 이민 규제의 권한을 되찾겠다는 의지를 정치 시장에서 표명하기 때문이다. 그리고 살아 있는 연방주의의 핵심은 바로 주정부가 개별적으로 판단하는 "미국 찾기"에 있다고 믿기 때문이다. 결국 이민정책은 이민의 주기를 총괄하는 이민 종합설계도면을 요구하지만, 연방정부가 주도하기보다 정책의 집행방향을 제시하는 "공공 철학(public philosophy)"을 정립 또는 재정립하는 데 주력해야 한다(이옥연 2011).

연방정부 역할에 대한 상반된 관점은 사회복지, 의료, 이민에 관한 법이 제정되는 단계에서 핵심적 논쟁거리를 제공하였고, 결국 양당 간 합의와 타협을 거치면서 이들 공공정책은 연방정부와 주정부가 책임을 분할하거나 협력체계를 구축하는 형태로 제도화되었다. 이렇게 분할 또는 협력적 책임 구도는 미국의 공공정책에 있어서 연방과 주 간 주도권을 둘러싼 갈등의 원인이 되었다. 특히, 사회복지, 의료, 이민정책 등의 경우, 그 관할권이 연방정부에 있다 할지라도 시행의 당사자는 대부분 주정부이기 없기 때문에 시행과정에서 연방정부의 권한과 주정부의 권한이 중첩되는 부분이 많을 수밖에 없다. 이 때문에 연방정부와 주정부의 권한분할이 제도화되어 있는 경우에도 현실적으로 공공정책 영역에서의 연방정부와 주정부의 책임 소재 및 권한이 명확히 구분되기 힘들다(이소영·이옥연 2011). 따라서 정책의 실현과정에서 연방과 주정부 간 권한 문제에 대한 논쟁이 끊임없이 이어진다. 이러한 의미에서 미국의 공공정책, 특히, 사회복지와 이민정책의 결정과정은 연방정부의 역할에 대한 보수주의-자유주의, 공화-민주, 그리고 연방-주 간 이견을 다양한 차원의 거버넌스를 통해 조정해 나가는 과정이라고 할 수 있다.

제**14**장

미국과 세계

정구연·권보람

미국은 세계와 분리해 이해할 수 없다. 냉전에서 승리한 미국은 그 이후로 정치·외교, 군사, 경제, 사회·문화, 과학기술 등 국제사회 대부분의 영역에서 막강한 영향력을 발휘하고 있다. 이러한 미국의 세계적 위상으로 인해, 국제관계를 조망하기 위해서는 먼저 미국을 알아야한다. 미국 내부 상황은 세계와 밀접히 연결되어 있기 때문에, 세계적 맥락 속에서 미국을 관찰해야만 미국을 제대로 이해할 수 있다.

본 장은 우선 제I절에서 **세계 속의 미국**이라는 주제 하에 세계무대에서 차지하고 있는 미국의 위상을 서술하고, 탈냉전시대 유일한 초강국으로서 미국이 취해온 '세계경찰' 역할을 둘러싼 논쟁에 대해 정리한다. 먼저 이러한 논쟁의 기저에 자리하는 미국주의와 미국예외주의를 논의하고, 이들이 미국 대내외적으로 어떠한 영향력을 발휘해왔는지 알아본다. 그중에서도 자국중심적인 미국주의와 미국예외주의를 발현함으로써 미국은 강한 내부 연대감과 국가정체성을 유지할 수 있었지만, 다른 한편으로는 외부로부터 패권주의, 도덕우월주의, 일방주의 등의 비판에 직면하게 되었다는 점을 집중적으로 논의한다.

제II절 **세계에 비친 미국**은 세계 각국의 사람들이 미국을 어떤 국가로 인식하는지 그 관찰결과를 정리한다. 우선, 오바마 행정부 집권 이후 점차 약화되고 있는 세계 반미 감정의 변화 추세를 고찰하는 한편, 국제사회를 이끄는 지도국가로서의 미국의 역할과 능력에 대한 각국의 신뢰도가 약화되어가는 추세를 조망한다. 특히 2017년 트럼프 행정부 집권 이후 미국에 대한 국제사회의 신뢰도가 다시금 약화되고 있는 경향을 고찰하고, 그럼에도 불구하고 여전히 세계인들은 미국의 글로벌 리더십을 기대하고 있음을 확인한다.

제III절 **미국이 본 세계**는 미국인의 관점에서 미국인이 다른 국가와 지역, 대외관계와 동맹관계를 어떻게 인식하는지 살펴본다. 국제 문제에 대한 미국의 개입은 지지하지만 국내 문제에 보다 집중하기를 원하는 여론 추세와 중국에 대한 경쟁의식이 강화되고 있는 경향을 고찰한다. 무역관계, 동맹관계의 중요성과 이해관계 조정에 대한 미국인들의 인식도 함께 살펴본다.

마지막으로 제IV절에서는 미국을 알기 위해, 그리고 더 나아가 한국과 세계 전체를 알기 위해 미국 정치에 대한 충실한 이해가 필요하다는 점을 설명할 것이다.

I. 세계 속의 미국

1. 미국의 세계적 위상

미국의 초대 대통령 조지 워싱턴(George Washington)은 1796년 대통령직을 떠나며 행한 고별연설에서 교역관계를 제외하고는 타국의 분쟁에 얽혀드는 것(foreign entanglement)을 피하라는 조언을 남겼다. 이 연설은 건국 초기 미국의 고립주의 대외정책 노선을 표현한 것으로 해석되기도 하지만, 당시 미국이 국제사회에서 차지하는 위상이 어떠했는가를 단적으로 드러낸다. 미국은 9년에 걸친 영국과의 독립전쟁을 거쳐 1783년 영국의 식민지배로부터 벗어날 수 있었지만, 19세기 후반까지 결코 세계사의 주역이 아니었다. 당시 미국의 군사력과 경제력은 영국을 포함한 유럽 열강에 비해 상대적으로 미약했다. 워싱턴 대통령은 이러한 상대적 열세를 감안하여 미국이 유럽의 분쟁에 연루되지 않도록 거리를 두는 것이 바람직하다고 충고한 것이었다. 예컨대 1812년 전쟁(War of 1812) 당시 영국군은 블래덴스버그 전투(Battle of Bladensburg) 이후 미국의 수도 워싱턴을 함락하고 의사당과 백악관을 불태웠다. 비록 1812년 전쟁은 승자도 패자도 없이 전쟁이전의 현상(現狀)을 유지하는 선에서 종결되었지만, 워싱턴 함락은 미국이 독립 이후에도 영국과 같은 강력한 외부세력으로부터의 군사적 위협에 노출되어 있었음을 보여준다(Gaddis 2004, 10).

하지만 구세계 유럽과 대서양을 사이에 둔 신세계 미국은 18세기와 19세기에 걸쳐 영토확장, 민주주의 정치제도와 문화 발전, 그리고 산업 생산력 증대를 착실히 이루었다. 그리고 이러한 발전에 기반을 두고 미국은 점차 세계사의 변방에서 중심부로 이동할 수 있었다. 또한 미국의 참전으로 그 승패가 결정되었던 20세기 두 차례의 세계대전은 미국의 국제적 위상 변화를 알리는 계기가 되었다. 또한 미국의 제2차 세계대전 참전이 임박했던 1941년, 헨리 루스(Henry Luce)는 자신이 편집을 맡고 있던 유력 언론매체인 ≪라이프(Life)≫ 매거진의 사설을 통해 20세기가 '미국의 세기'가 될 것이라고 전망하고 미국인들이 미국의 그러한 세계적 지위에 걸맞은 역할과 부담을 감당할 자세를 갖출 것을 촉구한 바 있다(Luce 1999). 루스가 전망한 대로 과연 20세기는 '미국의 세기'가 되었다. 제2차 세계대전 이후 미국은 소련과 함께 냉전기 양극질서의 중심축을 이루었다. 1991년 냉전 종식 이후로 미국은 세계 유일의 초강대국으로 남게 되어 소위 '단극적 순간(unipolar moment)'에 놓이기도 했다. 그러나 2008년 금융위기 이후 미국의 경제력이 쇠퇴하는 한편 중국, 인도 등이 상대적으로 빠르게 부상함에 따라 군사, 경제, 문화 등 여러 층위에서 권력이 점진적으로 분산되는 듯한 모습을 보여주고 있다.

그러나 최근의 상대적 쇠퇴에도 불구하고, 미국은 여전히 세계질서를 주도하고 있고, 이를 표현하는 방법은 다양하다. 미국중심의 단극질서(unipolar order)라고 일컬어지기도 하고, 미국에 의한 패권질서(hegemonic order)라고 표현되기도 한다. 심지어 미국이 지배하는 제국적 질서(imperial order)라는 견해도 제시된 바 있다. 물론 미국은 새로운 의미에서의 제국이다. 과거의 제국이 정복을 통한 영토의 확대를 기반으로 형성되었다면 미국은 영토적 확대를 추구하지는 않는다. 그럼에도 불구하고 세계에 대한 영향력 내지 지배력이라는 측면에 있어서 미국은 과거의 제국과 유사한 면모를 보인다. 역사상 오늘날의 미국처럼 정치·군사·경제 등 여러 방면에서의 영향력을 거의 독점적으로 보유한 나라는 없었다. 한 나라로 힘이 집중된 정도에 있어서 오늘날의 미국은 과거의 어떠한 제국의 전례도 뛰어넘고 있는 것이다.

우선 군사적으로 미국의 힘은 압도적이다. 2018년 기준 미국의 국방비는 6,488억 달러 규모로, 전 세계 국방비 지출규모에 있어서는 42% 이상을 차지한다. 전력 측면에서도 미국은 압도적인 핵전력을 보유하고 있고, 지상군, 공군력, 해군력 등 모든 영역에서 다른 국가들이 따라오지 못할 만한 종합적 군사력의 우위를 확보하고 있다. 특히 군사력의 질적인 차원에 있어서 미국은 지속적으로 군사기술의 R&D에 투자해 오고 있으며, 이를 통해 첨단기술에 바탕을 둔 군사력을 발전시켜오고 있다. 특히 트럼프 행정부는 오바마 행정부에서 본격화된 제3세대 상쇄전략의 핵심개념을 이어받아 국방과학기술 혁신을 꾸준히 이어갔다.

이렇게 압도적인 미국의 군사력은 기본적으로 미국 본토 방위를 가장 주된 목적으로 하지만 미국만을 대상으로 하는 것은 아니다. 미국의 군사력 운용은 전 세계를 대상으로 하며, 세계질서의 안정적 관리를 목적으로 한다. 이를 위한 군사력 투사(projection)를 위해 미국은 전 세계에 걸쳐 많은 군사기지를 유지하고 있고, 여러 국가들과 군사동맹관계를 맺거나 파트너십 관계를 유지하고 있다. 특히 미국과 한국, 일본, 필리핀, 호주, 뉴질랜드 등과의 군사동맹은 대부분 냉전시대에 형성된 것이지만 냉전 종식 이후에도 유지되고 있으며, 북대서양조약기구(North Atlantic Treaty Organization)는 냉전 이후 오히려 그 회원국과 활동범위가 확장된 다자동맹체제로 변모했다. 또한 미국은 최근 군사기술의 혁신적인 발전을 기반으로 유연성과 기동성이 보다 강조되는 형태의 새로운 동맹체제를 갖추어가고 있다.

경제적으로도 미국이 세계에서 차지하는 비중도 매우 크다. 2008년 이후로 지속되는 경기침체에도 불구하고 세계은행(World Bank)이 집계한 국내총생산 규모는 2017년 기준 19.38조 달러로, 중국의 12.24조와 비교해 큰 격차를 보인다. 그러나 세계무역규모에 있어서는 중국과의 격차가 점차 줄어들고 있다. 예컨대 세계무역기구(World Trade Organization)의 〈세계무역통계리뷰 2018(World Trade Statistical review)〉에 따르면, 전 세계 상품교역에 있어 미국, 중국, 독일은 선두그룹으로서 총 5조 3,000억 달러 규모의 교역을 이끌고 있는데, 미국은 상품교역에 있어 세계최대 수입국이나, 수출에 있어서는 중국에게 선두를 내주었다. 그럼에도 불구하고 미국은 여전히 기술력에 있어서 압도적이며, R&D투자에 있어서도 2018년 총 4,765억 달러를 투자해 중국에 앞서 선두를 유지하고 있다.

이상과 같이 미국 우위의 군사력 및 경제력은 정치 및 외교적 차원에서의 미국의 영향력을 뒷받침한다. 우선 미국은 미국식 시장경제체제의 대외적 확산을 위한 표준으로 '워싱턴 컨센서스(Washington Consensus)'를 제시하였고, 이에 따라 다른 국가들에게 탈규제화, 무역 자유화, 민영화 등의 신자유주의적 개혁을 시행할 것을 요구했다. 또한 미국의 강한 영향력 하에 있는 국제통화기금(IMF)이나 세계은행 같은 국제기구들 역시 워싱턴 컨센서스에 기반한 정치경제개혁을 수행하는 조건(conditionality)으로 수혜국에게 경제원조를 제공해왔다. 1997~98년 한국도 외환위기를 겪으면서 국제통화기금으로부터 경제구조조정에 대한 강한 압력을 받은 바 있다.

동시에 미국은 세계 각국의 국내정치체제 형태에 따라 탈냉전기 미국의 안보이익과 세계체제의 안정성이 결정된다는 믿음 하에 미국식 자유민주주의를 세계로 전파하기 위해 노력해왔다. 국제사회가 미국식 정치체제와 문화를 더 많이 수용할수록, 탈냉전기 미국의 안보위협으로 상정된 테러리즘, 실패국가, 인도주의적 위기 상황의 발생 가능성을 낮출 수 있게 된다는 것이다. 1990년대 클린턴(Bill Clinton) 행정부의 관여와 확장(Engagement and Enlargement) 정책과 2000년대 초반 부시(George W. Bush) 행정부의 변환외교(transformational diplomacy)의 추진에서 볼 수 있듯, 미국은 시민들의 요구에 부응하고 국제사회에서 책임감 있는 일원으로 행동할 수 있는 정부를 세계 각국에 설립하기 위해 지원을 해왔다. 오바마 행정부 역시 민주화와 경제발전이 상호보완을 이룬다는 믿음 아래 민주주의 확산과 개발협력 및 인도주의적 지원을 연계시켜 비민주국가들이 미국의 관여정책을 수용하도록 다양한 유인을 제공해왔다. 그러나 트럼프 대통령 집권 이후 대폭 축소된 국무부 인원 및 예산뿐만 아니라 미국우선주의에 기반을 둔 대외정책 기조로 인해 민주주의와 관련한 대외정책 어젠다는 찾기 어려워졌다.

한편 미국은 무력 수단을 통하여 다른 나라의 정치에 직접적으로 개입하기도 한다. 최근의 사례를 들자면 미국의 이라크전쟁이 대표적이다. 2003년 3월 미국의 부시행정부는 이라크에 대한 군사공격을 개시하였는데, 그 가장 큰 목적은 바로 사담 후세인 정권을 제거하고 자유와 민주주의를 이라크, 나아가 중동지역에 전파한다는 것이었다. 하지만 후세인이 제거되었음에도 불구하고 이라크는 아직도 사회적 안정을 찾아가지 못하고 있다는 점에서 미국이 지닌 능력의 한계도 지적할 필요가 있다.

미국의 직접적 개입이 일어나지 않는 경우에라도 미국과의 관계는 여러 국가들 내에서 그 자체로 매우 중요한 정치적 의제이자 정치적 과정과 결과의 주요 변수가 되고 있다. 예를 들어, 한국의 경우 지난 2002년 주한미군의 장갑차에 두 여중생이 치어 사망한 사고와 관련하여 불어 닥친 반미의 분위기가 2002년 대통령선거에 중요한 영향을 미친 바 있다. 2004년 한국군의 이라크 파병이나, 2007년 체결되고 2011년에 비준된 한미 자유무역협정(FTA) 등도 심각한 국내정치 대립을 불러일으킨 사안이었다.

2. 세계경찰로서의 미국?

세계에 대한 미국의 영향력이 압도적인 만큼, 미국이 국제사회에서 어떤 역할을 수행하여야 하는가에 대한 논의도 뜨겁다. 물론 이것은 일차적으로 미국인들 스스로의 문제이기 때문에 미국 내에서 이에 대한 열띤 논의가 벌어지곤 한다. 하지만 다른 국가들도 미국의 역할에 대한 나름대로의 기대와 희망을 갖지 않을 수 없다.

미국의 세계에서의 역할에 대한 논의는 일반적으로 고립주의(isolationism)와 국제주의(internationalism)의 대립 형태를 띠고 있다. 고립주의는 미국의 능력을 넘어선 과도한 팽창에 대해 경계하며, 국제 문제에 대한 미국의 개입을 축소해야 한다는 입장을 말한다. 고립주의자들은 미국이 세계의 모범이 되는 국가라고 여기고 미국식 정치 제도의 발전과 이를 통한 민주주의 실천에 완벽을 기하는 데 머물러야 한다는 입장을 갖는다. 이 입장에서는 물론 미국의 세계경찰로서의 역할도 거부된다. 고립주의자들은 미국의 주권과 자율성에 대한 손상을 극도로 경계하기 때문에 국가주의자(nationalist)로 불리기도 한다.

그러나 미국이 세계로부터 전적으로 떨어져서 폐쇄된 공간에 남아 있기는 매우 어렵기 때문에 완전한 의미의 고립주의는 이념형으로서의 의미를 지닐 뿐 현실적으로 실천하기는 어렵다. 미국 고립주의의 원형을 제시한 초대 대통령 조지 워싱턴의 고별 연설이 어떠한 형태의 해외연루(foreign entanglement)도 피할 것을 경고하면서도 외국과의 상업적 교역은 지속할 것을 주장한 사실 역시 이러한 어려움을 대변해준다. 또한 이는 미국에서 말하는 고립이 쇄국과는 다른 의미임을 보여준다. 이러한 이유에서 고립주의 대신 반(半)고립주의라는 개념을 사용하는 학자도 있다(Holsti and Rosenau 1984). 명칭이 어찌 되었든 고립주의는 어떤 상태를 표현하기보다는 하나의 지향 내지 경향을 나타내는 개념으로 이해하는 것이 필요하다.

한편 국제주의는 국제사회에서의 미국의 적극적 역할 수행을 지지하는 입장이다. 국제주의보다는 팽창주의(expansionism) 또는 개입주의(interventionism)가 미국외교의 본질을 설명하는 데 보다 적절한 용어라는 견해도 있다. 이 견해는 미국 외교의 특징이 제국주의적 팽창에 있다고 보며, 이러한 측면이 국제주의라는 다소 중립적인 표현으로는 제대로 포착되지 않는다고 여긴다(권용립 1994). 그러나 국제사회에서의 미국에 역할에 관한 미국 내부의 논쟁차원에서 국제주의는 미국이 국제적 사안에 대한 개입 및 다른 국가들과의 교류로부터 무엇을 얻을 수 있는가를 포함할 뿐만 아니라, 세계가 미국의 기여를 필요로 한다는 점도 강조한다. 즉 오늘날의 미국의 국력과 지위를 감안할 때 세계질서 유지를 위한 미국의 역할은 필수적이며, 세계적 차원의 공공재(public goods)를 제공하는 유익한 패권국(benign hegemon)으로 자리매김해야 한다는 것이다.

그러나 미국이 세계경찰의 역할을 담당해야 하는가에 대하여 국제주의자들의 입장이 모두 같지는 않다. 국제주의는 다시 일방주의와 다자주의, 그리고 현실주의와 자유주의의 두 쌍의 대립항으로 나누어 살펴볼 수 있는데, 미국의 세계경찰로서의 역할 문제에 대해 각각 조금씩 다른 입장을 나타낸다.

일방주의와 다자주의는 주어진 세계적 문제의 해결을 위해 미국이 다른 국가들과의 협력을 중시하느냐 아니면 독자적인 힘을 행사하느냐에 따른 구분이다. 일방주의자들은 세계질서를 유지하기 위해서 보다 적극적인 미국의 국제적 역할이 필요하다고 주문한다. 특히 경우에 따라서는 다른 국가의 동의를 구하지 않고 미국이 일방적으로 정책을 추진하는 것도 필요하다고 본다(Malone and Khong 2003). 미국은 세계경찰뿐 아니라 세계재판관으로서의 역할까지도 기꺼이 맡아야 한다는 것이다. 그 이유는 "강한 힘을 지닌 쪽은 힘이 약한 쪽과는 세계를 다르게 보기 마련"이기 때문이다(케이건 2003, 51). 즉 미국과 같은 세계적 권력과 지위를 가지지 않은 국가들은 자신의 편협한 이익만을 추구하는 경향이 있어서 세계에 대한 책임감을 기대할 수 없다는 것이다.

그러나 다자주의를 지지하는 입장에서는 미국의 역할이 국가들 간의 다자주의적 협력을 도모하고, 또 그것을 제도화하는 데 보다 주안점을 두어야 한다는 견해를 피력한다. 미국의 힘이 강하기는 하지만 국제사회의 모든 주요 문제를 해결할 수 있을 만큼 강하지는 않기 때문에 다른 국가들의 협력이 반드시 요청된다는 것이다(Nye 2002). 또한 미국이 행사해야 하는 것은 세계를 지배하는 패권이 아니라 국제협력을 이끌어내기 위한 리더십이라고 본다(Ruggie 1997; 2006).

다른 한편으로 현실주의와 자유주의의 구분은 미국외교의 목표와 우선순위에 따른 구분이다. 현실주의적 국제주의자들은 미국의 힘이 절제되어 사용되어야 함을 강조한다. 이들은 미국이 세계 최강대국이기는 하지만 미국의 국력이 무제한적이지도 영속적이지 않다고 인식하고, 미국은 자신의 제한되어 있는 힘을 효율적으로 활용할 수 있도록 노력해야만 한다고 판단한다. 이러한 인식과 판단 하에서 두 가지 정책 가이드라인이 제시된다. 첫째, 현실주의적 국제주의자들은 국제질서유지를 위한 주요 강대국과의 선택적 협력을 강조한다. 특히 미국이 현재의 국력과 지위의 유지를 위해 지나치게 연연하기보다는 언젠가 미국의 국력이 쇠퇴했을 때를 대비하여 다른 주요 국가들과의 협력을 통해 미국 스스로의 이익에 부합하는 다극체제를 조성해 나가야 한다는 주장도 제기된다(Haass 1999, 38). 둘째, 미국대외정책에 있어 우선순위를 차지하는 사활적 국가이익의 확보에 전념하고, 부차적 이익과 목표를 달성하기 위해 국력을 낭비해서는 안 된다는 것이다. 민주주의 전파나 국가건설 같은 과제는 바로 그러한 부차적 목표에 해당하는 것으로서 미국의 국익에 직접적으로 관계되지 않을 뿐 아니라 미국의 힘으로도 쉽게 달성될 수 없는 성질의 것으로 취급된다. 따라서 꼭 필요한 경우가 아니라면 이를 위한 대외개입은 자제되어야 한다고 본다. 이러한 논리에 따라 현실주의적 국제주의자들은 미국의 세계경찰로서의 역할을 부분적으로 인정하지만 다자적 협력의 영역을 제한적으로 설정하며, 미국의 사활적 국익과 직접 관계되어 있지 않은 대외개입도 최소화되어야 한다고 여긴다.

자유주의적 국제주의는 현실주의적 국제주의와 마찬가지로 국제협력의 필요성을 강조한다. 그러나 여기서 말하는 국제협력의 대상과 영역은 현실주의에 비해 폭넓은 것이며, 또한 선택적인 것이 아니라 전반적인 것이다. 민주주의전파, 국가건설, 세계 빈곤퇴치, 인권보호, 지구환경보호 등의 많은 사안들이 자유주의적 국제주의자들이 생각하는 국제적 협력의 주요한 대상영역에 포함된다(Hoffmann 1995; Ikenberry 2000). 또한 자유주의적 국제주의는 대체로 국제적 협력을 선호하고 국제제도를 중요시한다는 점에서 다자주의적 접근과 일맥상통한다. 따라서 이 입장에서 보았을 때 세계경찰의 역할은 미국 혼자만의 것이 아니라 미국이 참여하는 다자적 협력과 국제제도를 통해 수행되어야 한다.

이상과 같이 미국의 국제적 역할에 대한 미국 내부로부터의 논의와 입장들을 정리해보았는데, 미국이 아닌 다른 국가들은 미국이 국제사회에서 어떠한 역할을 수행하기를 기대하고 있을까? 우선 미국이 세계에서 차지하는 비중으로 인해 세계적 차원의 문제를 해결하기 위해 미국의 국제적 리더십 발휘가 필요함을 인정해야 할 것이다. 미국의 국제주의자들이 미국 스스로 지니는 국제적 이해관계를 고려할 때 완전한 '고립'은 불가능하다고 인식하는 것과 마찬가지로 미국의 '고립'은 다른 국가들의 이해에도 반드시 도움이 되는 것은 아니다. 세계 최대 강대국인 미국의 역할이 생략된 상태에서 나타날 수 있는 세계질서의 혼란 가능성 때문이다. 그러나 미국의 힘이 발휘되는 방식이 일방주의적인 것이냐 아니면 다른 국가들과의 긴밀한 협력을 전제로 한 것이나는 상당히 중요한 차이를 갖는다. 미국의 대외정책이 국제적 협력을 무시하고 일방주의적 방향으로 흐를 때 미국외교의 팽창주의적 또는 제국주의적 성격에 대한 비판과 경계가 나타날 수 있다. 군사적으로만 보더라도 2001년 9·11테러 사태와 2003년 미국의 이라크침공 이후 최근까지 지속되고 있는 미국의 대테러전쟁은 미국이 결코 혼자의 힘만으로는 세계의 안전은 물론 미국 스스로의 안전조차 확보하기 어렵다는 점을 잘 보여준다.

3. 미국의 국가정체성과 미국예외주의의 대내외적 표출

미국은 많은 행운을 지니고 태어난 나라이다. 신세계 미국은 구세계 유럽과 달리 봉건질서의 굴레로부터 자유로운 국가로 태어났다. 또한 지리적으로도 미국은 유럽과 대서양을 사이에 두고 있었기 때문에 유럽 내부의 복잡다단한 국제정치적 갈등과 빈번한 전쟁의 여파로부터 상대적으로 자유로울 수 있었다. 또한 신대륙의 주변 약소국들도 미국에 심각한 영향을 주지는 못했다. 더욱이 미국 스스로의 개척 또는 팽창을 통해 획득한 넓은 영토와 풍부한 자원, 그리고 해외로부터의 끊임없는 인구 유입은 미국의 경제적 성장과 발전에 긍정적인 환경을 제공하였다.

이러한 특별한 환경에서 발전해온 미국은 스스로를 특별한 국가, 예외적인 국가라는 자기정체성을 형성하여왔다. 이렇게 미국을 다른 국가들과 다른 독특하고 예외적

〈참고사항 14-1〉 미국예외주의

미국예외주의(American exceptionalism)란 미국을 다른 나라들과 구별되는 독특하고 예외적인 국가라고 인식하는 태도를 말한다. 토크빌의 『미국의 민주주의』는 미국의 독특성에 주목한 최초의 저작으로 꼽힌다. 역사적 경험, 정치, 사회문화, 종교 등의 측면에서 미국의 독특성을 찾는 것은 어려운 일이 아니다. 하지만 미국예외주의는 미국이 '다르다'는 데 그치지 않고 다른 나라보다 '우월하다'는 의식을 강하게 내포하고 있으며, 이러한 점에서 자국중심주의적인 세계인식을 나타낸다. 미국예외주의의 관점에서 보면 미국은 자유주의적 가치를 가장 모범적으로 구현한 국가이다. 자유의 나라로서의 미국에 대한 예외주의적 자기정체성 인식은 미국의 대외정책에도 반영되어 있다. 대외정책의 측면에서 예외주의는 미국적 가치의 세계적 보편성을 확신하고, 그러한 가치가 세계의 다른 나라에도 전파 및 확산되어야 한다는 믿음으로 나타난다.

인 국가라고 인식하는 태도를 미국예외주의(American exceptionalism)라고 한다. 특히 이때의 미국은 개인의 자유, 평등, 민주주의, 법치주의 등과 같은 자유주의적 가치를 가장 모범적으로 구현한 국가로 인식하고 있으며, 이러한 예외주의적 자기정체성 인식은 미국의 대외정책에도 반영되어 있다. 또한 대외정책의 측면에서 미국예외주의는 미국의 자유가 세계의 다른 국가에도 전파 및 확산되어야 한다는 믿음으로 나타난다.

미국예외주의의 대외정책적 표출에는 두 가지 방식이 있다. 첫째, 미국을 세계의 모범이 되는 국가로 여기고 미국 스스로의 민주주의제도와 실천에 완벽을 기하는 데 머무르는 방식이다. 훌륭하게 구현된 미국의 자유주의적 제도와 가치를 다른 나라들이 본받고자 할 것이라는 것이다. 둘째, 미국식 가치와 제도를 세계에 전파하기 위해 적극적으로 세계의 다른 나라와 지역에 개입하는 방식이다(Brands 1998, vii-viii). 그러나 두 가지 방식 모두 미국적 가치의 우월성에 대한 믿음을 공통분모로 보유한다.

이렇게 미국을 특별하고 예외적인 나라로 인식하는 미국인들의 자기정체성은 물론 신화에 가까운 것일 수 있다. 모든 나라들은 제각기 어느 정도 독특한 문화적 특질을 지니고 있고, 또 자신의 특수한 성격을 강조하는 경향이 있다. 미국예외주의도 그러한 경향의 하나에 불과하다고 볼 수 있다. 그럼에도 불구하고 미국인들이 미국을 예외적 나라라고 여기는 정도는 각별하다. 아마도 그것은 다양한 인종 및 민족적 배경을 지닌 미국인들을 하나의 국민으로 만들기 위해서라도 자유라는 가치를 중심으로 하는 미국의 신조(American creed)에 대한 동의가 필요하기 때문일 것이다(마상윤 2005, 50).

실제로 미국을 다른 나라들과 구별 짓는 중요한 특징 중의 하나는 미국에서 자유라는 가치가 갖는 남다른 의미에서 찾을 수 있는데, 이러한 특징은 미국의 역사적 경험이 누적되어 형성되었다. 17세기 종교의 자유를 찾아 오늘날의 미국북동부 뉴잉글랜드지역으로 건너온 영국의 청교도들은 미국을 "언덕 위의 도시(City upon a Hill)"라고 불렀다. 청교도들에게 미국은 신이 '선택한 땅'이자 이상향이었으며, 이러한 선민의식은 후대로 전해졌다. 18세기 후반 아메리카인들은 정치·경제적 자유를 위해 영국과 전쟁을 벌여 결국 독립을 쟁취하고, 세계 최초의 근대적 민주주의 국가를 건설하였다. 또한 이들은 봉건제도와 절대주의 왕정의 굴레에서 벗어나지 못하는 유럽이나 비서구지역에 대한 우월감을 형성하였다. 이로 인해 자유의 나라인 미국 내에는 세계의 모범으로서 다른 나라들을 깨우쳐주고 이끌어야 한다는 의식도 생겨났다.

식민지와 건국의 시기를 거쳐 형성된 미국의 국가정체성은 19세기 남북전쟁기에도 이어졌다. 전쟁을 벌인 남부와 북부는 전쟁의 원인이 되었던 경제적 이해관계의 상충과는 별도로 어느 쪽이 더 미국적인지 그리고 더 미국 헌법의 정신에 부합하는지를 놓고 명분 대결을 벌였다. 전쟁의 과정에서 남측이 연방을 탈퇴했는데, 이는 연방정부의 정책을 반대했기 때문이지 미국인으로서의 국가정체성을 버리고 새로운 정체성을 가지려 했던 때문이 아니었던 것이다(임성호 2007, 11).

남북전쟁을 겪으면서 미국의 정체성은 더욱 공고화되었다. 그리고 19세기 후반과 20세기 초에 이르러서는 미국적 가치를 세계에 적극적으로 전파해야 한다는 의식이 나타났다. 이 시기에 나타난 '명백한 운명(manifest destiny)'이나 '백인의 의무(whiteman's burden)' 등과 같은 표현은 미국이 자신의 우월한 문명을 미개한 세계에 전파하여 이들을 개화시켜야 한다는 선교사적 소명의식과 인종적 우월감을 동시에 담고 있다. 1898년 스페인과의 전쟁을 통해 필리핀을 식민지로 얻게 되는 등 당시 전개된 미국의 제국주의적 팽창정책은 이러한 인종주의와 도덕적 절대주의를 문화적 배경으로 한 것이었다.

미국이 다른 세계와 다른 고유한 가치를 지닌다는 예외주의적 인식은 미국 국내적으로는 미국적이지 않은 것에 대한 배척으로 나타나기도 했다. 그 대표적인 사례는 1950년대의 매카시즘(McCarthyism)이다. 미소냉전이 시작되던 무렵 공화당 상원의원이었던 매카시를 비롯한 극단적 반공주의자들은 미국사회에 침투한 공산주의의 영향력을 차단한다는 명분 하에 여러 인사들을 지명하여 공격하였다. 이때 이들은 '비미국

<참고사항 14-2> 루이 하쯔(Louis Hartz)의 "절대주의적 자유주의" 개념

미국인들은 미국의 자유주의 전통에 대단한 자부심을 갖고 있다. 그러나 1950년대 미국의 저명한 학자 루이 하쯔는 이러한 경향에 일침을 가하며 미국의 자기반성을 촉구했다. 그가 보기에, 미국인들은 건국 이전 식민지 시절부터 20세기까지 균질한 자유주의 가치관을 너무도 절대적으로 신봉해 온 탓에 자유주의 전통이 상대적으로 강하지 않은 다른 나라와 비(非)자유주의적 사조에 배타적 적대심을 지녔다. 그 결과 국제무대에서 오만한 자기위주의 행동을 하게 되고 국내적으로는 사회주의자 등 대안적 사조를 믿는 사람들을 박해했다고 비판했다. 개인의 다양성과 존엄성을 강조하는 자유주의가 최선의 가치라고 절대주의적으로 믿기에, 자유주의를 따르지 않는 다른 사람의 인권을 침해한다면 아이러니가 아닐 수 없다. 이러한 하쯔의 주장은 미국 지식인 사이에서 공명을 자아내며 미국의 절대주의적 자유주의를 비판하고 보다 관용을 강조하는 움직임을 낳았다.

적' 가치관을 가진, 따라서 미국에 반하는 사람들이라고 공격을 받았는데, 매카시즘은 이렇게 미국의 배타적 국가정체성이 비극적으로 발현한 사례인 것이다. 매카시즘의 광풍이 부는 미국사회의 모습을 관찰하던 미국의 정치이론가인 하쯔(Louis Hartz)는 "절대주의적 자유주의", "교조적 로크주의"와 같은 모순어법을 사용하여 지나치게 강한 미국의 국가정체성을 비판하기도 하였다(Hartz 1955). 이렇게 미국이 "자유주의가 발현되고 그것을 확산시키는 세계에서 유일한 이상적 국가라는 신념과 자부심"은 미국의 "집단적 배타성과 경직성"이라는 역설적 부산물을 가져오기도 했던 것이다(임성호 2007, 7).

1960년대와 70년대에 들어 문명적 우월의식을 동반한 미국의 강한 국가정체성은 다소 약화되었다. 이는 특히 베트남전쟁과 흑인민권운동 등의 경험이 도덕적 국가로서의 미국에 대한 도그마(dogma)적 신념에 타격을 가한 결과였다. 이어서 1970년대에 발생한 워터게이트 사건, 오일쇼크, 스태그플레이션, 이란 인질사태 등은 미국의 세계적 지위와 미국적 가치의 우월성에 대한 믿음을 더욱 흔들리게 하였다.

그러나 20세기 말부터 미국의 국가정체성은 다시 강화되는 추세를 나타내고 있다. 1981년 취임한 레이건(Ronald W. Reagan) 대통령은 소련을 '악의 제국'이라고 칭하며, 공산주의의 위협으로부터 미국과 자유세계를 지키기 위해 미국의 위상과 자긍심을 회복할 것을 강조하였다. 이어 동유럽과 소련 공산주의 정권의 연이은 붕괴로 냉전이 종식되고, 미국이 탈냉전 시대의 유일한 초강대국으로 남게 되면서 미국인의 국가적 자긍심과 정체성은 강화되었다. 더욱이 2001년 9·11테러 사태 이후 부시(George W. Bush) 행정부의 대외정책에 있어서 네오콘(neocon) 즉 신보수주의자들의 영향력이 확대되었는데, 이들은 미국적 가치를 절대시하면서 미국이 일방주의적인 무력행사를 통해서라도 미국적 민주주의와 자유의 가치를 중동지역을 포함한 세계에 퍼뜨려야 한다는 신념을 행동으로 옮겼다. 9·11 직후 개전된 대테러전쟁과 이란, 이라크, 북한을 '악의 축(axis of evil)'으로 지목한 부시 대통령의 2002년 연두교서, 그리고 2003년 3월 이라크의 사담 후세인 정권교체를 위한 전쟁개시와 같은 일련의 사태는 바로 그러한 신보수주의 영향력의 결과물이었다. 2009년 취임한 오바마 대통령은 신보수주의와의 반대로 국제적 협력을 강화하는 정책을 추진해왔다. 하지만 오바마가 "나는 미국예외주의를 믿으며," 미국이 역사적으로 담당해온 세계에서의 역할에 큰 자부심을 갖는다고 말했던 점은 그 역시도 예외주의에 입각한 미국 정체성의 계승자임을 잘 보여준다(Obama 2009).

〈참고사항 14-3〉 네오콘(neocon)

신보수주의를 뜻하는 neoconservatism의 줄임말로 그러한 이념을 가진 사람을 지칭하기도 한다. 신보수주의는 1960년대의 신좌파적 반문화 기류에 대응하여 나타난 정치운동이다. 아이러니하게도 신보수주의자는 자유주의로부터 기원했다. 일군의 자유주의 지식인들이 1960년대에 진행된 자유주의의 급진화를 비판하면서 신보수주의 정치운동을 시작하게 된 것이다. 즉 신보수주의의 등장은 좌경화된 자유주의에 반기를 든 자유주의자들의 보수 정치운동으로 파악할 수 있다. 그러나 신보수주의가 미국외교와 관련하여 본격적으로 인구에 회자되게 된 것은 비교적 최근 일이다. 탈냉전 이후 신보수주의자들은 대외적으로 미국적 가치를 위협하는 세력에 대한 공격적 접근을 주장하여 왔으며, 특히 9·11테러 이후 이라크공격의 감행 등 부시 행정부의 주요 외교정책결정에 강한 영향력을 행사했던 것으로 알려져 있다. 그러나 제2기 부시 행정부에 들어서 이라크전쟁의 장기화와 이에 대한 대내외 여론의 악화 등으로 주요 네오콘 인사들이 행정부의 요직에서 물러나는 등 이들의 영향력은 상당히 약화되었다.

II. 세계에 비친 미국

1. 대미 호감도와 미국의 리더십에 대한 세계 인식의 변화

미국은 세계인들에게 이중적 이미지를 가진 국가로 인식되어왔다. 역사 초기부터 미국은 아름다운 신세계, 희망과 기회의 땅, 자유와 민주주의의 나라, 이민 가고 싶은 나라라는 긍정적 이미지와 황량한 미개척지, 질서 없는 무법천지, 문화적 후진국, 천박한 졸부의 나라라는 부정적 이미지가 엇갈렸다. 이러한 이중성의 교차는 오늘날에도 세계인의 인식에서 계속되고 있다. 한편에서는, 대외원조로 빈국을 돕는 선의의 강국, 정치·경제뿐 아니라 대중문화의 세계 중심지, 민주주의의 모범국가, 세계 안보와 자유의 수호자 등 여러 측면에서 미화된 인식대상으로서의 미국이 자리 잡고 있다. 다른 한편에서는, 제국주의, 패권주의, 자국중심적 우월감과 오만함, 인종차별주의, 천박한 자본주의, 경박한 대중주의, 경직된 도덕 절대주의, 문화적 퇴폐주의 등의 문제를 안고 있는 나라라는 인식이 강하다.

미국에 대한 세계인의 인식이 호불호 양 극단을 동시에 보인다는 것은 오래전부터 계속된 현상이지만(Thornton 1988), 2001년 9·11테러 사건 이후 미국이 수행한 대테

〈참고사항 14-4〉 반미주의와 반미 감정의 차이

일상대화나 매스미디어에서는 '반미주의'와 '반미 감정'을 혼용하는 경향이 있지만, 학문적으로는 양자를 구분할 필요가 있다. '반미주의'는 세계의 각종 문제 이면에 미국, 미국인, 미국체제, 미국적 가치가 자리 잡고 있다는 체계화된 생각으로서 이념의 형태를 취하며 조직화된 반미운동의 추동력이 된다. 반면에 '반미 감정'은 복합적이고 역사적인 이유 때문이든 구체적인 어떤 사건 때문이든 미국에 대해 느끼는 반감으로서 단순한 정서의 형태를 취한다. 전자가 보다 지속적이고 강한 반감을 낳고 때론 테러 같은 극단적 형태로 이어지기도 하지만, 후자는 상대적으로 빨리 바뀔 수 있고 보통 아주 심각한 수준에 달하지는 않는다. 물론 반미 감정이 결국 반미주의로 이어지기도 하고 그 근원을 제공하므로 양자를 명확히 분리하기는 쉽지 않다. 그러나 단순한 반미 감정을 체계화된 반미주의와 동일시한다면 자연스러운 사회현상에 대해 너무 과민 반응을 보여 상황을 악화시키는 우를 범할 수 있다.

러전쟁으로 인해 반미 감정은 전 세계적으로 확산되었고 미국의 국가 이미지는 급격히 악화되었다. 미군이 이라크로 진격한 2003년 전후로 대규모 반미 시위가 중동은 물론 서유럽, 아시아, 중남미를 휩쓸었으며, 미국과 긴밀한 관계를 유지해온 서유럽에서의 격렬한 반미운동은 미국인에게 충격을 안겨주었다. 혈맹인 한국, NATO 동맹국인 터키, 미국 대외원조의 최대 수혜국인 이집트나 요르단 등에서도 심각한 반미 감정이 퍼졌다.

세계 곳곳에 만연했던 반미 감정은 오바마 대통령 집권 이후 현저한 약화되었다. 〈표 14-1〉에 나타난 미국에 대한 호감도는 미국의 퓨 연구소(Pew Research Center)가 2004년부터 2012년까지 세계 주요국들을 대상으로 실시한 여론조사 결과를 토대로 작성되었다. 이에 따르면, 부시 대통령 집권기였던 2008년까지 국제사회의 대미호감도는 전 세계적으로 현저히 낮다. 하지만 오바마 대통령이 집권한 2009년 이후로 미국에 대한 호감도는 점차 상승하고 있으며, 특히 프랑스, 독일, 스페인을 비롯한 서유럽 국가들을 중심으로 부시 행정부 말기보다 평균 20~30%가 상승한 높은 대미호감도를 보이고 있다. 아시아 국가의 대미 호감도 역시 2009년을 기점으로 10% 이상 상승했다. 중국은 50% 전후의 대미 호감도를 보이고 있는데 이 수치는 절대적으로 낮지만 역시 부시 행정부 당시보다 상승한 모습이다. 일본의 경우, 2011년에 대미호감도가 85%까지 상승했다.

지역	국가	2004년	2005년	2006년	2007년	2008년	2009년	2010년	2011년	2012년
〈표 14-1〉					미국에 대한 호감도					(단위: %)
북미	미국	–	–	–	–	–	–	62	62	61
중남미	브라질	56		51	35	–	–	–	44	
	멕시코	–	–	–	56	47	69	56	52	56
서유럽	영국	58	55	56	51	53	69	65	61	60
	프랑스	37	43	39	39	42	75	73	75	69
	독일	38	42	37	30	31	64	63	62	52
	이탈리아	–	–	–	53	–	–	–	–	74
	스페인	–	41	23	34	33	58	61	64	58
동유럽	체코	–	–	–	45	–	–	–	–	54
	폴란드	–	62	–	61	68	67	74	70	69
	러시아	46	52	43	41	46	44	57	56	52
중동	터키	30	23	12	9	12	14	17	10	15
	이집트	–	–	30	12	22	27	17	20	19
	요르단	5	21	15	20	19	25	21	13	12
	레바논	–	42	–	47	51	55	52	49	48
	파키스탄	21	23	27	15	19	16	17	12	12
아시아	중국	–	42	47	34	41	47	58	44	43
	인도	–	–	–	–	–	–	–	41	41
	일본	–	–	63	61	50	59	66	85	72
아프리카	튀니지	–	–	–	–	–	–	–	–	45

출처: Pew Research Center, *Global Opinion of Obama Slips, International Policies Faulted*(2012), p.12

그러나 터키와 요르단 등 중동 국가에서의 대미 호감도는 여전히 매우 낮으며, 오바마 행정부의 등장은 여기에 별다른 영향을 주지 못했다. 레바논은 인구의 60% 이상이 수니(Sunni) 무슬림이거나 기독교도인이라는 이유로 중동국가로서는 예외적으로 미국에 대해 비교적 호의적인 평가를 내리고 있는 반면, 시아(Shia) 무슬림이 다수를 차지하는 터키, 요르단, 이집트에서의 대미 호감도는 10%~20% 수준에 머물고 있다. 인구 대부분이 이슬람교도인 파키스탄의 경우 역시 대미 호감도가 12%에 그치고 있으며, 오히려 점진적인 악화일로의 추세를 보이고 있다.

전반적인 대미 호감도의 상승은 미국의 대테러전쟁에 대한 지지로 이어졌다. 〈표
14-2〉에서 알 수 있듯, 부시 행정부가 집권했던 2008년 이전까지 미국의 대테러전쟁
에 대한 국제사회의 지지도는 전반적으로 낮았으며, 점차 약화되는 추세였다. 아프가
니스탄과 이라크에 대한 부시 정부의 대테러전쟁이 진행 중이던 2004년 당시의 지지

〈표 14-2〉					미국의 대테러전쟁에 대한 지지도				

(단위: %)

지역	국가	2004년	2005년	2006년	2007년	2009년	2010년	2011년	2012년
북미	미국	81	76	73	70	81	78	80	76
중남미	브라질	–	–	–	–	–	62	57	66
	멕시코	–	–	–	31	56	43	47	36
서유럽	영국	63	51	49	38	64	58	59	57
	프랑스	50	51	42	43	74	67	71	75
	독일	55	50	47	42	68	59	67	60
	이탈리아	–	–	–	41	–	–	–	65
	스페인	–	26	19	21	59	56	58	53
	그리스	–	–	–	–	–	–	–	29
동유럽	체코	–	–	–	57	–	–	–	64
	폴란드	–	61	–	52	66	70	60	62
	러시아	73	55	52	50	54	70	53	53
중동	터키	37	17	14	9	24	19	14	18
	이집트	–	–	10	26	19	18	21	13
	요르단	12	13	16	18	11	12	9	8
	레바논	–	31	–	34	31	30	35	32
	파키스탄	16	22	30	13	24	19	16	16
아시아	중국	–	–	19	26	50	41	23	33
	인도	–	–	–	–	–	–	52	55
	일본	–	–	26	40	42	42	42	44
아프리카	튀니지	–	–	–	–	–	–	–	30

출처: Pew Research Center, *Global Opinion of Obama Slips, International Policies Faulted*(2012), p.17

도와 2007년 지지도를 비교하면 거의 대부분의 나라에서 현격한 하락이 관찰된다. 예를 들어, 영국에서는 63%에서 38%로, 프랑스에서는 50%에서 43%로, 러시아에서는 73%에서 50%로, 터키에서는 37%에서 9%로 떨어졌다. 미국 내부에서조차 대테러 전쟁에 대한 지지도가 81%에서 70%로 낮아졌다. 하지만 2009년 오바마 정부 등장 이후 대미 호감도의 상승과 함께 대테러전쟁에 대한 지지도가 동반 상승을 기록했다. 2007년과 2009년 두 시점에 대한 대테러전쟁 지지도의 변화율을 보면, 영국의 경우 2007년 38%에 머물던 지지도가 2009년에는 64%로, 프랑스의 경우 43%에서 74%로, 중국의 경우 26%에서 50%로 상승한 것을 알 수 있다. 다만 중동지역 국가들은 오바마 행정부로의 정권교체에도 불구하고 여전히 대테러전쟁에 대한 낮은 지지율을 보이고 있다.

요컨대 부시 행정부의 등장 및 일방주의적 대외정책과 대테러전쟁 수행 등으로 인

〈표 14-3〉 미국의 소프트파워에 대한 국제사회의 인식

(단위: %)

	2007년	2012년	응답률 변화
미국의 과학기술 발전			
존경한다	69	71	+2
존경하지 않는다	28	24	-4
미국의 음악, 영화 및 대중 문화			
좋아한다	60	66	+6
좋아하지 않는다	35	29	-6
미국식 자유민주주의			
좋아한다	35	45	+10
좋아하지 않는다	56	51	-5
미국의 교역 방식			
좋아한다	32	43	+11
좋아하지 않는다	49	43	-6
미국의 사상과 관습의 대외적 확산			
좋아한다	19	27	+8
좋아하지 않는다	76	70	-6

출처: Pew Research Center, *Global Opinion of Obama Slips, International Policies Faulted*(2012), p.21

해 국제사회에 만연했던 반미 감정은 2012년에 이르러 예전보다 전반적으로 완화되었으며, 이는 대테러전쟁에 대한 국제사회의 지지도 상승에서 나타나듯 미국 소프트파워(soft power)의 강화로 이어지는 계기가 될 수 있었다고 볼 수 있다. 〈표 14-3〉에서 나타나듯 미국의 소프트파워는 국제사회에서 점차 높은 호응을 얻고 있다. 지난 2007년보다 2012년 국제사회는 미국의 대중문화, 과학기술 등에 대한 호의를 보이고 있을 뿐만 아니라, 미국이 추구하는 정치경제적 가치인 미국식 자유민주주의와 시장경제체제에 대해서도 거부감을 보이지 않고 있다. 하지만 이런 미국적 가치의 대외적 확산에 대해서 국제사회의 일부는 여전히 경계를 늦추지 않고 있으며, 2012년 조사 결과 세계 각국 응답자 70%가 이에 대한 거부감을 보이고 있다.

하지만 앞의 〈표 14-1〉에 나타나듯, 오바마 대통령 집권 첫해인 2009년을 기점으로 대미 호감도는 점진적인 하락세를 보이고 있다. 이는 일방주의적인 부시 대통령의 외교행태와는 달리 오바마 대통령이 보여줄 것이라고 예상되었던 미국의 다자주의적 리더십과 국제분쟁에 대한 공정한 대외개입 등의 대외정책이 기대에 못 미쳤기 때문이다. 예컨대 부시 행정부는 2003년 이라크전쟁과 같이 국제사회의 동의 없는 무력사

〈표 14-4〉	오바마 정부에 대한 기대와 사후 평가			

(단위: %)

오바마 정부에 대한 기대	2009년의 기대		2012년의 평가	
	그럴 것이다	그렇지 않을 것이다	그러했다	그러지 못했다
미국은 대외정책에 세계 각국의 이해관계를 반영할 것이다	45	42	27	58
미국은 무력 사용 이전에 국제사회의 동의를 얻을 것이다	45	42	29	54
미국은 이스라엘과 팔레스타인 분쟁과 관련해 중립적인 태도를 보일 것이다	46	32	18	59
미국은 기후변화와 관련한 다자적 노력을 기울일 것이다	56	29	22	61

출처: Pew Research Center, *Global Opinion of Obama Slips, International Policies Faulted* (2012), p.5. 본 여론 조사는 2009년과 2012년 미국, 영국, 독일, 프랑스, 스페인, 폴란드, 러시아, 터키, 이집트, 요르단, 레바논, 중국, 일본, 파키스탄과 멕시코에서 실시되었으며, 위의 표에 나타난 값들은 여론조사 결과 얻어진 데이터의 중앙값(median)이다

용, 이스라엘과 팔레스타인의 분쟁에 대한 편향된 개입, 기후변화와 같은 초국가적 의제를 다루기 위한 도쿄의정서 탈퇴 등의 일방주의적 조치로 인해 국제적 비난을 받은 바 있다. 오바마 행정부의 대외정책에서도 이러한 요소가 완전히 해소되지 않은 것으로 인식되고 있다. 〈표 14-4〉는 오바마 행정부에 대한 위와 같은 기대가 여러 측면에서 충족되지 못했음을 보여주고 있다.

〈표 14-5〉	미국의 경제 지도력에 대한 인식				

(단위: %)

응답 국가	어떤 국가가 세계 경제를 이끌어 가는가?				
	미국	중국	일본	유럽연합	기타
미국	40	41	6	5	8
영국	28	58	5	3	7
프랑스	29	57	7	6	0
독일	13	62	5	17	3
스페인	26	57	9	5	3
이탈리아	37	46	8	3	6
그리스	36	45	7	3	10
폴란드	35	35	12	4	13
체코 공화국	29	51	9	7	5
러시아	26	33	17	7	18
터키	54	22	6	8	10
이집트	40	39	11	7	3
요르단	36	44	16	4	0
레바논	34	44	5	5	12
튀니지	48	29	7	5	11
파키스탄	48	27	4	1	20
중국	48	29	2	5	15
인도	37	17	7	1	38
일본	45	43	3	5	5
브라질	45	27	15	3	10
멕시코	51	18	12	6	12

출처: Pew Research Center, *Global Opinion of Obama Slips, International Policies Faulted* (2012), p.15

한편, 지난 2008년 금융위기와 그 이후 미국이 겪고 있는 경기침체로 인해 미국이 주도해온 세계 경제력 균형에 대한 국제사회의 인식이 변화했다. 〈표 14-5〉에 따르면, 세계 주요국들은 세계 경제를 이끌어가는 국가로서 미국뿐 아니라 중국도 중요하다고 응답하고 있다. 이러한 인식은 영국과 프랑스, 독일 등 서유럽 국가들 사이에서 특히 현저하게 나타나고 있으며, 오히려 중국이 미국보다 더욱 중요한 국가라고 응답하는 경향도 나타나고 있다. 러시아와 체코, 폴란드 등 동유럽 국가들 사이에서는 미국의 세계 경제 리더십에 대한 신뢰도가 중국에 대한 신뢰도와 비슷한 수준을 보이고 있다. 반면 중국은 아직 스스로가 세계 경제 리더 위치에 도달하지 않았다고 판단하며, 미국이 여전히 세계 경제를 이끌어간다고 답하고 있다(48%). 아시아와 남미 국가 응답자의 과반수 이상도 미국의 세계 경제 리더십을 신뢰하고 있다.

2. 트럼프 행정부 집권 이후 미국의 글로벌 리더십

오바마 행정부가 집권하면서 미국은 순항하는 듯 보였다. 그러나 2016년 11월 도널드 트럼프가 경제적 민족주의(economic nationalism)를 내세워 제45대 대통령으로 당선되면서 미국은 전례없는 도전에 직면했다. 트럼프 행정부가 미국예외주의와 자유주의적 국제주의를 부정하는, 미국우선주의(America First) 기조 아래 부국강병을 추구하는 리더십을 선보였기 때문이다. 이는 국제적 규범이나 가치, 적법한 절차보다 거래와 성과에 치중했고 무엇보다 그동안 미국의 글로벌 리더십의 근간이 되어준, 신뢰와 헌신에 입각한 전통적 동맹관계를 시험에 빠뜨리고 있다.

국제사회는 트럼프 행정부의 주요 외교정책 공약에 대해 강하게 반대했다. 〈그림 14-1〉을 보면, 미국이 2015년에 이란과 체결한 다자적 핵합의(포괄적 공동 이행 계획, JCPOA)에서 탈퇴하고, 무슬림 국가로부터의 이민을 강력하게 규제하며, 파리기후협약과 주요 무역협정에서 탈퇴하고, 미국과 멕시코 국경에 장벽을 건설하겠다는 공약에 대해 과반 이상이 강하게 반대했다.

이에 따라 2018년 미국에 대한 국제사회의 호감도는 오바마 행정부 이전 수준만큼 저하되었다. 〈그림 14-2〉에 따르면, 영국, 프랑스, 독일과 스페인이 미국 대통령이 국제 문제에 잘 대처할 것이라고 신뢰하는 수준은 2008년 부시 행정부 말기의 수준만큼 떨어졌다. 이는 오바마 행정부 때 회복된 미국 대통령에 대한 신뢰가 그 이전 수준 이상으로 하락했음을 보여준다.

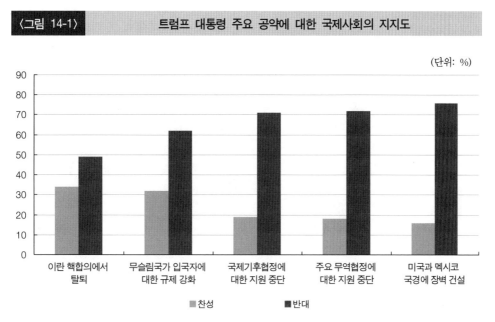

〈그림 14-1〉 트럼프 대통령 주요 공약에 대한 국제사회의 지지도

출처: Pew Research Center, Spring 2017 Global Attitudes Survey, 37개국 설문조사 데이터 중간값

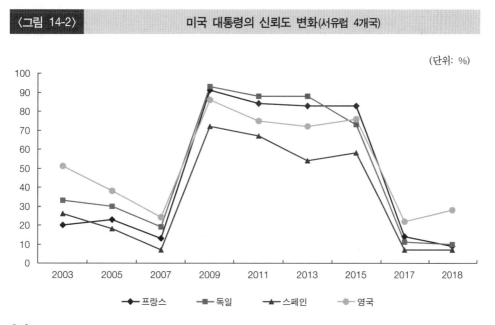

〈그림 14-2〉 미국 대통령의 신뢰도 변화(서유럽 4개국)

출처: Pew Research Center, Spring 2018 Global Attitudes Survey, Q30a

〈그림 14-3〉	2018 미국에 대한 주요국의 호감도

(단위: %)

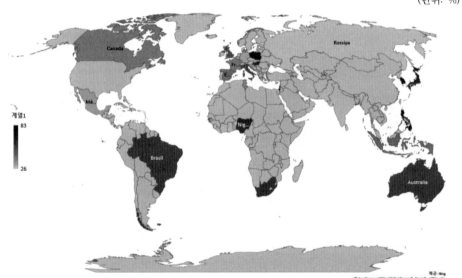

지역	국가	2013	2014	2015	2016	2017	2018
북미	캐나다	64	-	68	65	43	39
중남미	브라질	73	65	73	-	50	55
	멕시코	66	63	66	-	30	32
서유럽	영국	58	66	65	61	50	50
	프랑스	64	75	73	63	46	38
	독일	53	51	50	57	35	30
	이탈리아	76	78	83	72	61	52
	스페인	62	60	65	59	31	42
동유럽	헝가리	-	-	-	62	63	63
	폴란드	67	73	74	74	73	70
	러시아	51	23	15	-	41	26
중동	이스라엘	83	84	81	-	81	83
아시아	호주	66	-	63	60	48	54
	한국	78	82	84	-	75	80
	일본	69	66	68	72	57	67
	필리핀	85	92	92	-	78	83
	인도네시아	61	59	62	-	48	42
아프리카	튀니지	42	42	-	-	27	37
	케냐	81	80	84	63	54	70
	나이지리아	69	69	76	66	69	62
	남아공	72	68	74	60	53	57

출처: Pew Research Center, Spring 2018 Global Attitudes Survey, Q17a

국제사회의 대미 호감도는 지역마다 조금씩 차이를 보이고 있다. 〈그림 14-3〉을 보면, 아시아의 한국과 필리핀, 일본이 미국에 대해 갖는 호감도는 비교적 높은 반면, 전통적으로 미국과 긴밀하게 지낸 독일, 프랑스와 같은 서유럽 국가들뿐 아니라 캐나다의 대미 호감도는 현저히 낮다. 영국과 호주가 미국에 대해 느끼는 호감도는 중간 수준이다. 폴란드와 헝가리와 같은 동유럽 국가들과 이스라엘, 케냐와 나이지리아와 같은 아프리카 몇 개국의 대미 호감도는 높지만, 아랍의 봄이 시작된 튀니지, 중남미의 멕시코와 아르헨티나의 대미 호감도는 상당히 낮은 수준이다.

그렇다면 구체적으로 왜 이렇게 미국의 국제 이미지가 실추되었을까? 세계 각국이 느끼는, 자국에 대한 미국의 배려 정도를 살펴보면 단서를 찾을 수 있다. 〈그림 14-4〉는 미국이 대외정책 결정을 내릴 때, 개별 국가들이 자국의 이익이 고려된다고 느끼는 정도를 나타내고 있다. 자국의 이익이 "전혀 고려되지 않거나 별로 고려되지 않는다"고 느끼는 응답자가 부시 행정부에서 오바마 행정부로 넘어오면서 다소 줄어들었다가, 트럼프 행정부가 집권하면서 부시 행정부 2기 당시의 낮은 수준으로 회귀하는 모습이다. 마찬가지로, 개별국가들이 미국이 자국의 이익을 "상당히 혹은 대체로 고려

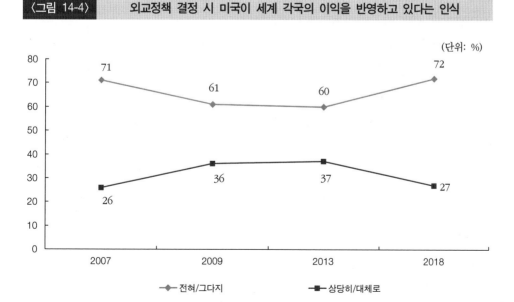

〈그림 14-4〉 외교정책 결정 시 미국이 세계 각국의 이익을 반영하고 있다는 인식

출처: Pew Research Center, Spring 2018 Global Attitudes Survey, Q39. 14개국 설문조사 중긴값(아르헨디나, 캐나다, 프랑스, 독일, 인도네시아, 이스라엘, 일본, 케냐, 멕시코, 폴란드, 러시아, 한국, 스페인, 영국)

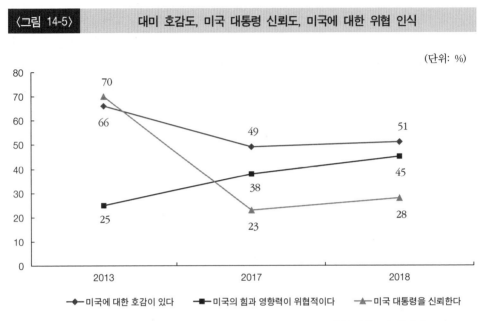

〈그림 14-5〉 대미 호감도, 미국 대통령 신뢰도, 미국에 대한 위협 인식

(단위: %)

◆미국에 대한 호감이 있다　■미국의 힘과 영향력이 위협적이다　▲미국 대통령을 신뢰한다

출처: Pew Research Center, Spring 2018 Global Attitudes Survey, 22개국 설문조사 중간값

한다"라고 응답한 국가가 부시 행정부에서 오바마 행정부로 넘어오면서 증가했다가, 2018년에는 2007년 수준으로 재차 감소했다.

오히려 미국의 힘과 영향력을 주요 위협으로 느끼는 국가들이 꾸준히 늘어나고 있는 추세이다. 〈그림 14-5〉를 보면, 2013년 대비 2017년에 미국에 대한 호감도가 상당히 떨어졌고, 미국 대통령에 대한 신뢰도는 더욱 급격하게 낮아졌다. 2018년, 트럼프 행정부 2년차에 접어들어 대미 호감도가 미세하게 좋아지고, 대통령에 대한 신뢰도도 소폭 상승했다. 문제는 오바마 행정부 2기인 2013년부터 2018년에 이르기까지, 미국을 주요 위협이라고 인식하는 국가가 지속적으로 증가했고, 트럼프 대통령이 집권하면서 45%에 도달했다는 점이다.

이런 부정적 인식에도 불구하고, 국제사회는 여전히 미국에게 글로벌 리더 역할을 기대하고 있다. 〈그림 14-6〉을 보면, 대부분의 국가들은 10년 전과 비교했을 때 미국의 리더 역할이 여전히 중요하다고 인식하고 있다. 이스라엘, 한국, 아르헨티나, 남아공, 멕시코의 경우 미국의 역할이 더 중요해졌다고 응답한 비율이 높은 반면, 독일과 프랑스, 영국, 호주는 미국의 역할이 예전과 비슷한 수준이라고 응답한 비율이 높았다. 일본과 캐나다의 경우, 미국의 글로벌 리더 역할의 중요성이 줄어들었다고 응답한

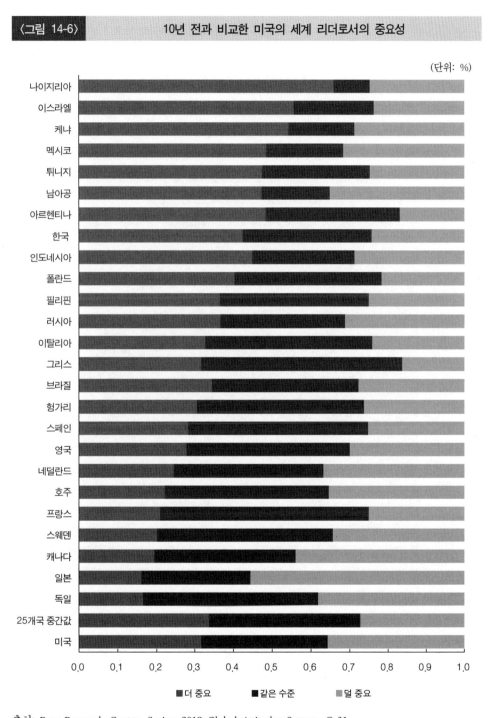

〈그림 14-6〉 10년 전과 비교한 미국의 세계 리더로서의 중요성

(단위: %)

- 나이지리아
- 이스라엘
- 케냐
- 멕시코
- 튀니지
- 남아공
- 아르헨티나
- 한국
- 인도네시아
- 폴란드
- 필리핀
- 러시아
- 이탈리아
- 그리스
- 브라질
- 헝가리
- 스페인
- 영국
- 네덜란드
- 호주
- 프랑스
- 스웨덴
- 캐나다
- 일본
- 독일
- 25개국 중간값
- 미국

■더 중요   ■같은 수준   ■덜 중요

출처: Pew Research Center, Spring 2018 Global Attitudes Survey, Q.31

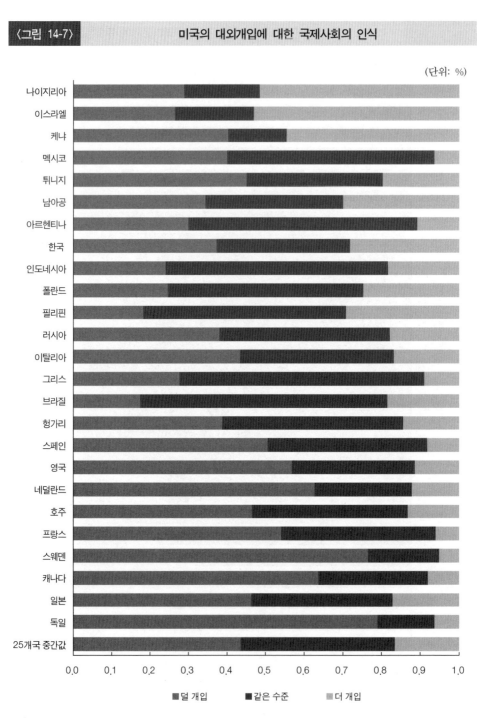

〈그림 14-7〉 미국의 대외개입에 대한 국제사회의 인식

(단위: %)

■덜 개입   ■같은 수준   ■더 개입

출처: Pew Research Center, Spring 2018 Global Attitudes Survey, Q.38

비율이 가장 높았다.

이와 관련, 실제 미국이 국제 문제에 개입하는 사례가 최근 몇 년 동안 비슷한 수준을 유지하거나 감소했다는 것이 중론이다. 〈그림 14-7〉을 보면, 독일, 스웨덴, 캐나다, 네덜란드와 같은 서유럽 국가에서는 응답자의 과반 이상이 미국의 대외개입이 줄어들었다고 인식하는 반면, 호주나 일본, 한국과 같은 동맹국들의 경우, 기존 수준을 유지하고 있다고 응답한 비율이 조금 더 높은 편이다. 미국의 대외개입이 증가했다고 응답한 전체 비율은 14%에 불과하다.

요컨대 오바마 행정부가 집권하면서 그 전에 확산되었던 반미 감정이 점차 잦아들고 미국의 소프트파워가 회복되는 듯 했으나, 2017년 트럼프 행정부가 집권하면서 재차 부시 행정부 당시 수준으로 미국의 국제 이미지가 부정적으로 바뀌고 있는 추세이다. 부시 행정부 이후 긍정적 변화의 기저에 "세계와의 화해"를 주창하며 집권한 오바마 대통령 개인의 영향력이 크게 작용했다면, 부정적 변화의 동력은 오바마의 외교정책 유산을 전면 부정하고 주요 정책을 원상태로 복귀시키는, "미국우선주의"를 구현하겠다는 트럼프 대통령 개인의 의지에서 찾아볼 수 있다.

오바마 대통령 집권 이후 미국은 기존 일방주의적 대외정책으로부터 거리를 두고 여러 국가들과 협력을 강화함으로써 자유주의적 국제질서와 그 속에서의 미국의 리더십을 쇄신하고자 하는 미국의 의지를 보여주었다. 취임 직후 이슬람권 국가들과의 화해외교로서 행한 이집트에서의 연설, 기후변화제도에의 참여 및 방만했던 해외공약 철회 등으로 보여준 오바마 정부의 대외활동은 그동안 추락했던 미국의 위상과 리더십을 제고시킬 수 있었으며, 세계적으로 만연했던 반미 감정을 약화시키는 데 기여했다. 그러나 트럼프 대통령이 집권함과 동시에 70년 동안 이어온 자유주의적 국제질서를 근본적으로 흔들면서 세계 속 미국의 위상은 전례 없이 위태로워졌다. 국제사회는 더 이상 포용적이지 않은 미국의 강압적 리더십에 대해 반감을 갖게 되었기 때문이다. 오바마 행정부에서 수행한 여러 정책이 다자주의적 리더십에 대한 국제사회의 기대에 미치지 못하자 대미 호감도가 점차 하락한 것을 보고 미국이 주변국가의 이해관계를 고려하지 않은 일방주의적인 대외정책을 펼치면 언제든 과거의 반미 감정이 되살아날 수 있음이 예고된 바 있다.

트럼프 행정부는 주요 국가안보 및 국방전략서를 통해 "힘을 통한 평화"의 정책기조를 강조하며 노골적으로 하드파워를 중시하겠다는 뜻을 밝혔고, 그 결과 최근 몇 년 사이 미국의 매력 혹 소프트파워가 많이 약화되었다. 특히, 중국의 빠른 경제적·

군사적·기술적 추격을 미국 패권에 대한 주요 위협으로 규정하며, 복합적이고 전방위적 균형 정책을 통해 기존의 격차를 유지하려는 전략을 펼치고 있다. 미국은 중국의 부상이 미국이 일궈놓은 자유주의적 국제질서 위반의 결과라고 규정하고 있으며, 더 이상 미국에게 기존 질서를 지키기 위해 국제적 공공재를 제공하는, 즉 '손해 보는' 리더십을 기대하지 말라고 경고하고 있다.

III. 미국이 본 세계

1. 미국의 글로벌 리더십과 국제 문제 개입에 대한 미국인의 인식

미국의 일반국민은 글로벌 현안에 대해 관심이 많거나 이해도가 높은 편은 아니다. 다만, 표면상으로는 미국이 국제 문제해결에 적극적으로 참여해야 한다는 데 대부분 동의해왔다. 〈그림 14-8〉은 2019년 초, 시카고 외교협회(Chicago Council on Global Affairs)에서 실시한 여론조사 결과를 토대로 작성한 것으로 미국이 국제 문제를 해결

〈그림 14-8〉 　　　　　　　　　　미국의 국제 문제 개입에 대한 선호도

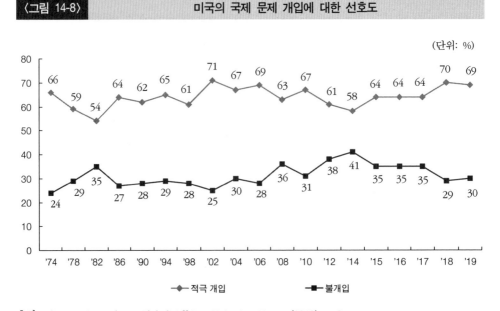

출처: Chicago Council on Global Affairs, *Rejecting Retreat* (2019), p.3

하는 데에 있어 얼마나 적극적으로 임해야 하는가에 대한 미국인의 인식을 보여주고 있다. 미국인들은 1970년대부터 2019년에 이르기까지 일관되게 미국이 자국의 미래를 위해 적극적으로 국제 문제에 개입하는 것을 선호하고 있으며, 2019년 6월 현재 응답자의 69%가 개입주의를 선호하는 반면 30% 정도만 비개입주의를 선호하는 것으로 나타났다.

<표 14-6>　　　　미국 대통령과 의회가 최우선시해야 하는 현안

(단위: %)

	(8년 전) 2011년 1월	(4년 전) 2015년 1월	(1년 전) 2018년 1월	2019년 1월	(△8년) 2011~19	(△1년) 2018~19
국가경제 강화	87	75	71	70	-17	-1
의료비 감소	61	64	68	69	+8	+1
교육향상	66	67	72	68	+2	-4
대테러 방어	73	76	73	67	-6	-6
사회보장 확보	66	66	67	67	+1	0
메디케어 확보	61	61	66	67	+6	+1
빈곤 문제 해결	52	55	58	60	+8	+2
환경보호	40	51	62	56	+16	-6
이민정책	46	52	47	51	+5	+4
일자리 상황 개선	84	67	62	50	-34	-12
범죄 감소	44	57	56	50	+6	-6
마약중독 해결	-	-	49	49	-	0
국가부채 감소	64	64	48	48	-16	0
인종 문제 대응	-	49	52	46	-	-6
군사력 강화	43	52	46	45	+2	-1
교통증진	33	42	49	45	+12	-4
기후변화 대응	26	34	46	44	+18	-2
국제무역 대응	34	30	38	39	+5	+1

출처: Pew Research Center, "Public's 2019 Priorities: Economy, Health Care, Education and Security All Near Top of List"(2019년 1월 24일), p.8

그러나 2008년 시작된 금융위기와 거기서 파생된 경기침체의 여파로 인해 오바마 행정부 시기부터 대외개입보다 국내경제안정과 실업 해소에 더 높은 우선순위를 부여하는 경향이 뚜렷해졌다. 가용 가능한 재정 규모의 축소와 미국의 대외 영향력 약화로 인해 미국인들은 국제사회에 대한 선별적 개입과 대외정책 우선순위의 재조정을 요구하기 시작한 것이다. 〈표 14-6〉에 따르면, 2011년에는 국가경제(87%)와 국가 부채(64%), 일자리 상황 개선(84%) 등에 대한 국민적 요구가 상당히 높다. 그 후 미국이 점차 경제력을 회복하면서 2019년에 이르러서는 2011~2015년에 비해 내부 경제 상황 안정화에 대한 국민적 요구가 상당히 감소했다. 반면, 이민 문제에 대한 대응과 교통 개선 등 인프라 개선 문제를 최우선시해야 한다는 의견이 강해졌다. 대테러 활동과 군사력 강화, 기후변화에 대한 대응은 여전히 중요하지만, 사회보장과 의료제도, 교육과 빈곤 문제 개선이 더 중요시되고 있는 것이다. 이런 요구의 변화 이면에는 불법 이민자와 난민에 대한 단속을 강화해 미국인들이 불이익을 당하지 않도록 하고 국내 인프라와 취약 산업을 우선적으로 보호해야 한다는 인식이 있다. 이런 국민들의 내부지향성 강화는 2016년 트럼프 대통령 당선의 근간이 되었고 결과로 공고화되고 있으며, 향후 미국의 자유주의적 국제주의로부터 현실주의적 국제주의로, 나아가 축소주의로의 노선 전환을 추동할 가능성이 높다.

오바마 행정부 후기부터 실시한 일련의 여론조사 결과를 보면, 미국 경제가 회복되면서 미국인들의 국내 문제에 대한 자신감이 생겼음에도 불구하고, 내부지향성은 더욱 강화되었다는 것을 재차 확인할 수 있다. 〈그림 14-9〉를 보면, 2014년 기점으로 미국인들의 국가 경제력에 대한 자신감을 회복했다. 이때부터 중국이 세계 최고의 경제국으로 인식하는 응답자 수가 점진적으로 줄어드는 반면, 미국이 최고 경제국이라는 인식은 2014~2016년 사이 급격히 강화되었다가 트럼프 대통령 집권기에 들어서서 점차 완화되는 추세이다.

한편, 〈표 14-7〉을 보면, 미국인들은 국제 문제에 대한 적극적 개입보다 국내 문제에 대한 집중을 주문하고 있다. 2011년, 2014년에는 국내 문제를 더 중시해야 한다는 응답자가 60%까지 높아졌다가 트럼프 행정부가 들어서면서 10% 이상 줄어들었다. 2019년 3월 현재 국제 문제보다 국내 문제에 집중하는 것이 국가 미래를 위해 더 바람직하다는 의견이 여전히 조금 더 많다.

트럼프 행정부 시기 미국이 경제 초호황기를 누리고 있음에도 미국의 자유주의적 국제주의 성향이 약화되고 있는 이유는, 국내 문제를 우선시해야 한다는 국민들의 요

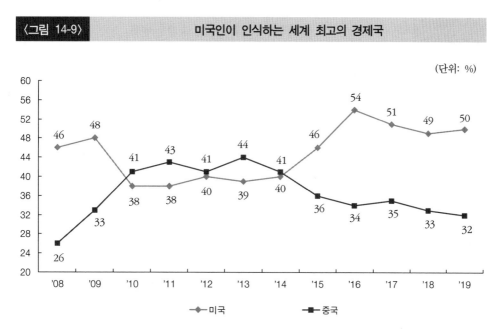

〈그림 14-9〉	미국인이 인식하는 세계 최고의 경제국

출처: Pew Research Center, Spring 2019 Global Attitudes Survey, Q33

〈표 14-7〉	2014년 전후, 미국의 국제 문제 개입에 대한 선호도

(단위: %)

	국제 문제에 적극적으로 개입하는 것이 미국의 미래를 위한 최선이다	해외 문제에 대한 관심을 줄이고 국내 문제에 주력할 필요가 있다	N/A
2019년 3월	44	49	6
2017년 6월	47	47	6
2014년 1월	35	60	5
2011년 2월	33	58	8
2004년 12월	44	49	7

출처: Pew Research Center, "Large Majorities in Both Parties Say NATO Is Good for the U.S"(2019년 4월 2일), Q50

구뿐 아니라 국제무대에서 미국의 영향력이 상대적으로 약화되고 있다는 인식에 기인한다. 무엇보다 급격한 경제성장을 바탕으로 국제사회에 등장한 중국의 존재는 미국인들로 하여금 세계가 더욱 경쟁적인 체제로 전환되고 있음을 인정하고 중국의 경제

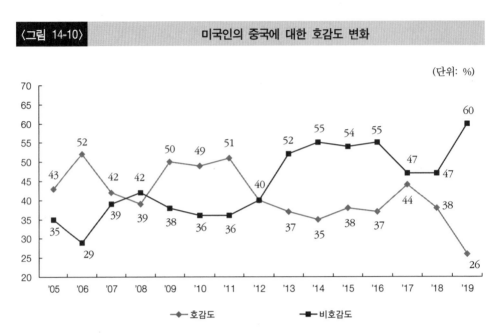

〈그림 14-10〉 미국인의 중국에 대한 호감도 변화

출처: Pew Research Center, Spring 2019 Global Attitudes Survey, Q8

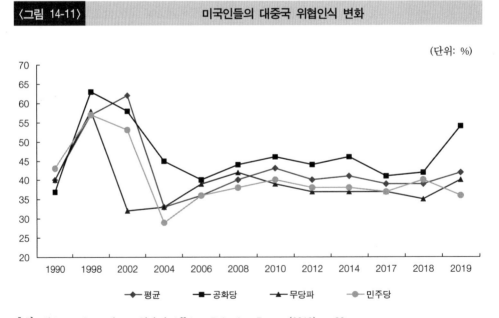

〈그림 14-11〉 미국인들의 대중국 위협인식 변화

출처: Chicago Council on Global Affairs, *Rejecting Retreat* (2019), p.29

적, 군사적 추격을 늦추는 정책을 지지하게 만들고 있다. 〈그림 14-10〉을 통해 미국인들의 대중국 인식 변화를 살펴보면, 2012년을 기점으로 중국에 대한 호감도가 점진적으로 낮아지고 비호감도가 가파르게 높아지는 것을 알 수 있다. 이런 추세가 한동안 안정화되는 듯하다가 2018년 미중 무역분쟁이 본격화됨에 따라 대중국 호감도가 급격히 떨어지면서 비호감도가 현격히 높아지는 모습이다.

이와 관련, 〈그림 14-11〉은 미국의 대중국 위협인식이 2017년을 기점으로 심화되었음을 보여주는데, 1990년대에서 2001년까지 이 추세는 완만하면서 꾸준히 지속되었다. 1999년 11월 미중 양자협상이 타결되고 2001년 9월 중국의 WTO 가입이 확정되면서 미국의 대중국 위협인식은 급격히 완화되었고, 2000년대를 지나면서 조금씩 상승하는 추세를 이어가고 있다. 공화당 지지자들의 대중국 위협인식이 더 뚜렷하지만, 민주당 지지자들도 그 인식을 공유한다는 것을 알 수 있다.

〈표 14-8〉에서 세부적인 미국의 대중국 정책에 대한 미국 국민들의 선호도를 살펴보면, 군사안보와 경제정책에 대한 민주당과 공화당 지지자들의 입장 차이가 드러난다. 군사안보의 경우, 중국과 군축 협정을 협상하거나 국제개발지원 프로젝트 관련 협력을 하는 것에 대해 민주당 지지자들은 공화당 지지자들에 비해 높은 지지도를 보였고, 중국과 연합군사훈련을 하는 것에 대해서는 확연히 낮지만 여전히 공화당 지지자들보다 높은 수준의 지지를 보였다. 반면, 공화당 지지자들은 중국과 과학 연구교

| 〈표 14-8〉 | 미국의 대중국 정책 지지도 | | | |

(단위: %)

		평균	민주당 지지자	무당파	공화당 지지자
1	미중 군축협정 협상	79	84	76	77
2	중국과 국제개발지원 협력	72	79	70	66
3	미중 과학연구 교류 제한	49	41	48	63
4	중국산 수입품에 대한 관세 부과	49	30	50	74
5	미국과 동맹국의 연합군사훈련에 중국 초대	42	47	43	34
6	미국에서 유학하는 중국인 학생 수 제한	39	28	38	57
7	중국의 반대를 무릅쓴 대만에 대한 무기 판매	34	29	33	44

출처: Chicago Council on Global Affairs, *Rejecting Retreat* (2019), p.30

류를 제한하는 것과 중국산 물품에 대해 관세를 부과하는 것, 중국 유학생들에게 미국
비자 발급은 제한하고 대만에 대해 무기를 수출하는 것에 대해 민주당 지지자들보다
높은 지지도를 보였다.

2. 미국 국민의 주요국 및 동맹에 대한 호감도

국가와 지역에 따라 대미 인식이 다르듯이, 미국인도 각 국가와 지역에 대해 상이하
게 인식한다. 문화적으로 공통된 뿌리를 지니거나 동맹 등 역사적으로 가까운 관계를
유지해온 나라들에 대해서는 긍정적으로 인식하는 경향이 있다. 〈그림 14-12〉를 보
면, 미국인들은 일본과 독일, 한국, 인도와 멕시코, 중국, 이스라엘과의 관계가 미국
국가안보에 긍정적인 영향을 미친다고 평가한다. 반면, 파키스탄과 사우디아라비아와

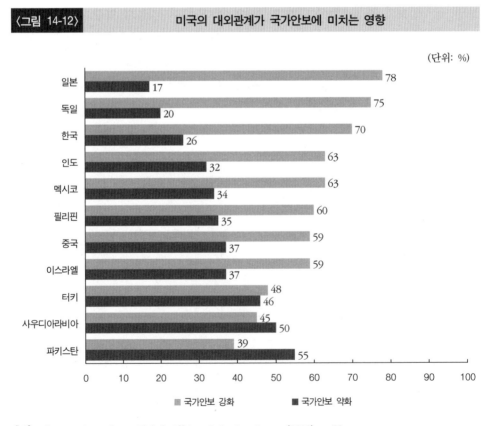

〈그림 14-12〉 미국의 대외관계가 국가안보에 미치는 영향

(단위: %)

출처: Chicago Council on Global Affairs, *Rejecting Retreat* (2019), p.33

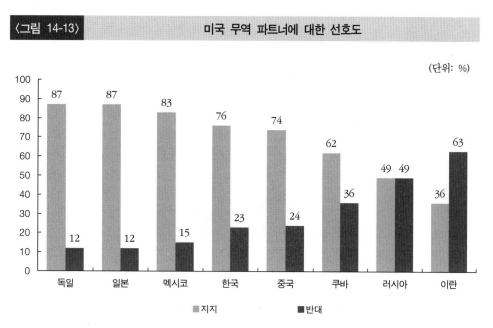

〈그림 14-13〉 　　　　　　　　 **미국 무역 파트너에 대한 선호도**

(단위: %)

출처: Chicago Council on Global Affairs, *Rejecting Retreat* (2019), p.24

의 관계는 미국의 국가안보에 부정적인 영향을 준다고 본다. 터키에 대해서는 호불호가 거의 균등하게 나뉜다.

〈그림 14-13〉을 보면, 미국인들은 독일과 일본, 멕시코와 한국과 무역하는 것을 지지하며, 중국을 경제적 위협으로 인식하면서도 무역관계를 유지하는 것에 찬성하는 모습이다. 이란과 러시아와 같이 미국의 경제제재 대상국과의 무역은 반대하는 경향이 있으며, 특히 이란에 대한 거부감이 강하다.

마지막으로 동맹에 대한 미국인들의 인식은 다음과 같다. 〈그림 14-14〉를 보면, 미국인들은 대체로 동아시아와 유럽, 중동지역 동맹과의 관계가 양국 모두에게 도움이 된다는 입장이다. 동맹을 유지하는 것이 동맹국에게 더 유리하다는 의견은 전체 20%에 불과하며, 모두에게 이익이 된다는 의견이 50% 수준이다. 2017년 대비 2019년에 미국인들에서는 동맹이 모두에게 더 도움이 된다는 비중이 높았다.

〈표 14-9〉를 보면, 2004년 이래 미국이 필요에 따라 동맹국과 타협해야 한다는 의견은 미국의 국익을 위해 양보해서는 안 된다는 의견보다 꾸준히 더 많은 지지를 얻고 있다. 그러나 미국 국익 추구가 동맹과의 타협보다 우선이라고 주장하는 미국인들의 의견이 시간이 지남에 따라 절대적으로 강해지고 있는 추세라는 것은 눈여겨

〈그림 14-14〉	동아시아, 유럽, 중동지역 동맹에 대한 인식

(단위: %)

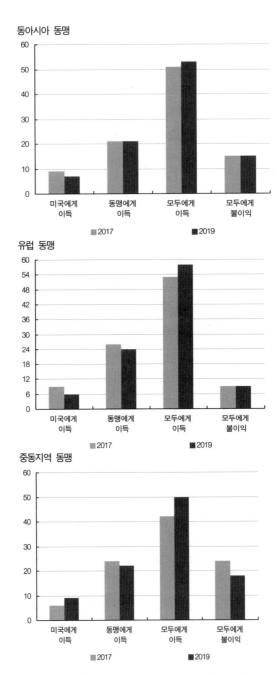

출처: Chicago Council on Global Affairs, *Rejecting Retreat* (2019), p.35

〈표 14-9〉	동맹국의 이익 고려 필요성에 대한 인식		

(단위: %)

	외교정책결정 시, 미국은 동맹과 타협하는 한이 있어서 그들의 이해를 고려해야 한다	외교정책결정 시, 미국은 동맹국이 반대해도 국익 추구를 최우선시해야 한다	N/A
2019년 3월 20~25일	54	40	5
2018년 9월 18~24일	55	38	7
2017년 6월 8일~7월 9일	59	36	5
2016년 4월 12~19일	51	42	7
2011년 2월 22일~3월 1일	53	36	11
2004년 12월	53	37	10

출처: Pew Research Center, "Large Majorities in Both Parties Say NATO Is Good for the U.S"(2019년 4월 1일), Q50

볼 필요가 있다.

참고로 미국인들은 해외주둔 미군에 대해 어떤 생각을 하고 있을까? 미국인들 대부분은 해외주둔 미군의 기존 수준을 유지해야 한다는 입장이다. 〈그림 14-15〉에 따르면, 한국과 페르시아만, 일본에 주둔하고 있는 미군은 현 수준을 유지해야 한다고 입장이 지배적이었고, 이라크와 시리아, 아프가니스탄, 폴란드와 독일 주둔 군인도 대체로 현 수준이 적합하다는 것이 중론이었다. 다만, 병력을 늘리자는 의견보다는 줄여야한다는 의견이 많고, 아프가니스탄과 시리아, 이라크에서는 철수해야 한다는 의견도 20% 정도 되었다. 폴란드와 독일과 같은 우방에 주둔하고 있는 미군을 철수해야 한다는 입장도 그 수준이었다.

요컨대 미국인들은 2010년 후반기 국내 경제력 회복에 힘입어 자신감을 되찾았고, 미국이 글로벌 리더로서의 역할을 지속해주기를 기대한다. 다만, 국제 문제 해결에 적극적으로 관여하면서도 국내 문제에 더 많은 자원을 투입해주기를 바라고 있고, 빠른 속도로 추격해오고 있는 경쟁국 중국에게 양보하지 않는 모습도 주문하고 있다. 트럼프 행정부가 동맹국들에게 요구하는 "공정하고 상호호혜적인 관계" 기조는 동맹 이슈뿐 아니라 국제 문제 해결을 위한 안보부담 확대 요구로 이어지고 있다. 반면, 미국의 경제적, 안보적 이익 추구를 최우선시하는 과정에서 트럼프 행정부가 동맹국

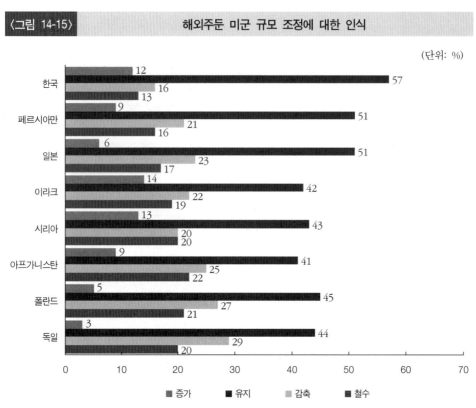

〈그림 14-15〉　　　　　해외주둔 미군 규모 조정에 대한 인식

(단위: %)

출처: Chicago Council on Global Affairs, *Rejecting Retreat*(2019), p.35

과 충분히 상의하지 않거나 미리 알리지 않고 일방적으로 정책을 추진하는 사례가 빈번하게 발생하고 있어 유럽과 아시아 동맹국들의 사기가 전반적으로 약화되고 있는 추세이다. 이런 분위기 속에서 미국 국민들의 동맹에 대한 한결같은 지지는 동맹 신뢰를 회복시키고 유지하는 중요한 토대가 될 것이다.

IV. 미국과 세계의 관계에 대한 이해

본 장은 '미국과 세계'의 관계 속에서 양측이 서로를 바라보는 시각과 그로부터 발생하는 다양한 쟁점과 문제들에 대해 살펴보았다. 미국이 세계에서 차지하는 위상과 역할을 감안할 때, 미국인들뿐만 아니라 세계 모든 국가들이 미국의 대외정책이 어떻게 수립될 것인지에 대해 관심을 갖는 것은 너무나 당연하다. 미국이 세계 정세 흐름에 가장 큰 영향을 미치는 국가임과 동시에, 대부분의 국가들은 이러한 영향력으로부터 자유롭지 않기 때문이다. 그렇다면, 미국과 세계를 상호관계 차원에서 살펴보는 것은 미국에 대한 이해를 증진시킬 뿐 아니라, 미국이 오랜 시간 이끌어온 국제사회에 대한 이해를 높일 수 있다. 또한 반대로, 미국을 이해하기 위해서는 미국을 세계흐름의 맥락 속에 위치시켜 살펴볼 필요가 있다.

이러한 맥락에서, 한국의 대외정책 수립과 국제사회에서의 한국의 국가이익을 추구하는 데 있어 미국 정치에 대한 이해는 필수적이다. 해방 이후부터 지금까지 정치·경제·사회문화의 여러 방면에서 미국의 영향을 직간접적으로 많이 받아 왔던 한국의 입장에서는 미국에 대한 정확한 이해가 늘 절실했다. 물론 한국이 세계에서 차지하는 위상이 상대적으로 증대되어 왔고, 그에 따라 과거 한미관계의 극심한 비대칭적 관계도 점차 완화되어 왔다. 하지만 미국과 여러 방면에서의 관계가 유지되는 가운데 한국이 여러 이익을 얻고 또 손해를 입을 수 있다면 미국 이해라는 우리의 필요는 지속될 것이다. 특히 미국의 국내적 사정에 대한 정확한 이해, 즉 역사와 문화, 이데올로기, 국내정치제도와 과정 등 미국의 특성과 성격에 대한 이해가 전제되어야 미국을 상대로 한국의 국익에 맞는 생산적인 외교 및 통상 차원에서의 상호관계를 장기적으로 유지해 나갈 수 있을 것이다.

제**15**장

외교정책

김영호·정하윤

I. 머리말

서쪽은 태평양을 동쪽은 대서양을 국경으로 하는 광활한 국토, 핵무기와 최첨단병기를 갖춘 세계 최강의 군사력, 세계 전 지역을 대상으로 투자하고 판매하는 굴지의 다국적 기업들, 지구 안팎을 드나드는 우주왕복선, 막대한 제작비와 스케일의 블록버스터 영화들. 어느 면으로 보나 오늘의 미국은 분명 역사상 최고의 강대국으로서 손색이 없다. 특히 거의 반세기 동안 미국과 소련이라는 양대 초강대국 주도의 양극체제 하에서 살아온 지구상의 많은 현대인들에게 미국의 강대함과 범세계적 실재함은 당연한 것으로 여겨진다. 현재 미국은 군사력과 같은 하드파워뿐만 아니라 문화 등의 소프트파워에 있어서도 초강대국이라고 할 수 있다.

하지만 미국이 이러한 지위를 누리게 된 것은 그리 오래된 일이 아니다. 미국도 제3세계의 신생독립국가들처럼 오랜 기간 식민통치를 경험했고, 독립 이후에는 거의 반세기 동안 북미대륙 내 영토 확장과 국가체제의 기본 토대 건설을 위한 대내 정치에 국력을 집중해야 했다. 그러나 남북전쟁 이후 인구증가와 산업화의 진전에 힘입어 전 세계 열강 중 하나로 발돋움할 수 있게 되었고, 양차 세계대전을 거치면서 명실상부한 초강대국으로 위상을 굳힐 수 있게 되었다. 그리고 냉전의 종식 이후, 제국(Empire)에 비유될 정도로 막강한 국력과 세계적 영향력을 지니게 되었다.

미국의 국력신장과 그에 따른 국제적 역할 및 영향력 증대는 자연스럽게 미국외교의 대상과 영역을 급격히 확장시켜 왔다. 외교의 목적이 전쟁이나 폭력보다는 대화와 협상을 통해 자국의 이익을 증진시켜 국가를 강화시키는 것이라고 가정할 때, 미국은 외교정책 분야에서 비교적 짧은 기간 동안 다수의 다양한 도전과 기회의 상황들을 경험하였다. 도전과 기회를 적절히 극복하고 활용하는 방안을 둘러싸고 정부 내부와 외부의 여러 행위자들 간에 때로는 서로 다른 이념과 이해를 바탕으로 한 경쟁과 갈등이 존재하기도 했고, 때로는 타협과 조화를 통한 정책적 합의가 쉽게 도출되기도 하였다. 미국 외교의 흐름과 특징을 이해하기 위해서는 이러한 정책결정과정에서 나타나는 긴장의 원인과 양상에 대해 정확하게 아는 것이 필요하다.

이 장에서는 변화하는 국제정세 속에서 미국 외교의 전개과정을 살펴보고, 외교정책 결정과정에 영향을 미치는 요인을 법제, 이념, 정치과정의 3가지 측면에서 살펴보고자 한다. 정치활동의 기본 규칙과 테두리를 이해하기 위해서는 법과 제도를 알아야 하고, 정치에 참여하는 이들이 갖는 인식의 틀과 정책 성향을 이해하기 위해서는 그들의 신념체계 즉 이념에 대해 알아야 하며, 실제 정책을 만들어내는 과정을 이해하기 위해서는 정책결정이 이루어지는 총체적 정치과정에 대한 이해가 필요하다. 이를 통해 미국 외교정책의 다면성과 복잡성, 연속성과 단절성을 체계적이고 입체적으로 이해할 수 있다.

II. 미국 외교의 역사적 개관

미국 외교정책도 국제관계 내에서 미국이 갖는 상대적 국력과 위상에 따라 역사적으로 변해왔다. 하지만 다른 한편으론 미국 정치와 사회가 갖는 고유의 특성으로 인해 시대나 환경의 변화에도 불구하고 계속해서 유지되어온 연속적인 면도 있다. 따라서 미국 외교정책의 역사적 전개과정은 변화와 연속의 흐름으로 이해될 수 있다.

미국은 1776년 '독립선언'을 하고 1783년 실제 독립을 달성한 이후 대외관계에서 내내 평화를 간절히 원했지만, 신대륙 점령을 위해 미국이라는 신생독립국을 계속 이용하고자 했던 영국, 프랑스, 스페인과 같은 유럽 열강들의 개입요구에 맞서서 독자적인 외교행보를 구사하기에는 힘이 부치는 상태였다. 그래서 초대 워싱턴 대통령은 유럽 국가들과 어떠한 동맹도 거부한다고 선언하였고, 그러한 중립정책(policy of neutrality) 노선은 대체로 제퍼슨 대통령 시기까지 이어졌다.

그러던 중 1823년 라틴아메리카에 위치한 유럽 국가들의 식민지에서 독립에 대한 요구가 높아지면서, 유럽 국가들이 자국 식민지에 대한 지배강화를 위해 무력적 개입을 다시금 시도하려 했고, 그에 대해 미국의 먼로 대통령이 나서서 북미와 남미를 포함한 아메리카 대륙 전체의 대외적 독립성을 공표하였다. 먼로 독트린(the Monroe Doctrine)이라고 불리는 이 선언은, 스페인의 이전 식민지를 차지하려는 다른 유럽 국가들에 대해 공동의 경고조치를 취하자는 영국의 제안을 거절하고, 미국이 독자적으로 발표한 일종의 대(對)유럽 고립정책 선언이었다.

먼로 독트린 선언으로 미국의 대외적 개입은 줄어들었지만, 북미대륙 내에서 태평양을 향한 서부로의 영토확장은 지속되었다. 1803년 제퍼슨 대통령은 나폴레옹과의 협상을 통해 루이지애나를 구매하였고, 1845년 텍사스는 멕시코로부터 독립하면서 미국에 합병되었다. 또한 1848년 미국은 멕시코와의 전쟁 이후 체결된 조약을 통해 캘리포니아를 포함한 태평양 연안의 북부 멕시코 지역을 양도받았다. 이러한 북미대륙에서의 영토확장은 당시 진행되기 시작한 철도건설 등 서부개척에 초석이 되었다.

하지만 1865년 남북전쟁의 종결에서부터 1898년 스페인과의 전쟁을 시작할 때까지 미국 외교정책은 거시적으로 볼 때 여전히 정체기였다. 즉, 대서양과 태평양을 사이에

〈참고사항 15-1〉 먼로 독트린

먼로 독트린의 개요는 다음과 같다. "미주 대륙들이 취하고 또한 유지해 온 자유롭고 독립적인 상태에 기초하여 미주 국가들은 이후 어떠한 유럽국가들의 식민지화 대상으로 고려될 수 없다. 따라서 우리는 유럽국가들이 서반구 어느 지역에 대해서도 그들의 체제를 연장하려는 어떠한 시도도 우리의 평화와 안전에 위해한 것으로 간주할 것임을 선언하는 것이 미국과 유럽국가들 간의 공정성과 우호관계를 위한 의무라고 생각한다. 유럽국가들의 기존 식민지나 보호령에 대해서 우리는 간섭하지 않았고 앞으로도 간섭하지 않을 것이다. 그러나 어떤 유럽국가가 서반구에서 독립을 선언한 정부를 억압하거나 또는 어떤 다른 방법으로 그들의 운명을 지배하려는 간섭행위를 미국은 미국에 대한 비우호적인 태도의 표현으로밖에 볼 수 없다. 유럽에 대한 우리의 정책은 유럽 어느 국가의 내부 사항에 대해서도 간섭하지 않는다는 것이다."

두고 미국은 유럽 대륙으로부터 격리된 것이나 마찬가지였고, 미국 국민의 대다수는 대외관계에 큰 관심을 두지 않았다. 그로 인해 정부 내에서도 국무부의 영향력은 감소하고, 대외관계 전문 인력들도 점차 줄어들었다.

그러나 1898년 스페인과의 전쟁에서 미국이 승리하면서, 미국은 예상치 못했던 카리브 해 지역국가들, 하와이제도, 괌, 필리핀 등 광대한 해외영토를 얻게 되었다. 그로 인해 육군의 재편성과 식민지 행정의 재편이 중요한 미국의 국가적 과제로 대두되면서 전통적 고립주의 원칙이 다소 퇴색하는 경향을 띠었다. 그러다가 결국 1914년 발발한 제1차 세계대전을 계기로 미국의 대외정책은 커다란 전환기를 맞게 되었다. 전쟁 초반까지도 꿋꿋이 중립을 지켰던 미국이 독일의 무차별 잠수함 공격에 자극을 받아 결국에는 연합국의 일원으로 참전을 하게 되었기 때문이다. 바로 그 시점을 계기로 미국도 유럽을 넘어 국제적 이슈들에 대해 좀 더 적극적으로 관여를 하기 시작했다. 제1차 세계대전 후 미국의 윌슨 대통령은 민족자결권, 국가경계선 존중, 비밀외교 금지 등을 담은 '14개 조항(Fourteen Points)'을 주창하며 최초의 명실상부한 국제기구인 국제연맹(League of Nations) 창설을 주도하기도 했다.

제1차 세계대전 참전을 계기로 국제주의적 노선으로 다소 변화를 보였던 미국의 외교정책은 전쟁 종결작업이 마무리되면서 다시금 고립주의로 회귀하는 경향을 나타냈다. 그 대표적 증거로는 윌슨 대통령이 산파역할을 한 국제연맹에 대한 미 의회의 가입반대와 국제분쟁 개입방지를 규정한 중립법(Neutrality Act of 1935)의 제정을 들 수 있다. 그렇지만 1차 대전을 계기로 초강대국(super-power)의 지위를 획득하게 된 미국이 더 이상 국제 문제에 무심할 수는 없었다. 결국 미국은 일본의 진주만 공격을 계기로 2차 대전에 참전하게 되었고, 전쟁을 승리로 이끈 후 유엔 창설을 비롯한 전후 질서수립을 주도하였으며, 마셜플랜(Marshall Plan)을 통해 유럽의 부흥을 지원하였다.

유일하게 핵무기를 보유한 세계 최강국으로 냉전기에 돌입한 미국은 유럽의 북대서양조약기구(NATO)를 비롯한 주요 지역별 집단방위동맹 결성하는 한편 제3세계 국가들에 대한 원조를 통해 소련 및 동구 공산진영의 팽창주의를 봉쇄하고 자유주의 진영을 지키는 리더로서의 역할을 적극 수행해왔다. 이 과정에서 미국의 국제적 개입과 영향력 행사는 당연시 되었고, 국내적으로는 외교정책 결정과정에서 의회보다 대통령의 권한이 월등히 강화되는 현상이 나타나게 되었다.

1989년 베를린 장벽의 붕괴를 계기로 냉전체제가 종식되고 약 10년 동안 미국은 "제국"에 비유될 만큼 막강한 힘을 지니게 되었지만, 유럽과 아시아의 우방국들과 함께 국제 문제의 해결을 위해 논의하고 협력하는 다자주의적 일초다강체제를 유지하였다. 하지만 2001년 9.11테러를 겪고 그로 인해 초강경론자들인 신보수주의자(Neo-conservatives, 일명 네오콘: Neo-con)들이 외교정책 결정에 영향력을 행사함에 따라 부시(George W. Bush) 행정부는 반테러, 핵무기 비확산, 선제공격 독트린의 기치 아래 일방주의적 외교노선을 취하게 되었다. 그러나 약 10년에 걸친 부시 행정부의 강경노선으로 인해 전 세계적으로 반미주의가 확산되고 미국이 내세웠던 도덕적 리더십이 손상되자, 뒤이어 등장한 오바마(Barack Obama) 행정부는 자유 민주주의의 규범, 원칙, 가치 등 무형 자산을 강조하면서 군사적 수단을 최소화하기 위하여 선택적·제한적으로 개입한다는 기조를 기반으로 '실용적 국제주의' 노선을 유지하였다. 2017년 정권을 잡은 트럼프(Donald Trump) 행정부는 세계경찰로서의 미국의 지위 유지를 위해 국부를 낭비하기보다는 국내 일자리 창출과 경제성장에 집중하겠다는 '미국 우선주의(America First)'와 '힘을 통한 평화(Peace through Strength)'를 대외정책의 기조로 내세웠지만, 현실에서는 선별적 개입주의를 유지하는 경향을 보이고 있다.

탈냉전 이후 국제사회는 특히 미국의 원톱체제(Uni-polar)로 운영되었다. 미국은 공화당과 민주당의 정당이념을 초월하여 세계경찰로서의 국제개입주의 정책을 일관되게 추진해 왔다고 볼 수 있다(Mearshemier 2018). 물론 미국이 동맹중시, 자유무역시장, 민주주의와 인권확립 등을 기본 원칙으로 설정하고 실천하면서 안정적인 지도력을 발휘하였다고도 볼 수도 있지만(Daalder 2018), 원톱체제 하에서 '전쟁일상국가'의

<참고사항 15-2> 네오콘은 누구인가?

신보수주의자로도 번역되는 네오콘은 단순하게 특징지을 수 없는 개념이다. 네오콘은 대체로 본래 좌파였지만 구소련이나 반미 급진주의 집단에 대한 단호한 입장을 거부하는 좌파에 염증을 느끼고 우파로 전향한 사람들을 의미한다. 이들은 국내적으로 미국의 전통적 가치에 근거한 사회질서 유지를 추구하면서, 대외적으로는 미국적 가치를 위협하는 세력에 대한 공격적 접근을 주장하였다. 이들은 미국사회에서 약 50여 년간 진행된 반공산주의 운동, 인종차별주의 운동, 기독교 복음주의 운동 등의 영향을 받았다. 미국의 세계적 임무를 둘러싼 외교정책에 있어 네오콘 사이에서는 이견이 존재했는데, 미국적 도덕주의를 기반으로 한 일방주의적 현실주의자, 세계 안정을 위한 개입에 도덕적 정당성을 부여하는 민주적 세계주의자, 서구 중심적 단극주의자 등으로 구분된다.

면모를 띠고 있다는 의견도 제시되고 있다(Walt 2018).

III. 법제적 견제와 대립

민주주의가 제도화되고 정치과정이 안정된 국가, 즉 정치적 선진국들의 정책결정과 집행과정을 정확히 이해하기 위해서는 먼저 국가 정책결정과정에 관한 법과 제도에 대해 살펴볼 필요가 있다. 미국의 경우 외교정책 결정과 관련해서는 최고법인 헌법에 서부터 대통령과 의회 간 역할과 책임을 구분하여 명확히 규정하고 있다. 우선 미국 헌법 제1조에서는 외교정책과 관련된 의회의 네 가지 권한을 명시하고 있다. 첫째는, 외국에 대해 전쟁을 선포할 수 있는 권한이다. 둘째는, 외교정책의 집행에 필요한 예산을 배분하고 필요한 법규를 제정하는 권한이다. 셋째는, 평시 군대를 양성하고 지원하는 권한이다. 넷째로는, 외국과 체결된 조약을 인준하여 발효시켜주는 권한이다.

의회와 마찬가지로 미국 헌법 제2조에는 대통령의 외교정책과 관련된 권한과 책임을 네 가지로 규정하고 있다. 첫째, 대통령은 군 최고통수권자로서 군대를 해외에 파병할 수 있다. 둘째, 외국과의 양자 및 다자간 조약 체결을 위해 협상하고 조인할 수 있다. 셋째, 해외파견 대사와 외교정책 관련 행정부처의 수장들을 임명하고 또 해임시킬 수 있다. 넷째는 외국에서 온 대사를 해당국가의 공식적 대리인으로 인정해주는 권한으로, 이는 미국 정부가 해당국가와 그 정부의 대내외적 주권을 공인한다는 것을 의미한다.

이와 같이 미국 헌법은 외교정책 분야에서 대통령과 의회의 권한을 각각 달리 명시하고 있는데, 이는 미국 건국의 아버지들이 권력분립원칙에 입각한 행정부와 의회 간의 견제와 균형을 최우선시했다는 점을 다시 한번 확인시켜 준다. 그런데 외교정책 분야에서 미국 헌법이 규정하고 있는 대통령과 의회 간 역할분담은 '권력의 분립 (separation of powers)'이라기보다는 오히려 '권력의 공유(sharing of powers)' 쪽에 더 가깝다고 해석되기도 한다(Jentleson 2000, 29). 즉 대통령과 의회가 각각 다른 종류의 권한과 책임을 부여받은 것이 아니라, 동일 사안에 대한 권한과 책임을 부분으로 나누어 분담하고 있기 때문이다.

다시 말하자면, 〈표 15-1〉에서 나타나듯이 대통령과 의회 양쪽 모두가 중요한 외교정책 사안에 대해 부분적으로 권한을 보유하고 있어, 어느 한 쪽이 역할을 제대로

| 〈표 15-1〉 | 외교정책에 관한 미국 대통령과 의회의 헌법적 권한 |

	대통령 권한	의회 권한
전쟁에 관한 권한	군 최고통수권자(해외파병결정)	전쟁선포권
조약에 관한 권한	조약 협상 및 체결	조약 인준(상원의 2/3 찬성 시)
임면 권한	대사 및 외교 부처 고위직 임면	대통령 지명자 인준
통상 권한	통상조약 협상 및 관련인사 임면	외국과의 통상 규제
일반 권한	정책집행, 거부권 행사	입법, 예산배분 및 감사

출처: Bruce W. Jentleson, *American Foreign Policy: The Dynamics of Choice in the 21st Century* (New York: Norton & Co., 2000), p.29의 표를 재정리

수행하지 못하거나 하지 않을 경우, 그 정책이 제대로 집행될 수 없다는 것이다. 예를 들어, 외국과의 조약체결 경우는 의회가 아무리 조약의 필요성을 강조해도 행정부가 협상에 임하지 않는다면 조약체결 자체가 성사될 수 없고, 반대로 행정부가 외국과의 협상을 벌여 성공적으로 조약체결을 성사시켰다고 해도 상원의 인준이 없다면 그 조약은 발효되지 못해 종이쪽지에 불과한 것이 된다. 또한 행정부에서 아무리 훌륭한 외교정책을 수립해도 의회에서 예산을 배정해주지 않는다면 그 정책은 집행되기 어려워진다. 이러한 관점에서 볼 때, 외교정책 분야에서 대통령과 의회는 서로 다른 사안이나 영역에 대해 책임을 달리 하는 것이 아니라, 동일한 사안과 영역에 대해 역할분담을 통해 책임을 공유하고 있다는 쪽에 더 가깝다고 할 수 있다. 따라서 성공적인 외교정책의 집행을 위해서 미국의 경우는 대외적 외교행위 못지않게 대통령과 의회가 서로 상대방을 향해 행하는 대내적 '외교'도 중요하게 된다.

그런데 여기서 흥미로운 것은 상호견제와 균형을 위해선 권력의 분점보다 오히려 공유가 더욱 효과적일 수 있다는 점이다. 왜냐하면 어느 한 쪽의 참여와 협조 없이는 정책의 수립이나 집행이 아예 불가능해질 수 있기 때문이다. 그래서 외교정책 분야에서 미국 대통령과 의회 간 역할분담은 '엔진과 브레이크'의 관계로 비유되기도 한다. 즉 대통령은 외교정책을 이끌고 가는 원동력인 엔진에, 의회는 대통령의 정책추진 속도를 적절히 조절하는 브레이크에 비유되는 것이다. 조약체결이나 외무관료 임명에서 대통령이 이니셔티브를 취하면, 의회가 인준과 동의절차를 통해 실제 정책 집행의 완급을 조절할 수 있는 것이다.

그런데 의회가 대통령에 대한 막강한 견제권한을 보유하고 있음에도 불구하고, 실제 그 영향력은 역사적으로 상당한 편차가 있어 왔다. 의회 권한의 약화 경향은 특히 제2차 세계대전 이후 두드러지는데, 주된 원인으로는 여러 가지가 제시된다. 대표적인 것으로는 의원들이 국가 전체의 이익보다는 자기 출신 지역구의 좁은 이익에 더 집착하는 풍토, 더디고 복잡한 의회의 정책논의 과정과 절차, 그리고 행정부 관료들에 비해 의원들의 상대적으로 낮은 전문성 등을 들 수 있다(Berman and Murphy 2001, 606-607). 하지만 의회의 역할 약화 경향은 1970년대 의회상임위원회 소속 전문보좌관들의 수가 2배 이상 증가되면서 조금씩 둔화되기 시작했고, 의회의 행정부 감시와 예산배분 기능이 보다 더 활성화되면서 더욱 소멸되는 경향을 보였다. 그 결과 외교정책을 둘러싼 대통령과 의회 간의 긴장과 대립은 다시금 강화되는 양상이 나타났다.

미국 외교정책 분야에서 생기는 대통령과 의회 간 긴장과 대립 관계를 보여주는 가장 대표적인 예들 중 하나가 전쟁권한법(War Powers Act)이다. 즉, 전쟁과 관련된 권한을 둘러싼 대통령과 의회 사이의 역할분담에 대해 대통령과 의회 중 어느 쪽이 더 강한 영향력을 행사하느냐를 두고 의견이 나뉜다. 그래서 대통령 우세론자들과 의회 우세론자들 양쪽 모두 미국 건국의 시조들까지 인용하면서 각자의 주장이 옳다고 피력한다.

대통령 우세론자들은 『연방주의자 논고(Federalist Papers)』 23편과 75편에 나와 있는 해밀턴(Alexander Hamilton)의 주장과 논리에 의거하여 대통령의 역할이 의회보다 더 중요하다는 점을 강조한다. 해밀턴에 따르면, "활동적(energetic)" 중앙정부가 필요한 대표적 이유 중 하나가 효과적인 외교정책을 수행하기 위해서이며, 전쟁 중에 국가 안보를 지탱해주는 보루는 행정부의 힘이라는 것이다. 이에 반해 의회 우세론자들은 필라델피아 제헌회의 당시 매디슨(James Madison)이 했던 말을 근거로 의회의 우세를 주장한다. 즉, 최초 헌법초안에서 '전쟁개시(make war)'란 표현을 썼다가 실제 헌법에서는 '전쟁선포(declare war)'라는 표현으로 바꿨는데, 그것은 군사력의 사용방법에 대한 군통수권은 행정부가 갖지만 군사력의 사용 시기와 목적에 대해서는 의회가 결정해야 한다는 점을 더욱 분명히 하기 위한 수정이었다는 것이다. 또한 의회 우세론자들은 매디슨이 제퍼슨에게 보낸 편지에서, 전쟁에 관심이 더 많고 전쟁을 시작하는 것이 주로 행정부이기 때문에 전쟁에 관한 문제는 의회가 반드시 관여해야 한다는 대목을 지적하면서 의회우세론을 펴고 있다.

이러한 논란에도 불구하고 역사적으로 볼 때 미국의 대외적 무력사용에는 행정부가 의회보다 더 많은 영향력을 행사해온 것이 사실이다. 특히 미국이 초강대국으로 부상하게 되면서부터 세계 도처에 산재한 미국의 국가이익을 보호하고 국제평화와 안정을 지키는 역할을 맡아야 한다는 논거 하에 전쟁에 관한 전반적인 결정은 행정부에 의해 주도되어온 경향이 크다. 이는 건국 이후 미국이 대외적으로 군사력을 사용한 약 200회의 경우 중 오직 5차례만 의회의 공식적인 전쟁선포가 있었다는 사실에서도 확인된다. 이들 5차례의 선전포고에는 1812년 영국과의 전쟁, 1846~1848년 멕시코와의 전쟁, 1898년 스페인과의 전쟁, 1917~1919년 제1차 세계대전, 1941~1945년 제2차 세계대전이 해당된다. 이와 같은 행정부의 전쟁주도권에 대해 베트남 전쟁을 계기로 의회가 제동을 걸기 시작했는데, 1973년 의회는 닉슨 대통령의 거부권행사를 뒤집고 전쟁권한법을 재통과시켰다.

전쟁권한법에 대해 대통령과 의회는 각기 입장을 달리한다. 우선 대통령 쪽에서는 이 법이 자신의 군통수권자로서의 권한을 제약하는 것이기 때문에 위헌이라고 주장한다. 그래서 법 제정 이후에도 대부분의 대통령들은 대외적으로 군사력을 사용하려고 할 때 전쟁권한법에 개의치 않고 파병을 단행한 경우가 많았다. 대신 주로 자국민 보호, 인도적 개입, 유엔 및 국제기구의 결의 등을 파병의 이유로 내세웠다. 그리고 설령 파병결정을 의회에 통보할 경우에도 결코 전쟁권한법에 따라 통보하는 것이 아님을 애써 강조하였다.

전쟁권한법에 대한 대통령들의 시각은 당파를 초월해서 모두 동일했다. 예를 들어, 이란 인질사태 시 인도적 목적이라는 이유로 인질구출을 위한 군사작전을 의회에 통

〈참고사항 15-3〉 전쟁권한법

전쟁권한법에 의하면 대외적 무력사용 전에 대통령은 의회와 최대한 협의를 하도록 노력해야 하고, 병력파견 시 48시간 이내에 의회에 통보해야 한다. 또한 일단 파견된 군대는 의회의 전쟁선포나 승인 결의안이 없는 경우에는 60일 이내에 철수해야 하며 단지 철수를 위해 필요하다면 90일까지만 연장이 가능하다. 더욱이 의회는 60일 기한 이전에도 언제든지 해외파병 중단을 양원의 동의결의(concurrent resolution)를 통해 결정할 수 있는데, 이 동의결의안은 대통령의 서명도 필요 없고, 대통령이 거부권을 행사할 수도 없는 것이다. 이런 전쟁권한법은 의회가 대통령의 외교정책 자율권을 제한하는 중대한 시도였다. 특히 1970년대 중반 행정부의 권한 남용에 대한 의회의 지속적인 관심은 대통령의 독립성에 대한 의회의 부가적 구속을 촉진시켰다.

보하지 않은 대통령은 민주당의 카터 대통령이었다. 한편 그라나다 침공 당시 레바논 정부의 요청에 의해 이미 해외에 파병된 군대를 사용했기 때문에 굳이 의회와 협의하지 않았다고 주장한 것은 공화당의 레이건 대통령이었다. 또한 아이티에 대한 무력행사에 대해 유엔결의에 의거한 것이라고 주장한 것은 민주당 클린턴 대통령이었다. 1991년 걸프전의 경우는 대통령이 비록 의회에 보고하기는 했지만 전쟁의 시작은 유엔결의에 입각한 자신의 결정이라고 주장한 이는 공화당의 조지 H. W. 부시 대통령이었다.

그런데 흥미로운 것은 전쟁결정권에 대한 대통령의 영향증대를 견제하기 위해 의회가 만든 전쟁권한법에 대해 의원들 중에도 비판이 있다는 점이다. 이들 비판의 초점은 이 법이 대통령의 권한을 제약할 수 있는지 또는 어느 정도 제약하는 지에 있는 것이 아니라, 오히려 이 법의 제정으로 인해 전쟁에 관한 대통령의 권한을 증대시켰다는 것이다. 즉, 이 법을 통해 의회가 대통령의 전쟁권한에 제약을 가한다고 규정함으로써 애초부터 대통령에게 있지도 않았던 권한을 도리어 일부나마 대통령에게 부여해준 결과를 초래했다는 것이다. 다시 말해 이 법 제정 이전에는 의회의 승인 없이는 행정부가 아예 군대의 해외파병이나 전쟁시작을 합법적으로 할 수 없었는데, 이 법 덕분에 대통령은 비록 90일간이라는 단기간이지만 의회의 허락 없이 군사력을 대외적으로 사용할 수 있도록 해줌으로써 의회 스스로가 헌법적 권한을 포기했다는 비판이다.

결국 이러한 논란의 지속은 전쟁권한법의 통과에도 불구하고 여전히 군사력의 대외적 사용이나 전쟁개시에 대해 미국 대통령과 의회 간에는 상당한 입장차이가 존재하며, 그래서 실제 파병이나 전쟁개시 시 대통령과 의회 간에 긴장과 갈등이 있을 수 있음을 깨닫게 해준다.

미국 외교정책 분야에서 존재하는 대통령과 의회 간의 대립 또는 긴장관계를 보여주는 또 다른 대표적인 것은 조약체결권이다. 외견상 조약의 협상과 조인은 행정부가, 인준은 의회(상원)가 각각 나누어 맡음으로써 조화가 잘 이루어지는 것처럼 보인다. 이는 건국 이래 약 2천 개에 육박하는 외국과의 조약 중 단지 20여 개만이 상원에 의해 부결되었다는 통계가 잘 말해준다고 할 수 있다. 하지만 통계가 항상 현실을 제대로 반영하고 있지는 못하다. 그 이유는 세 가지이다. 첫 번째는, 비록 숫자는 적지만 의회가 부결시킨 조약들이 엄청난 파급효과를 낳은 경우가 많기 때문이다. 대표적인 예로 제1차 세계대전 이후 미국의 국제연맹 가입 거부, 1997년 기후변화와 관련된 '교토의정서' 참여 거부, 1999년 '포괄적 핵실험방지협약' 반대 등을 들 수 있다.

두 번째 이유는, 공식적인 부결 외에도 의회는 다른 방법을 통해 조약협상이나 체결에 영향력을 행사해왔기 때문이다. 협상시작 이전이나 도중에 관련 이슈에 관한 청문회를 열거나, 협상 방향이나 내용을 담은 결의안을 협상 타결 이전에 통과시킴으로써 행정부의 협상전략에 의회의 견해를 반영시켜 왔다. 또한 때로는 조약을 인준하는 과정에서 수정조항이나 유보조항(reservation)을 첨부하여 통과시키기도 하였다. 따라서 조약협상에 대해 행정부가 의회와 무관하게 완전히 독립적으로 권한을 행사했다고는 볼 수 없다.

셋째 이유로는, 대통령들도 의회의 인준반대를 피하기 위해 여러 가지 수단들을 사용해왔기 때문이다. 그중 가장 대표적인 것이 행정협정(Executive Agreement)이다. 조약과 달리 행정협정은 실무차원에서 업무의 편의를 위해 정부 대 정부 간 협력 및 공조사항들을 약속한 것으로 법적 구속력이 있지만 의회의 인준절차가 별도로 필요가 없다. 심지어 1972년까지 행정협정의 경우는 입법이 이루어지지 않아 행정부가 의회에 보고할 법적 의무조차 없었다. 따라서 실무의 법적 범위가 모호하다는 점을 이용하여 행정부가 이니셔티브를 취한 많은 수의 행정협정이 조약대신 합법적인 방법으로 체결되었다.

실제 한 연구에 따르면 1946년부터 1977년 사이 451건의 조약이 체결된 반면, 행정협정은 7,200건이 체결되었다고 한다(Johnson and McCormack 1977). 또 다른 연구에서는 1789년부터 1839년까지 미국 정부는 60개의 조약과 27개의 행정협정을 맺었으나, 1889년과 1939년 사이에는 524개의 조약과 917개의 행정협정을 맺은 것으로 나타났다고 한다. 현대에 와서도 그 추세는 마찬가지로 행정협정 대 조약의 비율이 포드 행정부 하에서는 25.6:1, 클린턴 행정부는 9.9:1, 그리고 W. 부시행정부는 12.5:1로 행정협정을 더 많이 체결했다고 한다(Hastedt 2006, 165-166). 물론 단순히 통계만으로 대통령의 의도를 정확히 알 수 없지만 그래도 양적 차이의 규모를 고려할 때 조약에 비해 행정협정에 대한 선호도가 분명히 훨씬 더 크다는 점은 확인할 수 있다.

행정협정 외에도 대통령은 선언이나 연설 혹은 성명서를 통해 자신의 대외정책 기조를 국내외적으로 표방할 수 있다. 이는 비록 법적 구속력은 미약하지만 정부수반이 스스로 자신의 행정부가 추구하는 정책기조를 공개적으로 표명하는 것이기 때문에 중요성을 가지는 것은 당연하며, 적어도 그 정권이 지속되는 동안은 공표된 방향으로 일관되게 정책이 추진될 가능성이 높기 때문에 정책적으로는 상당한 의미를 갖기 마련이다. 예를 들어, 불개입주의 원칙을 표방한 1823년 '먼로 독트린,' 냉전기 미국 외

교정책의 핵심기조였던 대소 봉쇄정책을 천명한 1947년 '트루먼 독트린,' 그리고 베
트남전의 종결과 미국 대동아시아전략의 분수령이 된 1969년 '닉슨 독트린' 등이 이러
한 경우에 해당된다.

이제까지의 논의를 통해, 미국 정치의 가장 기본적 원칙 중 하나인 권력분립주의의
영향으로 인해 외교정책의 결정과 집행과정에 있어서도 행정부와 의회가 서로 견제하
고 균형을 이루도록 만든 법적 규정들이 있음을 알았다. 또한 그런 법적, 제도적 장치
로 인해 외교정책의 결정과 시행에 관해 행정부와 의회 모두가 역할을 공유하고 있으
며, 그 결과 양 기관 사이에는 긴장과 대립적 요소가 항시 잠재되어 있을 수 있고,
이는 실제 미국 외교정책의 역사적 전개과정에서 종종 표출되어 왔다. 물론 제2차
세계대전 이후 미국의 국제적 지위 향상과 역할확대에 따라 양 기관 사이의 잠재적
긴장과 갈등관계들이 점차 줄어들고 행정부의 상대적 우위로 바뀌는 경향이 나타났지
만, 사안의 성격이나 대통령과 의회의 성향에 따라선 아직도 간혹 대립양상이 나타나
기도 한다. 따라서 법제적 제약으로 인한 긴장과 대립을 완화하면서 타협과 조화를
찾아가는 것이 미국 정치의 영원한 과제라는 점을 외교정책 분야에서도 다시 한번
확인케 해준다.

IV. 이념적 긴장과 갈등

한 국가의 외교정책에 대한 이해를 위해서는 법제적 토대 다음으로 그 국가나 정부
의 이념적 특성을 알아보는 것이 큰 도움이 된다. 국가이념이란 오랜 시간에 걸쳐
형성되고 국가 구성원들에 의해 공유된 특정 가치관이나 신념체계로서, 국가의 대외
관계와 외교정책의 거시적 기조를 결정하는 데 많은 영향을 주기 때문이다. 여기서
이념이란 체계화나 이론화된 것뿐만 아니라 문화, 규범, 인식, 담론 등 보다 느슨하고
포괄적인 의미를 모두 망라해서 총체적으로 일컫는 것이다.

일반적으로 외교이념은 다음과 같은 다섯 가지 기능을 담당한다(Jenson 1994, 99-
102). 첫째, 프리즘과 같이 국외에서 일어난 사건이나 사태를 인식하고 해석하는 데
기준틀 역할을 한다. 다시 말해 외교이념은 변화하는 국제정세에 대한 분석과 국가가
처한 상황에 대한 판단을 내리는 데 준거를 제시해준다. 둘째, 외교이념은 국가가 지
향해야 할 정치적 목표를 제시해준다. 당면한 상황과 여건 속에서 단기적, 장기적으로

국가가 추구해야 할 가치와 이익을 찾는 데 도움을 준다는 것이다. 셋째, 국제적 사건이나 현상에 대해 대응양식을 결정하는 데 길잡이 기능을 한다. 비슷한 상황에 처했어도 대응방식이나 사태해결 스타일은 국가마다 다를 수 있는데, 바로 그 대응방식과 스타일은 외교이념의 영향을 받는 경우가 많다. 넷째, 외교이념은 특정 국제 문제와 관련하여 국내의 정치세력화를 촉진한다. 외국의 특정 사태나 행동에 자극을 받아 국민적 단결과 정치적 통합을 고양시키는 경우가 있는데, 이때 외교이념이 구심점이 되어 정치세력을 결집하고 유대를 강화하는 데 기여할 수 있다. 마지막으로 외교이념은 외교정책을 구사하는 과정에서 구체적 정책방안을 선택하는 데 기준점으로 작용한다. 유사한 이념을 추구하는 국가들끼리는 동질감을 쉽게 느껴 보다 우호적이거나 합치된 정책을 선택하도록 해주고, 상반된 이념을 추구하는 국가들과는 반대의 정책을 선택하게 만든다.

1. 미국인의 정치적 정향

어느 나라이건 외교정책의 방향이나 실천방식에 많은 영향을 주는 외교이념은 대개 오랜 세월에 걸쳐 형성될 뿐만 아니라, 그 국가의 국민성이나 정치문화적 요소의 영향을 받게 된다. 미국의 경우도 예외가 아니어서 외교이념에 영향을 미치는 독특한 국민정서 내지 정치정향적 요소들(political orientations)이 존재한다. 이들 요소는 결국 미국인들이 자신을 스스로 어떻게 보는가 하는 자아인식과 밀접한 관계가 있다. 예를 들어, 하스테트(Hastedt 2012, 40-46)는 일방주의(unilateralism), 도덕적 실용주의(moral pragmatism), 법률우선주의(legalism) 등을 들고 있고, 스노우와 브라운(Snow and Brown 2000, 10-17)은 특별한 숙명관(a special destiny), 세계적 모델국가 지향(a role model for the world), 고립주의(isolationism), 몰역사성(ahistoricism), 권력정치에 대한 경멸(disdain for power politics) 등을 제시한다. 본 장에서는 로사티(Rosati 1999, 407-409)가 제시한 미국인의 천진성(innocence), 자비로움(benevolence), 미국적 예외주의(American exceptionalism)라는 세 가지에 대해 살펴볼 것이다.

첫째, 천진성은 미국인들이 자신들을 기만적이고 공격적이 아니라 순수하고 방어적인 성향을 가졌다고 생각한다는 것이다. 미국인들은 원래 다른 국가의 일이나 이익에 관심이 없고, 내부 지향적으로 남들이 선망하는 자신들만의 국가, 소위 '언덕위의 도시' 건설에만 전념하려 했다고 믿는다. 그런데 자국의 국력이 커져감에 따라 다른 국가들이 자신들을 가만히 내버려두지 않고 국제 문제에 끌어들이는 바람에 하는 수없이 떠밀려서 개입하게 되었다고 생각한다. 대표적인 예로 독일의 무제한 잠수함작전으로 인해 자신들이 제1차 세계대전에 참전하게 되었고, 일본의 진주만 기습 때문에 제2차 세계대전에 참전하게 되었다는 것이다. 따라서 많은 미국인들은 자신들이 다른 국가들 때문에 피해를 본 순진한 희생양이라고 믿는 경향이 크다.

둘째는, 자비로움이다. 일단 다른 나라의 일이나 국제 문제에 관여하게 되면 미국인들은 자신들의 행동이 자비나 우의에서 비롯된 것이라고 생각하는 경향이 짙다. 동기의 순수성과 행동의 정당성, 그리고 결과의 혜택을 강조하기 위함이다. 즉 자신들의 대외적 행동은 정당방위나 아니면 악의 척결 혹은 세계평화와 자유 신장을 위한 것이라고 생각하는 것이다. 이러한 맥락에서 미국인들은 제1차 세계대전을 "모든 전쟁을 끝내기 위한 전쟁(War to end all wars)"이라고 불렀고, 제2차 세계대전 이후에도 국제연합의 설립을 적극 지지하였던 것이다.

셋째는, 미국 예외주의이다. 미국인들은 자신들의 운명이나 미래가 특별하다고 믿는 경향이 있다. 이는 역사적으로나 지리적으로 여타 국가들과 다른 미국의 특수성에 대한 특별한 인식에 기초한다. 즉 유럽의 구대륙과 달리 잘못된 인습, 계급적 제약, 정치적 박해가 없는 새로운 북미대륙에서 자신들의 노력으로 누구나 부러워하는 새로운 국가를 건설할 수 있는 예외적인 운명을 가졌다는 자부심과 우월감을 의미한다. 그

〈참고사항 15-4〉 명백한 운명(Manifest Destiny)

북미 대륙 전체로 미국이 정치, 경제, 사회적으로 확장하고 개발하는 것이 신으로부터 부여받은 명령이라는 미국인들의 신념을 일컫는다. 이는 19세기 중반 미국 국민주의와 함께 나타난 자부심, 그리고 당시 개혁 열기를 자극했던 '완전한 사회'에 대한 이상을 반영하고 있다. 즉 미국이 신과 역사에 의해, 거대한 지역으로 그 경계를 확장하라는 운명을 타고났다는 생각에 토대하였으며, 미국 영토는 북미 대륙 전역으로, 나아가 그 이상으로 확대되어야 한다는 것이다. 명백한 운명의 지지자들은 미국의 영토확장이 이기적인 것이 아니며, 미국의 자유를 새로운 지역으로 확장하려는 박애적인 시도라고까지 주장하였다. 이러한 구호는 1840년대 신문의 보급에 따라 전국으로 확산되었고, 정치인들의 수사학을 통해 국민에게 선전되었다. 그러나 명백한 운명의 지지자들은 미국이 영토를 얼마나 넓게 확장할 것이며 어떤 수단을 사용할 것인가에 대해서는 의견 차이를 보였다. 또한 모든 사람이 명백한 운명을 지지한 것도 아니었으며, 일부는 연방의 안정을 위협한다는 점에서 이를 비판하기도 하였다.

래서 그런 운명을 타고난 자신들은 선택받는 이들이며 그 선택에 대한 대답으로 도덕적으로나 현실적으로 위대한 모델국가를 건설해야만 한다는 '명백한 운명(Manifest Destiny)' 의식을 갖고 있다고 한다(Merk 1963).

이러한 미국인들의 천진함, 자비로움, 예외주의 덕택에 냉전기 미국인들은 '악의 제국' 소련에 대해 적대감을 유지할 수 있었고, 소련을 무너뜨리기 위한 주도적 역할에 기꺼이 나섰으며, 자신들의 체제를 닮은 국가의 건설을 위해 제3세계 국가들에게 유·무형의 지원을 아끼지 않았다.

그런데 사실 자국의 문화나 국민성에 대한 우월감 혹은 선민의식은 미국인들에게만 국한된 것은 아니다. 특히 영국, 프랑스, 독일, 중국, 일본 등 과거 제국주의 정책을 추진했던 국가나 지역 패권국가들의 경우는 모두 비슷한 이념 내지 정치문화적 요소들이 국민정서 속에 배어 있는 경향이 크다. 하지만 이들 국가들의 경우는 자문화중심주의가 혈연이나 지연 혹은 인종에 기초한 배타적 민족주의로 표출되었다면, 미국의 경우는 가치나 제도를 포함하는 이념적 요소에 기초하고 있다는 것이 다른 점이다. 또한 다른 국가들의 경우는 국가적 우월감을 윤리적 차원에서 인식하는 반면, 미국은 거의 종교수준으로 느끼고 있다는 점도 차이점이다(Barnet 1971, 251).

2. 고립주의 대 국제주의

미국인들이 가진 독특한 정치정향적 요소의 영향으로 인해 미국의 외교정책도 독특한 스타일을 지니게 되었다. 그렇다고 미국 외교정책이 항상 일관된 이념적 노선만을 지켜온 것은 아니다. 오히려 미국 외교사를 살펴보면 대립적이고 상반된 이념들 간의 긴장과 대립이 존재해왔음을 발견할 수 있다. 이들 중 가장 대표적인 것은 고립주의(isolationism)와 국제주의(internationalism), 그리고 이상주의(idealism)와 현실주의(realism) 간의 순차적 반복과 팽팽한 긴장관계라고 할 수 있다.

우선 고립주의와 국제주의 간의 반복과 긴장에 대해 살펴보자. 기본적으로 고립주의와 국제주의 간 대립은 국제 문제에 있어 국익추구를 위해 적절하고 바람직한 미국의 역할이 무엇인가 하는 질문에 대한 대답의 차이에서 기인된다. 고립주의는 말 그대로 가능한 한 대외적 개입의 범위를 줄이고 국내적 내실을 기하며 미국적 가치의 공고화에 더욱 치중해야 한다는 주장이다. 반면 국제주의는 보다 적극적으로 국제 문제에 개입하여 주도적인 지도력을 발휘함으로써 국익증진과 국위선양을 도모해야 한다는 견해이다.

클링버그(Klingberg 1996)에 의하면 미국 외교정책은 건국 이래 25년을 주기로 다섯 개의 시기로 나누어지는데, 〈표 15-2〉에서 보듯이 각 시기마다 고립주의와 국제주의가 순차적으로 득세했다고 한다. 또한 각 시기마다 해결해야만 하는 국가적 중대사가 있었는데, 첫 번째 시기에는 독립, 두 번째 시기에는 북미대륙에서의 영토 확장, 세 번째 시기에는 산업화, 네 번째 시기에는 민주주의 세계의 보존, 다섯 번째 시기에는 안정적 세계질서의 확립이 필요했다고 한다. 이들 국가적 중대과제를 해결하는 데 있어 결국은 해당 시기의 지배적 외교이념이 고립주의냐 국제주의냐에 따라 구체적 정책추진 방식이 다르게 결정되었다는 것이다. 그리고 이념들 간에 순차적 반복이 거듭될수록 고립주의와 국제주의의 정도는 더욱 강해지는 양상을 보여 왔다고 한다.

미국의 고립주의 성향은 식민지시대까지 거슬러 올라가고, 건국의 시조들 중에서도 제퍼슨을 대표로 하는 공화주의자들의 견해에서 발견되지만, 일반적으로 초대 대통령인 워싱턴 대통령의 이임사에서 그 전형을 찾을 수 있다. 워싱턴 대통령은 유럽 열강들의 세력경쟁에 미국이 자칫 잘못 개입하게 되면 큰 대외적 위험에 처하게 되고 국내적으로도 자유와 민주제도를 잃게 될 수 있다고 경고하였다. 또한 타락한 구제도를 가진 유럽의 부도덕한 국가들과 자칫 잘못해서 동맹이라도 맺게 될 경우 미국도 그들을 닮게 될 위험성이 있기 때문에 어떤 국가와도 동맹을 맺어서는 안 된다고 못 박았다(Jentleson 2000, 68에서 재인용). 이러한 고립주의 성향은 먼로 독트린에서 공식 천명되어 19세기 미국 외교정책의 중심 기조로 자리 잡게 되었다.

〈표 15-2〉	시기별 미국 외교이념 변천	
시기	고립주의	국제주의
1	1776~1798	1798~1824
2	1824~1844	1844~1871
3	1871~1891	1891~1919
4	1919~1940	1940~1966
5	1967~1986	1986~

출처: Frank Klingberg, *Positive Expectation of America's World Role* (Lanham, MD: University Press of America, 1996)

그러나 엄격히 말하자면 고립주의라는 표현은 문제가 있다. 왜냐하면 독립 이후 미국의 관심이 연방을 구성한 13개 주에만 국한된 적은 없었기 때문이다. 사실 미국은 영국으로부터 독립이 확실시 되면서부터 곧바로 소위 '명백한 운명'이라는 표현대로 북미대륙 전역확보를 향한 지속적인 영토확장을 추진하였고, 대외적인 군사력 사용도 많았다. 미국 의회의 한 조사에 따르면, 건국 이후부터 제2차 세계대전 이전까지 미국은 총 163차례에 걸쳐 군사력을 대외적으로 사용한 바 있고, 1898년 미서전쟁 이전에도 98회나 군사력을 대외적 사용한 바 있다(Rosati 1999, 16-17). 또한 먼로 독트린의 고립주의도 미국 국내 문제에만 치중하겠다는 의미가 아니라, 미국이 유럽정치에 관여하지 않듯이 북미와 남미를 포함한 아메리카대륙 내 문제에 유럽이 간섭하지 말 것을 주장한 것이다. 따라서 보다 정확한 표현은 고립주의보다는 불개입주의(non-interventionism)에 더 가깝다고 할 수 있다.

이러한 미국의 고립주의 추구는 건국 초기 미국의 국내외적 상황과 국력수준에서 그 이유를 찾을 수 있다. 신생독립국으로서 국내정치적 안정과 경제성장을 위한 산업화가 급선무였고, 북미대륙 내에서 영토적 기반을 확고히 하는 일도 국가적 당면과제였던 것이다. 그리고 설령 미국 정부가 국제 문제와 대외적 역할에 관심을 가지려고 했더라도 당시 유럽 열강들과 비교했을 때 미국의 국력은 상대적으로 열세였기 때문에 의도한 바를 달성하기가 어려웠을 것이다. 따라서 적극적 대외 개입정책의 추구보다는 대내적인 성장과 안정에 치중하는 편이 더 합리적이라고 생각했던 것으로 보인다.

그 후 19세기 후반에 이르러서는 산업화가 어느 정도 이루어지고 북미대륙 전역으로 영토확장이 마무리되면서 미국의 외교노선에도 변화가 생기기 시작했다. 그리고 유럽 열강들의 국력과 영향력도 다소 약화되는 경향을 보이게 되었다. 바로 그 무렵 루스벨트(Theodore Roosevelt) 대통령이 제국주의적 성향의 대외정책을 추진하게 되면서 미국 외교노선도 고립주의에서 국제주의로 패러다임의 대전환이 이루어지게 되었다.

국제주의 외교노선의 추구는 제1차 세계대전 참전을 통해 극에 다다랐다가 국제연맹 참여거부를 기점으로 다시 급격하게 고립주의로 회귀하였으며, 그 기조는 제2차 세계대전에 참전할 때까지 그대로 유지되었다. 그 후 제2차 세계대전 참전과 전후 냉전 시작과 더불어 미국이 글로벌 리더로 부상하면서 미국 외교정책은 본격적으로 국제주의 노선을 추구하게 되었다. 베트남전을 겪으면서 또다시 '신고립주의'로의 회귀 경향을 보인 적이 있기는 하지만, 미국의 세계적 국력과 위상으로 인해 여전히 국제주의 노선이 지배적이었다고 할 수 있다.

거시적 관점에서 미국 외교의 흐름을 시기별로 규정하자면, 고립주의와 국제주의가 순차적으로 반복되면서 이어져 온 것이라고 할 수 있다. 하지만 실제 당면한 외교적 현안을 해결하는 구체적인 정책수단을 선택하는 데 있어 2개 이념 간의 긴장과 대립은 항시 존재해왔다. 따라서 외교사안의 특성, 대통령과 의회의 이념적 성향, 국내적 당면과제, 국제정세 등에 따라 두 이념 중 하나가 상대적으로 좀 더 큰 영향력을 발휘하는 것이지, 결코 어느 한쪽 이념만이 지속적으로 일방적인 우세를 보이는 경우는 드물었다고 볼 수 있다.

3. 이상주의 대 현실주의

미국 외교에서 발견되는 또 하나의 이념적 긴장요소는 이상주의와 현실주의 간 대립이다. 이들 두 이념은 국제관계의 기본적 성격과 주요 행위자, 그리고 국제평화와 개별국가의 국익 추구방법에 대해 각기 상이한 견해를 반영하고 있으며, 국제정치학의 양대 이론적 시각과도 일맥상통한다. 기본적으로 이상주의와 현실주의 간의 대립은 미국의 국익과 번영을 위한 국가의 주요 과제가 무엇이며, 이와 관련한 미국외교의 기본 목표와 수단은 무엇인가에 대한 서로 다른 이해에 기반하고 있다.

일반적으로 이상주의(또는 자유주의)는 인간의 이성(reason)과 선한 본성에 대한 믿음을 기초로 역사의 진보와 이익의 조화에 대해 낙관하는 계몽주의 철학에 뿌리를 두고 있다. 국제법과 국제기구를 통한 전쟁방지와 분쟁의 합리적 해결 가능성을 강조하고, 인권, 민주주의, 시장적 질서, 자유무역, 집단안보체제 등을 옹호하는 국제정치 또는 외교정책상 주요 이념이다. 좀 더 구체적으로는 칸트의 영구평화론(Eternal Peace), 기능주의적 지역통합론, 상호의존성과 초국가적 협력 증대에 따른 점진적 국가소멸론 등이 이상주의적 전통에 속한다.

반면 현실주의는 인간의 이기적 본성과 끊임없는 권력욕을 전제로 하여 국제관계를 중앙집권적 세계정부가 없는 상태(anarchy) 하에서 개별국가들이 부단히 자국의 권력과 국익증대를 추구하는 경쟁과 갈등의 장으로 인식한다. 따라서 현실주의자들에 따르면 국가는 자조와 동맹을 통해 생존을 최우선적으로 도모해야 하고, 국제평화는 오로지 신축성 있는 동맹조정에 의한 세력균형을 통해서만 이룰 수 있다고 주장한다. 이이제이, 분할통치, 공동방어 등 주로 '힘에 의한 평화'를 강조하는 방안들이 현실주의적 외교정책의 구체적 처방에 속한다.

이상주의의 미국적 표출은 미국 초기 사상가인 페인(Thomas Paine)이나 국제연맹 창설을 주장하였던 윌슨 대통령의 사상에서 찾아볼 수 있다. 또한 카터와 클린턴 대통령의 인권중시 외교도 미국적 이상주의를 반영한 것이라고 할 수 있다. 이에 대해 현실주의는 미국사회의 실용주의적 전통과 결합하여 제2차 세계대전 이후, 특히 냉전의 시작과 더불어 미국외교의 정책기조로 확고히 자리 잡게 되었다. 대소 봉쇄정책을 담은 트루먼 독트린, 핵무기 경쟁에 기초한 '공포의 균형(Balance of Terror),' 소련 견제를 위한 닉슨 대통령의 미·중관계 정상화, 레이건 대통령의 신데탕트 정책, 중동지역에 대한 영향력 유지 및 안정적 석유수급을 위한 부시 대통령의 걸프전 참전 등이 미국적 현실주의 외교노선을 잘 반영한 정책들이다.

앞에서 논의했던 고립주의와 국제주의 간의 긴장과 대립처럼 미국 외교에서 이상주의와 현실주의도 팽팽한 긴장과 경쟁을 지속하면서 구체적 외교사안의 해결에 번갈아 가며 영향을 미쳐왔는데, 미국이 처한 국제정세와 국내여건에 따라 어느 한쪽의 우세가 결정되는 양상을 보였다. 학자들의 연구에 따르면 이 두 이념의 반복주기는 대개 20년에서 25년 사이라고 한다(Klingberg 1996; Schlesinger 1986).

이들 양대 이념 간 대립은 때때로 실제 외교정책의 결정에서 명분/원칙과 실리/권력추구 중 하나를 선택해야 하는 문제로 대두되기도 했다. 그 선택을 둘러싼 정책논쟁 중 대표적인 것이 독재정권에 대한 미국의 태도이다. 예를 들어, 1989년 천안문 사태 시 중국 정부의 반민주적 조치에도 불구하고 미국 정부는 국내외의 대중 경제제재 요구를 받아들이지 않았다. 이는 중국의 지전략적 가치와 경제적 가치라는 실리를 민주주의나 인권과 같은 원칙보다 더욱 중시한 선택이라고 할 수 있다(Jentleson 2000, 21-22). 이와 달리 인권을 중시한 카터 행정부의 주한미군 철수추진은 반대로 대소견제를 위한 동맹 강화라는 실리보다는 인권이라는 보편적 가치에 입각한 원칙에 치중한 경우라고 할 수 있다.

이제까지 논의를 통해 미국외교의 이념적 긴장요소에는 2개의 대립축이 존재함을 알 수 있었다. 즉 고립주의와 국제주의가 하나의 축이고 이상주의와 현실주의가 다른 하나의 축이다. 〈그림 15-1〉과 같이, 이들 2개의 축을 결합하여 미국 외교의 이념적 좌표를 4가지 유형으로 분류할 수도 있다(이삼성 1993, 42-44). 이른바 '현실주의적 국제주의', '자유주의적 국제주의', '현실주의적 고립주의,' 그리고 '자유주의적 고립주의'가 그것이다.

'현실주의적 국제주의'는 국제 문제에 대한 미국의 주도적 해결을 위한 적극적 개입

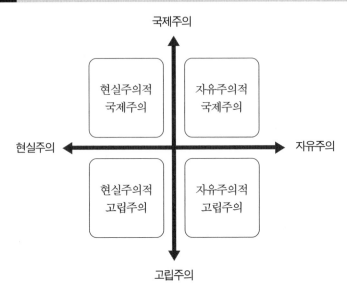

〈그림 15-1〉 　　　　　　　　　　　　　미국 외교의 이념적 좌표

을 강조하고, 주요 정책수단으로 군사력의 중요성을 강조한다. 이는 군사력의 증대에 찬성하는 공화당 행정부의 외교노선과 대체로 잘 맞는다. 특히 9.11테러 이후 W. 부시 대통령의 공세적 현실주의, 도덕적 우월주의에 기초한 적극적 개입주의 노선이 이 범주에 속한다고 할 수 있다.

　'자유주의적 국제주의'는 주로 민주당의 외교정책 이념과 노선을 같이 한다. 이 입장은 미국의 국제적 리더십에는 동의하지만 그 실행수단에 있어 군사력 및 동맹과 더불어 다자주의적 협력과 대화의 중요성도 함께 강조한다. 현실주의적 국제주의가 일방적 접근법을 강조하는 것과 달리 자유주의적 국제주의는 그 방식에 있어 다자적 합의에 의한 접근법을 선호한다는 차이가 있다. 또한 자유주의적 국제주의는 군사적 문제뿐만 아니라 인권, 개발, 환경 등의 분야에서 미국의 적극적 역할을 지지한다. 클린턴과 오바마 행정부의 외교정책 노선이 여기에 속한다고 볼 수 있다.

　'현실주의적 고립주의'는 국익추구를 위해 강력한 군사력을 육성하는 것에 대해서는 반대하지 않는다. 다만 국제평화와 안정을 위해 미국이 과도하게 책임을 지고 나서는 데 대해서는 비판적이다. 사활적 이익이 걸린 지역이나 사안에 대해서만 선별적으로 개입해야 한다고 주장한다. 경제 문제에 있어서도 최소정부를 지지하는 보수주의적 입장을 취하고, 통상과 관련해서는 보호무역주의를 신봉하는 경향이 있다. 트럼프 행정부의 미국 우선주의 정책이 현실주의적 고립주의에 속한다고 볼 수 있지만, 현실에서는 개입주의 혹은 국제주의적 태도를 보이고 있다.

'자유주의적 고립주의'는 과도한 미국의 대외 개입정책에 반대하고 다자주의적 방법에 대한 최소한의 투자만으로 미국의 안보이익은 충족될 수 있다고 믿는 것이다. 또한 대외적 투자와 지원보다는 국내 경제사회 분야에 대한 지원과 투자가 더 우선적으로 이루어져야 한다고 주장한다. 그리고 국방예산을 삭감하는 대신 복지예산의 증대를 강조하는 입장이다.

이들 4가지 유형은 이념형이기 때문에 실제 미국의 외교적 이념들과 정확하게 일치하지는 않는다. 하지만 2개의 대립축을 결합함으로써 미국 외교이념에 대해 보다 입체적이고 동태적인 이해가 가능하며, 향후 미국 외교정책의 방향을 전망하는 데 훌륭한 준거틀로도 사용될 수 있다.

V. 정치과정 내 경쟁과 긴장

이론적으로 공공정책의 결정과정은 대개 여러 대안 중 장단점을 비교하여 가장 최선의 방안을 고르는 합리적 선택(rational choice)으로 가정하는 경우가 많다. 그러나 현실에서의 실제 정책결정은 최선보다는 최적의 수단, 대안들 간 장단점 비교보다는 선례나 관례, 국익보다는 부처 간 흥정과 타협에 의해 이루어지는 수가 더욱 많다. 그래서 정책결정은 다양한 이해관계와 힘을 가진 행위주체들이 참여한 가운데 서로 밀고 당기기를 하는 하나의 정치적 과정(political process)으로 이해하는 편이 낫다고 한다(Hilsman 1967). 즉 〈그림 15-2〉와 같이 정책결정과정은 정부 안팎에서 제기된 여러 정책적 요구가 이익집단과 정당을 통해 표출되고 집약된 후, 정부로 투입되어 의제화한 다음, 언론과 여론의 영향 하에 정부 내 관련 부처들끼리 논의와 심의를 거쳐 하나의 정책으로 산출되는 과정이다. 그런데 이 과정에서는 법, 규정, 전문성, 합리성도 중요하지만 그보다는 참여하는 행위주체들 간 정치적 이해와 친소 및 역학관계가 더욱더 중요해진다는 것이다.

정치과정은 정치체제의 특성, 시민사회의 발전수준, 정치문화, 정책의 종류 등에 따라 국가마다 차이가 난다. 미국과 같이 민주주의가 발달되고 사회가 다원화된 국가에서는 정치과정이 널리 개방화되어 많은 이해당사자들이 정책결정과정에 개입, 의사

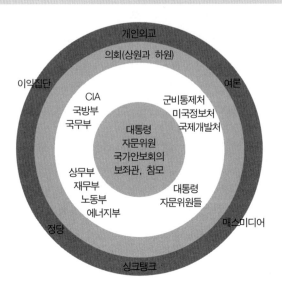

〈그림 15-2〉　외교정책 결정과정 관련 행위주체들

출처: Roger Hilsman, *To Move a Nation* (New York: Doubleday, 1967)

를 표명하고 대립함에 따라 정책결정이 지체되거나 교착상태에 빠지는 경우가 많다. 상반된 입장을 가진 행위자들이 너무 많이 개입하거나 조직적으로 여론을 동원하여 첨예하게 대립하게 되는 경우는 정부로서도 정책결정이 쉽지 않은데, 특히 재선을 최우선시 하는 정치가들에게는 더욱 어려운 일이기 때문이다.

그러나 외교나 안보정책의 경우는 일반적으로 다른 분야에 비해 참여 주체의 수나 갈등정도가 크지 않은 편이어서 정책결정과정이 상대적으로 덜 복잡한 편이라고 할 수 있다. 이는 정책의 특성상 정보와 전문성 그리고 기밀성 등이 다른 정책분야에 비해 더 많이 요구되기 때문이라고 한다. 물론 다른 설명도 있다. 아이젠하워 대통령의 퇴임사에서 제기된 소위 '군산복합체(Military-Industrial Complex)'라는 말처럼, 이해관계와 국방에 대한 기본시각을 공유하고 있는 의회의 국방관련 위원회 소속 의원들, 군과 국방부 관료들, 그리고 군수산업체들의 담합에 의해 정책결정이 주도되기 때문이라는 설명도 있다(Yarmolinsky 1971).

그런데 외교 및 안보정책 분야에서 일반여론이나 시민단체들의 직접적 영향은 상대적으로 작은 편이지만, 정부 내 여러 기관과 부처들 간 서로 다른 입장으로 인해 정책결정이 매끄럽지 못한 경우는 미국에선 흔히 있다. 앞에서 언급하였던 전쟁권한법을 둘러싼 행정부와 의회 간 대립 외에, 행정부 내에서도 부처의 존재 목적과 조직상 특성 그리고 정책기조 및 결정스타일에 따라 서로 다른 의견을 제시하며 서로 대립과 갈등을 빚는 경우가 허다하다. 가장 대표적인 경우가 국가안보회의(National Security Council), 국무부, 그리고 국방부 사이의 입장 차이와 영향력 경쟁을 들 수 있다.

국가안보회의는 1947년 국가안보법(National Security Act)에 의해 안보에 관한 국내, 외교, 군사정책들을 종합하고 조율할 목적으로 설립되었다. 흔히 대통령 안보담당 특별보좌관(National Security Advisor)으로 불리는 최고책임자를 정점으로 국가안보회의의 조직규모는 대통령에 따라 크게 차이가 있어왔는데, 초기 10명 내외에서 시작하여 닉슨 대통령 시기 100명 선으로 증가되었다가 카터 대통령 시기 38명으로 다시 축소되었고, 레이건 대통령 때 재차 100명 선으로 증가하였으며, 클린턴 대통령 시기에는 200명에 육박할 정도로 규모가 대폭 커졌다(Baugh 2000, 215).

주요 외교현안에 대해 각료급 관련 고위정책결정자들이 모여 심층적 토의를 거쳐 해결방안을 모색하는 최상위 외교안보 정책포럼이 국가안보회의라면, 평시 일상적 외교정책의 결정과 집행을 전담하는 곳은 국무부이다. 기능별·지역별로 나누어 업무를 분담하고 있는 국무부는 외무관료(Foreign Service Officers) 중심 조직이라고 할 수 있다. 그런데 국무부의 경우는 단기적 현안해결이나 연례적으로 되풀이되는 업무에는 정통하지만 중장기적 정책개발에는 다소 소홀하다는 평을 듣기도 한다. 비록 중장기적 정책개발을 담당하는 정책기획국(Policy Planning Staff)이 있기는 하지만 워낙 규모가 작아서 제대로 역할을 잘하지 못하는 경우가 많고, 부처 내 주류인 대부분의 외무관료들은 매일매일 당장의 현안 해결에 급급하기 때문이라고 한다(Baugh 2000, 222).

외교적 방법을 통한 협상과 타협을 중시하는 국무부와는 달리 국방부는 대체로 강경한 대외정책 노선을 선호하는 경향이 크고, 실제 군사력 사용을 포함한 강압적 수단의 정책을 담당하는 부처이다. 또 9.11 이후 국토안보부가 신설되기 이전까지는 미 행정부 내에서 소속인원과 예산규모가 가장 큰 조직이 바로 국방부였다. 미국의 경우 다른 서구 선진국들처럼 군에 대한 문민통제가 워낙 철저히 제도화되어 있어 현역 4성 장군인 합참의장이 민간인 국방장관의 지휘감독을 받게 되어 있고, 역시 현역장성인 육·해·공군 각 군 총장들이 민간인 신분의 각 군 장관의 지휘통제에 따르게 되어 있다. 물론 국방부 내 고위직이 아닌 중하위직에서도 정책결정이 항상 문민우위 원칙하에 이루어지는 지에 대해서는 다소 이견이 존재한다. 그렇지만 설령 국방부의 정책결정이 친군적인 것이라고 해서 무조건 현역군인들의 입장이 더 많이 반영되어서라고

〈참고사항 15-5〉 미국 국무부가 외교를 담당하는 이유

전통적으로 미국 외교관계의 일차적 책임은 국무부에 있는데, 국무부는 미국 정부 내각의 4개의 부서 가운데 하나로 창설되었다. 본래 명칭은 외무부(Department of Foreign Affairs)였지만, 제1차 의회가 외무부의 명칭을 국무부로 변경하였다. 왜냐하면 국무부에 대통령의 성명서를 작성 및 발표하고 국새를 보관하는 등의 내부적 국가기 능을 다수 부여했기 때문이다. 국무부의 장관 지위는 항상 다른 부서들의 도전을 받 아왔는데, 일부 부서들은 자신들이 독립적으로 외교 분야의 업무를 수행할 수 있는 권한이 있다고 주장하였다. 그러나 1953년 아이젠하워 대통령이 외교 문제에 관한 한 모든 부처 가운데서 국무부가 제일의 위치에 있다는 성명서를 발표하게 되면서 국무부는 외교 문제의 주관부서로 자리 잡게 되었다.

할 수는 없다. 왜냐하면 국방장관을 비롯한 국방부에 종사하는 많은 민간관료들도 가 치관이나 정책노선 면에서 군인들 못지않게 상당히 친군적인 경향이 크기 때문이다.

이들 국가안보회의, 국무부, 국방부의 3부처 간에 발생하는 입장 차이와 정책경쟁 은 보다 잘 다듬어지고 효과적인 정책을 만들어내는 데 기여하는 경우도 있지만, 때로 는 심각한 대립과 갈등을 야기하여 정책의 시의성이나 일관성을 해치기도 한다. 이들 부처들의 영향력 정도는 주로 각 부처 수장의 개인적 스타일과 능력, 그리고 대통령과 의 친소관계에 의해 결정되는데, 특히 국가안보회의의 경우는 대통령의 통치스타일이 가장 큰 결정요인으로 작용한다. 조지 W. 부시 행정부 제1기 파월(Colin Powell) 국무 장관과 럼스펠드(Donald Rumsfeld) 국방장관 간의 강온 정책노선 대립과 라이스 (Condoleezza Rice) 안보보좌관의 중재역할이 세간에 많이 회자되었으며, 제2기 때에 는 대통령의 신임을 더 많이 받았던 것으로 알려진 라이스 국무장관의 영향력이 더 컸다고 한다. 그런데 흥미로운 것은 순수 민간출신인 럼스펠드 국방장관이 4성 장군 출신인 파월 국무장관보다 군사력 사용도 불사하는 더욱더 강경한 외교정책을 선호했 다는 점이다. 이는 정책적 선호도 결정에 있어 민군 간의 시각차이가 더 큰 것인지 담당한 부처의 역할이나 특성이 더 큰 것인지를 다시 생각게 해주는 대목이기도 하다.

정부 내 정책결정과정에서 발생하는 부처 간의 긴장과 갈등 외에 미국의 경우 정치 과정에 참여하는 행위주체들이 워낙 다양하고 많다 보니 정부 외에 존재하는 행위주 체들 간에도 정책기조나 정책수단에 대해 서로 다른 입장을 피력하는 경우가 많다. 이런 정책결정과정에 대해 지지와 비판활동에 활발히 참여하는 대표적인 정부 바깥

행위주체 중 하나가 바로 싱크탱크(Think Tank)라고 할 수 있다. 관련 정책분야의 학자와 전직 관료, 군인 및 외교관, 그리고 법률가들이 주된 구성원인데, 이들은 소위 '워싱턴 정가(Washington beltway)'에 머물면서 정책과정에 간접적 영향력을 행사하지만 때로 다시 정부 관료로 발탁되기도 한다. 이들은 보고서 작성 및 배포, 정기적인 정책저널 발간, 세미나 개최 등을 통해 정책결정에 영향력을 행사하며, 최근에는 정책결정자들을 상대로 한 직접 로비에도 참여하는 추세를 보이고 있다.

싱크탱크는 대개 정파를 초월하는 비영리단체임을 표방하지만, 자세히 살펴보면 모두 나름대로의 고유한 정책노선을 갖고 있고, 이념적 성향에 따라 현실 정당과도 공식 및 비공식적 제휴관계를 맺고 있다. 예컨대, 1927년 설립된 브루킹스 연구소(Brookings Institute)는 전통적으로 민주당 성향의 정책개발 및 정책옹호(policy advocacy) 활동을 전개해오고 있다. 한편, 1960년대 말 1970년대 초 선거에서 잇달아 패하게 되면서 싱크탱크의 중요성을 깨달은 공화당의 경우는 헤리티지재단(Heritage Foundation)을 설립하여 자신들의 입장을 대변하고 대정부 로비창구로도 활용하고 있다. 따라서 이들 무수한 싱크탱크 간의 활발한 정책노선 대립과 치열한 정책옹호활동도 미국 외교정책 결정과정의 특이한 현상 중 하나라고 할 수 있다.

싱크탱크와 유사하게 정치과정에 참여하는 다른 주요행위자 중 하나가 이익집단이다. 다원주의적 정치체제를 대표하는 미국이다 보니 외교정책 분야에서도 이익집단의 활동은 매우 활발하다. 주로 보고서와 책을 통해 로비를 하는 것이 싱크탱크라면 이익집단은 정책결정자에 대한 직접 로비, 대중동원, 선거자금 기부 등을 통해 자신들의 정책입장을 개진하고 정책에 반영하려고 한다. 미국의 경우 이익집단의 정치활동에 있어 특이한 점은 이들의 로비를 합법화하고 있다는 점이다. 대부분의 국가들은 로비에 대해 부정적이고 불법화하는 반면, 미국의 경우는 로비를 법적으로 양성화하여 오히려 투명성을 높이고자 한다. 흥미로운 점은 외국 정부도 미국 정치과정에서는 합법적으로 미국 정부를 상대로 로비를 할 수 있다는 것이다. 즉, 1938년 제정된 외국대리인등록법(Foreign Agents Registration Act)에 따라 정식으로 등록된 로비스트이기만 하면 얼마든지 외국 정부의 입장과 이익을 공식적으로 대변하고 로비활동을 하는 것이 허용된다. 이렇게 외국 정부의 이해관계를 대변해주는 공인된 이익집단이 존재할 정도로 이익집단이 많고 활동이 왕성하다 보니 미국 정치과정은 항상 이익집단들 간 갈등과 대립이 첨예하게 표출되는 경우가 많다. 그 때문에 미국의 정책결정과정을 때로는 "과다 다원주의(hyper-pluralism)"라고 묘사되기도 하는 것이다.

정치를 이스턴(David Easton)의 말처럼 '사회적 가치의 권위적 배분'으로 간주한다면, 어느 나라를 막론하고 정치과정에는 일정 수준의 긴장과 대립이 존재하기 마련이다. 하지만 미국의 경우는 정치과정이 워낙 널리 개방되어 있어, 다양하고 많은 행위자들이 참여할 수 있기 때문에 정치과정 상 갈등과 대립 양상은 더욱 두드러진다. 따라서 이렇게 복잡한 정치과정 내에서 국민여론을 제대로 반영하면서도 국익에 도움이 되는 효과적인 외교정책을 만들어내는 것이 바로 미국 외교가 안고 있는 가장 큰 과제 중 하나라고 할 수 있다.

VI. 맺음말

본 장에서는 미국 외교의 역사적 전개과정을 간략히 서술하고 외교정책 결정과정에 내재한 잠재적 긴장과 갈등요소를 법제, 이념, 정치과정의 세 측면으로 나누어 살펴보았다.

우선 법제적 긴장은 미국 헌법에 규정된 외교정책 분야에서 대통령과 의회 간의 권력분담에서 연유된다. 원칙적으로 외교정책 분야는 대통령이 이니셔티브를 쥐고 정책을 추진하고 의회는 예산배정을 통해 지원과 견제 역할을 맡게 되어 있다. 조약과 전쟁 또한 행정부가 협상과 수행은 담당하지만 결국은 의회의 공식적 인준과 선포가 있어야만 한다. 그러나 전쟁권한법의 경우에서 보듯이 전쟁에 관해서는 대통령과 의회의 주도권 주장이 첨예하게 맞선다. 조약의 경우도 대통령은 의회의 인준이 필요 없는 행정협정을 활용하면서 의회의 견제를 회피하려고 할 때도 많다. 따라서 미국의 대통령과 의회는 외교정책 결정에 있어서 법과 제도를 최대한 이용하여 서로에 대해 견제하고 또 견제를 피하려고 함으로써 늘 잠재적인 긴장과 대립관계에 있다고 할 수 있다.

둘째, 이념적 긴장과 갈등 요소는 두 가지 종류가 있는데, 하나는 고립주의 대 국제주의이고 다른 하나는 이상주의 대 현실주의 간의 대립이다. 이들 두 종류의 이념적 대립은 역사적으로 어느 한쪽이 완전한 우위를 점하는 것으로 끝난 것이 아니라, 반복적으로 번갈아가며 미국의 외교정책에 영향을 끼쳐왔다고 할 수 있다.

고립주의는 건국 초기 미국의 국력이 상대적으로 열세인 상황에서 유럽 열강들의 세력경쟁으로부터 일정거리를 유지하려는 의도에서 시작되었고, 먼로 독트린으로 공식화된 후 제1차 세계대전이 발발할 때까지 미국 외교정책의 기본 노선이었다. 제2차 세계대전 이후부터는 국제정치상의 위상이나 자국중심 질서유지의 필요성으로 인해 미국은 자의건 타의건 국제주의적 입장을 취하지 않을 수 없었다.

국제정치학의 대표적인 두 가지 접근시각이기도 한 이상주의와 현실주의는 국제질 서의 본질과 구조, 분쟁의 원인, 평화의 실현방법 등에 대해 근본적으로 다른 입장을 취한다. 기본적으로 이상주의는 인간이성과 정치의 가능성을 믿고 미래를 낙관적으로 보기 때문에 제도와 기구를 통한 문제해결과 현실개선을 주장한다. 반면 현실주의는 인간성과 법제적 장치를 불신하는 비관적 시각을 바탕으로 무정부상태인 국제정치에 서는 힘을 통한 평화만이 가능하기 때문에 유연한 동맹정책과 세력균형정책을 통한 국제평화 유지를 주장한다.

미국의 외교정책에서 인권이나 민주주의 증진과 같은 원칙과 가치를 강조하는 경우 는 이상주의적 이념이 크게 반영된 것이고, 봉쇄정책이나 분할통치와 같은 전략적 이 익을 추구하는 경우는 현실주의적 이념이 많이 반영된 것이다. 어느 한 이념이 완전한 우세를 점하기보다는 두 이념 모두가 공존하면서 미국 외교정책에 번갈아가면서 영향 을 끼쳐왔다고 할 수 있다.

고립주의 대 국제주의 그리고 이상주의 대 현실주의라는 2개의 이념적 대립 축을 교차시켜 미국 외교정책 성향을 현실주의적 국제주의, 자유주의적 국제주의, 현실주 의적 고립주의, 그리고 자유주의적 고립주의라는 4가지 유형으로 분류하기도 한다.

셋째, 미국 외교정책의 긴장과 대립요소는 정치과정 속에 내재된 것이다. 외교정책 의 결정은 여러 대안 중 장단점을 비교하여 가장 최선의 안을 선택하는 합리적 과정이 라기보다는 다양한 이해관계와 힘을 가진 여러 행위주체들이 참여하는 가운데 타협과 흥정을 통해 이루어지는 정치적 과정이라고 할 수 있다. 따라서 참여하는 다양한 행위 주체들 간의 긴장과 갈등은 당연한 것이다. 특히 다원주의 정치체제의 전형으로 알려 진 미국의 경우 정책결정과정에 참여하는 행위주체는 다양하고 많기 때문에 그들이 각기 자신들의 요구와 입장을 전달할 수 있는 통로 역시 다양하고 많다. 따라서 늘 외교정책 결정과정은 복잡하고 대립적일 경우가 많아 결국은 타협의 산물일 때가 많 다고 봐야 한다.

정부 내에서 외교정책을 둘러싼 행위주체들 간의 긴장과 갈등은 우선 행정부와 의 회 간의 대립이 가장 대표적이고, 그 다음으로는 행정부 내에서도 국가안보회의, 국무 부, 그리고 국방부 사이에 존재하는 조직의 정책성향 차이와 영향력 경쟁에서 비롯되기도 한다. 이들 세 부처 간에 발생하는 경쟁과 대립은 보다 효과적인 정책을 만들어 내는 데 기여하는 경우도 있지만, 때때로 심각한 갈등과 마찰을 야기하여 정책의 적시성이나 일관성을 해치기도 한다. 이들 부처들의 영향력 정도는 주로 각 부처 수장의 개인적 스타일과 능력, 그리고 대통령과의 친소관계에 의해 결정되는데, 특히 국가안보회의의 영향력 정도는 대통령의 통치스타일이 가장 큰 결정요인으로 작용한다.

정치과정상 긴장과 대립은 정부 바깥에서도 첨예할 때가 많다. 그 대립관계의 대표적인 행위자들로 싱크탱크와 이익집단을 들 수 있다. 이들은 정책보고서, 저널발간 및 언론기고, 세미나 개최 등을 통한 간접적인 정책결정과정에의 영향뿐만 아니라 직접적인 로비활동에 참여하기도 한다. 싱크탱크의 경우는 비영리와 초당파주의를 내세우지만 이념이나 정책노선 면에서는 정당과 공식, 비공식적 연대를 맺고 정책결정과정에 참여하여 대리전을 치르기도 한다. 미국의 경우 다른 국가들과 달리 로비를 합법화하고 있기 때문에 이익집단의 활동은 왕성한 것이 당연하며, 심지어 외국 정부도 등록된 로비스트를 활용하면 미국 정부에 대한 로비활동이 법적으로 보장된다. 이렇게 다수의 싱크탱크와 이익집단이 활발히 참여하는 미국의 외교정책 결정과정에는 당연히 긴장과 갈등이 항시 존재하기 마련이다.

흔히 외교정책 분야는 소수의 엘리트에 의해 정책이 결정되는 것으로 생각하기 쉽지만, 다원주의의 전형으로 알려진 미국 정치과정에서는 다양하고 많은 행위주체가 참여하는 가운데 경쟁과 타협을 통해 정책이 결정되는 경우가 많다. 그런데 그런 정책결정과정의 복잡성에도 불구하고 미국이 초강대국으로서 국제질서의 형성과 유지를 주도해오고, 또 그 가운데 자국의 전략적 이해와 국익을 성공적으로 지켜온 것은 매우 경외로운 일이다. 따라서 과연 미국이 향후에도, 특히 급부상하는 중국을 맞아 계속해서 자국중심 세계질서를 유지하고 국제적 리더십을 발휘할 수 있을 것인지는 매우 흥미로운 관심거리라고 할 수 있다.

용어정리

[ㄱ]

- **가치갈등 이슈(value-conflicting issues):** 낙태, 동성애, 이민 등과 같이 공동체의 규범 혹은 가치관에 관한 대립을 담고 있는 이슈를 말한다. 이러한 이슈들에 부정적 입장을 취하느냐 관용적 입장을 취하느냐에 따라 사회적 보수주의와 사회적 진보주의로 구분되며, 이러한 성향은 대체적으로 공화당과 민주당과 연관된다.

- **개방형예비선거(open primary):** 당원이 아닌 유권자들도 정당 후보자의 선출에 참여할 수 있는 선거로서 두 개 정당의 예비선거에 동시에 참여할 수는 없다.

- **건국 이념:** 건국 이념은 한 나라의 정부구성 원리 및 건국 당시의 주류 사상을 지칭한다. 미국의 건국 이념은 자유주의, 공화주의 등을 포함하며, 정치제도의 측면에서 인민의 권리를 보호하기 위해서 정부나 사회의 폭정을 방지하기 위한 권력분립과 견제와 균형, 그리고 연방제도 등 다양한 방도를 구현한다.

- **경제투표(economic voting):** 경제상황에 대한 평가에 기초한 투표를 가리킨다.

- **게이트키핑(gate-keeping):** 뉴스정보를 수집하고 제한하거나 확대하며 해석하는 과정을 가리킨다.

- **고립주의:** 과도한 국제사회로의 개입을 자제해야 한다는 미국의 내향적 정치기조를 가리킨다.

- **고전적 자유주의(classical liberalism):** 종교, 정부, 세습 등과 같은 권위의 속박으로부터 자유롭고 독립적인 개인이 합리적 이성과 이익에 따라 행동한다는 기본 전제 하에서 양도불가의 천부적 인권, 법 앞의 평등, 제한 정부(limited government) 등을 옹호하는 정치철학 전통이다.

- **관료제(bureaucracy):** 주로 선출이 아닌 임명에 의해 관직을 부여받은 사람들로 구성되어 있으며, 전문화된 기능을 갖춘 수많은 작은 부서로 이루어진 크고 복잡하고 위계적인 조직이다.

- **공공의료보험(Public Health Insurance Option, Public Option):** 국가가 직접 운영하는 국민의료보험을 의미하며, 미국 의료보험개혁과 관련하여 지속적으로 논의되었으나 공화당과 보수적 이익집단 및 기타 개혁반대 세력의 강력한 반대로 2010년 의회를 통과한 의료보험개혁법에서는 제외되었다.

- **공동 권한(concurrent powers):** 미국 연방헌법 제1조 8절에 제시된 연방의회와 주 의회 모두에게 주어진 공통적 권한으로 주로 조세, 차용 및 채무 지불, 은행 및 기업 설립, 법원 설치 및 일반 복지 등에 관해 연방정부와 주정부가 공동으로 권한을 행사한다.

- **공적부조(public assistance):** 국민의 최저 생활권을 보장하기 위해 빈곤자·장애자·노령자 등 사회적 보호가 필요한 사람들에게 정부 등 공공부문이 제공하는 지원을 의미한다.

- **공화주의(republicanism):** 시민적(civic) 공화주의라고도 불리며 정치공동체의 구성원들이 시민적 덕성(civic virtue)을 함양하고 공공선(public good)을 실현하기 위해 적극적으로 정치에 참여해야 한다고 주장하는 정치철학의 전통이다.

- **국제주의:** 국가 간 공동 이익을 위해 정치·경제적으로 협력해야하며, 이를 위해 국제사회에 적극적으로 참여해야 한다는 것을 의미한다.

- **관습법(common law / judge-made law):** 기존에 존재하는 법적 명시가 없는 경우 판사가 이전의 사법 판결에 근거하여 내리는 결정으로, 이후 유사한 사건의 판결에 중요한 선례가 된다.

- **규칙(Rules):** 의회 내 의사 운영의 질서를 유지하고 소속 의원들의 행위를 규제하기 위해 마련된 일련의 문서화된 조항들을 일컫는다. 예컨대 Rules of the House of Representatives for the 113th Congress는 113대 하원의 의사 운영 규칙집이다.

- **권력분립/삼권분립(separation of power):** 국민의 자유를 보장하기 위하여 정부를 입법부, 행정부, 사법부로 삼분해 서로 다른 담당자에게 일임하고 상호 간 견제와 균형을 도모하는 통치제도이다. 미국이 최초로 삼권분립을 기반으로 한 연방헌법을 채택했다.

- **권리장전(Bill of Rights):** 1787년 연방헌법 제정 이후 1789년 초대 연방의회에서 채택된 수정헌법 10개조를 지칭하며 정부의 권력으로부터 개인의 자유와 권리를 보호하기 위한 내용을 담는다. 또한 수정헌법 14조 평등보호(Equal Protection) 조항을 근거로

연방정부와 더불어 주정부에게도 동일한 의무가 부과된다.

- **기독교 우파(Christian Rights)**: 복음주의 개신교도 등 보수적 성향을 지닌 기독교인들을 지칭하며 1980년대 정치세력화를 거쳐 1990년대 중반 공화당의 핵심 정파로 자리잡았다. 낙태와 동성애 등 사회 문화적 이슈들에 대해 강한 보수적 입장을 견지한다.

[ㄴ]

- **네거티브 캠페인 광고(Negative Campaign Advertisement)**: 자신들의 장점을 부각시키기보다는 경쟁자에 대한 부정적 메시지를 전달하여 자신에게 투표하도록 유도하는 캠페인 광고이다.

- **뉴딜연합(New Deal Coalition)**: 민주당의 루스벨트(Franklin D. Roosevelt) 정권이 수정자본주의를 채택하는 과정에서 도시 중·하층과 소작농, 신 이민자, 유대계, 가톨릭계 그리고 전통적인 지지 층인 남부 백인들을 연대해 만든 진보적 정치연합으로서, 이후 케네디(John F. Kennedy)의 뉴프론티어(New Frontier), 존슨(Lyndon B. Johnson)의 위대한 사회(Great Society)에까지 이어져 민주당의 중요한 정치적 지지기반이 되었다.

- **뉴저지 플랜(New Jersey Plan)**: 연맹규약을 수정 보완하여 그 정신을 보전하자고 주장하였으며, 작은 주들의 이익을 강조하였다.

[ㄷ]

- **다자주의**: 다수의 국가들이 세계 질서유지와 운영에 참여하고 이를 위해 서로의 대외정책을 조정하는 거버넌스 방식으로, 하나의 강력한 국가가 나머지 약소국들을 일방적으로 지배하거나 개입, 침범하는 것을 방지하고자 한다.

- **단일 이슈집단(single issue group)**: 단 하나의 이슈 분야에 모든 역량을 투입하여 회원들이 추구하는 목표를 달성하기 위하여 적극적으로 정치에 참여한다. 이러한 유형의 대표적 집단으로 낙태문제를 둘러싼 pro-choice와 pro-life집단을 들 수 있다.

- **대통령 입법 거부권(presidential veto)**: 대통령은 의회에서 통과된 법률안에 대해 거부권을 행사할 수 있다. 거부권이 행사되면 그 법률안은 다시 상·하원에서 각각 2/3 이상의 찬성을 얻어야 법률이 되므로, 거부권을 통해 법안통과를 실질적으로 무산시키는 결과를 야기한다.

- **독립규제위원회(independent regulatory commission)**: 정부 부처와 분리되어 국가

경제의 주요 영역을 규제하기 위해 창설되며, 대통령의 통제 밖에서 운영되는 준입법적, 준사법적 기구이다. 업무와 관련된 규칙과 규제를 공표하고, 위반 사례를 조사하고 판결한다.

- **독립행정기구(independent executive agency):** 정부 부처에 소속되어 있지 않으나, 정부 부처와 유사하게 조직되며 그 규모는 훨씬 작다. 지역을 기반으로 운영되는 다수의 하부단위 조직으로 운영된다.

- **동시선거(on-year election):** 대통령선거와 의회선거가 동시에 치러지는 선거이다.

- **딜런의 규칙(Dillon's Rule):** 아이오와 대법원 존 딜런 판사의 이름을 딴 규칙으로서, 미국 내 지방정부는 주정부에 의해 주어진 권한만을 가진다.

[ㄹ]

- **로비(lobby):** 입법 또는 정책결정 과정에 영향을 미치기 위해서 정치인이나 관료를 겨냥해 규제를 완화하거나 변경하기 위하여 펼치는 활동을 가리킨다.

[ㅁ]

- **매카시즘(McCarthyism):** 정치적 비판과 반대세력을 약화, 제거시키기 위해 신빙성 있는 증거를 제시하지 않은 채 개별 시민과 단체를 반역 및 체제전복의 죄목으로 고발 혹은 기소하는 행위 등을 통틀어 일컫는다. 냉전체제에서 반공산주의 광기를 야기한 공화당 조세프 매카시 상원의원을 비판하며 회자된 신조어이다.

- **명백한 운명(Manifest Destiny):** 19세기 중반 미국인들 사이에 널리 퍼진 믿음으로서 북미대륙 전반에 걸친 영토 확장이 신으로부터 내린 명령이란 주장이다. 이후 미국이 다른 이념들(예컨대 민주주의나 인권 등)을 세계로 전파하려는 경우에도 그런 과업을 명령받았다는 식으로 사명감을 강조하기 위해 은유적으로 사용한다.

- **명시적 권한(expressed powers):** 연방헌법 제1조 8절에 제시된 연방의회만의 독자적 권한이다. 명시적 권한이란 헌법에 구체적으로 서술된 권한을 의미한다. 대체로 전쟁선포 및 군대를 징집할 수 있는 전쟁 권한(10항~16항), 화폐주조 및 가치 규제 등을 규정한 재정 권한(1항), 대외통상, 주간 통상 및 원주민과의 통상 규제를 규정한 통상 권한(3항)을 연방의회에 독점적으로 부여한다.

- **메디케어(Medicare)와 메디케이드(Medicaid):** 메디케어는 개인의 재정 상태와 상관없이 65세 이상의 모든 노인과 장애인을 대상으로 하는 연방정부의 의료복지 프로그

램이며, 메디케이드는 특정한 빈곤 계층을 위한 공적의료부조 프로그램이다.

- **목적 공유적 유인(purposive incentive):** 이익집단이 지향하는 목적에 대한 중요성을 끊임없이 환기시키고 강조하여 그 목적을 달성하려는 사람들에게 지속적이고 적극적으로 동참하게 만드는 유인을 가리킨다.

- **무효화 원칙(Nullification Doctrine):** 주 권한의 옹호자들은 연방정부의 권한 확대를 제한하기 위해 명시적 권한을 축소 해석해야 하며, 헌법의 광의적 해석은 연방의회보다 주를 위한 결정이어야 한다고 판단했다. 심지어 주의 주권이 완전하므로 주나 주의 거주민의 자유를 침해한다고 판단되는 연방법을 주가 무효화시킬 수 있다고 주장했다.

- **물질적 유인(material incentive):** 물건이나 서비스 등 돈으로 환산될 수 있으며, 이익집단의 목적과 취지에 대해 공감하지 않아도 회원으로 가입하는 동기를 부여하는 유인을 가리킨다.

- **미국 독립전쟁:** 미국 독립전쟁은 영국의 식민지였던 미국이 영국 왕실이 미국 식민지인들의 동의 없이 다양한 형태의 불법적 조세를 부과한 사실에서 비롯된 전쟁으로서, 이 전쟁에서 승리한 후 미국은 독립된 연방국가로서 탄생했다.

- **미국 예외주의:** 미국이 여타 국가들과는 달리 예외적으로 '특별한' 국가라는 인식을 의미하며, 미국 건국 당시부터의 공화주의적 전통, 청교도주의 및 지리적 위치 등으로 인해 형성되었다.

[ㅂ]

- **대통령비서실(White House Office):** 정치가와 지도자로서의 대통령의 직무를 보완하고 지원해 주며, 대통령과 각 부 또는 기타 정부 기관과의 일상적 의사소통을 조정한다.

- **버지니아 플랜(Virginia Plan):** 연맹규약의 개정이 아닌 새로운 헌법의 제정을 추진하였으며 강력한 중앙정부의 건설과 큰 주들의 이익을 강조하였다.

- **법안 작성과정(legislative process):** 미국 의회(상원이나 하원)에 법안이 소개되면 소관위원회 및 소위원회의 예비심의를 거쳐 본회의에 상정되며, 법안의 최종 통과 여부는 본회의 투표에 의해 결정된다.

- **보존 권한(reserved powers):** 연방헌법은 수정헌법 제10조에서 제시된 주의 독자적 권한이다. 수정 제10조는 "이 헌법에 의하여 미연방에 위임되지 아니하였거나, 각 주에게 선점되지 아니한 권한은 각 주나 인민이 보유"한다고 하여 암시적으로 주의 권한을 규정한다.

- **분리 평등(Separate but Equal) 원칙**: 분리된 공공시설이라도 그 시설의 질이 동일하다면, 차별은 아니라는 원칙을 의미한다. 이 원칙은 모든 공공시설물을 인종에 따라 분리시키는 정책의 합헌성 여부에 대한 플레시 대 퍼거슨(*Plessy v. Ferguson*, 163 U.S. 537, 1896) 판결에 의해 확립되었다.

- **분점정부(divided government)**: 대통령과 의회가 각각 다른 정당에 의해 장악되고 있는 정부이다.

- **분할투표(split ticket)**: 다수의 선거직을 동시에 선출하는 선거에서 유권자가 각기 다른 정당의 후보자들에게 투표하는 행태를 일컫는다.

- **빈곤가정 일시부조(TANF: Temporary Assistance for Needy Families)**: 빈곤 가정에게 한시적으로 도움을 주는 미국의 공적부조 프로그램으로서, 보조금 수혜 기간을 생애 총 5년으로 제한하고, 수혜를 받은 후 2년 내 근로활동을 하도록 규정한다.

- **빈곤과의 전쟁(War on Poverty)**: 1960년대에 19퍼센트에 육박하는 빈곤률을 해소하려는 목적으로 민주당 존슨 대통령이 제창하여 1964년에 제정된 경제기회법(Economic Opportunity Act)이나 1965년에 제정된 초중등교육법(Elementary and Secondary Education Act) 등을 포함한다.

[ㅅ]

- **사건이송명령(writ 또는 writ of certiorari)**: 하위 법원의 판결을 연방대법원이 재심하도록 공식적으로 요청하면, 미국 대법원에서 하위 법원의 상고를 받아들일 때 내리는 명령을 가리킨다.

- **사법자제주의(judicial restraint)**: 판사가 판결에 이르는 과정에서 법규와 선례에 준하여 결정해야 한다는 사법 철학이다.

- **사법적극주의(judicial activism)**: 판사가 판결함에 있어 기존 법규와 선례를 자유롭게 해석하고 자신의 가치관을 반영하여 결정할 수 있다는 사법 철학이다.

- **사전청원거래(plea bargain)**: 법정에 가는 부담과 판결의 불확실성을 피하기 위해서, 피고에게 주어질 처벌의 강도와 형의 정도에 대해 변호사의 중재로 협상하고 그 결과의 수용을 조건으로 사건을 종료한다.

- **사회보장법(Social Security Act of 1935)**: 대공황 이후 루스벨트 대통령의 뉴딜정책의 일환으로 1935년 발효된 미국 최초의 영구적 사회복지 프로그램이다. 노령연금, 실업보험, 공공부조, 사회복지서비스 등으로 구성된다.

- **상원(Senate)**: 양원제를 채택한 미국 의회의 한 기관으로 상원의원의 임기는 6년이고,

2년마다 1/3씩 다시 선출된다. 1913년 이전에는 직선이 아닌 주 의회에서 간선으로 선출되었으며, 미국의 모든 주(50개)는 2명씩 동일한 수의 상원의원을 선출한다.

- **상원예우(senatorial courtesy)**: 판사를 임명함에 있어 해당 지역구 여당 선임 상원의원이 반대하는 인사에 대해서는 판사 지명을 확정하지 않는 관행을 가리킨다.

- **상임위원회(standing committee)**: 의안이나 청원 등을 본회의에 상정하기에 앞서 심의하기 위해 상원과 하원에 상시적으로 운영되는 위원회를 일컫는다. 특정 안건을 다루기 위해 한시적으로 운영되는 특별위원회(select committee)와 대비된다.

- **상위소득 초집중(hyper-concentration of income) 현상**: 2012년 현재 상위소득 1퍼센트 가구가 전체경제 소득의 약 20퍼센트를 차지한 것으로 나타났고, 1년에 7백8십만 달러 이상을 벌어들이는 최상위층 0.01퍼센트는 전체 경제 소득의 5퍼센트를 차지한 바 있다.

- **선거인단(electoral college)**: 대통령을 선출하기 위하여 각 주에서 인구비례로 선출된 투표인단으로, 연방 하원의원 수 435명과 상원의원의 수 100명에 워싱턴 DC의 3명을 합친 538명으로 구성된다.

- **선거정당(electoral party)**: 선거에서의 승리를 다른 어떤 목표보다도 중시하는 미국 정당의 특징을 일컫는 용어이다.

- **선례(precedent)**: 유사 소송에서 기초가 되는 이전의 사법 판결을 가리킨다.

- **선례 구속(stare decisis)**: 언어적으로는 "결정을 확립하라"는 의미로 선례에 의한 결정 방식을 의미한다.

- **소득보장제도(income security)**: 소득보장 프로그램은 은퇴, 장애, 실업, 가장의 사망 등으로 인해 수입원이 없어진 개인들을 대상으로 소득을 보장해 주는 사회복지정책이다. 미국의 소득보장 프로그램은 크게 개인의 재정 상태와 관계없이 제공되는 사회보험제도와 수입이 특정 액수 이하인 사람들에게만 혜택을 주는 공적부조 프로그램으로 나뉜다.

- **소위원회(subcommittee)**: 위원회의 입법 처리 과정에서 세부적 사안을 심의하기 위해 위원회 예하에 구성되는 부속 위원회이다.

- **소프트머니(soft money)**: 1979년 개정된 연방선거자금법에서 허용된 것으로 주와 지방 단위의 정당들의 정당조직 구축, 선거인 등록, 투표율 증대와 풀뿌리조직 차원의 선거 활동에 사용되는 선거자금이다.

- **슈퍼팩 또는 슈퍼 정치활동위원회(Super Political Action Committees, Super PAC)**: 전통적 정치활동위원회와 달리 슈퍼팩은 후보, 당과 상관없이 독자적으로 선거운동을

할 수 있는 정치활동위원회이다. 특히 슈퍼팩은 개인, 기업, 노조, 다른 정치활동위원회로부터 무제한적으로 선거자금을 모금하고 지출할 수 있다. 슈퍼팩은 후보를 위해 무제한적으로 선거광고 등에 돈을 쓸 수 있으나 후보에게 직접적으로 기부하는 방식으로 돈을 사용할 수는 없고, 또 지지하는 후보와 직접적인 협력을 하면서 활동을 할 수는 없다. 슈퍼팩은 2010년 이후 일련의 연방대법원의 판결에 의해 선거운동에서 거스를 수 없는 대세가 되었다. 연방대법원은 2010년 기업, 노조가 특정후보 지지를 위해 지출하는 광고에 제한을 두는 것은 표현의 자유를 침해한다며 위헌판결을 내렸고, 2014년 개인의 슈퍼팩에 대한 선거기부금 총액 제한 규정에 관해서도 위헌판결을 내린 바가 있다.

- **승자독식(winner-take-all 혹은 unit rule):** 선거구에 획정된 대표의석을 일반 유권자의 득표에 비례하여 분배하지 않고 다수 득표자가 모두 차지하는 방식을 가리킨다.

- **신의와 신용 조항(Full Faith and Credit Clause):** 헌법 제4조 1절은 주정부 상호간 출생, 결혼, 채무, 유언 등을 법적으로 증명하는 각종 공문서의 합법성, 사법절차를 거친 민사소송에 대한 판결의 구속력, 그리고 민사에 연관된 주 의회 법령의 강제력을 인정할 것을 요구한다.

- **실적제(merit system):** 엽관제와 달리 주로 업무 수행 능력과 배경을 기초로 관료와 공무원을 충원하는 방법이다. 엽관제에 의한 충원으로 불거진 부정부패에 불만을 품고 1881년 가필드(James Garfield) 대통령이 암살되는 사건이 발생한 후 채택되었다.

- **신축성 조항(Elastic Clause):** 미국연방 헌법 1조 8절 조항으로 연방의회에게 부여된 구체적 권한을 행사함에 있어 필요하고 적절한 조치를 취할 수 있다고 규정한다. 이를 근거로 연방의회 및 연방 집행부의 권한이 확대되었다.

[ㅇ]

- **암시적 권한(implied powers):** 연방헌법에 서술되어 있지 않고 암시적으로 규정한 연방의회의 독자적 권한이다. 연방헌법 제1조 8절은 명시된 권한을 수행하는 데 있어 연방정부가 제대로 기능하기 위해 "필요하고 적절한(necessary and proper)" 판단이 내려지는 경우 법령을 제정하거나 혹은 의회 조사나 소환을 요구할 수 있는 권한을 연방의회에 부여한다.

- **양극화(polarization):** 경제적 측면 혹은 정치이념적 측면에서 사회구성 집단이 극단으로 치우치는 경향을 가리킨다. 양극화가 심화되면, 중도 성향의 구성원 비중이 약화되고 서로 대립적 입장의 구성원들이 많아지기 때문에 갈등의 잠재성이 높아진다.

- **양당체계(two-party system)**: 대부분 선거에서 두 개의 정당만이 실질적 경쟁을 펼치면서 서로 정권을 교체하는 정치체제를 일컫는다.

- **양원제(bicameralism)**: 입법기관이 두 개로 나눠진 제도로서, 단일 의회로 구성된 단원제(unicameralism)와 대조된다. 대표적 양원제 국가로는 연방국가인 미국을 들 수 있으며, 대한민국의 경우 단원제(국회)를 채택했다.

- **연맹규약(Articles of Confederation)**: 1777년 11월 소집된 대륙회의에서 채택된 것으로 미국 최초의 헌법이라 할 수 있다.

- **엽관제(spoils system)**: 업무 수행 능력과 상관없이 임명권자와의 사적 친분이나 이해관계를 기초로 관료와 공무원을 충원하는 제도로 후견(patronage) 제도로도 불린다. 미국에서는 1829년 앤드류 잭슨(Andrew Jackson) 대통령 취임 후 폐단이 불거져 제도 개혁의 표적이 되었고 마침내 1883년에 제정된 펜들튼법에 의해 정비되었다.

- **예비선거(primary election)**: 각 주별로 정해진 날짜에 일반 유권자의 참여를 통해 주별 정당 후보를 선출하는 제도다. 예비선거 방식과 코커스(caucus) 방식이 있다.

- **외국로비스트 등록법(Foreign Agents Registration Act)**: 1938년에 제정된 법으로, 외국국적의 로비스트에게 외국정부의 이익을 대변하기 위해서 미국 정부에 정식으로 등록하고 외국정부와의 관계와 재정 및 활동내역 등을 신고한 후 활동하도록 허용한다.

- **우위성 조항(Supremacy Clause)**: 연방헌법 6조 2항으로 연방헌법 및 연방정부가 제정한 법률과 국제 조약이 미국 내 상위법이라고 규정한다.

- **우의 조항(Comity Clause)**: 헌법 제4조 2절 1항은 한 주에 거주하는 주민이 누리는 특권과 면책권을 다른 주에 거주지를 둔 주민도 그 수준에 준하는 수혜를 받아야 한다고 규정한다. 거주지가 다르다는 이유만으로 타주 주민에게 혜택제공을 거부하는 차별이 불가함을 분명하게 밝혀 국가 단합을 도모하려는 내용을 담는다.

- **유권자 등록제(voter registration)**: 유권자가 투표일 이전에 주 법률이 정한 시점에 스스로 선거인 등록을 해야 투표를 할 수 있는 제도이다.

- **유대적 유인(solidary incentive)**: 유대적 유인은 친밀감이나 동료애와 같은 사회적 유대감에 기대어 이익집단의 회원을 확보하는 방식이다. 소규모 이익집단인 경우 더욱 친밀한 유대감을 확보할 수 있기 때문에, 대규모 이익집단보다 효과가 뛰어나다.

- **위압적 연방주의(coercive federalism)**: 1990년대 이후 연방정부의 위임(mandates)과 선점(preemption)을 지속적으로 사용한 결과, 주의 특정 규제권한을 박탈하고 보존 권한 사용을 억제하며 연방정책을 실행하도록 강제했다. 결국 연방정부의 억제자 역할이 증폭되어 연방정부와 주정부 간 협력적 전통이 위압적 관계로 변모했다.

- **위헌심사권(judicial review)**: 연방대법원이 입법부나 대통령의 법률에 대해 헌법에 위배된다고 판결할 수 있는 권한으로 마버린 대 메디슨 판례가 계기가 되었다.

- **의제설정(agenda-setting)**: 대중매체가 여러 가지 이슈에 대한 정보를 제공하면서 그 중에서 가장 중요한 정치적 이슈나 쟁점이 무엇인지를 결정하는 기능을 가리킨다.

- **의회(Congress)**: 상원과 하원으로 구성된 미국 연방정부의 입법기관이다. 상원 100명과 하원 435명으로 구성되며, 미국의 수도인 Washington D.C.에 소재한다.

- **의회 규범(congressional norms)**: 미국 의회 구성원들의 행위를 규정짓는 문서화되지 않은 일체의 행위 규약을 일컫는다. 전통적 미국 의회 규범으로 도제주의(apprentice-ship), 선임자 우선원칙(seniority), 호혜주의(reciprocity) 등이 있다.

- **의회 정당(congressional party)**: 의회를 구성하는 주요 정당을 일컫는 말로 의회선거 결과에 따라 다수당(majority party)와 소수당(minority party)으로 구분된다.

- **의회 지도자(legislative leadership)**: 각 정당의 의원총회를 통해 선출되며, 하원 다수당의 경우 하원의장(Speaker) 및 다수당 대표(majority leader), 소수당의 경우 소수당 대표(minority leader)가 포함되고, 이외에 각 당의 원내총무(minority whip)와 부총무들, 의원총회 의장과 부의장, 의원총회 내 각종 위원회 의장들이 포함된다.

- **이중 주권(dual sovereignty)**: 연방제 아래 중앙정부와 지방정부가 분리된 주권을 소유하지만 권력을 공유하는 개념을 일컫는다. 미국과 같은 연방 국가에서는 연방정부뿐만 아니라 주정부도 독자적 헌법에 근거해 입법, 행정, 사법의 기능을 독자적으로 수행할 수 있다.

- **입법거부(legislative veto 또는 veto)**: 의회 회기 중 통과된 법안을 10일 이내에 승인을 거부할 수 있는 헌법에 규정된 대통령의 권한을 가리킨다. 의회 상원과 하원은 각기 2/3 투표를 확보하면, 대통령의 입법거부를 번복하고 법으로 공표할 수 있다.

- **일괄예산조정법(OBRA: Omnibus Budget Reconciliation Act 또는 Gramm-Latta II)**: 1981년에 최초로 적용된 일괄조정을 통해 공표된 법안으로 경제회생세금법(Economic Recovery Tax Act)과 더불어 레이거노믹스의 기반을 마련했다. 주요 내용은 세금 감면, 의료보험을 포함한 주요 공공정책의 재량 지출(discretionary spending) 감축 및 군비 확장 등이다.

- **일방주의**: 국제사회의 질서 유지 및 문제 해결을 위해 한 국가가 타국과의 협력 없이 일방적으로 힘을 행사하는 경향을 일컫는다.

- **일시차입 명령(unfunded mandates)**: 재정지원이나 자금변상에 대한 약조를 하지 않고 연방정부가 주정부나 지방 정부에게 임의로 국가에서 제정한 기준이나 부과한 프로그램을 가리킨다. 비효율성에 대한 비판이 거세지면서, 연방정부에 대한 제재를 목적으

로 1995년에 일시차입 명령 개혁법(Unfunded Mandates Reform Act)이 제정되었다.

- **2단계 흐름(two-step flow)**: 정보의 미디어 이용도가 높고, 사교적이며 타인에 대한 영향력이 큰 여론 지도자(opinion leader)를 거쳐 일반대중에게 전달되는 과정을 가리킨다.

[ㅈ]

- **자유주의**: 시민의 자유와 재산권을 보호하기 위해서 정부가 구성되었다는 로크의 자유주의적 이념이 미국 독립전쟁의 기본이념이라고 주장한 미국의 건국사상 중 하나를 가리킨다.

- **적극적 평등실현 조치(affirmative action)**: 과거로부터 지속된 차별의 후유증을 제거하는 동시에 그 재발을 방지한다는 목적으로 고용, 승진, 계약체결, 그리고 대학 입학 등에 있어서 그동안 차별받아 온 소수인종이나 여성을 우선적으로 고려하는 정책이다.

- **적요서(amicus curiae brief)**: 법원의 승인에 의거해 소송의 직접 당사자는 아니지만 이해관계를 가지고 있는 개인이나 집단이 작성해 제출한 적요서를 일컫는다.

- **전권주의(Plenary Power Doctrine)**: 중국인추방법(Chinese Expulsion Act)이 제정된 19세기말부터 정착된 사법부 운용원칙으로, 이민에 관한 전권(plenary power)을 의회와 대통령에게 부여하고 사법심사로부터 구속되지 않는다고 천명했다. 이민규제가 국경을 규정하는 국가의 고유한 주권행사라는 전제 하에 실행되며, 비판과 법적 도전에도 불구하고 현재까지 유효하다.

- **전당대회(National Convention)**: 4년마다 열리는 정당의 전국 규모 회의로 정강을 채택 및 공표하고, 대통령과 부통령 후보를 공식 지명한다.

- **전망적 투표(prospective voting)**: 후보자나 정당이 앞으로 추진할 정책과 그 성과에 기초한 투표를 가리킨다.

- **전쟁권한법(War Powers Act)**: 1973년에 해외파병과 관련된 대통령의 권한에 대해 명시적으로 규정한 법률이다. 대통령은 해외파병 시 48시간 내에 의회에 통보해야 하며, 의회의 승인이 없으면 60일 동안만 해외에 군대를 파병할 수 있고, 오직 철수를 위해 30일간만 더 파병기간을 연장할 수 있다고 규정한 법이다.

- **점령하라 운동(Occupy Movement)**: 2011년 맨해튼 월가 앞에서 촉발된 진보적 사회운동으로서, "우리가 99퍼센트(We are the 99 percent)"라는 구호를 통해 자본주의 병폐, 금융권과 부유층의 탐욕 등에 반대하였다. 운동의 조직화 실패와 민주당으로의 제도권 정착 실패 등으로 인해 실제 정책적 영향력은 미미했다.

- **정당 기율(party discipline)**: 정당 구성원들이 당 지도부의 정책방향에 부합하게 행동

하도록 유도하는 정당의 기강이나 통제력을 일컫는다.

- **정당위원회(party committee):** 각 정당과 연계되어 미국연방선거관리위원회(FEC)에 등록된 공식 조직으로서, 선거 및 정치 캠페인 등의 정당 관련 활동을 이끌어간다. 정당위원회에는 전국위원회(national committee)와 지역위원회(state and local committee)가 존재한다.

- **정당 일체감(party identification):** 유권자가 특정 정당에 대해 갖는 심리적 연계(psychological ties)로 정당에 대한 지지의 기초가 된다.

- **정당 지도자(party leader):** 가장 헌신적인 정당 활동가들로서, 당 조직 내에서 실제로 활동하는 정당의 당직자들이나 당을 대표하는 선출직 공직자들을 가리킨다.

- **정당 지지자(party supporter):** 정당투표자보다는 정당과 좀 더 긴밀하게 연계된 유권자들로서, 특정 정당에 대해 정당일체감(party identification)이라 불리는 심리적 유대감을 가진다.

- **정당체계 재편성(partisan realignment):** 노예제나 뉴딜과 같이 사회를 양분시킬 수 있는 쟁점을 둘러싼 중대선거(critical election)를 통해 미국 정당들 간 힘의 균형이 급속히 변하는 현상을 가리킨다. 학자들 간에 다소 이견이 있지만, 대체적으로 건국 이후부터 지금까지 대략 5번의 정당체계 재편성이 30~40년 간격으로 있었다고 본다.

- **정당 투표(party vote):** 특정 안건에 대해서 민주당과 공화당 중 특정 정당의 과반수 이상 의원이 찬성할 때 다른 당의 과반수 이상이 반대하는 의회 내 표결을 일컫는다.

- **정당 활동가(party activist):** 정당에 대한 충성심이 강한 정당 지지자들로서, 자신이 지지하는 정당을 위해 정치헌금을 하거나 자발적으로 선거운동에 참여한다.

- **정책 투표(issue voting):** 정당 지지, 후보자의 자질이나 특성 등이 아니라 정책에 대한 선호도에 기초해서 투표하는 행위를 가리킨다.

- **정치활동위원회(PAC: political action committee):** 1974년 연방선거자금법의 개정으로 생겨난 선거자금의 주요 공급원으로서 기업이나 노동조합 혹은 여타의 이익집단들로부터 모금한 정치자금을 선거에 나선 후보자를 위해서 사용한다.

- **재정 연방주의(fiscal federalism):** 세수와 지출 소재지를 수직적으로 분산시켜 중앙정부는 거시경제 안정, 수입과 부의 재분배, 그리고 순수 공공재 공급을 전담하고, 주나 지방정부는 지정학적 분할이 가능한 공공재 제공을 전담해서 가장 효율적인 기능 분화를 목표로 한다.

- **조정(reconciliation):** 1974년에 제정된 의회 예산 및 유보 통제법(Congressional Budget and Impoundment Control Act)에 근거해 형성된 입법과정이다. 하원보다 상원이 보다

빈번하게 활용하며, 예산안에 관한 심의를 20시간 이내로 제한한다. 한 개 이상의 위원회에 대한 예산결의가 부과되면, 일괄조정(omnibus reconciliation) 법안을 공표한다.

- **주민소환(recall)**: 주권자인 국민에게 현직 공직자를 해임하거나 교체할 수 있는 권한을 부여한 직접민주주의의 핵심제도 중 하나이다.

- **주 주권면책(state sovereign immunity)**: 연방의회가 제정한 법률을 위반했다는 근거로 주정부를 제소할 수 없다는 사법 원칙을 가리킨다. 신연방주의를 강조한 연방-주정부 관계가 재정립되면서 자리매김했다.

- **주 헌법**: 미국은 과거 독립혁명 당시 영국과의 전쟁에서 효율성을 기하기 위하여 13개의 식민지가 제2차 대륙회의(1774)를 통해 식민지연합군을 결성하였고, 이것이 각 식민지의 느슨한 국가형태의 연합을 형성하였다. 이 후 1787년 현재의 미국연방을 탄생시키면서 개별 식민지는 '주(states)'로 탈바꿈하였다. 주 헌법은 연방헌법에 규정되지 않은 범위 내에서 하나의 국가처럼 기능하는 각 주의 최고법이다.

- **중간선거(midterm election)**: 대통령 임기 중 절반에 해당하는 2년차에 치러지는 의회 선거이다.

- **지방자치규칙(home rule)**: 지방정부가 연방법이나 주법을 준수하는 한, 주정부가 지방정부에게 상당한 수준으로 인정하는 권한을 가리킨다.

- **지방 정부(local government)**: 미국 각 주 내 가장 작은 행정구역을 담당하거나 관할하는 정부 단계를 가리킨다.

- **직접민주주의(direct democracy)**: 정치 대표의 입법권 및 대표 자체에 대한 상시적 통제를 확보하기 위한 대의민주주의의 보완 기제이다. 시민이 투표를 통해 주요 입법안을 발의하거나, 현 법안을 파기하거나 또는 다른 법안으로 대체하거나, 현직 정치 대표를 해임하거나 신임 대표로 교체하는 등의 수단을 가리킨다.

- **직접청원 우편(direct mail)**: 직접청원 우편은 기부금을 보낼 가능성이 높은 부류를 신중하게 선택하여 접촉함으로써 기부금을 받는 방식으로, 이익집단의 재정 수입원을 충당한다. 같은 이념을 공유하는 사람들을 직접적으로 접촉하여 기부하도록 유인하여 기부금을 극대화할 수 있다.

- **집단 소송(class action)**: 유사한 소송당사자들의 소송을 묶어 단일 소송으로 청원하도록 하는 제도적 장치이다.

[ㅊ]

- **철의 삼각구조(Iron Triangle):** 미국 정책결정과정에 있어 의회 위원회, 관료, 그리고 이익집단 간 상호 이해관계를 보호하기 위해 밀접하게 동맹 관계를 형성하는 현상을 일컫는 개념이다. 이익집단들은 행정 관료 및 의회 위원회와 유대관계를 형성해 자신이 추구하는 목표를 달성할 수 있는 채널로 활용한다.

- **초점화(priming):** 미디어가 개인의 선호를 직접적으로 변화시키기보다 선호나 판단을 위한 기준에 영향을 끼쳐 결과적으로 선호나 판단에도 영향을 끼치는 과정을 가리킨다.

- **출정영장(writ of habeas corpus):** 구속 적부심사를 위해 피구속자를 법정에 출두시키는 영장을 가리킨다. 반역이나 침공 등 제한된 경우를 제외하고, 출정영장 제출은 연방헌법이 개인에게 보장한 권리이다.

[ㅋ]

- **캘빈주의(Calvinism):** 종교개혁 이후로 등장한 신학이론으로서, 원죄의식, 인간의 필연적 타락, 구원의 수단으로서의 노동과 소명, 엄격하고 가혹한 정의관, 하나님을 세속 군주로 보는 태도, 구원예정설 등을 골자로 한다.

- **코커스(caucus):** 해당 지구(precinct)에 거주하고 있는 유권자들이 큰 제약없이 정당 후보자의 선출에 참여할 수 있는 예비선거의 하나로서 비밀투표를 통해 정당 후보를 뽑는 예비선거(primary)와 달리 공개토의 및 공개표결을 통해 후보자를 선출한다. 초기의 코커스는 핵심 당간부들만 참가하는 폐쇄적 형태였다.

[ㅌ]

- **타깃팅(Targeting):** 후보자가 유권자 중 자신의 지지자나 잠재적 지지자들을 선별하여 그들의 관심사에 맞는 선거쟁점과 정보를 선별적이고 개인적으로 제공하는 인터넷 선거운동 방식이다.

- **타운제도(town system):** 뉴잉글랜드 해안 지역에 정착한 청교도들이 법질서와 도덕성을 강조하는 규범적 기초 위에 만든 일종의 행정제도로서, 후일 미국사회의 대표적 공동체 단위로 자리 잡았다.

- **토크빌(Alexis de Tocqueville):** 1831년 5월 26살의 나이로 미국을 여행한 프랑스 귀족으로서, 미국사회에 깊숙이 침투한 사회적 평등과 신분적 차별의 부재(不在)를 목격한 후 프랑스로 돌아와 1835년 『미국의 민주주의(*Democracy in America*)』를 출판

했다. 현재까지도 미국 정치의 근간에 관한 대표적인 저술로 인정받는다.

- **투표권 연령에 해당하는 전체 인구(VAP: voting-age population):** 18세 이상의 투표를 할 수 있는 연령에 해당하는 유권자를 지칭한다.

- **투표 자격이 있는 전체 인구(VEP: voting-eligible population):** 18세 이상의 투표권을 가지고 있는 유권자들 중에서 중범죄자와 비시민권자 등을 제외한 실제로 투표에 참여할 자격이 있는 유권자를 지칭한다.

- **티 파티 운동(Tea Party Movement):** 급격히 불어난 정부의 재정적자에 반대하고, 무분별한 정부지출에 저항하기 위해 2009년부터 조직된 보수적 사회운동의 일환이다. 2010년 중간선거에서 공화당 예비선거 등에 엄청난 조직과 자금을 동원해 지지하는 후보를 당선시킴으로써 공화당 내부에 큰 영향력을 발휘하였다.

[ㅍ]

- **판례법(judge-made law):** 기존에 존재하는 법적 명시가 없는 경우 판사가 이전의 사법 판결에 근거하여 내리게 되는 결정으로, 이후 유사한 사건의 판결에 중요한 선례가 되었다.

- **페더럴리스트 페이퍼(The Federalist Papers):** 연방주의자와 반연방주의자들 간 논쟁의 와중에 발표된 것으로 헌법을 지지하는 85개의 신문 논설을 엮은 논고이다.

- **편승효과(coattail effect):** 대통령 후보의 인기가 같은 소속 정당의 의회선거 후보자들의 당선에까지 영향을 미치는 효과이다. 대통령 후보의 높은 인기는 같은 당 소속의 의회선거 후보들의 선거승리를 견인하는 데 도움을 주는 반면, 낮은 인기는 정반대의 결과를 낳는 데 영향을 미친다.

- **평등보호 조항(Equal Protection Clause):** 수정헌법 14조의 일부로 주정부에게 법의 평등한 보호를 의무화시킨 조항이나, 수정헌법 5조의 정당한 법 절차(due process) 조항과 마찬가지로 연방정부나 주정부에게도 동일한 의무를 부과한다는 유권해석이 보편적으로 수용된다. 이 조항은 흑인, 여성 및 소수집단의 민권을 보장하는 기반을 제공했다.

- **폐쇄형예비선거(closed primary):** 당원인 유권자들만 정당 후보자의 선출에 참여할 수 있는 선거이다.

- **풀뿌리 로비활동(grass-roots lobbying):** 의원들의 지역구에 소재한 유권자들을 동원하여 의원들에게 영향을 미치고자 하는 전술이다. 이익집단들은 재선을 의식한 의원들에게 지역구민들을 전면에 내세워 압력을 가한다.

- **프라이밍(priming)**: 미디어가 개인의 선호를 직접적으로 변화시키기보다 선호나 판단을 위한 기준에 영향을 미침으로써 종국적으로 선호나 판단에 영향을 미친다는 주장이다.

- **프레이밍(framing)**: 뉴스가 전하는 사회현실에 대한 인식, 확인, 해석의 틀로 뉴스를 특정한 방식으로 해석하도록 돕는 이야기 구성 방식이다.

- **필라델피아 헌법회의(Philadelphia Convention)**: 1787년 미국을 권력분립과 견제와 균형을 표방하는 연방국가로 규정한 헌법을 제정한 회의이다. 이 회의에서 연방주의자와 반연방주의자 간의 논쟁 끝에 양원제 의회를 최고 정부권력으로 표명한 대통령제에 기반을 둔 연방헌법체제가 탄생했다.

[ㅎ]

- **하원(House of Representatives)**: 양원제를 채택한 미국 의회의 하나로서, 의원의 임기는 2년이고, 미국의 각 주(state)는 인구비례에 따라 하원의원 수를 배정받는다. 1929년 선거구역재획정법(Reapportionment Act)에 근거해 총 의석수가 435석으로 고정된 후 현재까지 지속한다.

- **황색 저널리즘(yellow journalism)**: 독자의 관심과 흥미를 유발하여 이윤을 극대화하기 위해 사실과 정보를 제공하기보다는 폭력적이고 선정적인 보도에 중점을 둔 타블로이드(tabloid) 형태의 저널리즘을 가리킨다.

- **행정부 부처(executive department)**: 집행부의 주요 조직 단위로 방대한 정부 운영에 대해 책임을 진다. 내각(cabinet)을 구성하는 단위로 현재 미국 연방정부에는 15개의 부처가 존재하며, 각 부처는 장관, 부장관, 차관, 부차관 등의 서열 순위로 이어지는 위계적인 구조로 구성된다.

- **현직자효과(incumbency effect)**: 의회선거에서 현직 의원이 도전자에 비해 재선을 하는 데 있어 유리함을 지칭하는 것으로, 그 주된 이유는 현직 의원은 도전자보다 인지도, 조직력, 자금동원력에서 우위에 있기 때문이다.

- **회고적 투표(retrospective voting)**: 후보자나 정당이 과거에 이룩한 성과에 기초한 투표를 가리킨다.

- **히스패닉(Hispanic)**: 중남미를 비롯한 스페인어권의 국가 출신이거나 스페인어를 모국어로 사용하는 사람을 일컫는다. 미국에서는 독립된 인종 개념이라기보다는 민족(ethnicity)의 개념으로 쓰이기 때문에, 히스패닉계 백인이나 히스패닉계 흑인 등의 분류도 가능하다. 라티노(latino)와 동일한 의미로 쓰인다.

참고문헌

강승식. 2007. 『미국헌법학 강의』. 서울: 궁리출판.

곽진영. 2001. "미국사회의 변화와 연방대법원의 기능: 동성애자 권리 이슈를 중심으로." 『국제정치논총』 제41집 2호.

_____. 2007. "여성고용평등에 대한 연방대법원의 거버넌스: 여성고용평등법의 제정과정과 연방대법원 판례를 중심으로." 『세계지역연구논총』 제25집 1호.

권용립. 1994. "미국의 외교정책." 이상우·하영선 편. 『현대국제정치학』 개정판. 서울: 나남.

_____. 2003. 『미국의 정치문명』. 서울: 삼인.

김민전. 2001. "미국 선거자금의 정치학." 『사회과학논총』 19집.

김양미. 2012. "미국사회복지정책의 경과와 특징." 『민족연구』 51권.

김준석. 2003. "2003 캘리포니아 주지사 소환선거과정의 사례분석과 함의." 『세계지역연구논총』 24권 1호.

남궁곤. 2007. "외교여론 양극화 가설의 허와 실: 이라크 전쟁과 미국여론." 『한국과 국제정치』 23권 1호.

_____. 2008. "미국의 사회경제적 배경." 『미국정부와 정치』. 미국정치연구회 편. 서울: 명인문화사.

남기민. 2010. 『사회복지정책론』. 서울: 학지사.

마상윤. 2005. "미국의 대외정책과 민주주의 전파: 동기와 딜레마." 『국가전략』 11권 4호.

미국사 연구회 편. 1996. 『미국 역사의 기본사료』. 서울: 소나무.

미국정치연구회 편. 2009. 『2008년 미국 대선을 말한다: 변화와 희망』. 서울: 오름.

박병현. 2005. 『복지국가의 비교: 영국, 미국, 스웨덴, 독일의 사회복지역사와 변천』. 고양: 공동체.

_____. 2010. 『사회복지의 역사』. 고양: 공동체.

서정갑. 1993. 『부조화의 정치: 미국의 경험』. 서울: 법문사.

손병권. 2004. "'연방주의자 논고'에 나타난 매디슨의 새로운 미국 국가: 광대한 공화국." 『국제지역연구』 13권 4호.

_____. 2006. "미국 건국 초기 연합의회와 연방의회의 비교." 『한국정당학회보』 5권 2호.

송종길. 2006. "공직후보 TV 토론." 『현대 정치커뮤니케이션 연구』. 오택섭 외. 서울: 나남출판.

아베 타케마츠. 2005. 『미국헌법과 민주제도』. 이병규 역. 서울: 세종출판사.

유성진·김희강·손병권. 2007. "2007년 미국 이민법 개정 논쟁: 과정과 함의 그리고 미국의 다원주의." 『미국학논집』 39집 3호.

윤명선. 2004. 『미국 기본권 연구』. 서울: 경희대학교 출판국.

이내영·정한울. 2003. "반미여론과 한미동맹: 2002년 12월과 2003년 6월 여론조사 자료의 분석을 중심으로." 『국가전략』 9권 3호.

이범준 외. 2009. 개정판 『미국외교정책』. 서울: 박영사.

이삼성. 1993. 『현대 미국외교와 국제정치』. 서울: 한길사.

이소영. 2011. "대의민주주의와 소통: 미국 오바마 행정부 하의 의료보험개혁 사례를 중심으로." 『21세기 정치학회보』 20집 3호.

이소영·이옥연. 2011. "의료보험개혁, 이민 규제, 그리고 2010 미국 중간선거." 미국정치연구회 편. 『2010년 미국 중간선거: 또 다른 변화』. 서울: 오름.

이옥연. 2008. 『통합과 분권의 연방주의 거버넌스』. 서울: 오름.

_____. 2011. "이민자 국가 미국과 연방-주 정부 관계." 『국제정치논총』 51집 4호.

이주영. 1988. 『미국 경제사 개설』. 서울: 건국대출판부.

임성호. 2002. "도그마와 컨센서스 사이: 테러시대의 미국민주주의." 『계간사상』 14권 1호.

_____. 2007. "국가정체성의 강화와 정당 양극화: 미국정치의 패러독스?" 『한국과 국제정치』 23권 1호.

잔다, 케네스, 제프리 베리, 제리 골드만. 1997. 『현대 미국 정치의 새로운 도전』. 한울.

정진민. 2013. "정당 분극화의 심화와 2012년 미국 대선: 정당 지지기반과 유권자의 정책적 입장 차이를 중심으로." 『한국정당학회보』 12(1): 5-30.

_____. 2018. "미국 정당분극화의 진행 양상." 『정당정치 변화와 유권자정당』. 고양: 인간사랑.

최 명·백창재. 2006. 『현대 미국정치의 이해』. 서울: 서울대학교 출판부.

한상희. 1999. "'법과 사회' 운동의 전개와 한계." 미국학연구소 편. 『미국사회의 지적 흐름: 법』. 서울: 서울대학교 출판부.

현택수. 2005. 『매스커뮤니케이션과 사회』. 서울: 동문선.

Aldrich, John, and David Rohde. 2000. "The Consequences of Party Organization in the House: The Role of the Majority and Minority Parties in Constitutional Party Government." Jon Bond and Richard Fleisher, eds. *Polarized Politics: Congress and the President in a Partisan Era*. Washington D.C.: CQ Press.

Aldrich, John. 1995. *Why Parties?: The Origin and Transformation of Party Politics in America*. Chicago: University of Chicago Press.

Almond, Gabriel, and Sidney Verba. 1963. *The Civic Culture: Political Attitudes and Democracy in Five Nations*. Princeton: Princeton University Press.

Ansolabehere, Stephen, Roy Behr, and Shanto Iyengar. 1996. *The Media Game: American Politics in the TV Age*. New York: Longman.

Ansolabehere, Stephen, Roy Behr, Shanto Iyengar, J. Rodden, and J. M. Snyder Jr. 2008. "The Strength of Issues: Using Multiple Measures to Gauge Preference Stability, Ideological Constraint, and Issue Voting." *American Political Science Review* 102(2): 215-232.

Ansolabehere, Stephen, Shanto Iyengar, and Adam Simon. 1996. "Replicating Experiments Using Aggregate and Survey Data: The Case of Negative Advertising and Turnout." *American Political Science Review* 93(4): 901-909.

Asher, Herbert. 1985. "The Learning of Legislative Norms." Gleen R. Parker, ed. *Studies of Congress*. Washington D.C.: CQ Press.

Bailey, Thomas Andrew. 1968. *Democrats vs. Republicans: The Continuing Clash*. New York: Meredith Press.

Bailyn, Bernard. 1967. *The Ideological Origins of American Revolution*. Cambridge: The Belknap Press of Harvard University.

Barber, James. 1992. *The Presidential Character: Predicting Performance in the White House*, 4th ed. New Jersey: Prentice-Hall.

Bardes, Barbara A., Mack C. Shelley, and Steffan W. Schmidt. 2006. *American Government and Politics Today*. Wadsworth: Thompson.

Bardes, Barbara, Mack Shelley, and Steffan Schmidt. 2011. *American Government and Politics Today*, 16th ed. Boston: Wadsworth.

Barnes, Samuel, and Max Kasse, eds. 1979. *Political Action*. Beverly Hills: Sage

Publications.

Barnet, Richard. 1971. *Roots of War: The Men and Institutions Behind U.S. Foreign Policy*. New York: Penguin.

Bartels, Larry. 1988. *Presidential Primaries and the Dynamics of Public Choice*. Princeton: Princeton University Press.

_____. 2008. *Unequal Democracy: The Political Economy of the New Gilded Age*. Princeton: Princeton University Press.

Baugh, William. 2000. *United States Foreign Policy Making: Process, Problems and Prospects*. Orlando: Harcourt, Inc.

Bell, Daniel. 1973. *The Coming of Postindustrial Society*. New York: Basic Books.

Bennett, W. Lance, and Shanto Iyengar. 2008. "A New Era of Minimal Effects? The Changing Foundations of Political Communication." *Journal of Communication* 58(4): 707-731.

Berelson, Bernard, Paul Lazarsfeld, and William McPhee. 1954. *Voting: A Study of Opinion Formation in a Presidential Campaign*. Chicago: University of Chicago Press.

Berman, Larry, and Bruce A. Murphy. 2001. *Approaching Democracy*, 3rd ed. Upper Saddle River: Prentice Hall.

Berry, Jeffrey. 1977. *Lobbying for the People*. Princeton: Princeton University Press.

Bibby, John F. 1980. "Party Renewal in the National Republican Party." *Party Renewal in America*. Gerald M. Pomper, ed. New York: Praeger.

Black, Charles. 1969. *Structure and Relationship in Constitutional Law*. 이상돈. 1983. 『미국의 헌법과 연방대법원』. 서울: 학연사.

Bond, Jon R., and Kevin B. Smith. 2012. *The Promise and Performance of American Democracy*, 10th ed. Boston, MA: Wadsworth.

Bowman, Ann, and Richard Kearney. 2012 *State and Local Government*, 9th ed. Boston: Wadsworth.

Brady, David, Brandice Canes-Wrone, and John Cogan. 2000. "Differences in Legislative Voting Behavior between Winning and Losing House Incumbents." David Brady, John Cogan and Morris Fiorina, eds. *Continuity and Change in House Elections*. Stanford: Stanford University Press.

Brands, H. W. 1998. *What America Owes the World: The Struggle for the Soul of*

Foreign Policy. Cambridge: Cambridge University Press.

Brinkley, Alan. 2004. *The Unfinished Nation: A Concise History of the American People*. New York: MacGraw-Hill, Inc. 황혜성 외 옮김. 2005. 『있는 그대로의 미국사 1, 2, 3』. 서울: 휴머니스트.

Bullock, Charles. 1979. "House Committee Assignments." Leroy N. Rieselbach, ed. *The Congressional System: Notes and Readings*, 2nd ed. North Scitiate: Duxbury Press.

Burke, John. 1992. *The Institutional Presidency*. Baltimore: Johns Hopkins University Press.

Burnham, Walter Dean. 1970. *Critical Elections and the Mainsprings of American Politics*. New York: Norton.

Cain, Bruce, John Ferejohn, and Morris Fiorina. 1987. *The Personal Vote: Constituency Service and Electoral Independence*. Cambridge: Harvard University Press.

Calvert, Randall L., and John A. Ferejohn. 1983. "Coattail Voting in Recent Presidential Elections." *American Political Science Review* 77(2): 407-419.

Campbell, James E. 1991. "The Presidential Surge and its Midterm Decline in Congressional Elections, 1868-1988." *Journal of Politics* 53(2): 477-487.

Carter, Douglass. 1959. *The Fourth Branch of Government*. Cambridge, MA: The Riverside Press.

Cayer, Joseph. 2003. *Public Personnel Administration*, 4th ed. Boston: Wadsworth.

Chernow, Ron. 2004. *Alexander Hamilton*. New York. The Penguin Press.

Chicago Council on Global Affairs. 2010. *Contained Internationalism: Adapting to New Realities*. Chicago: Chicago Council on Global Affairs.

Citrin, Jack, Amy Lerman, Michael Murakami, and Kathryn Pearson. 2007. "Testing Huntington: Is Hispanic Immigration a Threat to American Identity?" *Perspectives on Politics* 5(1): 31-48.

Clark, Robert L., Lee A. Craig, and Jack W. Wilson. 2003. *A History of Public Sector Pensions in the United States*. Philadelphia: University of Pennsylvania Press.

Clubb, Jerome M., William H. Flanigan, and Nancy H. Zingale. 1980. *Partisan Realignment: Voters, Parties and Government in American History*. Beverly Hills: Sage.

Cohen, Bernard C. 1963. *The Press and Foreign Policy*. Princeton, NJ: Princeton University Press.

Cohen, Jeffrey. 2000. *Politics and Economic Policy in the United States*, 2nd ed. Boston: Houghton Mifflin Harcourt Co.

Conlan, Timothy. 1991. "And The Beat Goes On: Intergovernmental Mandates and Preemption in an Era of Deregulation." *Publius: The Journal of Federalism* 21(3): 43-57.

Conlan, Timothy, and Paul Posner. 2010. "Inflection Point? Federalism and the Obama Administration." Paper delivered at the APSA Annual Meeting (Washington D.C., Sept. 2-5).

Conway, M. Margaret. 1983. "Republican Party Nationalization, Campaign Activities, and their Implications for the Political System." *Publius* 13: 1-17.

Cook, Brian J. 1996. *Bureaucracy and Self-Government: Reconsidering the Role of Public Administration in American Politics*. The Johns Hopkins University Press.

Corwin, Edward. 1950. "The Passing of Dual Federalism." *Virginia Law Review* 36: 1-24.

Council of State Governments. 2011. *The Book of the States*. Lexington: KY.

Cox, Gary W., and Jonathan Katz. 2002. *Elbridge Gerry's Salamander: The Electoral Consequences of the Reapportionment Revolution*. Cambridge: Cambridge University Press.

CSR Report for Congress. 2005. *Salaries for Federal Officials: A Fact Sheet*. Library of Congress.

Daalder, Ivo, and James Linsay. 2018. *The Empty Throne: America's Abdication of Global Leadership*. New York: Hachette Book Group.

Dahl, Robert. 1961. *Who Governs? Democracy and Power in an American City*. New Haven: Yale University Press.

Davidson, Roger, Walter Oleszek, and Frances Lee. 2019. *Congress and Its Members*, 17th ed. Washington D.C.: CQ Press.

Davis, Kenneth. 2003. *Everything You need to know about American History*. New York: HarperCollins Publishers.

Davis, Richard. 1999. *The Web of Politics: The Internet's Impact on the American Political System*. New York: Oxford University Press.

Davis, Tami, and Sean Lynn-Jones. 1987. "City upon a Hill." *Foreign Policy* 66: 20-38.

DeLeon, L., & Denhardt, R. 2000. "The political theory of reinvention." *Public Administration Review*, 60(2): 89-97.

deLeon, Linda, and Robert Denhardt. 2000. "The political Theory of Reinvention." *Public Administration Review* 60(2): 89-97.

DelliCarpini, Michael, and Scott Keeter. 1991. "The U.S. Public's Knowledge of Politics." *Public Opinion Quarterly* 55: 583-612.

Diamond, Martin. 1993. "What the Framers Meant by Federalism." Laurence O'Toole, Jr., ed. *American Intergovernmental Relations.* Washington D.C.: CQ Press.

Doren, Carl van. 1948. *The Great Rehearsal.* New York: Viking Press.

Downs, Anthony. 1957. *An Economic Theory of Democracy.* New York: Harper and Row.

Druckman, James N. 2004. "Priming the Vote: Campaign Effects in a U.S. Senate Election." *Political Psychology* 25(4): 577-594.

Dye, Thomas, and Bartholomew H. Sparrow. 2009. *Politics in America*, 8th ed. New York: Pearson Education.

Dye, Thomas, and Ronald Gaddie. 2012. *Politics in America*, 10th ed. New York: Pearson.

Edwards, Chris, and Tad DeHaven. 2002. "Federal Government Should Increase Firing Rate." *Tax & Budget Bulletin (Cato Institute)*, November 10.

Edwards, George III, and Stephen Wayne. 1997. *Presidential Leadership.* New York: St. Martin's Press.

Edwards, Michael. 2004. *Civil Society.* Cambridge: Polity Press.

Egar, William T., and Amber Hope Wilhelm. 2019. "Congressional Careers: Service Tenure and Patterns of Member Service, 1789-2019." Congressional Research Service. https://fas.org/sgp/crs/misc/R41545.pdf(검색일: 2019.12.11).

Elazar, Daniel. 1962. *The American Partnership: Intergovernmental Co-operation in the Nineteenth-Century United States.* Chicago: University of Chicago Press.

_____. 1990. "Opening the Third Century of American Federalism: Issues and Prospects." *The Annals* 509: 11-21.

Erikson, Robert S., and Gerald C. Wright. 2005. "Voters, Candidates, and Issues in Congressional Elections." *Congress Reconsidered.* Lawrence C. Dodd and Bruce I Oppenheimer, eds. Washington D.C.: CQ Press, 77-106.

Feldman, Stanley. 1988. "Structure and Consistency in Public Opinion: the Role of Core Beliefs and Values." *American Journal of Political Science* 32(2): 416-440.

Fiorina, Morris. 1981. *Retrospective Voting in American National Elections*. New Haven: Yale University Press.

_____. 1989. *Congress: Keystone of the Washington Establishment*. New Haven: Yale University Press.

_____. 1992. *Congress: Keystone of the Washington Establishment*. New Haven: Yale University Press.

Fiorina, Morris, Paul Peterson, Bertram Johnson, and William Mayer. 2011. *The New American Democracy*, 7th ed. Boston: Longman.

Fiorina, Morris, Samuel Abrams, and Jeremy Pope. 2006. *Culture War?: The Myth of A Polarized America*, 2nd ed. New York: Pearson Longman.

Fiorina, Norris P., and Paul E. Peterson. 2003. *The New American Democracy*. Addition Wesley Longman, Inc.

Fisher, Louis, and Katy Harrieger. 2011. *American Constitutional Law*, 9th ed. Durham: Carolina Academic Press.

Fowler, Robert Booth. 1989. *Unconventional Partners: Religion and Liberal Culture in the United States*. Grand Rapids: Eerdmans Publishing Co.

Frantzich, Stephen E. 2019. *Presidents and the Media: The Communicator in Chief*. New York: Taylor & Francis.

Gaddis, John Lewis. 2004. *Surprise, Security, and the American Experience*. Cambridge: Harvard University Press.

Gamson, William A. 1968. *Power and Discontent*. Homewood, IL: Dorsey Press.

Gerber, David. 2011. *American Immigration: A Very Short Introduction*. New York: Oxford University Press.

Golman, Sheldon et al. 2003. "W. Bush Remaking the Judiciary: Like Father Like Son?" *Judicature* 86, May-June.

Gordon, John Steele. 2004. *An Empire of Wealth: The Epic History of American Economic Power*. New York: HarperCollins Publishers.

Gray, Virginia, Russell L. Hanson, and Herbert Jacob. 2012. *Politics in the American States: A Comparative Analysis*, 10th ed. Washington D.C.: CQ Press.

Green, Donald P., Bradley Palmquist, and Eric Schickler. 2004. *Partisan Hearts and Minds: Political Parties and the Social Identities of Voters*. New Haven, CT: Yale University Press.

Greenberg, Edward S., and Benjamin I. Page. 1995. *The Struggle for Democracy*. New York: Harper and Collins.

Greene, Jack. 1972. "The Power of Colonial Assemblies: The Role of the Lower Houses of Assembly in Eighteenth-Century Politics." Frank Otto Gatell, Paul Goodman, and Allen Weinstein, eds. *Readings in American Political History*. New York: Oxford University Press.

Greenstein, Fred. 2000. *The Presidential Difference*. New York: Free Press.

Haass, Richard. 1999. "What to Do with American Primacy." *Foreign Affairs* 78: 37-49.

Hacker, Jacob, and Paul Pierson. 2010. *Winner-Take-All Politics: How Washington Made the Rich Richer and Turn Its Back on the Middle Class*. New York: Simon & Schuster.

Halpin, John et al. 2007. "The Structural Imbalance of Political Talk Radio." *A Joint Report*. The Center for American Progress and Free Press.

Hamilton, Alexander, James Madison, and John Jay. 1999. *The Federalist Papers*. New introduction and notes by Charles Kesler, and Clinton Rossiter. New York: A Mento Book.

Hansen, John. 1991. *Gaining Access: Congress and the Farm Lobby, 1919-1981*. Chicago: University of Chicago Press.

Hart, John. 1995. *The Presidential Branch: From Washington to Clinton*. Chatham: Chatham House.

Hartz, Louis. 1955. *The Liberal Tradition in America: An Interpretation of American Political Thought since the Revolution*. New York: Harcourt Brace Jovanovich, Publishers.

Hastedt, Glenn. 2012. *American Foreign Policy*, 9th ed. Boston: Longman-Pearson.

Hays, C. W., and R. C. Kearney, eds. 2003. *Public Personnel Administration*. 4th Ed. New Jersey: Prentice Hall.

Herrnson, Paul S. 1988. *Party Campaigning in the 1980s*. Cambridge, MA: Harvard University Press.

_____. 2010. "The Evolution of National Party Organizations." *The Oxford Handbook of American Political Parties and Interest Groups*. L. Sandy Maisel and Jeffrey M. Berry, eds. Oxford, UK: Oxford University Press.

Herrnson, Paul, Ronald Shaiko, and Clyde Wilcox, eds. 2004. *The Interest Group*

Connection: Electioneering, Lobbying, and Policymaking in Washington. Washington D.C.: CQ Press.

Higgs, Robert. 1987. *Crisis and Leviathan: Critical Episodes in the Growth of American Government*. New York: Oxford University Press.

Hilsman, Roger. 1967. *To Move a Nation*. Garden City: Doubleday.

Hoerder, Dirk. 2016. "European Immigration." *Oxford Handbook of American Immigration and Ethnicity*. Ronald H. Baylor, ed. New York: Oxford University Press.

Hoffmann, Stanley. 1995. "The Crisis of Liberal Internationalism." *Foreign Policy* 98: 159-177.

Hoffstadter, Richard. 1969. *The Idea of a Party System: The Rise of Legitimate Opposition in the United States, 1780-1840*. Berkeley, CA: University of California Press.

Holsti, Ole, and James Rosenau. 1984. *American Leadership in World Affairs: Vietnam and the Breakdown of Consensus*. Boston: Allen Urwin.

Hood, III, M.V., and Seth McKee. 2010. "What Made Carolina Blue? In-Migration and the 2008 North Carolina Presidential Vote." *American Politics Research* 38(2): 266-302.

Horn, Geoffrey M. 2004. *Political Parties, Interest Groups and the Media*. New York: Gareth Stevens Publishing.

Hovland, Carl, Arthur Lumsdaine, and Fred Sheffield. 1949. *Experiments on Mass Communication*. Princeton, N.J.: Princeton University Press.

Huckfeldt, Robert R., and John Sprague. 1995. *Citizens, Politics, and Social Communication: Information and Influence in an Election Campaign*. New York: Cambridge University Press.

Hunter, James Davison. 1992. *Culture Wars: The Struggle to Define America*. New York: Basic Books.

Huntington, Samuel. 2004. *Who Are We? The Challenges to America's National Identity*. New York: Simon and Shuster.

Ikenberry, John. 2000. "America's Liberal Grand Strategy: Democracy and National Security in the Post-War Era." Michael Cox, John Ikenberry, and Takashi Inoguchi, eds. *American Democracy Promotion: Impulses, Strategies, and Impacts*. New York: Oxford University Press.

Inglehart, Ronald. 1997. *Modernization and Postmodernization: Cultural, Economic, and Political Change in 43 Societies*. Princeton: Princeton University Press.

Irish, Marian. 1981. *The Politics of American Democracy*, 7th ed. Englewood Cliffs: Prentice-Hall Inc.

Iyengar, Shanto, and Donald Kinder. 1987. *News That Matters*. Chicago: University of Chicago Press.

Iyengar, Shanto, and Jennifer A. McGrady. 2007. *Media Politics: A Citizen's Guide*. New York: W.W. Northon & Company.

Jacob, Herbert. 1988. *Silent Revolution*. Chicago: University of Chicago Press.

Jacobson, Gary C. 1978. "The Effects of Campaign Spending in Congressional Elections." *American Political Science Review* 72(2): 469-491.

_____. 2012. *The Politics of Congressional Elections*, 8th ed. Boston: Pearson.

Jacobson, Gary C., and Jamie L. Carson. 2020. *The Politics of Congressional Elections*. Lanham, MD: Rowman & Littlefield.

Janda, Kenneth et al. 2005. *The Challenge of Democracy*, 8th ed. Boston: Houghton Mifflin Co.

Janda, Kenneth, Jeffrey Berry, and Jerry Goldman. 2011. *The Challenge of Democracy: American Government in Global Politics*, 11th ed. Boston: Wadsworth.

Jenson, Lloyd. 1982. *Explaining Foreign Policy*. Englewood Cliffs: Prentice Hall. 김기정 역. 2006. 『외교정책의 이해』. 서울: 평민사.

Jentleson, Bruce. 2000. *American Foreign Policy: The Dynamics of Choice in the 21st Century*. New York: W.W. Norton & Company.

Johnson, Loch, and James McCormick. 1977. "Foreign Policy by Executive Fiat." *Foreign Policy* 38: 117-138.

Johnson, Paul, Gary Miller, John Aldrich, David Rohde, and Charles Ostrom Jr. 1994. *American Government: People, Institutions, and Policies*, 3rd ed. Boston: Houghton Miffin Harcourt Co.

Johnson, Ronald N., and Gary D. Libecap. 1994. *The Federal Civil Service System and the Problem of Bureaucracy: The Economics and Politics of Institutional Change*. Chicago: University of Chicago Press and NBER.

Johnson, Thomas J., and David D. Perlmutter, eds. 2011. *New Media, Campaigning and the 2008 Facebook Election*. New York: Routledge.

Jones, Charles. 1994. *The Presidency in a Separated System.* Washington D.C.: Brookings Institution.

Kagan, Robert. 2003. *Of Paradise and Power: America and Europe in the New World Order.* New York: Knopf Doubleday Publishing Group. 홍수원 역. 2003. 『미국 vs 유럽 갈등에 관한 보고서』. 서울: 세종연구원.

Kalt, Joseph, and Mark Zupan. 1984. "Capture and Ideology in the Economic Theory of Politics." *American Economic Review* 74: 279-300.

_____. 1990. "The Apparent Ideological Behavior of Legislatures: Testing for Principal-Agent Slack in Political Institutions." *Journal of Law and Economics* 33: 305-360.

Kenyon, Cecelia, ed. 1966. *The Antifederalists.* Indianapolis: The Bobbs-Merrill Company.

Kernell, Samuel, Gary C. Jacobson, and Thad Kousser. 2012. *The Logic of American Politics*, 5th ed. Washington D.C.: CQ Press.

Key, V. O., Jr. 1955. "A Theory of Critical Elections." *Journal of Politics* 17(1): 3-18.

Kincaid, John. 1990. "From Cooperative to Coercive Federalism." *Annals of the American Academy of Political and Social Science* 509: 139-152.

_____. 1998. "The Devolution Tortoise and the Centralization Hare." *New England Economic Review* (May-June): 13-40.

Kingdon, John. 1989. *Congressmen's Voting Decisions.* Ann Arbor: University of Michigan Press.

Klapper, Joseph. 1960. *The Effects of Mass Communication.* New York: Free Press.

Klingberg, Frank. 1996. *Positive Expectation of America's World Role.* Lanham: University Press of America.

Knott, Jack H., and Gary J. Miller. 1987. *Performing Bureaucracy: The Politics of Institutional Choice.* Englewood Cliffs, N.J.: Prentice-Hall, Inc.

Kousser, Thad. 2005. "The California Governor's Recall." *The Book of States.* Lincoln: The Council of State Government.

Ladd, Everett. 1970. *American Political Parties: Social Change and Political Response.* New York: W.W. Norton & Company.

_____. 1993. *The American Polity*, 5th ed. New York: W.W. Norton & Company.

Lamont, Michèle. 2000. *The Dignity of Working Men: Morality and the Boundaries of Race, Class, and Immigration.* Cambridge: Harvard University Press.

Langbein, Laura, and Mark Lotwis. 1990. "The Political Efficacy of Lobbying and Money: Gun Control in the U.S. House, 1986." *Legislative Studies Quarterly* 15: 413-440.

Lawrence, Gary. 1997. The Collapse of the Democratic Presidential Majority. Boulder: Westview Press.

Layman, Geoffrey. 2001. *The Great Divide: Religious and Cultural Conflict in American Party Politics.* New York: Columbia University Press.

Lazarsfeld, Paul F., Bernard Berelson, and Hazel Gaudet. 1948. *The People's Choice.* New York: Columbia University Press.

Light, Paul. 1991. *The President's Agenda.* Baltimore: Johns Hopkins University Press.

Lim, Seong-Ho. 2007. "Clashing Perceptions of 'Americ' in the Trans-Pacific Relations: The Case of Anti-Americanism in South Korea." *Japanese Journal of American Studies* 18: 143-162.

Lipset, Seymour Martin. 1963. *The First New Nation: the United States in Historical and Comparative Perspective.* New York: Basic Books.

Lowi, Theodore, J. Benjamin Ginsberg, Kenneth A. Shepsle, Stephen Ansolabehere. 2017. *American Government: Power and Purpose.* New York: W.W. Norton & Company.

_____. 2019. *American Government,* 5th ed. New York, London: WW Norton & Co. Inc.

Luce, Henry. 1999. "The American Century." *Diplomatic History* 23(2): 157-171.

Lupia, Arthur, and Mathew McCubbins. 1998. *Democratic Dilemma: Can Citizens Learn What They Need to Know?* New York: Cambridge University Press.

Lutz, Donald. 1988. *The Origins of American Constitutionalism.* Baton Rouge and London: Louisiana State University Press.

Madison, James. 1973 (originally published in 1787). "Vices of the Political System of the United States." Marvin Meyers, ed. *The Mind of the Founder: Sources of Political Thought of James Madison.* Indianapolis: The Bobbs-Merrill Company, Inc.

_____. 1987. *Notes of Debates in the Federal Convention of 1787.* New York: W.W. Norton & Company.

Malone, David, and Yuen Foong Khong, eds. 2003. *Unilateralism and U.S. Foreign Policy: International Perspectives.* Boulder: Lynne Rienner Publishers.

Mann, Thomas E., and Norman J. Ornstein. 2012. *It's Even Worse Than It Was*. NY: Basic Book.

Markus, Gregory. 2001. "American Individualism Reconsidered." J. H. Kuklinski, ed. *Citizens and Politics: Perspectives from Political Psychology*. Cambridge: Cambridge University Press.

Martin Schain. 2008. *The Politics of Immigration in France, Britain, and the United States: A Comparative Study*. New York: Palgrave-Macmillan.

Mayer, Willam. G. 2010. "How Parties Nominate Presidents." *The Oxford Handbook of American Political Parties and Interest Groups*. L. Sandy Maisel and Jeffrey M. Berry, eds. Oxford, UK: Oxford University Press.

Mayhew, David. 1974. *Congress: The Electoral Connection*. New Haven: Yale University Press.

McCarty, Nolan, Keith Poole, and Howard Rosenthal. 2006. *Polarized America: The Dance of Ideology and Unequal Riches*. Cambridge: The MIT Press.

McClosky, Herbert, and John Zaller. 1984. *The American Ethos: Public Attitudes toward Capitalism and Democracy*. Cambridge: Harvard University Press.

McCombs, Maxwell E., and Dan L. Shaw. 1972. "The Agenda-Setting Function of Mass Media." *Public Opinion Quarterly* 36(2): 176-187.

McDonald, Michael P., and Samuel L. Popkin. 2001. "The Myth of Vanishing Voter." *American Political Science Review* 95(4): 963-974.

McKay, David. 2005. *American Politics and Society*. Maiden: Blackwell.

Mearsheimer, John. 2018. *The Great Delusion: Liberal Dreams and International Realities*. New Haven: Yale University Press.

Merk, Frederick. 1963. *Manifest Destiny and Mission in American History: A Reinterpretation*. New York: Vintage Books.

Meyers, Marvin, ed. 1973. *The Mind of the Founder: Sources of Political Thought of James Madison*. Indianapolis: The Bobbs-Merrill Company, Inc.

Moe, Terry M. 1985. "The Politicized Presidency." In John E. Chubb and Paul E. Peterson, eds. *The New Direction in American Politics*. DC: The Brookings Institute.

Moore, John L. 1999. *Elections A to Z*. Chicago: Fitzroy Dearborn Publishers.

Morone, James A., and *Rogan Kersh*. 2019. *By the People: Debating American*

Government, 4th ed. New York, Oxford: Oxford University Press.

Morris, Dick. 1999. *Vote.com*. New York: St. Martin Press.

Morrison, Samuel Elliot, ed. 1965. *Sources of Documents illustrating the American Revolution 1764-1788 and the formation of the Federal Constitution*, 2nd ed. New York: Oxford University Press.

Neustadt, Richard. 1990. *Presidential Power*. New York: John Wiley and Sons.

Nielsen. 2019. "Audio Today 2019: How American Listens." The Nielsen Company.

Noelle-Neumann, Elisabeth. 1974. "The Spiral of Silence: A Theory of Public Opinion." *Journal of Communication* 24(1): 43-51.

Norris, Pippa. 2003. "Preaching to the Converted? Pluralism, Participation and Party Websites." *Party Politics* 9(1): 21-45.

Nye, Joseph, Jr. 2002. *The Paradox of American Power: Why the World's Only Superpower Can't Go It Alone*. New York: Oxford University Press.

O'Brian, David. 2000. *Storm Center: The Supreme Court in American Politics*, 5th ed. New York: W.W. Norton & Company.

O'Connor, Karen. 2004. "Lobbying the Justices or Lobbying for Justice." In Paul S. Herrison, Ronald G. Shaiko and Clyde Wilcox, eds. *The Interest Group Connection*, 2nd ed. Washington D.C.: CQ Press.

O'Connor, Karen, and Larry J. Sabato. 2006. *American Government: Continuity and Change*. New York: Pearson/Longman.

_____. 2006. *American Government: Continuity and Change*, 2nd ed. New York: Pearson Longman.

_____. 2007. *American Government: Continuity and Change*. 9th ed. New York: Pearson Longman.

O'Toole, Laurence, and Robert Christensen. 2012. *American Intergovernmental Relations*, 5th ed. Washington D.C.: CQ Press.

Oates, Wallace. 1999. "An Essay on Fiscal Federalism." *Journal of Economic Literature* 37: 1120-1149.

Oldfield, Duane, and Aaron Wildavsky. 1989. "Reconsidering the Two Presidencies." Steven Shull, ed. *The Two Presidencies*. Chicago: Nelson-Hall Publishers.

Olson, Mancur. 1965. *The Logic of Collective Action*. Cambridge: Harvard University Press.

Parker, Glenn, and Jun Young Choi. 2006. "Barriers to Competition and the Effect on Political Shirking: 1953-1992." *Public Choice* 126: 297-315.

Pelisseroed, John, ed. 2003. *Politics and Policy: A Comparative Analysis*. Washington D.C.: CQ Press.

Perlman, Ellen. 1994. "The Preemption Beast: The Gorilla that Swallows State Laws." *Governing* (August): 46-51.

Perlmutter, Ted. 1996. "Bringing Parties Back In." *International Migration Review* 30(1): 375-388.

Petrocik, John R. 1981. *Party Coalition: Realignments and the Decline of the New Deal Party System*. Chicago: The University of Chicago Press.

Pfiffner, James. 1994. *The Modern Presidency*. New York: St. Martin's Press.

Pollitt, C., and G. Bouckaert. 2000. *Public Management Reform: A Comparative Analysis*. Oxford and New York: Oxford University Press.

Polsby, Nelson, Steven Schier, and David Hopkins. 2011. *Presidential Elections: Strategies and Structures of American Politics*, 13th ed. New York: Rowman & Littlefield, Inc.

Pomper, Gerald M. 2001. "The 2000 Presidential Election: Why Gore Lost." *Political Science Quarterly* 116(2): 201-223.

Posner, Paul. 2005. "The Politics of Preemption: Prospects for the States." *PS* (July): 371-374.

_____. 2007. "The Politics of Coercive Federalism in the Bush Era." *Publius: The Journal of Federalism* 37(3): 390-412.

Putnam, Robert. 2000. *Bowling Alone: the Collapse and Revival of American Community*. New York: Simon & Schuster.

Pye, Lucian. 1991. "Political Culture Revisited." *Political Psychology* 12(3): 487-508.

Ragsdale, Lyn. 1996. *Vital Statistics on the Presidency: Washington to Clinton*. Washington D.C.: CQ Press.

Reimers, David. 2016. "Impact of Immigration Legislation, 1875 to the Present." *Oxford Handbook of American Immigration and Ethnicity*. Ronald H. Baylor, ed. New York: Oxford University Press.

Remy, Richard C. 2006. *United States Government: Democracy in Action*. Glencoe: McGraw Hill.

Rohde, David. 1991. *Parties and Leaders in the Postreform House*. Chicago: University of Chicago Press.

Rosati, Jerel, and James Scott. 2010. *The Politics of United States Foreign Policy*, 5th ed. Boston: Wadsworth Group.

Rosenberg, G. N. 1991. *The Hollow Hoope: Can Courts Bring About Social Change?* Chicago: University of Chicago Press.

Rosenstone, Steven, and John Mark Hansen. 1993. *Mobilization, Participation, and Democracy in America*. New York: Macmillan.

Ruggie, John Gerald. 1997. "The Past as Prologue? Interests, Identity, and American Foreign Policy." *International Security* 21: 89-125.

_____. 2006. "Doctrinal Unilateralism and Its Limits: America and Global Governance in the New Century." David Forsythe, Patrice McMahon and Andrew Wedeman, eds. *American Foreign Policy in a Globalized World*. New York: Routledge.

Schattschneider, E. E. 1942. *Party Government: American Government in Action*. New York: Farrar and Rinehart.

Schlesinger, Arthur. 1973. *The Imperial Presidency*. Boston: Houghton Mifflin.

_____. 1986. *The Cycles of American History*. Boston: Houghton Mifflin Harcourt Co.

Schlozman, Lehman, and John Tierney. 1988. "More of the Same: Washington Pressure Group Activity in a Decade of Change." *Journal of Politics* 45: 351-375.

Sears, David, and Carolyn Funk. 1991. "The Role of Self-Interest in Social and Political Attitudes." Mark Zanna, ed. *Advances in Experimental Social Psychology* 24. New York: Academic Press.

Shafer, Byron, ed. 1991. *The End of Realignment?: Interpreting American Electoral Eras*. Madison: University of Wisconsin Press.

Shaw, Daron. 2006. *The Race to 270: The Electoral College and the Campaign Strategies of 2000 and 2004*. Chicago: University of Chicago Press.

Shoemaker, Christopher. 1991. *The NSC Staff: Counseling the Council*. Boulder: Westview.

Simonton, Dean. 1987. *Why Presidents Succeed*. New Haven: Yale University Press.

Sinclair, Barbara. 1989. *The Transformation of the US Senate*. Baltimore: Johns Hopkins University Press.

Smith, Rogers. 1997. *Civic Ideals: Conflicting Visions of Citizenship in U.S. History*.

New Haven: Yale University Press.

Snow, Donald, and Eugene Brown. 2000. *United States Foreign Policy: Politics Beyond the Water's Edge*, 2nd ed. Bedford: St. Martin's.

Stillman, Richard. 2003. *The American Bureaucracy*, 3rd ed. Boston: Wadsworth Publishing.

Storing, Herbert. 1981. *What the Anti-Federalists Were For: the Political Thought of the Opponents of the Constitution*. Chicago: University of Chicago Press.

Sundquist, James L. 1983. *Dynamics of the Party System: Alignment and Realignment of Political Parties in the United States*. Washington D.C.: Brookings Institution.

Thayer, James B. 1983. "The Origins and Scope of the American Doctrine of Constitutional Law." *Harvard Law Review*, Vol.7.

"The Supreme Court," http://www.supremecourtus.gov/about/courtbuilding.pdf

Thornton, Thomas Perry. 1988. "Preface." *Anti-Americanism: Origins and Context, The Annals of the American Academy of Political and Social Science* 497: 9-19.

Tocqueville, Alexis de. 1958. *Democracy in America*. New York: Vintage Books. 임효선·박지동 역. 2002. 『미국의 민주주의』 I & II. 서울: 한길사.

Trachtman, Michael G. 2006. *The Supremes' Greatest Hits: The 34 Supreme Court Cases That Most Directly Affect Your Life*. New York: Sterling Publishing Co., Inc.

U.S. Census Bureau. 2002. *Census of Government*.

U.S. Civil Service Commission. Various years. *Annual Report*. Washington D.C.: Government Printing Office.

U.S. Office of Personnel Management. 2005. *Federal Civilian Workforce Statistics, Pay Structure of the Federal Civil Service*. Washington D.C.: Government Printing Office.

U.S. Office of Personnel Management. 2006. *Federal Civilian Workforce Statistics, Fact Book*. Washington D.C.: Government Printing Office.

"U.S. Supreme Court Justices," http://www.spremecourtus.gov/about/biographiescurrnt.pdf

Varsanyi, Monica, ed. 2010. *Taking Local Control: Immigration Policy Activism in U.S. Cities and States*. Stanford: Stanford University Press.

Verba, Sidney, Kay Lehman Schlozman, and Henry E. Brady. 1995. *Voice and Equality: Civic Voluntarism in American Politics*. Cambridge: Harvard University Press.

Vogel, Ronald, ed. 1997. *Handbook of Research on Urban Politics and Policy in the United States.* Westport: Greenwood Press.

Volkomer, Walter E. 2011. *American Government.* New York: Longman.

_____. 2012. *American Government*, 14th ed. New York: Longman.

Walker, Jack. 1983. "The Origins and Maintenance of Interest Groups in America." *American Political Science Review* 77: 390-406.

Walte, Stephen. 2018. *The Hell of Good Intentions: America's Foreign Policy Elite and the Decline of US Primacy.* New York: Farrar, Straus and Giroux.

Wayne, Stephen. 2011. *The Road to the White House*, 9th ed. Boston: Wadsworth.

Wilson, James Q. 1989. *Bureaucracy: What Government Agencies Do and Why They Do It.* Basic Books, Inc.

Wilson, James, and John Dilulio, Jr. 1998. *American Government: Institutions and Policies*, Seventh Edition. Houghton Mifflin.

Wilson, James, John Dilulio, Jr., and Meena Bose. 2012. *American Government: Institutions and Policies-The Essentials*, 13th ed. Boston: Wadsworth.

Wisberg, Herbert, ed. 1995. *Democracy's Feast: Elections in America.* Chatham: Chatham House.

Wittkopf, Eugene, Christopher Jones, and Charles Kegley, Jr. 2007. *American Foreign Policy: Pattern and Process*, 7th ed. Boston: Wadsworth.

Wood, Gordon. 1969. *The Creation of the American Republic, 1776-1787.* New York: W.W. Norton & Company.

Wright, Gerald. 1989. "Policy Voting in the U.S. Senate: Who is Represented?" *Legislative Studies Quarterly* 14: 465-486.

Wright, John. 1996. *Interest Groups & Congress: Lobbying, Contributions, and Influence.* Needham Heights: Allyn and Bacon.

Yarmolinsky, Adam. 1971. *The Military Establishment: Its Impacts on American Society.* New York: Harper & Row.

Zakaria, Fareed. 2003. *The Future of Freedom: Illiberal Democracy at Home and Abroad.*

Zimmerman, Joseph. 2001. "National-State Relations: Cooperative Federalism in the Twentieth Century." *Publius: The Journal of Federalism* 31(2): 15-2001.

_____. 2002. *Interstate Cooperation: Compacts and Administrative Agreements.*

Westport: Praeger.

_____. 2007. "Congressional Preemption During the George W. Bush Administration." *Publius: The Journal of Federalism* 37(3): 432-452.

Zolberg, Aristide. 2006. *Nation by Design: Immigration Policy in the Fashioning of America.* Cambridge: Harvard University Press.